Ius Comparatum – Global Studies in Comparative Law

Volume 42

As globalization proceeds, the significance of the comparative approach in legal scholarship increases. The IACL / AIDC with almost 800 members is the major universal organization promoting comparative research in law and organizing congresses with hundreds of participants in all parts of the world. The results of those congresses should be disseminated and be available for legal scholars in a single book series which would make both the Academy and its contribution to comparative law more visible. The series aims to publish the scholarship emerging from the congresses of IACL / AIDC, including: 1. of the General Congresses of Comparative Law, which take place every 4 years (Brisbane 2002; Utrecht 2006, Washington 2010, Vienna 2014, Fukuoka 2018 etc.) and which generate (a) one volume of General Reports edited by the local organizers of the Congress; (b) up to 30 volumes of selected thematic reports dealing with the topics of the single sections of the congress and containing the General Report as well as the National Reports of that section; these volumes would be edited by the General Reporters of the respective sections; 2. the volumes containing selected contributions to the smaller (2-3 days) thematic congresses which take place between the International Congresses (Mexico 2008; Taipei 2012; Montevideo 2016 etc.); these congresses have a general theme such as "Codification" or "The Enforcement of Law" and will be edited by the local organizers of the respective Congress. All publications may contain contributions in English and French, the official languages of the Academy.

More information about this series at http://www.springer.com/series/11943

Académie Internationale de Droit Comparé
International Academy of Comparative Law

Catherine Kessedjian • Humberto Cantú Rivera
Editors

Private International Law Aspects of Corporate Social Responsibility

Springer

Editors
Catherine Kessedjian
Université Panthéon-Assas Paris II
Paris, France

Humberto Cantú Rivera
School of Law
University of Monterrey
Monterrey, Mexico

ISSN 2214-6881 ISSN 2214-689X (electronic)
Ius Comparatum – Global Studies in Comparative Law
ISBN 978-3-030-35186-1 ISBN 978-3-030-35187-8 (eBook)
https://doi.org/10.1007/978-3-030-35187-8

This Springer imprint is published by the registered company Springer Nature Switzerland AG.
The registered company address is: Gewerbestrasse 11, 6330 Cham, Switzerland

Preface

The analysis of corporate responsibility has focused in the past years on the definition of international rules to hold business enterprises accountable for their involvement in violations of human rights, the environment, labor rights, or other rights, especially at the United Nations. An international ecosystem of corporate responsibility has appeared as a result, with several international organizations (including the OECD, the ILO, and ISO) and regional systems (the EU and the OAS) aligning their standards to focus on common aspects, mostly revolving around the issues of human rights and the environment, and also on the substantive responsibilities for business enterprises to act with due diligence to prevent negative impacts on third parties. This, in turn, progressively finds its way into domestic legislation in different countries, whether explicitly (through laws that regulate corporate behavior in a general manner, like the French *loi sur le devoir de vigilance*) or implicitly (in norms stipulating reporting procedures of non-financial information, for example).

However, far less attention has been devoted to the methods that, under domestic law, underpin and make possible to ascertain that substantive responsibility, whether defined at the international, regional, or domestic level. As relevant as it is to have a clear notion of the substantive elements that define corporate conduct, it is the domestic mechanisms that will allow access to justice for victims of harmful activities by corporations. As a result, it is necessary to address several questions: how and where in their domestic law do States define the contours of corporate responsibility? Where can a claim be brought and under what circumstances? What law will be applicable to solve the dispute, especially in cases involving transnational abuses? How will judgments given in a third country be enforced? Are there alternatives to the traditional judicial remedy that may be relevant for this type of cases?

This edited volume, therefore, has been devised with the intention of analyzing how States address the issue of corporate responsibility under private international law. In an effort to provide a clear analytical basis on their domestic practice, the different chapters included in this book address the substantive legal framework that enable holding corporations accountable, as well as promote corporate responsibility, whether through regulation by the State (company law), through private relations (contract law), or as a result of damages (tort law). In addition, it provides a panoramic view into the aspects that define access to remedy under domestic law, especially for transnational cases: the forum where claims can be brought (jurisdiction), the applicable law to determine liability, and the procedures to enforce judgments given in a third country, while also examining alternative dispute resolution mechanisms that permit victims to have other avenues to access remedy.

This volume is one of the first comparative legal analysis to address the private international law aspects of corporate responsibility, in an effort to center the discussion not just on what should be the responsibilities of business enterprises, but also on how accountability can be reached under domestic law. In this regard, the different chapters focus not only on the legislative framework that exists, but also—and to a large extent—on the way that domestic courts have interpreted the different elements that are addressed here, thus providing a glimpse into the practical obstacles and advancements in this field from an empirical basis.

Private International Law Aspects of Corporate Social Responsibility includes one general report and 20 national reports, from States in Europe, Asia, and North and Latin America, most of which were prepared for the Fukuoka Conference of the International Academy of Comparative Law in the summer of 2018. They were last updated in February 2019 for this publication. The model questionnaires, in French and English, are included after the national reports. Special thanks go to Prof. Diego Fernández Arroyo, Alexandre Senegacnik, and the editorial team at Springer for their support in the production of this edited volume.

Paris, France
Monterrey, Mexico
September 2019

Catherine Kessedjian
Humberto Cantú Rivera

Contents

Contributors

Joost Blom Peter A. Allard School of Law, University of British Columbia, Vancouver, BC, Canada

Angelica Bonfanti Dipartimento di Diritto pubblico italiano e sovranazionale, Università degli Studi di Milano, Milano, Italy

Andrea Bonomi University of Lausanne, Lausanne, Switzerland

Nicolas Bueno University of Zurich, Zürich, Switzerland

Humberto Cantú Rivera School of Law, University of Monterrey, Monterrey, Mexico

Nicolás Carrillo Santarelli Universidad de La Sabana, Bogotá, Colombia

Si Chen Faculty of Law, McGill University, Montreal, QC, Canada

Steven Comerford U.S. State Department, Washington, DC, USA

Juan Ignacio Contardo Universidad Diego Portales, Santiago, Chile

Anne Danis-Fatôme Université de Brest, Brest, France

Mafalda de Sá Faculty of Law, University of Coimbra, Coimbra, Portugal

Marilda Rosado de Sá Ribeiro Universidad do Estado do Rio de Janeiro, Rio de Janeiro, Brazil

Katrin Deckert Université Paris-Nanterre, Paris, France

Siel Demeyere KU Leuven, Leuven, Belgium

Liesbeth F. H. Enneking Erasmus School of Law, Erasmus University Rotterdam, Rotterdam, The Netherlands

Monika Feigerlová Institute of State and Law, Czech Academy of Sciences, Prague, Czech Republic

Leonhard Hübner Institut für ausländisches und internationales Privat- und Wirtschaftsrecht, Universität Heidelberg, Heidelberg, Germany

Luca Kaller Max-Planck-Institut für ausländisches und internationales Privatrecht, Hamburg, Germany

Milana Karayanidi Orrick, Herrington & Sutcliffe LLP, Washington, DC, USA

Catherine Kessedjian Université Panthéon-Assas Paris II, Paris, France

William Fernando Martínez Luna Universidad Jorge Tadeo Lozano, Bogotá, Colombia

Kasey McCall-Smith Public International Law, Edinburgh Law School, University of Edinburgh, Edinburgh, UK

María Susana Najurieta Universidad de Buenos Aires, Viamonte, Argentina

Chien Quoc Ngo Foreign Trade University, Hanoi, Vietnam

Marie Laure Niboyet Université Paris-Nanterre, Paris, France

Monika Pauknerová Institute of State and Law, Czech Academy of Sciences, Prague, Czech Republic

Rui Pereira Dias Faculty of Law, University of Coimbra, Coimbra, Portugal

Verónica Ruiz Abou-Nigm Edinburgh Law School, University of Edinburgh, Edinburgh, UK

Martijn W. Scheltema Erasmus School of Law, Erasmus University Rotterdam, Rotterdam, The Netherlands

Judith Schönsteiner Universidad Diego Portales, Santiago, Chile

Inês Serrano de Matos Faculty of Law, University of Coimbra, Coimbra, Portugal

Laurence Sinopoli Université Paris-Nanterre, Paris, France

Zeynep Derya Tarman Department of Private International Law, Koc University Law School, Istanbul, Turkey

Hien Thi Tran CSR Research Group, Foreign Trade University, Hanoi, Vietnam

Guangjian Tu Faculty of Law (FLL), University of Macau, Taipa, Macau, China

Geert Van Calster Department of International and European Law, KU Leuven, Leuven, Belgium

Florencia S. Wegher Osci Escuela de Ciencias Jurídicas y Sociales, Universidad Nacional del Litoral, Santa Fe, Argentina

Marc-Philippe Weller Institut für ausländisches und internationales Privat- und Wirtschaftsrecht, Universität Heidelberg, Heidelberg, Germany

Dai Yokomizo Nagoya University, Nagoya, Japan

Part I
General Report

Questions de droit international privé de la responsabilité sociétale des entreprises : Rapport général

Catherine Kessedjian

Abstract The General Report builds on the national reports and some independent research by the General Rapporteur. It aims at guiding the reader through the complexity of jurisdiction and applicable law rules for disputes arising of violations of corporate social responsibility by economic actors.

1 Introduction

Depuis de nombreuses années, la responsabilité sociétale des entreprises (RSE) tend à encadrer les activités des entreprises et les effets négatifs que ces activités peuvent avoir sur les tiers.

De nombreuses difficultés s'en suivent, surtout lorsque les activités des entreprises sont internationales, ce qui est très fréquemment le cas. Les entreprises s'interrogent sur le droit applicable à leurs activités. Le, droit international, pour

Ce rapport général a été préparé avec l'aide du Professeur Humberto Cantú Rivera qui a notamment préparé une synthèse consolidée des rapports reçus. Nous remercions les rapporteurs qui ont préparé les rapports pour les pays suivants : Allemagne (Marc-Philippe Weller, Leonhard Hübner, Luca Kaller), Argentine (María Susana Najurieta et Florencia S.Wegher Osci), Belgique (Siel Demeyere et Geert Van Calster), Brésil (Marilda Rosado), Canada (Joost Blom), Chili (Judith Schönsteiner et Juan Ignacio Contardo), Chine (Guangjian Tu et Si Chen), Espagne (Maria Álvarez Torné et Georgina Garriga), France (A. Danis-Fatôme, K. Deckert, M.-L. Niboyet et L. Sinopoli), Italie (Angelica Bonfanti), Japon (Dai Yokomizo), Kazakhstan (Milana Karayanidi et Steven Comerford), Mexique (Humberto Cantú Rivera), Pays-Bas (Martijn Scheltema et L.F.H. (Liesbeth) Enneking), Portugal (Rui Dias), République tchèque (Monika Feigerlová et Monika Pauknerová), Royaume Uni (Veronika Ruiz Abou-Nigm et Kasey McCall-Smith), Suisse (Andrea Bonomi et Nicolas Bueno), Turquie (Zeynep Derya Tarman), Viet Nam (Ngo Quoc Chien et Tran Thi Hien). Le rapporteur pour la Roumanie a envoyé quelques informations. Le Prof. Beth Stephens, expert spécial auprès du Rapporteur général, a apporté certaines informations pour les États-Unis d'Amérique.

C. Kessedjian
Université Panthéon-Assas Paris II, Paris, France
e-mail: catherine.kessedjian@u-paris2.fr

C. Kessedjian, H. Cantú Rivera (eds.), *Private International Law Aspects of Corporate Social Responsibility*, Ius Comparatum – Global Studies in Comparative Law 42, https://doi.org/10.1007/978-3-030-35187-8_1

autant qu'il ne s'adresse pas seulement aux Etats, est souvent qualifié de droit tendre ou *soft law,* et le droit de l'État hôte[1] est, dans un grand nombre de cas, moins contraignant que le droit de l'État d'origine[2]. La question du droit applicable, traditionnellement étudiée en droit international privé après la compétence juridictionnelle, car chaque juge applique ses propres règles de conflit de lois, se complique dans le domaine pour deux raisons. Tout d'abord, le droit international privé n'a pas été conçu pour des normes, telles que celles du droit tendre. Il n'est donc pas certain que le droit international privé soit aujourd'hui apte à les prendre en considération si ce n'est permettre leur application[3], d'où la question 19 posée aux rapporteurs nationaux. En second lieu, les entreprises doivent savoir avec une certitude et une prévisibilité raisonnables quelles sont les règles qui s'appliqueront à leurs activités. Or, si elles doivent attendre la survenance d'un contentieux avant de savoir quelle sera le droit applicable, l'objectif de prévisibilité ne peut être atteint.

En ce qui concerne le contentieux, de nombreux projets actuellement discutés dans divers cercles internationaux proposent le recours aux modes alternatifs de règlement des différends, si bien que nous ne pouvions pas éviter le débat. Certes, une vision étroite du droit international privé pouvait nous entraîner à ne pas aborder cette question dans cette étude. Nous avons préféré ne pas éluder la question car son implication est réelle sur le droit international privé puisqu'il devient relativement marginal en arbitrage et inopérant en médiation et dans le travail de bons offices effectué par les PCN[4]. Le droit international privé reprend tous ses droits lorsque, après la survenance d'un dommage, les victimes décident de poursuivre l'entreprise devant une juridiction nationale. La question de la compétence internationale d'une part, celle de la loi applicable, et elle de la reconnaissance et de l'exécution des jugements qui seront ainsi rendus reprennent une importance fondamentale.

Ayant pavé ainsi le chemin du raisonnement que l'on doit tenir lorsque l'on s'intéresse aux questions de droit international privé dans le domaine de la RSE, on doit reconnaître néanmoins que le sujet est suffisamment novateur pour nécessiter, à titre de prolégomènes, que l'on définisse le plus exactement possible ce que l'on

---

[1]Nous entendons par État hôte, l'État dans lequel l'entreprise développe ses activités. Par hypothèse, pour une entreprise multinationale, il y a une multitude d'États qui peuvent être qualifiés d'États hôtes.

[2]Nous entendons par État d'origine, l'État dans lequel l'entreprise est « installée » soit qu'elle y possède un siège réel central, soit qu'elle y développe l'essentiel de ses activités (centre principal des activités), soit qu'elle y soit enregistrée (*incorporated*) selon le critère retenu dans les pays de *common law.* Sur cette question, v. *infra* para. 72.

[3]Le débat sur le droit tendre ou, comme le Conseil d'État français le nomme, le droit souple, n'a jamais été plus vif au moins en France. Au printemps 2018 deux ouvrages ont été publiés : Deumier and Sorel (dirs) (2018) ; Cassella et al. (dirs) (2018). Une thèse a été soutenue en mars 2017 par Yann Heyraud sur un thème proche, *Le droit non-étatique dans les rapports internationaux privés – Contribution à l'étude des fonctions du droit international privé en matière commerciale et sportive*, Thèse Paris I. Thème proche car toutes les normes non-étatiques ne sont pas du droit tendre et vice-versa. Cf. également notre article aux Mélanges E. Decaux, Kessedjian (2018), pp. 1323–1336.

[4]Nous n'abordons pas la question de la création d'une éventuelle juridiction internationale spécialisée dans le domaine des violations des droits de l'Homme par les entreprises. Une telle proposition est faite par Steinitz (2018).

entend par RSE. C'est pourquoi la première question posée aux rapporteurs concernait l'éventuelle admission, par les États, d'une définition plutôt qu'une autre.

2 Définition et sources (questions 1 à 5)

La première question qui se pose, avant d'étudier les règles applicables, concerne la définition de ce qu'il convient d'entendre par « norme de RSE » et quel est l'encadrement juridique dans lequel elles se placent, à la fois en droit international et en droit interne. Il convenait également de s'interroger sur l'éventuelle application ou prise en considération de normes de droit tendre (*soft law*) ou de normes éthiques.

2.1 Existe-t-il une définition de la responsabilité sociétale des entreprises dans votre pays ?

Pour guider les rapporteurs, il leur avait été donné les définitions suivantes: Norme ISO 26000, les principes directeurs de l'OCDE, les principes directeurs des NU sur les entreprises et les droits de l'homme. Pour les besoins de ce rapport, nous y ajoutons la définition retenue par la Commission européenne qui est tellement générale que l'on peut se demander si elle est vraiment utile.

Norme ISO 26000

La RSE est la « responsabilité d'une organisation vis-à-vis des impacts de ses décisions et activités sur la société et sur l'environnement, se traduisant par un comportement éthique et transparent qui

- contribue au développement durable, y compris à la santé et au bien-être de la société ;
- prend en compte les attentes des parties prenantes ;
- respecte les lois en vigueur tout en étant en cohérence avec les normes internationales de comportement ;
- est intégré dans l'ensemble de l'organisation et mis en œuvre dans ses relations.

Les Principes Directeurs de l'OCDE

Le cadre de l'OCDE pour l'investissement développe cette définition de la manière suivante : « La notion de conduite responsable des entreprises (CRE) signifie que les entreprises doivent a) apporter leur contribution au progrès économique, environnemental et social pour parvenir à un développement durable et b) éviter d'avoir, par leurs propres activités, des incidences préjudiciables et remédier à ces incidences lorsqu'elles se produisent ; et prévenir ou atténuer les conséquences négatives directement liées à leurs activités, leurs produits et leurs services du fait de l'existence d'une relation d'affaires. Processus essentiel pour déterminer, prévenir et atténuer les incidences négatives, réelles ou potentielles, la diligence raisonnable fondée sur le risque est de ce fait un aspect fondamental de la CRE.

Les entreprises doivent obéir aux législations internes et respecter les droits de l'Homme quel que soit le pays dans lequel elles exercent des activités, même lorsque les moyens qui y sont mis en œuvre pour faire appliquer ces législations ou obligations sont insuffisants. Il s'agit là de leur toute première obligation.

Le champ d'application de la CRE est vaste et transversal car les incidences, positives ou négatives, des activités des entreprises sur la collectivité couvrent toute une série de domaines fondamentaux (comme la communication d'informations, les droits de l'Homme, l'emploi et le travail, l'environnement, la lutte contre la corruption, les intérêts des consommateurs, les sciences et les technologies, la concurrence et la fiscalité).

La responsabilité qui incombe aux entreprises d'adopter une conduite responsable s'applique à toutes les entreprises quelle que soit leur structure juridique, leur taille, leur régime de propriété ou le secteur dans lequel elles exercent leurs activités. Les attentes en matière de CRE concernent donc aussi bien les entreprises privées, publiques ou mixtes ; les entreprises multinationales ou celles qui n'opèrent que dans leur pays ; les grandes entreprises ou les petites et moyennes entreprises (PME).

Les Principes directeurs des Nations unies sur les entreprises et les droits de l'Homme (aussi connus sous l'appellation « Principes Ruggie »)[5]

Ces principes, adoptés en juin 2011 « reconnaissent le rôle dévolu aux entreprises en qualité d'organes spécialisés de la société remplissant des fonctions particulières, tenues de se conformer à toutes les lois applicables et de respecter les droits de l'Homme », tout en soulignant le rôle des États en matière de protection de ces droits et la nécessité de mettre en place des procédures pour permettre l'accès des victimes.

Commission européenne - Communication du 25 octobre 2011[6]

La responsabilité sociale des entreprises est « la responsabilité des entreprises vis-à-vis des effets qu'elles exercent sur la société ». Cette responsabilité impose [à l'entreprise] d'engager « en collaboration étroite avec [ses] parties prenantes, un processus destiné à intégrer les préoccupations en matière sociale, environnementale, éthique, de droits de l'Homme et de consommateurs dans [ses] activités commerciales et leur stratégie de base ».

A cela, il convient d'ajouter également la déclaration de Principes tripartite de l'OIT sur les entreprises multinationales et la politique sociale[7].

[5]On doit aussi mentionner les rapports des NU sur les questions environnementales et de changements climatiques à combiner avec les Principes Ruggie.

[6]Responsabilité sociale des entreprises : une nouvelle stratégie de l'UE pour la période 2011-2014 COM (2011) 681 final.

[7]https://www.ilo.org/wcmsp5/groups/public/ed_emp/emp_ent/documents/publication/wcms_124923.pdf.

Les rapports nationaux se partagent presque de manière égale entre les pays pour qui il existe une définition de la RSE[8] et ceux pour lesquels il n'existerait pas une telle définition[9]. Toutefois, pour un pays comme le Chili, la définition des Principes Ruggie a été adoptée dans le Plan d'action national adopté par ce pays. De ce fait, elle est limitée aux questions liées à la relation entreprises et droits de l'Homme. Plusieurs remarques sont nécessaires à ce stade. On note que certains rapporteurs ont répondu selon le cadre normatif interne de leur pays alors que d'autres ont pris en considération la culture sociétale qui prévaut dans le pays ou du point de vue des normes internationales. On pourrait d'ailleurs soutenir que tous les pays pour qui les rapporteurs ont répondu par la négative, mais sont pourtant membres soit de l'OCDE, soit des NU, soit des deux, devraient avoir intégré, au moins dans leurs politiques internes, si ce n'est dans leur législation, une définition proche de celle retenue par ces deux organisations. Cette question n'est pas discutée de manière approfondie dans les rapports nationaux et ceux qui l'ont identifiée se retranchent derrière le caractère « *soft* » des normes de la RSE pour en déduire que les définitions proposées ne sont pas applicables dans le pays en cause.

Pour les pays ayant adopté une telle définition, nous avons demandé quelle était cette définition. Voici les réponses reçues :

Allemagne "CSR refers to "a company's responsibility for its impact on society" which includes "social, environmental and economic aspects, as for example outlined in the internationally recognised reference documents on CSR, chief among them the fundamental ILO declaration on multinational enterprises and social policy, the OECD Guidelines for Multinational enterprises, the UN Guiding Principles on Business and Human Rights, the UN Global Compact and ISO 26000." (Federal Ministry of Labour and Social Affairs)[10].

Argentine "Corporate social responsibility is the commitment undertaken by a company to contribute to sustainable economic development through collaboration with its employees, their families, local community and society as a whole, with the aim of improving life quality." (Consejo Empresario Argentino para el Desarrollo Sostenible / Argentine Business Council for Sustainable Development).

Belgique "Corporate Social Responsibility is a process whereby companies strive voluntarily to make operational and social improvements by systematically incorporating economic, environmental and social considerations in an integrated and coherent way into their overall operations, in consultation with their stakeholders." (Interministerial Commission for Sustainable Development) However, "[s]o far, there is no statutory definition of CSR.".

[8]Allemagne, Argentine, Belgique, États-Unis d'Amérique, Italie, Japon, Pays-Bas, Portugal, République Tchèque, Royaume-Uni, Suisse.

[9]Brésil, Canada, Chili, Chine, Espagne, France, Kazakhstan, Mexique, Turquie, Vietnam.

[10]Toutefois, le rapport pour l'Allemagne souligne l'absence d'une véritable définition juridique fixée.

États-Unis "Responsible business conduct is intended to include a broad range of areas in which corporate conduct impacts society. It is well understood that responsible business conduct (RBC), sometimes referred to as corporate social responsibility or CSR, entails conduct consistent with applicable laws and internationally recognized standards. Based on the idea that you can do well while doing no harm, RBC is a broad concept that focuses on two aspects of the business-society relationship: (1) the positive contribution businesses can make to economic, environmental, and social progress with a view to achieving sustainable development, and (2) avoiding adverse impacts and addressing them when they do occur. Risk-based due diligence lies at the heart of avoiding and addressing adverse impacts – it is a process through which enterprises identify, prevent, and mitigate actual and potential adverse impacts, and account for how these impacts are addressed." (National Action Plan on Responsible Business Conduct).

Italie "Responsibility of businesses for their impact on society. It acknowledges that the implementation of CSR is in the interest of the corporations themselves and of society as a whole and explicitly states [that CSR] involves voluntary behavior by companies that surpasses basic respect for legal obligations." (National Action Plan on Corporate Social Responsibility).

Japon "the behaviour of enterprises assuming the responsibility for impacts of their activities in order to be in harmony with the society and the environment and to seek for the sustainable development, and the style of enterprises to obtain the confidence of a variety of stakeholders surrounding them." (Ministry of Economy, Trade and Industry).

Pays-Bas The Social and Economic Council of the Netherlands (SER) defines CSR as "taking care of the effects that the functioning of a business enterprise has on society." This definition has been adopted by the Dutch government in its policy documents.

Portugal A recent amendment to the Companies Code (Decree-Law 89/2017 of 28 July 2017) to implement Directive 2013/34/EU regarding financial and non-financial information, includes in the Preamble such a definition, as follows:

> Corporate social responsibility, demonstrated through the disclosure of non-financial information with regard to social and environmental areas and to corporate governance, contributes decisively towards the analysis of the undertaking's performance and its impact on society, towards the identification of their sustainability risks and towards the strengthening of investors' and consumers' trust.

République Tchèque " … an organisation's commitment to ensure that its decisions and day-to-day activities take account of the needs of its clients, suppliers, customers, employees and citizens living in the place where it operates, as well as those of the environment and all other entities, to which its activities relate, either directly or indirectly." (National Action Plan for Corporate Social Responsibility, Ministry of Industry and Trade of the Czech Republic).

Royaume-Uni "the responsibility of an organisation for the impacts of its decisions on society and the environment above and beyond its legal obligations, through transparent and ethical behaviour." (UK Department for Business Innovation & Skills).

Suisse No legislative definition; however, the Swiss Federal Council adopted a position paper on CSR in April 2015, defining it as a notion that encompasses themes such as working conditions, human rights, the environment, corruption prevention, fair competition, consumers interests, tax policies and transparency, that companies must take into account in parallel to the interests of the company owners.

Que peut-on retenir de cette liste de définitions très variées? La RSE est à la fois un processus et un but afin d'obtenir des résultats substantiels et concrets pour que les activités des entreprises incorporent toutes les avancées en matière économique, sociale et environnementale, au-delà de ce que la loi exige. Ce dernier point est fondamental et ne se retrouve de manière explicite, malheureusement, que dans la définition retenue par le Royaume-Uni, alors qu'elle est essentielle pour comprendre comment les règles éthiques et de *soft law* viennent compléter les obligations légales. Elle devrait être incorporée dans un futur amendement des définitions retenues au niveau international. Toutefois, on notera que l'Allemagne a supprimé de la définition que ce pays retient le caractère volontaire des standards de RSE. Si bien que le résultat est le même qu'au Royaume-Uni, sauf que cela n'apparaît pas de manière évidente.

Nous avions demandé aux rapporteurs, ayant répondu négativement à la question sur l'existence d'une définition dans leur pays, d'expliquer pourquoi, à leur avis, cette absence de définition.

Le fait que la RSE soit considérée comme du droit tendre (*soft law*) ou, en tout cas, un domaine qui contient à la fois des normes contraignantes et des normes éthiques, est une des premières raisons invoquées par les pays qui ne retiennent pas de définition de la RSE[11]. Toutefois, d'autres pays considèrent qu'une définition n'existe pas car il n'existe pas de législation, ou autrement de texte écrit, sur la RSE[12]. La RSE étant essentiellement créée par les tribunaux, il n'existe pas de définition qui puisse être dégagée de cette jurisprudence[13]. D'autres Rapports nationaux semblent dire que plusieurs définitions sont retenues par les tribunaux ou différentes législations sans qu'aucune de ces définitions ne soit retenue de manière convaincant[14].

Nous avons cherché à aller un pas plus loin en demandant aux rapporteurs qui avaient répondu par la négative s'ils pensaient qu'un tribunal pourrait, dans leur pays, appliquer ou prendre en considération l'une des définitions retenues par les organisations internationales privées ou publiques mentionnées ci-dessus (question 1.3)[15].

[11]C'est notamment le cas du Brésil, du Mexique, du Viet Nam.

[12]C'est le cas du Canada, du Chili, même si le rapport chilien précise qu'il existe une réticence générale au Chili à l'encontre de toute régulation, particulièrement dans cette matière. La même réticence est mentionnée par le Viet Nam d'autant plus que le concept est complexe.

[13]Canada, Viet Nam, notamment.

[14]Chine.

[15]Il s'agit de ISO, norme 26000, l'OCDE et les NU.

Brésil "Brazil already has a Brazilian Social Responsibility Program, which works through the certification of compliance with the ISO 26000 standard and in voluntary basis. Also, it is worth to mention that BNDES - National Bank of Development has a social clause in its contracts preventing it from financing companies that are not bound to some social requirements, specially related to human rights... There is a trend to adopt corporate practices aimed at social responsibility, but there is also a corporate fear of business competitiveness and survival, once internal Corporate Social Responsibility systems may represent costs. Thus, on a voluntary basis, the concept embodied in the ISO 26000, the OECD Guidelines for Multinational Enterprises, or the United Nations Guiding Principles on Business and Human Rights may be applied, and it has being applied, by companies based in Brazil."

Canada "I think that Canadian governments, when recommending or mandating corporate behaviour, could refer to any or all of these definitions. As will be mentioned below, some have done so. These sources are seen to offer authoritative guidance as to the elements of CSR. However, I do not think that any one definition would be adopted as a legal framework for developing principles of CSR.".

Chili "The Chilean Institute of National Normalization (Instituto Nacional de Normalización) has approved ISO 26000 as a Chilean Standard "NCh-ISO 26000-2010 Guía de Responsabilidad Social". . . .the OECD definition would probably be considered favourably for local incorporation, although it is not sufficiently specific to fit legislative requirements and would need to be spelled out. On the other hand, considering the existence of a policy based on the UN Guiding Principles, there might be a certain preponderance to continue using that framework."

Chine "Currently, there is no obvious sign that the Chinese government would apply the ISO 26000 definition, or the concept embodied in the OECD Guidelines for Multinational Enterprises, or that of the United Nations Guiding Principles on Business and Human Rights."

Espagne " ...different Spanish companies report under the framework of the so called "Global Reporting Initiative" and participate in the UN Global Compact. Spanish enterprises also have the opportunity to comply with the ISO 26000 standards. In Spain, as a member of the OECD, it is also foreseen that the enterprises voluntarily apply the OECD Guidelines for Multinational Enterprises." (L'Espagne a adopté son Plan d'action national pour la mise en œuvre des Principes directeurs des Nations Unies en 2017).

France « La jurisprudence française pourrait forger sa propre définition, en s'inspirant de ces différentes sources. ».

Mexique "[A]s a member of the OECD, Mexico contemplates the definition used by the OECD Guidelines for Multinational Enterprises. Several companies and organizations also take into consideration the four pillars of the Global Compact as representing the basis of CSR. [In addition,] Mexico is trying to integrate in its public policies the UN Guiding Principles on Business and Human Rights (hereinafter the 'UNGPs'), through the development and adoption of a National Action Plan on Business and Human Rights based on the three pillars of the UNGPs."

Turquie "In terms of ISO 26000 definition and the UN 2011 Guiding Principles, application is certainly possible... the acceptance of internationally well-established definitions of CSR would not be a difficult leap for Turkish companies who, in practice, already adhere to a simple version of these definitions, even if they may not be aware of it. This is particularly true in terms of the UN Guiding Principles on Business and Human Rights since these "Ruggie Principles" are already widely translated and known in Turkey."

2.2 L'influence des Points de contact nationaux

Il nous a semblé utile de nous interroger sur les Points de contact nationaux (PCN) car une partie du "contentieux" passe par ce mécanisme de règlement des différends (qui mélange négociation, médiation et bons offices) si bien que cela peut affecter l'application du droit international privé de deux manières : premièrement, la mesure dans laquelle les PCN appliquent ou non le droit international privé pour leurs activités dépendent de ces règles ; en second lieu, les règles de droit international privé sont-elles aptes à fonctionner dans le cadre de mécanismes alternatifs tels que les PCN ?

Le système des PCN a été ajouté aux principes OCDE en 2000 seulement[16], suivant en cela l'évolution du droit international qui, à partir des années 1980, a insisté sur l'importance du suivi des textes internationaux et surtout de leur mise en œuvre concrète. Le PCN est donc là non seulement pour promouvoir les principes directeurs mais aussi pour recevoir des « plaintes » et les instruire afin de déterminer notamment les mesures de remédiation possibles sans, toutefois, pouvoir condamner à payer des dommages et intérêts les entreprises qui ont violé les Principes. La structure des PCN n'est pas dictée de manière précise par l'OCDE si bien que chaque PCN choisit la structure qui lui paraît la plus appropriée. De tous les pays pour lesquels un rapport a été envoyé dans le cadre de cette étude, la très grande majorité est membre de l'OCDE[17] alors que cinq pays seulement n'en sont pas membres mais

[16]Le dernier rapport publié est consultable en ligne, OECD (2017), Annual Report on the OECD Guidelines for Multinational Enterprises 2016. Les PCN peuvent aussi mettre en application les principes des NU sur les Entreprises et les droits de l'Homme.

[17]Allemagne, Belgique, Canada, Chili, Espagne, États-Unis d'Amérique, France, Italie, Japon, Mexique, Pays-Bas, Portugal, République Tchèque, Royaume-Uni, Suisse, Turquie. Le rapport 2017, cité *supra* note 16, indique que des 46 pays qui ont adhéré aux Principes, seuls deux, l'Egypte et la Tunisie, n'ont pas créé de PCN.

ont adhéré aux Principes de l'OCDE[18]. Parmi ces cinq pays, trois (Argentine, Brésil et Kazakhstan) ont adhéré aux Principes directeurs et ont constitué un PCN. Quant à la Chine et au Viet Nam, aucune information ne permet de penser que, à brève échéance, ces pays deviennent partie aux Principes directeurs et donc créent des PCN[19].

On se reportera aux différents rapports pour plus de détail sur l'organisation des PCN. Qu'il suffise de dire ici que lors de l'instruction des situations, les PCN ne semblent pas vraiment préoccupé par des considérations de droit international privé. L'analyse des situations spécifiques qui sont soumis au PCN, ou dont ils se saisissent, est en effet très factuelle et se borne à regarder les pratiques contestées par le prisme des Principes de l'OCDE, sans avoir recours aux règles de droit des pays concernés. Les PCN publient des rapports pour chaque situation spécifique. Ces rapports peuvent être ensuite utiles pour des litiges devant les juridictions nationales ou qui font l'objet de processus alternatifs de règlement des différends en dommages et intérêts.

Signalons enfin que les PCN font l'objet d'un processus de revue par les pairs qui est fort utile pour leur permettre d'améliorer leurs pratiques de travail.

2.3 L'influence des Principes des Nations Unies pour les entreprises et les droits de l'Homme

Pour compléter la toile de fond de la RSE, il était important de savoir comment les pays ont mis en œuvre l'obligation de publier un Plan d'Action national (PAN) qui résulte des Principes directeurs des Nations Unies pour les Entreprises et les droits de l'Homme (question 3).[20] L'Allemagne, la Belgique, le Chili, l'Espagne, les États-Unis, la France, l'Italie, les Pays-Bas, la Royaume-Uni et la Suisse ont adopté leur PAN. Le Portugal a adopté un décret-loi qui donne force juridique aux Principes directeurs des Nations Unies ainsi qu'à d'autres normes de RSE[21]. Le Canada a adopté en 2014 un plan de politique générale en matière de RSE[22]. Le Royaume-Uni

[18] Argentine, Brésil, Chine, Kazakhstan, Vietnam. Les pays suivants ont adhéré aux Principes de l'OCDE et ont mis en place un PCN, mais n'ont pas fait l'objet d'un rapport dans le cadre de cette étude : Colombie, Costa-Rica, Egypte, Jordanie, Lituanie, Maroc, Pérou, Roumanie, Tunisie, Ukraine.

[19] On peut noter ici que le « découplage » entre les Principes directeurs de l'OCDE et la Déclaration sur l'investissement pourrait aider ces pays à adhérer aux Principes directeurs. Cette question a été discutée lors du colloque organisé pour les 40 ans des Principes directeurs. Cf. Bonucci and Kessedjian (dirs) (2018).

[20] Pour une lecture critique, cf. Cantú Rivera (2019).

[21] Décret-Loi 9/2017.

[22] « Doing Business the Canadian Way : A Strategy to Advance Corporate Social Responsibility in Canada's Extractive Sector Abroad », 2014. Il faut noter qu'en janvier 2018 le gouvernement

a adopté le *Modern Slavery Act* 2015[23]. La France a adopté la loi sur le devoir de vigilance[24]. En Suisse, une initiative populaire propose d'introduire en droit suisse une obligation de diligence ou vigilance[25]. Quant à l'Argentine, le Japon, le Kazakhstan et le Mexique les PAN sont en cours de développement. La Chine n'a pas adopté de PAN et ne semble pas en voie de ce faire.

Lorsqu'aucune action n'a encore été entreprise, les raisons pour cet état de chose sont diverses. Pour le Brésil et la Turquie, les crises politiques et sociales semblent être à l'origine de l'inaction dans le domaine de la RSE. Le Viet Nam doit équilibrer une croissance rapide et le respect de l'environnement et des droits sociaux. Il semble que le gouvernement privilégie les actions volontaires des entreprises plutôt qu'une politique publique à cet égard.

Enfin, nous avons interrogé les rapporteurs sur la place de la norme ISO 26000 dans l'arsenal des normes de RSE applicables. La plupart des rapporteurs indiquent que les normes ISO sont largement appliquées par les entreprises et que la norme ISO 26000 devrait l'être de la même manière[26]. D'autres[27] indiquent que les normes ISO 20400 et 14000 sont également appliquées, y compris par les autorités gouvernementales. Le PAN de la République tchèque mentionne la norme ISO 26000 qui semble être « imposée » aux entreprises tchèques par leurs partenaires venant de pays plus développés. Il y aurait là, si cette interprétation est avérée, une véritable influence de la place de marché permettant de rendre plus contraignantes des normes essentiellement volontaires. La position du Japon est intéressante à plus d'un titre car elle permet de comprendre comment les tribunaux peuvent s'emparer d'une norme telle que la norme ISO 26000 : "There has been no case so far where the courts applied the ISO standards, thus the situation is not clear. However, The Supreme Court implied that the violation of a self-regulatory rule with regard to fair practice in security transactions for the protection of investors, established by the Securities Dealers Association (the Fair Trading Rules), can constitute a tort... Considering that Japanese enterprises have actively adopted the ISO 26000 ... it is highly likely that the ISO standards will be taken into consideration for the

canadien a annoncé la création d'un ombudsperson et d'un conseil d'orientation concernant les activités à l'étranger des entreprises minières.

[23]Modern Slavery Act 2015, 2015 Chapter 30, 26th March 2015.

[24]Loi n° 2017-399 du 27 mars 2017 relative au devoir de vigilance des sociétés mères et des entreprises donneuses d'ordre, JORF n°0074 du 28 mars 2017, texte n°1.

[25]A l'heure où nous écrivons, le Parlement suisse est saisi. Si une loi est adoptée, l'initiative populaire sera abandonnée. Si, en revanche, le Parlement renonce, l'initiative populaire ira au référendum.

[26]Allemagne (bien qu'aucun exemple concret n'ait pu être trouvé), Argentine, Belgique, Canada (pas de cas concrets) Pays-Bas, Portugal (mais surtout pour le reporting financier et extra financier), Royaume-Uni, Suisse. La réponse de l'Italie permet de comprendre comment les normes ISO, en général, sont intégrées dans le champ juridique italien. Toutefois, aucune précision spécifiquement pour la norme ISO 26000 n'a été donnée.

[27]Les Pays-Bas, notamment.

decision of the civil responsibility in torts."[28] Le Brésil a adopté une norme nationale de RSE, *NBR 16001,* qui permet la certification, alors que la norme ISO 26000, par elle-même, ne la permet pas, et ces normes sont largement suivies par les entreprises privées et dans les contrats de marchés publics. L'Espagne a également adopté une norme nationale, UNE-ISO 26000:2012, accompagnée par un Guide pratique[29].

En revanche, pour un certain nombre de pays, les rapporteurs sont plutôt d'avis qu'un tribunal ne pourra pas appliquer ni prendre en considération la norme ISO 26000, sauf si elle a été visée clairement dans le contrat donnant lieu à un différend, renforçant ainsi le caractère volontaire de la norme[30]. Le cas du Viet Nam se situe un peu à part puisque les normes ISO y sont généralement appliquées, explique le rapporteur, mais la norme ISO 26000 est ignorée plus pour des raisons de réalisme économique et d'inefficacité de l'administration de contrôle.

2.4 Autres normes

Le rapport pour l'Argentine mentionne des instruments régionaux issus du *Inter-American Juridical Committee* lié à l'Organisation des États américains. Il s'agit d'abord d'un rapport adopté en 2014 intitulé « Guide to Corporate Social Responsibility in the field of Human Rights and the Environment in the Americas »[31]. Ce rapport a été suivi par deux résolutions adoptées en 2017[32] sur « Conscious and Effective Regulation of enterprises in the Field of Human Rights ».

En conclusion sur l'environnement juridique et extra-juridique en matière de RSE, il est possible de dire que le problème le plus prégnant est la nature de *soft law* de bon nombre de normes, ce qui va poser des difficultés à la fois dans la prévention des pratiques contrevenantes et dans les litiges qui pourront s'en suivre. Cela explique également la timidité que l'on constatera dans le contentieux (et, parfois, l'absence même de contentieux). Il est certain, en tout cas, que cette qualité de la norme va engendrer des difficultés pour le fonctionnement du droit international privé.

[28]Rapport pour le Japon. Jugement du 14 juillet 2005 de la Cour suprême du Japon, (Fair Practice Rules), *Minshū* [Supreme Court of Civil Reports], Vol. 59, No. 6, p. 1323. The English text is available at "Supreme Court of Japan", http://www.courts.go.jp/app/hanrei_en/detail?id=801.

[29]La référence pour ce guide pratique est la suivante : *http://www.en.aenor.es/aenor/normas/ediciones/fichae.asp?codigo=9471&temporal=busc.*

[30]Chili, États-Unis, France, Kazakhstan, Mexique.

[31]Résolution n°295/2014.

[32]Résolution CJI/Res.232 datée 9/3/2017 et Résolution CJI/doc.522/17 rev. 1 and rev. 2. D'une manière générale, sur le rapport droits de l'homme et sociétés transnationales, cf. Marrella (2017), pp. 33–435.

3 Qualification (Questions 6 à 9)[33]

Tout raisonnement de droit international privé commence par un exercice de qualification qui commande le choix de la règle de conflit de lois adéquate. Les normes de RSE sont difficiles à qualifier car elles peuvent relever de multiples domaines : droit des sociétés (pour les relations internes à la société) ; droit des contrats ; droit des relations délictuelles ou quasi délictuelles, au moins.

3.1 Droit des sociétés

Le devoir de diligence, le devoir de vigilance[34], les exigences liées à l'organisation d'un département de *compliance*[35] et les exigences similaires relèvent nécessairement du droit des sociétés[36]. Pour un certain nombre de pays, il n'existe pas de différence entre les règles propres à la gouvernance d'entreprise et les règles de RSE[37]. Pour ces pays, c'est à travers la gouvernance d'entreprise que le

[33]Le questionnaire n'a pas porté sur les questions qui pouvaient être liées au droit du travail, comme les lanceurs d'alerte, lorsque ceux-ci sont salariés ou ex-salariés de l'entreprise dont les activités sont dénoncées. Le rapport pour la France aborde cette question et rappelle le lien entre cette question et celle du secret des affaires telle que règlementée par la directive UE 2016/943 du 8 juin 2016.

[34]La France a adopté une loi spécifique sur le devoir de vigilance, Loi 2017-399 du 27 mars 2017, cf. *supra* note 24. L'Espagne a adopté, pour les fonds d'investissement, une exigence de transparence dans les termes suivants : "the Act 1/2002, of 29 November, on pension plans and funds... [where] Article 14.7 establishes that the monitoring commission of pension funds will adopt a declaration specifying the guiding principles of its investment policy. In particular, regarding labor pension funds, this declaration will have to mention whether riscs are taken into consideration in taking decisions on investment, ethical, social, environmental and good governance. ». La bourse chilienne a adopté des règles de bonne gouvernance pour les investissements.

[35]Il est convenu de retenir le terme « *compliance* » en français également car le terme « conformité » n'est que partiellement adéquate pour refléter la richesse du terme anglais de « *compliance* ». L'Italie possède une législation spécifique sur la *compliance* : Legislative Decree 231/2001. Le rapport italien signale plusieurs décisions de jurisprudence basées sur ce texte mais qui concernent toutes des affaires internes à l'Italie. Le Royaume-Uni inclut un devenir de diligence dans le Companies Act de 2006 alors qu'auparavant c'était considéré comme une exigence du *common law*.

[36]Viet Nam. L'Italie signale que de nombreuses règles du droit des sociétés permettent d'exiger le respect des normes de RSE. Le Royaume-Uni a adopté le "Modern Slavery Act 2015, which aims to achieve increased transparency by requiring companies to set out what measures they have taken to ensure that no human rights violations occur throughout their global supply chain. The Modern Slavery Act 2015 only applies to England and Wales. In Scotland there is the Human Trafficking and Exploitation (Scotland) Act 2015. In Northern Ireland there is the Human Trafficking and Exploitation (Criminal Justice and Support for Victims) Act (Northern Ireland) 2015."

[37]Argentine, Belgique, Chili, Espagne, Italie, Japon, Kazakhstan. Le cas de la Chine mérite d'être noté particulièrement car l'article 5 de la loi sur les sociétés de 2006, amendé en 2013, vise « la morale sociale » et l'éthique des affaires. Il dispose : « A company shall, when engaging in business

législateur régule les performances des entreprises à l'égard d'objectifs sociaux, environnementaux, notamment[38].

Pour tous les pays qui ont adopté un PAN, il devrait en résulter une exigence, à l'égard des sociétés installées sur leur territoire (selon des critères de taille qui peuvent varier), de mettre en œuvre des actions de diligence/vigilance pour prévenir les violations des droits de l'Homme et, plus généralement, des normes de RSE[39]. Dans certains pays, ces exigences pèsent seulement sur les sociétés publiques, c'est-à-dire les sociétés qui font appel public à l'épargne ; pour les sociétés privées, le caractère volontaire des normes de la RSE prend le dessus[40].

Dans certains pays[41], la théorie dîte du "voile de la personnalité morale", relève du droit des sociétés. Mais il n'existe pas de théorie générale de levée du voile de la personnalité morale. Au contraire, cette règle est appliquée dans certains domaines en particulier[42] et fait l'objet d'adaptation pour la RSE[43]. On note aussi que la loi française sur le devoir de vigilance[44] permet de passer outre la question de la levée du voile de la personnalité morale puisqu'elle vise les activités des filiales, sous-traitants et fournisseurs indépendants des sociétés couvertes par la loi. Certains rapports nationaux montrent que la théorie de l'abus de droit peut aussi servir de base à la levée du voile de la personnalité morale[45]. Les autres bases sur lesquelles la levée du voile de la personnalité morale peut être fondée sont la fraude, la simulation, l'apparence[46]. On retrouvera la discussion sur la levée du voile de la personnalité morale dans la partie consacrée aux délits.

Dans plusieurs pays, les directeurs de sociétés ont un devoir vis-à-vis des actionnaires et leur responsabilité peut être engagée s'ils violent les devoirs de leur charge (*duty of care)*[47], y compris lorsqu'ils ont manqué à la mise en place de contrôles en matière de RSE (c'est rare) ou ont manqué aux règles minimales en

---

activities, abide by laws and administrative regulations, observe social moralities and business ethics, act in good faith, accept the supervision of the Government and the general public, and undertake social responsibilities ». Toutefois, le rapport pour la Chine mentionne des doutes sur la mise en œuvre effective de ces directives dans la mesure où plusieurs « scandales », notamment en matière alimentaire, ont montré l'absence d'effectivité des règles posées par le législateur.

[38]V. notamment le rapport pour la France. Pour une explication très claire de ce lien entre la gouvernance d'entreprise et la responsabilité sociétale des entreprises, v. Magnier (2017).

[39]République tchèque. Mais le Mexique semble faire exception.

[40]Chili, Espagne.

[41]Allemagne, Belgique.

[42]En Belgique, c'est essentiellement en matière d'insolvabilité que la théorie est appliquée. En France, on trouve des cas en droit de la concurrence et, depuis 2017, dans le texte de loi sur le devoir de vigilance, évitant ainsi l'application restrictive de la théorie qui avait été faite jusque-là par les tribunaux.

[43]Demeyere (2015), p. 385.

[44]*Supra* note 24.

[45]Belgique.

[46]V. le rapport pour la Belgique.

[47]On retrouve le *duty of care* aussi en matière délictuelle (v. le rapport pour le Canada).

matière de gestion de risques dans l'intérêt d'une bonne gestion de la société[48] ou n'ont pas su éviter les situations de corruption[49]. Ce sont donc bien les intérêts de la société qui sont ici pris en considération, pas les intérêts des tiers[50], même si, parfois, les intérêts des tiers peuvent être pris en considération comme un élément de contexte[51]. Parfois, ces obligations sont limitées aux normes concernant l'environnement[52] et/ou le social[53]. Les sanctions à l'égard des directeurs de la société peuvent aller jusqu'à la démission forcée[54]. Toutefois, le « *duty of care* » dont il est question dans l'affaire *Vedanta*, pendante devant les juridictions du Royaume-Uni, n'est pas inclus dans le droit des sociétés mais fait partie de la théorie sur les *torts*.

Il convient de signaler ici l'enseignement très riche de l'affaire *Siemens/ Neubürger* mentionnée par le rapport pour l'Allemagne dans la mesure où le tribunal a étendu le *duty of care* exigé de la société mère à ses filiales, y compris ses filiales à l'étranger, c'est-à-dire des sociétés soumises à une autre *lex societatis*. Nous partageons l'avis des rapporteurs pour l'Allemagne que le raisonnement de la Cour dans *Siemens*, bien qu'exigé par la lutte contre la corruption et les obligations liées à la recherche d'une saine concurrence, peut et doit être appliqué en matière de RSE.

Tous les Etats membres de l'Union européenne sont liés par la directive 2014/95/ EU du 22 octobre 2014 relative à la publication d'informations extra-financières par les entreprises. Les informations que les entreprises doivent publier en vertu de ce texte concernent non seulement les conséquences sociales et environnementales, mais aussi les mesures concernant le respect des droits de l'Homme et la lutte contre la corruption. Pour se mettre en conformité avec les exigences de cette directive,

---

[48]Allemagne, Belgique (même si c'est de manière indirecte), Canada, Italie, Portugal, République tchèque, Royaume-Uni, Viet Nam.

[49]Aff. Siemens/Neubürger signalée par le rapport pour l'Allemagne.

[50]Allemagne, Suisse. Le rapport allemand donne l'exemple de l'affaire Siemens en ces termes : "The duty of care of the management board as well as the supervisory board includes the duty of legality (Legalitätspflicht), i.e. the duty to comply with the applicable laws when conducting a business. 2 The recent landmark decision of *Siemens/Neubürger* [LG München, NZG 2014, 345] relating to a complex corruption system within the Siemens group surprised management boards, their consultants and the research community alike. It was one of the first cases in which a public civil court awarded damages to a company whose director (Vorstandsmitglied) had violated his duty to (effectively) monitor the subsidiaries' conduct. In a nutshell, the court held the director accountable for the non-existing or at least non-functioning compliance system and missing control of the foreign (Nigerian) subsidiary. The novelty of the decision was that the duty of legality of the parent company (Siemens AG) was extended, firstly, to a *separate legal entity* (subsidiary) and, secondly, to a company subject to a *foreign lex societatis* (Nigerian Company Law)".

[51]Canada, *Peoples Department Stores Inc v Wise,* 2004 SCC 68, [2004] 3 SCR 461 ; Canada, *BCE Inc v 1976 Debentureholders*, 2008 SCC 69, [2008] 3 SCR 560.

[52]Belgique.

[53]Belgique, Chine, République tchèque (particulièrement en lien avec le PAN), Viet Nam.

[54]République tchèque.

certains pays ont amendé leur législation comptable[55] ou leur législation sur les sociétés[56]. Cette obligation de prendre en considération des éléments non financiers dans la gestion de la société pourrait entraîner, à terme, une révolution dans la conception des objectifs pour lesquels la société a été constituée[57]. Les informations qui doivent être incluses dans le rapport doivent être contrôlées par un organisme indépendant[58] et être insérées dans le rapport de gestion[59]. Il est à regretter que la directive ne prévoie aucune sanction en cas de violation des obligations qu'elle organise. Ce sont donc les législateurs nationaux qui doivent prévoir ces sanctions. En Allemagne, par exemple, ce sont des sanctions pénales qui sont prévues ainsi que des sanctions civiles mises à la charge des dirigeants de la société en faveur des tiers.

Le rapport italien signale une règle fort utile dans notre domaine en ce qui concerne les obligations de la société mère vis-à-vis des exigences de bonne gestion de ses filiales : « [Parent company duty of care:] . . .pursuant to Article 2497 of the civil code (hereinafter 'c.c.'), parent companies have a duty of diligence ('*di corretta gestione societaria e imprenditoriale*' [of correct social and business management]) over their subsidiaries. In case of lack of compliance with it, the latter's shareholders can bring a civil action against them. »[60]. Le Royaume-Uni a d'ores et déjà incorporé dans le *Modern Slavery Act* de 2005 une exigence de diligence dans la chaîne de valeur[61].

Enfin, plusieurs rapports nationaux mentionnent l'existence, en droit des sociétés, de formes de sociétés spécifiques pour l'économie sociale et solidaire, selon l'expression utilisée en France[62]. Le rapport italien mentionne l'inclusion désormais dans la liste des sociétés qui peuvent être formées en Italie, les sociétés dites « à caractère social » ('*imprese sociali*') ou les sociétés d'utilité publique ou à but non

---

[55]République tchèque.

[56]Allemagne, France.

[57]Allemagne.

[58]France.

[59]France.

[60]Cette règle générale est complétée par les dispositions suivantes : "Pursuant to Article 4.1 of Legislative decree 231/2001, parent companies incorporated in Italy of multinational corporations can be deemed liable for the commission of specifically listed crimes by the subsidiaries incorporated abroad. Moreover, it is aknowledged that companies of the same group can be either held jointly liable, or the parent company can be held liable for the subsidiaries' illicits. Foreign companies can also be held liable under the Decree for crimes committed in Italy, even if their law of incorporation does not provide for it… [U]nder Article 6.2 of Decree No. 231/2001, the models can have the effect of excluding corporate administrative liability only if they are suitable to identify the risky activities, provide for specific protocols and decision-making processes in the covered fields, prevent the commission of illicit activities including through the investment of dedicated financial resources, and establish pertinent information duties and disciplinary sanctions. According to Article 6.3, the models can be drafted on the basis of the codes of conduct adopted by the business associations".

[61]Cf. *supra* note 23, et pour plus de précisions sur les dispositions très détaillées de cette loi, se reporter au rapport pour le Royaume-Uni.

[62]La loi n° 2014-856 du 31 juillet 2014 relative à l'économie sociale et solidaire (loi ESS).

lucratif (« benefit corporations »)[63]. Le rapport français mentionne aussi ces sociétés d'un type particulier. Nous pensons que ces innovations, qui sont à l'étude dans d'autres pays, ne sont pas une bonne évolution dans la mesure où elles peuvent laisser penser que seules ces sociétés d'une forme nouvelle doivent se conformer aux règles de la RSE alors que ce sont toutes les sociétés qui doivent être obligées de le faire. Ces formes de sociétés à but « social » ou « d'intérêt public » doivent être rapprochées des obligations incorporées dans le droit des sociétés de certains pays[64] selon lesquelles la société doit allouer une portion de ses bénéfices ou de son chiffre d'affaires à des activités caritatives ou des fonds au profit des salariés ou de personnes dans le besoin.

3.2 *Droit des contrats*

Tous les rapports qui nous ont été communiqués ont insisté sur le fait que les règles de la RSE sont « volontaires ». C'est pourquoi, l'autonomie de la volonté est appelée à jouer un rôle important dans le domaine de la RSE, sauf à ce que ces normes soient éventuellement qualifiées de normes d'ordre public[65]. C'est pourquoi, le droit des contrats est susceptible de jouer un rôle en la matière car les entreprises peuvent intégrer les normes de RSE au moins de deux manières différentes dans leurs relations contractuelles : (1) elles peuvent inclure une clause dites de « RSE »

[63][Benefit corporations:] As far as benefit corporations are concerned, their constitution is regulated by Legislative Decree No. 1882/2015. Benefit corporations are defined as corporate entities which contextually pursue economic and social objectives and perform their activities responsibly, sustainably and transparently with regard to individuals, communities, the environment, the cultural heritage, and all the other stakeholders. The objectives, specifically identified within the deed of incorporation, must be achieved by striking a balance between the shareholders' and the stakeholders' interests. The directors are liable in cases of failure to carry out their duties in this respect. If a benefit corporation does not pursue its social objectives, it can be considered liable for misleading advertising.

[64]Inde, Turquie.

[65]Cf. *infra* Sect. 3. Le rapport pour l'Allemagne précise qu'aucune des normes de l'OCDE en la matière ne sont considérées comme étant d'ordre public. On en déduit qu'il en va de même pour les Principes des Nations Unies. Le rapport pour le Japon indique que seules les normes de lutte contre la corruption peuvent être considérées comme d'ordre public. Le rapport pour la Chine mentionne que l'article 7 de la loi de 1999 sur les contrats dispose : « When concluding and performing contracts, the parties concerned shall abide by laws and administrative regulations, respect social ethics, and refrain from disrupting the social and economic order or undermining social and public interests. ». La référence à l'éthique et aux intérêts publics pourrait éventuellement servir de base à une responsabilité en matière de RSE. Le rapport pour le Mexique fait état d'une affaire jugée par la Cour suprême (affaire 3516/2013) selon laquelle les normes de droits de l'Homme font partie de l'ordre public du Mexique si bien que les parties ne peuvent pas s'en abstraire même en matière contractuelle.

dans les contrats qu'elles concluent avec leurs partenaires[66] ; (2) elles peuvent déclarer, grâce à leurs codes de conduite, acte unilatéral, qu'elles obéissent aux exigences de la RSE. Chacune de ces références peut se faire soit de manière précise, en énumérant les conventions internationales, les textes internationaux ou les normes éthiques ou autres que l'entreprise a décidé de suivre, soit de manière plus vague en incorporant certaines des obligations ou normes, mais pas toutes. Ainsi il n'est pas rare de voir dans les codes de conduite des entreprises une référence aux conventions essentielles de l'OIT ou aux Principes des NU et/ou aux Principes de l'OCDE ou à la norme ISO 26000. En procédant de cette manière-là, les entreprises « incorporent » dans leur pratique (contractuelle ou autre) les exigences issues de ces textes, alors même que certains d'entre eux pourraient être de nature « *soft* » seulement. En procédant à une telle incorporation (à condition que les termes utilisés soient clairs[67]) l'entreprise donne une force contraignante à ce qui, autrement, pourrait être de simples aspirations[68].

Certains contrats prévoient des obligations liées à la RSE et en font soit des conditions résolutoires, soit des conditions suspensives, soit des clauses de fin de contrat avec ou sans indemnités[69]. Il est aussi possible de considérer les déclarations des entreprises comme des déclarations (*representations)* qui peuvent entraîner une responsabilité si elles s'avèrent erronées en pratique[70], à l'image de ce que permet le droit de la consommation[71].

Il est également possible que des obligations de RSE découlent de la réglementation en matière de contrats de travail[72].

Malgré cette analyse juridique qui apparaît incontestable et nécessaire, les juges ne sont pas prêts à admettre une quelconque responsabilité contractuelle à l'encontre

[66]Une étude de plusieurs années a été conduite par le Groupe de Travail sur les contrats internationaux (GTCI) sur les clauses RSE dans les contrats internationaux. Ces travaux ne sont pas encore publics. Toutefois, on peut conclure de ces travaux que la variété des clauses de RSE est immense et qu'elles suivent des schémas de raisonnement juridiques assez différents les unes des autres, notamment lorsque le but de ces clauses est de tenter de transférer la responsabilité de l'entreprise donneuse d'ordre à ses partenaires plus bas dans la chaîne de valeurs. Le rapport de la République tchèque mentionne cette hypothèse pour les entreprises tchèques qui appartiennent à des groupes internationaux de sociétés. Le rapport pour l'Allemagne indique que les entreprises allemandes incluent très souvent de telles clauses dans leurs contrats et exigent la plupart du temps qu'elles soient répercutées à tous les stades de la chaîne de valeur. Le rapport français donne plusieurs références doctrinales qui font état de la pratique en la matière.

[67]S'agissant d'actes unilatéraux émanant des entreprises elles-mêmes, les tribunaux sont prudents avant d'en déduire des obligations juridiques. On peut appliquer en la matière les mêmes principes que ceux qui ont été appliqués en jurisprudence dans le domaine des lettres d'intention.

[68]Un certain nombre de rapports mentionnent l'utilisation possible des codes de conduite dans le sens que nous mentionnons au texte : Italie, Pays-Bas.

[69]Ces hypothèses ont été énoncées par le rapport pour l'Allemagne et la Belgique.

[70]Italie.

[71]Allemagne.

[72]C'est ce que signale le rapport pour la Chine (art. 80 de la loi chinoise pour les contrats de travail).

des entreprises qui ont procédé à une telle incorporation dès que les termes sont un tant soit peu flexibles ou peu clairs ou trop abstraits[73].

3.3 *Droit de la responsabilité délictuelle ou quasi délictuelle*

Plusieurs rapports rappellent que les règles concernant les pratiques commerciales abusives peuvent servir de réceptacle à une responsabilité en matière de RSE en attendant le développement d'une responsabilité spécifique à la RSE[74].

Les violations des standards de RSE, lorsqu'ils ont trait à des obligations certaines, telles celles en matière d'environnement, de santé, etc. peuvent donner lieu à réparation en vertu du droit de la responsabilité délictuelle soit pour un individu en particulier qui devra démontrer le lien causal[75], soit pour un groupe d'individus si l'atteinte à des droits *erga omnes* est caractérisée[76]. Si l'on considère une violation des droits de l'Homme, plusieurs difficultés se font jour qui ont été parfaitement soulignées, notamment dans le rapport pour l'Allemagne. Tout d'abord, nous vivons encore dans une époque où beaucoup croient que les droits de l'Homme n'imposent de devoirs qu'aux États et pas aux personnes privées, nonobstant le fait que le commentaire du Prof. Ruggie sur la seconde partie des Principes des Nations Unies dit clairement que le respect des droits de l'Homme par les entreprises n'est pas une option pour elles[77]. En second lieu, même si une responsabilité pouvait être trouvée, encore faudrait-il qu'elle puisse être déterminée à l'égard de toutes les entreprises concernées, quelle que soit leur place dans la chaîne de valeur, ce qui, pour le moment, est loin d'être le cas.

[73]Allemagne (absence totale de jurisprudence), Belgique, France (particulièrement démontré par l'affaire dite du Tramway de Jérusalem ou, en matière sociale, Soc 6 juin 2001, n°99-43929), Royaume-Uni.

[74]Belgique, France, notamment.

[75]Toutes les affaires qui sont venues devant les tribunaux nationaux ont montré la grande difficulté pour les victimes d'établir le lien de causalité ainsi que le souligne, notamment le rapport pour la France. On peut signaler toutefois qu'en matière d'environnement la preuve du lien causal pourrait être facilitée par l'intervention du principe de précaution.

[76]Le rapport pour la Chine mentionne que l'atteinte à l'environnement est qualifiée d'action délictuelle à l'article 65 de la loi sur les délits (2010).

[77]Commentaire au Principe directeur 11 : « La responsabilité de respecter les droits de l'Homme est une norme de conduite générale que l'on attend de toutes les entreprises où qu'elles opèrent. Elle existe indépendamment des capacités et/ou de la détermination des États de remplir leurs propres obligations en matière de droits de l'Homme et ne restreint pas ces dernières. Elle prévaut en outre sur le respect des lois et règlements nationaux qui protègent les droits de l'Homme. » A/HRC/17/31 (21 mars 2011).

La responsabilité de la société vis-à-vis des tiers est problématique dans la mesure où les normes de RSE sont considérées comme des normes de droit tendre[78]. Il s'avère donc que cette question récurrente pose réellement difficulté dans notre domaine et devra faire l'objet d'une étude plus approfondie pour sortir de ce dilemme. En transformant certaines obligations tirées des Principes de l'OCDE (vigilance) en texte législatif, la France a réglé en partie ce problème, mais uniquement dans la limite des obligations visées par la loi[79]. Ce qui précède explique que, pour la plupart des rapports, seules les questions de droit de l'environnement ou de droit du travail ont été visées par les réponses car, dans ces domaines, il existe des normes juridiques (*hard law*) qui entraînent effectivement une responsabilité, que ce soit au titre d'une mauvaise gestion des risques ou une obligation positive d'éviter un dommage[80].

En tout état de cause, si la responsabilité de la société vis-à-vis des tiers est possible, elle est envisagée sous l'angle de la responsabilité délictuelle[81], parfois limitée aux questions de pratiques anti-concurrentielles ou déloyales[82]. On peut assimiler la violation par l'entreprise de son propre code de conduite à une pratique déloyale lorsque le contexte se prête à une telle qualification[83]. Toutefois, dans un certain nombre de pays, il ne semble pas qu'il existât une responsabilité délictuelle pour les activités de l'entreprise violant les normes de RSE, sauf dans des cas limités comme le droit du travail[84].

Mais même dans les pays qui admettent que les normes de RSE puissent donner lieu à une responsabilité délictuelle, celle-ci est parfois limitée aux droits les plus

---

[78]Brésil, Canada. Le rapport pour la Turquie propose une analyse créative en suggérant que le juge pourrait décider qu'il existe un vide juridique en droit turc et serait alors autorisé à créer une obligation à partir d'une analyse de droit coutumier.

[79]Loi 2017-399 citée *supra* note 24. Deux décisions sont emblématiques de ce que pourrait être la future jurisprudence au titre de la loi de 2017 : Affaire de l'Erika (Cass. crim., 25 sept. 2012, n° 10-82-938, Bull. crim., n° 198) : la responsabilité de la société Total a été retenue pour avoir contrevenu à ses propres règles de *Vetting* en acceptant un pétrolier, l'Erika, en limite d'âge, en signant un contrat de d'affrètement sachant que le navire (appartenant à l'une de ses filiales) ne correspondait pas aux critères de sa mission en termes de sécurité et en ne procédant à aucune inspection physique du bâtiment. La société Total avait en effet mis en place un système de « *Vetting* » impliquant des contrôles techniques dont la mise la œuvre lui conférait le droit de monter à bord du pétrolier. Affaire du Distilbene (Cass. 1ère civ. 7 mars 2006 n° 04-16179) : responsabilité d'une société ayant commercialisé un produit pharmaceutique, le Distilbene, alors que les risques pour les personnes exposées pendant la grossesse de leur mère à ce médicament étaient connus et identifiés sur le plan scientifique, « qu'elle n'avait pris aucune mesure, ce qu'elle aurait dû faire même en présence de résultats discordants quant aux avantages et inconvénients », et qui avait ainsi avait « manqué à son obligation de vigilance ».

[80]Par ex. Espagne, Mexique, Turquie, Suisse, Viet Nam.

[81]Allemagne, Argentine, Belgique, Chili, Kazakhstan, Pays-Bas, Portugal.

[82]Belgique.

[83]Belgique, Italie (mais uniquement pour les consommateurs).

[84]Suisse.

fondamentaux qui peuvent être considérés comme des « droits *erga omnes* »[85]. La difficulté alors concerne la définition de ce qu'il convient d'entendre par « droits *erga omnes* ». Comme le dit le rapport pour l'Allemagne, même les droits humains ne sont pas tous, de manière évidente, inclus dans cette catégorie relativement limitée et ce, d'autant plus qu'il est encore soutenu en doctrine (même après l'intervention des Principes des Nations Unies, dits Principes Ruggie) que seuls les États ont des obligations en matière de droits de l'Homme. Cette analyse s'applique d'autant plus que l'on parle de normes de RSE plus larges que les droits de l'Homme au sens strict du terme[86].

La question de la « levée du voile de la personnalité morale » est une question essentielle dans le cadre de la responsabilité délictuelle, surtout dans le domaine des violations des règles de RSE car, très souvent, les actes en cause sont perpétrés par une société installée sur le territoire d'un autre État que la société mère et la question se posera de savoir si la victime peut attaquer la société mère pour ces violations[87]. Un certain nombre de pays ne reconnaissent pas cette théorie[88]. Pour d'autres, les réponses apportées sont plus incertaines, notamment en raison du fait qu'elles ne sont pas abordées sous l'angle de la levée du voile de la personnalité morale, mais seulement sous l'angle de la responsabilité[89], notamment grâce à la théorie de l'agence[90]. En tout état de cause, il apparaît que ces affaires sont extrêmement difficiles à mener à bien par les demandeurs qui se heurtent à des standards juridiques stricts, sans que l'adoption de codes de conduite en matière de RSE soit d'un quelconque secours[91].

Se pose aussi la question de savoir quelles victimes peuvent agir : les victimes directes seules, ou plus largement un collectif de victimes. Le Chili a admis une action large avec des dommages et intérêts moraux dans le cadre d'une violation de règles spécifiques à l'environnement[92]. Aux Pays-Bas, dans l'affaire

---

[85]C'est le cas en Allemagne (art 823 Code civil).

[86]Sur la question de savoir si seules les normes de droits de l'Homme au sens strict du terme sont protégées par les Principes Ruggie notamment, cf. Kessedjian (2016), pp. 309–312.

[87]Plusieurs affaires sont signalées pour le Canada dans lesquelles les tribunaux ont refusé la levée du voile de la personnalité morale. Cela semble être le cas pour le Chili.

[88]Allemagne, mais cette position est critiquée par le rapport qui appelle pour une modification du droit allemand à cet égard, notamment dans le sens de celui appliqué au Royaume-Uni dans l'affaire Chandler v. Cape [2010] EWCA Civ 525, [2012] 1 WLR 3111.

[89]Belgique, Canada. Sur la qualification délictuelle de la demande fondée sur l'immixtion de la société mère dans la gestion de sa filiale, voir en France Civ. 1, 26 oct. 2011, n° 10-17026, *JDI* 2013 n° 2, com. 11 et pour le droit de l'UE, CJUE 18 juil. 2012, OFAB, Aff. C-147/12. On renvoie aussi à ce qui est expliqué *supra* pour le *duty of care*.

[90]Canada.

[91]Das v George Weston Ltd (2017, Ont SCJ) cité par le rapport pour le Canada.

[92]*Lizana v Municipalidad de Puente Alto* [Supreme Court, Role 10156-2010, 7 May 2013]. In this case, the State of Chile, the municipality of Puente Alto and a real estate company were found liable for allowing a group of people to install their homes on land adjacent to a former landfill site, which was closed contravening the prevailing environmental regulations. As a consequence, the people were exposed to gas and bad smells, affecting their daily life, which was reflected in the order of

Urgenda v. État néerlandais, les communautés affectées ont été admises comme demanderesses pour obliger l'État néerlandais à prendre des mesures préventives pour pallier les dommages potentiels que les changements climatiques peuvent entraîner[93].

3.4 Ordre public

Il est bien connu que la question de l'ordre public est particulièrement importante pour le droit international privé. Si les normes de la RSE sont qualifiées de « lois de police » (ou « *overriding mandatory rules* » comme il est convenu désormais de les appeler dans le jargon anglais européen), le mécanisme de conflit de lois sera perverti et le droit étranger éventuellement applicable à la relation en cause ne sera même pas considéré. Si les normes de la RSE sont qualifiées de règles d'ordre public, le droit étranger sera appliqué sauf pour les règles précises qui heurteront cet ordre public. Il est donc important de savoir quelles pourraient être les normes de la RSE qui seraient qualifiées soit de lois de police soit de règles d'ordre public.

Un paradoxe apparaît immédiatement. Comment les règles de la RSE pourraient-elles être des normes d'ordre public (et encore moins des lois de police) puisqu'elles sont considérées comme du droit tendre laissées à l'autonomie de la volonté des opérateurs économiques ? Ce paradoxe n'a pas échappé aux rapporteurs puisque la plupart a répondu par la négative à cette question[94]. Certains rapports remarquent que les normes de RSE, quand elles existent, ne sont sanctionnées par aucune mesure législative[95].

Pourtant, la réponse ne devrait pas être monolithique. En effet, certaines règles de RSE sont issues des droits de l'Homme[96] (par exemple, les conventions de l'OIT en matière de droit du travail) ou font partie du *hard law*, comme les règles portant sur la protection de l'environnement ou la protection du consommateur ou les règles

compensation for the moral damage caused to the plaintiffs. This case even innovated as it granted collective moral damage, inexistent previously.". Le législateur au Chili a également reconnu, comme réparable, le dommage causé à l'environnement par une loi ultérieure.

[93]Pour une traduction anglaise de cette décision, cf. https://uitspraken.rechtspraak.nl/inziendocument?id=ECLI:NL:GHDHA:2018:2610&showbutton=true&keyword=Urgenda.

[94]Belgique, Canada, Pays-Bas, Portugal, Suisse.

[95]Allemagne, Argentine, États-Unis.

[96]France. Le rapport pour le Chili indique que du fait de l'adoption du PAN, les questions liées à la relation entreprises et droits de l'Homme sont d'ordre public. Le rapport pour l'Argentine précise que les conventions de protection des droits de l'Homme ratifiées par l'Argentine ont une valeur supérieure à la loi interne du pays. Le rapport pour l'Argentine mentionne également un avis consultatif de la Cour interaméricaine des droits de l'Homme (Oc-5/85 du 13 nov. 1985) donnant une définition de l'ordre public.

fiscales et comptables[97] ou celles concernant la lutte contre la corruption[98]. Certaines de ces normes sont nécessairement des normes d'ordre public (par exemple, l'interdiction du travail des enfants ou de l'esclavage)[99]. C'est ainsi que si la proposition de modification constitutionnelle en discussion en Suisse aboutit, les règles ainsi incorporées à la Constitution seront des lois de police. La qualification de loi de police ou règle d'application immédiate de la loi française sur la vigilance est discutée en doctrine en France[100].

Il a été suggéré que l'exigence d'un rapport extra-financier en vertu de la directive 2014/95/EU mentionnée ci-dessus, puisse être assimilée à une règle d'ordre public dans la mesure où elle touche toutes les sociétés visées, à partir du moment où elles sont établies sur le territoire de l'un des États membres de l'Union européenne quel que soit le droit applicable à ces sociétés[101].

De plus, si l'on dit que la RSE tend à protéger des valeurs, au-delà du droit[102], ces valeurs doivent être considérées comme supérieures aux règles de droit actuellement admises afin de permettre l'évolution de la norme[103]. Dans le même sens, les pays qui ont adopté un PAN montrent ainsi une politique publique en faveur de la RSE qui pourrait aisément être considérée comme un ordre public à prendre en considération par les tribunaux le moment venu[104].

4 Modes alternatifs de règlement des différends (Questions 10 et 11)

Les discussions se font de plus en plus vives et persistantes sur la possibilité d'organiser des modes alternatifs de règlement des différends pour régler les litiges qui naissent de violation par les entreprises des règles de la RSE en général et même, plus précisément, des règles de protection des droits de l'Homme. Plusieurs initiatives existent en ce sens.

---

[97]Argentine, Espagne, France, Italie, Kazakhstan, Mexique, République Tchèque, Turquie, Viet Nam.

[98]France.

[99]Argentine, Brésil, France.

[100]Le rapport se prononce pour une telle qualification, ce que nous partageons. Toutefois, il mentionne des études doctrinales qui sont plus hésitantes.

[101]Allemagne.

[102]Cf. *supra* para. 17, la définition retenue par le Royaume-Uni et que nous avons retenue pour les besoins de ce rapport et encourageons les parties prenantes à retenir.

[103]C'est probablement ce qui est suggéré par le rapport pour le Japon. Cf. aussi le rapport pour le Kazakhstan et celui pour les États-Unis.

[104]Le rapport pour le Chili fait un lien similaire sans aller aussi loin que ce que nous suggérons au texte. Cf. aussi le rapport pour la France.

Tout d'abord, pour tous les pays qui sont membres de l'OCDE ou qui ont adhéré aux Principes directeurs[105], un PCN est chargé de régler les litiges émanant de la non application des Principes ainsi que de ceux des Nations Unies. Les PCN fonctionnent selon des méthodes non harmonisées, sauf qu'aucun d'eux n'a le pouvoir de prononcer de sanctions ou d'ordonner aux parties de procéder d'une manière ou d'une autre. C'est une limite importante qui est souvent mentionnée par les ONG ou les représentants de la société civile pour expliquer leur mécontentement par rapport aux activités des PCN. Toutefois, on doit noter que les communiqués de presse que les PCN publient, lorsqu'ils ont terminé l'étude d'un cas et que les négociations (ou la médiation) a pris fin, sont souvent pris au sérieux par les parties et permettent d'améliorer le respect par l'entreprise des exigences de la RSE[106]. Par ailleurs, les PCN n'utilisent pas tous les mêmes techniques pour régler les «situations»[107] dont ils sont saisis. Certains renvoient systématiquement à une médiation extérieure et ne gardent pas la maîtrise du processus. D'autres, au contraire, procèdent par eux-mêmes et qualifient parfois leur intervention de médiation ou de bons offices.

L'une des difficultés rencontrées, non réglée par les textes applicables, concerne l'éventuelle «litispendance» entre une procédure judiciaire et une saisine d'un PCN. C'est la situation qui se présentait dans l'affaire *FIFA/Qatar*[108] soumise au Tribunal de Zurich, dans laquelle le tribunal se prononce sans égard aux actions entreprises par le PCN suisse qui a estimé que la FIFA devait être considérée comme une entreprise au sens des Principes directeurs de l'OCDE.

Ensuite, sous l'impulsion de l'OIT, on doit signaler les accords signés le 15 mai 2013 à l'issue de négociations faisant suite à l'écroulement du Rana Plaza au Bangladesh, portant sur les mesures à prendre en matière d'incendie et de sécurité des bâtiments, qui incluent une clause d'arbitrage. Deux procédures d'arbitrage ont été lancées en janvier 2016 par *Industriall Global Union* et *UNI Global Union* à l'encontre de deux marques mondiales de l'industrie textile et de la mode qui doivent rester confidentielles ainsi que l'a ordonné le tribunal arbitral dans une décision du 4 septembre 2017[109]. Cet arbitrage n'a pas prospéré en raison de l'intervention d'un accord transcationnel. L'arbitrage est également mentionné dans l'accord textile conclu aux Pays Bas ainsi que l'indique le rapport pour ce pays.

En troisième lieu, une initiative a été prise pour créer des règles spéciales d'arbitrage pour les questions d'entreprises et de droits de l'Homme, administrées par la Cour permanente d'arbitrage[110]. Une réunion de travail a été tenue à La Haye

---

[105] C'est le cas de tous les pays pour lesquels un rapport a été préparé, sauf la Chine, le Kazakhstan, le Portugal et le Viet Nam.

[106] L'exemple de l'affaire Michelin traité par le PCN français en est un bon exemple.

[107] C'est ainsi que sont nommés les différends soumis aux PCN.

[108] Handelsgericht des Kantons Zurich, HG160261-O.

[109] Cf. le communiqué de presse publié par la Cour permanente d'arbitrage à la demande du tribunal arbitral le 16 octobre 2017, https://pca-cpa.org/wp-content/uploads/sites/175/2017/10/20171016-Press-Release-No.-1-ENG-1.pdf.

[110] Cette initiative est due à Claes Cronstedt, Rachel Chambers, Adrienne Margolis, David Rönnegard, Robert C. Thompson et Katherine Tyler.

au printemps 2018, présidée par Bruno Simma, pour commencer à rédiger ce règlement d'arbitrage. Cette initiative est soutenue par le Ministère des Affaires étrangères des Pays Bas, la ville de La Haye et l'*Institute for Global Justice* installé à la Haye. Elle est venue à son terme en décembre 2019 avec la publication des *Hague Rules On Business and Human Rights Arbitration*.

Les rapporteurs qui ont répondu au questionnaire à la base du présent rapport indiquent pour la plupart que l'arbitrage est admis dans leur pays, y compris quand le litige porte sur des questions de RSE[111]. En revanche, un nombre non négligeable estime que la réponse à cette question n'est pas claire[112] dans la mesure, notamment, où il est douteux que les questions posées par la violation de normes de RSE soient arbitrables[113]. Cette dernière question est certainement au centre de la discussion, même si les initiatives rappelées ci-dessus montrent qu'elle a d'ores et déjà été dépassée dans certains cas. Toutefois, on doit noter que certains rapporteurs insistent sur le caractère contractuel des litiges qui peuvent être portés à l'arbitrage[114], si bien que dans les pays qui retiennent cette conception étroite de l'arbitrabilité, un arbitrage ne pourrait pas être organisé pour les litiges tels que ceux naissant de l'effondrement du Rana Plaza.

Plus prosaïquement, ce sont les coûts engendrés par une procédure d'arbitrage qui peuvent être un frein à un accès effectif de la justice pour les victimes. Cet aspect des coûts a été très clairement une des préoccupations de Lord Justice Simon dans l'analyse qu'il a proposée dans l'affaire *Vedanta*[115] alors même qu'il ne s'agissait pas d'arbitrage, mais seulement de la question de savoir s'il convenait de privilégier les juridictions britanniques ou les juridictions zambiennes.

En ce qui concerne la médiation et la conciliation, les mêmes pays se retrouvent des deux côtés de la réponse, à part le rapport pour la Turquie pour qui si l'arbitrage est autorisé, il est plus douteux que la médiation le soit, et le rapport pour la Belgique qui indique que la médiation est possible mais pas la conciliation.

Seul le rapport pour les Pays-Bas mentionne d'autres modes de règlement des différends : « binding advice, dialogue-based mechanisms, or complaints with the Commission for Human Rights », ce qui confirme le caractère novateur du règlement des différends dans ce pays qui possède une vraie culture favorisant les modes alternatifs. Le rapport pour la France mentionne que des négociations entre parties prenantes ont été menées en matière de droit du travail, ce qui est vraisemblablement possible dans d'autres pays aussi.

Des explications données par les rapporteurs, il apparaît clairement que lorsque l'arbitrage a été étendu à des relations asymétriques, caractéristique des litiges –au moins délictuels- en matière de RSE, les conditions de déroulement de la procédure

---

[111]Allemagne, Argentine, Belgique, Brésil, Canada, Chili, États-Unis, France, Italie, Japon, Kazakhstan, Mexique, Pays-Bas, Royaume-Uni, Suisse, Turquie, Vietnam.

[112]Chine (mais dans ce pays, l'arbitrage et la médiation sont admis pour les litiges de travail), Espagne, Portugal, République Tchèque.

[113]Portugal.

[114]Brésil, Canada, Chili, notamment.

[115]Nous étudions cette affaire ci-dessous dans la section sur la compétence juridictionnelle.

d'arbitrage ainsi que, plus généralement, son organisation, ont été aménagés pour tenir compte de cette asymétrie. C'est d'ailleurs ce que font les *Hague Rules* mentionnées ci-dessus.

Pour finir, doit être mentionné le travail effectué par la CNUDCI pour adopter un projet de convention et une loi modèle[116] sur l'exécution transfrontière des transactions, appelées dans le texte « accords de règlement »[117] obtenus à l'issue d'un processus réussi de médiation/conciliation. La difficulté de l'exercice est double. D'une part la transaction est un instrument contractuel, en cela elle peut être attaquée pour des raisons classiques en matière contractuelle, notamment les vices de consentement. D'autre part, c'est un instrument qui met fin à un différend à la suite d'un processus relativement informel organisé par un tiers. Cela a entraîné pour les négociateurs une prudence extrême et l'importation dans le texte des raisons pour lesquelles un jugement étranger ou une sentence arbitrale peuvent être remis en cause. Le texte cumule ainsi de très nombreuses raisons pour permettre à une partie mécontente du résultat de la transaction de s'opposer à son exécution transfrontière, perdant ainsi de vue l'objectif initial de l'exercice consistant à faciliter cette exécution.

5 Compétence juridictionnelle[118] (Questions 12 à 14)

A titre liminaire, il convient de noter qu'un recours effectif organisé au profit des victimes d'actes illicites est garanti au moins par l'article 2.3 du Pacte international relatif aux droits civils et politiques, l'article 13 de la Convention européenne des droits de l'Homme, l'article 25 de la Convention américaine relative aux droits de l'Homme et l'article 47 de la Charte des droits fondamentaux de l'Union européenne. Il est donc possible qu'une telle garantie puisse avoir une influence

---

[116]Cela permettra aux États de choisir l'instrument le mieux adapté pour leurs besoins.

[117]Ces textes ont été adoptés par la CNUDCI en juillet 2018. Convention des NU sur les accords de règlement internationaux issus de la médiation https://undocs.org/fr/A/RES/73/198.

[118]Pour d'autres études de droit comparé on pourra se référer aux deux rapports publiés par *l'International Law Association* (La Haye 2010 et Sofia 2012) à l'appui de la Résolution adoptée à Sofia et publiée dans le Recueil des travaux de la 75eme session. Nous n'abordons pas dans ce rapport les questions liées aux mesures provisoires et conservatoires car nous pensons que les litiges au fond sont déjà suffisamment problématiques pour que les juges soient encore plus timides à admettre des mesures provisoires. Nous n'abordons pas non plus les questions liées aux actions de groupe qui ont été beaucoup étudiées non seulement du point de vue de droit comparé mais aussi du point de vue du droit international privé. On signalera notamment la résolution de Rio de Janeiro (2008) adoptée par l'International Law Association, et les rapports préparatoires, parmi les travaux publiés. Enfin, nous n'étudierons pas l'organisation interne du système judiciaire des États objets de ce rapport qui n'intéressent que marginalement les questions que nous étudions ici. Toutefois, pour le Royaume-Uni, la compétence juridictionnelle internationale de droit commun (hors Bruxelles et Lugano) est différente selon que l'on se place en Ecosse, en Irlande du Nord ou en Angleterre et au Pays de Galles. Sauf mention particulière, les règles que nous exposons sont celles de l'Angleterre et du Pays de Galles.

sur la manière dont les tribunaux exercent la compétence qui leur est conférée[119]. Par exemple, on pourrait imaginer qu'en présence de deux tribunaux ayant compétence, l'un des deux décide de ne pas exercer sa compétence s'il estime que l'autre est mieux à même d'exercer une justice effective et alors même que le pays dans lequel ce juge statue ignore la théorie du *forum non conveniens*[120]. Un certain nombre de décisions sur ce point ont déjà été recensées dans le domaine du droit de la consommation et de la protection des données. Un pareil recensement reste à faire pour les litiges liés aux violations des règles de la RSE[121].

Compte tenu de l'harmonisation du droit des États membres de l'Union européenne (UE) par le Règlement dit « Bruxelles I »[122], nous ne citerons nommément les États membres de l'UE que lorsque leurs règles de compétence de droit commun révèlent des compétences résiduelles applicables pour des litiges qui n'entrent pas dans le champ d'application du Règlement Bruxelles I. Il en va de même pour les États qui sont parties à la Convention de Lugano[123], c'est-à-dire l'Islande, la Norvège et la Suisse.

Dans pratiquement tous les pays, avec une exception notable pour les États-Unis, il existe des règles spécifiques concernant les litiges individuels pour les consommateurs et les salariés. Toutefois, ces règles doivent céder lorsque le litige n'est plus un litige individuel basé sur une relation contractuelle[124], ce qui sera le cas souvent dans le domaine qui nous occupe ici. C'est pourquoi, nous n'étudierons pas spécifiquement ces règles de compétence.

Pour la plupart des pays[125], les chefs de compétence suivants sont ouverts aux victimes de violation des normes de RSE par les opérateurs économiques :

---

[119] Une étude est en cours, financée par l'Union européenne, dénommée Réjus, qui analyse les décisions rendues dans un certain nombre de pays à cet égard. Cette information nous a été communiquée par le Professeur Sandrine Clavel au cours d'une conférence donnée à la branche française de l'ILA le 12 avril 2018. Cf. www.rejus.eu.

[120] Pour une analyse récente de la jurisprudence canadienne, v. Saumier (2018), p. 775.

[121] On note, par ex. que la Cour européenne des droits de l'Homme, par deux requêtes de 2013 et 2015 (52 requérants d'un côté et 130 requérants de l'autre), a été saisie du droit au recours effectif des requérants dans deux affaires portant sur les rejets de dioxine d'une usine en Italie et donc des dommages à l'environnement (aff. N°54414/13 et 54264/15). Par décision unanime de chambre du 24 janvier 2019, la Cour a décidé que l'article 13 de la CEDH (droit à un recours effectif) a été violé par l'Italie (sauf pour 19 requérants) pour n'avoir pas pris toutes les mesures nécessaires pour permettre aux requérants de soulever leurs griefs devant les autorités nationales.

[122] Règlement (UE) n°1215/2012 sur la compétence judiciaire, la reconnaissance et l'exécution des jugements en matière civile et commerciale, tel que modifié par le Règlement (UE) n°542/2014 et le Règlement délégué de la Commission (UE) n°2015/281.

[123] Convention du 30 octobre 2007, concernant la compétence judiciaire, la reconnaissance et l'exécution des décisions en matière civile et commerciale.

[124] Pour l'Union européenne, cf. CJUE 14 mai 2009, Ilsinger, aff. C-180/06 et 28 janv. 2014, Aff. C-375/13.

[125] Tous les États membres de l'Union européenne et de la Convention de Lugano, la plupart des pays de l'Amérique latine, le Canada (à la fois les provinces de *common law* et le Québec).

5.1 le for du défendeur

Lorsque le défendeur est une personne physique (ce qui sera rare dans les hypothèses qui nous occupent ici), le for est déterminé par la notion de « domicile » ou de « résidence habituelle », selon des critères qui n'ont jamais été harmonisés ni en droit régional[126], ni en droit international[127].

Lorsque le défendeur est une personne morale, le critère qui permet de déterminer le for du défendeur n'a jamais pu être harmonisé laissant subsister quatre critères qui, selon les pays, s'appliqueront à la question[128]. Il s'agit du lieu de l'enregistrement de la personne morale (*incorporation*), du siège social statutaire, du siège social réel (ou centre principal des activités économiques ou principal établissement[129]) et du lieu de l'administration centrale[130]. Pour les États-Unis, après la décision de la Cour suprême dans l'affaire *Daimler*[131], il est douteux qu'un tel for subsiste, en tant que garantissant une compétence générale aux demandeurs.

La question qui se pose ici est celle de savoir si la notion de « groupe » peut élargir le for du défendeur aux litiges engendrés par les actions de toute société du groupe lorsque c'est la société mère (ou grand-mère) qui est poursuivie devant les tribunaux du pays dans lequel elle est domiciliée[132]. Rares sont les pays pour lesquels la notion de groupe sera utilisée dans ce sens. En fait, rares sont les pays dans lesquels la notion de groupe est connue pour les besoins de la compétence juridictionnelle internationale[133].

---

[126]Le droit de l'Union européenne (Règlement Bruxelles I, art. 6.1 et 6.2) prévoit que le juge du for applique son droit interne lorsqu'il est allégué que le défendeur a son domicile sur le territoire du for, et le droit du pays étranger lorsqu'il est allégué que le défendeur est domicilié dans un pays étranger.

[127]La Conférence de La Haye de Droit international privé a toujours considéré que la résidence habituelle est une question factuelle laissée à l'appréciation de chaque juge. On trouve en doctrine une liste exemplative de circonstances que le juge peut prendre en considération.

[128]Ce sont ces mêmes critères que l'on retrouve en droit européen et dans les conventions de La Haye. Ce morcellement des critères est plutôt favorable aux demandeurs qui pourront, éventuellement, avoir le choix entre plusieurs critères –seulement dans certains pays- et n'auront pas à souffrir des choix stratégiques effectués par la personne morale dans le démembrement de ses activités de gestion et économiques.

[129]Un exemple de difficulté pour déterminer le principal établissement (en le différenciant d'un établissement secondaire) est démontré par la décision française dans une affaire impliquant Air Canada, Civ. 1, 22 février 2017, n°16-12408.

[130]Au Canada, le for du défendeur pour une personne morale est constitué au lieu où elle possède « a place of business », critère encore plus large que ceux mentionnés au texte. Toutefois, au Québec, le for du défendeur est constitué au lieu de l'administration centrale de la personne morale (*head office*).

[131]Daimler AG v. Bauman, 134 S. Ct. 746 (2014).

[132]Nous utilisons le concept de « domicile » dans un sens très large sans nous prononcer sur le facteur exact qui est retenu pour déterminer ce « domicile » dans le cas d'une personne morale.

[133]Le rapport pour l'Allemagne a indiqué qu'un tel concept n'est pas admis en Allemagne. Le rapport pour le Royaume-Uni explique ceci : "it is important to note that there is no group liability within corporate groups in English law. This means that a transnational parent company based in the

Pour ce qui est du Canada, la plupart des affaires soumises aux juridictions canadiennes sur la base du for du défendeur ont aussi donné lieu à des décisions en matière de *forum non conveniens*[134]. Les rapporteurs pour la France mentionnent que si la théorie du *forum non conveniens* n'est pas connue du droit français, d'autres techniques pourraient être considérées comme équivalentes et utilisées par le juge pour refuser d'exercer la compétence conférée par les règles de compétence juridictionnelle internationale, sauf à s'assurer qu'un autre for existe pour ne pas laisser le demandeur dans une situation de déni de justice[135].

5.2 Pluralité de défendeurs

Le for d'un défendeur permet d'attraire dans la même procédure d'autres défendeurs qui sont liés par les mêmes faits ou la même relation[136]. En droit de l'Union européenne (art. 8.1. du Règlement Bruxelles I et 6.1. de la Convention de Lugano), la connexité permet d'étendre la compétence au domicile d'une partie (for du

---

UK is not legally liable for the tort liabilities of its subsidiaries, no matter if these are based in the UK or abroad. In the case *Adams v Cape Industries plc*, the Court of Appeal rejected the idea of vicarious liability of parent companies for their subsidiaries. It dismissed the idea of a single economic unit between the different companies in the group, even in case of a wholly-owned subsidiary. The consequence of this approach is that the TNC as the parent company will not be vicariously liable for the torts committed by its subsidiaries. English law strictly treats parent and subsidiary companies as separate legal entities. The parent company is therefore effectively protected from liability. The only way to make the parent company legally liable in tort law is to establish that it has itself breached a duty of care that it directly owed to the employees of its subsidiaries.".

[134]Par ex. *Garcia v. Tahoe Resources Inc*, 2017, BCCA 39, leave to appeal to SCC refused, 37492 (8 juin 2017) ; *Araya v. Nevsun Resources Ltd*, 2016 BCSC 1856 ; *Das v. George Weston Ltd*, 2017 Ont SCJ 4129 ; *Yassin v. Green Park International Inc.*, 2010 QCCA 1455, aff'ng 2009 QCCS 4151, [2009] RJQ 2579 (*sub nom Bil'in (Village Council) v Green Park International Inc*); *Recherches Internationales Québec v. Cambior Inc.*, No 500-06-000034-971 (14 August 1998), 1998 CanLII 9780 (Que CS).

[135]Parmi ces techniques on doit mentionner le défaut d'intérêt à agir ou le caractère illicite de l'intérêt à agir du demandeur, d'une part, et l'abus de droit dans l'exploitation d'une règle de compétence, d'autre part. Ces outils ont été proposés en doctrine pour sanctionner dans les contentieux internationaux un comportement déloyal ou pour corriger le recours à un chef de compétence mettant la partie défenderesse dans une situation excessivement défavorable par rapport à celle du demandeur. Voir notamment Cornut (2007), p. 27, et les références citées.

[136]Chili, Chine. Pour le Viet Nam, les règles de droit international privé sont silencieuses. Mais par analogie, il est probablement admis que des défendeurs supplémentaires soient agrégés au défendeur premier domicilié au Viet Nam. En France, dans les litiges relatifs au contrat de travail, la jurisprudence française a eu recours à la notion de co-employeurs pour permettre au salarié employé par une filiale étrangère d'attraire en France au sein d'une même instance la filiale étrangère (employeur direct) et la société mère française qui la contrôle (considérée comme l'employeur indirect du salarié) ou inversement la société mère étrangère aux côtés de la filiale française... Toutefois, les critères du co-emploi sont définis en droit français de manière très stricte : il faut soit un lien de subordination entre le salarié et la société mère soit entre la société mère et la filiale « une confusion d'intérêts, d'activités et de direction se manifestant par une immixtion de la société mère dans la gestion économique et sociale de la filiale » (Cass. soc. 6 juil 2016, n° 14-27266, 14-26541 et 15-15481 ; Cass. soc. 2 juil 2014 n° 13-15208).

défendeur) à l'instance aux autres parties qui ont d'une manière ou d'une autre participé aux mêmes faits litigieux, à condition qu'il existe entre les demandes « un lien si étroit qu'il y a intérêt à les instruire et à les juger en même temps afin d'éviter des solutions qui pourraient être inconciliables si les causes étaient jugées séparément. ». Précisons que cette extension de compétence ne peut avoir lieu que devant le for du domicile de l'une des parties en cause et non si le chef de compétence utilisé est celui d'un autre for (for contractuel, for du délit, etc.), sauf en matière de contrat de travail au profit du seul salarié.

L'exacte application dans les domaines de la RSE est difficile à envisager, sauf à admettre une présomption de connexité dans le cadre du groupe de sociétés comme cela a été proposé par la Résolution de l'ILA de 2012[137]. Sinon, le demandeur devra démontrer qu'il existe une connexité, ce qui, au stade de la compétence, alors que le dossier n'aura pas été encore pleinement exploré, pourra s'avérer difficile, d'autant que les éléments de preuve pourraient se situer au sein de l'une des sociétés mises en cause sans que leur communication ait encore été faite au titre de l'instruction.

Comme la règle concernant la pluralité de défendeurs incluse dans le Règlement Bruxelles I est limitée aux défendeurs domiciliés sur le territoire de l'UE, plusieurs pays européens possèdent dans leur droit commun une règle similaire pour les défendeurs domiciliés en dehors de l'Union[138]. Au Royaume-Uni, la règle de droit commun dispose que le tribunal peut étendre la compétence à '*a necessary or proper party*'. Encore faut-il que le demandeur démontre que : "(1) there is a real issue reasonable for the court to try; (2) there is a good arguable base that the claim falls within one of the bases of jurisdiction provided in the CPR rules; et (3) England is the appropriate forum for the dispute.". Un exemple de ce raisonnement peut être trouvé dans la décision de la *Court of Appeal* dans l'affaire *Dominic Liswaniso Lungowe c. Vedanta Resources plc et al.*[139] dans laquelle les juridictions anglaises se sont déclarées compétentes pour juger d'une affaire mettant en cause la filiale zambienne et sa société mère anglaise pour les activités extractives en Zambie dont il était allégué qu'elles avaient entraîné des dommages corporels, financiers et écologiques. Une autre affaire similaire est soumise au tribunal régional de Dortmund à l'encontre de la société KiK[140] par les victimes d'un feu qui a pris dans une usine textile au Pakistan. Il est reproché à KiK de n'avoir pas usé de son influence, alors qu'elle était le plus client de la société sous-traitante, pour que les normes de sécurité soient respectées.

[137]Cf. *supra* note 118.

[138]France, Italie.

[139]13 octobre 2017, EWCA Civ. 1528. Le 10 avril 2019, la Cour suprême du Royaume-Uni a rejeté l'appel contre la décision des premiers juges ([2019] UKSC 20), si bien que l'affaire peut se poursuivre au fond devant les juridictions de ce pays. On peut constater une évolution similaire, favorable aux demandeurs, dans la décision du tribunal de district de La Haye, aux Pays-Bas, à propos de l'affaire Shell au Nigeria (1er mai 2019).

[140]LG Dormunt, Az. 7 O 95/15.

En ce qui concerne les États-Unis, la pluralité de défendeurs n'est pas possible en tant que telle car la compétence *in personam* doit être établie séparément pour chacun des défendeurs. Au Canada, il est possible d'agréger d'autres défendeurs à la cause initiale, mais chaque défendeur ainsi agrégé doit présenter des liens « substantiels » avec le for.

Le rapport pour la France suggère que la question visée au paragraphe précédent pourrait être analysée non pas au titre de la compétence juridictionnelle, mais au titre de la recevabilité de l'action. En effet, ce serait la qualité du défendeur contre qui l'action est engagée qui pourrait poser problème lorsqu'est poursuivie la société mère alors que les actes en cause sont ceux d'une de ses filiales à l'étranger. La question devient alors une question de droit applicable à la recevabilité : *lex societatis* ou *lex causae* sont les deux possibilités qui s'offrent au juge disent les rapporteurs pour la France. On peut imaginer cependant que dans les pays de *common law*, ce sera la *lex fori* qui dictera la recevabilité de l'action.

5.3 le for contractuel

Si le litige porte sur un contrat dans lequel apparaît une clause d'élection de for, le tribunal choisi par les parties, sauf cas exceptionnel[141], sera aussi compétent pour entendre un litige portant sur les obligations de RSE d'un des partenaires au contrat. Signalons que certains pays permettent à leurs tribunaux de refuser la compétence conférée par une clause d'élection de for si le litige n'a aucun lien avec ce pays autre que le choix du juge[142].

Pour les pays qui acceptent la compétence au for du contrat, le critère utilisé peut différer. De nombreux pays admettent le for du contrat à son lieu d'exécution[143].

5.4 le for du délit

La Convention négociée au sein de la Conférence de La Haye sur la reconnaissance et l'exécution des jugements étrangers en matière civile ou commerciale privilégie la compétence au for du fait causal pour les besoins de la compétence indirecte dans le cadre de la reconnaissance et de l'exécution des jugements[144]. Cela peut s'expliquer par le fait que plusieurs pays, en dehors de l'Union européenne, privilégient le lieu

[141]On entend par « cas exceptionnel » l'hypothèse dans laquelle le champ d'application de la clause d'élection de for aurait été limité de manière drastique par les parties.

[142]Belgique, Pays-Bas. Cette règle ne permet donc pas aux parties de choisir un juge « neutre ».

[143]Pour la Chine, l'admission du for contractuel n'est pas claire car aucun exemple n'a été trouvé. Les auteurs du rapport précisent que si le for contractuel est admis, ce sera au lieu d'exécution de la prestation caractéristique. En Europe, le lieu d'exécution du contrat est fixé par des règles compliquées qui impliquent, notamment, la volonté des parties exprimée dans le contrat (par exemple en utilisant l'un des incoterms disponibles, ou bien la loi applicable à la prestation en cause dans le litige. Une jurisprudence abondante a été rendue par la Cour de Justice de l'Union européenne sur cette question.

[144]Article 5 (j) du projet de convention sur la reconnaissance et l'exécution des jugements étrangers de novembre 2017.

du fait causal pour le for délictuel[145] et que, s'ils admettent la compétence des tribunaux au lieu du dommage, elle est limitée aux seuls dommages physiques[146]

Le for du délit, en Europe (système Bruxelles I et Lugano) se partage, au choix du demandeur, entre le for du fait causal ou fait générateur et le for du dommage. La Cour de Justice de l'Union européenne a limité ce choix en exigeant notamment que la victime qui agit au for du dommage soit la victime directe et non, par exemple, la victime par ricochet. De la même manière, en cas de pluralité de dommages subis sur des territoires différents, la Cour limite la compétence du for du dommage au seul dommage subi sur le territoire du for saisi.

Ce chef de compétence est donc très problématique pour les victimes d'activités de sociétés multinationales du fait de leurs établissements à l'étranger. En effet, il sera rare que les victimes puissent démontrer que le fait causal a eu lieu au siège de la société mère (l'activité ayant généralement été conduite sur le territoire de l'établissement ou de la filiale)[147]. Et le for du dommage amènera le plus souvent à donner compétence aux tribunaux de l'établissement ou de la filiale qui sera aussi le lieu du fait générateur. La jurisprudence française, toutefois, pourrait montrer la voie pour une meilleure utilisation du for délictuel, ainsi que le suggère le rapport pour la France, lorsque la demande est fondée sur l'immixtion alléguée de la société mère dans la gestion de sa filiale[148]. L'affaire elle-même ne mettait pas en cause des questions de RSE, mais, par analogie, il serait possible de garantir un for délictuel en France, si la société mère étrangère avait agi de manière à créer le dommage subi en France. Il conviendrait ensuite de bilatéraliser la règle. Cette jurisprudence peut compléter judicieusement le for dit des gares principales[149].

Dans les États membres de l'Union européenne, le for délictuel peut être actionné également pour une action préventive[150]. Cela semble être le cas pour un grand nombre de pays hoirs de l'Union européenne[151].

Il ne semble pas que le for du dommage existât au Mexique, sauf pour les dommages à l'environnement. Le Viet Nam ne reconnaît que le for délictuel au lieu du fait générateur.

Aux États-Unis, ce for délictuel (au lieu du dommage) a été considérablement restreint par la Cour suprême qui a exigé que le défendeur ait pu prévoir que son

[145]Chine, notamment.

[146]Chine, notamment.

[147]Sauf si la question posée est celle du *duty of care* dont nous avons parlé *supra*.

[148]Civ. 1, 26 oct. 2011, n° 10-17026, *JDI* 2013 n° 2, com. 11 et CJUE 18 juil. 2012, OFAB, Aff. C-147/12.

[149]Cf. *infra*.

[150]CJCE 19 sept 1995, aff. C-364/93, Antonio Marinari et 16 juin 2009, Aff. C-189/08, Zuid Chemie BV.

[151]Au 20 mai 2018, date à laquelle ce projet de rapport est finalisé, tous les rapporteurs n'ont pas répondu à la question supplémentaire posée.

activité puisse causer un dommage dans l'État où le dommage a été subi[152]. Une règle similaire est applicable au Canada.

5.5 le for dit des « gares principales »

Ce for permet d'attraire un défendeur au domicile de l'un de ses établissements, à condition que le litige naisse de la gestion de l'établissement en cause. Ce chef de compétence présente l'avantage de s'appliquer quelle que soit la qualification du litige, contractuelle ou délictuelle. C'est un chef de compétence particulièrement prometteur en matière de RSE d'autant qu'il permet, compte tenu de la jurisprudence de la CJUE, de passer outre la difficulté de la levée du voile de la personnalité morale ainsi que de mettre en œuvre concrètement le concept de groupe de sociétés.

La Cour de justice de l'Union européenne a récemment confirmé, dans le cadre du Règlement européen sur les marques[153] et non du Règlement Bruxelles I, que cette règle s'applique y compris quand l'établissement est une société juridiquement indépendante, dès lors que la filiale est un centre d'opérations qui, dans l'État membre où elle est située, dispose d'une forme de présence réelle et stable, à partir de laquelle une activité commerciale est exercée, et qui se manifeste d'une façon durable vers l'extérieur comme le prolongement le prolongement de ladite maison mère[154]. On se souvient qu'une solution similaire avait déjà été retenue par la CJCE dans l'affaire *Schotte*, alors que c'était la société mère qui s'était immiscée dans les activités de sa filiale[155]. L'affaire *Schotte* se prononçait dans le cadre de la Convention de Bruxelles.

Ce chef de compétence ressemble à ce que l'on appelle « *transacting business* » ou « *specific jurisdiction* » aux États-Unis. Toutefois, dans ce pays, l'utilisation de ce chef de compétence doit également être vérifié dans chaque cas à l'aune des critères de *due process*. Donc il est impossible de dire à l'avance, dans l'abstrait et de manière certaine, si dans un cas donné le tribunal saisi au titre de ce chef de compétence acceptera de se saisir du litige.

Les autres chefs de compétence ci-après énumérés ne sont pas prévus par le système de Bruxelles I ou de Lugano et ne relèvent, quand ils existent, que du droit commun de chaque État.

5.6 le for de nécessité

Le for de nécessité est destiné à lutter contre le déni de justice et peut être saisi quand aucun autre for n'est disponible, soit qu'il n'en existe pas d'autre (ce qui est rare), soit qu'il serait impossible (matériellement ou juridiquement) d'exiger du

---

[152] J. McIntyre Machinery Ltd, v. Nicastro, 564 U.S. 873 (2011). En l'espèce, la machine qui a blessé Nicastro dans le New Jersey avait été produite au Royaume-Uni et la majorité de la Cour considère que le défendeur ne pouvait pas se douter qu'une de ses machines se retrouverait un jour dans cet État. Si bien que la compétence des tribunaux du New Jersey n'est pas acquise.

[153] Règlement (CE) du Conseil n°207/2009 du 26 févr. 2009 sur la marque communautaire.

[154] Hummel Holding A/S c. Nike Inc. & Nike Retail BV, C-617/15, 18 mai 2017.

[155] 9 déc. 1987, C-218/86.

demandeur d'agir ailleurs que devant le for de nécessité[156]. Cette condition a été appréciée dans l'affaire *Anvil Mining Ltd c Association canadienne contre l'impunité*[157], affaire dans laquelle la Cour d'appel du Québec a refusé l'usage du for de nécessité car les victimes congolaises ne prouvaient pas qu'il leur été impossible de poursuivre *Anvil* en Australie. De manière très libérale, la Cour européenne des droits de l'Homme avait exigé des autorités suédoises l'accueil d'une action en diffamation alors qu'il n'était « ni raisonnable ni pratique » d'exiger du demandeur qu'il agisse devant les juridictions du Royaume-Uni (siège du fournisseur du média en cause)[158].

Il est rare que ce for soit actionné, si bien que la jurisprudence n'est pas abondante[159]. Dans la plupart des pays qui connaissent cette base de compétence, il est nécessaire qu'un lien existe entre le litige et le for. Ce lien peut être ténu[160]. Pour certains pays il doit être « suffisant »[161]. Toutefois, l'appréciation du lien avec le for peut donner lieu à des difficultés comme le montre, en France, l'affaire Comilog. La Cour de cassation a, par deux décisions de 2017[162], à la fois reconnu très explicitement l'existence d'une compétence fondée sur la lutte contre le déni de justice, et décidé que « la seule détention par une société française d'une partie du capital d'une société étrangère » ne constitue pas un lien de rattachement propre à enclencher l'application de la compétence fondée sur la lutte contre le déni de justice[163].

[156]Argentine, Belgique, Espagne, France, Mexique, Québec, Suisse. Il n'est pas certain que le for de nécessité existe au Canada dans les provinces de *common law* bien que le CJPTA inclut une règle similaire à celle du Québec mais qui n'exige pas de lien suffisant avec la province. Pour l'Espagne, le for de nécessité ne peut être saisi que si les tribunaux qui seraient normalement compétents à l'étranger ont refusé d'exercer cette compétence. Cette exigence semble difficile à remplir dans le cas de violation des droits de l'Homme, par exemple, dans tous les cas où les victimes ne peuvent pas saisir le ou les tribunaux étrangers. Lorsque l'Union européenne avait prévu d'élargir le Règlement Bruxelles I aux litiges avec les État tiers, ce qui finalement n'a pas été fait, la Commission avait inclus une règle sur le for de nécessité (article 26, du projet de refonte du Règlement Bruxelles I, COM (2010) 748/4, du 14.12.2010.

[157][2012] QCCA 117, [2012] RJQ 153, leave to appeal to SCC refused, 34733 (1 November 2012).

[158]CEDH 1er mars 2016, req. n° 22302/10, *Arlewin c. Suède.*

[159]Aucune jurisprudence en Suisse ni au Mexique, par exemple. En France, on peut signaler l'affaire d'esclavage domestique jugée en 2006, Civ. 1, 10 mai 2006, *JCP* 2006, II, 10121, note S. Bollée, *RCDIP* 2006, p. 856, note E. Pataut et P. Hammje.

[160]En France, par ex. il a été jugé suffisant que l'arbitrage soit organisé sous l'égide la CCI pour justifier la compétence des tribunaux français au titre du for de nécessité dans une affaire où le litige portait sur la composition du tribunal arbitral alors que les tribunaux des deux parties leurs étaient fermés Cf. aff. NIOC, Civ 1, 1er février 2005, n°01-13742 et 02-15237.

[161]Argentine, Québec. On notera que c'est ce même critère qui est retenu par les Règlements européens en matière de famille (Règlements Obligation alimentaires, 4/2009, article 7, Successions, 650/2012 article 11 et Régimes matrimoniaux, 2016/1103 et 2016/1104, article 11).

[162]Soc. 14 sept. 2017, n°15-26737 et 15-26738.

[163]Cette décision qui n'est pas rendue par la première chambre civile qui avait rendu la décision dans l'affaire NIOC, est en net retrait par rapport à cette dernière.

Certains pays exigent en outre que le juge, avant d'accepter sa compétence au titre du for de nécessité, évalue la possibilité que le jugement qu'il sera amené à rendre puisse être exécuté[164].

On le constate, l'admission du for de nécessité se heurte encore à des obstacles qu'il conviendra de lever. La Cour européenne des droits de l'Homme, en 2018[165], avait reconnu qu'aucune coutume internationale ne pouvait encore être identifiée permettant de consacrer le for de nécessité[166]. Toutefois, elle reconnaissait « un large consensus dans la communauté internationale sur l'existence d'un droit des victimes d'actes de torture à une réparation appropriée et effective (et) le fait que les États sont encouragés à donner effet à ce droit en dotant leurs juridictions de la compétence pour connaître de telles demandes de réparation, y compris quand elles résultent de faits commis en dehors de leurs frontières géographiques. ». Elle ajoutait : « A ce titre, il convient de saluer les efforts des États tendant à rendre le plus effectif possible l'accès à un tribunal en vue d'obtenir réparation pour des actes de torture »[167].

Il est donc possible de voir dans cette affirmation, une nouvelle application de l'exigence d'un recours effectif comme nous le signalions ci-dessus[168]. Il est donc possible que, sur cette base, nous constations à l'avenir une plus grande activité sur le fondement du for de nécessité. En effet, dans toutes les hypothèses où il serait démontré qu'aucun autre for n'existe (soit juridiquement, soit matériellement) l'exigence d'offrir un recours effectif aux victimes d'actes les plus graves de violation des droits de l'Homme, et de certains aspects de la RSE, oblige les États à ouvrir leurs tribunaux au titre du for de nécessité, avec des conditions plus allégées que celles que l'on constate aujourd'hui dans certains pays.

5.7 la compétence universelle civile[169]

La compétence civile universelle présente l'avantage, par rapport au for de nécessité, de ne pas exiger un lien, même ténu, entre le for et le litige, permettant d'aller un peu plus loin que le for de nécessité. Toutefois, cette base de compétence juridictionnelle internationale n'est pas reconnue, pour le moment, de manière suffisamment large pour fonder facilement une compétence nationale pour les victimes de violations les plus graves des règles de RSE. On renverra le lecteur aux études très complètes

[164]Argentine. Le juge français se préoccupe aussi de savoir si sa décision sera exécutée à l'étranger sans toutefois en faire une condition sine qua non de l'application du for de nécessité.

[165]CEDH, Grande Ch., 15 mars 2018, req. n° 51357/07, *Naït Liman c. Suisse.*

[166]*Ibidem*, para 201. La Cour précise que dans les 40 États étudiés, 28 ne reconnaissent pas le for de nécessité. Pourtant voir le tableau comparatif établi par Retornaz, Volders (2008), p. 225.

[167]CEDH, Grande Ch., 15 mars 2018, req. n° 51357/07, *Naït Liman c. Suisse*, para. 218. On note que la requête a été rejetée dans cette affaire en raison de la marge de manœuvre importante reconnue aux États compte tenu de l'état du droit international en la matière.

[168]Cf. para. 67.

[169]Le rapport pour les Pays-Bas indique que l'article 6(b) du Code de procédure civile des Pays-Bas peut être considéré comme l'équivalent d'une règle de compétence universelle civile.

menées par le Prof. Andreas Bucher[170] et la résolution qui a été adoptée par l'Institut de droit international en 2015 sur son rapport[171].

La compétence accordée aux tribunaux des États-Unis par l'*Alien Tort Statute* (ATS) a souvent été assimilée à la compétence civile universelle. Que cette assimilation soit correcte ou non, il convient de préciser que la compétence en vertu de cette législation est qualifiée aux États-Unis de « *subject matter jurisdiction* ». Il s'agit donc plus d'une règle de pouvoir que de compétence juridictionnelle autorisant les tribunaux américains de se saisir d'une affaire sans régler pour autant la compétence *in personam* à l'égard du défendeur. Cette précision ayant été donnée, il convient de remarquer que, à l'heure où ce rapport est rédigé, il ne reste plus grand chose de cette législation après la décision de la Cour suprême dans l'affaire *Kiobel*[172] et surtout celle rendue dans l'affaire *Jesner c. Arab Bank PLC* le 24 avril 2018[173]. Après la décision dans *Jesner*, il est certainement exact de dire que les personnes morales sont, pour le moment, immunisées de poursuites devant les juridictions fédérales états-uniennes. Toutefois, il est possible que des affaires puissent être portées devant les juridictions étatiques si les États fédérés adoptaient des législations semblables à l'*Alien Tort Statute*[174].

En France, et dans un certain nombre de pays européens, il est possible de former une action civile devant la juridiction pénale compétente[175], si bien que l'on peut soutenir qu'une compétence civile universelle indirecte peut être utilisée à condition que l'affaire soit portée devant les tribunaux français en vertu d'une compétence universelle pénale. La compétence pénale internationale des tribunaux français est détaillée aux articles 689 à 689-10 du Code de procédure pénale. En résumé, la compétence universelle pénale des tribunaux pénaux peut être mise en œuvre uniquement si l'inculpé se trouve sur le territoire français et uniquement pour les crimes de torture ou traitements cruels, inhumains ou dégradants, de terrorisme, les infractions relatives à la protection physique des matières nucléaires, celles relatives à la sécurité de la navigation maritime et de l'aviation civile, celles relatives à la protection des intérêts financiers de l'Union européenne et à la lutte contre la corruption des fonctionnaires européens. On le constate, seul un petit nombre d'hypothèses peut nous intéresser dans le cadre de la présente étude.

[170]Bucher (2014), pp. 9–127.

[171]La compétence civile universelle en matière de réparation pour crimes internationaux, Résolution de Tallinn, disponible sur le site de l'Institut et dans l'Annuaire de l'Institut, vol. 76, pp. 1–200.

[172]Kiobel v. Royal Dutch Petroleum Co., 563 U.S. ___ (2013).

[173]584 U.S. __ (2018).

[174]A notre connaissance, seule la Californie a adopté une telle loi, même il ne semble pas qu'elle est déjà fait l'objet d'une mise en œuvre.

[175]Cette compétence qui n'existe pas dans le droit commun de tous les États européens, est autorisée par le Règlement Bruxelles I et la Convention de Lugano.

En Belgique, par une loi de 1993[176], telle qu'amendée en 1999[177], les tribunaux belges étaient compétents pour se saisir, au titre de la compétence pénale universelle, d'accusations de génocide, crimes de guerre et plus généralement de crimes internationaux. Les procès pouvaient se dérouler *in absentia*[178]. C'est en vertu de ce texte que des victimes birmanes assignèrent TotalFinaElf devant les juridictions belges en alléguant une complicité de la société avec la junte militaire birmane[179]. Toutefois, la loi fut abolie en 2003 si bien que la Cour de cassation décida en 2005 que les tribunaux belges n'avaient plus de pouvoir pour statuer sur une telle affaire.

5.8 Autres chefs de compétence

Le Traité de Montevideo de 1899 (amendé en 1940) qui traite du droit civil international, signalé par le rapport de l'Argentine[180], prévoit une compétence pour les tribunaux du pays dont le droit est applicable à un litige donné[181]. Pour le Royaume-Uni une règle de *common law* a été maintenue permettant de poursuivre un défendeur au Royaume-Uni si le litige est engendré par un contrat passé au Royaume-Uni ou par un mandataire domicilié au Royaume-Uni ou soumis au droit anglais.

Le Canada a conservé dans son arsenal de compétences juridictionnelles internationales la présence du défendeur sur le territoire de la province dont les tribunaux sont saisis. Ce for, qui peut être assimilé au for du défendeur mais à partir d'un critère très ténu, a permis dans l'affaire Chevron, aux victimes équatoriennes de trouver un tribunal au Canada, pour tenter de faire reconnaître et exécuter le jugement rendu en Equateur contre Chevron[182].

Le Viet Nam possède un for de la nationalité/résidence du demandeur pour permettre aux personnes et entités vietnamiennes de poursuivre au Viet Nam lorsque le différend « concerne les relations civiles qui sont établies, modifiées, interrompues sur le territoire d'un pays étranger mais dont l'objet porte sur les droits et obligations

---

[176]Law of 16 June 1993 concerning the punishment of serious violations of the Geneva Conventions of 12 August 1949 and on the additional protocols of 8 June 1977, *BS* 5 August 1993, 17751.

[177]Law of 10 February 1999 concerning serious violations of international humanitarian law, *BS* 23 March 1999.

[178]Wouters (2003–2004), p. 10.

[179]*Ibid.*, p. 12.

[180]Ce traité du 12 février 1899 a été ratifié par l'Argentine, la Bolivie, le Paraguay, le Pérou, l'Uruguay. La Colombie y a accédé.

[181]Une application pour l'Argentine : Cámara Federal de Apelaciones de Paraná, 06/14/2010, *"Ñandubaysal SA y otros c/ Botnia SA."*.

[182]L'affaire Chevron a défrayé la chronique judiciaire dans un très grand nombre de pays. La coalition de défense des citoyens équatoriens a tenté d'exécuter un jugement équatorien contre Chevron pour plusieurs milliards de dollars en raison de la pollution de la forêt primaire du fait de l'exploitation pétrolière. La Cour suprême du Canada a accepté la compétence des tribunaux canadiens pour les besoins de l'exécution au Canada (décision du 4 sept. 2015, 2015 CSC 42). Toutefois, sur le fond, la Cour d'appel de la Colombie britannique a refusé l'exécution du jugement contre le patrimoine appartenant à la filiale canadienne de Chevron alors que le jugement à exécuter n'était pas dirigé contre elle.

des personnes physiques et des organisations vietnamiennes ou des personnes physiques et des organisations étrangères ayant leur domicile ou leur siège au Vietnam »[183].

La France a conservé le for de la nationalité du demandeur et du défendeur aux articles 14 et 15 du Code civil. Bien que leur application dans des affaires concrètes aient été limitée sévèrement par la Cour de cassation, on peut penser que ces chefs de compétence seront utiles lorsque le dommage ayant été subi à l'étranger alors que l'activité en cause est exercée par une entreprise étrangère, la victime est française et souhaite se prévaloir des tribunaux français.

5.9 Applications jurisprudentielles

Nous avons ensuite demandé aux rapporteurs de nous signaler toutes les affaires qui avaient été soumises aux juridictions de leur pays afin de vérifier en pratique comment les différends se présentent et sur quel fondement juridictionnel ils sont retenus ou rejetés[184].

Le for du défendeur et la pluralité de défendeurs sont les critères utilisés dans un grand nombre d'affaires. Ainsi l'affaire *ENI c. Ododo*, toujours pendante devant le Tribunal de première instance de Milan[185]. Dans cette affaire, ENI est poursuivie devant le tribunal de son « domicile » et sa filiale nigériane, NAOC, est jointe à la procédure en qualité de codéfendeur. La compétence du for du défendeur ne posait pas de difficulté dans l'affaire *FIFA/Qatar*[186] soumise au Tribunal de Zurich en Suisse par un travailleur du Bangladesh et des syndicats qui reprochaient à la FIFA d'avoir accordé au Qatar l'organisation de la coupe du monde 2022 malgré des abus répétés et documentés du système de la Kafala. La Cour rejette la demande par une motivation substantielle. C'est également le cas de plusieurs affaires dont les tribunaux du Royaume-Uni ont été saisis. Chaque fois, la compétence juridictionnelle internationale ne posait pas de difficulté, mais les affaires ont été rejetées par des arguments de fond[187].

Un exemple d'application du for de l'établissement est donné par le rapport suisse dans les termes suivants : « In the *IBM(Geneva)/Germany* case,[188] the Swiss Supreme Court ruled on the jurisdiction of Swiss courts in a matter concerning the American company IBM's alleged involvement with the Nazi regime in Germany between 1933 and 1945. The claimants, who were detained in concentration camps

[183] Article 469-1-e du Code civil de 2015.

[184] Aucune jurisprudence ne nous a été signalée pour les pays suivants : Chine, Espagne, Japon, Kazakhstan, République tchèque, Turquie, Viet Nam.

[185] Le tribunal a été saisi le 4 mai 2017.

[186] Handelsgericht des Kantons Zurich, HG160261-O.

[187] *Lungowe et Al. v Vedanta Resources plc et Al.* [2017] EWCA Civ 1528, confirming the first instance decision [2016] EWHC (TCC) ; *Okpabi v Shell* [Okpabi v Royal Dutch Shell plc [2017] EWHC 89 (TCC), [2017] Bus. L.R. 1335]. Les affaires contre Shell et Unilever ont été suspendues en attente de la décision de la Cour suprême dans l'affaire Vedanta. Elles pourront se poursuivre compte tenu de la décision rendue par la Cour suprême le 10 avril 2019.

[188] Swiss Supreme Court, Decision 4C.296/2004, 22 December 2004, DFT 131 III 153.

during World War II, reproached IBM for supplying technology from its European branch in Geneva to the Nazi regime. They claimed for the civil compensation of the harm that they had suffered based on Article 41 CO. A first instance judgment dismissing the claim for lack of jurisdiction was reversed by the Geneva Court of Appeal, which ruled that the Geneva courts had jurisdiction to hear the claim based on Article 129 SPILA[189]. The Swiss Supreme Court affirmed this judgment. Without prejudice to the decision on the merits, the Court found that the claimant's allegation that IBM had supplied its Nazi clients with technology from its European branch in Geneva, was plausible.[190] Since it could not be excluded, on one hand, that IBM was responsible of acts of complicity in a genocide and, on the other hand, that such tortious acts had been committed in Geneva, this was sufficient for establishing the jurisdiction of the Geneva courts under Article 129 SPILA.[191] ».

Comme il a été dit ci-dessus, en Belgique, en 2002, les tribunaux ont été saisis d'une affaire à l'encontre de la société TotalFinaElf par des réfugiés du Myanmar pour la violation des droits de l'Homme dont ils se disaient victimes lorsque la compagnie avait construit et exploité un pipeline de gaz. La base de compétence était l'ancienne loi sur le Génocide de 1993 qui fut abolie par le législateur belge en 2003, si bien que la Cour de cassation prit la décision en 2005 que l'affaire ne pouvait pas prospérer devant les tribunaux belges.

Le rapport pour les Pays-Bas relate plusieurs affaires pendantes devant les juridictions néerlandaises dans les affaires *Trafigura* et *Dutch Shell*, notamment.

5.10 Le forum non conveniens

Le *forum non conveniens*, théorie de *common law*, n'est normalement pas connu des systèmes romano-germaniques sauf au Québec et en Belgique. Par cette théorie, le juge, compétent en vertu de ses propres règles, a le droit d'évaluer cette compétence et de refuser de se saisir de l'affaire qui lui est soumise au motif qu'un autre juge est mieux placé pour statuer sur cette affaire en raison d'une plus grande proximité. La résolution de l'ILA de 2012[192] recommandait de ne pas appliquer le *forum non conveniens* lorsque le demandeur agissait devant le for du défendeur et sur le for de la pluralité de défendeurs. L'application de cette théorie a été interdite dans le cadre du Règlement Bruxelles I, y compris et surtout lorsque son application engendrerait la possibilité pour le juge de se dessaisir au profit d'une juridiction hors du territoire de l'Union européenne[193].

---

[189] L'article 129 de la loi suisse de DIP est une disposition complexe qui permet, si le litige porte sur un acte illicite, de porter l'affaire devant les tribunaux suisses si se trouve en Suisse le domicile du défendeur, un de ses établissements si l'acte est imputable à cet établissement, ou bien le fait générateur ou le dommage (résultat).

[190] DFT 131 III 153 § 6.4.

[191] *Ibid.*

[192] Cf. réf. *supra* note 119.

[193] CJCE, C-281/02, 1er mars 2005, *Owusu*.

Deux affaires canadiennes récentes sont emblématiques de l'application de cette théorie, l'affaire Tahoe[194] et l'affaire Nevsun[195]. Dans la première, la Cour d'appel a été convaincue par les arguments des demandeurs selon lesquels il existait un risque que la faiblesse du système judiciaire du Guatemala ne leur permette pas de bénéficier d'un procès équitable selon les critères canadiens des droits fondamentaux proceduraux. Ainsi, elle retient que l'importance économique de la mine en cause et le caractère très politique du procès pouvait laisser penser que les juges seraient influencés et ne bénéficieraient pas de l'indépendance d'esprit nécessaire. Dans la seconde affaire, tant en première instance qu'en appel, les juges canadiens furent convaincus que les demandeurs ne pourraient pas bénéficier d'un procès équitable en Erythrée, notamment en raison du système de preuve en vertu du droit érythréen[196].

6 Droit applicable (questions 15 à 19)

A titre préliminaire, il convient de noter que la *lex fori* pourrait avoir un rôle à jouer, non seulement après que la loi étrangère désignée a été considérée comme contraire à l'ordre public du for, ou au titre de loi de police, mais d'une manière plus générale comme possédant un rôle important dans tous les pays qui, comme le Chili, appliquent une version extrême du principe de territorialité équivalent de l'application de la *lex fori* dans quasiment tous les cas dans lesquels les tribunaux du pays sont compétents, alors même que les liens entre le litige et le for ne sont que très ténus. Toutefois, lorsque la situation est entièrement cristallisée sur le territoire d'un autre État, le juge chilien décidera certainement que la loi étrangère s'applique. Mais comme le Chili continue d'exiger que la loi étrangère soit prouvée et que le défaut de preuve entraîne le rejet de la demande, il n'existe pas de jurisprudence qui aurait appliqué un droit étranger. Ce n'est plus le cas dans tous les pays qui ont adopté la Convention interaméricaine sur les règles générales de droit international privé du 5 août 1979[197].

Certains rapports suggèrent que la *lex fori* pourrait s'appliquer aux questions liées à la levée du voile de la personnalité morale[198].

[194]2015 BCSC 20145 (Cour supérieure de Colombie britannique), infirmé en appel 2017 BCCA 39 (Cour d'appel de Colombie britannique), droit au pourvoi refusé par la Cour suprême du Canada 8 juin 2017.

[195]2016 BCSC 1856, confirmé en appel 2017 BCCA 401, droit au pourvoi accepté par la Cour suprême du Canada 14 juin 2018. A l'heure où nous écrivons l'affaire est toujours pendante devant la Cour suprême. Toutefois, la Professeure Saumier indique que le pourvoi ne porterait pas sur la question de compétence juridictionnelle. Voir Saumier (2018), p. 784.

[196]Par exemple, la non admission au titre de preuves secondaires de rapports d'organismes internationaux indispensables à la compréhension des éléments factuels du contentieux.

[197]Entrée en vigueur en 1981. Elle est en vigueur dans les pays suivants : Argentine, Brésil, Colombie, Équateur, Guatemala, Mexico, Paraguay, Pérou, Uruguay, Venezuela.

[198]Belgique.

6.1 Comment la *lex societatis* se détermine-t-elle ?

Nous l'avons dit, certaines questions relevant de la RSE entrent dans la qualification *lex societatis*. Il est donc important de comprendre à partir de quels critères cette *lex societatis* est déterminée et comment les notions de « groupe de sociétés » ou de « levée du voile social » sont accueillies et pour quels résultats.

Il n'y a guère de surprise dans les réponses apportées par les rapports nationaux. Nous retrouvons les quatre critères précédemment évoqués : siège social statutaire[199], enregistrement (*incorporation*)[200], siège social réel[201] ou centre principal des activités ou principal établissement[202] et administration centrale[203]. Le contrôle n'est évoqué par aucun rapport alors qu'il pourrait être d'une grande utilité dans le domaine qui nous occupe ici.

Certains pays qui retiennent le critère de l'*incorporation* atténuent le caractère très libéral de ce critère, qui revient en réalité à soumettre toutes les questions régies par la *lex societatis* à la simple volonté des actionnaires, par une règle de réalité selon laquelle si la société enregistrée à l'étranger développe exclusivement ses activités localement, la loi locale s'applique au titre de *lex societatis*[204].

Une autre atténuation au critère de l'*incorporation* consiste à permettre aux tiers de se prévaloir du centre des activités principales (ou siège social réel) s'il existe une dichotomie entre ces deux facteurs[205].

La raison essentielle retenue par les pays qui privilégient la réalité économique ou d'administration de la société par rapport à l'autonomie de la volonté est particulièrement pertinente en matière de RSE. En effet, pour que la RSE soit efficace, un plus grand contrôle de la part des autorités publiques est nécessaire. Si les sociétés peuvent aisément changer la *lex societatis* pour échapper à des règles plus strictes de RSE, le but ne pourra être atteint[206]. C'est d'ailleurs pourquoi, lorsque des lois spéciales sont édictées, le critère de détermination de la *lex societatis* peut être différent. Par exemple, les règles françaises de transposition de la directive 2014/95 en matière de reporting extra-financier[207] s'appliquent au rapport de gestion lorsque l'ensemble des parts sont détenues par des personnes ayant l'une des formes suivantes ou par des sociétés de droit étranger d'une forme juridique comparable : société anonyme, société en commandite par actions, société à responsabilité limitée

[199] France (en combinaison avec le siège social réel c'est-à-dire le siège de la direction effective de la société).

[200] Allemagne (dans le cadre de l'Union européenne), Argentine, Brésil, Canada, Chine, Espagne, Italie, Japon, Kazakhstan, Mexique, République tchèque, Royaume-Uni, Suisse, Viet Nam.

[201] Allemagne, France (en combinaison avec le siège social statutaire), Portugal.

[202] Belgique.

[203] Turquie.

[204] Argentine, Espagne.

[205] Chine, France, Italie.

[206] En ce sens, v. le rapport pour l'Allemagne.

[207] Cf. *supra* para. 37.

ou société par actions simplifiée. Il s'agit plus ici de regarder seulement le siège social mais aussi le contrôle par la détention du capital[208].

Dans certains pays, le renvoi est possible[209].

La reconnaissance de la personne morale étrangère, pour autant qu'elle soit pertinente pour les besoins de la RSE, pose toujours des questions de DIP intéressantes mais qui ne seront pas étudiées plus avant ici[210].

Notons que, jusqu'à ce jour, l'Union européenne n'a pas réussi à harmoniser ses règles de conflit en matière de droit des sociétés. Le Groupe européen de droit international privé (GEDIP)[211] a fait une proposition de règles de conflits qui libéralise intégralement la matière en ne retenant pratiquement que le critère de l'*incorporation.* On notera toutefois que la proposition exclut de son champ d'application toutes les relations de travail et de droits des salariés. De surcroît, elle réserve la RSE en des termes que l'on aurait aimé plus comminatoires[212].

6.2 Comment se détermine la *lex contractus ?*

Notons, à titre liminaire, que, contrairement à ce qui se passe en matière de compétence juridictionnelle internationale, et en raison du caractère dit « universel » des règles de conflits de lois incluses dans les règlements européens, les pays membres de l'Union européenne ne possèdent plus de règles de conflit de lois nationales dans tous les domaines couverts par le Règlement Rome I[213], ce qui concernera l'essentiel des questions posées par la RSE à condition que le contrat soit formé après le 17 décembre 2009.

Nous le savons, la *lex contractus* est importante en matière de RSE particulièrement lorsque ces questions se posent à l'occasion d'une relation de partenariat contractuel (production, distribution, sous-traitance, etc.) et qu'une violation des normes de RSE est alléguée par l'un des co-contractants, à quelque niveau que ce soit de la chaîne contractuelle.

L'unanimité se fait parmi les rapporteurs pour dire que l'autonomie de la volonté est le premier critère permettant de déterminer la *lex contractus*[214], dans les limites de l'ordre public. Dans tous les États membres de l'Union européenne, les parties au

[208]Cf. le rapport pour la France, pour d'autres exemples.

[209]Belgique, France.

[210]V. les rapports suivants qui abordent la question de la reconnaissance : Argentine.

[211]www.gedip-egpil.eu.

[212]Article 1.3 : *This Regulation does not prejudice the fulfilment of the obligations deriving from social responsibility of companies (corporate social responsibility) as defined by national, European or International norms.*

[213]Règlement (CE) n°593/2008 du Parlement européen et du Conseil du 17 juin 2008 sur la loi applicable aux obligations contractuelles (Rome I).

[214]L'autonomie de la volonté est la règle centrale en matière de loi applicable aux obligations contractuelles et admise universellement ainsi que l'affirme le commentaire des Principes adoptés

contrat peuvent être autorisées à soumettre leur contrat à des règles non étatiques, ce qui pourrait inclure les règles de la RSE[215]. La loi choisie par les parties va déterminer le niveau de respect exigé des co-contractants, ceux-ci pouvant parfaitement inclure des clauses contractuelles allant au-delà de ce que demande la *lex contractus*. La question demeure de savoir si elles peuvent inclure des clauses qui leur permettrait d'aller en deçà de ce qu'exige la *lex contractus*. La réponse à cette question dépendra de la qualification donnée aux normes de RSE et si elles sont ou non d'ordre public[216].

Les règles de conflit par défaut en matière contractuelle reposent, dans leur grande majorité, sur la notion d'exécution du contrat, que le lieu de l'exécution soit défini dans le contrat[217] ou *a posteriori* en fonction d'autres règles (comme par exemple des Incoterms). Parfois, c'est le lieu de résidence de la personne qui doit exécuter la prestation caractéristique du contrat[218]. Un petit nombre de pays conservent le critère du lieu de formation du contrat[219].

A défaut de lieu d'exécution dans le contrat ou qui puisse être déterminé autrement, ou à défaut de fonctionnement des différents critères prévus par les règles de conflits (par exemple dans le Règlement Rome I), la règle de conflit utilise le critère du lien le plus étroit à déterminer dans chaque cas par le juge ou l'arbitre qui statue sur le litige[220]. Parfois, le critère du lien le plus étroit est affirmé comme le critère principal[221], le lieu d'exécution du contrat, ou la résidence de la partie qui doit exécuter la prestation caractéristique, n'étant qu'une présomption de lien le plus étroit[222].

6.3 Comment se détermine la loi applicable en matière délictuelle ?

Comme pour les règles de conflit en matière contractuelle, les règles de conflits en matière délictuelle ont été harmonisées dans l'Union européenne, si bien que les

par la Conférence de La Haye en 2015 disponibles à l'url suivante : https://www.hcch.net/fr/instruments/conventions/full-text/?cid=135.

[215]Contrairement à ce qui avait été prévu au départ, cette liberté conférée aux co-contractants ne fait pas l'objet d'une disposition dans le corps du Règlement. Elle est simplement évoquée par le considérant 13 du préambule. Cela montre à quel point cette hypothèse est controversée parmi les États membres.

[216]Cf. *supra* Sect. 2.4.

[217]Argentine, Chine, Mexique.

[218]Chine et tous les pays de l'Union européenne.

[219]Brésil.

[220]Argentine, Chine, Turquie, Viet Nam et tous les États membres de l'Union européenne.

[221]Canada (provinces de *common law*).

[222]Japon, Kazakhstan, Québec, Suisse, Turquie.

États membres ne conservent plus de règles de conflits nationales dans les domaines couverts par le Règlement Rome II[223]. Il n'y a guère de doute que les litiges concernant la RSE et, de manière plus étroite, les litiges concernant les violations des droits de l'Homme par les entreprises, tombent dans le champ d'application du Règlement Rome II.

Dans la mesure où un très grand nombre de cas de violation des normes de RSE par les entreprises, dont se plaignent des victimes extérieures au cercle contractuel des partenaires de l'entreprise accusée de violation, vont être qualifiés de « délictuels » ou quasi-délictuels » (*torts*), ces règles de conflits présentent une grande importance dans le domaine qui nous occupe.

Notons d'abord une tendance actuelle par laquelle l'autonomie de la volonté commence à être admise dans le domaine délictuel, mais l'expression de la volonté est sévèrement encadrée[224]. La règle la plus généralement admise précise que le choix doit être opéré après la survenance du dommage[225]. Toutefois, lorsque toutes les parties au litige exercent une activité commerciale, leur choix de loi, à condition qu'il soit librement négocié, peut être opéré avant la survenance du litige. En troisième lieu, si tous les éléments de la situation sont situés dans un État alors que les parties ont choisi la loi d'un autre État, les règles impératives du premier État sont préservées. Enfin, si tous les éléments de la situation sont situés dans l'Union européenne, alors que le choix de loi a été fait pour la loi d'un État tiers, cette loi ne peut déroger aux dispositions impératives du droit de l'Union européenne telles que transposées dans le for.

Les règles par défaut favorisent majoritairement la loi du pays où le dommage est subi, quel que soit le pays dans lequel le fait générateur a eu lieu[226] et sans égard aux conséquences indirectes du dommage[227]. Quelques pays cependant retiennent la loi du fait générateur[228] et ne permettent d'appliquer la loi du lieu où le dommage est subi que si ce lieu était prévisible pour l'auteur du dommage[229]. Quelques pays, enfin, permettent au juge d'appliquer la loi la plus favorable à la victime entre celle du lieu où survient le dommage et celle du lieu où est intervenu le fait générateur[230].

Toutefois, si le dommage est survenu alors que les deux parties étaient domiciliées dans le même État, c'est la loi de cet État qui doit être appliquée[231].

---

[223]Règlement (CE) n°864/2007 du Parlement européen et du Conseil du 11 juillet 2007 sur la loi applicable aux obligations non contractuelles.

[224]Par ex. article 14 du Règlement Rome II.

[225]Chine, Turquie et tous les pays de l'Union européenne. Par contre, le Viet Nam semble admettre l'autonomie de la volonté plus largement, sauf lorsque des règles spéciales s'appliquent comme en matière d'environnement ou que l'auteur et la victime du délit sont domiciliés dans le même État.

[226]Argentine, Turquie, Viet Nam et tous les pays de l'Union européenne.

[227]Argentine, Mexique.

[228]Canada, Kazakhstan.

[229]Suisse.

[230]Chine.

[231]Argentine, Chine, Kazakhstan, et tous les États membres de l'Union européenne.

Il existe aussi une clause d'exception qui permet de revenir à la loi des liens manifestement plus étroits si les circonstances le permettent[232].

Toutes ces règles de conflits sont peu susceptibles de donner satisfaction dans les dossiers de violation de normes RSE par les entreprises car, la plupart du temps, elle désignera la loi de l'État dans lequel le niveau de protection des victimes est insatisfaisant, que le pays en cause soit un paradis juridique ou non. Très souvent si un dommage survient en raison de la violation d'une règle de RSE c'est que les standards adoptés dans ce pays ne sont pas suffisants. On en voit un exemple dans l'affaire *Das*[233] jugée au Canada. Cette affaire fait suite à l'effondrement du Rana Plaza. Des victimes poursuivaient la société canadienne Loblaws et le Bureau Veritas pour négligence et violation du *duty of care* pour n'avoir pas pris les mesures suffisantes pour éviter les dommages subis. La Cour décide que les actes ou omissions reprochées aux deux défendeurs sont localisés au Bengladesh si bien que c'est la loi de ce pays qui doit s'appliquer[234].

C'est pourquoi certains rapports insistent sur les règles spéciales contenues dans le Règlement Rome II, telle que la règle concernant les atteintes à l'environnement[235]. Cette règle donne le choix à la victime entre la loi du dommage et la loi du fait générateur. Plusieurs rapports sont d'avis qu'une telle règle pourrait facilement être étendue aux litiges de RSE[236].

Pourrait également être utile la règle de l'article 17 du Règlement Rome II[237], mais par un raisonnement *a contrario* en quelque sorte. L'article 17 est généralement interprété comme permettant d'exonérer l'auteur du fait délictueux s'il a suivi les règles de sécurité et de comportement en vigueur au lieu et au jour de la survenance du fait générateur[238]. Mais, en réalité, l'article 17 est rédigé de manière neutre, si bien qu'il est tout à fait possible de l'utiliser pour améliorer le sort de la victime et exiger de l'auteur du dommage qu'il ne se comporte pas plus mal à l'étranger qu'il ne serait autorisé à le faire dans le pays dans lequel il a commis l'acte qui a entraîné la responsabilité.

On peut raisonner par analogie pour le « *duty of care* » dû par une société mère à l'égard des activités de sa filiale à l'étranger. Dans la décision rendue dans l'affaire *Vedanta* par la *Court of Appeal* en 2017, Lord Justice Simon s'exprime de la manière suivante[239] : "It seems to me that certain propositions can be derived from these cases which may be material to the question of whether a duty is owed by a parent

---

[232]Turquie et tous les États de l'Union européenne.

[233]*Das v George Weston Ltd*, 2017 ONSC 4129.

[234]Dans cette affaire, la Cour n'alla pas plus loin dans son analyse car la prescription prévue par le droit du Bangladesh était acquise.

[235]Article 7 du Règlement Rome II.

[236]Belgique, France, République Tchèque.

[237]Suggestion faite par le rapport pour la France.

[238]Une règle similaire est signalée pour le Kazakhstan mais cette exception est limitée aux normes du Kazakhstan et ne s'applique pas si le fait générateur est situé dans un autre pays.

[239]*Supra* note 187, cf. para 83.

company to those affected by the operations of a subsidiary. (1) The starting point is the three-part test of foreseeability, proximity and reasonableness. (2) A duty may be owed by a parent company to the employee of a subsidiary, or a party directly affected by the operations of that subsidiary, in certain circumstances. (3) Those circumstances may arise where the parent company (a) has taken direct responsibility for devising a material health and safety policy the adequacy of which is the subject of the claim, or (b) controls the operations which give rise to the claim.". Le juge ne s'interroge pas sur le droit applicable à ce *duty of care* mais l'étudie au regard du droit anglais[240]. Le droit anglais est applicable dans cette affaire au titre de la *lex fori* ou de la *lex societatis*, mais cela pourrait aussi être par un raisonnement similaire à celui de l'article 17 du Règlement Rome II ou au titre de la loi du fait générateur en vertu de l'article 7 du Règlement Rome II, d'autant qu'il semble que les demandeurs basaient leurs demandes sur le droit zambien et que le juge évoque aussi le droit zambien pour le *duty of care*. On doit noter cependant que la seule question pendante devant le juge dans cette affaire, à ce stade de la procédure, était la question de savoir si les tribunaux anglais étaient compétents. Dès lors, un raisonnement en terme de conflit de lois n'était pas nécessaire pour atteindre une conclusion sur ce point.

6.4 Vérification de la conformité à l'ordre public ou aux normes en matière de droits de l'Homme, etc

Si tous les pays sont unanimes pour dire que, quelle que soit la loi applicable en vertu des règles exposées dans les paragraphes qui précèdent, le for procèdera à une vérification de la conformité à son ordre public, des hésitations sont clairement exprimées quant à la vérification de la conformité avec les normes internationales de droits de l'Homme ou normes équivalentes, comme les huit conventions principales de l'OIT[241]. La difficulté ne tient donc pas au processus mais au contenu de l'ordre public. En effet, c'est là que va devenir cruciale la distinction entre les normes de la RSE qui appartiennent à l'ordre public ou qui constituent des normes impératives et celles qui n'en sont pas[242].

La plupart des rapports affirment que seuls les traités ratifiés par leur pays peuvent constituer le contenu de l'ordre public du pays. Aucun n'aborde la question sous l'angle de l'ordre public transnational qui permet au juge de passer outre la non ratification par le pays d'une convention internationale et d'inclure les obligations qu'elle prévoit dans cet ordre public transnational. Un exemple de ce raisonnement nous est donné par le Tribunal fédéral suisse qui, en matière de biens culturels

[240]En réalité, le juge estime que le droit zambien est équivalent au droit anglais, d'où le raisonnement uniquement en droit anglais.

[241]Brésil, Canada, Chili, Chine.

[242]Pour les normes éthiques, nous avons une question séparée étudiée *infra*, para. 5.5.

déplacés illicitement applique la Convention Unidroit alors que la Suisse n'a pas ratifié cette convention[243].

Il est clair que pour un pays comme la France, la loi sur la vigilance est une norme impérative, voire une loi de police, qui s'impose quelle que soit la loi applicable à la relation en cause.

On pourrait peut-être aller un cran plus loin et soutenir qu'un système solide en matière de RSE constitue désormais un volet de l'État de droit (*rule of law*) sans lequel un pays ne pourrait pas se considérer comme appartenant au monde dit « civilisé »[244]. Il est clair en tout cas que l'ordre public étant évolutif, arrivera un jour où les principes et règles contenus dans des instruments tels que les Principes directeurs des Nations Unies feront partie de l'ordre public[245].

6.5 Application ou prise en considération de normes éthiques ?

La question de savoir si un juge peut appliquer ou, à défaut, prendre en considération des normes éthiques lorsqu'il est saisi d'un litige en matière de RSE divise clairement les rapporteurs. Un grand nombre de rapports répond par la négative et soutient une vision clairement positiviste du droit[246] alors que d'autres hésitent ou ne se prononce pas[247].

Pour les États membres de l'Union européenne, sachant que le Règlement Rome I permet aux parties, en matière d'obligations contractuelles, de viser dans leur contrat des normes non étatiques, la réponse à la question de la prise en considération de normes éthiques par le juge n'est pas aussi claire que ce qui est généralement dit. C'est donc à juste titre, nous semble-t-il que le rapport pour les Pays-Bas fait une analogie entre les normes éthiques et les normes de droit tendre visées par le considérant 13 du Règlement Rome I. Ce raisonnement pourrait être conforté par la preuve d'une politique européenne forte en matière de RSE, comme le suggère le rapport pour la France qui mentionne les différentes communications et résolutions adoptées sur la question par les institutions européennes[248]. A notre connaissance,

---

[243]Union de l'Inde c. Crédit Agricole Indosuez (Suisse) SA, Tribunal fédéral 8 suisse 2005, ATF 131 III 418. Un arrêt précédent avait également pris en considération cette Convention non ratifiée, 1er avril 1997, ATF 123 II 134.

[244]Cet argument est suggéré par le rapport pour la Belgique.

[245]Cette dernière suggestion que nous partageons est faite par le rapport pour l'Allemagne.

[246]Argentine, Belgique, Canada, Chili, Chine, Japon, Mexique, Portugal, République Tchèque.

[247]Kazakhstan, Royaume Uni, Turquie.

[248]Communication de la Commission « Responsabilité sociale des entreprises: une nouvelle stratégie de l'UE pour la période 2011-2014 » (COM(2011)0681) ; Livre vert de la Commission « Promouvoir un cadre européen pour la responsabilité sociale des entreprises » (COM(2001)0366) ; Résolution du Parlement européen du 25 octobre 2016 sur la responsabilité des entreprises dans les violations graves des droits de l'Homme dans les pays tiers (2015/2315)).

cette question n'a pas encore été testée devant une juridiction d'un État membre de l'Union européenne[249] ni devant la Cour de justice de l'Union européenne.

En revanche, certains rapports proposent des raisonnements plus novateurs. Le rapport pour le Brésil soutient que la constitution du pays permet en pratique à un juge une discrétion très large pour décider sur des bases éthiques sous couvert de principes généraux du droit, comme le principe de dignité de la personne humaine. Le rapport suggère également qu'un tel rôle puisse être joué par les principes de proximité et d'accès à la justice. Le rapport pour l'Allemagne répond dans le même sens bien qu'il insiste sur le fait que les considérations éthiques soient « intégrées » dans le système juridique pour pouvoir être appliquées. En l'absence d'exemples clairs, il nous apparaît plus porteur de raisonner comme le fait le rapport pour le Brésil.

Le rapport pour la Suisse indique l'éthique peut être utilisée par le juge en complément de la loi applicable au litige, même s'il estime qu'il n'y a pas de jurisprudence en ce sens. On pourrait toutefois suggérer que la décision qui applique une convention non ratifiée par la Suisse[250] pourrait permettre de fonder, indirectement, la réponse en droit suisse.

Le rapport pour l'Italie procède par analogie et tire argument du fait que le droit italien prend en compte les standards ISO et de la possibilité pour les parties de conférer à un tribunal arbitral les pouvoirs d'amiable compositeur pour conclure que des considérations éthiques peuvent être appliquées. A notre avis, cette dernière hypothèse mériterait une réflexion plus approfondie avant de pouvoir être élargie à un raisonnement éthique en matière de RSE.

Le rapport pour l'Espagne fait un lien entre les méthodes alternatives de règlement des différends et l'éthique.

7 Reconnaissance et exécution des jugements (questions 20 à 22)

Les questions liées à la reconnaissance et l'exécution des jugements étrangers n'ont pas beaucoup évolué depuis les années 1970 quand la Convention de la Haye de 1971 a reçu sa première signature[251]. La Covention du 2 juillet 2019 négociée au sein de la Conférence de La Haye (cf. *supra*), qui s'applique aux jugements rendus en matière de RSE ou de violation des droits de l'Homme par les entreprises compte tenu du fait que ces matières ne sont pas exclues, n'apporte aucune solution réellement novatrice en la matière par rapport aux travaux qui avaient été entrepris à la fin du XXème siècle ou même par rapport à la Convention de 1971. En revanche, les circonstances juridiques

---

[249]En France, toutefois, les affaires de l'*Erika* et du *Distilbene* (*supra* note 80) pourraient montrer la voie en ce sens.

[250]Cf. *supra* note 240 et le texte qui l'accompagne.

[251]La Convention et son Protocole ont été adoptés en 1966.

internationales ont changé, notamment en raison de la limitation unilatérale accomplie par la Cour suprême des États Unis en matière de compétence juridictionnelle directe. Cette juridiction a entendu les contestations qui émanaient des autres pays (et de l'Union européenne, par exemple en matière de droit de la concurrence) et a limité sévèrement les cas dans lesquels une société étrangère peut être attraite devant les juridictions fédérales américaines. Cette limitation est susceptible d'améliorer les chances de reconnaissance et exécution des décisions états-uniennes à l'étranger.

Les difficultés que le domaine de la RSE peut susciter tiennent notamment au fait que le jugement étranger est fondé sur des règles de droit tendre[252] ou que la compétence du juge étranger aurait été fondé sur le for de nécessité ou sur la compétence universelle civile. Il semble d'ailleurs à cet égard que si le jugement étranger a été rendu par un juge qui a accepté sa compétence sur la base du for de nécessité ou de la compétence universelle civile, ce jugement n'est pas éligible au titre de la future convention de La Haye. Il pourrait néanmoins être reconnu et exécuté en vertu du droit national de l'État requis s'il le prévoit (art 16).

Malgré l'harmonisation des règles de reconnaissance et d'exécution des jugements dans l'Union européenne grâce au Règlement Bruxelles I et avec trois États de l'AELE grâce à la Convention de Lugano, ces États conservent des règles de droit commun pour tout jugement en provenance d'un État tiers. Beaucoup d'États européens sont liés par des conventions bilatérales, notamment avec des États qui appartenaient préalablement à leurs empires coloniaux[253]. Les règles européennes seront évoquées brièvement car ce ne sont pas elles qui posent le plus de difficulté. En revanche, nous insisterons seulement sur les règles concernant les jugements hors des systèmes Bruxelles et Lugano.

Il est indéniable que, pour les victimes de violation de la RSE, obtenir un jugement dans l'un des 28 États du système Bruxelles[254] ou les trois États Lugano, c'est garantir une reconnaissance et une exécution du jugement grandement facilitées et sans grands obstacles. C'est pourquoi les règles de compétence directe sont si importantes de manière à donner compétence aux États européens le plus souvent possible.

Quand le jugement provient d'un État tiers, c'est-à-dire un État hors des systèmes Bruxelles et Lugano, un certain nombre d'États ne peuvent reconnaître ou exécuter ce jugement si le pays duquel il provient n'est pas lié par une convention ou un accord le liant avec l'État requis[255], ou par une loi spécifique à cet effet, dénotant

[252]Il est clair que même en l'absence de révision au fond qui empêche le juge requis de contrôler les normes appliquées sur la substance du litige par le juge de l'État d'origine, le fait que des normes de droit tendre ont été utilisées par ce juge pourrait soulever une question d'ordre public pour l'État requis.

[253]France, Royaume Uni, notamment.

[254]Le Danemark est inclus dans le système Bruxelles grâce aux accords qui ont été passés entre l'Union européenne et ce pays. A l'heure où nous écrivons, et tant que le Brexit n'aura pas développé ses effets, le Royaume Uni est encore soumis aux règles de Bruxelles et Lugano.

[255]C'est le cas des pays du Nord de l'Europe, y compris les Pays-Bas. C'est le cas de la Chine. Notons cependant que pour les Pays-Bas, si le jugement étranger remplit les conditions posées par le

ainsi que l'exigence de réciprocité n'a pas disparu de la matière[256]. C'est d'ailleurs pourquoi les États d'Amérique latine sont, pour la plupart, liés par la Convention de Montevideo de 1979[257] et les États du Mercosur sont liés par le Protocole de Las Leñas sur la coopération et l'assistance judiciaire en matière civile, commerciale, sociale et administrative[258]. Dans ce Protocole, le chapitre V porte sur la reconnaissance et l'exécution des jugements.

En droit commun, le juge requis doit vérifier que le jugement est définitif et possède l'autorité de la chose jugée dans le pays d'origine[259], qu'il a été rendu par un juge compétent, que la procédure d'origine était conforme aux standards de *due process* ou de *fair trial* (notamment que la notification de l'acte introductif d'instance était régulière)[260], que la reconnaissance ou l'exécution ne sont pas contraires à l'ordre public de l'État requis[261] et qu'aucun autre jugement existe qui serait inconciliable avec celui que l'on cherche à exécuter[262]. La vérification de la compétence du juge étranger continue à se faire en vertu de la compétence directe du pays requis[263] sauf pour les pays qui ont créé une règle spéciale de compétence indirecte[264] plus flexible exigeant en général un lien « suffisant » ou « substantiel » ou « caractérisé » du juge d'origine avec le litige, laissant le juge de l'exécution faire une appréciation *in concreto* dont le but est de favoriser la circulation des jugements.

En ce qui concerne l'ordre public, le rapport pour la Belgique suggère deux hypothèses spécifiquement intéressantes pour notre domaine. Tout d'abord un jugement étranger refusant d'appliquer des normes internationalement reconnues de RSE pourrait être contraire à l'ordre public belge[265]. A l'inverse, un jugement qui appliquerait la levée du voile de la personnalité morale ou la notion de groupe de sociétés dans des conditions trop légères ou aisées pourrait être contraire à l'ordre

droit néerlandais, le juge reprendra purement et simplement le contenu du jugement étranger et l'intégrera dans un jugement néerlandais.

[256]Allemagne, Chili, Chine, Japon, Kazakhstan, Mexique, République Tchèque, Turquie.

[257]*Convención interamericana sobre eficacia extraterritorial de las sentencias y laudos arbitrales extranjeros* (8 mai 1979), entrée en vigueur le 14 juin 1980, OAS Treaty Series No. 51. États parties : Argentine, Bolivie, Brésil, Colombie, Équateur, Mexique, Paraguay, Pérou, Uruguay, Venezuela.

[258]*Protocolo de las Leñas de cooperación y asistencia jurisdiccional en materia civil, comercial, laboral y administrativa entre los Estados parte del MERCOSUR* (27 mai 1992), entrée en vigueur le 20 juillet 1999. États parties : Argentine, Brésil, Paraguay et Uruguay.

[259]Brésil, Canada, Chili, Turquie.

[260]Brésil, Canada, Chili, Italie, Japon, République tchèque, Turquie.

[261]Au Brésil, l'ordre public comprend aussi les principes liés à la souveraineté nationale ainsi que la dignité humaine. L'ordre public peut comprendre l'interdiction de prononcer des dommages et intérêts punitifs (Italie).

[262]Allemagne, France, Italie, Pays-Bas.

[263]Argentine (mais avec flexibilité), Pays-Bas, Suisse.

[264]Canada (avec une liste fermée pour le Québec), France.

[265]Nous déduisons la même solution des rapports pour le Kazakhstan (si les normes internationales ont été adoptées dans ce pays) et le Mexique.

public belge, celui-ci estimant que la personnalité morale d'une société est une norme d'ordre public. Cela ne semble pas être le cas pour d'autres pays[266].

La fraude est aussi parfois un obstacle à la reconnaissance et l'exécution d'un jugement étranger[267]. En France, la fraude s'entend uniquement du point de vue procédural. Au Canada, le moyen de défense tiré de la fraude (utilisé avec succès aux États-Unis d'Amérique dans cette même affaire) a été utilisé dans l'affaire Chevron[268] pour tenter d'empêcher l'exécution du jugement en provenance des tribunaux de l'Equateur. Toutefois, parce que le tribunal de première instance a estimé que le patrimoine de la filiale canadienne de Chevron ne pouvait servir à payer un jugement rendu à l'égard de la société mère, la question de la fraude n'a pas été analysée par le juge canadien.

Certains pays exigent encore que la décision étrangère soit motivée[269].

Un grand nombre de pays ne vérifie pas le droit qui a été appliqué par le juge étranger, pas plus qu'il ne révise le jugement étranger sur le fond[270]. En conséquence, peu importe les règles de droit, ou les règles non étatiques, ou les normes éthiques appliquées ou prises en considération par le juge étranger, ce choix ne devrait pas être remis en cause au stade de la reconnaissance ou de l'exécution sauf cas de contrariété à l'ordre public de l'État requis.

Les règles de compétence pour permettre à celui qui a obtenu un jugement à l'étranger d'entamer une procédure de reconnaissance ou d'exécution sont plus aisées à mettre en œuvre car il suffira de démontrer que l'une des personnes en cause est domiciliée sur le territoire de l'État requis ou qu'il existe un bien sur lequel l'exécution peut être faite. L'arrêt *Chevron Corp v Yaiguaje*[271], rendu par la Cour suprême du Canada, en est un bon exemple. La Cour admet la compétence juridictionnelle des tribunaux canadiens par la seule présence d'une filiale de la société Chevron US sur le territoire de la province dans laquelle l'exécution était envisagée. C'est ensuite que la Cour de l'Ontario a dû décider s'il y avait des biens sur lesquels l'exécution pouvait être effectuée. Elle décida par la négative refusant l'exécution sur les biens d'une sous filiale de Chevron US, refusant de lever le voile de la personnalité morale et d'appliquer la théorie de l'*alter ego*[272].

---

[266]Cette question demeure ouverte, les rapports n'ayant pas tous répondu aux questions complémentaires qui leur ont été posées.

[267]Canada, France.

[268]*Chevron Corp v Yaiguaje*, 2015 SCC 42, [2015] 3 SCR 69.

[269]Argentine, Brésil, République tchèque.

[270]Allemagne, Argentine, France, Italie, Japon, Pays-Bas, Portugal, Suisse et les pays du Mercosur ainsi que de la Convention de Montevideo.

[271]2015 SCC 42, [2015] 3 SCR 69.

[272]*Yaiguaje v Chevron Corp*, 2017 ONSC 135.

Références

Bonucci N, Kessedjian C (dirs) (2018) 40 ans des lignes directrices de l'OCDE pour les entreprises multinationales. Pedone, Paris

Bucher A (2014) La compétence civile universelle. RCADI 372:9–127

Cantú Rivera H (2019) National action plans on business and human rights: progress or mirage?. Bus Human Rights J 4(2):213–237

Cassella S, Lasserre V, Lecourt B (dirs) (2018) Le droit souple démasqué - Articulation des normes privées et publiques internationales. Pedone, Paris

Cornut E (2007) F*orum shopping* et abus du choix de for en droit international privé. JDI 1:27–55

Demeyere S (2015) Liability of a mother company for its subsidiary in French, Belgian, and English Law. Eur Rev Priv Law 23(3):385–413

Deumier P, Sorel JM (dirs) (2018) Regards croisés sur la soft law en droit interne, européen et international. LGDJ, Paris

Kessedjian C (2016) Commentaire sur l'avis de la CNCDH sur les enjeux de l'application par la France des Principes Directeurs des Nations Unies du 24 oct. 2013. In: Lazerges Ch (dir) Les grands avis de la Commission nationale consultative des droits de l'Homme. Dalloz, Paris

Kessedjian C (2018) Le droit tendre (*soft law*) est-il apte à encadrer la responsabilité des entreprises pour leurs violations des droits de l'Homme ? In: de Frouville O et al (dirs) Reciprocité et universalité : Sources et régimes du droit international des droits de l'homme. Mélanges en l'honneur du Professeur Emmanuel Decaux. Pedone, Paris, pp 1323–1336

Magnier V (2017) Comparative corporate governance – legal perspectives. Edward Elgar, Cheltenham

Marrella F (2017) Protection internationale des droits de l'homme et activités des sociétés transnationales. RCADI 385:33–435

Retornaz V, Volders B (2008) Le for de nécessité : tableau comparatif et évolutif. Rev. crit. DIP 97 (2):225–261

Saumier G (2018) L'ouverture récente des tribunaux canadiens aux poursuites dirigées contre les sociétés mères pour les préjudices causés par leurs filiales à l'étranger. Rev. crit. DIP 107 (4):775–792

Steinitz M (2018) The case for an International Court of Civil Justice. CUP, Cambridge

Wouters J (2003–2004) Tien jaar experimenteren met internationaal recht: van de Wet van 16 juni 1993 tot de Wet van 5 augustus 2003. Jura Falc. 1(5)

Part II
National Reports

Argentina

María Susana Najurieta and Florencia S. Wegher Osci

Abstract Following the questionnaire proposed by the general reporter, this chapter offers an overview of contracts law, consumers regulations, environmental dispositions, labour law and corporate law from a Private International Law perspective, as they regulate the activities of corporations and their duties regarding corporate social responsibility and Human rights law. In particular, the Argentinean report stresses its insertion in the Organization of American States system of conventions and other regional dispositions such as Mercosur, as well as the Private International Law sections included in domestic law. The national system presents strong links with Human rights at a constitutional level, which generates profound and direct impacts within private law regulations and contribute to its interpretative richness and performative capacity. In that sense, the report also analyses some aspects of the recently reformed Civil and Commercial Code that took into consideration the solutions offered by Human Rights instruments with constitutional standing and by international treaties with supralegal status, as a manifestation of the interrelation of public and private branches of law, based on the constitutionalization process of private law.

1 Definition and Sources

1.1 Does Your Country Have a Definition of Corporate Social Responsibility?

Yes.

M. S. Najurieta
Universidad de Buenos Aires, Buenos Aires, Argentina

F. S. Wegher Osci (✉)
Universidad Nacional del Litoral, Santa Fe, Argentina
e-mail: fwegher@fcjs.unl.edu.ar

C. Kessedjian, H. Cantú Rivera (eds.), *Private International Law Aspects of Corporate Social Responsibility*, Ius Comparatum – Global Studies in Comparative Law 42, https://doi.org/10.1007/978-3-030-35187-8_2

1.1.1 If Yes, Please State That Definition Here and Give the Source

The Argentine Republic has been aware of Corporate Social Responsibility (CSR) of governments and private subjects since early stages, with a special focus on the political and social movements of the fifties. In that sense, the constitutional reform of 1957 stands as a relevant example, which led to the incorporation of section 14 *bis*,[1] thus ensuring protection of employment in all of its forms, through employment and social security rules centred around work with dignity, social security, protection and promotion of worker and his family, the suppression of slave work and indemnity against work risks and accidents.

Ever since the reinstatement of democracy in 1983, the Argentine Republic has been bound by major international treaties on human rights. In that sense, by means of Law No. 23054 (01/03/1984), the American Convention on Human Rights was enacted, and the instrument of ratification was submitted on 05/09/1984. In 1986, instruments of ratification—08/08/1986—of the UN International Covenant on Economic Social and Cultural Rights were submitted. The impact of human rights was enhanced even further as a result of the incorporation of important international human rights instruments through section 75, subsection 22 of our National Constitution and which were granted "constitutional hierarchy, under their enforcement conditions thereof".[2]

Indeed, our national normative hierarchy grants a supralegal status not only to treaties that are on a par with our National Constitution but also to treaties referring to human rights issues, even if they may not meet the constitutional hierarchy standards. Additionally, by normative hierarchy, integration and international

[1]The Constitutional Convention of 1957, after the derogation of 1949s Constitution, was compelled by social pressure to incorporate some rules of social constitutionalism. In subsequent years, economic and social rights gained momentum in two important hallmark events: the recovery of democracy and the constitution as a legally enforceable instrument, and the major reform of our National Constitution in 1994. See Dalla Vía (2015).

[2]Section 75 of Argentine Constitution: Congress shall be empowered to: To approve or reject treaties entered into with other nations and international organizations, and concordats with the Holy See. Treaties and concordats have a higher standing than laws. The following instruments, in their full force and applicability, have constitutional standing, do no repeal any section of the First Part of this Constitution and are to be understood as complementary of the rights and guarantees recognized hereunder: the American Declaration of the Rights and Duties of Man; the Universal Declaration of Human Rights; the American Convention on Human Rights; the International Covenant on Economic, Social and Cultural Rights; the International Covenant on Civil and Political Rights and its Optional Protocol; the Convention on the Prevention and Punishment of Genocide; the International Convention on the Elimination of all Forms of Racial Discrimination; the Convention on the Elimination of all Forms of Discrimination against Women; the Convention against Torture and other Cruel, Inhuman or Degrading Treatment or Punishment; the Convention on the Rights of the Child. . . ." In 2003, the Inter-American Convention on Enforced Disappearance of Persons and the Convention on the Non-Applicability of Statutory Limitations to War Crimes. Finally, the Convention on the Rights of Persons with Disabilities and its Optional Protocol was incorporated in 2008 (Law No. 26378).

treaties subscribed by our Nation are given a superior status over other national laws, as detailed below:

(a) International treaties with constitutional hierarchy (those enumerated in section 75, subsection 22, National Constitution, or those added through the system therein prescribed);
(b) Other human rights treaties, which are signed and ratified but which are not part of the enumeration of section 75, subsection 22 of our National Constitution;
(c) Integration treaties with Latin American countries (section 75, subsection 24, First Part, National Constitution);
(d) Integration treaties with countries from other regions (section 75, subsection 24, Second Part, National Constitution);
(e) International treaties (they prevail over laws, section 75, subsection 22, National Constitution);
(f) International treaties that can be signed by provinces (section 124, National Constitution);
(g) Other treaties: Investment bilateral treaties; executive agreements.

The 1994 constitutional reform also incorporated into our Constitution the right of all inhabitants to a "healthy, balanced and suitable environment for human development and the right to make sure that productive activities satisfy the current needs without compromising the needs of future generations and are under a duty to preserve them…".[3] Additionally, new constitutional rights and guaranties were laid down, by according constitutional hierarchy to consumer rights, thus ensuring protection to consumers and users of goods and services. Hence, they are entitled to "to the protection of their health, safety and economic interests, to adequate and truthful information, to freedom of choice, and to conditions of equitable and dignifying treatment".[4]

Commitment to environmental protection, mitigation of the effects of climate change and active contribution to sustainable environmental development has developed quite recently, during the last fifteen years, and such endorsement was eventually laid down in Law No 25675, enacted on November 27th 2002. This is the

[3] Section 41 of our National Constitution. It is further stated: "Environmental damage shall generate the duty to repair as a matter of priority under the terms established by law. Authorities shall make provision for the protection of this right, the rational use of natural resources, for the preservation of the natural and cultural patrimony and of biological diversity, and shall also provide for the right to environmental information and education. The Nation shall be accountable for enacting the rules ensuring minimum protection standards, and provinces shall be accountable for the enactment of the necessary complementary rules, without altering the local jurisdictional powers of each province. Dangerous or potentially dangerous wastes and of radioactive materials shall be precluded from accessing national territory."

[4] Section 42 of our National Constitution, second paragraph stipulates that: "Authorities shall provide for the protection of said rights, the education for the purposes of consumption and the consumption, the defence of competition against any kind of market distortions, the control of natural and legal monopolies, and for the control of quality and efficiency of public utilities, and the creation of consumer and users associations."

normative instrument establishing the minimum premises for sustainable and adequate environmental management, preservation and protection of biological diversity, and the implementation of sustainable development (section 1).

A remarkable interest in CSR has been developed in Argentina since the social, economic and financial crisis of 2001–2002. Even if there are older records in that respect in leading companies—such as companies adhered to the Argentine *Business Council for Sustainable Development* (CEADS—for its Spanish acronym), whose initiatives began back in 1992—intensive communication on business notions and conducts have become noticeable since 2001–2002. During that period, the issue of CSR was brought to our attention as a result of communications of the European Commission,[5] as this was defined as the "companies' voluntary integration of social, environmental and concerns into their business activities and their relations with stakeholders (employees, consumers, environmental protection associations, etc.)[6]

Additionally, ever since 2004, as part of the UN Development Programme (UNDP), the Argentine Republic adhered to the "Global Compact", thus giving rise to the Global Compact network in Argentina,[7] which began with 247 adherents in 2004 and reached 699 by January 31st 2017.[8] According to statistics published in the official website, the business agents adhered to the Compact are provinces with the highest industrial and production developments a result of agricultural exploitation, such as Buenos Aires, Santa Fe, Córdoba, as well as those that are in the Andes region, with high levels of hydrocarbons and mineral exploitation, such as Mendoza, San Juan and Neuquén.

Since 1997, BCSD, as a local chapter of *World Business Council for Sustainable Development* (WBCSD) has published and communicated environmental, community innovations and achievements in Argentine Republic. In one of those papers: "1998-2007. Sustainable Development. The Argentine business case", conclusions were analysed and drawn out of 326 cases of national and foreign companies operating in Argentina, and which were adherent members of the Business Council (BCSD) by the time of the survey (that is, fifty companies by 2007). Nowadays, BCSD comprises 86 leading companies committed with CSR (www.ceads.org/empresas).

---

[5]See Alegría (2004) and Zamenfeld (2007).

[6]Communication from the European commission of 2 July 2002 concerning Corporate Social Responsibility: A business contribution to Sustainable Development [COM (2002) 347 final].

[7]*La Red* is currently composed of an Executive Secretariat, made up of the Argentine Chamber of Commerce and Services, Cimeb Medicina Biológica, Deloitte Argentina, Randstad Argentina and Renault Argentina. Actions are directed towards raising awareness about the issue, aligning business models with Sustainable Development Objectives, strengthening transparency frameworks and corporate training in development issues.

[8]Out of this global number, 69% belongs to companies, el 14% to NGOs, 9% to Chambers, 3% to Academic Institutions, 3% to Governmental Organizations and 2% to other adherents. Information was consulted on 15/11/2018 at www.pactoglobal.org.ar/wp-content/uploads/2014/11/Brochure_estad%2D%2Dsticas.pdf.

The so-called "benefit corporations" or "B corporations" whose name derives from American *"B Corp."* with the support of the national government and a result of the initiative of *Fundación Sistema B*,[9] have made considerable progress in submitting a bill for the construction of a corporate model tailored to companies that cater for environmental protection, consumer rights and the needs of society.[10] To become eligible as B Corporation, it is necessary for the company to meet certain structural and internal governance standards, treatment to their employees, their relationship with environment and their insertion into the community.[11] Under these premises, a new corporate type would be created for "collective benefit and interest companies" (CBI, for its acronym).[12] The bill reached the lower House of Congress in November 2016 and was approved by the General Legislation Committee in June 2017 through a grounded opinion. By the time this report was drafted it was waiting to be brought to floor debate.

The Argentine BCSD, in keeping with the WBCSD, has publicized the following definition: "Corporate social responsibility is the commitment undertaken by a company to contribute to sustainable economic development through collaboration with its employees, their families, local community and society as a whole, with the aim of improving life quality".

Documents drafted in the International Labour Organization (ILO) were also made public in the Argentine Republic, such as 1998 Declaration of Fundamental Principles and Rights at Work and, more recently, the "initiative *in focus* about corporate social responsibility", drafted by the Subcommittee on Multinational Enterprises, in the 295th session of the Governing Body of the Organization, in March 2006.[13] The following concept has a dominant force in the world of labour: "Corporate social responsibility reflects the extent to which companies take account

[9]NGO responsible both for providing consulting and ranking status to companies that are expecting to take part of this initiative.

[10]They have been defined as "companies that produce certain goods and services through innovative ideas and that bring a positive material effect on our society and environment. They are additionally involved in high commitment practices with their employees, suppliers, clients and overall environment (. . .) It is a new business model, under the standards of transparency in their social and environmental management, and, under such light, the notion of success is not measured by dividends but by an increased positive material impact on our society and the environment". See Dubois (2016).

[11]In the institutional website of the organization (http://sistemab.org/) it is possible to make consultations about certification rules for a company based on a set of 200 questions. Procedure is detailed in the digital platform: http://sistemab.org/como-me-sumo/.

[12]This new legal entity has three main defining characteristics: (a) a broader corporate object or purpose, in the sense that they seek a profit and also make sure that businesses and activities have a positive impact in the community and environment; (b) Directors' duties are equally broadened, who must consider medium and long-term goals of those players involved in the business, including partners, employees, consumers, the environment, the community, while (c) transparency standards are incorporated and public reports are offered. "Triple-impact enterprises are pursuing legal recognition in Argentina". *La Nación,* 09/07/2017, available at: http://www.lanacion.com.ar/2040821-las-empresas-de-triple-impacto-van-tras-su-reconocimiento-legal-en-la-argentina.

[13]See Rabino (2014), Pucciarello (2008) and Ackerman (2006).

of the repercussions of their activities in society, and the extent to which they lay down their governing principles and values, both into their own internal methods and processes and their relation with other players".

Accordingly, a salient example can be found in the ILO "Declaration of Principles concerning Multinational Enterprises and Social Policy", dated November 1977, and amended at its 279th (2000), 295th (2006) and 329th (2017) sessions. The scope of application and objectives are pointed out in Article 1, which states as follows: "The aim of this Declaration is to encourage the positive contribution which multinational enterprises can make to economic and social progress and the realization of decent work for all; and to minimize and resolve the difficulties their various operations may give rise to".

Law No. 25877 section 25 imposes a duty on companies with over 300 employees to annually submit "a social balance gathering systematized information on work and employment conditions, labour cost and social security contributions on the part the enterprise".

Besides the employment domain (Law No. 20740, Law No. 25250; Law No. 25877), there are special laws and regulations on specific aspects, such as the environmental protection field (Law No. 26331), consumer rights (Law No. 24240, Act No. 24999 and Law No. 26.361); General Law on the Environment (Law No. 25675), the law on minimum presumptions for the Preservation of Glaciers and Periglacial Regions (Law No.26639) and the law on exploitation and exploration of hydrocarbons (Law No. 27,007).

Other government agencies have adopted resolutions on transparent corporate governance, such as Resolution No. 516/2007 of the National Securities and Exchange Commissions (CNV for its acronym in Spanish). This instrument complements section 5 of Executive Order No. 677/2001, which adopts a Code of Good Corporate Governance Practices, which is typical in publicly traded corporations. More recently, General Resolution No. 622/2013 of CNV, established a set of minimum standards of corporate conduct, and laid down principles and recommendations for their functioning. In that respect, a salient example is Principle VI of Annex IV, which deals with "keeping a direct and responsible connection with the community", and in respect of which the recommendation is to "reveal to the community issues concerned with the Issuer and ensure a direct communication channel with the enterprise". To make sure this is implemented and carried out, it is required (among other aspects) to "specify which rules or initiatives have been adopted to execute it CSR policy (Global Reporting Initiative and/or the UN Global Compact, ISO 26.000, SA8000, Millennium Development Goals, SGE 21-Foretica, AA 1000, Equator Principles, among others). Principle VIII focuses on promoting corporate ethics, and its Recommendation demarcates the framework for corporate governance to ensure ethical conduct of the issuer. In that regard, it has been pointed out that "the current rules enable to conclude that codes of conduct involve legal rather than moral rules because, if the reasons for non-compliance on the part of the governing body are not convincing, said conduct could be considered contrary to loyalty and the reasonable businessman's standard that demarcates liability rules of directors under Law of Business Associations (section 59)".[14] Additionally, the National Revenue Bureau (AFIP), through Resolution No. 3424/2012, established a voluntary adhesion regime for "taxpayers with corporate social responsibility".

As far as personal data protection is concerned, which is strictly linked to CSR and, more specifically, to healthy corporate practices dealing with personal information, Argentina has enacted Law No. 25326 on personal data protection. The main purpose, as it appears stated, is to ensure "overall protection of personal data registered in files, registries, data banks or other technical media for the data treatment, whether these are public, private or aimed at submitting reports, thus ensuring the right to honour and intimacy, together with the right to access registered information in that respect, pursuant to section 43, paragraph three of our National Constitution".

Regarding criminal law, by the time this national report was concluded the National Congress had recently passed a bill on "Criminal liability for legal entities for crimes committed against Public Administration and for international bribery (typified in sections 258, 265, 268 and 300bis of the Criminal Code).[15] The provision establishes that the enterprise (whether they have of national or transnational capital) as such must be held liable for crimes against public administration (committed by its owners, members, shareholders, directors, managers or employees), apart from personal liability incurred by natural persons. The bill also extends liability to suppliers, contractors, distributors and any other person that may enter into a contract with the enterprise. The bill is intended to adapt the Argentine criminal system and its battle against corruption and bribery to international standards to which Argentina is bound, as it adhered to the Convention on Combating Bribery of Foreign Public Officials in International Business Transactions.[16]

In the Argentine Republic there is awareness and application of ISO 9000 standards on quality management and ISO 14000 on environmental management, which inspired the "Argentine forestal certification" of law No 26331. In the case of ISO 26.000 RSE standards, they are also known and have been applied by the Secretariat of Environment and Sustainable Development of the Nation to ensure the chlorine-free use of paper in all government department and agencies.

Moreover, the UN Guiding Principles on Business and Human Rights are well known in our country and have a persuasive force in the reasoning of decisions of courts hearing environmental and employment matters, and are widely communicated by Non-Governmental Organizations, which do a follow-up on big companies. Among those NGOs, we will specifically highlight the following ones:

---

[14]See Araldi et al. (2014).

[15]The bill was passed on November 8, 2017 and entered in force on December 1, 2017. Full text available in: http://servicios.infoleg.gob.ar/infolegInternet/verNorma.do?id=296846.

[16]Signed through OECD on December 17, 1997, and approved by Argentine enactment, law No. 25319, B.O. 18/10/2000. The Argentine Republic has recently received recommendations and comments by the OECD Working Group on Bribery. For further details, please read: "Phase 3bis report on implementing the OECD anti-bribery convention in Argentina", available at: http://www.oecd.org/corruption/anti-bribery/Argentina-Phase-3bis-Report-ENG.pdf.

1. BCSD, the Argentine Business Council for Sustainable Development, which was referred to above. This organization has prepared a document "Visión Argentina 2050/Argentine Vision" (February 2014), which contains six areas that will help construct roads towards sustainable development, and is inspired on WBCSD guidelines, with adaptation to local reality. Focus areas are: human development, economy, governance, ecosystems, energy and infrastructure. It is not a perceptive plan but a platform for dialogue platform.
2. CIPPEC (Centre for the Implementation of Public Policies Promoting Equity and Growth). It is an independent non-for-profit organization, with no adherence to political parties. This organization proposes programs along three lines: (a) relationship between State and Government; (b) Economic development and (c) Social development.
3. In the academic field, with the aim of promoting and openly communicating the CSR notion, a salient case is that of the Argentine Institute of Corporate Responsibility (IARSE for its Spanish acronym), which has (as of April 2017), 95 golden corporate members, 33 silver members and 29 copper members. An international conference was held in 2014 and another one in 2016. Similarly, there are 21 educational institutions in Argentina that are part of Global Compact and which are engaged in publicizing and studying corporate responsibility rules in academic and research environments, such as the UN Global Concept university course.

As Argentina is a federal country, we must stress the concern shown by provincial legislatures in this respect, which is evidenced as follows:

- Law No. 2594 of the Autonomous City of Buenos Aires, which creates the legal framework for the implementation of a "Social and Environmental Responsibility Balance".
- Law No. 4531 (2010) of the Province of de Río Negro, which implements the "Social and Environmental Responsibility Certificate".
- Law No. 9013 (2011) of the Province of La Rioja, which creates the "Provincial Institute of Social Responsibility for Sustainable Development".
- Executive Order no. 517/2011 of the Province of Salta on "Social Responsibility and Social and Environmental Balance".
- Law No. 8488/2013 of the Province of Mendoza, on "Corporate Social and Environmental Responsibility".

1.2 Is the Argentine Republic a Member of the OECD?

No. However, Argentina started the admission process in May 2016. As part of that process, the Argentine Republic signed an agreement with OECD in early 2017, so that the organization may provide technical support in optimizing transparency and anticorruption policies of the Argentinean government, in cooperation with the

Anticorruption Office. The agreement includes workshops and debates on the results and progress of the 2018 meeting of the Public Integrity Network.[17]

Even if Argentina is not part of OECD, it did adhere to the OECD Guidelines for Multinational Enterprises. Accession is a consequence of Argentine adhesion to the OECD Declaration on International Investment and Multinational Enterprises in 1997, as that declaration is part of such instrument.

In March 2017, the Argentine Republic submitted an Action Plan, as part of the G20 Meeting of Finance Ministers and Central Bank Presidents. According to official information "the Action Plan consists of 16 public policy areas which will key top-priority reforms: economic policies, statistics, competition, investment, public governance and modernization of the State, federalism, regional development and multilevel governance, battle against corruption, education and competences, and digital economy, and it also intends to facilitate all means to increase Argentina's strong commitment with G20 with a view of its next Presidency in 2018. During the implementation of the Action Plan, OECD will carry out a series of studies on different public policy areas of the Argentine economy, which will give specific recommendations based on OECD's best practices. Studies include a Multi-Dimensional Economic Study, which will be submitted in mid-2017 and a study about statistics. Besides, Argentina is expected to adopt and implement international standards, including the Codes of Liberalization of Capital Movements and of Current Invisible Operations, while it also strengthens its participation in OECD Committees on education, competition and public governance, among others".[18]

1.2.1 Has It Created a "Contact Point"? If Yes, Please Give Its URL and a Brief Outline of Its Structure and Main Actions in the Past Three Years

Yes, it has. According to the Procedures Manual of the Argentine Contact Point (PNC-for its Spanish acronym), it was created through ministerial resolution No. 1567 of July 31st 2006,[19] and is encompassed within the National Bureau of International Economic Negotiations of the Ministry of International Relations and Cult of Argentina.

[17]In April 2017, as a celebration of the National Day of Social Responsibility, an event was organized and promoted by the Argentine Chamber of Commerce and Services and the International Chamber of Commerce, together with representatives of the public and private sector. The aim was to discuss business models that respect the principles of social responsibility and sustainable development. The companies that participated were Pan American Energy, Toyota Argentina and Tonka S.A (medium-sized company).

[18]http://www.oecd.org/countries/argentina/argentina-strengthens-co-operation-with-the-oecd-via-new-action-plan.htm.

[19]According to the information provided by the Procedures Manual of the Argentine NCP. As per OECD annual reports, Argentine NP was set up in 2000.

By ministerial resolution No. 17 dated January 25th 2013, the Contact Point submitted to the Direction of Economic and Multilateral Issues and the G-20 (and also the Ministry of International Relations and Cult of the Argentine Republic). This was in accordance with the adhesion of Argentine Republic to the OECD Declaration on International Investment and Multinational Enterprises, which includes the Main Guidelines for Multinational Enterprises.

Its function is to promote and enforce OECD Guidelines for Multinational Enterprises. In that sense, an administrative procedure has been regulated and activated in order to amend and conciliate infringements to such Guidelines.

According to OECD annual reports, Argentina's NCP (National Contact Point) is a single-party organization, that is, composed of representatives of one single Ministry, which is the Ministry of International Relations and Cult in our country. It lacks its own proprietary budget,[20] and its administrative structure has both part-time and full-time employees,[21] that participate and organize activities throughout the year. Although the Argentine NCP has an oversight body and is currently being peer reviewed, it does not appear to have an advisory body.[22] An account of the latest actions can be found at the Argentine NCP website, especially in those cases when the National Contact Point worked as surveillance body, in order to comply with Guidelines of OECD companies.[23] Details about these actions are given in section 10 of this report.

1.3 As a Member State of the United Nations, Has Your Country Taken Any Action Under the 2011 Guiding Principles?

Argentina has undertaken the task to draft a National Action Plan. To that end, several actions from different national ministries have been set in motion in order to coordinate tasks and public strategies in issues such as: environment and territory, forced labour and trafficking of persons, discrimination, gender equality and children's rights, including child labour.[24]

[20]Information provided in the OECD annual report about NCP as of 2014. No reference was made in subsequent public documents in that respect.

[21]According to information available in OECD annual report 2017, available at: http://mneguidelines.oecd.org/2017-Annual-Report-MNE-Guidelines-EN.pdf.

[22]http://mneguidelines.oecd.org/ncppeerreviews.htm.

[23]By the time this report was submitted, the NCP was being revised by peers and the website had been made unavailable for the public until further notice.

[24]More information available at: https://www.argentina.gob.ar/derechoshumanos/proteccion/ddhh-y-empresas.

In this sense, the National government of Argentina published on 12 December 2017 the first National Action Plan of Human Rights (NAPHR for its acronym).[25] The document is structured in five central axis that are subsequently divided into specific topics, regarding Human Rights policy issues:

1. Inclusion, non-discrimination and equality
2. Public security and non-violence
3. Memory, truth, justice and transitional justice
4. Universal access to rights
5. Civic culture and compromise with Human Rights

Within the fifth central axis, regarding the Compromise with Human Rights and the Civic Culture, section 5.6 contains the guidelines for the development of a National Policy on Business and Human Rights. For this purpose, and on the basis that public policies on Human Rights must reach alliances with both the private sector and the civil society to achieve its effectiveness, the NAPHR intends to "work towards the strengthening of institutional capacities with plans and projects that seek to perfect the so-called cross-cutting systems and the synergies between public and private (...) [b]y optimizing the relationships between social actors, efficiency, effectiveness, quality, equity and institutional transparency in production and the implementation of participatory public policies. The vision that guides these efforts is to build a State that meets the needs of the population, uses its resources optimally, promotes good practices throughout the administration and encourages the participation of companies and society's organizations in the construction of an advanced democracy that is based on the defence and promotion of Human Rights".

Every subsection postulates a strategic objective and a series of actions that are meant to be conducted by State agents with the support of International Organizations, Non-governmental Organizations and Civil Society Organizations. Each action has been assigned a series of goals and their correlative indicators in order to measure its impact and efficiency[26]:

> **5.6. Strategic objective:** "Promote public policies destined to protect, respect and remedy, according to the Guiding Principles on Business and Human Rights"
>
> **Action:** Strengthening the inter and intra sectoral coordination for the development of public policies destined to the protection and respect of Human Rights within business activities.
>
> **Action:** Contribute to the design and implementation of a National Action Plan, as well as guidelines and protocols for action within the framework of international instruments such as

---

[25]On December 12, 2017, the Argentine government published the first "National Action Plan on Human Rights, 2017–2020", available at: https://www.argentina.gob.ar/plan-nacional-de-accion-en-derechos-humanos. It is the result of "coordinated work and consensus with all the ministries, to address the commitments that each area of government defined as priorities in the field of human rights. It is also the product of careful listening to the ideas of civil society organizations and the contributions and recommendations of the different treaty committees, reports and working groups of the United Nations High Commissioner for Human Rights" (excerpt from cited document).

[26]The progress of every goal of the NAPHR, as well as the actions that are being undertaken to fulfil them can be tracked trough: https://trello.com/plannacionalenddhh.

the Guiding Principles on Business and Human Rights and the OECD Guidelines, with special attention to groups in situation of vulnerability.

Action: Strengthening the capacities of the public, private and social sectors in relation to international instruments for the protection and respect of Human Rights in business activities and developing communication and dissemination strategies aimed at improving public knowledge on the subject.

Action: Develop actions to promote CSR within the framework of the Social Responsibility for Sustainable Development National Forum in order to promote strategic alliances (State, civil society actors and the private sector) to assist the population in a situation of vulnerability.

1.4 Does Your Country Apply the ISO Standards?

Yes, it does.

1.4.1 If Yes, Please Give Examples of Their Application

ISO 26000 rules are both known and applied in Argentina, and courts admit that they apply UN Guidelines and OECD Guidelines as soft law to complement the reasoning of their resolutions, and this they do in in conjunction with the quoting of general positive private law rules (including contract law rules, consumer law and torts), and also Argentine employment law and corporate law rules. By way of example, we quote the following judicial precedents:

Labour Court of Appeal, Chamber VI, 13/07/2012, *"Florenza Carlos Enrique Tomás vs. Losada Antonio Miguel and others s/ injuries"*

HSBC—purchasing company of *Banca Nazionale del Lavoro*—and A.M.L. were held liable, and liability was also extended to the company employee that Carlos E.T. Florenza reported to, on account of having ignored the pressure that employee had been subjected to. Plaintiff had worked as manager of the legal department during the social and financial crisis period ranging from 2001 to 2005. Defendants were also held liable for not implementing a damage-prevention plan and the reactive depressing syndrome of employee, and for having implemented non-ethical conducts. The Court of Appeals held that defendants failed to consider the ethical content of Employment Contract, and that the duty of respect to employee had been breached and that they failed to foresee and mend the potential and real impacts on the psychological health of Employee (Guiding Principles 11, 17 y 25; OECD Guidelines IV.1 y 37). It was finally held that the Employer had breached the duty of care under section 63 of the ECL.

Labour Court of Appeal, Chamber VI, 24/09/2014, *"A.A.Y. vs. Shell Compañía Argentina de Petróleo and other s/ dismissal".*

The court held that the ground for dismissal was an illegal "hidden cause", as plaintiff had not conceded to the sexual demands of two superiors and had been subjected to sexual and moral harassment. Dismissal was not only unfairly grounded, but also involved employer's breach of the right to women to a work environment free of violence. It also held that there was an infringement of rights of the Convention on the Elimination of all Forms of Discrimination against Women and of the Prevention, Punishment and Eradication of Violence against Women (refer to article 4 of law N° 26485).

Court of Appeals hearing felony and misdemeanor cases – Autonomous City of Buenos Aires, Chamber II, 10/11/2009, *"Transportes Rivas and Compañía S.A"*.

The Court held that the hydrocarbons company—which generates hazardous waste—is in breach, as it fails to exhibit a certificate of environmental compliance, even if authorizations had been granted prior to the enactment of the law that stipulated the mandatory nature of such certificate and even if no change of business had been implemented ever since. To that end, the judgment focuses on linking these issues with CSR, and thus recovers the significant task undertaken by the International Organization for Standardization in the drafting of ISO rule no. 26000.

1.5 Please Indicate All Other Sources You Consider Relevant, and Also Any Specific Feature of Your Legal System That Should Be Borne in Mind to Better Understand Your Answers to This Questionnaire

In the regional Inter-American field, the Inter-American Juridical Committee, an expert body of the Organization of American States (OAS), required and approved in 2014 a report submitted by rapporteur Dr. Fabián Novak Talavera (Resolution No. 205/2014, "Guide to Corporate Social Responsibility in the field of Human Rights and the Environment in the Americas").

Dra. Ana Elizabeth Villalta Vizcara was appointed as rapporteur in CSR and Human Rights, in the sessions of the Inter-American Legal Committee held in Rio de Janeiro in October 2016. She was entrusted with the submission of a report in the following year, in the Rio de Janeiro (Brazil) session ranging from March 6th to 10th 2017. And this issue was approached in depth in the documents of 2017: Resolution CJI/Res.232 dated 9/3/2017 and Resolution CJI/doc.522/17 rev. 1 and rev. 2 on "Conscious and Effective Regulation of Enterprises in the Field of Human Rights".

2 Characterisation

2.1 Rules Pertaining to Company Law

The overall criterion of liability of directors and representatives of the corporation has been stipulated in section 59 of Business Associations Law (BAL for its acronym) "Company directors and administrators are bound by the duty of loyalty and diligence of a reasonable business person. Anyone who fails to comply with these duties shall be held jointly and severally liable for damages deriving either from those actions or failures to act".

Both limited liability companies with a capital above the minimum standard and corporations are under a duty to submit financial statements (balance sheet) on an annual basis and directors are accountable to the shareholders meeting on the state of the corporation and their judgment on projected business. Section 72 establishes that the approval of financial statements does not amount to the approval of the work done by directors, administrators, managers and members of supervisory board or comptrollers. In the case of corporations, the Chairperson of the Board of Directors serves as representative. Bylaws can make provision for the admission of an executive committee which, through the delegation of directors, may be involved in the ordinary management of the business. The committee is neither a governing body nor an agent of the corporation.

Section 273 of the BAL establishes that the business of directors is not compatible with activities or businesses, either directly or through third parties, which compete against the business of the corporation, unless otherwise authorized by the shareholders meeting, under the penalties of section 59 of the BAL. Section 274 establishes that directors are jointly and severally liable to the corporation, shareholders and third parties in case of misconduct during their office, under the terms of section 59. They shall be held equally liable in case of infringement of law, bylaws or any other damage caused by a wilful misconduct, abuse of powers or gross negligence.

Bylaws may additionally provide for an optional governance body, which is the supervisory board, composed by three to fifteen shareholders appointed by meeting of shareholders, and whose appointment is revocable and re-electible. The rules applicable to the supervisory council are those applicable to the appointment and removal of directors, prohibitions and impediments of directors and comptrollers and non-competition rules (sections 272, 274 and 275 of the BAL).

Corporations are subject to stricter surveillance and, among other situations, Section 299 lists those cases when, apart from control on the incorporation process, corporations comprised within this group, are subject to surveillance of the controlling authority of their location during their business operations, dissolution and liquidation. Such corporations are those that: (a) publicly trade their shares or debentures; (b) have a corporate capital in excess of a given amount; (c) are mixed-economy corporations or are engaged in capitalization operations, saving or otherwise solicit money or securities from the public in consideration of promises or future benefits; (d) exploit public concessions or utilities; (e) are either a controlling entity or are controlled by another entity subject to surveillance; (f) are sole proprietorships.[27]

Law No. 27340 on "Support to entrepreneurial capital" establishes collective financing systems and stipulates the creation of "Simplified Corporations". Section 65 provides for the creation of a Federal Council for the support of entrepreneurs with public and private participation, which will be intended to define objectives and identify the most suitable instruments for the promotion of an entrepreneurial culture in the Argentine Republic.

2.2 Rules Pertaining to the Law of Contract

The Argentine Civil and Commercial Code (hereinafter CCC), which has been recently reformed, took into consideration the solutions offered by Human Rights instruments with constitutional standing, and by international treaties with supralegal status. The CCC also encompasses the interrelation of public and private branches of law, based on the constitutionalization process of private law, thus ensuring the reconstruction of a Human Rights system consistent with private law rules.

The first provisions of the Code are comprised under the Preliminary Title, which "[conveys] overall significance to the entire code. Hence, the system has a mainstream component and frames overall comprehension of a great number of interpretation issues and integration of unregulated areas of law (. . .). General law guidelines have been demarcated based on principles and rules" (. . . .) it is necessary for legal professionals to rely on guidelines that will help in their decision making in a complex system of sources which often calls for an interaction of sources of law, and the utilization not only of rules, but also of principles and values".[28]

The relevance of these initial 18 sections goes far beyond the Code itself, as those provisions are applicable to legal relations that have not been comprised under those rules as other areas of law govern them.[29] It is the judge who is vested with the harmonization and coordination of national legal rules.[30] Sections 1 to 3 are especially relevant for this Report, as they establish the sources and application of law

[27]Ragazzi (2007) and Ferré Calvo (2014).

[28]Grounds for the preliminary bill on Civil and Commercial Code of the Argentine Republic. Available at: http://www.nuevocodigocivil.com/wp-content/uploads/2015/02/5-Fundamentos-del-Proyecto.pdf. The highlighted fragment was contributed by us.

[29]Such is the case of employment contracts, which we will address in the next paragraphs.

[30]Such is the vision of the Chair of CCC Drafting Committee, who stresses the role being played by Preliminary Title rules on the task of judges. "These are a set of guidelines for judicial decision making, which is to begin deductively, abiding by precedents and by ensuring consistence with all legal rules, while also providing sufficiently reasonable explanations". See Lorenzetti (2015).

and the criteria for the interpretation of laws,[31] plus the duty of judges to make pronouncements based on reasonable grounds.[32] Additionally, a set of principles and institutes applied in all private law systems are laid down, such as good faith, abuse of rights (to be distinguished from the abuse of dominant position), the characteristics or internal public order and fraud to law, waiver of rights and the recognition of individual and rights with a collective impact.[33]

As far as contract regulation is concerned, Title 2 includes a definition or classification contained in section 957 within general contract law rules, which states that a contract is "a legal act whereby two or more persons provide assent to create, regulate, modify, transfer or terminate legal relations with patrimonial content". The definition draws a distinction between equally bargained contracts and the so-called adhesion contracts with pre-formulated and standardized clauses,[34] and it considers that these represent a contracting pattern within contract law rules. As regards consumption contracts, they typically include special parties: a consumer or end-user and a company, plus an additional element contributed by private or social consumption.[35] The reform in Argentine private law effective as from August 2015 has incorporated a number of constitutional rules and principles to the CCC sections, including those stipulated by section 41 and 42 of our National Constitution, and which were quoted above. The precautionary and preventive principles are present across all such contract law rules and serve as guidance for the interpretation of legal rules and demarcate the normative hierarchy of private law rules.

The Code thus reflects the fragmentation of types of contracts and assigns each of them its own methods, rules and characteristics to ensure their interpretation and operative nature, while it also preserves core elements in each of them, thus enabling the protection of freedom to contract (for contracts in general) and preservation of a protective paradigm by erecting a highly protective system, protecting the party with the weakest bargaining power (in the case of consumer contracts).[36] The difference between both schemes (general contracts and consumer contracts) can be observed

[31]Section 2: "Interpretation: Laws are to be interpreted based on wording, purposes, analogous laws, provisions arising from human rights treaties, legal principles and values, in a manner consistent with the whole legal regime".

[32]Section 3: "The judge must hear and decide: those issues that have been subjected to his/her jurisdictional power, through a reasonably grounded decision".

[33]Art. 14: "Individual rights and rights with collective impact: This Code shall recognize: a) individual rights; b) rights with a collective incidence. Law shall not enable the abusive exercise of individual rights in case they may affect the environment and rights with collective impact."

[34]Regulated as type of general contract under sections 984 and subsequent sections.

[35]See Lorenzetti (2016), pp. 238–239.

[36]In this regard, Ricardo Lorenzetti states, "one of the major changes in the reform to our Code is the fragmentation of the general type of contracts, which is original in comparative law. One Title addresses discretionary contracts while the other deals with consumption contracts, each of them with equal hierarchy, so that each specific type of contract will then be subsumed within one category or the other one" (Lorenzetti 2016, p. 233).

not only in the methodological structure of CCC but also in the specific characteristics of regulations.

As there is wide scope for the exercise of party autonomy (section 962 establishes the suppletory nature of the rules established in the Code, except for those that are unavailable) and freedom to contract (section 958 and its binding effect laid down in section 959), these operate as guiding principles for the whole legal scaffolding on contract, while there scope is narrowed—as such is the nature of rights—so they specifically refer to imperative or coactive rules and public order of domestic law rules.[37] These limitations can be observed in the normative hierarchy and the integration and interpretation of contracts referred to throughout the Code, and are consistent with the Argentine private law system, even before the reform.[38]

As regards employment contracts, the Employment Contract Law (Law No. 20744, amended by Law No. 21297, ECL for its acronym) is a domestic public order regulation, and has binding force in all national cases. The principle *"in dubio pro operario"* (sections 7[39] and 9[40]of the ECL) is contained in such set of rules, and this undoubtedly influences the scope of objectively multinational cases, as it imposes a restriction on the exercise of party autonomy.[41]

[37]Section 963 establishes the normative hierarchy in contract law, which is not to be confused with the rules for the exercise of dispute and material autonomy deriving from international contracts and contained in section 2651 of the CCC, as discussed in points 15 and subsequent sections.

[38]Art. 963. Normative hierarchy: "In the event of coincidence between this Code and a special law, the following normative hierarchy shall be applied: a) unavailable rules of the special law and this Code; b) rules derived from the specific contract; c) suppletory rules to the special law; d) suppletory rules to this Code".

Art. 964. Integration of the contract: "The content of the contract shall merge with: a) unavailable rules, which are applied as a substitute of incompatible clauses; b) suppletory rules; c) customary practices and usages of the place where the contract was entered into, to the extent of their applicability because they have been declared binding by the parties or because they are regularly observed in the environment where the contract is executed, unless such enforcement is unreasonable".

[39]Art. 7°: "Less favourable conditions. Nullity: Parties shall under no circumstance agree on conditions that are less favourable to employee than those of legal rules, collective bargaining conventions or arbitral award, or which are contrary to such legal rules. Actions of that nature shall be penalized according to section 44 herein".

[40]Section 9: "The principle of the more favourable rule in favour of employee. In case of doubt as to the application of rules enacted by law or stipulated in a contract, the more favourable rule to employee shall prevail, and the set of rules governing each of the institutions of employment law. If there were a doubt as to the interpretation or scope of law or in weighing evidence in specific cases, judges or any law enforcement officer shall decide in the best interests of employee".

[41]See answers to point 9, point 11 regarding the submission of employment controversies to arbitration, and point 12 regarding international jurisdiction rules, and point 16 with respect to law applicable to international cases.

With regard to consumer relations and consumer contracts, the CCC expressly defines the meaning of each of these expressions in sections 1092[42] and 1093[43] respectively. As a result of the provisions incorporated in the preliminary title, safeguards against the abusive exercise of rights, against the abusive exercise of individual rights in case they affect the environment and collective incidence right (section 14, CCC).

Interpretation guidelines for contracts[44] and consumption relations, and also normative hierarchy[45] plus the scope of autonomy of parties to consumption contracts, are highly protected issues, so the most beneficial or less harmful rule for consumer will always be the option.

2.3 Rules Pertaining to Law of Torts

2.3.1 When a Third Party (an Employee, Customer, Supplier or Victim of Breaches by the Company, Etc.) Takes Action Against a Company for Breach of a Rule of CSR, Is That Action Characterised as a Tort Action?

Provided the claim is based on breach of contract, the non-breaching party can claim compensation for damages unfairly caused. In case the claim derives from a breach of the duty to refrain from damaging another person (*neminem laedere*), claimant can seek both the prevention of damage and its repair, since the Argentine CCC analyses the pattern of damage, by characterizing liability as a credit in favour the injured party rather than a duty owed.

[42]Section 1092: "Consumer relation. Consumer: It is the legal relation between a supplier and a consumer. Consumer is the natural or artificial person who purchases or uses, either for free or for value, goods or services as end user, either for his/her own benefit or of that of his/her family or social group. On a par with consumer shall be that who, even if he/she may have no involvement or does not take part a consumption relation, either acquires or uses goods or services, for free or for value, as end user, for his/her own benefit or that of his/her family or social group."

[43]Art. 1093: "Consumer Contract: It is a contract entered into between a consumer or end user and a natural or artificial person who professionally or occasionally interacts with a manufacturing or services company, either run by the government or privately, and which intends to purchase, use or otherwise utilize goods or services by consumers or users, for private, family or social purposes".

[44]1095: "Interpretation of consumer contracts: The contract shall be interpreted in the most favourable interests of consumer. In case the extent of obligations is not clear, a less harmful obligation shall be adopted".

[45]1094: "Interpretation and normative hierarchy: Rules regulating consumption relations must be applied and interpreted in accordance with the consumer protection principle and access to sustainable development principle. In case of doubt as to the interpretation of this Code or special laws, the most favourable rule for consumer shall prevail".

2.3.2 If Yes, Please Give Examples, Drawn Either from Legislation or Case Law, with Detailed References

Title 5 "Other sources of obligations" of Book Three, Chapter 1, makes provision for "civil liability" in the Argentine legal system. In keeping with the structure of the Code, regulation has been designed as a system, so it is not possible to observe a fragmented layout of rules.[46] The chapter introduces the different functions of liability in its first articles indicating that they are the compensation and deterrence of damage (section 1708). It is worth pointing out that the original wording of the rule also laid down the punitive function of liability. In that sense, and even if there was no inclusion in the final drafting, it is possible to assert that there is awareness of this type of compensation in the Argentine so punitive damages ordered by a court decision could as well be recognized, by prudently restricting the amount in case the quantum were unreasonable or excessive under section 1714.[47] Reference to the deterrent function of damage is particularly relevant for regulations in the field of CSR, especially considering environmental and consumers' issues. It is worth pointing out that the Argentine legal system gives prevalence to the prevention of damage over compensation, especially in those areas where redress is difficult, if not impossible to implement.

Regarding the deterrent function, and as it serves the protection and precaution paradigms, the existence of damage is not a necessary condition to have sufficient cause of action and for the purpose of channelling a claim under this perspective accordingly. To ensure the functioning of such rules, a normative hierarchy of sources is again established in section 1709.[48] A parallelism can be drawn between these rules and section 4 of the General Environment Law No. 25675, as this section lays down a series of guidelines, such as the deterrence and precaution principle, which serve as guiding principles for the law in particular and any other rule or regulation dealing with the environment.

Sections 1710[49] and 1711[50] stipulate the duty to refrain from harming others and the requirements to get entitlement to bring legal actions for damages in case of

---

[46]Lorenzetti (2016), p. 331.

[47]1714: "Excessive punishment. In case the application of pecuniary, administrative, criminal or civil sanctions generates an unreasonable or excessive punishment, the judge must ascertain the quantum to the amount so that it is rendered as reasonable".

[48]Art. 1709: "Normative hierarchy. In the event of coincidence of the legal rules of this Code and those of a special law in the area of torts, the following normative hierarchy shall be applied: a) the unavailable rules of this Code and those of the specific law; b) the autonomy of the will; c) the suppletory rules of the special law; d) the suppletory rules of this Code".

[49]Section 1711: "Preventive action. The preventive action shall proceed whenever an action or omission causes damage to be foreseeable, to continue or to get aggravated. No attribution of liability factor must necessarily concur".

[50]Section 1710: "Duty to prevent damages. Every person, as far as he or she is concerned, must do the following: a) refrain from causing an unjustified damage; b) adopt, according to good faith commitments, the reasonable measures to prevent the damage from occurring, or to mitigate its magnitude. In case those measures avoid or mitigate the magnitude of damage for which a third

breach of the preventive principle. So the entitlement to file a preventive action is demarcated, as well the entitlement for the specific case established in section 1712.[51] By virtue of section 1711, in keeping with the criterion imposed by the damage prevention principle, the party who alleges a reasonable interest must not evidence any attribution factor, nor shall it evidence the factual existence of damage as the requirement for the action the only requirement is that "an action or failure to act that is in breach of law makes an injury foreseeable". We understand that such proposition comprises damage to the environment caused by business activity in cases of exploitation and profiting from natural resources. It is nonetheless possible to channel claims on consumer and users' rights through a preventive action. In the event of damage prevention, the judge must take section 1713[52] into consideration by the time of entering judgment. Consequently, the final holding must stipulate duties to give, do or to refrain from doing, as the case may be, by weighing the less possible restriction principles and the principle of efficacy of judicial decision.

Regarding the compensatory function, both the duty not to harm and the breach of a duty give rise to the compensation of damage caused (section 1716). The regulation establishes grounds for the release of liability on the grounds of certain facts that justify damage as they derive from the regular exercise of a right, a legitimate self-defence or defence of third parties, acting to prevent a present or imminent wrong (section 1718), and the assumption of risk on the part of the victim (section 1719). A duly reported consent of the injured party will equally release from liability, provided such consent does not derive from abusive clauses (section 1720). Under this framework, the person who alleges damage is under a duty to prove it, except for those circumstances in which the law itself stipulates a punishment or compensation, or if damage is self-evident from the facts or are presumed to be as such by law (section 1744).[53]

Liable subjects under Argentine law are particularly relevant for the purposes of regulating CSR of companies subjected to Argentine law. Generally speaking, direct liability will accrue to that who breaches a duty or causes unjustified harm for an action or omission (section 1749). The plurality of liable subjects (section 1751) imposes direct liability on several persons, provided damage has a unique cause, for which case the rules of joint and several liability shall apply. If causes are different,

---

party would be liable, the person preventing damage shall be entitled to get a refund of the expenses incurred, pursuant to the rules of unjust enrichment; c) not to aggravate damage, if it has already been sustained".

[51]Section 1712: "Legal standing: Those who provide proof of reasonable interest in the prevention of damage shall be entitled to get legal standing and be a party to the claim".

[52]Section 1713: "Judgment: The judgment admitting the preventive action must decide, upon the request of a party or through court action per se, either permanently or temporarily, the duties to give, or refrain from doing, as the case may be. The judgment must also weigh the least restrictive criterion as possible and the more suitable means to ensure the efficacy in the pursuit of the goal".

[53]"CCC acknowledges the *favor victimae* principle which tends to render the burden of proof lighter, in that sense the mere existence of damage fires an arrow against a category of subjects that are compelled to prove otherwise.

the principles of concurrent obligations shall apply. Section 1762 specifically regulates the dangerous activity of a group: when such activity is dangerous for third parties, all members shall be held jointly and severally liable for the damage sustained by one or more members. And only that person outside the group shall be released from liability.

Additionally, liability of artificial persons, regulated in Article 9 and referring to special subjects, establishes that artificial persons shall be held liable for damages caused by their members, directors or administrators while they are in office (section 1763 CCC). Section 1762 CCC regulates the hazardous activity of a group, so when such activity is dangerous for third parties all members are held jointly and severally liable for the damage sustained by one or more members. Release from liability will extend only to that who can evidence that was not part of the group. In those cases of CSR, rules referred to the prevention of damage and compensation of damage might be applicable.

Legal standing to seek a redress for damage caused to property or a material object must be procured by the holder of a right in rem or the good faith holder of material of object or property (section 1722 CCC). Claims against parties who are directly or indirectly liable may be filed by the subjects who are legally entitled to do, as stated above, either jointly or individually and against the subject who is held directly or indirectly liable (section 1773).

2.4 Do CSR Rules Fall Under Public Policy or Are They Characterised as Mandatory Rules?

The Argentine legal system draws a clear distinction between the notions of mandatory rules (or internationally imperative rules),[54] domestic public order and international public order (or principles that impede the application of a foreign law or recognition of foreign judgments or the enforcement of an arbitral award under article V.2.a. of New York Convention of 1958).

The notion of international public order adopted by the Argentine Republic is similar to the notion established in the Declaration of Oriental Republic of Uruguay, when the Inter-American Convention on General Private International Law was

[54]They have been referred to as such in their inclusion to section 2599 of the New Civil and Commercial Code of Argentina (Book Six, Title IV, "Private International Law Rules"), which establishes: "Internationally imperative rules or rules of immediate enforcement in Argentine law shall prevail over the exercise of party autonomy and shall exclude the application of choice of governing law in a dispute or the choice of governing law made by the parties. When foreign laws are applicable, internationally imperative rules are also applicable, and if so required by legitimate interests, the effects of internationally imperative rules of third States evidencing close and manifestly relevant connections with the case may be recognized".

signed,[55] which means that our courts are used to enforcing binding legal rules (public order in the domestic sphere) in national cases, but to admit the displacement of those binding rules as a result of the exercise of party autonomy of the contracting parties in an international case, or as a result of the application of a foreign law designated by the national system of Private International Law. It is subject matter that imposes the different nature of rules on aspects of CSR.

Corporate law is greatly governed by mandatory rules (or rule of internal public order),[56] but nonetheless, specific CSR rules, such as those regulating the social balance, section 25 of Law No. 25877, have stipulated no sanctions in case of breach.

Substantive employment law consists of legally binding rules, and which admits the prevalence of international legal rules by virtue of Private International Law reasoning, if that is the case, even if the principle of the application of the law that is more favourable to employee could be considered an international public order principle by Argentine court decisions. When fundamental rights that are internationally recognized by international treaties are at stake (such as the prohibition of slave labour and all forms of child labour), the rules which respectfully observe social and labour rights are recognized as public international order rules.

Such is the case of sections 32 and 33 and of Law No. 25877, which contain sanctions for breach of rules protected under the employment law regime, for tax evasion or for failure to pay social security contributions. The sanction can be of an administrative nature, such as a report to AFIP (Revenue Governmental Agency), which will impose pecuniary sanctions (section 37 of Law No. 25877) or more stringent administrative sanctions, such as the closure of work places, immediate suspension of tasks or the derivation of a case to a prosecutor to activate a criminal investigation.

A similar treatment is applied to consumers' rights. The regulation contained in Consumer Protection Act (No. 24420) and its complementary rules (Law No. 14999 and No. 26361), is of public order in the sense that it is coactive internal law. It is then possible to conceive of a dispute in a consumer relation heard by Argentine

[55]The Inter American Convention on General Private International Law, approved during the CIDIP II, held in Montevideo, Uruguay, in 1979. The Argentine Republic approved that Convention through the enactment of Law No. 22921 and deposited the instrument of ratification on 01/12/1983. As far as this report is concerned, the Oriental Republic of Uruguay deposited the instrument of ratification on 15/05/1980 and made a formal declaration in the sense that Article 5 of the Convention amounted to an authorization of Member States so that they, on well-grounded basis may "declare foreign law non applicable in case it results specifically, grossly and manifestly contrary to the principles of its public policy, for which case each State consents to its individual legal status". See: Argentine case law in National Supreme Court of Justice, 12/11/1996, "*Solá Jorge Vicente s/sucesión ab intestato*", Fallos 319: 2779.

[56]With the exception—as stated above—of the cases contemplated in sections 121 and 124 of BAL, which operate as policing rules in Private International Law.

judge and resolved through the application of a foreign consumer law, in keeping with Private International Law rules, section 2655 of CCC.[57]

However, there are principles compromised in the consumer relation and which belong to international public order—and are thus an obstacle for the application of foreign law conferring an inferior protection—as they are comprised under constitutional privileges guaranteed by our National Constitution, section 42, and which has been transcribed above.[58] These are: the right to truthful information, to safety and indemnity conditions in consumption process or in the use of a product or service.

2.4.1 If They Are Characterized as Mandatory Rules, Please Give Detailed References

Corte Suprema de Justicia de la Nación, 09/04/2002, *"Federación Argentina Sindical del Petróleo y Gas Privados y otro c/Total Austral Sociedad Anónima y otro"*, F.1 XXXV.

Our National Supreme Court has considered that rules 68/89 of collective bargaining dealing with social security contributions, respect for the work done by employees in a petroleum exploitation platform in Argentine jurisdictional waters (owned by JFP International Inc., exploited by Total Austral S.A. and submitted to the law of sea crafts of the Panama pavilion). The object of the claim was to decide on social security contributions claimed by the union, which advocates for workers who operate off shore sea crafts. It was held by the Court that those provisions fix a protection standard inclusive of any employment agreement entered into in our country or abroad—an even agreements governed by foreign law—to the extent course of performance is in within Argentine jurisdiction.

2.4.2 If They Are Characterised as Public Policy, Please Give References to the Case Law That Shows This

Corte Suprema de Justicia de la Nación, 12/08/2008, *"Gentini Jorge Mario y otros c/Estado Nacional Ministerio de Trabajo"*, Fallos 331: 1815

[57]Section 2655 of CCC establishes the following: "Consumer contracts are governed by the law of the State where consumer resides in the following cases: a) if the conclusion of the contract was preceded by an offer or advertisement or business conducted within the State of residence of consumer and he/she has carried out all necessary actions for the conclusion of the contract; b) if the order was placed with supplier in the State of residence of consumer; c) if consumer was induced by supplier to move to a foreign State for the purposes of placing the order therein; d) if transport agreements, for a global price, include both transportation and hosting services. If these situations are not configured, consumer contracts shall be governed by the law of the country where the contract is performed. In case the place of performance cannot be determined, the governing law shall be that of the place where it was entered into".

[58]Note 4 of this Report.

The Supreme Court of the Nation has considered that "public order rules or mandatory rules" should govern the duty of privatized companies in the nineties—government-run companies transformed into business corporations after a bidding process—to set an organization scheme whereby a fraction of corporate capital is to be assigned to employees (referred to as Shared Property Program), *who are also entitled to have a sharing in corporate profits.*

Corte Suprema de Justicia de la Nación, 03/07/2012, *"Barrick Exploración Argentina S.A. y otro c/Estado Nacional s/acción declarativa de inconstitucionalidad"*, Fallos 335: 1213.

The Supreme Court of the Nation considered that sections 2, 3, 5 6, 7 and 15 of Law 26,639 are part of "public order or with a mandatory force" (protection of glaciars and periglaciar environments). A federal judge entered an interim injunction to suspend the application of these rules, based on the grounds that there was a flagrant violation of property rights and the rights to conduct lawful industrial actions (section 17 of the National Constitution) of the company that had been awarded with the mining. The National Supreme Court revoked the decision to suspend as it considered that it was necessary to implement procedure stipulated in Law 26,639. That is to say, it is necessary "to create a list of glaciars and periglaciars; to previously conduct an environmental audit of the business of plaintiff (section 15 of Law 26, 639); and only after these steps have been concluded will there be an answer as to whether the business affects the rights of petitioners or not".

3 Alternative Methods of Dispute Resolution

3.1 Does Your Country Allow Disputes Concerning CSR to Be Submitted to (More Than One Answer Is Possible)

Arbitration	Yes
Mediation	Yes
Conciliation	Yes
An OECD National Contact Point	Yes

3.2 Please Explain the Above Answers

The following sections explain the different characteristics of the specific systems of consumers and workers, as well as the arbitration and procedure rules run by NCP of OECD.

Consumers and Users

For the claims of consumers and users, a national law was enacted—Law No. 26993—which creates the Conflict Resolution System in Consumer Relations. As part of those rules, different channels are provided for conflicts involving consumers: (1) Previous settlement in consumer relations; (2) Auditing of consumer relations; (3) National Courts hearing consumer-relations matters.[59]

According to the official website of the Ministry of Production of the National Presidency: "the Previous Settlement Service in Consumer Relations (COPREC – for its Spanish acronym) facilitates the resolution of consumption conflicts which do not exceed a given amount, thus enabling a settlement between consumer and the company against which the claim was filed, and led by a conciliator specialized in consumer matters".[60]

Companies are under a duty to attend settlement hearings and are liable to pay a fine in case they are absent for no cause. Consumers are not required to attend with their counsels, but if they wish to do so, they can resort to free legal advice. Settlement will take place within 10 days as from the filing of the claim and appointment of conciliator.

The National Consumption Arbitration System is a voluntary regime that can be accessed to in two possible ways: (1) through a public offer of adhesion to the system, through which suppliers of goods and services express their prior commitment to submit to arbitral jurisdiction for all possible claims of consumers derived from transactions between the parties; and (2) Arbitral award through which both parties submit to arbitration in case of disputes in the business operation they are engaged in.

Official information available on the web states that "The National Consumption Arbitration System is an alternative dispute resolution method that complements the administration of justice and has been conceived of to mend damaged relations between suppliers of goods and services and consumer or users. Subject matter jurisdiction includes consumer relations defined by Law No. 24240 –Consumer Defence Law– and jurisdictional power is exercised in the whole national territory".

A special process for accessing the arbitration system as well as the different forms of its functioning are detailed in the rules published in the official website of Ministry of Production,[61] which also include the specific terms and stages that must be followed to implement arbitration.

[59]The National Consumer Defence Association (Dirección Nacional de Defensa del Consumidor—https://www.argentina.gob.ar/defensadelconsumidor), is part of the Ministry of Production of the Executive Branch of the Nation, and its website includes all valid and standing mechanisms for the resolution of conflicts involving consumers and users. So far to date, positions to sit at the National Consumer Courts are still vacant and open to a competitive hiring process.

[60]Additional information can be found at: http://www.consumoprotegido.gob.ar/.

[61]Additional information regarding the arbitration system for consumers can be found at: https://www.argentina.gob.ar/produccion/consumidor/sistema-nacional-de-arbitraje-de-consumo.

National Courts hearing consumer relation disputes have not been set up by the time this report was drafted. Jurisdictional power is restricted to the amount of the claim and the user or consumer is entitled to file claims with judges sitting at the venue where goods or services were consumed or hired, within the territory where the contract was entered into or that of the place of business of the company. Procedure is free for consumers and must conclude within the term of 60 days.

Complaints to the National Contact Point of the OECD
As regards the resolution of disputes through the NCP of the OECD, the Argentine NCP described in section 2 of this Report receives complaints for non-compliance with or violation to the OECD Guidelines for Multinational Enterprises following the code of procedure established for such purpose: "Specific instance procedure in case of complaints for non-compliance with the Guidelines". Such resolution establishes the formal requirements necessary to submit a request (Section 6 on submission and Section 8 on formal admissibility), and the cases in which such request may be dismissed (Section 7), and the procedure to submit the complaint to the body, as well as the time limits the latter has to decide the admissibility or dismissal of the complaint (Section 9), thus giving rise to the "specific instance". The subsequent sections govern the NCP's action and the involvement of the National State Bodies along the development of the specific instance, as well as the parties' appearance or the holding of hearings and meetings. The NCP has a maximum term of 12 months from the receipt of the Specific Instance to complete whole procedure (Section 17).

The following complaints have been submitted to and resolved by the Argentine NCP[62]:

- *"ACIJ/Ferrostaal"*: On March 17, 2011, Dr. Ezequiel Nino, in his capacity as attorney for the Civil Association for Equality and Justice (ACIJ) filed a claim with PNCA alleging possible non-compliance with the Guidelines for Multinational Enterprises of the OECD by the company Ferrostaal Argentina S.A., belonging to MAN Ferrostaal AG Group, with headquarters in Germany.
- *"Ricardo Molina/Lafarge Holcim Ltd"*: In March 2016, Mr. Ricardo José Manuel Molina addressed to the NCP to request for its good offices in the examination of a possible non-compliance with the Guidelines by the company Lafarge Holcim Ltd., in particular with respect to the preface, concepts and principles, and its chapters on the environment and science and technology.
- *"Centro de Derechos Humanos y Ambiente (CEDHA)/Xstrata Cooper":* On September 16, 2011, the Center for Human Rights and the Environment (CEDHA) submitted a presentation to the NCP alleging a possible non-compliance with OECD Guidelines for Multinational Enterprises by the company Xstrata Copper, Argentine branch.
- *"Asociación Civil por la Igualdad y la Justicia (ACIJ)/BNP Paribas"* (proceedings dismissed by the NCP): On July 4, 2011, the NCP received a report from the

[62]The summary of the cases shown below, as well as the proceedings and conclusions of the NCP are available at: https://www.mrecic.gov.ar/ocde/comunicados.

Civil Association for Equality and Justice (ACIJ), which alleged that BNP Paribas, a French multinational bank, did not comply with the Guidelines in Argentina. The former NCP office did not timely analyse the request submitted by ACIJ; therefore, it could not be examined before the restructuring of the NCP. On November 2, 2016, within the context of the improvements being implemented at the NCP, its new members made a formal offer to the NGO to update their request in order to evaluate the situation adequately. The NCP dismissed the complaints and closed this specific instance on 15 December 2016.

Arbitration

Act n° 27.449 of International Commercial Arbitration was sanctioned by the National Congress on 4 July 2018 and was officially published on 26 July of the same year. It reproduces, substantially, the text of the Model Law of International Commercial Arbitration prepared by the United Nations Commission for International Trade Law (UNCITRAL), with the amendments that were introduced in 2006 to its original version (Uzal 2018),[63] which includes the most current trends in comparative law in the matter.[64] For its implementation, Section 107 establishes the necessary connection between the Arbitration Act and the provisions of the CCC regarding the forum choice agreement, in express reference to article 2605 CCC,[65] and determines that the National judges of the First Instance in Commercial matters and the Commercial Court of Appeal will have jurisdiction as courts of support for the performance of the functions listed in section 13.

The provisions only apply to arbitrations that qualify as commercial and international. For this purpose, an arbitration shall be commercial when it arises from "any legal relationship, contractual or non-contractual, of private law or governed predominantly by private law" (Section 6). In that sense, Section 6 of the Act also stipulates that: "the interpretation shall be broad and in case of doubt, it shall be deemed to be a commercial relationship".

In order to determine the internationality criteria, the Argentine law maintains, in general, the standards of internationality contained in the UNCITRAL Model Law, "although it excludes the one established in article 1.3 (c) of the Model Law, according to which an arbitration is also international when "the parties have agreed to expressly that the subject matter of the arbitration agreement is related to more than one State". This means that, for an arbitration to be international under Argentine law, there must be real points of contact (those determined by law)

[63]The Act can be found in the official website for the Argentine legislation at: http://servicios.infoleg.gob.ar/infolegInternet/anexos/310000-314999/312719/norma.htm (in Spanish).

[64]Conclusion n° 3 of the Private International Law Section of the XXXth Meeting of the Argentine Association of International Law held in 2018, regarding the International Commercial Arbitration Act. The complete text of the Conclusions is available at: www.aadi.org.

[65]See Uzal (2018).

between more than one State, and it is not sufficient for the parties to qualify it as such, even in the absence of those".[66]

Employment Litigation
Disputes related to workers' labour rights are excluded from the rules of arbitration established by the CCC. Nevertheless, Law No. 24635 regulates the "Compulsory Labour Conciliation Instance", and creates the Compulsory Labour Conciliation Service and the National Registry of Labour Mediators, thus establishing a free of charge conciliation system for workers and their successors.

Compulsory Mediation
Law No. 26589 establishes the compulsory nature of mediation prior to legal proceedings as a requirement to admit a claim in order to promote a direct communication between the parties for the out-of-court settlement of the dispute. The compulsory pre-judicial mediation procedure is applicable to cases referred to family matters, precautionary measures, claims for unconstitutionality ("amparo"), habeas corpus or habeas data, claims against the Federal State, the provinces, municipalities, and the Autonomous City of Buenos Aires, legal actions referred to pre-trial proceedings and evidence, succession, bankruptcy or reorganization proceedings, conflicts referred to the jurisdiction of National Labour Courts or voluntary proceedings.

4 Jurisdiction

4.1 *Where the Dispute Must Be Submitted to a Court in Your Country, Which Court Has Jurisdiction* (More Than One Answer Is Possible*)*

- The forum of the defendant?
  Yes
- The forum of one of the defendants, with all the potential defendants being added (in this case, specify on what basis—corporate group, practical involvement, etc.) whatever their geographical location?
  Yes
- The contractual forum? (Explain the conditions for this to apply, giving examples relating to CSR)
  Yes
- The forum of the act of causation? (State what is meant by "act of causation")
  Yes
- The forum of the damage? (State what is meant by "damage")
  Yes
- The forum of necessity? (State the conditions for this rule to apply)

[66]Caivano (2018), pp. 4–5.

Yes

- Universal civil jurisdiction? (State the conditions for this rule to apply)

No

- Other?

Forum causae

The following points provide a clear description of the functioning and operation of different criteria for attributing jurisdiction.

In the matter of jurisdiction in international cases, the CCC establishes a set of general rules in Chapter 2 "International Jurisdiction" of Title 4 related to Private International Law provisions. Rules referring to interim and precautionary measures (Section 2603),[67] *lis alibi pendens* (Section 2604), judicial cooperation (Section 2611), international procedural assistance (Section 2612), and equal treatment of nationals and foreigners in legal proceedings (Section 2610) are also included.

Subsequent chapters specifically contain particular international jurisdiction rules applicable to CSR issues: international contracts (Section 2650), consumer contracts (Section 2654) and civil responsibility (Section 2656). Section 2601 establishes general criteria to confer international jurisdiction to Argentine judges, and it establishes the pre-eminence of agreements between parties and the existence of international treaties over the rules contained in the CCC and applicable special laws. Such hierarchy is consistent with the provisions of sections 1 and 2594 of the aforementioned Code.

The agreement on forum election or extension of jurisdiction is regulated by Section 2605 which establishes the possibility of extending jurisdiction to judges or arbitrators outside the Republic of Argentina when the matter dealt with is of an economic and international nature, except in those cases where Argentine judges have exclusive jurisdiction,[68] and those where the extension of jurisdiction is expressly prohibited (Section 2654). The judge chosen by the parties has exclusive jurisdiction, unless the parties decide otherwise (Section 2606).[69] Section 2607 of

[67]Section 2603 CCC establishes, among other criteria, the possibility for Argentine judges to ordain precautionary or preventive measures, even in the absence of jurisdiction to attend an urgent claim (such as an action to prevent damage) if the person(s) or the asset(s) upon which the preventive or precautionary measure must reach are or can be in Argentina.

[68]Section 2609: "Exclusive jurisdiction: Without prejudice to the provisions of special laws, Argentine judges have exclusive jurisdiction in the following cases: a) in the matter of rights on real property situated in the Republic of Argentina; b) in matters related to the validity or nullity of registrations made with an Argentine public registry; c) in the matter of registration or validity of patents, trademarks, designs and industrial models and other similar rights subject to deposit or registration, when the deposit or registration had been requested or made or deemed to have been made in Argentina". Other cases of exclusive Argentine jurisdiction are those regulated by Section 2635 of the Civil and Commercial Code in relation to the adoption of children whose domicile is in Argentina, and Section 614 of the Navigation Law No. 20094 in relation to charter party contracts.

[69]This rule is consistent with section 1 of the Code of Civil and Commercial Practice of the Nation.

the CCC establishes that the choice of forum may be expressly or tacitly agreed upon by the parties.[70] General jurisdiction rules also provide for a general forum in Section 2608 that will operate in case of absence of a particular provision[71]; "the inclusion of this alternative has a great importance in order to ensure the right of access to justice and will be applied in personal actions concurrently with the specific forums established by Chapter 3".[72]

The forum of necessity in Argentina is regulated by Section 2602 as follows: "Even though the rules of this Code do not confer international jurisdiction to Argentine judges, they can exceptionally act in order to avoid denial of justice, provided that, however, it were not reasonable to demand the filing of the claim abroad and where the private situation has sufficient contacts with the country, the right to defence in trial is guaranteed, and the advisability to have an efficacious judgment is taken into account". This provision, although relatively novel in the national positive law,[73] is not alien to national case law.[74]

In full compliance with national rules from domestic and international sources related to access to justice with the purpose of ensuring an effective access to justice, and with a focus on human rights as the foundation of all the provisions of the CCC,[75] the legislator admits the involvement of national jurisdiction "with the purpose of preventing a denial of justice", although originally the rules do not confer jurisdiction to it. The requirements to apply such rule are the existence of a private situation having sufficient contacts with the country and the unreasonableness of submitting the dispute to the courts of another State. In this sense, it has been pointed out that "whether written or not, the forum of necessity can be useful not only to simply create a forum of jurisdiction, but also to interpret an existing forum that may contribute to avoid denial of justice more effectively."[76] In keeping with the criteria related to the effectiveness of judgments as a component of the notion of access to

[70]Section 2607: "Express or tacit extension: Extension of jurisdiction can be applied if it arises from a written agreement by means of which the interested parties express their decision of submitting to the jurisdiction of the judge or arbitrator to whom they resort. Any means of communication to establish evidence through a text is also admitted. Extension is also applied to the plaintiff when he files a claim, and with respect to the defendant, when he answers it, does not answer it, or opposes pre-trial motions without demurring jurisdiction".

[71]Section 2608: "Domicile or usual residence of the defendant: Except in particular cases, personal actions shall be filed before the judge sitting at the place of usual residence or domicile of the defendant".

[72]Rubaja (2015a).

[73]Background on this subject can be found both in the draft Code on Private International Law from the year 2003 which contained a similar rule and in the Inter-American Convention on Jurisdiction in the International Sphere for the Extraterritorial Validity of Foreign Judgments (CIDIP III, La Paz, 1984).

[74]Supreme Court of Justice of the Argentine Nation, 25/03/1960, *"Cavura de Vlasov E. c/ Vlasov A. s. divorcio y separación de bienes";* Civil Court of Appel, Chamber K, 26/04/2006, *"Talevi, Diego s/ sucesión"*; High Court of Justice of Neuquén, June 22, 2009, *"K. S.H. s/ sucesión"*.

[75]Uzal (2014) and Boggiano (2015a).

[76]Fernández Arroyo (2015) and Najurieta (2015).

justice, which pervades the Argentine CCC, it is necessary for the competence assumed by national judges not be exorbitant.[77] This is the reason for the requirement of sufficient contact with the forum.

The Treaties of Montevideo of 1889 and 1940 on International Civil Law, currently applied in Argentina,[78] both include in Section 56[79] the *forum causae* as an attributive competence criterion which enables to derive jurisdiction of the applicable law determined by the rules of conflict in the treaty, concurrently with the forum of the defendant's domicile.[80]

The rule on contracts in general, similarly to domestic law rules, differs from consumer contracts and establishes different criteria for each situation, respecting the fragmentation of the type of contract explained in Section 7 of this Report. Section 2650[81] in the first place establishes the autonomy of the parties to determine through an agreement which judges or arbitrators have jurisdiction to settle their disputes. If no agreement is reached as established by section 2605 and in the absence of a rule regarding jurisdiction from a conventional source applicable to the case,[82] the judges mentioned below will be concurrently competent and chosen at the plaintiff's option:

(a) judges sitting at the place of usual residence or domicile of the defendant; if there are several defendants, it may the domicile or residence of any of them. The rule repeats the provision of section 2608, explicitly applying it to international contracts;

---

[77]Fernández Arroyo (2006).

[78]The Treaties of Montevideo of 1889 link the Republic of Argentina to Bolivia, Colombia, Paraguay, Peru and Uruguay, while the Treaties of Montevideo of 1940 link the country to Uruguay and Paraguay.

[79]Section 56: "Personal actions must be brought before the judges sitting at the place to the law of which the legal transaction which is the subject matter of the lawsuit is subject. They may also be brought before the judges where the defendant is domiciled".

[80]Within the purview of Mercosur, Argentina is also bound by the Protocol of Buenos Aires on International Jurisdiction in Contractual Matters subscribed with Brazil, Paraguay and Uruguay.

[81]Section 2650: "Jurisdiction. In the absence of a valid agreement on the choice of the forum, the following judges are competent to hear actions resulting from a contract, at the option of the plaintiff: a) judges sitting at the place of usual residence or domicile of the defendant. If there are several defendants, judges sitting at the place of usual residence or domicile of any of them; b) judges sitting at the place of performance of any of the contractual obligations; c) judges sitting at the place where an agency, branch or representation of the defendant is located, provided it had participated in the negotiation or execution of the contract".

[82]As to the precedence of sources specified in Section 2594 of the Civil and Commercial Code: "Applicable rules. Legal rules applicable to situations linked to several national set of rules are determined by international treaties and conventions applicable to the case and, in the absence of rules from an international source, rules of the Argentine private international law from a domestic source shall be applied."

(b) judges sitting at the place of performance of any of the contractual obligations: for the purposes of jurisdiction, the place of performance will be broadly understood in order to guarantee access to courts[83];
(c) judges sitting at the place where an agency, branch or representation of defendant is located, if it had participated in the negotiation or execution of the contract; the required relationship (of negotiation or execution of the deal) tries to prevent national judges from assuming jurisdiction based on exorbitant criteria.

As to international jurisdiction in labour conflicts, the provisions of the CCC on Private International Law do not include specific rules. The exercise of party autonomy by the parties in the sense of section 2605 of the new Code is debatable, since labour disputes are not of an exclusive economic nature.[84] At international level, for domestic cases, case law has applied the rules of section 24 of Law number 18345, which give the plaintiff the option to bring the case to the judge sitting at the location where the work was performed, at the place where the contract was executed, or at the place of residence of the defendant. This rule has been interpreted by the Supreme Court of Justice of the Nation in the sense that the option in favour of claimant is understood in favour of the worker; when the claim is brought by the employer, the competent judge will be that nearest to the worker's domicile.[85] In international cases, Argentine judges sitting at the place of performance of the work accept jurisdiction by virtue of the "*forum causae*" established by section 3 of the LCT.

Section 12 refers to the rules related to consumer contracts, and section 2654 of the CCC contains the criteria to confer jurisdiction in those cases where consumers or users are involved. The rule gives different options depending on whether the action is brought by the consumer or by the supplier. In no case and at no time of the relationship, shall an agreement on choice of forum be admitted, and therefore, the "prohibition of extension" mentioned in section 2605 of the CCC is configured.

In those situations where plaintiffs are the consumers, they may opt for submitting the claim before the judges sitting at the location where the contract was entered into, at the place where the service was provided, assets were delivered, the warranty covenant was fulfilled, the defendant's domicile is located, or the consumer carries out the necessary acts for the execution of the contract. Also competent are the judges sitting where the defendant has a branch, agency or any other form of business representation, when it has participated in the execution of the contract or when the defendant has mentioned it in order to comply with a contractual warranty.

[83]This is the meaning ascribed to it by national case law: National Court of Appeals in Commercial Matters, 10/10/1985, *"Antonio Espósito e hijos SRL c/ Jocqueviel de Vieu"*; Supreme Court of Justice of the Nation, 10/20/1998, *"Holiday Inn inc. c / Ebasa Exportadora Buenos Aires"*; Supreme Court of Justice of the Nation, 09/14/2004, *"Sniafa SAICF e I c/ Banco UBS AG"*.

[84]Boggiano (2017).

[85]Supreme Court of Justice of the Nation, 08/23/1984, *"Alto Panandá S.A.v. D'Amico Juan C."*, *El Derecho*, 1985-I-332.

In turn, if the plaintiff is the supplier, it may only file the claim with the courts where the consumer is domiciled.[86]

The rules of jurisdiction when a consumer is involved do not only pursue an (effective) access to justice,[87] eliminating the possibility of exorbitant connections,[88] but also follow consumer protection paradigms that are present throughout the national legislation from the Constitution up to private law rules, either in the Code or in special laws.[89] Therefore, there is a whole range of possible jurisdictions when the injured party is the consumer and only one option when the plaintiff is the service provider. The commentators of the Code share this perspective by pointing out that "the Civil and Commercial Code presupposes that in consumption relationships there is a contractual symmetry and that it is present in the procedural realm; hence, in the matter of international jurisdiction, the principle of reasonable proximity is maximized with the purpose of rebalancing the consumer so that the latter may bring legal actions to a variety of forums".[90]

As regards international judicial jurisdiction in cases of civil liability, private rules in the CCC keep the separation of cases which are a consequence of breach of contract (where jurisdiction will be determined by section 2650 of the CCC) from those arisen from the duty not to harm, i.e., where damages have been unfairly caused.

In the latter case, section 2656[91] of the CCC recognizes jurisdiction to Argentine judges to hear cases of civil liability, both to the judge where the defendant is domiciled and to the judge sitting at the place where the fact which caused the damage has occurred or where the damage has caused direct harmful effects. Criteria to confer jurisdiction are consistent with national case law on this matter.[92] The

[86]According to the general criteria of Section 2608, the consumer's usual residence could also be included.

[87]On the relationship between an effective access to justice and the tools of private international law to guarantee not only an "academic" but a "real" justice, see Fernández Arroyo (2012), p. 33.

[88]And for this reason, the *forum actoris* is not included, i.e., the possibility for the consumer to sue in courts of its own domicile or usual residence.

[89]This has been the interpretation and application given by recent Argentine case law in: Commercial Court of Appeals, Chamber C, 10/08/2017, *"Perez Morales, Gonzalo Martín c Booking Argentina S.R.L and others s/ ordinary"*.

[90]Rubaja (2015b).

[91]Section 2656: "Jurisdiction: Except as provided in the previous articles, the following judges are competent to hear actions based on the existence of civil liability:

a) The judge where the defendant is domiciled
b) The judge sitting at the place where the fact that caused the damage has occurred or where the damage has caused direct harmful effects."

[92]Supreme Court of Justice of the Nation, 09/24/1969, "*Sastre, Tomás c. Bibiloni, Filiberto N. y otro*"; Supreme Court of Justice of the Nation, 02/05/1998, *"Maruba S.C.A. Empresa de Navegación Marítima c/ Itaipú s/ daños y perjuicios"*.

provision also makes room for as many jurisdictions as direct damages have been caused. While the rule is silent in this regard, scholars' opinions have understood that the matter could be subject to an agreement on the choice of forum, as established by sections 2605 to 2607 of the CCC.[93]

International jurisdiction of Argentine judges in conflicts related to corporate law (lawsuits against a company, its shareholders and responsible officers; lawsuits by shareholders among them related to corporate matters), have not had a specific regulation in Private International Law from a domestic source. Such conflicts may be qualified as patrimonial and, therefore, as long as they are objectively international, they may be brought before foreign judges or arbitrators under the terms of the general rule (section 2605 of the CCC). An exception would be a situation clearly subsumable into section 124 of the BAL, since, by being considered a purely local company, the internationality requirement would be hardly met and would be submitted to the Argentine *lex fori* within the Argentine jurisdiction.

Case law has applied the solutions of section 5, subsection 11, of the Procedural Code to the international orbit, i.e., the judge of the registered corporate office; if no registration is required, the judge of the domicile included in the incorporation document or, should it be an irregular or unregistered association, the judge where the corporate headquarters are located. The Vth Meeting of the Argentine Association of International Law (San Juan, 1979) recommended that controversies on corporate matters should be submitted to the judges where the company is incorporated or to the judges where headquarters are located. It was also recommended that judges sitting at the forum where shares or bonds are issued or traded or judges of the State whose legislation is applicable to the company should be competent to hear controversies arising from such issuance or trading.[94]

4.2 *If Judicial Rulings Have Already Been Given in Your Country on Breaches of CSR, Please Give Summaries of Those Decisions and Provide Detailed References*

Sections 4 and 9 of this Report have cited leading cases. In addition, the following cases can be equally interesting:

> Supreme Court of Justice of the Nation, *"Mendoza Beatriz Silvia y otros c/Estado Nacional y otros s/daños y perjuicios (damages caused by environmental pollution of the Matanza-Riachuelo River")*.

[93]Conclusion No. 7 of the Private International Law Section of the XXVIIIth Meeting of the Argentine Association of International Law held in 2016 points out that:

> party autonomy in relation to the choice of forum is admitted under the conditions of the general rule contained in section 2605 of the CCCN with the necessary adaptations to the category dealt with.

[94]Boggiano (2017).

This is a complex case where high administrative authorities from different jurisdictions (National State, Province of Buenos Aires, and Autonomous City of Buenos Aires) have been ordered to carry out cleaning, rehabilitation, environmental sanitation, relocation of housing, detection and assistance of vulnerable individuals, and damage prevention in a large area affected by water, land and air pollution known as "Matanza/Riachuelo River Basin".

The main judgment was entered on July 8, 2008 (Fallos 331:1622). The Supreme Court assumed jurisdiction over the case under section 117 of our National Constitution—original jurisdiction—because the case dealt with the pollution of inter-jurisdictional environmental resources and the National State and a Province were parties to it. After the lawsuit started, Law No. 26168 was enacted by Congress, by which a specific Central Authority (ACUMAR) was created as an inter-jurisdictional public law entity within the purview of the Secretariat for the Environment and Sustainable Development under the Presidency of the Cabinet of Ministers. Public hearings were held on 05/09/2006, 04/07/2007 and November 28–30, 2007. In the judgment pronounced on July 8, 2008, the Supreme Court ordered co-defendants to carry out a Comprehensive Environmental Sanitation Plan with short, medium and long-term goals to improve the quality of life of the inhabitants of the Basin; rehabilitate the environment in all its components; prevent damages with a sufficient degree of certainty; organize a permanent public information system and adopt—by the Central Authority of the Basin—measures to close or transfer polluting industries.

The obligation of periodic control of results has led to other interventions of the Supreme Court of Justice of the Nation, as follows:

Decision dated December 27, 2016, issued after a Public Hearing held on 30/11/2016, by which ACUMAR was ordered to: (a) establish a system of indicators to measure goal achievement; (b) submit a report with a calendar of satisfaction and a detailed report on the progress of the work; (c) increase the tasks entrusted in every aspect, especially: rubbish dump cleaning, riverbank cleaning, expansion of drinking water supply, relocation of shanty towns 21, 24 and 26 and of other precarious riverside settlements; (d) enhance the emergency health plan and inform about health problems that affect children and forms of treatment and recovery.

Decision dated March 28, 2017, by which the decision on the manner that the different jurisdictions must contribute to ACUMAR's estate, and the report to the Senate and the House of Representatives of the Nation on aspects observed by the General Auditing Office of the Nation were placed under the responsibility of the National Trial Court in Federal Criminal and Correctional Matters No. 12.

Supreme Court of Justice of the Nation, 09/20/2016, *"Fundación Ciudadanos Independientes c/San Juan Provincia de, Estado Nacional y otros s/acción ambiental meramente declarativa" (declarative environmental action)*

The plaintiff brought an action for a declaratory judgment on the legality of the authorizations granted by the Province of San Juan to three licensees of Veladero-Pascua Lama Mining Project, a concessionaire of the Gualcamayo Mining Project and a concessionaire of the CASPOSO Mining Project. The claim was filed against the private companies, the Province of San Juan, the Secretary of State for Mining, and the National State. The action was jointly filed by the Provinces of San Luis, Mendoza, La Pampa, Río Negro and Buenos Aires as third parties.

During the proceedings three "new facts" occurred: the spill of cyanide and heavy metals on 13/09/2015 at Mina Veladero; the new spill of cyanide solution at Veladero leaching valley, and the enactment of Law No. 26639 (National Law on Minimum Requirements for the Preservation of Glaciers) and its regulatory decree.

By resolution dated 20/09/2016, the Supreme Court ordered the Province of San Juan to submit a detailed report on the explanations/reports by Barrick Exploraciones Argentina S.A. and Minera Argentina Gold S.A., as well as on the communications and measures implemented to protect the health of inhabitants.

Supreme Court of Justice of the Nation, 03/03/2009, *"Torrillo Atilio Amadeo c/Gulf Oil Argentina S.A. y otro"*, Judgments 332: 709.

The Supreme Court upholds the lower court judgment against the employer and the Labor Risk Insurance Company for not having complied with the duties of protection and prevention through safety rules and dignified work conditions. In this case, the parents of a worker who died in a fire of offices claimed for the redress of damages under civil law rules. The Court held that the protection of workers' health and integrity is at the basis of every service provision.

Commercial Court of Appeals, Chamber F, 11/01/2016, *"Viscomi Salvador Antonio c/Monte Oliva SRL y otro s/ordinario"*.

The Court examined the relationship between the two partners of the company where each of them hold 50% of the share capital, and it reached the conclusion that the appointment of an inspector with the powers of a co-administrator was justified, since the partners exhibited "anti-social conducts" which hindered decision-making and the running of the business.

Cámara Federal de Apelaciones de Paraná, 06/14/2010, *"Ñandubaysal SA y otros c/ Botnia SA."*.

The plaintiff brought an action for precautionary protection from damages and offered evidence supporting its claim. The action was rejected as a consequence of a motion to dismiss for lack of subject matter jurisdiction, which was admitted by the court of original jurisdiction. An appeal was then filed with the Federal Court. Since the purpose of the complaint was adopting measures to prevent damages and/or making them cease, a conflict that involved companies and individuals domiciled in the Republic of Argentina and companies situated in the Republic of Uruguay, there is no doubt that in this case the Treaty of Montevideo of 1940 is applicable, according to section 43 thereof. However, the parties disagreed with the interpretation of the rule in relation to the "place where the lawful or unlawful act was performed". According to the terms of the complaint, the plaintiff claimed damages due to water and air pollution. The plaintiff asserted that pollution was caused by a pulp mill owned by the companies Botnia S.A. and Botnia Fray Bentos S.A. in the city of Fray Bentos, Republic of Uruguay, which dumped or disposed of liquid, solid and gaseous effluents into the River Uruguay, near the waterway, spreading pollutants in the Republic of Argentina, and affecting the river, people, biodiversity, and tourism and agricultural exploitation sites" (as stated by the whereas clauses in the judgment).

By analysing the wording of the rule, the court understood that for the purposes of a dispute, "the place where the acts or conducts occur must be primarily taken into account, which must not be confused with the place where the effects of such acts are crystallised or shown" (. . .) "the alleged air and water pollution that this complaint seeks to prevent comes from the pulp mill located in the Republic of Uruguay, even if its consequences are suffered within the limits of the territory of Argentina. In other words, the damages caused on this bank of the river Uruguay would occur as a result of acts or conducts displayed in the neighbour country".

Consequently, the court did not notice any connection that may justify the declaration of competence by National courts, since the Uruguayan law is applicable to this case. Therefore, in the absence of a jurisdiction rule in the treaty, it is applicable the criterion set forth in section 56 (*forum causae*) of the Treaty of Montevideo on International Civil Law of 1940 which allows to direct the jurisdiction of the courts from the applicable law to the subject-matter of the case.

4.3 Are There Other Aspects of Jurisdictional Competence Specific to Your Country That You Would Like to Point Out in Order to Help Us Better Understand Your Answers?

Notably, rules on international jurisdiction are considered as federal rules, which means that any divergent opinions as to their application and interpretation may be the subject of an extraordinary federal appeal before the Supreme Court of Justice of the Nation, under section 14 of Law No. 48.

5 Applicable Law

As the Inter-American Convention on General Rules of Private International Law is in force in Argentina,[95] Argentine courts have followed a more modern approach to applicable foreign law by incorporating the theory of juridical usage to their rulings and following a position on the power/duty of judges in relation to the application of

[95]This Convention came into force at international level on 06/10/1981 and Argentina ratified it on 12/01/1983.

foreign law to the case. At present, the matter is explicitly regulated in the CCC, section 2595 subsection a.[96]

5.1 *What Is the Law Applicable to Rules Relating to Corporate Structure? In Other Words, How Is* lex societatis *Determined?*

Title IV, Book Six of the CCC of the Nation has not changed provisions on business organizations in Private International Law. Therefore, the BAL, sections 118 to 124 (Law No. 19550, and Annex 2 to Law No. 26994) remain in force.

The existence, form, purpose, and corporate capacity are governed by the law of the place of incorporation (section 118 of the BAL), *lex fori* understands as the law of the place of registration (section 7 of the BAL). Distinct legal personality is recognized to carry out only a few acts[97] and to be party to a lawsuit.[98]

If the company incorporated abroad carries out in Argentina habitual acts included in its corporate purpose (or if it has established an agency, branch or permanent office), it must comply with the requirements established by section 118, paragraph 3, of the BAL, which is a material rule of Private International Law.[99] This means that the company must show its own existence according to its *lex societatis*, must first register its act of incorporation, establish domicile in the Autonomous City of Buenos Aires, declare what is the assigned share capital, if any, and appoint an agent, who must be a natural person (Resolution IGJ No. 9/2015). It must also declare that it has not been submitted to any liquidation proceeding in the

[96]Section 2595 first part: When a foreign law is applicable: a) the judge establishes its content and is bound to construe it as judges from the State to which such law belongs would do, without precluding the parties from having the chance to allege and prove the existence of the law invoked. If the content of the foreign law cannot be established, Argentine law shall be applied.

[97]The notion of sporadic acts must be individually determined in each case by opposition to the notion of permanence and regularity. Resolution No. 8/2003 of the Superintendence of Corporations (IGJ) took this concept in order to establish control centres within the ambit of the Autonomous City of Buenos Aires. Therefore, a Registry of Sporadic Acts was created and the IGJ was empowered to require reports both from the agent of the foreign company who participated in the sporadic act and from third parties and bodies of the Autonomous City of Buenos Aires. If the reports show that the activity must be framed within section 118, paragraph 3 (habitual acts) or section 124 of the BAL, the IGJ may demand the agent of the foreign company to comply with the requirements of Resolution No. 7/2015. If it is concluded that these rules have been breached, a notice shall be sent to demand adaptation, otherwise the act or acts performed by the company shall be declared invalid.

[98]Supreme Court of Justice of the Nation, 07/31/1963, *"Potosí S.A. c. Coccaro Abel s/tercería de dominio promovida por Corporación El Hatillo"*, Judgments 256: 263.

[99]On the interpretation of section 118, paragraph 3, in relation to section 123, both of the BAL, see: Commercial Court of Appeals, Chamber A, 03/15/2012, *"MLG SH (Klock Sebastian y Gayo María Laura) y otro c/ Echt Mariano Ariel y otro s/ordinario"*.

place of constitution or incorporation and that its assets have no limitation as to their availability.

If the company has been incorporated abroad, but it has established its "main office" (understood as the establishment where corporate will is manifested or the corporate management or administration office is located) in the Republic of Argentina; or when it develops its corporate purpose exclusively in the Republic of Argentina, it is considered as a "local company" and is subject to the Argentine substantial corporate law. This means that section 124 of the BAL operates as a rule of public policy since it proceeds to the self-election of its own law for reasons of economic nature linked to the regularity of internal business activities, preventing companies who have their governing bodies and the management of their business in Argentina from incorporating validly abroad.[100]

The legal consequence is severe, as the foreign company—which evidently did not go through the incorporation process as of business organizations defined in our BAL—remains in an uncertain situation. This is judged by some authors as an irregular situation, while others consider that bylaws or partnership agreement have become unenforceable against third parties. In this case, even though the entity must be reorganized in the country, it is allowed to continue acting as a foreign legal person and the acts between parties are considered to be valid, in spite of them being unenforceable against third parties.

The rules for regularization or adaptation to local law are provided for in the General Resolution No. 12/2003 issued by the Superintendence of Corporations, which establishes a material adaptation regulation.[101]

The BAL establishes that foreign companies of a type unknown to the Argentine legislation shall be registered in the country subject to formal criteria of a maximum strictness (section 119 BAL). The documentation must disclose the decision of the corporate body to create the place of business, branch, permanent representation in Argentina, the capital assigned, data and special address established by the agent, and the closing date of the fiscal year.

As to the activities carried out by "off-shore companies" in Argentina, they would not necessarily be of an unlawful nature if they are subject to the requirements of section 118, paragraph 3, and 124 of the BAL.[102]

Argentina is bound by the Inter-American Convention against Corruption (Caracas, 1996, adopted by the Argentine Law No. 24759), by the United Nations Convention against Transnational Organized Crime (Palermo, 2000, adopted by Law No. 25632) and by the United Nations Convention against Corruption (New York, 2003, adopted by Law No. 26097). As previously pointed out, it is also bound by the OECD Convention on Combating Bribery of Foreign Public Officials in International Business Transactions (adopted by Argentine Law No. 25319).

[100]Uzal (2016a), p. 828.

[101]Boggiano (2017).

[102]Vítolo (2005), p. 904; Uzal (2016b), p. 786.

Resolution IGJ No. 7/2015 has set forth that the Superintendence of Corporations would not register off-shore companies which are incorporated, registered or organized in countries (listed in Executive Order No. 1037/2000) having little or no taxation requirements or in countries considered as non-cooperative in connection with tax transparency.

Law No. 22315, Organic Law for the organization of the Superintendence of Corporations, grants broad powers to this entity for the administrative control of companies incorporated abroad and having a branch in Argentina or any other form of habitual or permanent activity (as per section 118, paragraph 3, section 119, section 120 and sections 123 and 124 of the BAL).

5.2 What Is the Law Applicable to Rules Belonging to the Law of Contract? (State the Main Conflict Rule—"Autonomy of Will", for Example—Then the Conflict Rules Applicable by Default)

International contracts are governed by the law chosen by the parties as a matter of priority. The Argentine Republic has a long-standing tradition in the admission of autonomy of will in international contracts, and this has been achieved through the judicial interpretation of the pertinent provisions of the Civil Code of Vélez Sársfield.[103] At present, after the large reform of private law carried out by the CCC, section 2651 regulates the exercise of party autonomy in detail and in conformity with the Argentine tradition, as well as with the solutions incorporated into the Inter-American Convention on the Law Applicable to International Contracts.[104]

The election may refer to the totality or to one severable part of the contract, with explicit admission of the "*dépéçage*".

The law chosen may be changed by a new choice by the parties, which cannot affect the validity of the original contract or third parties' rights. Except if agreed otherwise by the parties, this choice refers to the material law of the chosen country, excluding rules on conflict of laws in the designated law. Autonomy of will can also be expressed by defining the parties' obligations—material autonomy—, who may create substantial clauses that repeal coercive rules contained in the law chosen.

Generally accepted commercial usages and practices, custom and the principles of international commercial law are applicable when the parties have incorporated them to the contract (section 2651, subsection 'd').

[103]Boggiano (2000, 2015b) and Iud (2015).

[104]Inter-American Convention on the Law Applicable to International Contracts, Mexico, 03/17/1994, CIDIP V. This Convention came into force between Mexico and Venezuela on 12/15/1996 and it has not been ratified by the Republic of Argentina or by any other country belonging to the Mercosur.

Subsection ‘g’ clearly establishes that the choice of a certain forum does not mean that the domestic law of such country applicable to the case has been chosen.

Party autonomy is excluded if in connection with a specific item affecting the contract, there are rules of public policy of the forum applicable to the case. Other limits to the exercise of autonomy of will are the principles of public order of the forum and internationally imperative foreign rules of “those States that show preponderant economic connections with the case”. The last paragraph of section 2651 establishes that the rule is not applicable to consumer contracts.

Section 2652 of the CCC regulates the designation of the law applicable to the international contract if the parties have not chosen the law.

The first subsidiary criterion is the application of the law of the State where the contract is to be performed.[105] This option has a long tradition in Argentine case law, since it is the solution resulting from the application of sections 1209, 1210 and 1212 of the Code of Vélez Sarsfield formerly in force. If the place of performance is not designated in the contract or if is not evident from the nature of the obligation, it will be understood that it is the current domicile of the debtor of the most characteristic contractual promise. This viewpoint was adopted in the eighties by most judgments of the National Court of Appeals in Commercial Matters, as a result of the interpreting section 1212 of the Civil Code then in force.[106] In those cases where it is not possible to determine the “place of performance” by resorting to the above reasoning, the legislator has provided for the application of the “laws and uses of the place where the contract was entered into”.[107]

Finally, the lawmaker has provided for a special exception clause in contractual matters[108] in section 2653, which allows the judge, in a specific case and exceptionally, at the request of a party, to set aside a law designated by subsidiary criteria which does not have significant connections with the case, and to apply another law

[105]Section 2652 establishes that: “If the parties do not choose the applicable law, the contract shall be governed by the laws and uses of the country where the contract is performed. If it is not designated or if it is not evident from the nature of the relationship, it shall be understood that the place of performance is the current domicile of the debtor of the most characteristic contractual obligation. If the place of performance cannot be determined, the contract shall be governed by the laws and uses of the country where the contract was entered into. The execution of contracts between absent parties is governed by the law of the place from which the accepted offer stemmed”.

[106]Najurieta (1985).

[107]This subsidiary solution was adopted in the Treaty of Montevideo on International Civil Law of 1940, section 40.

[108]Chapter 1 of Title IV for the first time includes in the Argentine positive law a general exception clause, section 2597. Section 2653 from the section of international contracts is a specific application of the general escape clause destined to make connections that could be excessively rigid or that lead to the designation of a law with fortuitous or weak connections with the case more flexible. The source of the escape clause is section 4.5 of the Rome Convention of 1980 on contractual obligations—extensively known in the Argentine case law and scholars’ opinions—and, more recently, in section 4.4 of Regulation (CE) No. 593/08 of the European Parliament and Council, dated June 17, 2008 on the law applicable to contractual obligations (Rome I). *Cf.* Scotti (2015).

having manifestly closer links by taking into account all objective and subjective elements of the contract.

Due to its great specificity, the law applicable to employment contracts of an international nature requires a reasoning that integrates the general principles of private international law with the fundamental principles of labour law. Section 3 of the Employment Contract Law,[109] in spite of its formulation as a unilateral conflict rule, has been bilateralized by case law and, therefore, it designates the law of the place of performance of work.[110] In the case of a work performed in several locations, the search for a law with more significant connections with the centre of gravity of the relationship would lead to the law of the employer's location,[111] which normally coincides with the place where the contract was entered into.[112]

5.3 What Is the Law Applicable to Rules Belonging to the Law of Torts? (State All the Conflict Rules in Your Country in the Order in Which the Courts Would Apply Them)

The new rules of private international law, passed at domestic level, and which have been in force since 1 August 2015, contemplate for the first time—at domestic level—a rule of international jurisdiction and a rule for disputes involving liability in torts (non-contractual liability).[113] That means that the option has to create wholly comprehensive categories, which should adapt to the extremely heterogeneous content of problems to be ruled (obligations arising from fraudulent torts, negligent torts, quasi contractual obligations and purely legal obligations).

---

[109]Section 3 of Law No. 20744 (text kept in Law No. 21297): "This law shall govern all aspects related to the validity, rights and duties of the parties, whether the labour contract had been entered into in the country or abroad; as long as it is performed in its territory".

[110]Supreme Court of Justice of the Nation, 09/13/2011, *"Willard Miguel c. Banco de la Nación Argentina"*. The Supreme Court considered that the foreign law of the place of performance of the work abroad (State of New York) as applicable and dismissed the claim for severance pay.

[111]Boggiano (2017), pp. 625–626.

[112]In the case D.309 XLVI "*Del Rio Jorge c. Banco de la Nación Argentina*", 10/09/2012, the Supreme Court of Justice of the Nation understood that the Argentine law should be applied (Labour Contract Law), since it was a permanent salaried employee of the Bank of the Argentine Nation, who had been assigned duties abroad, but the contract was submitted to Law No. 20744.

[113]New Argentine substantive law has eliminated the distinction between liability in contract and liability in tort. However, in the rules of International Private Law, a section was created for "contracts" and another section for "consumer contracts", and section 13ª, including articles 2656 and 2657, and providing for "cases not contemplated in preceding articles". That means that in the area of private international law, a distinction between liability in contract and liability in tort has been preserved. See Uzal (2016b).

As regards the law applicable to an obligation emerging from civil liability (liability in tort), the law is that where damage is produced, regardless of the place where the harmful event was produced, and irrespective of the country or countries where the indirect consequences of such act are produced.[114]

Section 2657 adds a last paragraph, and this synthetises a traditional solution in Argentine case law, and laid down in a traditional source.[115] It is the application of law to the common domicile that the injured party and the party allegedly causing harm have by the time damage was produced. This *lex communis* option has been subjected to analysis under Argentine case law because legal rules derive from contracts and agreements accumulate in time and entail a change in criterion.[116]

This means that Argentine lawmakers, has opted for *lex loci damni* as a result of its recent reform (law no. 26,994), in keeping with the treatment of this issue in the European Regulation No. 864/2007.

It is worth pointing out that the proposal made by collaborators with the reform included two really interesting provisions, which contributed to the flexibility of the system and these were: (a) the admission of autonomy of the will with a restrictive criterion, because of an agreement executed after the generation of damage, or, exceptionally, because of a prior agreement, when all the parties conduct business activities and have negotiated an agreement freely; (b) the inclusion of a special exclusion clause, which enables the judge to set aside the choice of law for dispute resolution if, as a result of the set of circumstances, it can be concluded that the situation presents clearly closer links with a different country, the rules of law of which could be applied by the judge. It was stated in the proposal: "...a manifestly closer link with another country may be attributed to a pre-existing relation between the parties, and which is strictly linked to the harmful event under analysis, in which case the law applicable the damage caused shall be the governing law of those legal relations which are thus bound by it".

Both flexible approaches were omitted in the final version of the Bill submitted that the Reform Committee sent to the National Congress and which was enacted as law. Nevertheless, it is still possible to set aside governing law and replace it by other law on the reasonable grounds of a higher proximity, by virtue of the general exception clause contained in general rules (Chapter 1), section 2597 of the CCC.

---

[114]The source of this rule has been the Regulation (CE) No. 864/2007 dated 11/7/2007 (Rome II).

[115]In the area of Mercosur, States are bound by the San Luis Protocol in the area of torts emerging from traffic accidents, signed in San Luis on 25/06/1996 (The Argentine Republic granted approval through Act No. 25407 and deposited the instrument of ratification el on 20/10/2001). The possibility for the law of the common domicile of parties to prevail was contemplated in a prior international instrument, which is the bilateral convention between Argentina and Uruguay in tortious liability deriving from traffic accidents, and approved in Argentina through Law no. 24.106.

[116]Civil Court of Appel, Sala I, 14/04/1998, "*Rivas Cordero Santiago c/Natanson Jorge o Gustavo Jorge Osvaldo s/daños y perjuicios*", *El Derecho*, bulletin dated 11/06/1999.

It is worth pointing out that many international treaties that regulate liability for damage caused by hydrocarbon pollution, nuclear waste, and by petroleum exploration and exploitation bind the Argentine Republic.[117]

5.4 Does Your Country's Case Law Allow Verification of Whether the Applicable Law Is in Conformity with the Rules of International Human Rights Law, the ILO Conventions, or Other Mandatory Rules of International Law? Please Explain

According to Argentine normative hierarchy, rules laid down in international human rights treaties have constitutional hierarchy. Section 75, subsection 22 of the National Constitution, resulting from constitutional reform of 1994, provides a list of conventions and treaties[118] which have been granted constitutional hierarchy to the extent of enforcement. These instruments do not repeal any section of the first part of our Constitution and are conceived of as complementary to the rights and privileges recognized in our Constitution. They can only be reported on by the National Executive Branch, with the prior written approval by a two-third majority of all members of each House of Congress.

It was only in a few cases of disputes between private subjects where a *ius cogens* rule was at issue when judges gave such prevalence (Supreme Court of the Nation 05/12/1983, *"Washington Julio Efraín Cabrera c. Comisión Técnica Mixta de Salto Grande"*, published in Fallos 305: 2150, especially the contributory opinions of Justices Abelardo R. Gabrielli and Elías P. Guastavino).[119]

ILO Conventions contain guarantees that have been incorporated into Argentine employment law rules, and that is the reason why they are quoted as supplementary legislation. Our National Supreme Court declared the unconstitutional nature of a rule contained in Law No. 24557 (section 14.2.b. of Employment Risks Law), as it considered that it was contrary to the protection accorded major disability, and established that Argentina had the duty to remain consistent with Convention

[117] Such as the Vienna Convention on Civil Liability for Nuclear Damage (approved by law no. 17,048); the London Convention on cooperation, preparation and fight against hydrocarbons pollution (1952) (approved by Law no. 24.292); the London Convention on Civil Liability for Oil Pollution Damage (approved by law no. 25,137).

[118] See enumeration contained in Note 2 of this Report.

[119] En el caso se discutía la invalidez de una cláusula de inmunidad absoluta de jurisdicción inserta en el Acuerdo de Sede de la Comisión Técnica Mixta de Salto Grande, una organización intergubernamental que se ocupa de la explotación de un recurso hídrico compartido entre Argentina y la República Oriental del Uruguay.

17 of ILO.[120] Similarly, said federal court rendered section 103 *bis*, subsection 'c' of the ECL unconstitutional, as it has held to be contrary to the notion of "wage", as contained in Convention 95 of ILO.[121]

Regarding access to information or the guarantees of freedom of speech and communication of ideas, our National Supreme Court has cited Article 13 of the American Convention on Human Rights, which provides freedom to seek, receive, and impart information and ideas of all kinds and the obligation of the State to provide it. In the case "CIPECC c/Estado Nacional-Ministerio de Desarrollo Social, decreto 1172/03 s/amparo ley 16.986", entered 26/03/2014 (published in Fallos 337: 256), the Supreme Court upheld the decision of the lower court, which had commanded the National Ministry of Social Development to give thorough information on the data of transfers of account of ordinary expenses made by the claimant to the private sector, on account of "Social aid to persons" and "transfers made to other cultural and social non-for-profit institutions" (in the 2006 and 2007 periods).

5.5 *Does Your Country's Case Law Allow the Application of Ethical Rules Instead of, or as a Complement to, the Applicable Law? Please Explain*

So far there have not been any judicial precedents grounded on ethical conducts instead of applicable law. Ethical principles are frequently cited by courts, such as good faith in business, commercial loyalty, good market practices, being estopped from acting against previous conducts, which are conscious and binding, etc. These references and citations are to serve as complement for the reasoning of courts.

6 Recognition and Enforcement of Foreign Judgments

6.1 *Describe the Rules Applicable in Your Country to the Recognition and Enforcement of Foreign Judgments*

As the recognition and enforcement of a foreign judgment is a very intense form of international cooperation, and as the Argentine Republic has a long-standing tradition of jurisdictional cooperation both in the Inter-American system and in the regional system of Mercosur, we must conclude that there are numerous multilateral

[120]Supreme Court of the Nation, 26/10/2004, "*Milone Juan Antonio c. Asociart S.A. aseguradora de Riesgos del Trabajo s/accidente*", Fallos 327: 4607.

[121]Corte Suprema de Justicia de la Nación, 11/06/2013, "*Díaz Pardo Vicente c. Cervecería y Maltería Quilmes S.A.*", Fallos 336: 593.

or regional treaties which address this issue and which must be applied with prevalence over the domestic legal rules.

The Treaties of Montevideo on International Procedural law (both 1889 and 1940) include a recognition and enforcement of judgments title, but these articles have practically become unenforceable since ratifying countries are now bound by more recent international instruments. As part of the Inter-American Conference on International Private Law, the Inter-American Convention on territorial efficacy of sentences and arbitral awards has emerged (CIDIP II, Montevideo, 1979), and which has been in force since 14/06/1980, was approved by Argentina through Law No. 22921 and binds our country with ten States.

In the area of Mercosur Member States, the Las Leñas Protocol on Jurisdictional Cooperation and Assistance in Civil, Commercial, Labour, and Administrative Matters is in force, Decision CMC 05/92, approved by Argentina through La No. 24578. In such Protocol, Chapter V deals with "Recognition and enforcement of judgments and arbitral awards". Chapter 18 of such Protocol establishes: "Provisions herein shall be applicable to recognition and enforcement of judgments and arbitral awards entered in jurisdictions of signatory states in civil, commercial, labour and administrative matters. Judgments for the redress of damages and restitution of property pronounced by criminal courts shall also be enforceable".

Regarding bilateral treaties, an interesting example is the Convention of Judicial Assistance and Recognition and Enforcement of Civil Judgements signed between Argentina and Italy, approved by Argentina by Law No. 23270, and applied to civil, commercial, employment law and family matters. Unlike other agreements—which are governed by the "bilateral" criterion to affect control of competence of the original Judge entering judgment—this bilateral treaty has stipulated in section 22 a set of rules of indirect international jurisdiction.[122]

The regime for recognition and enforcement of foreign judgments, which derives from the conventions cited above, and from domestic legal rules—nowadays prescribed in section 517 of National Code of Civil and Commercial Procedure and in provincial codes of procedure—has the following common characteristics:

(a) There is no revision or subject matter consent to the foreign judgment;
(b) There is no control on the law or the conflict rule applied by the original judge;
(c) Formal requisites are verified (legalization, authentication, translation into Spanish by a certified translator licensed in Argentina); *procedural requisites* (control of the jurisdiction of the judge of origin, no conflicted decisions, the requirement that the judgment to be enforced be considered 'res judicata' in the country where it was entered and with respect to procedural public order)[123]; and

[122]An example of an unknown rule in the Argentine system of direct international jurisdiction is section 22, subsection h: "The judicial authority shall be considered competent whenever: (...) h) the previous resolution addressed the issue of status or capacity of a person who, by the claim was filed, would have had the nationality of the party whose legal authority entered judgment".

[123]Supreme Court of Justice, 15/10/1996, *"Riopar SRL c. Transportes Fluviales Argenrío S.A."*, Fallos 319: 2411 y *La Ley* 1997-A, pp. 227 y ss.

substantial requisites (checking that the foreign judgment is compatible with substantial Argentine legal rules, with a current and a specific focus).

As far as domestic legal rules are concerned—section 517, subsection 1, National Civil and Commercial Code of Procedure—the control of jurisdictional power of the judge of origin has been established on the basis of "Argentine rules of international jurisdiction". This is the so-called "bilateral" criterion, which though rigidly interpreted by courts at the beginning, has been interpreted more flexibly throughout time and more in keeping with its purpose (Boggiano 2015b, pp. 271–278). This way, the courts have admitted the jurisdiction of a foreign judge whose jurisdictional power derives from the election of a forum and also results from the parallelism theory or *forum causae*.

In 2007, the Supreme Court of the Province of Buenos Aires utilized—in a process of inheritance involving the recognition of a foreign divorce decision—the criterion of reasonable links between the judge and the case and the absence of fraud.[124]

The chance to claim a partial exequatur is admitted in case the foreign judgment infringes the public international order of the forum. The stages of procedure are stipulated in local procedural codes.

Once the judgment is recognized and/or once exequatur is conferred, judgment is enforced in the same way as the judgment entered by Argentine courts. When recognition or exequatur is not requested autonomously but by invoking the authority of a foreign judgment within an action filed, the judge will only be able to grant it efficacy provided the requirements of section 517 of the National Code of Civil and Commercial Procedure are met (and those of provincial codes of procedure, if applicable). If necessary, an ancillary proceeding for the recognition of efficacy of a foreign judgment must be filed, which will be channelled separately in the Autonomous City of Buenos Aires, pursuant to section 175 of the National Code of Civil and Commercial Procedure.[125]

6.2 If a Judgment Given Abroad Holds a Company Liable for Breach of the Rules of CSR, Is Your Country Likely to Recognise and/or Enforce That Judgment? Please Explain

That judgment can be recognized and enforced pursuant to the requirements of applicable international treaties in force or otherwise, through the domestic system

[124]Supreme Court of the Province of Buenos Aires, 13/06/2007, *"Behrens Germán Francisco o Hermann Friedrich s/sucesión"*. This judgement became binding for the parties after the Supreme Court decision dated 9/6/2009.

[125]Boggiano (2015b), p. 287.

of sources provided in the National Civil and Commercial Code (and similar rules of local jurisdictions). The Argentine system—in any of its sources—does not verify the law (or the disputed rule or policy rule) applied by the foreign judge and whose enforcement is intended in the forum. Revision is centred in the competence of the judge of origin, the control of public order of the foreign procedure—that is, a control is made to make sure that there was no infringement of the due process right of the subject affected by the judgment—and also around the compatibility of result with Argentine public international order, that is, with substantial values connected with the spirit of Argentine legislation and which convey an identity of its own.

A paradigmatic case is the judgment of the Supreme Court of the Nation dated June 4th 2013 in the case "*Aguinda Salazar María c. Chevron Corporation s/medidas precautorias*".[126] In such decision, the Supreme Court revoked the judgment of the Appellate Court hearing Civil Matters during judicial recess—which had in turn upheld the decision of first instance court—, and dismissed the interim injunctions ordered by an Ecuadorian Judge imposed on the assets of Chevron Argentina S.R.L., Ingeniero Roberto Priú S.R.L. CDC Aps and CDHC Aps (the last two companies are foreign law companies and owners of capital shares in both limited liability companies, operating as co-defendants). The litigation, which had started abroad and was heard by an Ecuadorian judge, had finished with a judgment entered against the American company Chevron Corporation, so defendant was ordered to pay USD 19.021.552.000 (US dollars). The judge decided to extend the attachment to all the assets of defendant, including all affiliates or subsidiaries and, within Argentina, the judge requested the recognition and levying the attachment ordered on bank accounts, assets, credits in the country, interests and shares in companies governed by Argentine law. Such resolutions were entered against Chevron Argentina S.R.L. and Ingeniero Roberto Priú S.R.L.

Our National Supreme Court, through a majority decision, rejected the recognition and attachments so requested by virtue of the Inter-American Convention on Execution of Preventive Measures (CIDIP II, Montevideo, 1979), as the Court considered that public order principles contained in sections 17 and 18 of our National Constitution were affected.[127]

The recognition and enforcement of the foreign judgment procedure regarding the same case, obtained court ruling of the First Instance National Civil Court No. 61 on 31 October 2017. Resorting to what was ruled by the Supreme Court and the Attorney General's Office in 2013, the decision rejected the request for execution of Ecuador's decision pointing out not only the inability to extent the effects of a sentence ruled against Chevron Corporation to other legal entities (Chevron Argentina SRL and Ingeniero Roberto Priú S.R.L.) that show no economic links with each

[126] National Supreme Court. Cases A.253 XLIX y A. 238 XLIX R.H. "*Aguinda Zalazar María c/Chevron Corporation s/medidas precautorias*", 04/06/2013.

[127] Infringement of property right and due process as it affected the assets of business organizations that had their own legal personality, and where unaware of the process being heard in Ecuador "*María Aguinda y otros c/Chevron Corporation (formerly Texaco)*", and which did not get the chance to be heard and defend their rights in that process.

other, nor can be considered part a group of companies on the basis of the separation of legal entities principle. The decision also pointed out the insufficiency of the judicial sentence submitted by the plaintiff to be considered as final or to have the force of *res judicata* in the State in which they were rendered, as it requested by the Inter-American Convention on Extraterritorial Validity of Judgments and Arbitral Awards (CIDIP II, Montevideo 1979) on section No. 2.g.

Regarding the first argument for dismissal, the Court said:

"The plaintiffs asserted that the defendant's legal domicile was 6001 Bollinger Canyon Road, San Ramon, California, United States of America, and they chose this jurisdiction because of the alleged connection between the defendant "Chevron Corporation" and the companies that are domiciled in this jurisdiction, having also alleged that the defendant acknowledged that it owns 100% of Chevron Argentina S.R.L. The plaintiffs asserted, "The direct connection between the case and the local forum is clear, and this supports the formal opening of this jurisdiction (...) However, as determined in the above-mentioned case, Chevron Argentina S.R.L. and the others were incorporated in Argentina and Denmark, in turn, have their own legal personality, and are distinct from their direct and indirect shareholders. In other words ... they are legal persons distinct from the defendant in this case, "Chevron Corporation," and, to have a foreign judgment recognized, the defendant, domiciled in Argentina, must always be personally summoned. (...) Ultimately, the contact point that was introduced by the plaintiffs in its presentation, and that in their opinion constituted sufficient ground for acknowledging jurisdiction to national courts, faded as the companies are dissociated from Chevron Corporation" (as the Supreme Court ruled on 4 June 2013, and was described in previous paragraphs).

As to the second aspect, the Judge pointed out that section 2 of the Inter-American Convention on Extraterritorial Validity of Judgments and Arbitral Awards establishes that, foreign judgments, awards and decisions rendered in civil, commercial or labour proceedings in one of the States Parties shall have extraterritorial validity in the States Parties if they meet a series of condition. According to subsection g., the decision must be "final or, where appropriate, have the force of res judicata in the State in which they were rendered". "[I] t is observed that the plaintiff accompanied the present recognition claim with the Judgment dated 03/01/2012 and its application of 01/13/2012, both issued by the Sole Chamber of the Provincial Court of Sucumbíos. The National Court of Justice of Ecuador modified these pronouncements on November 12, 2013 and on November 22, of the same year. These documents were incorporated into the case after the initial presentation, so the substantial modification of the ruling whose recognition is pursued in the case, invalidates the present demand for *exequatur*, while what is intended to be recognized was modified by a superior instance and therefore the document accompanied in a timely manner is no longer an instrument capable of being recognized by this State under the terms of CIDIP II. Therefore, it produces the rejection of the *exequatur* given that the definitive nature required by the regulations was not proven when the new document was added together with the plaintiff. The decision was later confirmed by the Civil Court of Appeal, Chamber I, on 3 July 2018.

6.3 Same Question as in Sect. 6.2, but the Rule Applied Is One of Soft Law or Ethics. Is Your Country Likely to Block Recognition or Enforcement of Such a Judgment? Please Explain

The regime for recognition or enforcement of a judgment entered in a foreign country in the Argentine Republic does not admit the possibility to control the law applied by the judge of the country of origin. In case it is a judgment grounded on *lex mercatoria*, on UNIDROIT Principles on international contracts, the OECD Guidelines or other sources of soft law, the only step to be followed will be to verify compatibility of the final solution with the public international law principles of the forum.

A judgment without reasoning or motive is considered as non-compliant with the public order of due process (section 18 of our National Constitution), whereas a judgment grounded on soft law or ethical rules would be recognized/enforced as part of general rules. The standards that punish bad faith, fraud, bribery, extortion, lack of commercial loyalty, are perfectly compatible with Argentine public order.

7 Other Questions

As the great number of aspects comprised under CSR involve social and employment rights, rights to public information, consumers' right to genuine information, the preservation and restoration of the environment and social, tax and financial conducts in compliance with laws and good practices—that is, aspects that are sensitive to the operation of human rights—it is worth remembering the relevant normative hierarchy which such rights have in the Argentina constitutional system.

Indeed, section 75 of the reformed National Constitution, apart from subsection 22 and 23 already cited in this Report, establishes the duty of Congress to legislate and promote positive action measures to ensure really equal opportunities, an equal treatment and the full enjoyment and exercise of rights recognized by the Constitution.

This reveals the commitment of legislator to adjust the Argentine domestic rules to the international law on human rights.[128]

To preserve the operative functioning of human rights, the Supreme Court has held that the Judiciary must exercise a "conventionality control" so as to ensure that decisions are compatible with the American Convention on Human Rights and its

[128]This in turn does not exclude the guiding principle contained in section 27 of the National Constitution, in the sense that any treaty that is binding for Argentine Republic must be consistent with public law principles entrenched in the Constitution.

interpretation by the Inter-American Court of Human Rights (Judgments 330: 3248: 335: 2333, whereas clause 11, and others).

Certainly enough, the control on conventions gives leeway to a scope of interpretation at a national level. It is worth noting in that respect that the Argentine Republic has a diffuse and decentralized constitutionality review, so each judge is granted competence to examine such compatibility and resolve accordingly, within the boundaries demarcated by the case being heard. And this does not preclude the decision reached in the exercise of the review of constitutionality and conventions, from being enforceable as against all third parties (*erga omnes*).[129]

It has been held that the decision of the Argentine judge had to conform, then, to three compatibility levels: a normative level, given by the wording of human rights treaties (section 75, subsection 22 of the National Constitution); an interpretative level, given by the recommendations of the Inter-American Commission and the interpretation given the Inter-American Court of Human Rights and its judicial decisions; and a third level, of compliance or enforcement within the domestic order.[130]

This interpretation has been questioned by legal scholars,[131] which has been preserved by the National Supreme Court of the Nation, with an important additional point that needs to be exactly specified: the mandatory nature and compliance is only with respect to judgments entered by the Inter-American Court of Human Rights as part of its remedial powers, as such is the extent to which the Argentine Republic has been internationally bound and such construction is compatible with section 27 of our National Constitution.[132]

References

Ackerman M (2006) Consideraciones jurídico-laboral de la llamada responsabilidad social en la empresa: para una responsabilidad social responsable. Relaciones laborales 11:25–36

Alegría H (2004) Humanismo y Derecho de los negocios. La Ley, Buenos Aires

Araldi L, Baigorria M, Tambussi CE (2014) La responsabilidad social empresaria y los derechos del consumidor. La Ley, Buenos Aires

Bazán V (2015) El test de convencionalidad en sede interna como medio para proteger los derechos humanos y evitar la responsabilidad internacional del Estado. Revista de Derecho de Daños 1:9–58

[129]Bazán (2015).

[130]Gelli et al. (2011).

[131]See Bianchi (2010).

[132]On February 14th 2017, the Supreme Court, in the case CSJ 368/1998 (34-m)/CS 1, "Ministerio de Relaciones Exteriores y Culto s/informe sentencia dictada en caso Fontevecchia y D'Amico vs. Argentina por la Corte Interamericana de Derechos Humanos", held that "setting aside the ruling of this Court with the effect of res judicata is one of the situations in which restitution is legally impossible in the light of the fundamental principles of Argentine public law" (whereas clause 16).

Bianchi A (2010) Una reflexión sobre el llamado control de convencionalidad. La Ley, Buenos Aires
Boggiano A (2000) Curso de Derecho Internacional Privado. Derecho de las relaciones privadas internacionales. La Ley, Buenos Aires
Boggiano A (2015a) El Código Civil y Comercial y el Derecho internacional público y privado. La Ley, Buenos Aires
Boggiano A (2015b) Derecho Internacional Privado y Derechos Humanos, 7th edn. Abeledo Perrot, Buenos Aires
Boggiano A (2017) Tratado de Derecho Internacional privado, vol II, 6th edn. La Ley, Buenos Aires
Caivano R (2018) Arbitraje Comercial Internacional. Relato para la sección de Derecho Internacional Privado del XXX Congreso de la Asociación Argentina de Derecho Internacional. https://aadi.org.ar/index.php?acc=5&opc=2. Accessed 22 May 2019
Dalla Vía RA (2015) El ideario constitucional argentino. In: Dalla Vía RA (dir) Derecho constitucional. La Ley, Buenos Aires
Dubois EF (2016) Manual de derecho comercial. La Ley, Buenos Aires
Fernández Arroyo DP (2006) Compétence exclusive et compétence exorbitante dans les relations privées internationales. Recueil des Cours 323:9–260
Fernández Arroyo DP (2012) Un Derecho comparado para el Derecho internacional privado de nuestros días. Ibáñez/Universidad de La Sabana, Bogota
Fernández Arroyo DP (2015) Comentario al artículo 2602. In: Medina G, Rivera JC (dir.) Código Civil y Comercial comentado. La Ley, Buenos Aires
Ferré Calvo V (2014) La responsabilidad social empresaria y las Pymes. La Ley, Buenos Aires
Gelli MA, Gozaíni OA, Sagüés NP (2011) Control de constitucionalidad de oficio y control de convencionalidad. La Ley 2011-B:779–794
Iud CD (2015) Contratos internacionales en el Código Civil y Comercial Argentino. Anuario Argentino de Derecho Internacional XXIV:175–229
Lorenzetti RL (2015) Comentario al artículo 1°, Código Civil y Comercial de la Nación comentado, t. 1. Rubinzal Culzoni, Buenos Aires
Lorenzetti RL (2016) Fundamentos de Derecho privado. Código Civil y Comercial de la Nación. La Ley, Buenos Aires
Najurieta MS (1985) El domicilio del deudor de la obligación característica en contratos internacionales. Doctrina Judicial, newspaper dated 01/02/1985
Najurieta MS (2015) Una mirada sobre el acceso a la justicia en el nuevo Código Civil y Comercial de la Nación Argentina. In: El acceso a la justicia en el derecho internacional privado. Jornadas de la ASADIP 2015. ASADIP, Panama
Pucciarello MB (2008) Instrumentación de la responsabilidad social empresaria. Algunas experiencias en la República Argentina. Revista Derecho del Trabajo 11:997–1004
Rabino Mariela C (2014) La responsabilidad social empresaria en el ámbito del derecho internacional privado argentino en lo laboral. Revista Derecho Comercial y de las Obligaciones 269:639 y ss
Ragazzi G (2007) Responsabilidad Social Empresaria. Derecho Comercial y de los Negocios, t. 1. Eudeba, Buenos Aires
Rubaja N (2015a) Comentario al artículo 2608. In: Código Civil y Comercial de la Nación Comentado, vol 6. Infojus, Buenos Aires
Rubaja N (2015b) Comentario al artículo 2654. In: Código Civil y Comercial de la Nación Comentado, vol 6. Infojus, Buenos Aires
Scotti L (2015) Incidencias del Código Civil y Comercial. Hammurabi, Buenos Aires
Uzal ME (2014) Lineamientos de la reforma del Derecho Internacional Privado en el Código Civil y Comercial de la Nación. La Ley, Buenos Aires
Uzal ME (2016a) Derecho internacional privado. La Ley, Buenos Aires
Uzal ME (2016b) Responsabilidad civil de fuente no contractual: jurisdicción competente y ley aplicable. Derecho Comercial y de las Obligaciones 278:771–807

Uzal ME (2018) Breves reflexiones sobre la internacionalidad y la arbitrabilidad en la nueva Ley 27.449 de Arbitraje Comercial Internacional. Ponencia expuesta en el XXX Congreso de la Asociación Argentina de Derecho Internacional

Vítolo DR (2005) Uso y abuso de estructuras societarias off-shore. La Ley 2005-B:904

Zamenfeld V (2007) Sobre responsabilidad social de las empresas. In: Etcheverry R, Chomer HO, Genovesi LM (coords.) Derecho Comercial y de los Negocios, t. 1. Eudeba, Buenos Aires

Belgium

Siel Demeyere and Geert Van Calster

Abstract All questions contained in the questionnaire on 'Private International Law for Corporate Social Responsibility' have been answered in this report on Belgian law. A comparison with other countries is not available here. Nevertheless a brief comparative insight tells us that Belgium is neither leader nor laggard in this area. Belgium is no pioneer in matters concerning corporate social responsibility (hereafter 'CSR') (responsabilité sociétale de l'entreprise, maatschappelijk verantwoord ondernemen). Yet the general laws, both substantive and procedural, seem to be flexible enough to deal with CSR cases. Our focus is de lega lata, not de lege feranda. No European regulations have been included here in full since they are available online in many different languages. The Belgian Act on Private International Law can also be found online.

1 Definition and Sources

1.1 Does Your Country Have a Definition of Corporate Social Responsibility?

1.1.1 If Yes, Please State That Definition Here and Give the Source (a Written Source or Precise References to Case Law)

A definition of CSR has been developed by the Belgian federal Interministerial Commission for Sustainable Development (*Commission Interdépartementale pour*

S. Demeyere (✉) · G. Van Calster
KU Leuven, Leuven, Belgium
e-mail: siel.demeyere@kuleuven.be; gavc@law.kuleuven.be

C. Kessedjian, H. Cantú Rivera (eds.), *Private International Law Aspects of Corporate Social Responsibility*, Ius Comparatum – Global Studies in Comparative Law 42, https://doi.org/10.1007/978-3-030-35187-8_3

le Développement Durable, Interdepartementale Commissie voor Duurzame Ontwikkeling) in the Frame of Reference on CSR in Belgium[1]:

> Corporate Social Responsibility is a process whereby companies strive voluntarily to make operational and social improvements by systematically incorporating economic, environmental and social considerations in an integrated and coherent way into their overall operations, in consultation with their stakeholders.[2]

The Frame of Reference distils a number of focal points from this definition.[3] Firstly, CSR is a process, not a still. Secondly, it is a voluntary engagement. The idea that CSR is not for the legislator to be regulated, but should be left to the market is manifestly present in Belgian scholarship too.[4] Thirdly, it concerns a systematic integration of economical, social and environmental considerations in the management of companies in an integrated and coherent way. Finally, CSR happens in consultation and dialogue with stakeholders.

So far, there is no statutory definition of CSR. The definition in the Frame of Reference is meant to contribute to a unified vision, language use and definition of CSR in Belgium, throughout the several legislative levels.

1.2 Is Your Country a Member of the OECD?

Being a member of the OECD, Belgium has established a National Contactpoint (NCP) in 1980. It is now part of the Ministry for Economic Affairs (which included responsibility for SMEs and the self-employed).[5] The NCP is a member of the Working Group for CSR that is a part of the Federal Institute for Sustainable Development.

---

[1]ICDO/CIDD (29 March 2016), 7. In Dutch: "Maatschappelijk Verantwoord Ondernemen is een proces waarbij ondernemingen vrijwillig streven naar verbetering op bedrijfs- en maatschappelijk vlak door op systematische wijze economische, milieu- en sociale overwegingen op een geïntegreerde en coherente manier in de gehele bedrijfsvoering op te nemen, waarbij overleg met stakeholders of belanghebbenden van de onderneming deel uitmaakt van dit proces." In French: "La responsabilité sociétale des entreprises est un processus d'amélioration dans le cadre duquel les entreprises intègrent de manière volontaire, systématique et cohérente des considérations d'ordre social, environnemental et économique dans leur gestion en concertation avec leurs parties prenantes."

[2]https://www.business.belgium.be/en/managing_your_business/sustainable_business (The translation is ours.).

[3]ICDO/CIDD (29 March 2016), pp. 7–9.

[4]For an interesting overview of the importance of CSR soft law and its interplay with hard law, see Aydogdu (2016a), pp. 669–704 and 868–908.

[5]The Dutch version with link to the French, German and English translation: https://economie.fgov.be/nl/themas/ondernemingen/een-onderneming-beheren-en/maatschappelijk-verantwoord/oeso-richtlijnen-voor/nationaal-contactpunt-belgie. English data on the site are rare.

The presidency and secretary of the National Contact Point are looked after by the Ministry. The NCP is further composed of representatives of the federal and regional governments, and representatives of three representative employers organisations and three national interprofessional trade unions, that have a mandate in the Central Economic Council and the National Labour Council.[6] In 2014 the NCP established a network of twenty experts[7] who can advise the National Contact Point on general issues or specific matters in which the NCP must mediate. They are actively involved in the preparation of OECD meetings and inform the NCP on new tendencies and evolutions in their field of expertise. The Belgian NCP does not have an oversight body.

The NCP can issue advices on general themes and negotiate in specific issues. The past four years, the NCP has actively, and sometimes even proactively, advised several actors.[8] In 2014 and in 2016, the NCP has drafted an action plan, which is meant for the members of the NCP and contains in the first place promotion and information actions, on the OECD guidelines, but also on initiatives, projects and documents meant to strengthen CSR. Every year, the NCP organizes several roundtables on CSR in particular sectors. A lot of attention went to the clothing sector, for instance in Bangladesh, but also to the non-ferro sector and to conflict minerals.[9] The NCP moreover also takes part in meetings and events with various stakeholders,[10] and organizes conferences, such as on the fight against corruption for SME's in 2017. And finally, the NCP establishes and maintains contacts with partner organisations of the OECD, including other NCP's, and other partner organisations active in the field of responsible business conduct, such as UN Global Compact, Global Reporting Initiative and ISO 26000.

---

[6]The representatives for the federal government are the ministers of Economy, Foreign Affairs, Work, Justice, Environment and Public Health. All three regional governments are represented, namely the governments of the Flemish Region, the Walloon Region and the Brussels-Capital Region.

The three national interprofessional trade unions are the *Algemeen Christelijk Vakverbond (ACV)/Confédération des Syndicats Chrétiens (CSC)*, the *Algemeen Belgisch Vakverbond (ABVV)/Fédération Générale du Travail de Belgique (FGTB)* and the *Algemene Centrale der Liberale Vakbonden van België (ACLVB)/Centrale Générale des Syndicats Libéraux de Belgique (CGSLB).* The three representative employers organisations are the Federation of Enterprises in Belgium (FEB), Comeos (federation for trade and services) and Agoria (federation for technological industry).

[7]The list of experts can be found here: https://economie.fgov.be/nl/themas/ondernemingen/een-onderneming-beheren-en/maatschappelijk-verantwoord/oeso-richtlijnen-voor/nationaal-contactpunt-belgie/expertennetwerk-nationaal.

[8]The annual reports of the NCP can be found here: https://economie.fgov.be/nl/themas/ondernemingen/een-onderneming-beheren-en/maatschappelijk-verantwoord/oeso-richtlijnen-voor/nationaal-contactpunt-belgie/jaarverslagen-nationaal.

[9]In 2014, there was one roundtable on human rights for the non-ferro sector and three roundtables on the clothing sector in Bangladesh. In 2015, two roundtables were organised, one of which concerned clothing and one conflict minerals. The latter was again discussed during a roundtable in 2016. In 2017, there was a roundtable on due diligence in the financial sector.

[10]NGOs have been more involved in 2017 with an annual meeting and several bilateral meetings.

Ad hoc involvement of the NCP in case-specific CSR issues is rare.[11] In 2014, a final statement was given for only one issue. The main problem in that procedure was that the NGO/claimant had not respected the confidentiality of the procedure before the NCP. The NCP nevertheless further treated the case and concluded that information of companies concerning the environment does not *per se* constitute confidential business data. In 2015, the NCP closed an issue that was already treated by the French NCP since 2010 because the Belgian company did not want to cooperate with the procedure before the Belgian NCP. This case has nevertheless been reopened in 2016 because the company eventually decided to cooperate anyway. In 2016, two initial evaluations on two specific issues were published, one (on the role of a Belgian majority share holder in a restructuring of an Argentinian company) with a decision to treat the case in depth and another to close the case since the contact between the parties was reestablished once the issue was brought before the NCP. In 2017, two issues have been closed. The first concerns the Argentinian company. The company agreed—after mediation by the NCP—to amend its corporate governance code and to integrate the OECD directives. The second concerns the issue closed in 2015 and reopened in 2016. The attempts for mediation were again unsuccessful.

1.3 As a Member State of the United Nations, Has Your Country Taken Any Action Under the 2011 Guiding Principles?

A National Action Plan (NAP) on "enterprises and human rights" has been drafted since 2013 by the Interministerial Commission for Sustainable Development, and especially by its Working Group on CSR, in order to implement the United Nations Guiding Principles.[12] The NAP has been accepted by the federal government in July 2017 and has been presented officially in September 2017.[13] The federal government and the governments of the three Belgian Regions (see below for Specific features of the Belgian legal system) decided to draft the NAP stimulated by the European

[11]Reports on the several specific matters that have been brought to the NCP can be found here: https://economie.fgov.be/nl/themas/ondernemingen/een-onderneming-beheren-en/maatschappelijk-verantwoord/oeso-richtlijnen-voor/nationaal-contactpunt-belgie/berichten-nationaal.

[12]The drafting of the NAP was also seized as an opportunity to confirm other duties under several international instruments, such as the Guidelines of the OECD on multinational enterprises (as revised in 2011), the Sustainable Development Goals set by the UN (especially goals 8, decent work and economic growth, and 12, responsible consumption and production) and the duties committed to in the framework of the ILO.

[13]The NAP can be found here, but only in Dutch and French: https://economie.fgov.be/nl/themas/ondernemingen/een-onderneming-beheren-en/maatschappelijk-verantwoord.

Union.[14] In the drafting process, more than fifty societal organisations have been consulted several times.

The NAP serves as the opportunity for the several governments to make their commitments regarding enterprises and human rights more concrete. Attention is particularly awarded to Belgian enterprises with high ambitions regarding CSR or those wanting to direct more attention to the issue. The NAP aims to serve as a platform to highlight good practices in sectors and enterprises and to create more consultation opportunities.[15]

In line with the definition of CSR applied by the Interministerial Commission, there are no mandatory actions or rules imposed on Belgian enterprises. Those voluntarily engaging in CSR will however be helped and monitored by the actions in the framework of the NAP. The NAP contains, *inter alia,* the following actions, to be executed by the Working Group CSR[16]:

- design of a toolkit concerning human rights for enterprises and organisations;
- drafting a brochure on the government related remediation mechanisms;
- stimulate existing qualitative initiatives concerning human rights and social responsibility;
- evaluation of the Belgian label for advancing socially responsible production;
- follow-up on the evolution of CSR and human rights in Belgian enterprises by means of the CSR-barometer;
- promotion of socially responsible government enterprises.

1.4 Does Your Country Apply the ISO Standards?

ISO Standards are widely applied and acknowledged in Belgium. The Bureau for Standardisation (NBN) is responsible for the development and sale of standards, including the ISO Standards, in Belgium.[17] The Standards are applied by private enterprises and by the government. They are used for organisations as such, for production chains, for events, etcetera.

The application of ISO Standards in Belgium is varied and for the sake of this report, we have focused on the application of the ISO 26000 Standard particularly.[18] On the site of the Federal Institute for Sustainable Development, one can, for instance, find that pilot projects have been elaborated within the Federal Public Services in order to implement a management system based on the ISO 26000

[14]Interdepartementale Commissie voor Duurzame Ontwikkeling (2017), p. 19.

[15]Interdepartementale Commissie voor Duurzame Ontwikkeling (2017), p. 20.

[16]Interdepartementale Commissie voor Duurzame Ontwikkeling (2017), p. 22.

[17]https://nbn.be/en/about-nbn/nbn.

[18]For more information on the ISO 26000, including its creation process and an overall critical assessment, see Bijlmakers and Van Calster (2015), pp. 275 *ff.*

Standard.[19] The Flemish Region has developed a CSR scan which enterprises can complete in fifteen minutes (light scan) or an hour (full scan), which seems to be partly based on the ISO 26000 Standard.[20] The Flemish Region also promotes the CSR-scan ISO 26000 developed by Dutch authorities.[21] Several Flemish provinces have also drafted a Charter for Sustainable Entrepreneurship,[22] in which the social and environmental aspects of ISO 26000 can be found (but are classified in a different way).[23] Regarding private enterprises, it is not easy to determine whether they report according to the ISO 26000 Standard, the GRI (Global Reporting Initiative) or according to yet another norm.

As the ISO 26000 provides for guidelines and not for requirements, it is not apt to be certified.[24] The Netherlands Standards Institute (NEN) has developed a self declaration for the application of the ISO 26000 Standard,[25] which is also recognised and referred to in Belgium.[26] The Flemish Region does not seem to have a regional publication mechanism for these self declarations, so Belgian enterprises should also use the Dutch 'Publicatieplatform ISO 26000' if they want their commitment to be publicly known.[27]

1.5 *Please Indicate All Other Sources You Consider Relevant, and Also Any Specific Feature of Your Legal System That Should Be Borne in Mind to Better Understand Your Answers to This Questionnaire*

Specific Features of the Belgian Legal System

Belgium is a federal state with a division of 'competences' or Heads of Power between the federal level and the regional and community level.[28] They are all coordinate, but the relevant competences for CSR can be found within both the federal and the regional level. There are three Regions, namely the Flemish Region, the Walloon Region and the Brussels-Capital Region. There are also three

[19] http://www.duurzameontwikkeling.be/nl/themas/duurzame-ontwikkeling-federale-overheidsdiensten/instrumenten.

[20] https://www.mvovlaanderen.be/iso-26000-0.

[21] https://www.mvovlaanderen.be/mvo-wegwijzer-en-scan-iso-26000.

[22] https://www.charterduurzaamondernemen.be/.

[23] https://www.mvovlaanderen.be/fiche/charter-duurzaam-ondernemen.

[24] Bijlmakers and Van Calster (2015), p. 290.

[25] https://www.nen.nl/NEN-Shop-2/Standard/NPR-9026C12012-nl.htm.

[26] See e.g. https://www.mvovlaanderen.be/fiche/iso-26000-zelfverklaring.

[27] https://www.nen.nl/Normontwikkeling/Publicatieplatform-ISO-26000.htm.

[28] Maps of the different regions and communities can be found here: https://www.belgium.be/en/about_belgium/government/federale_staat/map.

Communities, namely the Flemish, the French and the German-speaking Community. The competences of the latter are, however, not really relevant in a CSR context.[29]

The federal level has all residuary competences,[30] while the Regions (just like the Communities) only have attributed competences.[31] The federal level is competent for, *inter alia*, Economy (partly), Justice, Employment (partly), Foreign Trade (partly) and Sustainable Development. The regional level, on the other hand, is competent for, *inter alia*, Economy (partly), Employment (partly), Foreign Trade (partly) and Nature Conservation.

The potentially relevant competences for CSR therefore are divided between the federal and regional level, and within one single level also between several ministries. This shows the inherent need for cooperation between and within the governments and it is bound to be a dilatory factor for any government action, as shows in the creation of the National Action Plan (see above United Nations Guiding Principles (2011) and Belgian National Action Plan).

Several of the relevant sources for the state of CSR have been referred to above already.

2 Characterisation

2.1 Rules Pertaining to Company Law

One of the key elements of CSR in Belgium is that it is based on the voluntary engagement of enterprises. This entails that no particular obligations have been introduced in company law with a view to enhancing CSR. Nevertheless, some other provisions and obligations within company law may help to further CSR. We will focus on the regulation for the two most common company forms, namely the 'public limited company' (*société anonyme (SA); naamloze vennootschap (NV)*), especially suited for large enterprises, and the 'private limited company' (*société privée à responsabilité limité (SPRL); besloten vennootschap met beperkte aansprakelijkheid (BVBA)*), better suited for smaller (family) enterprises. They are both endowed with legal personality.

[29]For a list of the competences, see art. 127–130 Belgian Constitution; art. 4–5 Special Act of 8 August 1980 for Institutional Reform; https://www.belgium.be/en/about_belgium/government/communities/competence.

[30]Art. 35 Belgian Constitution, read together with its transitional provision; https://www.belgium.be/en/about_belgium/government/federal_authorities/competence_federal_government.

[31]Art. 134 Belgian Constitution; art. 6 Special Act of 8 August 1980 for Institutional Reform; https://www.belgium.be/en/about_belgium/government/regions/competence.

So far, no CSR cases have been introduced based on Belgian company law, so it remains an open question what the outcome of such cases would be.[32] We therefore summarily review the varied parts of company law rules which might be relevant in a CSR context. Several issues will be addressed, from the Belgian Code on Corporate Governance via the rules on annual accounts and annual reports in the Belgian Company Code, to veil piercing and director's liability. However it is no secret that under Belgian law, these rules in a CSR context have limited potential impact.

Of general relevance firstly is how Belgian law approaches a company's true purpose. The Belgian *Cour de Cassation* has defined the interest of a company (*intérêt social, vennootschapsbelang*) in a 2013 decision as "the collective interest of the current and future shareholders of the company, to make profits."[33] Belgian law thus upholds a *shareholders oriented* model of the concept 'interest of the company', rather than a *stakeholders oriented* model. However, the inclusion of future shareholders as well as the interest of other stakeholders might be taken into account.[34]

Belgian Code on Corporate Governance

Since 2004, there is a Belgian Code on Corporate Governance. The 2004 version was reviewed in 2009 and again in 2019, resulting in the 'Belgian Code on Corporate Governance 2020'. The full 2020 Belgian Code on Corporate Governance is available online.[35] The Corporate Governance Code has received statutory recognition in the Act of 6 April 2010 for the reinforcement of corporate governance. This Act amended article 96 of the Company Code (*Code des sociétés; Wetboek van vennootschappen*) and introduces the obligation for listed companies to designate the 2009 Corporate Governance Code as their code of reference.[36] This obligation was introduced in order to implement Directive 2006/46 in the Belgian legal order.

The Code contains ten principles regarding corporate governance, which have been detailed in provisions. The Code applies to listed companies, but could also serve as a reference framework for other companies,[37] and it is applied through a 'comply or explain' principle. This entails that when listed companies do not comply with a certain provision from the code, they must explain why.[38]

---

[32]See also Enneking et al. (2015), p. 169.

[33]"L'intérêt social est determine par le but de lucre collectif des associés actuels et futurs de la société." Cass. 28 November 2013, no. C.12.0549.N, *RDC* 2014, 854, note D. Willermain, *TRV* 2014, 287; Simonart (2016), p. 318.

[34]Simonart (2016), p. 318.

[35]A full English version is available here: www.corporategovernancecommittee.be/en/over-de-code-2020/2020-belgian-code-corporate-governance.

[36]Art. 96, §2, 1° Company Code, now replaced by article 3:6 Code of Companies and Associations.

[37]Belgian Corporate Governance Code 2009, Preamble, no. 8. See also Belgian Corporate Governance Code 2020, How to use the 2020 Code?, no. 4.

[38]Recent research has shown that few companies make use of this flexibility and the compliance rate is at 96%: 94% of the provisions are complied with and for 2% of the provisions, it is explained why they are not complied with. See http://www.corporategovernancecommittee.be/en/2009-code/compliance-with-the-code.

None of the principles of the Corporate Governance Code, however, specifically relate to CSR.[39] Principle 2.16, however, determines that the annual report should contain "sufficient information on issues of societal concerns and the relevant environmental and social indicators."[40] Some of the other provisions may have a positive impact on CSR. The provision that then especially comes to mind is the obligation to monitor the functioning of internal control and risk management systems, which also serves to identify risks concerning the compliance with legislation and regulations.[41] The proper functioning of such systems could also serve to identify and prevent risks that are related to CSR.[42]

Transparency Requirements

The directors of every company are obliged to publish their annual accounts and the requirements for those accounts depend on the size of the company.[43] Much of the report, attached to the annual accounts, is purely financial. One of the elements however in the report that is imposed on most companies, relates to CSR, but it will not always be included. Only when it is necessary for a good understanding of the development, the results or the position of the company, must the analysis of the company not only mention financial elements, but also non-financial essential performance indicators, including environmental and staff issues.[44] Listed companies are also obliged to report on the application of the Good Governance Code.[45] As we just reviewed above, this might have a CSR impact as some provisions of the Code might lead to CSR considerations. A mother company controlling one or more daughter companies is obliged to draft consolidated annual accounts.[46] The report to these accounts must also mention non-financial elements, such as environmental and

---

[39]See also Enneking et al. (2015), p. 166.

[40]See also Belgian Corporate Governance Code 2009, Guideline 1.2 (under Principle 1); Simonart (2016), p. 320.

[41]Belgian Corporate Governance Code 2009, Principle 4.10 and 4.11; Enneking et al. (2015), p. 166.

[42]Enneking et al. (2015), p. 166.

[43]See art. 3:4 Belgian Code of Companies and Associations.

[44]Art. 3:6, §1, second paragraph Belgian Code of Companies and Associations: "Dans la mesure nécessaire à la compréhension de l'évolution des affaires, des résultats ou de la situation de la société, l'analyse comporte des indicateurs clés de performance de nature tant financière que, le cas échéant, non financière ayant trait à l'activité spécifique de la société, notamment des informations relatives aux questions d'environnement et de personnel." See also Simonart (2016), p. 319. The European Commission first envisaged an obligation to report on non-financial matters, but this did not make it through the legislative process. See De Schutter (2008), pp. 231–232.

[45]Art. 3:6, §2 Belgian Code of Companies and Associations.

[46]Art. 3:23 Belgian Code of Companies and Associations.

staff issues, when necessary for a good understanding of the development, results or position of the company.[47]

Certain listed companies, credit institutions and insurance undertakings with over 500 employees are, however, subject to more stringent transparency requirements because of Directive 2014/95, transposed by an Act of 18 December 2015. Pension funds and collective investment funds had already been subject to transparency requirements as to the question whether they take into account social, ethical and environmental aspects in their investments strategies.[48] The transparency could be given in a declaration and report, not in the annual account and report. These requirements were however deemed to be grossly insufficient.[49]

Veil Piercing?

Veil piercing in this context refers to situations in which a subsidiary or daughter company is liable, for whatever reason, and the creditors of the daughter company also (try to) engage the liability of the mother company.[50] Veil piercing is in the first place aimed at insolvency situations and only few might be relevant in a CSR context.[51] This can be shown in a brief overview of relevant veil piercing grounds in Belgian law.

Abuse of right (*abus de droit, rechtsmisbruik*) is a popular veil piercing ground in Belgian law. The privilege of limited liability is namely a right that can be abused.[52] When making use of the doctrine of abuse of right, the claimant first has to prove that the subsidiary is liable, no matter what the basis for its liability is. Then, the victim can file a claim against the mother company for abuse of the privilege of limited liability. If he/she can prove that the mother company does not earn the privilege of limited liability because it did not respect the rules concerning the autonomy of the subsidiary, the corporate veil will be pierced.[53] However, the threshold for abuse is high as only when the right was exercised in a way that *obviously* goes beyond the way it would be exercised by a reasonably forward-looking and careful person, there

[47]Art. 119, §1, 1° Belgian Code of Companies and Associations.

[48]Art. 42–47 of the Act of 28 April 2003 concerning supplementary pensions (*Loi relative aux pensions complémentaires*); art. 58, §1 and art. 88, §1 Act of 3 August 2012 concerning institutions of collective investments (*Loi relative aux organismes de placement collectif*); Aydogdu (2016b), p. 894; Enneking et al. (2015), p. 162.

[49]Enneking et al. (2015), p. 162, footnote 22.

[50]A more correct term therefore may be attributability. See also Van Calster (2018), forthcoming.

[51]For a more elaborate CSR-oriented analysis, see Demeyere (2015b), pp. 397–399.

[52]Such abuse was historically based on articles 544 and 1382 of the Civil Code but is now by some said to be a general principle of law. See De Boeck (2011), pp. 6 and 8–10; Van Ommeslaghe (2013a), p. 65, no. 22 and p. 73, no. 25.

[53]Brüls (2004), p. 312; Cornelis (1989), p. 181; Geens et al. (2000), p. 342; Geens and Wyckaert (2011), p. 340; Ronse et al. (1986), pp. 939 and 948–949; Ronse and Lievens (1986), pp. 137 and 170; Vandekerckhove (2007), p. 32. A shareholder might have set up a subsidiary to prevent its creditors from reaching its assets.

is an abuse.[54] The case law has pointed out several indications of abuse, which are not cumulative but need to be consistent.[55] Most indications concern the non-respect for the subsidiary's autonomy.[56] If the judge finds an abuse of right, (s)he will reduce this right to its normal use.[57] This means that there will be no limited liability in as far as there is abuse. When the reduction of the right to its normal use is no longer possible, damages will be awarded.[58]

Concealment (*simulation, veinzing*), fraud (*fraude, bedrog*) and the creation of false appearances (*apparence, rechtmatig vertrouwen*) are three other grounds available for veil piercing in Belgian law,[59] but they are less popular. There is concealment when parties to a contract intentionally differentiate between their expressed and actual intentions.[60] According to article 1321 Belgian Civil Code, third parties can choose to rely on the consequences of the expressed intentions or on the consequences of the actual intentions.[61] Concealment can be a tool in a company group to organize the insolvency of a certain company in order to escape from its creditors. A company that was founded with merely this goal is considered a fictitious company (*société fictive*).[62] The indications of concealment match to a large extent the indications of abuse of right, such as the absence of decent book-keeping, the malfunction of organs, and the lack of decision-making power of organs.[63] Multinational enterprises will, however, rarely have such a poor administration, but if they have, this can be deployed to the benefit of the victims of the subsidiary's practices.

---

[54]Cass. be. 10 March 1983, *Arr. Cass.* 1982–1983, p. 847; De Boeck (2011), p. 12; Geens and Wyckaert (2011), p. 343; Ronse et al. (1986), p. 949.

[55]Cass. be. 11 September 1981, *Rev. Prat. Soc.* 1982, no. 6187, 126, *BRH* 1982, 280, *Pas.* 1982, I, 56; Geens et al. (2000), p. 230; Geens and Wyckaert (2011), p. 342.

[56]Such as the lack of a division between the assets of the mother company and the subsidiary, no separate bookkeeping and undercapitalization of the subsidiary. Other indications are the fact that (almost) all shares of the subsidiary are owned by the mother, the fact that rules concerning the organs of the subsidiary are not respected, and that in communication with third parties, reference is made to the mother company instead of to the subsidiary, or the fact that decisions are made to the benefit of the mother company but to the detriment of the subsidiary. The indications that were before used for the doctrine of undisclosed agency (*prête-nom*) to extend insolvency proceedings to the mother company can still be used. On the concepts of disclosed and undisclosed agency, see Busch (2002), pp. 149–160. On the concept of *prête-nom*, see Samoy (2005), p. 125. On the extension of insolvency proceedings, see, e.g., Braeckmans (1978–1979), pp. 852–854.

[57]Cass. be. 16 December 1982, *Pas.*1983, I, 472.

[58]De Boeck (2011), p. 20; Van Ommeslaghe (2013a), pp. 92–93, no. 36.

[59]See e.g. Court of Appeal Antwerp 12 December 1995, *TRV* 1996, p. 62; Cass. be. 6 December 1996, C.950260.N, www.cass.be.

[60]Wéry (2011), p. 877.

[61]Geens and Wyckaert (2011), p. 326; Van Gerven and Van Oevelen (2015), p. 227.

[62]See e.g., Court of Appeal Bastia 19 October 2011, no. 10/00457, www.legifrance.gouv.fr. This case is based on French law, but is a good example for Belgian law as well since the rules on concealment are nearly identical.

[63]Schoonbrood-Wessels (1993), p. 474.

Fraud is another legal basis that exists in Belgian law to establish the liability of a mother company.[64] The maxim *fraus omnia corrumpit* means that no one may invoke his own fraud in order to justify the application of legal rules to his benefit. The maxim is recognised as a general principle of law,[65] and the judiciary will rely on the principle to hold a mother company liable if the mother company itself does not respect the legal autonomy of its subsidiary but invokes it *vis-à-vis* third parties. Fraud will lead to the impossibility to invoke a certain act (*inopposabilité*).[66] The existence of the separate legal personality can then not be invoked against the victims.

The judge-made theory of creation of false appearances is a last possibility to establish the liability of the mother company.[67] In Belgian law, the legitimate confidence of a third party in a certain situation can be honoured by forcing the person that created the appearance to live up to it.[68] It is rather unlikely that this theory will be relevant when a subsidiary has caused damage in tort. The damage then just happens to the victim and the victim did not think about the constellation of the company or group so he/she cannot have had legitimate confidence in the unity of the group. Even for contractual creditors, a claim on the basis of creation of false appearances is only accepted in rare situations. Fraud or concealment would overall seem more attractive to plaintiffs, as the latter require no proof of the legitimate confidence in the created situation.

Another way to hold a mother company liable for the debt of its subsidiary occurs when the mother company can be designated as a director of the subsidiary. The mother company might then be liable on legal grounds specific to company law or based on general tort law. Both are discussed below.

Directors' Liability?

Company law is also concerned with the liability of (the) director(s) of a company. Directors may be liable based on company law, or based on common tort law (see below). While several provisions have been inserted regarding director's liability, only one category of them seems relevant, namely the liability towards the company and towards third parties for a breach of the provisions of the Belgian Company Code or a breach of the articles of incorporation.[69] We have, however, just shown that only few provision in the Belgian Company Code have a clear CSR impact so

---

[64]See Lenaerts (2013–2014), p. 362. For the French language version of this text, see Lenaerts (2014), pp. 98–115.

[65]Lenaerts (2013–2014), p. 362; Wéry (2011), p. 248.

[66]Van Gerven and Van Oevelen (2015), p. 82.

[67]Wéry (2011), p. 876.

[68]Cauffman (16 February 2005), pp. 15–18.

[69]Art. 2:56 Belgian Code of Companies and Associations. See extensively Vandenbogaerde (2009), pp. 82–121.

However, it is not always clear whether a provision of the articles of incorporation really has statutory value and is thus able to engage the liability of the director(s). See Vandenbogaerde (2009), pp. 85–87.

mainly a breach of the eventual obligation to publish non-financial indicators in the annual report seems relevant.

An extra hurdle for liability will be the required causality between the breach and the damage. Especially when the breach consists in a lack of action, such as an omission in the annual report, is it hard to prove causality.[70] Article 3:45 *jo.* 3:6 Belgian Code of Companies and Associations make it a crime to breach the obligation to give a true image of the company in the annual report. In case such a crime is committed, the wrongful act of the director(s) will be certain, but this still leaves the victim with the proof of causality.

We will deal with tort law below, but a *caveat* should already be added on the potential tortious liability of a director towards a contracting party of the company. In Belgian law, so-called 'executory agents' (*agent d'exécution, uitvoeringsagent*) can only be liable in tort towards the contracting party of their principal under the same conditions as the principal could be liable in tort towards his contracting party. The conditions are very restricted and seldom met in practice. First, liability can be established when the committed tort amounts to a crime. Second, when the fault is not merely contractual, but also extra-contractual, and the damage is not contractual, tortious liability of the director can be established as well.[71] A change of these rules is, however, at hand.[72] These conditions for liability are also applied to the directors of a company in case of a claim by a contracting party of the company.[73] Towards other claimants, that are not contracting parties of the company, there are no special conditions for tortious liability of the directors.

Other provisions concerning the liability of the directors are mainly directed towards insolvency situations,[74] or can only be invoked by the company, but not by third parties.[75] We will therefore not analyse them here.

Belgian Code of Economic Law: Unfair Commercial Practices

The Belgian Code of Economic Law (*Code de droit économique, Wetboek economisch recht*) contains several provisions on unfair commercial practices, as result of a transposition of the Unfair Commercial Practices Directive of 2005,[76] which might be relevant in a CSR context. The Belgian legislator went further than what was required under the Directive and included some provisions which allow to

---

[70] Vandenbogaerde (2009), p. 93, no. 108.

[71] Cass. be. 7 September 1973, *RW* 1973-74, 1597, note J. Herbots; Cass. be. 29 September 2006, *Arr.Cass.* 2006, 1863, *Pas.* 2006, 1911, *NJW* 2006, 946, note I. Boone, RW 2006-07, 1717, note A. Van Oevelen; Van Gerven and Van Oevelen (2015), p. 317; Van Ommeslaghe (2013b), p. 1201, no. 819.

[72] Geens (2016), p. 57, no. 179.

[73] Cass. be. 7 November 1997, no. C.960272.F, *Arr.Cass.* 1997, 1093, *TBBR* 1998, 153, *TRV* 1998, 284, note I. Claeys, *RCJB* 1999, 758, note V. Simonart; Vandenbogaerde (2009), p. 124.

[74] See art. XX.225 Belgian Code of Economic Law.

[75] See e.g. art. 2:56 Belgian Code of Companies and Associations.

[76] Directive 2005/29/EC of the European Parliament and of the Council of 11 May 2005 concerning unfair business-to-consumer commercial practices in the internal market.

combat CSR window dressing. Although strictly, the provisions in the Belgian Code of Economic Law cannot be considered as 'company law', we will discuss these provisions here. Unfortunately, there is no Belgian CSR case law on this matter either.[77]

Unfair commercial practices are targeted by a 'black list' of practices, which are per se unfair, and two more general norms. The black list in particular is interesting for plaintiffs to rely on. Article VI.100 of the Belgian Code of Economic Law states, *inter alia*, that the following practices are misleading and therefore unfair:

1. claiming to have signed a code of conduct, while this is not the case;
2. apply a label of trust, quality or the like without the required permission;
3. claiming that a code of conduct has been recognised by a public or other authority, while this is not the case;
4. claiming that a company, including its commercial practices, or a product has been recommended, recognised, approved or allowed by a public or private authority, while this is not the case.

The breach of CSR obligations taken on by a company cannot be addressed by these provisions, but they might be an unfair commercial practice because of the more general norms on unfair commercial practices.[78] Article VI.97 contains the first semi-general norm, but article VI.98, 2° specifically targets the breach of a code of conduct, as already provided for in article 6 (2) of the Directive. The breach will be considered as an unfair commercial practice under the following conditions:

(a) the code of conduct must not be a mere letter of intent, but a verifiable (*verifiable, verifieerbaar*) obligation, and
(b) the company has indicated in the context of a commercial practice that it is bound by the code of conduct.

The breach of the code of conduct will thus be an unfair commercial practice when it has induced or could have induced the average consumer to engage in a transaction, which he/she would otherwise not have engaged in. The general norm, which generally states the threshold for unfairness of commercial practices, may also be relevant in a CSR context. To judge the (un)fairness, one must namely take into account the requirement of professional diligence. The latter can be concretised by taking into account codes of conduct that are applied in the relevant sector or more generally.[79]

While the protection against unfair commercial practices is aimed at consumers, a company can also rely on these provisions and act against unfair commercial practices of another company when the professional interests of the claiming company are at stake (art. VI.104).

[77]See also Caucheteux and Roegiers (2015), p. 662.

[78]Caucheteux and Roegiers (2015), p. 658.

[79]Caucheteux and Roegiers (2015), p. 660.

When a commercial practice is found to be unfair, because it is mentioned on the black list or because it falls under the more general norms, a prohibitory injunction (*action en cessation, vordering tot staking*) can be claimed in court. The claim can be done by any person concerned (art. XVII.7). It is unlikely that a consumer will do the effort and make the expenses to start court proceedings.[80] However, consumer organisations, the relevant minister and other companies can also file a claim. The professional interest of other companies will, for instance, be at stake when they compete with the company alleged to apply an unfair commercial practice or when it is a company granting trust labels.[81]

When a court finds that a commercial practice of a certain company is unfair, this will not only matter for the prohibitory injunction. Once a commercial practice is found to be unfair, that counts as sufficient proof of a fault in the sense of article 1382 Civil Code.[82] When someone suffers damage because of the unfair commercial practice, a claim in tort is possible (see below Tort law).

2.2 *Rules Pertaining to the Law of Contract*

Provisions concerning CSR are often inserted into business contracts. They may be based on codes of conduct, whether international and general, particular to a certain sector or even particular to an enterprise.[83] Despite their widespread use, the status, and especially the enforceability, of such provisions is often unclear. Since Belgian case law on this question is still lacking, we will refer to general contract law.

The fundamental principle in Belgian contract law is the autonomy of the parties.[84] This entails the liberty to close a contract, to close it with whoever one deems fit and to include whatever provisions they want in the contract. This is of course only possible within the limits of mandatory rules and rules of public order.[85] We will here describe the range of possibilities contracting parties have at their disposal in Belgian law, but the remark must be made that parties often deliberately leave out a specification on the enforceability of the provisions, e.g. the code of conduct, they include in their contract(s). In such a case, it will be up to the Belgian judges to determine the value of such provisions.

Contracting parties can include a wide range of obligations, such as a CSR declaration (for instance the self-declaration regarding ISO 26000, see above ISO

[80]Caucheteux and Roegiers (2015), p. 660.

[81]Caucheteux and Roegiers (2015), p. 661.

[82]Caucheteux and Roegiers (2015), p. 661.

[83]For an overview of the several kinds of codes of conduct, see this article on Dutch law: van der Heijden (2011), p. 5.

[84]Stijns (2005), p. 37; Van Gerven and Van Oevelen (2015), p. 71; Van Ommeslaghe (2013a), p. 168, no. 79.

[85]Art. 6 Belgian Civil Code; Stijns (2005), p. 45; Van Gerven and Van Oevelen (2015), p. 77.

Standards), the application of the corporate governance code, reporting on the CSR policy of the company, respecting certain norms in their supply chain, ... When the enforceability of such an obligation is certain, whether because it is clearly determined by the parties, or whether because a judge has later confirmed its enforceability, the question arises whether a particular obligation which is alleged to have been breached, actually constitutes a 'best efforts obligation' (*obligation de moyens, inspanningsverbintenis*) or an obligation to achieve a certain result (*obligation de résultat, resultaatsverbintenis*).[86] The distinction is of major importance to the burden of proof. In case a claimant asserts that an obligation to achieve a result has been breached, the only proof necessary is that the obligation is actually breached. It is then to the debtor/defendant to prove that the breach was due to *force majeure* and that it must not be held accountable for it. In case a 'best efforts obligation' would be breached however, it is up to the claimant to prove that the debtor has not taken all reasonable efforts to perform the obligation. It is usually up to the judge to determine whether a particular obligation was one of best efforts or one to achieve a result. Examples allow for a clarification of the concept. The promise to insert a certain provision in a subsequent contract with another party, such as a supply chain enterprise, will normally be an obligation to achieve a result. The promise to assure by own investigations that no subcontractors allow child labour in their foreign factories, will on the other hand be a 'best efforts obligation'.

If contracting parties want to ensure the enforceability of the obligations they insert, a variety of options are available and most clauses can be combined all at once.

A first interesting clause is a damages clause.[87] This clause allows parties contractually to determine beforehand the damages to be paid in case of a breach of a certain contractual provision. The real damages then do not have to be proven[88] and it does not matter whether they would approach the damages foreseen in the contractual provision. The predetermined amount must be paid, while the damage that actually occurred may be significantly more or less. Only when the predetermined damages are unreasonably high, can a judge mitigate them.[89] When the predetermined damages would be unreasonably low, the provision must be recharacterised as a disclaimer.[90]

[86]See Stijns (2005), p. 142, no. 196; Van Gerven and Van Oevelen (2015), p. 169; Van Ommeslaghe (2013a), p. 50, no. 15.

[87]Stijns (2005), p. 181, no. 253; Van Gerven and Van Oevelen (2015), p. 188.

[88]Cass. be. 3 February 1995, no. C.928358.N, *Arr.Cass.* 1995, 130, *RW* 1995-96, 226.

[89]Art. 1231, §3 Belgian Civil Code.

[90]A disclaimer will in Belgian law be invalid when (i) it is contrary to mandatory law, (ii) it concerns an essential obligation of the contract, or (iii) it would exonerate the debtor for his own fraud. See Stijns (2005), p. 163, no. 231; Van Gerven and Van Oevelen (2015), p. 179.

In the other cases, the recharacterised damages clause will be a valid disclaimer and must be upheld.

Secondly, contracting parties can grant to one (or both) of them the possibility to dissolve the contract, without having to go to court,[91] contrary to article 1184 Belgian Civil Code (see below). Notice upon the debtor is not required if this is explicitly provided in the contract. The debtor can still go to court and uphold that the dissolution was unjust, which will then be assessed by the judge.

Thirdly, the circle of claimants can be broadened by inserting provisions in favour of a third party.[92] A third party, such as employees of the debtor, can be given the right to enforce a contractual provision concerning their labour conditions. This is a way to overcome privity of contract (art. 1165 Civil Code) and to grant rights to third parties. Very concrete elements could enhance the enforceability of such provisions, such as advertising the rights and obligations of the employees in plain language within the factory buildings.[93]

Fourthly, in case there is a chain of contracts not all involving the first creditor who wishes to impose CSR obligations, there is a possibility to insert a 'chain clause' (*kettingbeding*).[94] Such a clause obliges the contracting party to insert a certain obligation in a subsequent contract, coupled with the obligation to let any subsequent contracting party insert it as well. Such a provision could for instance oblige the whole chain of suppliers to ensure respect for human rights and to uphold humane labour conditions. The enforceability of this clause can be strengthened by adding a provision in favour of a third party, namely the first creditor, and a damages clause. The first creditor can then enforce the obligation against any subsupplier who has accepted this provision. The latter, however, shows the weakness of this provision. The subsupplier will only be liable when the provision was actually inserted into his contract. When this did not happen, no action can normally be undertaken against him based on that specific clause.[95]

Fifthly, the performance of certain CSR obligations could be inserted as a suspensive condition (*condition suspensive, opschortende voorwaarde*) or as a condition of avoidance (*condition résolutoire, ontbindende voorwaarde*).[96] This goes further than the provisions we just discussed, because the creation or (further) existence of the contract depends on the fulfillment of the condition. Moreover, once a condition is fulfilled, the contract will automatically be created or dissolved and there will be no moment for negotiations, considerations or whatsoever.

---

[91]Van Gerven and Van Oevelen (2015), p. 202.

[92]Art. 1121 Belgian Civil Code; Stijns (2005), p. 241, no. 336; Van Gerven and Van Oevelen (2015), p. 235; Van Ommeslaghe (2013a), p. 685, no. 442.

See also van der Heijden (2011), p. 6.

[93]van der Heijden (2011), p. 8.

[94]Sagaert (2014), p. 29, no. 28; Stijns (2005), p. 239, no. 333; Van Gerven and Van Oevelen (2015), p. 233.

See also van der Heijden (2011), p. 6.

[95]For more details on the functioning of a chain clause, its strengths and weaknesses, see Demeyere (2017a), no. 46 *ff.*

[96]Artt. 1181–1183 Belgian Civil Code; Stijns (2009), p. 3, no. 2; Van Gerven and Van Oevelen (2015), p. 537; Wéry (2016), p. 333, no. 339.

Next to these explicit and especially inserted provisions, general contract law rules on breach of contract will also be available when the enforceability of the provisions is certain. When the contractual breach is serious enough, the creditor can claim performance in kind with additional damages.[97] If performance in kind is not possible, substitute damages will be awarded. When the contract is reciprocal—which will usually be the case, the contract can be dissolved by the judge and the creditor can also claim additional damages in case damage has occurred.[98]

General contract law provides for a variety of options which will be useful in a CSR context. However, that is only so when the parties are clear on the enforceability of the obligations they agreed upon, or when a judge has decided in favour of their enforceability. The clauses reinforcing such obligations will only be inserted by the parties when they already agree upon the enforceability of the CSR obligations, which is up to now definitely not always the case. Another problem might be that when a party does not voluntarily (or because of the threat of, for instance, penalty clauses) perform the obligations, it will cost a considerable amount of money and time to get the obligations and additional clauses enforced.

2.3 *Rules Pertaining to Law of Torts*

Article 1382 Civil Code: Fault, Damage and Causal Link

According to article 1382 Civil Code, '[any] act whatever of man, which causes damage to another, obliges him by whose fault it occurred, to compensate it.'[99] Article 1383 Civil Code provides the same for negligence causing damage. In Belgian law, a person incurs liability under article 1382 or article 1383 when three elements are present: a fault, damage, and a causal link between the fault and the damage. Legal persons are subject to these provisions, just as natural persons. When a representative of the legal person commits a fault, it will be imputed to the legal person.[100] A new draft of the Belgian Civil Code has been presented and may be accepted in 2019 if it makes its way through parliament. However, the proposed articles 5.146 *ff* still apply the same three elements.[101] The liability of a legal person for its representatives will, however, be characterised as vicarious liability.[102]

[97]Stijns (2005), p. 172, no. 242; Van Gerven and Van Oevelen (2015), p. 182; Van Ommeslaghe (2013a), p. 838, no. 546.

[98]Art. 1184 Belgian Civil Code; Stijns (2005), p. 192, no. 269; Van Gerven and Van Oevelen (2015), p. 195; Van Ommeslaghe (2013a), p. 894, no. 582.

[99]"Tout fait quelconque de l'homme, qui cause à autrui un dommage, oblige celui par la faute duquel il est arrivé, à le réparer."

[100]Simonart (1995), p. 451.

[101]See also Commissie tot hervorming van het aansprakelijkheidsrecht (2018), p. 39 *ff.* The proposal and the explanatory memorandum are available online in a French and Dutch version: https://justitie.belgium.be/nl/bwcc.

[102]See article 5.158 of the bill.

The first condition, *fault*, can be a wrongful act or a wrongful omission and consists in the violation of a statutory rule or the violation of a duty of care, whether intentional or not.[103] When a person does not act as a reasonably forward-looking and careful person, as a *bonus pater familias*, he/she has infringed the general duty of care. Overall, a fault is easily accepted and a *culpa levissima* suffices to engage the liability of the person committing the fault.[104] It will be interesting to see in future Belgian case law whether that demanding duty of care is equally upheld for companies in a CSR context.

Another relevant element is the ease with which a contractual breach is equated with a fault in case the contractual breach causes damage to a third party. While according to Belgian scholarship and the Belgian Court of Cassation (our Supreme Court in ordinary), a fault must be separately proven, case-law of lower courts shows that no separate proof of a fault is required when a contractual breach has been proven.[105] When a company in this way has accepted certain (enforceable) CSR obligations in a contract, a breach of such a contract can serve as a basis for a third party to prove a fault of the company. In such a case, a third party would not need a contractual provision in favour of a third party in order to be able to rely on the contract.

If the damage is caused by a subsidiary, it will not be easy to prove that the mother company has committed a fault as well.[106] If a mother company has made a CSR statement however, the mother company set the standard for the duty of care higher for itself. In that case, it will be accepted more easily that the mother company is liable for its subsidiary's acts or negligence.[107] Apart from this hypothesis, it can be argued that the mother's omission to intervene is a fault. When the mother company knew about the unacceptable acts of its subsidiary and looked the other way, a judge will be right to decide that the mother company is liable because it did not use its ability to control to end the unacceptable practices.[108] One might even go further and argue that even if the mother company did not know about the unacceptable acts, it is liable for omission because it did not follow its subsidiary up closely enough. The latter two applications of the fault in a company group context come down to liability as *de facto* director (*dirigeant de fait*).[109] The mother company might have assumed the management of its subsidiary and will be liable for faults it commits in its

---

[103]Van Gerven and Van Oevelen (2015), p. 368; Van Ommeslaghe (2013b), pp. 1219–1220, no. 830.

[104]Van Ommeslaghe (2013b), p. 1225, no. 834.

[105]Demeyere (2015a), p. 35, no. 79.

[106]See also Demeyere (2015b), p. 393.

[107]Queinnec and Caillet (2010), p. 654.

[108]See also Aydogdu (2016a), p. 698, no. 56; Thomas (2013), no. 13.

[109]Gallez (2013), p. 163.

management.[110] When the judge decides whether something amounted to a fault or not, he must however take into account the policy margin a director has.[111]

The *damage* is the loss of a patrimonial or extra-patrimonial benefit and can be material or immaterial.[112] Proving that this condition is fulfilled will, in most cases, be the easiest part of proving liability under article 1382 or 1383 Civil Code.[113]

The claimant also has to prove the *causal link* between the fault and the damage before it can recover damages. Belgian law clearly adheres to the 'equivalence doctrine'.[114] This means that there is a causal link whenever the fault has contributed to the existence of the damage. This view on the causal link as valid in current Belgian law is very permissive. With regard to the causal link, the defendant can escape or reduce liability by proving that he/she was not the only factor contributing to the creation of the damage. *Force majeure*, acts by a third party and a fault of the victim itself can all break the causal link and lead to a division of liability.[115] However, this will not really disadvantage the claimants as whenever the company is partly liable, it is liable *in solidum* to pay the whole amount of damages it owes to the claimants.[116] Only later, it can (try to) claim the determined amount back from the other persons that are liable.

Article 1384 Civil Code: Vicarious Liability for Employees

In Belgian law, a person is not only liable for his/her own acts or omissions but also for the acts and omissions by his/her appointee(s) (*préposé, aangestelde*). Article 1384, third par. Civil Code states that 'masters and employers [are liable] for the damage caused by their servants and employees in the functions for which they have been employed'.[117] An employer or any other 'appointer' is thus liable for a fault committed by his employees, or 'appointees',[118] while employees themselves will only rarely be liable.[119] Article 1384 was enacted to ensure that a victim can claim damages from a solvent person. The 'master' plays a guaranteeing role.[120] This *ratio* is definitely valid for liability in group law and it can be analysed whether a company

[110]Cornelis (1989), p. 166.

[111]Vandenbogaerde (2009), p. 131.

[112]Van Gerven and Van Oevelen (2015), pp. 453 and 459.

[113]Queinnec and Caillet (2010), p. 654.

[114]Van Gerven and Van Oevelen (2015), p. 423.

[115]Van Gerven and Van Oevelen (2015), p. 437 *ff.*

[116]Cass. be. 10 July 1952, *Pas.* 1952, I, 738, *Arr.Cass.* 1952, 650; *ibid.* 563.

[117]"Les maîtres et les commettants [sont responsables] du dommage causé par leurs domestiques et préposés dans les fonctions auxquelles ils les ont employés." This article may in the future be replaced by article 5.157 with a similar scope.

[118]The concept of 'appointee' is broader than that of 'employee', but liability for other appointees than employees is irrelevant in this context.

[119]See art. 18 Belgian Employment Contracts Act (act of 3 July 1978): the employee will only be liable for fraud, his *culpa lata*, and his not accidental *culpa levis*.

[120]See Malinvaud et al. (2014), pp. 473–474.

would not only be liable for its own employees, but might incur any vicarious liability for a daughter company as well.

A mother company will, however, generally not be liable for any fault committed by its subsidiary as the latter is not regarded as the appointee of the mother company, although some authors argue so.[121] However, a director of the subsidiary can, at the same time, be an employee of the mother company, in which case the mother company can be vicariously liable for its employee. It can also be argued that the director is appointed by the mother company even if he/she is not an employee in the strict sense. In this case, it is not imaginary that a fault of the director will engage the liability of the mother company on the basis of article 1384 Civil Code.[122]

To engage the liability of the employer, three conditions have to be fulfilled. First, there has to be a bond of subordination or appointment. The employee is not only socially or economically dependent on the employer or 'appointer', but the employer has the right to give orders and instructions, although he need not exercise this right.[123] It might be so that the employee is granted considerable freedom to act and it is not even required that the employee acted in accordance with the instructions of the employer.[124] The first condition is even fulfilled when the defendant has, in the eyes of a reasonable third party, created the appearance that he/she has the right to give orders and instructions.[125] A labour contract is not required, nor need there be any wage for the employee.[126]

Second, the employee has to have committed a fault as defined in articles 1382 and 1383 Civil Code, although the liability of the employee himself must not be established.[127]

The third and final condition is that the employee has caused the damage while exercising his/her function.[128] A mother company will probably argue that the person that caused the damage only exercised his function in the subsidiary and not the function he/she has for the mother company. However, the last condition is interpreted particularly broad and it is enough that the damage would not be present in such a way if the subordinate had never been employed.[129] Once these three conditions are fulfilled, the employer has no defence as this provision enacts a non-rebuttable presumption of liability.[130]

---

[121] See e.g. Queinnec and Caillet (2010), pp. 652–653.

[122] De Moor III.6-37 and III.6-44.

[123] Cass. be. 27 February 1970, *Pas*. 1970, I, 565; Ronse and Lievens (1986), p. 162.

[124] Cass. be. 3 January 2002, no. C.99.0035.N, *AJT* 2001-02, 768, note I. Boone.

[125] Van Gerven and Van Oevelen (2015), p. 395.

[126] Ronse and Lievens (1986), p. 163.

[127] Van Gerven and Van Oevelen (2015), p. 397.

[128] Van Gerven and Van Oevelen (2015), p. 398.

[129] See, for instance, Cass. be. 7 February 1969, *RW* 1968–1969, 1545. An employer is, for instance, even liable when his employee causes a traffic accident while driving a company car without a driver's licence after his working hours. See Cass. be. 2 October 1984, *Arr.Cass.* 1984–1985, 181.

[130] Van Gerven and Van Oevelen (2015), p. 394.

2.4 Do CSR Rules Fall Under Public Policy or Are They Characterised as Mandatory Rules?

CSR is in Belgian law mainly based on voluntariness, so by lack of imperative rules, the question of their mandatory or public policy nature does not even arise. To date, the most compelling element of CSR regulations will be the image of the company towards its clients and producers,[131] and not so much the Belgian law. The border between public policy rules and mandatory rules is in Belgian law, moreover, very thin and specific case law is often required to be certain of the nature of a certain rule. We will therefore only address in general terms the nature of the rules we discussed above.

Company law mostly consists of mandatory rules as most rules are designed to protect a specific category, namely the company, the shareholders and/or the (contractual) creditors of the company. Barely any CSR related rules can be found in Belgian company law so its exact characterisation is of little importance here.

Most of contract law consists of permissive law and this also shows from all the potential provisions, deviating from general contract law, we described. Once such a provision is inserted into a contract, the rule is that *pacta sunt servanda* (art. 1134, first par. Civil Code) and a deviation is only possible with the consent of all contracting parties. In case of a provision in favour of a third party however, the provision can no longer be revoked by the contracting parties once the third party has accepted the provision.

Tort law is designed as rules applicable to non-contracting parties, so there will normally be no contractual deviation from any rule before the occurrence of the tort. Once the tortious liability of a party is engaged, the debtor and creditor can agree upon any kind of settlement.

3 Alternative Methods of Dispute Resolution

3.1 Does Your Country Allow Disputed Concerning CSR to Be Submitted to (More Than One Answer Is Possible)

Arbitration	Yes
Mediation	Yes
Conciliation	Not clear
An OECD National Contact Point	Yes

[131] See elaborately Mullerat (2010), p. 103 *ff*.

3.2 *Please Explain the Above Answers*

In Belgian law, there are no specific rules for disputes concerning CSR so all mechanisms existing for regular cases are available for CSR cases as well. This includes arbitration and mediation if the parties have agreed to submit their dispute to a certain instance. The legislator has worked out a legal framework for arbitration (art. 1676–1723 Belgian Judicial Code) and for mediation, which can be voluntary or judicial (art. 1724–1737 Judicial Code). Conciliation is, however, not a usual or available ADR mechanism in Belgian law.

The OECD National Contact Point only has the power to negotiate in specific issues, not to impose a final decision (*cf. supra* Membership of the OECD and National Contact Point). The press releases it makes, may nevertheless have a very convincing influence upon the parties to adapt their behavior in line with the advice and the outcome of the negotiations.

4 Jurisdiction

Private international law is in Belgium for a large part regulated by EU Regulations, which fall outside the scope of the current contribution: we review them summarily only. For each question concerning a private international law issue (jurisdiction, applicable law and recognition and enforcement of judgments), we will provide the answer for EU law according to the Regulations, and for Belgian national law according to the Belgian Act on Private International Law. For both we will focus on jurisdiction rules that might be relevant in CSR cases and leave out an analysis of the other rules. The jurisdiction issue is not only a practical issue having important consequences for factors such as the applied procedure and the costs, but also influences the content and possibly outcome of the case. The *lex fori* is namely applied in order to decide on characterisation issues and to determine the applicable law,[132] other of course than where EU law harmonises. The jurisdiction questions relating to CSR cases are of major importance to overcome the 'governance gap' or 'regulatory vacuum' in which many multinational enterprises manage to operate by setting up subsidiaries.[133]

[132]Vandekerckhove (2007), p. 566. However, the *lex causae,* i.e. the law that will be applied to the case itself, can be applied in order to ensure a reasonable result. See e.g. Schwebel v. Ungar, [1964] 48 DLR (2d) 644.

[133]See elaborately Aydogdu (2016a), p. 698, no. 54.

4.1 Where the Dispute Must Be Submitted to a Court in Your Country, Which Court Has Jurisdiction?

Under the Brussels I Recast Regulation[134]

Article 1 of the Brussels I Recast determines its scope. The Regulation applies "in civil and commercial matters whatever the nature of the court or tribunal." Several matters are excluded from the scope of the Regulation, such as bankruptcy.[135] In such a case, the Insolvency Regulation (recast) would have to be applied.[136] The Brussels I Recast Regulation is moreover applicable *ratione personae* when a defendant is domiciled in a member state or when valid choice of court has been made in accordance with article 25.[137] A CSR case will usually be characterised as a 'civil or commercial matter' and most jurisdiction issues will thus be dealt with according to the Brussels I Recast as soon as a defendant is domiciled within a member state of the European Union.

In most cases, the (mother) company will be domiciled within the EU, triggering the applicability of the Brussels I Recast. Article 4 of the Brussels I Recast determines the general jurisdiction over a defendant who is domiciled in an EU member state, independent from the location of the activities to which the action relates.[138] The nationality of the defendant and the nationality and domicile of the plaintiff are irrelevant.[139] The domicile of the defendant, who will be a legal person, is to be determined according to article 63, which contains three alternative concepts of domicile. First, the courts of the country where a company has its statutory seat are competent. The statutory seat can be found in the articles of association and in the public registers. The second paragraph of article 63 defines the statutory seat for the UK as the registered office, the place of incorporation or the place under the law of which the formation took place. The second possible domicile is the central administration. This is the real seat, *i.e.* the management and control centre, and depends on factual circumstances.[140] Third, the principal place of business can also grant jurisdiction. This is the place where the business activities are located, again depending on factual circumstances.[141] All three concepts are equal and are meant

[134]Regulation (EU) No 1215/2012 of 12 December 2012 on jurisdiction and the recognition and enforcement of judgments in civil and commercial matters, *OJ* L351, 20/12/2012 (hereafter Brussels I Recast).

[135]Art. 1, limb 2 Brussels I Recast.

[136]Regulation (EU) No 2015/848 of 20 May 2015 on insolvency proceedings, OJ L141, 05/06/2015.

[137]van Calster (2016), p. 60. The Regulation is also applicable when a court of a member state has exclusive jurisdiction as determined in article 24.

[138]van Calster (2016), p. 129.

[139]van Calster (2016), p. 60.

[140]Magnus and Mankowski (2016), p. 995, no. 5.

[141]Magnus and Mankowski (2016), no. 6.

to avoid negative conflicts of jurisdiction.[142] This creates an interesting possibility for forum shopping. Usually all three criteria will point to the same country, but this is not necessarily so. In the Dutch Shell case for instance, the Dutch courts had jurisdiction because the company had its principal place of business in the Netherlands, despite its British registered office.[143]

In summary, it is easy to introduce a CSR case before courts within the EU, so also before the Belgian courts,[144] if the company concerned is domiciled in the EU.

While article 4 already ensures that a court within the EU has jurisdiction, we will study article 7 in as far as it provides for additional possibilities. Article 7 provides for specific jurisdiction and is applicable at the same time with article 4.[145]

Article 7(1) determines jurisdiction in 'matters relating to a contract.' The claimants, or one of them, might have a contract with the company, e.g. in case of employment. The place of performance of the obligation provides for an extra possibility to establish jurisdiction, next to the domicile of the defendant of article 4. The existence of a contract can also be relevant for the determination of the applicable law (see below Applicable law).

Article 7(2) determines jurisdiction in tort cases and states that the courts of the country where the harmful event occurred, have jurisdiction. The CJEU clarified in the *Bier* judgment that the country were the harmful event occurred can be both the *locus delicti commissi*, the place of the event giving rise to the damage, and the *locus damni*, the place where the damage has occurred.[146] Especially the place of the event giving rise to the damage will be an interesting ground for jurisdiction as this can be the country where the company is domiciled, although this does not bring us any further than the general jurisdiction under article 4.[147] In the case that the damage did occur in the EU, important restrictions apply to the jurisdiction of the place where the damage occurred. First, only the place where the *direct* damage occurred is relevant.[148] Second, if the jurisdiction is based on the place where the damage occurred, the court concerned can only rule on the damage that occurred in that country and not on damage that occurred abroad.[149]

Article 7(5) aims at the situation in which a dispute arises out of a branch, agency or establishment.[150] This possibility will only be relevant when the branch, agency or establishment is actually situated within the EU because the Brussels I Recast cannot impose jurisdiction on countries outside of the EU. The requirement that the

[142]Magnus and Mankowski (2016), p. 994, no. 3; van Calster (2016), p. 63.

[143]Rechtbank's-Gravenhage 24 February 2013, *Akpan and Vereniging Milieudefensie v. Royal Dutch Shell Plc and Shell Petroleum Development Company of Nigeria Ltd*, no. 3.1.

[144]Van Calster (2014), p. 129.

[145]van Calster (2016), p. 136.

[146]CJEU 30 November 1976, *Bier v. Mines de potasse d'Alsace*, Case C-21/76.

[147]Van Calster (2014), p. 130.

[148]CJEU (6th Chamber) 11 January 1990, *Dumez France SA*, Case C-220/88, at 20.

[149]CJEU 7 March 1995, *Fiona Shevill and Others v. Presse Alliance SA*, Case C-68/93.

[150]On article 7, limb 5, see *ibid.*, 129.

dispute *"arises out of"* a branch, agency or establishment, will also have a restrictive effect.[151]

Several categories of contracts receive special treatment under the Brussels I Recast, in order to protect one of the parties involved. Jurisdiction is regulated in a mandatory way for insurance contracts (art. 10–16), consumer contracts (art. 17–19) and employment contracts (art. 20–23).[152] Especially the provisions regarding employment contracts may be relevant in a CSR context. When proceedings are started against the employer, the options to sue that employer in a certain member state are extended. The employer may not only be sued where he is domiciled (art. 21 (1) (a)), but also, when he is domiciled within the EU:

in another Member State:

(i) in the courts for the place where or from where the employee habitually carries out his work or in the courts for the last place where he did so; or
(ii) if the employee does not or did not habitually carry out his work in any one country, in the courts for the place where the business which engaged the employee is or was situated.

Especially the second paragraph might be a means to direct a CSR case concerning employment outside the EU, to a EU court. When the employer is not domiciled in the EU, those provisions are also valid to sue the employer in a member state anyway (art. 21 (2)).

Article 25 on the prorogation of jurisdiction gives preference to the *forum* choice by contracting parties over and above the general and specific rules we described (articles 4–7), but cannot be applied to trump the provisions on employment contracts (art. 20–23). The regulation of forum clauses tries to find a balance between the formalities ensuring legal certainty and the need of swiftness in commercial practice.[153]

For the sake of completeness, we mention article 26 of the Brussels I Recast. This article prevails over articles 4 and 7 and provides for jurisdiction when the defendant appears voluntarily. This is of course very unlikely, but if the defendant appears, jurisdiction is possible in all EU member states. An appearance to contest jurisdiction is not an appearance granting that court jurisdiction, even when the defendant argues on the merits.[154] While jurisdiction could still be denied when none of the parties were domiciled within the EU under the previous version of the Regulation (art. 23 (3) Brussels I), that is no longer possible in Brussels I Recast.

It is important to involve other, related parties, such as a daughter company, in the proceedings as well. It might be that the judge decides that the mother company is

[151]Van Calster (2014), p. 130.

[152]For employment contracts see Gangsted and Van Calster (2016–2017), pp. 83–141.

[153]van Calster (2016), p. 78.

[154]CJEU 24 June 1981, *Elefanten Schuh GmbH v. Pierre Jacqmain*, Case C-150/80.

not liable, but that the subsidiary is.[155] Jurisdiction over the subsidiary can most easily be established on the basis of the connection with the claim against the mother company. If the subsidiary has its domicile outside the EU, however, one cannot rely on article 8(1) of the Brussels I Recast, which includes the 'anchor defendant' mechanism, but one must look at national law (see below). When the subsidiary is, on the contrary, domiciled within the EU, the claim against the subsidiary can according to article 8(1) be brought before the same court as the claim against the mother company "provided the claims are so closely connected that it is expedient to hear and determine them together to avoid the risk of irreconcilable judgments relating from separate proceedings."

Under the Belgian Act on Private International Law[156]

In the rare cases where the Brussels I Recast is not applicable, regard must be had to the Belgian Act on private international law (hereafter 'PIL Act'). In a commercial or civil matter specifically, the Belgian Act will apply when the defendant is not domiciled within the EU and there is no other basis for its applicability.[157] The Act also applies when the matter of the issue is not addressed by the Brussels I Recast or another EU Regulation, such as the Insolvency Regulation.[158] Given the unlikely applicability of the Belgian PIL Act, we will only briefly describe the main jurisdiction rules that can be found in it.

The general jurisdiction clause can be found in article 5 and provides that the Belgian courts have jurisdiction when the defendant has his domicile (*domicile, verblijfplaats*) or usual place of residence (*résidence habituelle, voornaamste verblijfplaats*) in Belgium.[159] In case of a legal person, the usual place of residence is understood as the principal establishment (*établissement principal, voornaamste vestiging*) (art. 4, §2, 2°). Article 5, §2 is also relevant as it states that a Belgian judge also has jurisdiction when a claim concerns the exploitation of a secondary establishment (*établissement secondaire, nevenvestiging*) in Belgium, in case the legal person does not have a domicile or principal establishment in Belgium.[160] Article 6 confirms the legitimacy of a *forum* clause in favour of Belgian courts, but contains an application of *forum non conveniens* for instances where the case has 'no meaningful link' to Belgium (art. 6, §2). The latter is, however, applied restrictively.[161] Article 11 contains a *forum necessitatis* clause and allows jurisdiction of the Belgian courts when no other provision contradicts this and the case has narrow

---

[155]E.g. Rechtbank's-Gravenhage 24 February 2013, *Akpan and Vereniging Milieudefensie v. Royal Dutch Shell Plc and Shell Petroleum Development Company of Nigeria Ltd.*

[156]Act of 16 July 2004 holding the code of private international law.

[157]Art. 6 (1) Brussels I Recast; Van Calster (2014), p. 129.

[158]Art. 2 Belgian PIL Code; Erauw (2009), p. 147, no. 74.

[159]Article 4 determines what the domicile or usual place of residence of a person is. See also Erauw (2009), p. 150, no. 79 *ff.*

[160]See Erauw (2009), p. 152, no. 81.

[161]Erauw (2009), p. 153, no. 82.

ties with Belgium, while a procedure abroad appears impossible or while it would be unreasonable to demand that the claim is introduced abroad. The Belgian PIL Act also contains a clause on connected claims, similar to article 8 of the Brussels I Recast.

Article 96 Belgian PIL Act provides extra possibilities for jurisdiction concerning contractual and tortious obligations. For contractual obligations, Belgian judges will also have jurisdiction when the obligation has arisen in Belgium, or is or should be performed in Belgium. For liability in tort, the Belgian judges will have jurisdiction when the tort has occurred (or threatens to occur) completely or partly in Belgium or if and in so far the damage has occurred (or threatens to occur) in Belgium. Employment and consumer contracts are again subject to a special regulation. Article 97, §2 adds to article 96 that the employment is performed in Belgium when the employee usually performs his work in Belgium at the moment the dispute arises. A *forum* clause will only be valid when it has been agreed upon after the dispute concerning the employment of consumer contract has arisen (art. 97, §3).

In summary, the Belgian PIL Act does not therefore offer a claimant unexpected interesting possibilities to bring a claim in a Belgian court. Except for articles 6 and 11, the Code does not create other possibilities than the Brussels I Recast.

With an Act of 1993 however, Belgium had allowed for universal jurisdiction for international crimes. The 1993 Belgian Genocide Law[162] allowed prosecution for war crimes, even when committed in an internal conflict, against both a natural person and a legal person, even *in absentia*. The latter meant that the person involved did not need to be present on Belgian territory to prosecute that person.[163] The amendments of 1999[164] broadened the scope of the Belgian Genocide Law and also included the prosecution of genocide and crimes against humanity. Article 5, §3 moreover stated that no immunity connected to an official capacity could prevent prosecution.[165] Especially since 1999, victims discovered the Act and several complaints were launched, also against heads of state in function.[166] Only very serious international crimes could be prosecuted under the Belgian Genocide Law, but in a CSR context, such crimes are not unimaginable. A complaint for instance was made against TotalFinaElf for its alleged complicity in the military junta in Burma.[167]

[162] Act of 16 June 1993 concerning the punishment of serious violations of the Geneva Conventions of 12 August 1949 and on the additional protocols of 8 June 1977, *BS* 5 August 1993, 17751.

[163] Wouters (2003–2004), p. 10.

[164] Act of 10 February 1999 concerning serious violations of international humanitarian law, *BS* 23 March 1999.

[165] See Wouters (2003–2004), p. 11.

[166] For a brief overview, see Wouters (2003–2004), p. 12.

[167] Wouters (2003–2004), p. 12.

Under international pressure,[168] the Belgian Genocide Act was repealed and some provisions of the Act, none granting universal jurisdiction, were introduced in the Belgian Criminal Code and the Code on Criminal Procedure.[169]

4.2 If Judicial Rulings Have Already Been Given in Your Country on Breaches of CSR, Please Give Summaries of Those Decisions and Provide Detailed References

The only relevant CSR procedure that was started in Belgium is the TotalFinalElf case under the Belgian Genocide Act. In April 2002, four refugees from Myanmar filed a complaint against the company for its alleged involvement in human rights violation in the course of construction and exploitation of gas pipelines.[170] The procedure was however overtaken by the legislative changes and the repeal of the Belgian Genocide Act in 2003. The Belgian *Cour de Cassation* decided in 2005 that the proceedings could not be continued and that the complaint was inadmissible since there was no more legal basis for jurisdiction of the Belgian courts.[171] The case was eventually terminated in 2008 after a couple more appeals to the Constitutional Court and the *Cour de Cassation.*[172]

Outside the framework of the repealed Belgian Genocide Act, no CSR proceedings have been started, and definitely not decided, in Belgium so far.[173]

5 Applicable Law

The law applicable to the case must be determined depending on the connecting factor present in the case, such as a contract or a tort. In CSR cases, matters can get very complicated because of a combination of several connecting factors, possibly leading to dépeçage. Dépeçage is "the application of the laws of different states to different issues in the same case."[174]

Especially in a veil piercing case, dépeçage might occur. Such a case typically involves two separate issues: first, the liability of the subsidiary on any basis,

---

[168] The USA had, for instance, threatened to block the expansion of the NATO headquarters in Brussels. See Wouters (2003–2004), p. 17.

[169] Act of 5 August 2003, *BS* 7 August 2003, 40506.

[170] See Enneking et al. (2015), p. 163.

[171] Cass. 29 June 2005, no. P.040482.F, www.juridat.be.

[172] For a more complete overview of the case, see Enneking et al. (2015), p. 164.

[173] See also the recent and elaborate research on CSR cases by ENNEKING and others: Enneking et al. (2015), p. 440.

[174] Symeonides (2011), p. 185.

e.g. contract or tort, and second, the veil piercing question.[175] In practice however, courts fall short of addressing two or more issues separately. They mostly determine the law applicable to one of the two steps and apply this law to the entire case. Even when only one law must be applied to a case, the judge will be inclined to apply the *lex fori* since this will be much easier and less costly.[176] Nevertheless, it is important to clearly determine which law(s) should actually be applied to a certain case. The applicable law will not only determine the substantive law, but also other issues, such as the damage estimation and the prescription periods.[177]

As mentioned in the questionnaire, we will assume that a Belgian court has jurisdiction. The question as to the applicable law can thus be dealt with in conformity with the relevant EU Regulations, and the Belgian PIL Act in the unlikely event that none of the Regulations would be applicable.

5.1 *What Is the Law Applicable to Rules Relating to Corporate Structure? In Other Words, How Is the* lex societatis *Determined?*

The involvement of a company in a case evidently does not automatically lead to the application of the *lex societatis*. In every case, the connecting factor(s) must be determined in order to apply the correct conflict of laws rule. In a veil piercing case, for instance, whether the veil will be pierced may conceivably be subject to *lex fori*, the *lex societatis* of the subsidiary and the *lex societatis* of the shareholder/mother company,[178] indeed to the *lex causae* applicable to the main issue: the issue is a real one but not one which is systematically or properly addressed by the courts.

As we are not concerned with an insolvency situation, the *lex concursus, i.e.* the law applicable to the insolvency proceedings, is not an option. Within this section, we will analyse what the *lex societatis* will be under Belgian law.

If the applicable law is *lex societatis*, then according to article 110 PIL Act, the applicable law is that of the principal establishment of a company, but *renvoi*[179] is possible to the law of the place of incorporation. The central administration is the

[175]See also Demeyere (2017b), no. 21.

[176]Vandekerckhove (2007), p. 611; van Calster (2016), p. 133. In a couple of veil piercing cases in Belgian law, it shows that the judges apply the *lex fori* without any explicit consideration as to the conflict of laws question. See Cass. 6 December 1996, no. C.950260.N, www.cass.be; Court of Appeal Antwerp 1 February 1994, *TRV* 1996, 64; Court of Appeal Antwerp 12 December 1995, *TRV* 1996, 62.

[177]Enneking et al. (2015), pp. 81–82.

[178]Vandekerckhove (2007), pp. 573 and 585. See also for an application to CSR cases, Demeyere (2017b), nos. 44–47.

[179]*Renvoi* relates to the question whether a reference to a certain law, includes a reference to all laws of that state, including the private international law rules of that state. In such a case the latter might refer to yet another applicable law. See van Calster (2016), p. 7.

main element for the determination of the 'principal establishment' of article 110.[180] Article 111 determines the material scope of article 110 and liability for a breach of the Belgian Company Code or a breach of the articles of association is also envisaged.

5.2 *What Is the Law Applicable to Rules Belonging to the Law Contract? (State the Main Conflict Rule—"Autonomy of Will", for Example—Then the Conflict Rules Applicable by Default)*

If the claimant has a contractual relationship with the company, e.g. an employment or lease contract, the claim can be based on the contract. In such a case, Rome I will be applicable for contracts concluded after 17 December 2009. For contracts from before this date, the Rome Convention of 1980[181] determines the applicable law. Even when a case concerning a contract does not fall within the scope of Rome I, the Belgian PIL Act refers to its general articles to determine the law applicable to the case.[182]

If the contract is not an employment contract,[183] articles 3 and 4 Rome I determine what law is applicable. When the parties have made a choice for a certain law, this law will be applied.[184] If the law is not chosen by the parties, it must be determined by the characteristic performance in accordance with Article 4(1) Rome I. When no characteristic performance can be identified according to article 4(1), the law of the place of habitual residence[185] of the debtor of the characteristic performance is to be applied. Article 4(3) is an escape clause and provides that "where it is clear from all the circumstances of the case that the contract is manifestly more closely connected with a country other than that indicated in paragraphs 1 or 2, the law of that other country shall apply.".

For employment contracts, Article 8 Rome I determines that the law chosen by the parties is in principle the applicable law. However the employee can always rely on the mandatory provisions of the law of the country where he/she habitually carries out his/her work. When the latter country is not an EU country, the employment contract is not a favourable connecting factor.

It is unclear whether Rome I allows dépeçage in the absence of a choice of law. Article 3(1) Rome I and Article 4(1) of the Rome Convention explicitly allow

---

[180] See Parliamentary documents of the Senate, Session 2001–2002, 1 July 2002, 2-12225/1, 31–32.

[181] Rome Convention 1980 on the law applicable to contractual obligations.

[182] Art. 98, §1, second limb PIL Code.

[183] It should neither be a carriage, consumer or insurance contract as articles 5, 6 and 7 respectively determine the law applicable to these cases.

[184] Article 3 (1).

[185] The habitual residence of a company is its place of central administration (art. 19 (1)).

dépeçage. It can be argued under the Rome Regulation *a contrario* that dépeçage will not be allowed if the parties to the contract did not determine the applicable law themselves.[186] However, in the case of an exclusion of dépeçage, this would not influence the determination of the applicable law for issues that have nothing to do with the contract, such as veil piercing. For the latter, the applicable law exercise would have to be redone anyway. Although this is how it should be in theory, we cannot be sure that a judge would not apply the exclusion of dépeçage in a very broad way and apply the law designated by Rome I to the whole case as this considerably eases off the conflict of laws issues.

5.3 What Is the Law Applicable to Rules Belonging to the Law of Torts? (State All the Conflict Rules in Your Country in the Order in Which the Court Would Apply Them)

The Rome II Regulation is applicable to events that occurred after 11 January 2009.[187] Before this date, residual national conflict of laws must be applied. Rome II's application, like Rome I's, is universal as the Regulation applies even when the law of a non-EU country is designated as the applicable law (Art. 3 Rome II). *Renvoi* is excluded so Rome II designates a law, excluding the conflict of laws of that law (Art. 24 Rome II). The concept 'non-contractual obligation' determines the scope of Rome II and is autonomously interpreted without reference to the national interpretation.[188] The CJEU stated in *Kalfelis* that non-contractual obligations are "all actions which seek to establish liability of a defendant and which are not related to a 'contract' within the meaning of Article 5(1) [of the Brussels Convention]."[189] Article 15 clarifies the concept to a certain extent and article 15 (g) elucidates that vicarious liability also falls within the scope of Rome II.

Article 1(2) excludes several issues from Rome II. Does Article 1(2) (d)[190] about companies exclude any of our relevant cases? Director's liability is closely related to company law and so might vicarious liability for an employee/director or subsidiary.

---

186 Magnus (2009), p. 31.

187 See articles 31 and 32.

188 Recital 11.

189 CJEU (5th Chamber) 27 September 1988, *Kalfelis*, Case C-189/87, at 18.

190 Art. 1 (2) (d): "non-contractual obligations arising out of the law of companies [...] regarding matters such as the creation [...], legal capacity, internal organisation or winding-up of companies [...], the personal liability of officers and members as such for the obligations of the company [...]".

However, as this provision is an exception, it must be interpreted strictly. Several authors agree that general director's liability falls within the scope of Rome II.[191]

Article 4 (1) determines the general rule. The law of the place where the damage occurred (*lex loci damni*) is applicable to the non-contractual obligation. The general application of the *lex loci damni* appears to be justified because it generally favours the victim, or at least does not favour the tortfeasor.[192] In many a CSR case however, this will designate the law of a third country where the state of the law might be less developed. Several exceptions exist to the general rule so it is possible albeit not easy to get around the default application of the *lex loci damni*. In specific cases, the application of the *lex loci damni* might not be detrimental to the case. In the Dutch Shell case for instance, Nigerian law was applicable, but the Dutch judges dealt with it in a light-headed way by stating that Nigeria applies common law[193] and 'hence' essentially English tort law.

Article 4(3), also known as the 'escape clause', is the first exception to the general rule, but can only rarely be applied.[194] When the tort is manifestly more closely connected with a country than the one indicated by the general rule, the law of that country is applicable. The whole tort must be closer connected to another country and not only one element of the tort.[195] When there is "only a tenuous connection with the country of damage", it can be "considered appropriate" to apply the escape clause.[196] In a CSR context however, the application of the escape clause is unlikely since the damage will usually have occurred in another country than the one where the case is tried.[197]

Article 7 on environmental damage is a more interesting solution to get away from an application of the *lex loci damni*[198] albeit evidently only in environmental cases. Article 7 gives the victim a choice between application of the *lex loci damni* and the *lex loci delicti commissi*.[199] For article 7 to apply, the consequence of the

[191]See e.g. Dickinson (2008), p. 208; van Calster (2016), pp. 159–160.

[192]Recital 16; van Calster (2016), p. 252.

[193]Rechtbank's-Gravenhage 24 February 2013, Akpan and Vereniging Milieudefensie v. Royal Dutch Shell Plc and Shell Petroleum Development Company of Nigeria Ltd, at 4.22.

[194]As emphasised by the Commission in the memorandum of the proposal. See the explanation of Article 3, paragraph 3 in Proposal for a Regulation of the European Parliament and the Council on the law applicable to non-contractual obligations, COM (2003) 427 final, 22/07/2003.

[195]van Calster (2016), p. 255.

[196]Dickinson (2008), p. 310.

[197]Van Calster (2014), p. 130.

[198]See more elaborately Demeyere (2017b), nos. 27–30.

[199]Art. 7 Rome II: "The law applicable to a non-contractual obligation arising out of environmental damage or damage sustained by persons or property as a result of such damage shall be the law determined pursuant to Article 4(1), unless the person seeking compensation for damage chooses to base his or her claim on the law of the country in which the event giving rise to the damage occurred." A definition of environmental damage can be found in recital 24 of the Regulation. The restrictions to this concept in the Environmental Liability Directive (ELD) are not present in Rome II, but nuclear damage is excluded from Rome II. See art. 1 (2) f Rome II; Directive 2004/35/CE of

event giving rise to damage must be analysed as environmental, not the event giving rise to damage itself.[200] The broad definition of the concept 'environmental damage' entails that this favourable rule might apply in several CSR cases. It would, for instance, have been applicable in the Shell case concerning damage due to oil leakages,[201] had Rome II applied to the facts at issue.

The considerations of the European Commission support a broad application of this provision: "[...] the point is [...] also to establish a legislative policy that contributes to raising the general level of environmental protection, especially as the author of the environmental damage, unlike other torts or delicts, generally derives an economic benefit from this harmful activity."[202] Once a choice on the basis of article 7 is made,[203] that law must apply for all purposes. Dépeçage is not allowed.[204] The claimant can opt for the application of the *lex loci delicti commissi*, but what laws can be designated as such? Dickinson defines the event giving rise to damage as "the event for which the defendant is responsible, whether or not it consists of his own act or omission."[205] It is acknowledged that several material events or causes can give rise to the damage. Several *loci delicti commissi* are thus possible. Otero argues that the best choice would be for the law of the place where the most substantial event occurred.[206] The burden of proof required to show that the substantial event occurred in the *forum* and not abroad, will, however, not be easy to overcome.[207] There is no clear rule about this, so it is not forbidden to pick a country where only part of the event has occurred. It is not clear according to which law the *lex loci delicti commissi* should be determined. The *lex fori* could be decisive, but if it is an autonomous concept, one must look at EU law to determine its meaning.[208]

---

the European Parliament and of the Council of 21 April 2004 on environmental liability with regard to the prevention and remedying of environmental damage.

[200]Dickinson (2008), p. 437.

[201]See Rechtbank's-Gravenhage 24 February 2013, Akpan and Vereniging Milieudefensie v. Royal Dutch Shell Plc and Shell Petroleum Development Company of Nigeria Ltd.

[202]Explanatory Memorandum in Proposal of the European Commission COM (2003) 427 final, 19.

[203]Recital 25 specifies that the choice must be made "in accordance with the law of the Member State in which the court is seised."

[204]Dickinson (2008), p. 440.

[205]Dickinson (2008), p. 439.

[206]Otero Garcia-Castrillon (2011), p. 570.

[207]Van Calster (2014), p. 131.

[208]If EU law is to determine the event giving rise to the damage, it can be argued that a decision taken in the headquarters of a company is eligible as the event giving rise to the damage. This wide notion of *locus delicti commissi* is in conformity with the ratio for article 7 envisaged by the Commission. Article 7 should prevent companies from damaging the environment where there is the least protection. See Proposal of the European Commission COM (2003) 427 final, 19–20.

Belgian law gives very little guidance on whether the *lex loci delicti commissi* should be the place of the actual behaviour or omission causing damage, or the place where the decision for this behaviour or omission was taken (*cf. infra*). (Baxi gives an overview of the possible interpretations of the *locus delicti commissi*. See Baxi (1999), no. 276.)

Article 11 on undue authority seems an interesting provision in order to hold a mother company liable. However, article 11 only covers claims in the relationship between the principal and the person who acts without due authority.[209] It is therefore not relevant as exception to the general rule in article 4 (1).

Article 17 enables the application of the rules of safety and conduct of the place and time of the event giving rise to the liability. The concept 'rules of safety and conduct' refers to "all regulations having any relation to safety and conduct."[210] This broad interpretation includes rules based on case law and possibly even customs and business practices.[211] However, this law is not really applied to the case, but shall be taken into account in assessing the conduct of the person claimed to be liable. According to the Commission, the competent court "must take account of another law as a point of fact, for example when assessing the seriousness of the fault or the author's good or bad faith for the purposes of the measure of damages."[212] The courts have a wide margin of appreciation to decide whether, for what purpose and to what extent they take account of the national rules of safety and conduct.[213] Thanks to this provision, the duty of care owed by a mother company can, for a great part, be determined on the basis of the *lex loci delicti commissi,* even when this law is not the designated law.[214]

When Rome II is not applicable, Belgian law designates, first, the law of the country where the tortfeasor and the victim have their place of residence.[215] If they do not normally reside in the same country, the *lex loci delicti commissi* is the law applicable to the tort case.[216]

However, very few have wondered what law this is in the case of a more complex situation than a skiing accident. In the case of vicarious liability, Claeys and Erauw state that Belgian law considers the place of the employee/subsidiary as the place where the event giving rise to the damage occurred, and not the country of the employer/mother company.[217] This view will be detrimental to the case, but Belgian law generally accepts any place where a part of the event giving rise to the damage occurred, as a *locus delicti commissi.*[218]

[209]Dickinson (2008), pp. 512–513.

[210]Recital 34.

[211]Dickinson (2008), p. 640.

[212]Amended proposal for a European Parliament and Council Regulation on the law applicable to non-contractual obligations, COM (2006) 83 final, 21/02/2006, 25.

[213]Dickinson (2008), p. 640.

[214]See however Van Calster (2014), p. 131, stating that "the additional 'rules on safety and conduct' of Article 17 arguably have less of a calling for environmental litigation than may be prima facie assumed."

[215]Art. 99, §1, 1° Belgian PIL Code.

[216]Art. 99, §1, 2° Belgian PIL Code; Claeys (1998), pp. 1524–1528.

[217]Claeys and Erauw (1993), p. 633; Erauw (1982), p. 159.

[218]Claeys and Erauw (1993), p. 649.

5.4 Does Your Country's Case Law Allow Verification of Whether the Applicable Law Is in Conformity with the Rules of International Human Rights Law, the ILO Conventions, or Other Mandatory Rules of International Law? Please Explain

The question whether Belgian law allows to apply international human rights, ILO Conventions and other mandatory rules of international law over and above a foreign law that should be applied to a case before the Belgian courts, actually comes down to the question whether a public policy exception will be accepted by the courts. The applicability of specific protective rules, such as for employment contracts and rules of safety and conduct, has already been discussed above.

Whenever the designated law is not the *lex fori*, the public policy exception can be invoked to apply the *lex fori* anyway. When the result of the application of the foreign law is contrary to the public order of the country in which the case is tried, the *lex fori* can be applied instead of the foreign law to that particular part of the case.[219] If the application of foreign law would, for instance, lead to the recognition of bigamy, this foreign law can be displaced by the *lex fori*. Rome I and Rome II both contain the public policy exception. So, whenever one of these Regulations designates the applicable law, the parties can avoid this application by calling on the public policy exception. However, it can only be applied in exceptional circumstances.[220]

There is no European definition of 'public policy', but "the limits of that concept are a matter of interpretation of the Convention."[221] When the national conflict of laws designate the applicable law, the public policy exception can also be applied. Article 21 of the Belgian PIL Act states that the foreign law should not be applied when it leads to a result that is manifestly contrary to public policy.[222]

While the public policy exception is only rarely accepted, the importance of it should not be underestimated in a CSR context. As the liability of a company for human rights violations, by the company itself or by its (foreign) subsidiary is increasingly the subject of international and supranational regulation, it can be argued that it is an element of the public order of a civilised country to hold a company accountable for such violations.

Another potential application of this exception is found in piercing the corporate veil. Ehrenzweig argues that only the *lex fori* can decide upon the veil piercing issue because it involves principles of justice or 'moral data'. The *Bundesgerichtshof* has

---

[219] Audit and d'Avout (2010), pp. 275 and 284.

[220] Recital 37 Rome I and recital 32 Rome II; CJEU 28 March 2000, *Krombach v. Bamberski*, Case C-7/98.

[221] CJEU 28 March 2000, *Krombach v. Bamberski*, Case C-7/98, at 22.

[222] See also Cass. 4 May 1950, *Pas.* 1950, I, 624; Cass. 27 February 1986, *RCJB*1989, 56.

however not accepted this reasoning,[223] which is an indication for the likely non-acceptance of this argument by the Belgian courts.

Whatever law is to be applied, Rome I and Rome II allow the application of 'overriding mandatory provisions' of the *forum* in Article 9 and 16 respectively. Article 9 (1) Rome I defines 'overriding mandatory provisions' as "provisions the respect for which is regarded as crucial by a country for safeguarding its public interests, such as its political, social or economic organisation." This definition is valid for the application of Article 16 Rome II as well.[224] It is for the national court to determine whether a rule is a 'mandatory rule' and the court must take account not only of the exact terms of that law, but also of its general structure and of all the circumstances in which that law was adopted in order to determine whether it is mandatory in nature in so far as it appears that the legislature adopted it in order to protect an interest judged to be essential by the Member State concerned.[225]

When Belgian law is the *lex fori*, the foreign law will not be applied when it infringes national mandatory law (*lois de police, loi d'application immédiate*).[226]

5.5 Does Your Country's Case Law Allow the Application of Ethical Rules Instead of, or as a Complement to, the Applicable Law? Please Explain

We do not see any specific calling for ethical rules in this context, other than potentially by an application of ordre public: see above.

6 Recognition and Enforcement of Judgments

6.1 Describe the Rules Applicable in Your Country to the Recognition and Enforcement of Foreign Judgments

The Brussels I Recast Regulation not only deals with jurisdiction, but also with recognition and enforcement of judgments that fall within its scope. The wide scope of the Regulation has already been described above (see above Jurisdiction). When a judgment has been given by a court of an EU country and concerns a (non-excluded)

---

[223]BGH 5 November 1980, *BGHZ* 78, 318, *NJW* 1981, 522, *ZIP* 1981, 31, *MDR* 1981, 314; Dambre (1989), p. 252.

[224]Dickinson (2008), p. 634.

[225]CJEU (3rd Chamber) 17 October 2013, *Unamar*, Case C-184/12, at 50.

[226]Art. 20 PIL Code; see e.g. Cass. 5 April 2012, C.11.0430.N, www.cass.be.

civil or commercial matter, the Brussels I Recast (articles 36–60) is applicable to the recognition and enforcement of the judgment in case it is to be executed in another EU country, e.g. Belgium, than that of the court that has decided upon the case. It plays no role whether the jurisdiction of the latter court had been established by the Brussels I Recast or any other instrument, such as national private international law.[227]

This Title of the Regulation is very liberal and ensures the 'freedom of judgments' within the EU.[228] No special procedure is required for the recognition of a judgment and there is a presumption in favour of recognition. No *exequatur* is needed to enforce a judgment since article 39 states that "[a] judgment given in a Member State which is enforceable in that Member State shall be enforceable in the other Member States without any declaration of enforceability being required." The Regulation mainly addresses some formalities regarding the enforcement, but contrary to the recognition, a procedure, albeit simplified, is always required for the enforcement of a judgment under the Brussels I Recast.[229] The grounds for refusing recognition (art. 36 (2)) and enforcement (art. 46) are exhaustively listed in Article 45. One of these grounds is the public policy exception, which can only be applied when "recognition or enforcement of the judgment delivered in another Contracting State would be at variance to an unacceptable degree with the legal order of the State in which enforcement is sought inasmuch as it infringes a fundamental principle."[230] The recognition and enforcement within the EU are not likely to present any problems as it has become *"near-automatic."*[231]

When the recognition and enforcement of a judgment does not fall within the scope of the Brussels I Recast or another EU Regulation, regard must be had to the Belgian PIL Act, articles 22 to 31 of which are concerned with recognition and enforcement of foreign judgments (and official deeds).[232] Article 23 states the procedure for the enforcement of the judgment, but no such procedure is required for its recognition (art. 22, §1, second limb).[233] For both recognition and enforcement, the production of certain documents is required according to article 24. The judgment must moreover first be authenticated (art. 30). The grounds for refusing recognition or enforcement are summed up in article 25 and are more elaborate than under the Brussels I Recast Regulation.

[227]van Calster (2016), p. 190.

[228]van Calster (2016), p. 188.

[229]van Calster (2016), p. 200.

[230]CJEU (5th Chamber) 11 May 2000, Case C-38/98, at 30.

[231]van Calster (2016), p. 188.

[232]Article 115 is relevant for a judgment regarding the validity, function, dissolution or liquidation of a company.

[233]Erauw (2009), p. 278, no. 204. Recognition normally happens as of right without a procedure, but is also possible through a separate claim (art. 22, §2).

6.2 *If a Judgment Given Abroad Holds a Company Liable for Breach of the Rules of CSR, Is Your Country Likely to Recognise and/or Enforce That Judgment? Please Explain*

The recognition and enforcement of CSR judgments will be subject to the regular procedure of recognition and enforcement of the Brussels I Recast or the Belgian PIL Act. Unless procedural shortcomings are found in the proceedings before the foreign court, there does not seem to be a reason to deny the recognition or enforcement. The grounds for refusal in article 45 Brussels I Recast or article 25 PIL Act provide the only means to prevent the recognition or enforcement.

A refusal ground present in both the Brussels I Recast Regulation and the Belgian PIL Act is public policy. A judgment holding a company liable in a CSR context can normally not be argued to go manifestly against public policy and we even argued above that it might actually be an element of public policy to hold a company liable for serious human rights violations (see above Public policy exception: applicable law vs. international human rights, ILO Conventions, etcetera?). One element that may go against public policy in a case establishing liability for a breach of CSR rules, might be when the corporate veil has been pierced without any decent argumentation as to why such piercing is allowed. The separate legal personality of a company is a key stone in Belgian law, and as shows from the brief overview above, veil piercing is only allowed in very limited cases. A foreign judgment (too) easily accepting the liability of a mother company for its subsidiary might thus give rise to problems when it must be recognised or enforced in Belgium. The foreign judgment as such can, however, never be reviewed on the merits.[234]

Conversely, one can see a possibility for refusal of recognition and/or enforcement in the event a company wishes to enforce a CSR judgment against an individual or an NGO, e.g. one on costs or damages (such as were a foreign court to uphold disproportionate libel damages in a CSR context).

Other grounds to refuse the recognition or enforcement of a judgment are mostly procedural, such as the existence of a prior judgment (*res iudicata*) or a pending case, and have no special relevance for CSR cases. This also goes for the rights of defense, mentioned in general in the Belgian PIL Act, while only some elements are mentioned in article 25 Brussels I Recast. The protection of employees (if they were the defendant in legal proceedings) against the recognition and enforcement of judgments not in line with Section 5 of the Brussels I Recast, will normally not be triggered by a judgment finding a CSR liability, so this is not relevant either.

[234] Erauw (2009), p. 286.

6.3 *Same Question as in 6.2, but the Rule Applied Is One of Soft Law or Ethics. Is Your Country Likely to Block Recognition or Enforcement of Such a Judgment? Please Explain*

Even when soft law or ethical rules lead to liability of a company for a breach of the CSR rules, there seems to be no tool to prevent the recognition or enforcement of that judgment, other than those already described above.

References

Audit B, d'Avout L (2010) Droit international privé. Economica, Paris

Aydogdu R (2016a) La *Corporate Social Responsibility*, le droit par-delà le marché et l'Etat (partie 1). RPS:669–704

Aydogdu R (2016b) La *Corporate Social Responsibility*, le droit par-delà le marché et l'Etat (partie 2). RPS:868–908

Baxi U (1999) Mass torts, multinational enterprise liability and private international law. Receuil des Cours 276:297–426

Bijlmakers S, Van Calster G (2015) You'd be surprised how much it costs to look this cheap! A case study of ISO 26000 on social responsibility. In: Delimatsis P (ed) The law, economics and politics of international standardisation. Cambridge University Press, Cambridge, pp 275–310

Braeckmans H (1978–1979) Toerekening van het vennootschapsfaillissement aan de achterman of de uitbreiding van het faillissement tot de meester van de zaak. RW

Brüls CM (2004) Quelques réflexions juridiques et économiques sur la théorie de la levée du voile social. RPS

Busch D (2002) Middellijke vertegenwoordiging in het Europese contractenrecht. Kluwer, Deventer

Caucheteux L, Roegiers M (2015) La responsabilité sociétale des entreprises (RSE) au regard des pratiques commerciales. RDC:654–665

Cauffman C (2005) De vertrouwensleer. In: Bijzondere overeenkomsten. Artikelsgewijze commentaar met overzicht van rechtspraak en rechtsleer. Kluwer, Antwerp

Claeys M (1998) Overzicht van rechtspraak - Internationaal privaatrecht en nationaliteitsrecht. TPR

Claeys M, Erauw J (1993) Overzicht van rechtspraak - Internationaal privaatrecht en nationaliteitsrecht 1985-1992. TPR

Cornelis L (1989) De aansprakelijkheid van bestuurders van vennootschappen in groepsverband. In: Biron H, Dauw C (eds) Aspecten van de ondernemingsgroepen. Kluwer Rechtswetenschappen, Antwerp

Dambre M (1989) De bescherming van de schuldeisers van een dochtervennootschap in het internationaal privaatrecht. In: Biron H, Dauw C (eds) Aspecten van de ondernemingsgroepen. Kluwer, Antwerp

De Boeck A (2011) Rechtsmisbruik. In: Bijzondere Overeenkomsten. Artikelsgewijze commentaar met overzicht van rechtspraak en rechtsleer. Kluwer, Antwerp

De Moor B Aansprakelijkheid van bestuurders van groepsverbonden vennootschappen. In: Ernst P, François A, Van Oevelen A, Van Passel M (eds) Bestendig handboek venootschap en aansprakelijkheid. Kluwer, Mechelen

De Schutter O (2008) Corporate social responsibility European style. Eur Law J 14:203–226

Demeyere S (2015a) Aansprakelijkheid van een contractant jegens derden. Instituut voor Verbintenissenrecht KU Leuven. die Keure, Bruges

Demeyere S (2015b) Liability of a mother company for its subsidiary in French, Belgian, and English law. Eur Rev Priv Law:385–413
Demeyere S (2017a) Affirmative land burdens in German, Dutch and Belgian law: possibilities, restrictions and workarounds. EPLJ 6:196–235
Demeyere S (2017b) Private international law as a CSR tool. In: Heiderhoff B, Queirolo I (eds) Current legal challenges in European private and institutional integration. Aracne editrice, Rome, pp 105–140
Dickinson A (2008) The Rome II Regulation. Oxford University Press, Oxford
Enneking L et al (2015) Zorgplichten van Nederlandse Ondernemingen inzake Internationaal Maatschappelijk Verantwoord Ondernemen. Utrecht
Erauw J (1982) De onrechtmatige daad in het internationaal privaatrecht. Kluwer, Antwerp
Erauw J (2009) Internationaal privaatrecht. Beginselen van Belgisch privaatrecht, vol XVII. Wolters Kluwer, Mechelen
Gallez Z (2013) La responsabilité de la société mère pour sa filiale: réflexions sur la levée du voile social. In: Brüls C (ed) Les multinationals - Statut et réglementations. Larcier, Brussels
Gangsted J, Van Calster G (2016–2017) Protected parties in European and American conflict of laws: a comparative analysis of individual employment contracts. Eur Yearb Priv Int Law XVIII:83–141
Geens K (2016) De sprong naar het recht voor morgen
Geens K, Wyckaert M (2011) Verenigingen en vennootschappen, II De venootschap, A. Algemeen deel. Beginselen van het Belgisch Privaatrecht. Kluwer, Mechelen
Geens K, Denef M, Tas R, Hellemans F, Vananroye J (2000) Overzicht van rechtspraak vennootschappen (1992-1998). TPR:99–538
Interdepartementale commissie voor duurzame ontwikkeling (2017) Nationaal Actieplan "Ondernemingen en Mensenrechten"
Lenaerts A (2013–2014) Fraus omnia corrumpit: autonome rechtsfiguur of miskend correctiemechanisme? RW:362–380
Lenaerts A (2014) Le principe général du fraus omnia corrumpit: une analyse de sa portée et de sa fonction en droit privé belge. RGDC:98–115
Magnus U (2009) Article 4 Rome I Regulation: the applicable law in the absence of choice. In: Ferrari F, Leible S (eds) Rome I Regulation. Sellier European Law Publishers, Munich
Magnus U, Mankowski P (2016) Brussels Ibis Regulation. ECPIL. Otto Schmidt, Cologne
Malinvaud P, Fenouillet D, Mekki M (2014) Droit des obligations, 13th edn. LexisNexis, Paris
Mullerat R (2010) International corporate social responsibility. Kluwer Law International, Alphen aan den Rijn
Otero Garcia-Castrillon C (2011) International litigation trends in environmental liability: a European Union - United States comparative perspective. J Priv Int Law
Queinnec Y, Caillet MC (2010) Quels outils juridiques pour une régulation efficace des activités des sociétés transnationales? In: Daugareilh I (ed) Responsabilité sociale de l'entreprise transnationale et globalisation de l'économie. Bruylant, Brussels
Ronse J, Lievens J (1986) De doorbraakproblematiek. In: Biron H, Dauw C (eds) Rechten en plichten van moeder- en dochtervennootschappen. Kluwer, Mechelen
Ronse J, Nelissen-Grade JM, van Hulle K, Lievens J, Laga H (1986) Overzicht van rechtspraak - Vennootschappen 1978-1985. TPR
Sagaert V (2014) Goederenrecht. Beginselen van Belgisch Privaatrecht. Kluwer, Mechelen
Samoy I (2005) Middellijke vertegenwoordiging: vertegenwoordiging herbekeken vanuit het optreden in eigen naam voor andermans rekening. Intersentia, Antwerp
Schoonbrood-Wessels AP (1993) Aansprakelijkheid in concernverhoudingen naar Frans recht. In: Houwen LGHJ, Schoonbrood-Wessels AP, Schreurs JAW (eds) Aansprakelijkheid in concernverhoudingen. Kluwer, Deventer
Simonart V (1995) La personnalité morale en droit privé comparé. Bruylant, Brussels

Simonart V (2016) L'incidence des développpements en matière de gouvernance d'entreprise et de responsabilité sociétale des entreprises sur le principe de la primauté de l'actionnaire en droit belge. In: Prüm A (ed) Cent ans de droit luxembourgeois des sociétés. Larcier, Brussels, pp 315–321
Stijns S (2005) Verbintenissenrecht. 1: de bronnen van verbintenissen. Die Keure, Bruges
Stijns S (2009) Verbintenissenrecht. 2: de algemene leer van de verbintenis. Die Keure, Bruges
Symeonides SC (2011) Rome II and tort conflicts: a missed opportunity. Am J Comp Law
Thomas V (2013) La responsabilité de la société mère pour faute dans l'exercice du pouvoir de contrôle de la filiale. Rev Proc Coll
Van Calster G (2014) The role of private international law in corporate social responsibility. Erasmus Law Rev:125–133
Van Calster G (2016) European private international law, 2nd edn. Hart, Oxford
Van Calster G (2018) Environmental law in the private international law context. In: Viñuales J, Lees E (eds) Comparative environmental law. CUP, Cambridge
van der Heijden MJ (2011) 'Supplier codes of conduct' en mensenrechten in een keten van contracten. Over enige vermogensrechtelijke implicaties van gedragscodes met betrekking tot mensenrechten en milieu in contractuele relaties. Contracteren:3–11
Van Gerven W, Van Oevelen A (2015) Verbintenissenrecht. Acco, Leuven
Van Ommeslaghe P (2013a) Traité de droit civil belge. II. Les obligations, vol 1. Bruylant, Brussels
Van Ommeslaghe P (2013b) Traité de droit civil belge. II. Les obligations, vol 2. Bruylant, Brussels
Vandekerckhove K (2007) Piercing the corporate veil. Kluwer Law International, Alphen aan den Rijn
Vandenbogaerde M (2009) Aansprakelijkheid van vennootschapsbestuurders. Intersentia, Antwerp
Wéry P (2011) Droit des obligations. 1: Théorie générale du contrat. 2e éd. Larcier, Brussels
Wéry P (2016) Droit des obligations - Vol. 2: Les sources des obligations extracontractuelles. Le régime général des obligations. Larcier, Brussels
Wouters J (2003–2004) Tien jaar experimenteren met internationaal recht: van de Wet van 16 juni 1993 tot de Wet van 5 augustus 2003. Jura Falc:5–20

Brazil

Marilda Rosado de Sá Ribeiro

Abstract The Corporate Social Responsibility (CSR) in Brazil is foreseen in soft laws and it is still applied on a voluntary basis. Brazilian companies are beginning the process of improving compliance sectors. Although Brazil is still improving its systems of Corporate Social Responsibility, there is a strong business trend towards the creation of compliance sectors and the structuring of sectors involving environmental and labor issues. The standards of ISO 26000, concerning Corporate Social Responsibility, were adopted internally on 11/01/2010 through the rule ABNT NBR 16001. Private companies are free to adhere to the ISO standards, and may require certification under the NBR 16001. In addition, the concept embodied by the ISO 26000, the OECD Guidelines for Multinational Enterprises and the United Nations Guiding Principles on Business and Human Rights can be applied, and has already been applied by companies based in Brazil. However, it is believed that Brazil does not have enough parameters to establish a federal legal definition of Corporate Social Responsibility, which is good, since constructing such parameters through laws may limit the evolution of this concept. The absence of a definition in law does not implicate in the absence of programs towards CSR. As an example, Brazil has a Social Responsibility program bonded to the concepts of ISO 26000, and there are internal corporate codes of conduct that, together with environmental, consumer, criminal and labor mandatory laws, form a web of Corporate Social Responsibility. The Anti-corruption Law also encourages the creation of compliance sectors as it imposes restrictions on business practices that violate national or foreign public assets, against the principles of public administration or against the international commitments undertaken by Brazil. In summary, what has been noted is that corporate codes of conduct and the international market and consumer culture implicate in a profound change in the attitude of companies towards social responsibility, ensuring that not always should financial risk prevail over social risks.

M. R. de Sá Ribeiro (✉)
Rio de Janeiro State University-UERJ, Rio de Janeiro, Brazil

C. Kessedjian, H. Cantú Rivera (eds.), *Private International Law Aspects of Corporate Social Responsibility*, Ius Comparatum – Global Studies in Comparative Law 42, https://doi.org/10.1007/978-3-030-35187-8_4

1 Definition and Sources

1.1 Does Your Country Have a Definition of Corporate Social Responsibility?

No

1.1.1 If No, Please Explain Why Your System Does Not Have Any Definition

The Corporate Social Responsibility in Brazil is foreseen in soft laws and it is still applied on a voluntary basis. Brazilian companies are beginning the process of improving compliance sectors. Therefore, it is believed that Brazil still does not have enough parameters to construct a federal legal definition of Corporate Social Responsibility. Constructing such parameters through laws, however, may limit the evolution of the term.

Please note that Brazil adopts the civil law system: the primacy of the legislative process, with the attribution of secondary value to other sources of law.[1] Therefore, the definition in law could tie the concept avoiding its evolution through time.

The Corporate Social Responsibility can be conceptualized as:

> the ethical and responsible conduct adopted by companies in the fullness of their networks of relationships, which includes the universe of their consumers, suppliers, workers, stakeholders, community, Government and Environment. In other words, in Corporate Social Responsibility company must comply with all laws (labor, tax, environmental, social, environmental, social, environmental, Consumer rights, ...) and must have ethic within all relations (government and community), as it is not possible to be socially responsible by legal disregarding or using devices to escape from moral and ethical values.[2]

The theme, by itself, has a history of imprecision. The difficulty persists in defining what are the purposes and values appropriate to each society and, therefore, the lines of action to be undertaken.[3]

However, although there is no federal legal definition of Corporate Social Responsibility, there are companies' internal corporate codes of conduct, environmental and labor mandatory laws that together form the web of Corporate Social Responsibility in Brazil.

Regarding environmental aspects, during the environmental permitting procedure there are some requirements related to neighborhood and nature preservation/conservation that shall be fulfilled by companies in order to have the environmental permit issued.

[1]Reale (2002).

[2]Milano (2002).

[3]Serpa and Fourneau (2007).

Currently, there is a tendency to have contracts demanding compliance sectors from the Parties. The Anticorruption Law[4] also imposes restrictions on business practices that violate national or foreign public assets, against the principles of public administration or against the international commitments undertaken by Brazil, which also encourages the creation of compliance sectors.

Finally, Brazil is still improving systems of Corporate Social Responsibility. The anticorruption law, as an example, dated 2013, has only a few years. However, there is a strong business trend towards the creation of compliance sectors and the structuring of sectors involving environmental and labor issues.

1.1.2 If No, Do You Think Your Country Would Apply Either the ISO 26000 Definition, or the Concept Embodied in the OECD Guidelines for Multinational Enterprises, or That of the United Nations Guiding Principles on Business and Human Rights? (Give the Source of Your Opinion, If Any)

Brazil already has a Brazilian Social Responsibility Program, which works through the certification of compliance with the ISO 26000 standard and in voluntary basis.[5] Also, it is worth to mention that BNDES—National Bank of Development has a social clause in its contracts preventing it from financing companies that are not bound to some social requirements, specially related to human rights.

According to Elkington,[6] the sustainability agenda is increasing based on economic prosperity, environmental quality and social justice. In addition, the same author argues that executives are realizing that sustainability is becoming a strategic issue of competitiveness among the major concerns of industry and commerce.

According to Tenório,[7] international organizations such as the World Trade Organization (WTO) and the United Nations (UN), through the program called the Global Compact, are encouraging companies around the world to adopt codes of conduct and basic principles related to the environmental conservation, working conditions and human rights. Azambuja notes in this regard:

> Most of developing countries are not yet - or do not believe they are - fully qualified to meet these standards. There is also the fear that globalization, with its emphasis on the rationalization of economic activity, on privatization of productive assets and on pursuit of competitiveness, further accentuates social and economic inequalities in developing countries with serious political consequences.

---

[4]Lei 12.846/13, provides for the administrative and civil liability of legal entity for the practice of acts against the public administration, national or foreign, and provides other measures.

[5]For more information: http://www.inmetro.gov.br/qualidade/responsabilidade_social/programa_certificacao.asp.

[6]Elkington (2012), p. 33.

[7]Tenório (2004).

There is a trend to adopt corporate practices aimed at social responsibility, but there is also a corporate fear of business competitiveness and survival, once internal Corporate Social Responsibility systems may represent costs.

Thus, on a voluntary basis, the concept embodied in the ISO 26000, the OECD Guidelines for Multinational Enterprises, or the United Nations Guiding Principles on Business and Human Rights may be applied, and it has been applied, by companies based in Brazil.

1.2 Is Your Country a Member of the OECD? If Yes, Has Your Country Set Up a National Contact Point? If Yes, Please Give Its URL and a Brief Outline of Its Structure and Main Actions in the Past 3 Years

No, although Brazil has submitted a formal request to become a member on 05/29/2017. In any case, Brazil is currently considered by the OECD as a Key Partner[8] having signed on 06/03/2015 a cooperation agreement that furthers collaboration between the two actors. In November 2015, the OECD-Brazil Programme of Work was launched, aiming to support Brazil in advancing its reform agenda and informing its public policies. In addition, Brazil adhered to the OECD Declaration on International Investment and Multinational Enterprises on 11/14/1997.

The NCP Brazil was first established through the *Portaria n° 92* (05/12/2003)of the Ministry of Finance, and later modified through the *Portaria Interministerial n° 37* (02/19/2013), both Executive rules. URL: http://www.pcn.fazenda.gov.br/.

Located in the main building of the Ministry of Finance, in Brasília, the NCP Brazil is a government multiagency body, with secretariat services provided by the Secretariat for International Affairs of the Ministry of Finance. It is coordinated by the Ministry of Finance and composed by 11 institutions, which are legally bound to nominate an effective and an alternate representative:

- Central Bank of Brazil;
- Comptroller General of the Union;
- Ministry of Science, Technology, Innovation and Communication;
- Ministry of Finance;
- Ministry of Justice and Public Security;
- Ministry of Foreign Affairs;
- Ministry of Industry, Foreign Trade and Services;
- Ministry of Planning, Budget and Management;
- Ministry of Labour and Social Welfare;
- Ministry of the Environment;
- Ministry of Human Rights.

[8]Information available at: http://www.oecd.org/globalrelations/keypartners/.

According to article 1 of the *Portaria Interministerial n° 37*, NCP Brazil has five functions:

- Developing activities that spread awareness of the Guidelines and promote adhesion to them;
- Responding to information requests about the Guidelines and their implementation mechanisms;
- Participating in conversations between interested parties about all matters related to the Guidelines, removing any doubts about their scope;
- Cooperating with other PCN on matters related to the Guidelines; and
- Following OECD discussions and complementary negotiations on the Guidelines' implementation, executing instruments adopted by Brazil, as applicable.

The NCP Brazil has a dedicated full-time staff. The Brazil NPC Working Group works as an advisory body for the NPC, deciding whether a notification of non-observance will be accepted for further examination, as well as discussing all other NPC matters and decisions. The members of the Working Group also work as rapporteurs of allegations. NCP Brazil is funded exclusively through the government, having a proper budget. Nonetheless, as reported by the NCP, the organ suffers from financial restraint.

From 2014 to 2016, NCP Brazil participated in 15 events seeking to promote the OECD Guidelines both in the public and in the private sector, acting as organizer or as a speaker. It also cooperated with other NCP and responded to information requests about the Guidelines.

Since its creation, the NCP has received 24 non-observance complaints, 18 of which were accepted to proceed as a specific instance. Only one of those is still in analysis.

1.3 *As a Member State of the United Nations, Has Your Country Taken Any Action Under the 2011 Guiding Principles? If No, Please Explain the Reasons for This Inaction*

No, the discussion about Brazil's National Action Plan is still in its early stages. The Business andHuman Rights Resource Centre[9] does not recognize any action by Brazil in this regard, although there is some ongoing activity in governmental institutions and in the civil society. On 05/05/2016, the Public Prosecutor's Office created the Human Rights and Companies Working Group,[10] which aims to follow and increase the debate on the NAP. On 02/25/2016, a conference held by the UN

[9]Information available at: https://business-humanrights.org/en/un-guiding-principles/implementation-tools-examples/implementation-by-governments/by-type-of-initiative/national-action-plans.

[10]BRASIL (2016). Portaria n° 14/2016-PFDC/MPF.

Global Compact representation in Brazil intended to include the private sector in such debate. The meeting resulted in a proposal for a participative and democratic process of NAP creation.

The Working Group on the issue of human rights and transnational corporations and other business enterprises, after visiting Brazil from 7 to 16 December 2015 transmitted a report[11] to the Human Rights Council on 12/05/2016. The Group found that "while some companies have specific policies and guidance on human rights in line with the Guiding Principles, it was clear that this was not the case for a majority of business enterprises in Brazil".[12] Therefore, one of the 21 recommendations the Group made to government was the creation of a National Action Plan.

Brazil is going through a political and economic crisis, and more recently elections, which create dissent and hinder governmental action. At the moment, despite the recent and alarming findings of the abovementioned Report, there is no established course of action.

It should also be noted that one of the outgoing government's current main goals is to revitalize the economy. For some, though, the protection of human rights might constitute an obstacle to that intent, as it allegedly increases production and operating costs. As the Working Group noted,[13] human rights risks are mainly seen in Brazil as risks to a company's operations, rather than risks faced by vulnerable rights holders.

1.4 Does Your Country Apply the ISO Standards? If Yes, Please Give Examples of Their Application

Yes. Together with Sweden's, Brazil's national standard organization (ABNT) lead the IST/TMB/WG/RS ISO working group, which elaborated ISO 26000. On 11/01/2010, the standards were adopted internally, through the rule ABNT NBR 16001. ABNT is also in charge of leading ISO 26000 Post Publication Organization (PPO) group, which advises ISO's Technical Management Board on ISO 26000 related matters.

Private companies are free to adhere to the ISO standards, and may require certification under the *NBR 16001*. This certification is part of the Brazilian Program for Certification on Social Responsibility (*Programa Brasileiro de Certificação em Responsabilidade Social*), which involves the *ABNT*, certifying entities and the National Institute of Metrology, Standardization and Industrial Quality (*INMETRO*).

[11] Human Rights Council, *Report of the Working Group on the issue of human rights and transnational corporations and other business enterprises on its mission to Brazil*, A/HRC/32/45/Add.1 (12 May 2016).

[12] *Ibid.*, p. 5.

[13] *Ibid.*, p. 5.

Brazil's state oil company, PETROBRAS, played a significant role in promoting ISO 26000 and currently adopts a socio-environmental program in line with its principles. Brazil's National Bank for Economic and Social Development (*BNDES*) reformulated, in 2010, its Social and Environmental Responsibility Policy, having ISO 26000 as a reference.

On 04/29/2010, the Governmental Forum on Social Responsibility was created as a result of the participation of *INMETRO* and of the Superior Council of Labour Justice as representatives in the ISO 26000 Working Group. The Forum's goals include: (1) promoting the debate on social responsibility and spreading awareness of the rules and initiatives related to the matter; (2) developing and following studies, projects and actions on social responsibility; (3) proposing, stimulating and promoting the expansion and improvement of social responsibility actions; (4) promoting convergence and collaboration for the dissemination of principles, studies, projects and actions of social responsibility; and (5) formulating and forwarding proposals of public policies, programs and projects of social responsibility, which contribute to the effectiveness of human rights and environmental protection.

Also, on 11/13/2014, the *Ato Conjunto CSJT.TST.GP n° 24* instituted the National Policy of the Labour Justice for Socio-environmental Responsibility, which establishes principles, objectives, instruments and directives that ought to be observed by Labour Justice's organs when formulating policies. The document was, as Annex A states,[14] partially based on ISO 26000 and on *NBR 16001.*

In the field of public procurements and contracts, compliance to ISO 26000 and *NBR 16001* may be required by public authorities, in a case-by-case analysis.

1.5 *Please Indicate All Other Sources You Consider Relevant, and Also Any Specific Feature of Your Legal System That Should Be Borne in Mind to Better Understand Your Answers to This Questionnaire*

- Equator Principles: launched in 2003, the Equator Principles (EP) are a "risk management framework, adopted by financial institutions, for determining, assessing and managing environmental and social risk in projects . They are primarily intended to provide a minimum standard for due diligence to support responsible risk decision-making".[15] They apply to four financial products: project finance advisory services; project finance; project-related corporate loans; and bridge loans. The EPs are widely adopted by financial institutions that operate in Brazil. Five Brazilian banks adopt the principles, including Itaú

[14]BRASIL (2014).AtoConjunto CSJT.TST.GP n° 24.

[15]Equator Principles (2013).

Unibanco, which is the regional representative for Latin America at the EP Association Steering Committee, and two government-controlled banks.

- Brazil's National Monetary Council (CMN), through Resolution n 4.327 (04/25/2014),[16] instituted guidelines for the establishment and implementation of Socio-environmental Responsibility Policies (PRSA) by financial institutions operating under BACEN's permission. These companies must maintain a governance structure, manage socio-environmental risks and periodically revaluate their PRSA.
- Other internal institutions have also developed guidelines on CSR. In 2002, Brazil's Securities Commission (CVM) published a primer containing recommendations on the subject of corporate governance.[17] Since 1999, the Brazilian Institute of Corporate Governance (IBGC), a non-profit association, also publishes the Brazilian Code on the Best Corporate Governance Practices,[18] which is now at its 5th edition (2015). Brazil's official stock exchange, B3 (formerly BM&FBOVESPA), created the Corporate Sustainability Index (ISE), which intends to make the investment environmentally compatible with the demands of sustainable growth and to stimulate the ethical responsibility of corporations, by providing a tool for comparative analysis of listed companies.
- United Nations Global Compact and the Sustainable Development Goals of Agenda 2030: The United Nations Global Compact has 737 registered participants in Brazil. The Brazilian Network is under the management of a Committee composed by 36 leading organizations in sustainability. The Committee seeks to spread awareness of and promote adherence to the Global Compact principles.
- Investment agreements: the Cooperation and Facilitation Investment Agreements signed by Brazil in 2015 contain corporate social responsibility clauses calling on foreign investors to respect human rights and environmental laws in the host country. These provisions, however, were criticized by the aforementioned Report, as they do "not require companies to conduct human rights impact assessments and were not subject to public consultation".[19]

Other certifications based on international standards rules:

- *NBR ISO 50001*: systematic approach to the continuous improvement of energy performance, including energy efficiency and energy usage and consumption.
- *NBR ISO 140001*: environmental management system based on the PDCA (plan, do, check, act) cycle.
- OHSAS 18001: seeks to minimize work-related accidents and illness, as well as to protect worker integrity.

---

[16]Resolution n 4.327 (2014).

[17]Recommendations on the subject of corporate governance (2002).

[18]Brazilian Code on the Best Corporate Governance Practices (2015).

[19]Human Rights Council, *Report of the Working Group on the issue of human rights and transnational corporations and other business enterprises on its mission to Brazil*, A/HRC/32/45/Add.1 (12 May 2016), p. 6.

2 Characterisation

2.1 Rules Pertaining to Company Law

2.1.1 Please Describe the Rules of CSR Pertaining to Company Law (Due Diligence, Duty of Vigilance, Compliance Department, etc.)

In Brazil, CSR is not mandatory. It is usually established in soft law. In most cases, companies adopt the clauses of social responsibility as their own interests. However, it is important to note that there are legal initiatives to make CSR announcement compulsory[20] and there are indicators developed by the Ethos Institute of Business and Social Responsibility, a Civil Society Organization of Public Interest whose mission is to mobilize, increase awareness and help companies to manage their businesses in a socially liable way, that may encourage the applicability of CSR.

This institute follows the guidelines of the OECD and these mentioned indicators are used as basis for the Brazilian companies in their contracts. Through Ethos Institute guidelines, the company's social responsibility is divided into: Values, transparency and governance; Internal public; Environment; Providers; Consumers and customers; Government.

Please note that most of the liabilities, regarding CSR, come from a corporate code of conduct and contractual relationship, in addition to environmental, consumer and labor laws. Some clarifications may help the understanding as following:

Due Diligence

There is no due diligence requirement in Brazilian company law. It is, however, a common practice in M&A operations carried out by Brazilian companies, especially concerning environmental, labor and anti-trust aspects, as Brazilian law regulates that such obligations are transmitted in case of succession.

In 2013, the Brazilian Anticorruption Act (Law n. 12.846) increased the relevance of due diligence practices, as it imposes strict liability for illicit acts committed against the public administration in both civil and administrative areas. Such liability subsists in the case of any contractual alterations, mergers or acquisitions.

Considering this, due diligence will focus on legal forecasts and contracts in force.

Piercing the Corporate Veil

There are threemain provisions for "piercing the corporate veil" in Brazilian law. First, in the field of Consumer Law, article 28 of the Consumer Protection Code (Law n. 8.078/1990) states that the corporate veil may be pierced when a company, to the prejudice of a consumer, acts in abuse of right or excess of power, infringes the

[20]For more information: Federal Law's Project n. 1.305/2003; MatoGrosso—State Law 7.987/2002, Rio Grande do Sul—Law 11.440/2000, Amazonas—Law 7.987/2002); and also County laws, as per Londrina/Paraná (Law 9.536/2004), in Santo André/São Paulo (Law 7.672/1998), Porto Alegre/Rio Grande do Sul (Law 8.118/1998 and Law 8.197/1998). See Crisóstomo et al. (2014).

law or violates its own statute. The piercing takes place when the company's closure or bankruptcy is caused by bad administration.

Second, in the field of Environmental Law, article 4 of Law n. 9.605/1998, states that the corporate veil may be pierced when such veil is regarded as an obstacle to the indemnification of damages caused to the environment.

Third, in the field of pure Civil Law, article 50 of the Civil Code (Law n. 10.406/2002) provides for the piercing of the corporate veil in cases of abuse of legal personality and confusion of goods.

All these provisions are regulated by the procedure inscribed in articles 133 through 137 of the Civil Procedure Code (Law n. 13.105/2015).

There are also hypotheses of piercing the veil for administrative sanctions, which are: (a) the sanctions provided in the Anticorruption Act (article 14); (b) the sanctions provided in competition law (article 34, Law n. 12.529/2011); (c) penalties applicable to public agents in cases of illicit enrichment in the exercise of office (Law n. 8.429/1992).

As to the doctrine of piercing the corporate veil, please note it is an exception in Brazilian legislation and it is not a public policy. The private assets of stakeholders and directors shall be held separately of the company's assets (legal entity). There are Brazilian legislations related to piercing the corporate veil, as per: the consumer Law (article 28 of Law n. 8078/1990), the Civil Law (article 50 of Civil Code—Law n. 10.406/2002) and Environmental Law (article 4 of Law n. 9.605/1998).

Group of Company Theory

In Brazilian arbitration law there is no express provision for the application of the group of company theory. However, in 2006, in a dispute between two companies, the State Court of São Paulo held that such theory is, in fact, applicable, as it deemed the defendant *Trelleborg Industri AB* bound to the arbitral clause signed between the claimant, *Anel Empreendimentos, Participações e Agropecuária Ltda*, and *Trelleborg do Brasil Ltda*, the latter being a member of the Trelleborg group. The defendant had to submit to the arbitral procedure.

In a broader scope, one may view the theory of group of company as also applicable in Brazilian Consumer and Labor Law. Due to article 28, §2, of the Consumer Protection Code, all companies that are part of a specific group are liable for violations of the code's obligations. In the same sense, by virtue of article 2, §2, of Law-Decree n. 5.452/1943, all companies of the group may be deemed liable for violations of workers' rights.

Duty of Care by Directors Towards Shareholders

The duty of care by directors towards shareholders is mainly provided for in articles 153 through 158 of Law n. 6.404/1976. Article 153 states that the administrator must run the company as it would run its own private business. He must also try to be as efficient as possible in pursuing the company's corporate purpose. Article 155 inscribes the duty of loyalty in the administrator's conduct Article 156 provides for the duty of discretion and secrecy, banning insider trading. The same article 156 states that the administrator must avoid any kind of conflict of interests; while article 157 stipulates a duty to inform stakeholders, through full disclosure, transparency and accountability practices. The so-called duty to monitor is also deductible from article 158, §1 and § 4.

The administrator that breaches any of these duties may be deemed liable through the procedure provided for in articles 158 and 159, which includes a specific type of lawsuit.

There is no possibility under Brazilian law for a plaintiff to sue preventively through tort jurisdiction. As to judicial lawsuit, in some very specific cases is possible to sue preventively in order to prevail the damage from occurring or to have a *limine* order to prevent damage. However, it will depend on the case and the imminence of any damage. The risk of damage will have to be demonstrated by the plaintiff in order to have a preventive court order on its favor. There is no general rule to support a preventive action against noncompliance with CSR. Please note that in Brazil, the Law does not foresee some of the CSR, and in these cases, State cannot force its compliance.

Kindly note that there is a mechanism to prevent damage from actions or omissions of public authority or agent of a legal entity in the exercise of public service and it is a constitutional procedural[21] instrument called writ of *mandamus* made available to both individuals and legal entities in order to protect a specific right.

In addition, there are some factors that might also contribute for the implementation of CSR in a Brazilian company, such as: the pressure of international organizations, campaigns of environment protection organizations; the Brazilian Constitution of 1988, which represented a breakthrough in topics related to social and environmental concerns; and the accomplishment of great international events such as the Eco 1992.

Currently, contracts with major Brazilian companies foresee a CSR clause. The National Bank for Economic and Social Development—BNDES, as an example, in order to long-term financing and investment in all segments of the Brazilian economy demands closed contracts have these clauses.

Surveys shows that a relevant number of firms already involve internal stakeholders in CSR policy definition. There was an increase in the number of companies that have adopted the practice of CSR and its disclosure, and there was an expressive growth of social actions.[22]

Finally, it is worth mentioning that the Regional Labor Prosecutor's Office of the first Region set a relevant precedent by foreseeing a CSR clause in conduct adjustment agreement—TAC. Such clause aimed to include ex-prisoners, people with chronic diseases and mental disorders in the labor market, in addition to the commitment regarding filling the legally established quota for disabled people.

Additionally please note that once CRS is not fully mandatory, it may be verified through due diligence and compliance department. As mentioned before,

[21]BRASIL (1988). Brazilian Constitution: article 5°, LXIX.

[22]See Crisóstomo et al. (2014).

compliance department is gaining more prominence in business management due to Anticorruption Law.[23]

2.1.2 Please Give Detailed References to the Relevant Instruments or Case Law

To meet the aspirations of CSR the companies provide an internal guide applied to contractors, and also to employees as values to be followed in business.

However, some organizations may have major role towards CRS. For an example, Ethos indicators (from Ethos Institute for Sustainable and Responsible Business) are used as a parameter for the clauses' elaboration. Such indicators are also management tool that aims to support companies in incorporating sustainability and corporate social responsibility (CSR) in their business strategies.

Also, the Sustainability Reporting Guidelines of the Global Reporting Initiative (GRI), with SA 8000, AA1000, ISO 14001, ABNT NBR 16001: 2012[24] and ISO 26000 standards, are relevant instruments for Brazilian companies in their contracts.

As already mentioned, since February 2008, BNDES has used the CSR in its financing agreements, preventing race or gender discrimination, child labor and slave labor in Brazil.[25]

The Equator Principles also have an important participation in providing values that should by fulfilled by companies and some are usually incorporated in its internal guide.

2.1.3 If These Rules Have Given Rise to Disputes, Please Briefly Describe the Cases That Have Arisen in Your Country and Their Outcomes (Providing Full References for Court Decisions)

The disputes regarding CSR may rise from breach of contract or non-compliance with the law. However, it is worth to mention a recently judgment, which has not become final, dated October 2017. The Court of Rio de Janeiro held a sentence (Public Civil Action n°. 0412318-20.2015.8.19.0001) regarding the Dieselgate in Brazil. Kindly note that one of a major worldwide scandal dealing with the CSR was the discovery that determined Group of a car producer was using software ("defeat device") in their vehicles that detected test situations. Such software reduced engine power and emissions of pollutants in controlled environments, but allowed the car to exhibit extremely high emission levels under normal conditions of use. The scandal resulted in billionaire agreements and, also, in the resignation of the president of

[23]BRASIL (2013). Lei 12.846/13.

[24]BRASIL (2012). ABNT NBR 16001.

[25]Information available at: http://www.bndes.gov.br/wps/portal/site/home/quem-somos/responsabilidade-social-e-ambiental/o-que-fazemos/relacionamento-clientes/clausula-social.

such Company. In Brazil, the action took a consumerist bias, and the sentence determined the Company to pay R$ 64,000 to each consumer, in addition to R$ 1 million for collective moral damages. Such decision has not become final, as several appeals may still be submitted. However, it is an example on how CSR is being dealt in Brazil, even though there no specific Law ruling it.

2.2 *Rules Pertaining to the Law of Contract*

2.2.1 Please Describe the Rules of CSR Pertaining to Contract Law (Clauses on Compliance with the OECD Guidelines, Anti-corruption Clauses, Control of the Value Chain, etc.)

The CSR might be found in contracts in a specific topic, or throughout the contract. In this last case, it could appear in environmental clauses, labor clauses, anti-corruption clauses and it is subject to an interpretation and analysis by a specialist. Please note that some of environmental and labor rules may be characterized as public policy but not any CSR rule[26] is a public policy.

The contract provisions in Brazil do not have to be foreseen by any Law. The contract provisions are enough to be enforced, even without Law supporting it, although contract provisions cannot conflict with National legislation. It means: if the contract is against the Law, the Law shall prevail. If a CSR clause is incorporated in a contract, as long as it does not conflict with the National Law, it will be enough to bind the company.

Furthermore, the clause may not violate any public order norm but, in case the clause is too vague, the judge might overlook it, especially because it may be redundant. The fundamental rights set forth the Brazilian Constitution already ought to be respected in private relations.

As to the unilateral declaration, some practitioners defend that unilateral declaration form is valid in Brazil. Only in case of contractual abuse of one party against another party, provoking unbalancing of the contractual relationship, it may be disregarded. Kindly note that, in Brazil a corporate code of conduct is regarded as a binding issue in the field of Labor law and according to Brazilian labor law, unilateral corporate regulations are a binding source of law, and its provisions

---

[26]Brazil's environmental public policy is laid down by Law n. 6.938/1981, which includes in its article 14, §1, the need to held companies liable for destructing and polluting the environment. Law n. 9.605/1998, which stipulates criminal and administrative sanctions for environmental damages, was edited to fill in this gap. The same goes for Consumer Law. Article 4 of Consumer Protection Code provides for the National Policy of Consumer Relations, which clearly asserts the need for protection of the consumer in face of large companies, as well as the need to harmonize corporate interests with the vulnerability of clients. Brazil also has strict labor laws, which are a result of a reiterated public policy since Getúlio Vargas' first mandate (1934–1945). In 2017, President Michel Temer passed a reform that softened such laws, but its effects are still to be determined.

constitute rights for the workers of the company, as long as they are more beneficial than the standard regime.

2.2.2 Please Give Detailed References to the Relevant Instruments or Case Law

The Ethos indicators of the Ethos Institute for Sustainable and Responsible Business are used as a parameter for the clauses' elaboration. Such indicators are also management tools which aims to support companies in incorporating sustainability and corporate social responsibility (CSR) in their business strategies.

Also, the Sustainability Reporting Guidelines of the Global Reporting Initiative (GRI), with SA 8000, AA1000, ISO 14001, ABNT NBR 16001: 2012[27] and ISO 26000 standards, are relevant instruments for Brazilian companies in their contracts.

As already mentioned, since February 2008, BNDES has used the CSR in its financing agreements, preventing race or gender discrimination, child labor and slave labor in Brazil.[28]

The Equator Principles also have an important participation in providing values that should by fulfilled by companies and some are usually incorporated in its internal guide.

2.2.3 If These Rules Have Given Rise to Disputes, Please Briefly Describe the Cases That Have Arisen in Your Country and Their Outcomes (Providing Full References for Court Decisions)

Regarding contactual liabilities, it often takes place at an extrajudicial proceeding, such as mutual notifications, fines being applied and agreements, but mostly of the disputes arisen from CSR are subject to judicial legality control. However, some contracts foresee an arbitration clause to solve the dispute.

---

[27]BRASIL (2012). ABNT NBR 16001.

[28]Information available at:http://www.bndes.gov.br/wps/portal/site/home/quem-somos/responsabilidade-social-e-ambiental/o-que-fazemos/relacionamento-clientes/clausula-social.

2.3 *Rules Pertaining to Law of Torts*

2.3.1 When a Third Party (an Employee, Customer, Supplier or Victim of Breaches by the Company, etc.) Takes Action Against a Company for Breach of a Rule of CSR, Is That Action Characterised as a Tort Action?

It depends on the infraction and it depends on the rule that was not fulfilled. It may not become a tort action in case the rule not fulfilled is *soft law*.

2.3.2 If Yes, Please Give Examples, Drawn Either from Legislation or Case Law, with Detailed References

Environmental infractions, as an example, might subject the agent to civil, criminal and administrative rules.

In Brazil when damage is caused, it shall be repaired by whoever caused the damage. Therefore, the person who suffers the damage might file a lawsuit to be indemnified for material damages or moral damages. When a company does not comply with Brazilian Law, it might be held liable for the infraction.

As to criminal liability, please note that according to the Brazilian criminal system, a third party cannot start a criminal procedure by itself. When a criminal offence occurs, there are two possibilities available: a third party may report the offence to the police or directly to the prosecutor. In the first scenario, a police officer analyses the report and, if minimum support of evidence is found, starts an investigation. In the second scenario, if the prosecutor considers that there is minimum evidence support to start a criminal procedure (suspects and evidence), the case will turn into a criminal lawsuit. In case the report sent to the prosecutor does not contain sufficient evidences to initiate a criminal procedure, the prosecution system will send the report to the police to start an investigation.

In addition, it is important to note that, under Brazilian law, a company can be sued by an environmental offence. A company's criminal liability is independent of the personal liability of a company member. Brazil's Supreme Court considered that neither the environmental crimes act (Lei n° 9.695/98) nor the Brazilian Constitution adopted the vicarious liability system. It was established on the Special Appeal RE n° 548181/PR.

2.4 Do CSR Rules Fall Under Public Policy or Are They Characterised as Mandatory Rules?

Since there is no legal definition of CSR, CSR rules are considered mostly as soft law in Brazil. There is not a definition for CSR on mandatory rules neither on public policy. Conversely, employing forced labour is considered a Federal crime, companies can be sued for environmental crimes and the anticorruption act intends to prevent corruption and foster corporate governance in the private sector.

2.4.1 If They Are Characterised as Mandatory Rules, Please Give Detailed References (Attaching, If Possible, the Original Texts with French, English or Spanish Translations)

Not applicable.

2.4.2 If They Are Characterised as Public Policy, Please Give References to the Case Law That Shows This

Not applicable.

2.4.3 If They Are Characterised Neither as Mandatory Rules nor Public Policy, Please Explain How They Are Treated Under Your Legal System. Are They Left Entirely to the Discretion of the Parties? If Not, Please Explain the Nuances Specific to Your Legal System

CSR rules are not considered mandatory rules. However, State-Owned Companies are now under a new legislation, Act n° 13.303/16, which enforces Corporate Governance and fosters, in a way, CSR rules. After the approval of this act, the Federal Government regulated it through the edition of Decree n° 8.945/16. Article 44 of that Decree establishes the social role of a State Owned Company. This role encompasses sustainable environmental practices and CSR rules applicable to market participants.

In this case, it is a shallow notice on regulation, which cannot be considered neither mandatory, since it lacks consequences in case of non-observance, nor related to public policy, since it is not a binding procedure to any corporation, public or private.

Environmental Crimes Act (Lei n° 9.605) has some articles that can soften the burden of criminal liability on Companies, considering the company takes CSR seriously, v. g. article 6, II (compliance with environmental regulation), article 7, II, (liability, criminal records, social behaviour, defendant's personality, reasons and circumstances of the crime), article 14, II (offender repentance: spontaneous compensation of the damage or significant environmental management to limit damage), III, (previous report to relief environmental damages) and IV (compliance to environmental law enforcement). Previous criminal records on article 15 can increase penalties.

3 Alternative Methods of Dispute Resolution

*3.1 Does Your Country Allow Disputes Concerning CSR to Be Submitted to (*More Than One Answer Is Possible*)*

• Arbitration	**YES**
• Mediation	**YES**
• Conciliation	**YES**
• An OECD National Contact Point	**YES**
• Another alternative method (in which case, please specify)	

3.2 Please Explain the Above Answers

Arbitration
The new arbitration Law n° 13.448 / 2017 is emphatic in its paragraph 4° of article 31 with regard to the question of the definition of the patrimonial rights available and delimits the matters that can be submitted to the arbitration. According to the said provision, for the purposes of the Law, only matters relating to the recomposition of the economic-financial balance of the contracts can be discussed in arbitration; The calculation of indemnities arising from the extinction or transfer of concession contracts; And to the breach of contractual obligations by either party, it is therefore possible that disputes concerning CSR are submitted to arbitration solely for the private business-to-business relationship.

Mediation and Conciliation
Conciliation is highly encouraged in legal proceedings in Brazil. Please note that the new Brazilian Civil Procedure Code (CPC), Law 13.105/2015, promotes conciliation and mediation before the continuance of the lawsuit. The article 3° encourages the parties to solve the dispute consensually. Avoidingunnecessary litigation.

It is even possible for parties, in case of self-composed rights, to promote changes in the proceedings to fit its specificities before or during the legal proceedings, as per article 190, CPC.

An OECD Intervention
The procedure is defined by Resolution NCP n° 01/2016.

4 Jurisdiction

*4.1 Where the Dispute Must Be Submitted to a Court in Your Country, Which Court Has Jurisdiction (*More Than One Answer Is Possible*)*

Brazil divides common court's jurisdiction between (1) Federal Court, which judges the matters that require the intervention, as a party or third party, of the Federal entity, federal public companies, autarchic entities and federal foundations or board of directors of professional activity, with few exceptions; and (2) State Court, which judges residual matters not related to Federal Court, Military, Electoral and Labor Justices (these last three called special Justices), as provided in art. 45, Civil Procedure Code.[29]

In respect to civil cases not subject to arbitration, the definition on the competence for judgment depends on a series of factors related to the peculiarities of the cause. There are a number of competence divisions, depending on the scope of the action, as following:

- Actions based on personal action or movable property shall be filed, as a rule, in the forum of the defendant's domicile, as per art. 46, Civil Procedure Code. In case the Defendant is not domiciled in Brazil, the action may be filed in the forum of the Author's domicile, or in any forum if both reside outside Brazil;
- In the case of actions based on real state property, the competent forum will be the real state location, as per art. 47 of Civil Procedure Code.
- As to companies, the forum of the headquarters or where the agency is located shall be the competent to file the case when regarding the obligations undertaken by the company or where the obligation should be satisfied, as per art. 53 of Civil Procedure Code.
- The forum of the act or fact that caused damage shall be competent for the repair action, as per art. 53 of Civil Procedure Code.

Finally, as to the definitions, kindly note that it should be understood as illegal acts (1) every omission, negligence or recklessness which violates law and causes damage to others (Article 186 of the Civil Code),[30] and (2) the excess in the exercise of power over the companies' economic or social purposes limits, by good faith or by good customs (Article 187 of Civil Code). The damage may be understood as "damage to a legal asset, both material and moral".[31]

Regarding criminal actions, usually, the case must be submitted to the forum where the act of causation occurred.

---

[29]BRASIL (2015). Law n. 13.105/15.

[30]BRASIL (2002). Law n. 10.406/02.

[31]Cavalieri Filho (2005), p. 96.

In Brazil, some criminal offences are classified as federal crimes, and for this reason, they are submitted to the Federal Justice. Examples of federal crimes regarding CSR: slave labour, environmental crimes involving pollution of federal areas (the forum of the damage, e.g., oil spill- where the leakage occurred), illegal exploitation of mineral resources.

According to the Brazilian Constitution, Criminal liability of Corporations is accepted only for environmental crimes.

4.2 If Judicial Rulings Have Already Been Given in Your Country on Breaches of CSR, Please Give Summaries of Those Decisions and Provide Detailed References

Decisions related to Corporate social responsibility in Brazil are spread through Environmental, Labor and Human Rights issues. Some of the decisions are highlighted below:

- If the construction of a hydroelectric power plant affects the productivity of a business (sand extraction), the company must indemnify the losses:

> Special appeal. Deposit of mineral substances. Sand extraction. Hydroelectric construction harmful to the activity. Holder of municipal permits. Indemnity. Special case. Delayed in publishing the license by DNPM. Configured power abuse. Special appeal not provided. 1. **The exploration of the sand deposit prior to the construction of the hydroelectric plant and the reduction of its productivity have been proven in the ordinary instances, which generates the duty to indemnify**. ... 3. Company holding municipal licenses and declarations of priority for the extraction of sand issued by the DNPM, but without the publishing permit procedure. ... 5. Special case. The lack of unjustified publication of the administrative act, for more than seven years, constitutes an abuse of power. 6. **Indemnification in the face of prejudice**. 7. Special appeal not provided.[32]

- A Company that causes an environmental damage should indemnify all the parties that suffered material and moral damages from this action:

> An action for compensation of moral and material damages, the latter in the form of profits loss, brought by fishermen against PETROBRAS. Pipeline rupture at the Duque de Caxias refinery (Reduc), which caused the spillage of large quantities of oil in the Bay of Guanabara, in 2000. Public and notorious fact Accident that caused environmental damages to marine and coastal ecosystems of that Bay, in addition to causing socio-economic impacts in the affected areas. **Author that proves the professional activity of fishermen in the Bay of Guanabara. Profits Loss due based on professional fisherman's minimum salary value for a reasonable period of six months Moral damage resulting from the anguish, insecurity and uncertainties suffered by the author during the period when he was deprived of his fishing activity, With which he provided his livelihood and of his family**. [33] ... .

[32]STJ, RESP 201102793344 (2015).

[33]TJRJ, 19aCC. Appeal 0008860-17.2002.8.19.0001 (2009).

- Companies are liable for the activity risks offered to their employees:

  Request of claryfication - violation of art. 896 of the clt - additional of periculosity - telecommunications company. This Superior Court, under the terms of the SBDI-1Jurisprudential Guideline No. 324, establishes the understanding that the hazard premium is only granted to employees who work in an electric power system under risk conditions, or who do so with equipment and Similar electrical installations, **which offer an equivalent risk**, even in a unit that consumes electric power, which, at the outset, **reaches the employees of a telephone company that operates as a telephone operator**, under dangerous conditions, represented by the proximity of the place In which it develops its activities with the network of high voltage electric current.[34]

- Due to the openness of the concept of indirect polluter in Brazil's legal system,[35] the Supreme Court of Justice (STJ) has developed an extensive comprehension of the notion of causation in environmental liability. It has recognized, for example, that financial institutions may be deemed liable for environmental damages caused by the activities they fund. The broad conception of indirect polluter was established by the following excerpt:

  (...) 13. For the purpose of determining causation in environmental damage, the one who acts, the one who does not act when one should act, the one who lets others act, the one who does not care if others act, the one who funds the ones that act and the one who benefits from the action of others are all equated.[36]

- Brazil's legal system recognizes the horizontal effect of fundamental rights. The state doctrine, according to which fundamental rights ought to be respected only in relations between private actors and the State, it is not adopted by the Supreme Federal Court (STF). Furthermore, STF adopts the theory of direct and immediate effect—and not only through general clauses of private law—of constitutional rules that define basic rights. In other words, private actors are, in their interrelations, bound by the Constitution itself to respect fundamental rights. This trend was established by the Supreme Court in the 1990s[37] and crystallized by a judgement delivered in 2006 with the following summary:

  I. Horizontal effect of fundamental rights in private relations. The violations of fundamental rights occur not only in the context of the relations between the citizen and the State, but also in the relations between individuals and legal entities governed by private law. Thus, fundamental rights guaranteed by the Constitution directly bind public authorities and are additionally directed at the protection of individuals against private parties. II. Constitutional principles as limits to the private autonomy of associations. The Brazilian legal-constitutional order did not confer on any civil association the possibility of acting in violation of the principles inscribed in law and, in particular, of the postulates that have as a direct basis the very text of the Constitution, notably on the subject of protection of freedoms and fundamental guarantees. The area of private autonomy guaranteed by the

[34]TST. E-RR—64000-94.2002.5.18.0007, (2008).

[35]Federal Act n. 6.938/1981, article 3, IV, states that the polluter is the "physical or legal person, of public or private law, responsible, directly or indirectly, for the activity that causes environmental degradation".

[36]STJ, REsp 650.728/SC (2007).

[37]STF, RE 161.243 (1997); STF, RE 158.215-4/RS (1996).

Constitution to associations is not immune to the incidence of constitutional principles that ensure respect for the fundamental rights of its members. Private autonomy, which finds clear legal limitations, cannot be exercised to the detriment or disrespect of the rights and guarantees of third parties, especially those that are positively constitutional, since autonomy of will does not confer on individuals, in its domain, the power to transgress or to ignore the restrictions imposed and defined by the Constitution itself, whose effectiveness and normative and normative force also impose themselves upon private individuals in the scope of their private relations, on the subject of fundamental freedoms. (. . .)".[38]

- A large environmental disaster in Brazil that may lead to a very important decision related to CSR is still awaiting a final decision. In November 2015, the disruption of a dam in the city of Mariana caused a mud avalanche that killed 19 people, injured hundreds of others and devastated the local environment. Criminal and civil actions were taken against the owner of the dam (Samarco, a joint venture between Vale and BHP Billington). The Government and the companies involved reached an agreement that intended to end compensations on one of the class actions. Federal prosecutors, however, argued that the agreement was not valid, as the victims of the accident did not take part in the negotiations. At the moment, the class action has not a final decision yet.

4.3 Are There Other Aspects of Jurisdictional Competence Specific to Your Country That You Would Like to Point Out in Order to Help Us Better Understand Your Answers?

The Brazilian Federal Constitution provides in its art. 2, that "they are Powers of the Federal Entity, independent and harmonious among themselves, the Legislative, the Executive and the Judiciary." Therefore, in Brazil, the Judiciary Power has primarily jurisdictional function: "The Judiciary is one, as well as its primary function - the jurisdiction - because it always has the same content and the same purpose".[39]

Kindly note that the Brazilian Federal Constitution also provides that "the law shall not exclude the assessment of the judiciary from injury or threat to law".[40] Thus, civil jurisdiction is still predominantly exercised in Brazil by the Judiciary. However, in spite of the national discussion on the jurisdictional nature of the arbitration procedure, it is widely accepted and respected in Brazil.[41] Note that the existence of arbitration agreement by the parties implies the termination of the lawsuit without the analysis of its merit (Article 3, paragraph 1, c / art 485, VII, Civil Procedure Code).

[38]STF, RE 201.819/RJ (2006).

[39]Grinover et al. (1998), p. 197.

[40]BRASIL (1988). CF, art.5°, XXXV.

[41]The participation of public entities in arbitrations is still controversial in practical cases.

Finally, it is worth to point out that the Environmental Liability may subject the polluter to three different and independent spheres of liability: civil, criminal and administrative, as per art. 225, §3° of Federal Constitution.

5 Applicable Law

5.1 What Is the Law Applicable to Rules Relating to Corporate Structure? In Other Words, How Is the lex societatis *Determined?*

The recognition of personality and the determination of legal capacities in Brazilian Private International Law derive from the law of its nationality and this, in turn, is determined by the country of its constitution, a system identical to the British. However, there is some imprecision on the matter in Brazil, since important provisions regulating the nationality of legal entities were revoked, and each case shall have its peculiarities.

Currently, the main legislation in force on this subject is Article 11 of the Law on Introduction to Brazilian Law,[42] which states that: "Organizations intended for collective interest, such as societies and foundations, obey the law of the State in which they are constituted." Although this provision is not very clear, Brazilian scholars reads it in light of the previous provisions that provided in a clearer way that Brazil recognizes the nationality of a company as being the one from the country in which the company was constituted.

In addition to this rule of Private International Law, there is still a rule of substantive domestic law, the article 1.126 of the Brazilian Civil Code,[43] which provides the criteria to a company be considered Brazilian. According to this article, all companies that are created according to Brazilian laws and that have Brazil as its headquarters are considered Brazilian entities.

To be short: according to Brazilian law, the *lex societatis* is the law of the country of nationality of a company and a company is considered as being national from the country in which it was constituted.

[42]BRASIL (1942). Decree n° 4.657/42.

[43]BRASIL (2002). Law n° 10.406/02.

5.2 What Is the Law Applicable to Rules Belonging to the Law of Contract? (State the Main Conflict Rule: "Autonomy of Will", for Example—Then the Conflict Rules Applicable by Default)

The main rule for determining the law applicable to contracts in Brazil is that set forth in article 9° of the Law on Introduction to the Brazilian Law's Norms,[44] which states that: "In order to qualify and govern the obligations, shall be applied the law of the country in which they are constituted." That is, the *lex loci contractus* is adopted. For contracts made at distance, article 2° §2 of the Law on Introduction states that: "the obligation resulting from the contract is deemed to be constituted in the place where the tenderer resides". Regarding the form of the contract, finally, although there is no express legal provision, it is possible to deduce from article 13 of the Law on Introduction that the law of the place of celebration applies (*locus regit actum*).

The autonomy of the will is not provided for by Brazilian legislation for contracts in general, but as principles it is applied in national contracts. The principle is provided, however, in the Arbitration Act and in the Vienna Convention on the Sale of Goods, ratified by Brazil. For contracts with an arbitration clause and for those falling within the scope of the Vienna Convention, therefore, autonomy of the will is the rule to be applied.

5.3 What Is the Law Applicable to Rules Belonging to the Law of Torts? (State All the Conflict Rules in Your Country in the Order in Which the Courts Would Apply Them)

The law applicable to the law of torts is also determined by article 9 of the Law on Introduction to the Brazilian Law's Norms,[45] which states that: "In order to qualify and govern the obligations, shall be applied the law of the country in which they are constituted."

The Brazilian legislation that regulates torts is the Brazilian Civil Code,[46] in its articles 927 a 954.

[44]BRASIL (1942). Decree n° 4657/42.

[45]BRASIL (1942). Decree n° 4657/42.

[46]BRASIL (2002). Law n° 10.406/02.

5.4 Does Your Country's Case Law Allow Verification of Whether the Applicable Law Is in Conformity with the Rules of International Human Rights Law, the ILO Conventions, or Other Mandatory Rules of International Law? Please Explain

There is no consensus in Brazilian jurisprudence about the so-called "conventionality control". Brazil ratifies the American Convention on Human Rights and accepted the contentious jurisdiction of the Inter-American Court of Human Rights, which has already established that all countries that ratify the Convention have a duty to control the validity of their laws in relation to provisions of the Treaty. Brazil was even condemned by the Court to repeal its Amnesty Law, issued during the period of the military dictatorship, in the case of Gomes Lund and others v. Brazil. The Court held that the Law was contrary to the provisions of the American Convention (being, therefore, unconventional). Despite this, the law remains in force internally, showing little willingness of the country to carry out the so-called "control of conventionality".

Brazilian jurisprudence has been erratic, for example, in relation to the conventionality of the crime of contempt. The Superior Court of Justice has so far understood the conventional nature of the crime, as for example in the case of HC 379.269-MS. It is interesting to note, however, that the basis for the decision starts from an analysis of the jurisprudence of the Inter-American Court on the matter and not from an acknowledgment of the impossibility of carrying out "conventional control". The case will still be submitted to the plenary of the Court, though.

Two cases yet to be judge might clarify the Brazilian case law in the matter. First, the decision of the Federal Supreme Court in the embargos (motion for clarification) of the ADPF 153's sentence, which question the Court's position regarding the judgment of the Gomes Lund case; and second the decision of the Superior Court of Justice's plenary regarding the conventionality of the crime of contempt.

To summarize, we understand that if even in relation to the control of Brazilian law in the face of the norms of the Inter-American Human Rights System, which could be considered a simple matter, there is still no consensus, Brazilian courts and scholars are not expected to reach a clear consensus on the possibility of verifying the conformity of applicable law with international human rights law in general, with ILO conventions or with other mandatory rules of international law.

5.5 Does Your Country's Case Law Allow the Application of Ethical Rules Instead of, or as a Complement to, the Applicable Law? Please Explain

The Brazilian Law does not provide for "ethical rules". In this sense, the Code of Civil Procedure of 2015 establishes in its article 140, sole paragraph, that "the judge will only decide for equity in the cases provided by law".

However, it should be noted that Brazilian legal tradition is extremely influenced by the post-positivist movement, especially by the lessons of Ronald Dworkin, which gives great importance and applicability to general and abstract legal principles. The Brazilian Constitution is extremely broad and detailed, ensuring that, in practice, the Brazilian judge has great discretion to decide based on ethical considerations, which can be subsumed in the form of some broader legal principle, such as the principle of dignity of the human person.

Under private international law, for example, principles such as proximity and access to justice may lead to the non-application of a foreign law. In addition, the notion of public order can also be used as a justification for this non-application.

6 Recognition and Enforcement of Judgments

6.1 Describe the Rules Applicable in Your Country to the Recognition and Enforcement of Foreign Judgments

Brazilian Superior Court of Justice shall recognize a foreign judgment, it does not analyses the merits of the foreign decision; the only exceptions are when it is contrary to Brazilian sovereignty, public order and good manners. Brazilian Constitution states in article 5°, paragraph 2 that the rights and guarantees expressed in the Constitution do not exclude others arising from the regime and principles adopted by it, or international treaties to which the Federative Republic of Brazil is a party. In paragraph 3, the international treaties and conventions on human rights that are approved in each House of the National Congress in two rounds, for three fifths of the votes of the respective members, shall be equivalent to the constitutional amendments.

In Brazil, according to article 515, VII, Civil Procedure Code, foreign judgements are enforceable only after homologation by the Superior Justice Court (STJ). For that to happen, the judgements must fulfil parameters established by STJ's *Emenda Regimental N. 18*:

> **"Art. 216-D. The foreign judgment must:**
> I – have been delivered by a competent authority;

II – contain elements which prove that the parties were regularly notified or that a legal default judgement took place;

III – be a matter of res judicata." (free translation)

Article 216-F of *Emenda Regimental N. 18* defines when foreign judgements will not be homologated:

"Art. 216-F. Judgements that offend national sovereignty, human dignity and/or the public order will not be homologated." (free translation)

In Brazil's civil procedure, public order expresses itself through the control of regularity and development of acts and procedures. Serious and unsurmountable vices must be kept off. As Trícia Navarro Xavier Cabral points out,[47] it is by preserving integrity and adequacy of procedural acts that the state of public order is ensured.

With STJ's approval, the foreign judgement may be enforced just like any other national judgement, following the procedure provided in article 516, II, Civil Procedure Code, and article 216-N, *Emenda Regimental N. 18*. The latter establishes federal courts jurisdiction, and the former foresees that the enforcement should take place at the defendant's domicile or at the forum where the defendant's property is situated.

It is also worth noting that Brazil has ratified the Las Leñas Mercosul Protocol, which establishes, between State parties, a simplified homologation procedure, identical to the one applied to letters rogatory.

6.2 *If a Judgment Given Abroad Holds a Company Liable for Breach of the Rules of CSR, Is Your Country Likely to Recognise and/or Enforce That Judgment? Please Explain*

Since foreign judgements are not homologated only when offensive to public order, national sovereignty or human dignity, and considering CSR rules are in line with these parameters, the judgement is likely to be approved. However, procedural vices related to the aforementioned article 216-D may deem the decision not approvable. The same might happen when the judgment conflicts to human dignity and public order.

STJ is currently analysing the judgement delivered in the Oil Company Case (SEC 8.542), where the Company's representatives claimed that homologation would undermine constitutional guarantees of fair and impartial trial. They also

[47] Cabral (2015).

argue that Brazilian courts do not have jurisdiction to recognize the judgement, as it is not yet definitive. The proceedings were rejected on November 2017 for absence on the right to act without the analysis of its merits.

6.3 Same Question as in Sect. 6.2, but the Rule Applied Is One of Soft Law or Ethics. Is Your Country Likely to Block Recognition or Enforcement of Such a Judgment? Please Explain

As said before, the recognition of foreign judgements supposes compatibility with the concepts of public order, national sovereignty and human dignity, as well as the fulfilment of article 216-D procedural criteria. Therefore, as to the case in question, homologation is possible.

The procedural aspect is of great importance. Article 216-H imposes the parties to the homologation process may only argue the understanding of the foreign judgement and the requirements of articles 216-C, 216-D and 216-F, which comprises: absence of essential documents, procedural issues and offenses to public order, national sovereignty or human dignity.

7 Other Questions?

A brief comment regarding the Hague Project, as it may present a good step towards the enforceability of a cross-border enforcement, but Brazil already has an open regulation about accepting foreign judgments. The basis of recognition and enforcement foreseen in Hague Project (article 6) are stricter than Brazilian legislation.

At present, there is no uniform rule to enforcement of judgments worldwide. Thus enforcing a judgment abroad may prove to be too strenuous a task, the costs of which may exceed the very indemnification amount that the plaintiff seeks to enforce in the first place. In addition, the shortcomings of cross-border enforcement are detrimental to the development of international commerce itself, and arbitration, because of the uniform rules on enforcement on arbitral awards of the New York Convention are preferably used by business players.

Adopting international juridical cooperation rules for the recognition and enforcement of foreign judgment may put us all in the right track towards access to justice and cost-efficient and risk free (at least from a legal perspective) transnational relations. The ultimate goal is to mitigate uncertainty in international private relations, by ensuring that judgments rendered in a given country are enforceable where plaintiffs need them to be. The creation of reliable legal environment will encourage parties to comply with the rules of law and act in good faith in their contractual or non-contractual relations. That is the main objective of the Hague Judgment Project and at this point the draft convention is ready for the Diplomatic Conference, scheduled for 2019.

The CSR issues may be considered included within the general scope (Art. 1(1)), and are not excluded in any of the hypothesis under Art. 2 of the Convention Draft as of May of 2018. Therefore, the CSR decisions may more easily circulate (art.5 indirect basis for recognition of jurisdiction).

In Brazil, the enforcement of a foreign judgment in Brazil depends on recognition (homologação) of such decision by the Superior Court of Justice, which might give the exequatur order after the homologation decision is held.

In the year of 2017 the Superior Court of Justice granted recognition to 91% of the cases.

The Civil Procedural Code (Law n°13 150/15) is clear about de necessity of the homologation in its art. 961; however there is an exception in case of a treaty dispensing such homologation. It is not the case of 2018 Draft Convention (Working Document n.262 REV) of the Hague Project the necessity of recognition is maintained (as per art 4, 1), which is, in the case of Brazil, the Homologation Procedure. Regarding the requirements necessary for the homologation procedure, the Brazilians regulation does not imply much requirements other than the following (Art. 963 of Procedural Civil Code and articles 216A – 216N of Superior Court of Justice Internal Regulation: (1) Be rendered by a competent authority (2) valid notification of the defendant; (3) has effectiveness in the State of origin and it is not subject to any appeals; (4) not contrary to Brazil previously decision (5) official translation of the documents (6) it may not offend public order. Therefore, as provision of art 4, 2 of the Hague Project, in Brazil the merits of decision shall not be reviewed by the Superior Court of Justice's Minister.

Nevertheless, it is worth mentioning the recent case where the homologation proceeding was denied (STJ. SEC 9412 April/2017) as Ministers of Superior Court of Justice understood that the decision rendered by Chairman of the Tribunal was not exempt. Another case, in which the contract sent by an email did not have proof of the Party consent for the Arbitration Tribunal, the Superior Court of Justice also denied homologating a foreign judgment (STJ SEC 11593. December/2015).

Considering above the cases, please note that there is a rule for not going into the merits of a foreign decision, but in some cases, the Superior Court of Justices understands that is the matter of public order and do analyses the merits of the decision rendered. Therefore, in those cases, the Hague Project may avoid merits discussions in the proceedings, as art. 4 establishes that "There shall be no review of the merits of the judgment in the requested State", but it would conflict of Civil Procedure Code art. 983, IV and 216F of Superior Court of Justice Regulation in case there is an understanding that public order was offended.

As per CSR it has a more peculiar treatment in Brazilian legislation, as many CSR issues are related to human rights. In respect to the Human Rights, they have a special status under Brazilian law. The Federal Constitution foreseen in article 5, §3, that international treaties regarding Human Rights, if approved by each house of the National Congress for 3/5 of the votes, they shall be equivalent to constitutional amendments. It means that any human rights foreseen in Brazilian Law or a Treaty that Brazil is a State Member shall have Constitutional equivalence and shall be complied.

Acknowledgements The author acknowledges the collaboration or review of colleagues and various young scholars who participated in discussions: prof. Oscar Graça Couto; Pedro Oliveira; Patrícia Guimarães; Barbara Nunes; Daniela León; Lucas Arnaud; Isabelle Kishida; and Milena Brandão Martins.

References

Cabral TNX (2015) Ordem pública processual. Gazeta Jurídica, Brasilia

Cavalieri Filho S (2005) Programa de Responsabilidade Civil, 5th edn. Malheiros, São Paulo

Crisóstomo VL, de Souza Freire F, Parente PHN (2014) An analysis of corporate social responsibility in Brazil: growth, firm size, sector and internal stakeholders involved in policy definition. Universidade Federal do Ceará, Fortaleza

Elkington J (2012) Sustentabilidade, Canibais com garfo e faca. M. Books do Brasil Editora Ltda, São Paulo

Grinover AP, de Aráújo Cintra AC, Dinamarco CR (1998) TeoriaGeral do Processo, 9th edn. Malheiros, São Paulo

Milano MS et al (2002) Responsabilidade social empresarial: o meioambientefaz parte do nossonegócio. FBPN, Curitiba

Reale M (2002) LiçõesPreliminares de direito, 26th edn. Saraiva, São Paulo

Serpa DAF, Fourneau LF (2007) Responsabilidade social corporativa: umainvestigaçãosobre a percepção do consumidor. Rev. adm.contemp 11(3):83–103

Tenório FG (2004) Responsabilidade social empresarial: teoria e prática. Editora FGV, São Paulo

Canada

Joost Blom

Abstract The principles of corporate social responsibility (CSR) have not been embodied in legislation in Canada. Rather, in recent years the federal government has promoted best practices in CSR. These efforts have focused particularly on mining and other extractive industries, because Canadian companies in this sector conduct, through subsidiary entities, very extensive operations in other countries. Law-making activity in the area of CSR and private international law has been most intense, not in the federal or provincial legislatures, but in the courts. A number of important cases have involved lawsuits brought in Canada against Canadian companies, in which foreign claimants seek to recover compensation for environmental and social harm caused by the operations of these companies' subsidiaries abroad. The jurisdiction of Canadian courts to hear such cases has been upheld, but no case has yet progressed to a decision on liability. As well, courts have considered questions of choice of law in relation to failures to uphold CSR principle in foreign operations. They have also dealt with the enforcement of judgments, granted by a foreign court against a foreign company, against the assets of a Canadian subsidiary of the foreign judgment debtor. The challenges faced by the claimants in this body of cross-border litigation have to do both with Canadian private international law and with the Canadian rules about the legal responsibility of shareholder corporations for wrongs committed by corporations that they wholly or partly own.

J. Blom (✉)
Peter A. Allard School of Law, University of British Columbia, Vancouver, BC, Canada
e-mail: blom@allard.ubc.ca

C. Kessedjian, H. Cantú Rivera (eds.), *Private International Law Aspects of Corporate Social Responsibility*, Ius Comparatum – Global Studies in Comparative Law 42, https://doi.org/10.1007/978-3-030-35187-8_5

1 Definition and Sources

1.1 Does Your Country Have a Definition of Corporate Social Responsibility? If No, Please Explain Why Your System Does Not Have Any Definition. If No, Do You Think Your Country Would Apply Either the ISO 26000 Definition, or the Concept Embodied in the OECD Guidelines for Multinational Enterprises, or That of the United Nations Guiding Principles on Business and Human Rights? (Give the Source of Your Opinion, If Any)

The primary reason why there is no single legal definition of corporate social responsibility (CSR) in Canada is that the obligations of a corporation to conduct its business in a particular way have been seen, in Canadian law, as matters for judge-made law rather than legislation. The case law has not adopted a definitive formulation of CSR but drawn on a variety of sources (see below, under question 6). Legislation regulates the internal affairs of the corporation but not its activities in relation to persons other than itself.

In Canada the power to incorporate companies is both provincial and federal. The provincial legislatures have authority over the "incorporation of companies with provincial objects".[1] The federal parliament can incorporate companies with objects transcending a single province.[2] However, the power to incorporate does not carry with it the power to regulate the activities of the corporation.[3] That is subject to general laws regulating business, most of which are provincial because they fall within the legislative authority of the provinces over property and civil rights in the province.[4] The federal parliament has no power to regulate corporate activity except so far as the regulation falls under a distinct federal power like banking[5] or

[1]*Constitution Act, 1867*, s 92(11).

[2]This is not an express federal power but has been held to be an implicit complement to the provincial incorporation power in s 92(11) of the *Constitution Act, 1867*. Because the provinces' authority is expressly limited to incorporating companies with provincial objects, the incorporation of companies with objects beyond those of one province has been held to fall under the residual federal power to make laws for "peace, order and good government of Canada" under the *Constitution Act, 1867*, s 91. Federally incorporated companies have the constitutionally protected right to do business throughout Canada. Provincially incorporated companies do not, but in fact are usually able to do so because their capacity as a legal person created in one province is recognized in the other provinces. Their right to carry on business in a province other than the one in which they were incorporated is sometimes subject to a registration or licensing requirement.

[3]*Canadian Western Bank v Alberta*, 2007 SCC 22, [2007] 2 SCR 3 at para 117.

[4]*Constitution Act, 1867*, s 92(13); *Citizens Insurance Co. of Canada v. Parsons* (1881), LR 7 App Cas 95 (JCPC).

[5]*Constitution Act, 1867*, s 91(15).

bankruptcy and insolvency.[6] The federal parliament also has authority over criminal law, so to the extent that CSR is enforced by criminal penalties,[7] it is federal law that does so.

No province has sought to legislate comprehensively on CSR. The one Canadian book on the legal framework for CSR begins by noting that "the law does not provide us with a universally accepted definition of what constitutes 'corporate social responsibility.'"[8] The authors comment:

> This definitional gap could be explained by the fact that CSR is in a constant state of evolution and, arguably, should never be subject to a fixed, universal definition.[9]

They go on to quote definitions of CSR from a variety of Canadian and foreign sources and "identify common points of understanding"[10] as to what CSR is.[11] These common points, or themes, include (1) economic social, and environmental integration; (2) addressing and balancing stakeholder concerns; (3) the nature of CSR as a comprehensive set of practices; (4) CSR as straddling law and ethics; (5) the linkages between CSR and sustainable development; and (6) the linkages between CSR and corporate governance.[12]

I think that Canadian governments, when recommending or mandating corporate behaviour, could refer to any or all of these definitions. As will be mentioned below, some have done so. These sources are seen to offer authoritative guidance as to the elements of CSR. However, I do not think that any one definition would be adopted as a legal framework for developing principles of CSR. The common law tradition tends to dominate in matters of commercial law in Canada, even if Québec is in most respects a civil law jurisdiction in private law matters. The common law is usually reluctant to put general principles in the form of legislation, for fear of hampering the future development of the law. To the extent that legal problems come before the courts, the judges will govern its development. To the extent that CSR is a matter for government guidance rather than binding law, the guidance will be in general terms.

Thus Global Affairs Canada (the foreign affairs ministry), in its role of advising Canadian businesses on their foreign operations, says that "[CSR] is defined by the Government of Canada as the voluntary activities undertaken by a company, over and above legal requirements, to operate in an economic, social and environmentally sustainable manner."[13] That definition is not developed further on the web page on which it is published. In November 2014 Global Affairs announced "Canada's Enhanced Corporate Social Responsibility Strategy to Strengthen Canada's

---

[6] *Ibid*, s 91(21).

[7] Such as the *Corruption of Foreign Public Officials Act*, SC 1998, c 34. See below under Q5(a).

[8] Kerr et al. (2009), p. 5.

[9] *Ibid, loc cit.*

[10] *Ibid*, at 6.

[11] *Ibid*, at 6–8.

[12] *Ibid*, at 9–29.

[13] Canada (Global Affairs), Responsible Business Conduct Abroad.

Extractive Sector Abroad".[14] In January 2018 the government announced the creation of the office of the Canadian Ombudsperson for Responsible Enterprise and a multi-stakeholder Advisory Body on Responsible Business Conduct.[15] The Ombudsperson will be authorized to investigate allegations of human rights abuses arising from Canadian corporate activity abroad, recommend solutions and monitor implementation of those recommendations.[16] These additional government statements include no further definition of CSR.[17]

Another federal agency, Innovation, Science and Economic Development Canada, "promotes CSR principles and practices to Canadian businesses because it makes companies more innovative, productive and competitive".[18] The government has published a guide for Canadian businesses on implementation of CSR.[19] This guide not only repeats the definition used by Global Affairs Canada but refers as well to the ISO and OECD definitions,[20] and to the UN Principles for Responsible Investment.[21]

1.2 Is Your Country a Member of the OECD? If Yes, Has Your Country Set Up a National Contact Point? If Yes, Please Give Its URL and a Brief Outline of Its Structure and Main Actions in the Past Three Years

Canada has set up a National Contact Point (NCP).[22] It is an interdepartmental committee chaired by Global Affairs Canada (GAC). Its role is "to promote awareness of the OECD Guidelines for Multinational Enterprises as they relate to the social, economic and environmental impacts of their activities on the societies in which they work."[23] It also "offers a forum for discussion and assists the business community, employee organizations and other concerned parties, to contribute to the

[14]Canada (Global Affairs), Canada's Enhanced CSR Strategy.

[15]Canada (Global Affairs), Advancing Canada's Approach on Responsible Business Conduct Abroad.

[16]*Ibid*, under "Canadian Ombudsperson for Responsible Enterprise (Ombudsperson)". The mandate of the Extractive Sector CSR Counsellor's office, a predecessor agency, has been terminated as of May 2018: Canada (Global Affairs), Office of the Extractive Sector CSR Counsellor.

[17]See also Canada (Natural Resources), CSR Checklist. This, too, cites at p. 5 the broad definition used by Global Affairs and adds that CSR "is an industry response to managing social risk".

[18]Canada (Government), Corporate Social Responsibility.

[19]Canada (Government), Corporate Social Responsibility: An Implementation Guide.

[20]*Ibid*, under the heading, "1.2 CSR Defined."

[21]*Ibid.*, under the heading, "1.3.1 Why is CSR Important?"

[22]Canada (Global Affairs), Canada's National Contact Point.

[23]*Ibid.*

resolution of issues that arise relating to implementation of the Guidelines in specific instances through dialogue-facilitation."[24]

The Canadian NCP has published a *Procedures Guide* outlining the process that the NCP will follow when receiving a request for review of a specific instance under the OECD Guidelines for Multinational Enterprises (MNE).[25]

The NCP's process is triggered by a request for review, which may be filed by any party that believes that an MNE's actions or activities constitute non-observance of the OECD Guidelines.[26] That party may be an individual, an organization, a community affected by a company's activities, employees or their trade union, or a non-governmental organization (NGO).[27] As contemplated by the Guidelines, the Canadian NCP may deal with requests on the basis that the issue(s) arose in Canada, or on the basis that the country where they arose does not subscribe to the Guidelines and has no NCP, in which case the Canadian NCP can hear a request if the MNE concerned is Canadian.[28]

When Canada's NCP receives a request for review of a specific instance, it will review the documentation and supporting material and make an initial assessment of whether the issue that is raised merits further examination. If the issue does not merit further examination, then the case is closed and a public statement is issued.[29] If the issue merits further examination, then NCP will offer its good offices to help the parties involved to resolve the issue. The NCP will offer to facilitate dialogue, which may include access to consensual and non-adversarial means such as conciliation or mediation.[30] If the parties agree to a facilitated dialogue or mediation the NCP may facilitate the dialogue itself or may use external mediation or facilitation services.[31]

Where the parties do reach an agreement, the NCP will issue a Final Statement but the content of the agreement will only be included insofar as the parties agree to it.[32]

If the parties do not reach an agreement, or a party is unwilling to engage in the procedures, the NCP will issue a Final Statement that describes the issues raised, the reasons why the NCP decided that they merited further examination, and the procedures that the NCP undertook to assist the parties.[33] The NCP will also make recommendations in the Final Statement on the implementation of the Guidelines as appropriate.[34]

---

[24] *Ibid.*

[25] Canada (Global Affairs), Procedures Guide for NCP.

[26] *Ibid*, para 5.1.

[27] *Ibid*, para 5.2.

[28] *Ibid*, para 6.1–6.3.

[29] *Ibid*, para 3.4.

[30] *Ibid*, para 3.5.

[31] *Ibid*, para 11.3.

[32] *Ibid*, para 12.3.

[33] *Ibid*, para. 12.4.

[34] *Ibid.*

An academic commentator has suggested that the existence of the Canadian NCP may incentivize Canadian corporations to carry out human rights due diligence in their supply chains in order to avoid a negative recommendation and the associated negative publicity. However, she also notes that as a regulatory mechanism, NCPs are limited by their inability to enforce their recommendations.[35]

Early in 2018 the Government of Canada announced that it was setting up the office of the Canadian Ombudsperson for Responsible Enterprise. The exact parameters of this office's mandate have not yet been set, but the Ombudsperson is meant to be complementary to the NCP. The latter's role will continue to be the dialogue facilitation or mediation for all sectors, whereas the Ombudsperson will "focus on investigations, informal resolution of disputes, and on making public recommendations".[36] Initially the Ombudsperson's mandate will be limited to the extractive sector but it is expected to expand to other sectors.[37]

The NCP organized, co-organized and/or participated in a variety of CSR-related events, raising awareness and promoting guidelines to businesses, organizations, unions and government officials.[38]

The NCP also processed requests for review. For example, in 2017, the NCP concluded four instances, three of which were received in 2016 and the fourth in 2015. This last was from a representative of a mining union in Mali, regarding the activities of Endeavour Mining, a Canadian company operating in Mali. More specifically, the request alleged that the company had improperly dismissed employees and did not have adequate health and safety systems in place to protect some employees from exposure to lead. Facilitated dialogue between the parties took place over a period of months. Although it did not result in a mutually agreeable solution between both parties, the process generated concrete positive outcomes in the form of a series of actions and commitments by Endeavour Mining on both labour and health issues.[39] The Final Statement made a series of recommendations to Endeavour and asked that the company report to the NCP by July 2018 on any and all follow-up actions.[40]

The NCP conducted studies to assess awareness of enterprises on the Guidelines and the NCP.[41] See also the answer to question 3.1, which discusses the 2014 enhancement to the 2007 CSR policy.

---

[35] Conway (2015), p. 749.

[36] Canada (Global Affairs), Responsible Business Conduct Abroad – Questions and Answers, under "How will the Ombudsperson be different from the Canadian National Contact Point (NCP)?".

[37] *Ibid*, under "How is the appointment of an Ombudsperson considered an improvement to Canada's approach on CSR abroad?".

[38] Canada (Global Affairs), 2017 NCP Annual Report.

[39] *Ibid*, under "6. NCP Cases, Endeavour Mining Corporation and a Labour Union in Mali".

[40] *Ibid.* None of the other three cases referred to led to facilitated dialogue or mediation.

[41] Canada (Global Affairs), 2015 NCP Annual Report.

1.3 As a Member State of the United Nations, Has Your Country Taken Any Action Under the 2011 Guiding Principles? If Yes, Please Describe (National Action Plan, etc.)

Canada's first CSR policy was introduced in 2009. On 14 November 2014, Canada launched its second, "enhanced" CSR policy—"Doing Business the Canadian Way: A Strategy to Advance Corporate Social Responsibility in Canada's Extractive Sector Abroad".[42] One of the stated purposes of the new strategy was to take account of two major new developments since 2009, one of which was the adoption of the UN Guiding Principles in 2011 by the Human Rights Council.[43] The other was the new OECD Due Diligence Guidance for Responsible Supply Chains of Minerals from Conflict-Affected and High-Risk Areas.[44] The principal aim is to align Canadian corporations' behaviour abroad, in relation to social and environmental risks, with international CSR guidelines and best practices. "It is a way of doing business that not only contributes to success abroad but also reflects Canadian values and reinforces Canadian leadership in responsible business practices."[45]

Key elements of the enhanced CSR strategy include the following[46]:

- Strengthened support for CSR initiatives at Canada's diplomatic network of missions abroad, aimed at ensuring a consistently high level of CSR-related service to the Canadian business community around the world, building networks and local partnerships with communities, and reinforcing Canadian leadership, excellence, and best practices in the extractives sector.
- Increased support and additional training for Canada's missions abroad to ensure Trade Commissioners and staff are equipped to detect issues early on and contribute to their resolution before they escalate.
- Re-focusing the role of the Office of the CSR Counsellor, including strengthening its mandate to promote strong CSR guidelines to the Canadian extractive sector and advising companies on incorporating such guidelines into their operating approach. The CSR Counsellor will also build on the work conducted at missions abroad by refocusing efforts on working to prevent, identify and resolve disputes in their early stages.[47]

---

[42]Canada (Global Affairs), Canada's Enhanced CSR Strategy. The page references below are to the PDF version of the text. For an assessment of the strategy, see Idemudiah and Kwakyewah (2018).

[43]*Ibid* p. 6. The department notes that the Guiding Principles were co-sponsored by Canada.

[44]*Ibid* p. 7. The Guidance was published by the OECD in 2011.

[45]*Ibid* p. 3.

[46]These are taken from Canada (Global Affairs), Canada's Enhanced CSR Strategy (executive summary).

[47]The Counsellor's mandate was terminated in May 2018 because of the creation of the office of the Canadian Ombudsperson for Responsible Enterprise; see above under Q2.1(c), and Canada (Global Affairs Canada), Office of the Extractive Sector CSR Counsellor.

- In situations where parties to a dispute would benefit from formal mediation, the CSR Counsellor will encourage them to refer their issue to Canada's National Contact Point (NCP), the robust and proven dispute resolution mechanism, guided by the OECD Guidelines for Multinational Enterprises on responsible business conduct, and active in 46 countries.
- Companies are expected to align with CSR guidelines and will be recognized by the CSR Counsellor's Office as eligible for enhanced Government of Canada economic diplomacy. As a penalty for companies that do not embody CSR best practices and refuse to participate in the CSR Counsellor's Office or NCP dispute resolution processes, Government of Canada support in foreign markets will be withdrawn.
- Inclusion of benchmark CSR guidance released since 2009, namely the United Nations' *Guiding Principles on Business and Human Rights*, and the OECD *Due Diligence Guidance for Responsible Supply Chains of Minerals from Conflict-Affected and High-Risk Areas.*
- Flexibility to build awareness of a broader range of extractive sector-specific CSR guidance, including those developed in Canada, e.g., the Mining Association of Canada's *Towards Sustainable Mining*, and the Prospectors and Developers Association of Canada's *e3 Plus.*

Commentators have noted that the new policy, like the 2009 version, does not define CSR or set out the "Canadian values" that CSR is said by the government to reflect. Nor does it provide specific guidance on the content of the responsibility to respect human rights.[48] On the positive side, however, the government for the first time has set out a business case for adhering to CSR best practices.[49] As noted, it also envisages a stronger and more effective role for the CSR Counsellor.[50]

---

[48]Duggan et al. (2014–2015), pp. 179–180. The reference to human rights is to the UN Guiding Principles' Principle 2, which requires home states to "set out clearly the expectation that all business enterprises domiciled within their territory and/or jurisdiction respect human rights throughout their operations." Principle 13 states the requirements of this responsibility in terms of avoiding, and preventing or mitigating, "adverse human rights impacts".

[49]*Ibid* p. 178.

[50]*Ibid* pp. 192–193 [part IV]. The authors do, however, criticize the new policy and procedures for lacking any assurance that outcomes of the facilitated dialogue or mediation accord with internationally recognized rights (p. 193).

1.4 Does Your Country Apply the ISO Standards? If Yes, Please Give Examples of Their Application

The Standards Council of Canada (StdsCC)[51] has approved ISO 26000, *Guidance on Social Responsibility*, as a National Standard of Canada (NSC).[52] The StdsCC is a federal Crown corporation whose mandate is to promote efficient and effective standardization in Canada.[53] One of its powers is to approve, as national standards, proposed standards that are submitted by organizations accredited by the StdsCC.[54] It is also part of the StdsCC's mandate to promote the use of these standards.[55] The National Standards System is defined in its governing legislation as "the system for voluntary standards development, promotion and implementation in Canada".[56] The ISO 26000 standard was submitted to the StdsCC by the CSA Group, one of the largest standards development organizations in North America,[57] which publishes the standard.[58]

Approval of ISO 26000 as a national standard by the StdsCC is based on its having been developed by consensus of a balanced committee of stakeholders, subjected to public scrutiny, and published in both English and French. The StdsCC must also be satisfied that the standard is consistent with or incorporates existing international and pertinent foreign standards, and will not act as a barrier to trade.[59]

As is apparent from the StdsCC's mandate, compliance with the national standards it approves is voluntary. Among the large Canadian businesses that have announced their adoption of the ISO 26000 standard are Alectra Utilities, an electricity distribution firm in Ontario[60]; CIBC Mellon, a investor services firm[61]; Fujitsu Canada Ltd., an IT services provider[62]; and two extractive businesses, AuRico Gold Inc. and Suncor Energy Inc.[63]

---

[51] I have used StdsCC to distinguish the Standards Council from the Supreme Court of Canada (SCC).

[52] Standards Council of Canada, New National Standard of Canada Guides Organizations.

[53] Standards Council of Canada, About the Standards Council. The legislation governing the StdsCC is the *Standards Council of Canada Act*, RSC 1985, c S-16.

[54] *Standards Council of Canada Act*, *ibid*, s 4(2)(e).

[55] *Ibid*, s 4(2)(l).

[56] *Ibid*, s 4(3.1).

[57] CSA Group, About CSA Group.

[58] CSA Group, CAN/CSA-ISO 26000:16.

[59] Standards Council of Canada, National Standards Development.

[60] Alectra Utilities, ISO 26000.

[61] CIBC Mellon, CIBC Mellon aligns to ISO 26000.

[62] Fujitsu Canada, Implementing CSR Activities Utilizing ISO 26000.

[63] Canada (Natural Resources), CSR Abtroad. The same source lists eight mining or petroleum companies, including the two mentioned, as adhering to the ISO 14001 Environmental Management System Standard.

I have found no Canadian case that relied on the ISO 26000 standard as a factor in assessing the legal liability of a corporation. Plaintiffs have, however, invoked it, along with the OECD Guidelines, the UN Guiding Principles, and other sources as evidence of international standards of corporate behaviour.[64]

1.5 Please Indicate All Other Sources You Consider Relevant, and Also Any Specific Feature of Your Legal System That Should Be Borne in Mind to Better Understand Your Answers to This Questionnaire

Because CSR, as a general concept, is regarded in all the Canadian jurisdictions as a matter of best practices rather than of law, defining it is, at least in part, a matter of observing what businesses do.[65] Legal sources, other than ones already referred to and those discussed in the following section on characterization, have nothing directly to say on CSR. The constitutional division of authority relating to CSR is discussed above under question 1.2.

Mention should be made here of the federal *Corruption of Foreign Public Officials Act*,[66] which implements the 1997 OECD *Convention on Combating Bribery of Foreign Public Officials in International Business Transactions*. It imposes criminal liability on individuals and entities that engage in bribery or other corruption of foreign public officials to obtain or retain an advantage in the course of business. It covers the provision of, or offers or agreements to provide, "a loan, reward, advantage or benefit of any kind" directly or via an intermediary to a foreign public official in consideration for an act or omission of the official or as an inducement to use his or her influence.[67] If a senior officer of the corporation contravenes the act, the corporation itself is liable as well.[68]

Any person who commits an act or omission outside Canada that, if committed in Canada, would constitute an offence under the act is deemed to have committed the act in Canada if the person is a Canadian citizen, a permanent resident of Canada

[64] *Das v George Weston Ltd*, 2017 ONSC 4129, para 133; see para 220(d) of the allegations quoted there, made against one of the defendants.

[65] A Canadian commentator who has written on the shortcomings of "private regulation," as exemplified by, among other things, the movement to develop consensus standards for CSR, is Bakan (2015).

[66] SC 1998, c 34.

[67] *Ibid*, s 3(1). Falsifying or concealing records for the purpose of bribing a foreign public official is a distinct offence under s 4(1).

[68] Blyschak (2014). The impact of similar laws abroad is considered by Podgorny and Musgrove (2014).

who is present in Canada after the commission of the act, or a corporation or other entity that is incorporated or organized under the laws of Canada or a province.[69]

Not many prosecutions have been brought under the act that have resulted in recorded court decisions. Large fines have been imposed in those that have.[70]

The *Corruption of Foreign Public Officials Act* has been bolstered, for the oil, gas and mining sectors, by the *Extractive Sector Transparency Measures* Act,[71] which came into force in 2015. Unusually for a Canadian statute, it includes a section stating its purpose[72]:

> **6** The purpose of this Act is to implement Canada's international commitments to participate in the fight against corruption through the implementation of measures applicable to the extractive sector, including measures that enhance transparency and measures that impose reporting obligations with respect to payments made by entities. Those measures are designed to deter and detect corruption including any forms of corruption under any of sections 119 to 121 and 341 of the *Criminal Code* and sections 3 and 4 of the *Corruption of Foreign Public Officials Act*.

The primary obligation imposed by the statute is to report annually any of eight categories of payment, exceeding in total amount a certain threshold, that are made to a Canadian or foreign government "in relation to the commercial development of oil, gas or minerals".[73] The categories of payment include taxes, royalties and fees and also dividends, infrastructure improvement payments, and any other payment prescribed by regulation.[74] This type of legislation has been introduced in a number of countries as part of a coordinated effort to improve transparency in these extractive sectors.[75]

---

[69] *Corruption of Foreign Public Officials Act*, SC 1998, c 34, s 5(1). In *R v Karigar*, 2017 ONCA 576, the issue was whether a participant in a conspiracy to bribe officials in India had committed the offence in Canada. The conclusion was that he had, based on the fact that his activities had a real and substantial connection with Canada and so the offence was committed there, even if the offence might also have been committed in the United States or in India. His conviction was the first in a contested prosecution under the act: *R v Karigar*, 2014 ONSC 3093. A foreign national who was a party to a conspiracy that amounted to an offence in Canada was not subject to the Canadian court's jurisdiction: see *Chowdhury v Canada*, 2014 ONSC 2635. See also *R v Barra and Govindia*, 2018 ONSC 2659, which held that the Ontario court had criminal jurisdiction in respect of two defendants who were charged in connection with the same conspiracy as that which was the subject of *R v Karigar, ibid.*

[70] *R v Griffiths Energy International*, [2013] AJ No 412 (LexisNexis) ($9 million); *R v Niko Resources Ltd*, [2011] AJ No 1586 (LexisNexis) ($9.5 million). Both were convictions after guilty pleas. A smaller-scale offence is seen in *R v Watts*, [2005] AJ No 568 (LexisNexis).

[71] Enacted by SC 2014, c 39, s 376.

[72] *Ibid*, s 6.

[73] *Ibid*, s 2, "payment".

[74] *Ibid, loc cit.* No additional categories have yet been added by regulation.

[75] See Podgorny and Musgrove (2014), pp. 169–172.

2 Characterisation

2.1 Rules Pertaining to Company Law

At present no Canadian law, whether statutory or judge-made, addresses directly the CSR obligations of a corporation as a matter of corporate law.[76] To the extent that CSR is a matter of legal obligations stemming from corporate law, it is to be found in the law relating to the fiduciary obligations of directors and officers in the management of the company's affairs. Strictly speaking, the obligations are owed to the corporation, but the interests of other "stakeholders" may need to be taken into account if the best interests of the corporation are to be properly served.[77]

Two Supreme Court of Canada cases dominate this issue. In In *Peoples Department Stores Inc v Wise*,[78] a federally incorporated parent company and its wholly-owned subsidiary had declared bankruptcy. The trustee of the subsidiary brought an action against the directors of the parent, on the basis that they had improperly performed their fiduciary obligations to the parent when they caused certain assets to be transferred between the subsidiary and the parent on terms that were detrimental to the subsidiary and its creditors. The directors' fiduciary obligations were stated in the federal corporations statute to be (a) to act honestly and good faith with a view to the best interests of the corporation, and (b) to exercise the care, diligence and skill that a reasonably prudent person would exercise in comparable circumstances.[79] These reflect common law standards of fiduciary obligation.

The trial judge had found no fraud or dishonesty on the part of the directors in relation to the asset transfers, which were an attempt to solve problems arising from the parent's efforts to integrate the businesses of the two corporations. The Supreme Court of Canada agreed that the directors' decisions were taken in good faith in the best interests of the corporation. On what is comprised in considering the corporation's best interests, Major and Deschamps JJ said:

> We accept as an accurate statement of law that in determining whether they are acting with a view to the best interests of the corporation it may be legitimate, given all the circumstances of a given case, for the board of directors to consider, *inter alia*, the interests of shareholders, employees, suppliers, creditors, consumers, governments and the environment.[80]

As noted, the argument that the directors failed to live up to their duty was based on, *inter alia*, the proposition that they did not give due weight to the interests of the subsidiary's creditors when they engaged in the transactions in question. The

[76] Kerr et al. (2009), pp. 421–447. Legislation is beginning to recognize the need for special legislation for corporations whose primary goal is other than profit. See, for example, *Business Corporations Act*, SBC 2002, c 57, Part 2.2 – Community Contribution Companies.

[77] For a comparison of the Canadian legal framework to that of the United States, see Kuras (2000).

[78] 2004 SCC 68, [2004] 3 SCR 461. See Francis (2005).

[79] *Canada Business Corporations Act*, RSC 1985, c C-44, s 122(1).

[80] *Peoples Department Stores Inc v Wise*, 2004 SCC 68, [2004] 3 SCR 461, para 42.

Supreme Court held that directors could owe a duty of care to creditors to take reasonable account of their interests, but it was not a fiduciary one.

> At all times, directors and officers owe their fiduciary obligation to the corporation. The interests of the corporation are not to be confused with the interests of the creditors or those of any other stakeholders.[81]

Stakeholders, said the court, had viable remedies at their disposal, namely, the oppression remedy and a civil action based on the duty of care. The oppression remedy, a version of which is found in all Canadian corporations statutes, gives a statutory right of action to seek an order rectifying any corporate act or omission "that is oppressive or unfairly prejudicial to or that unfairly disregards the interests of any security holder, creditor, director or officer".[82] The remedy may be sought by a security holder, director or officer of the company or any other person that the court regards as a proper person to make an application.[83]

Although the statutory duty of care, referred to above in this section, is owed to the corporation, the duty can extend to other stakeholders, including creditors, under the general law of obligations. In *Peoples* the law applicable to a potential claim by a creditor against a director was that of Québec, because that was the province where the corporations and their creditors were based. The statutory duty was held not to have been broken in *Peoples*, because liability could not attach if directors make "reasonable business decisions in light of all the circumstances about which the directors or officers knew or ought to have known".[84] That test was met on the facts of the case.[85]

The second case, *BCE Inc v 1976 Debentureholders*,[86] concerned the acquisition of a federally incorporated parent company, BCE, by a group of purchasers. Of the $52 billion purchase price, $38.5 billion would be financed by borrowing supported by BCE and, of that, about $30 billion would be guaranteed by BCE's subsidiary, Bell Canada. The debentureholders of Bell Canada claimed that they were unfairly prejudiced by the addition of this debt. The debentureholders sought relief under, *inter alia*, the oppression remedy in the federal act.[87]

The Supreme Court of Canada confirmed that stakeholders, other than the shareholders, had a reasonable expectation that corporate decisions would treat their interests fairly.[88] However, what was fair treatment was not solely a matter of expectations. Although directors must consider the best interests of the corporation,

---

[81] *Ibid*, para 43.

[82] *Canada Business Corporations Act*, RSC 1985, c C-44, s 241(2).

[83] *Ibid*, s 238, "complainant".

[84] *Peoples Department Stores Inc v Wise*, 2004 SCC 68, [2004] 3 SCR 461, para 67.

[85] "[T]he *Peoples* decision now opens the door to direct claims being made by creditors against directors and officers for negligence, the ramifications of which may not have been fully considered." Francis (2005), p. 181.

[86] 2008 SCC 69, [2008] 3 SCR 560.

[87] *Canada Business Corporations Act*, RSC 1985, c C-44, s 241(2), discussed earlier in this section.

[88] *BCE Inc v 1976 Debentureholders*, 2008 SCC 69, [2008] 3 SCR 560, para 36.

"it may also be appropriate, although *not mandatory*, to consider the impact of corporate decisions on shareholders or particular groups of stakeholders".[89] In applying the oppression remedy provision, there were two questions: whether the directors' conduct was in breach of a stakeholder's reasonable expectations, and whether that conduct amounted to "oppression", "unfair prejudice", or "unfair disregard" under the statutory rule.[90]

On the first question, the court had this to say about stakeholders' reasonable expectations:

> People sometimes speak in terms of directors owing a duty to both the corporation and to stakeholders. Usually this is harmless, since the reasonable expectations of the stakeholder in a particular outcome often coincide with what is in the best interests of the corporation. However, cases (such as these appeals) may arise where these interests do not coincide. In such cases, it is important to be clear that the directors owe their duty to the corporation, not to stakeholders, and that the reasonable expectation of stakeholders is simply that the directors act in the best interests of the corporation.[91]

In the result, the reasonable expectations standard was held not to have been infringed. The BCE directors had "exercised business judgment in a responsible way"[92] under the circumstances. Bell Canada's debentureholders could not have had a reasonable expectation that the investment grade status of their debentures would be maintained.[93] They could have had a reasonable expectation that their short and long-term interests would be considered as part of the decision. The evidence showed that their interests had, in fact, been taken into account.[94] The fact that their interests had been negatively affected did not show that those interests had been "unfairly disregarded", given the business context in which the decision to recommend sale of the BCE shares was made.[95] There was no evidence to support a reasonable expectation that the directors could negotiate a better arrangement, from the debentureholders' viewpoint, that would still have addressed the business situation facing BCE.[96]

Canadian corporate law does not, therefore, go very far in recognizing a legal obligation of a corporation's management to take account of the interests of stakeholders other than the corporation itself. Both *Peoples* and *BCE* rejected challenges to the decision in question by groups whose financial interests were negatively affected by it. The directors were entitled to make their decisions taking these other stakeholders' interests into account, but ultimately, as long as their decision

---

[89] *Ibid*, para 30 (emphasis in the original).

[90] *Ibid*, para 56.

[91] *Ibid*, para 66.

[92] *Ibid*, para 84; see also para 112 ("within the range of reasonable choices that they could have made in weighing conflicting interests").

[93] *Ibid*, para 100.

[94] *Ibid*, para 103.

[95] *Ibid*, para 104.

[96] *Ibid*, para 113.

met the "best interests of the corporation" standard, there was no breach of their fiduciary obligation. Nor, in the absence of a breach of a duty of care owed to a group of stakeholders, could there be a breach of a civil obligation.

One paper commenting on these two cases has concluded, "It is not surprising that courts have shied away from the juridification of stakeholder interests; *BCE* illustrates the challenge."[97] The authors see more promise in introducing requirements to report on economic, social and governance (ESG) initiatives and in shareholders agreeing to clarify directors' duties in the constitutive documents of the corporation or otherwise.[98] They also suggest that, in the two cases just discussed, the court "may have reached to achieve a desired outcome—one arguably consonant with societal norms—without carefully articulating the underlying legal reasoning, and this has led to a diminution both in judicial clarity and directorial accountability."[99] Another commentator has proposed that corporate legislation be used to provide non-traditional stakeholders with remedies that would install legal norms of responsibility among directors.[100]

2.2 *Rules Pertaining to the Law of Contract*

I have not found any Canadian instruments or case law laying down obligations in certain classes of contract to observe CSR norms. As with CSR standards generally, the use of contractual terms to achieve CSR aims is regarded in Canadian law as a matter of best business practice rather than legal obligation.

It may be that a tort claim could be based on a duty of a Canadian business to include certain CSR provisions in any contract with its subsidiaries or suppliers. That, however, would require that a duty of care exist between the Canadian business and the foreign people who were adversely affected by the business's failure to secure such provisions in its contracts.[101] This difficulty is briefly discussed under question 8.

2.3 *Rules Pertaining to Law of Torts*

A third party's action against a company for breach of a rule of CSR (or a standard of CSR, since Canadian law has no "rules" of CSR as such) would be characterized as a

---

[97]Waitzer and Jaswal (2009), p. 480.

[98]*Ibid*, pp. 481–494.

[99]*Ibid*, p. 495 (citations omitted). A similar assessment is Bradley (2009).

[100]Posyniak (2012). That the *BCE* case leaves a gap when it comes to giving stakeholders effective remedies is also the conclusion of VanDuzer (2010).

[101]Conway (2015), p. 741.

tort action. This is certainly so under the law of the common law Canadian provinces and territories, because of the common law's adherence to the doctrine of privity of contract. A contract gives rights only to the parties to the contract, not to anyone else, such as a contracting party's employees or those with whom a party deals.[102] The law of Québec does not include a doctrine of privity, but any claim by a third party against a company that failed to meet CSR standards, causing the third party loss, would be considered an extra-contractual obligation under the law of Québec.[103]

As far as decided cases are concerned, no tort claim has yet been made successfully by a person injured abroad by a Canadian corporation's failure to observe CSR standards. However, such claims have been initiated and have survived preliminary applications to strike the claims as disclosing no reasonable cause of action.

The challenge to the claims in each of the following cases revolved around the question whether the defendant, in each case a Canadian corporation, owed a duty of care to the foreign plaintiffs. At Canadian common law, establishing a duty of care in a novel category of claim (which each of these were held to be) involves a two-stage analysis. First, the risk of harm from the defendant's negligent act or omission must have been reasonably foreseeable, and, in addition, the relationship between the defendant and the plaintiff must have been one of "proximity". Proximity is a polyvalent concept that involves not only the factual circumstances that connected the defendant's activities with the harm suffered by the plaintiff, but also issues of policy as to whether imposing a duty of care in that type of relationship is fair and reasonable. If both of these elements, foreseeability and proximity, are found to be satisfied, a *prima facie* duty of care exists. The second stage is to assess whether the *prima facie* duty of care ought to be negatived for overriding reasons of policy that were not considered at the first stage because their relevance is to the tort system as a whole rather than to the particular type of relationship being considered. The overriding policy that is most often raised is that imposing a duty of care would result in defendants being subject to indeterminate liability.[104]

In the civil law of Québec, extra-contractual liability is, of course, analysed differently. The two most relevant provisions of the *Civil Code* are article 1457(1),

---

[102]In Canadian common law an exception is made when the parties agree to limit or exclude their rights to sue a third party such as an employee. Notwithstanding the general rule of privity, the third party can invoke the contractual provision as a defence: *London Drugs Ltd v Kuehne & Nagel International Ltd*, [1992] 3 SCR 299; *Fraser River Pile & Dredge Ltd v Can-Dive Services Ltd*, [1999] 3 SCR 108. But the rule of privity remains in place in other respects.

[103]This was stated in so many words in *Peoples Department Stores Inc v Wise*, 2004 SCC 68, [2004] 3 SCR 461, para 57: "[I]f breach of the standard of care, causation and damages are established, creditors [in making a claim against directors] can resort to art. 1457 [of the *Civil Code of Québec*] to have their rights vindicated." Art. 1457 is the general provision for extra-contractual liability. Para 1 of that provision says, "Every person has a duty to abide by the rules of conduct which lie upon him, according to the circumstances, usage or law, so as not to cause injury to another." That was held (*Peoples*, para 58) to incorporate by reference the statutory duty of care on directors in the *Canada Business Corporations Act*, RSC 1985, c C-44, s 122(1)(b).

[104]The currently most authoritative exposition of the duty of care methodology is *Cooper v Hobart*, 2001 SCC 79, [2001] 3 SCR 537.

which lays down the duty of every person to abide by "rules of conduct which lie upon him, according to the circumstances, usage or law, so as not to cause injury to another",[105] and article 1607, which requires that injury be 'an immediate and direct consequence" of the wrongdoer's default.[106] The role that duty of care plays in the common law is performed in the civil law by the jurisprudence on who is "another" for the purpose of article 1457, and on directness and causation, two elements referred to in article 1607.[107]

Choc v Hudbay Minerals Inc (2013, Ont SCJ)[108]

Mine workers in Guatemala, who were indigenous Mayans, brought three actions in Ontario against Hudbay, a Canadian company that controlled the Guatemalan subsidiaries that operated the mine.[109] The plaintiffs claimed that security personnel hired by the Guatemalan entities committed human rights abuses, including a shooting, a killing, and gang-rapes. Each type of abuse was the subject of one of the actions. The abuses occurred during forced evictions after the plaintiffs attempted to reoccupy and farm part of the land on which the mining property was located. Their communities had argued successfully before the Guatemalan courts that they collectively had legal rights to the property and their presence on the land was an assertion of those rights.

The principal difficulty under Canadian law (both common law and civil law) in holding a parent company liable for wrongs committed by a foreign subsidiary is that the wrongdoing company is a separate legal person from its parent and does not automatically make its parent liable. In this case the judge characterized the claims as based primarily on the parent company's own, independent wrongs, not as an attempt to "pierce the corporate veil" so as to make it liable for the wrongs of the subsidiary.[110] However, in one of the cases the claims had been pleaded in terms that fitted one of the exceptions to the "corporate veil" rule. This was that the Guatemalan operator of the mine was acting as agent of Hudbay. That claim could proceed to trial.[111]

The claims based on the direct liability of Hudbay were framed as negligence actions. It was alleged that Hudbay had been in breach of a duty of care in overseeing the affairs of its subsidiaries. Hudbay contended that it was plain and obvious that the claim must fail because it owed no duty of care to the plaintiff villagers as a

---

[105] CQLR, c CCQ-1991 {*CcQ*]; see Annex III.

[106] *Ibid*. Art 1607 reads, "The creditor is entitled to damages for bodily, moral or material injury which is an immediate and direct consequence of the debtor's default."

[107] Grenon and Bélanger-Hardy (2008), pp. 387–392 (direct injury and "another"), 418–424 (causation); Baudouin and Deslauriers (1998), pp. 157–170 (direct injury and "another"), 341–373 (causation).

[108] 2013 ONSC 1414, 116 OR (3d) 674.

[109] Different subsidiaries had operated the mine at different times.

[110] *Choc v Hudbay Minerals Inc*, 2013 ONSC 1414, 116 OR (3d) 674, para 43.

[111] *Ibid*, p. 49.

matter of Ontario law—which would apply if the tort was considered to be committed in Canada.[112] The duty of care essentially depended on establishing two things. One was that harm to the villagers was a foreseeable result of Hudbay and its subsidiary's having decided on forced evictions by hired security personnel. The pleaded facts could support this element.[113] The other was that, under the circumstances, a relationship of "proximity" existed between Hudbay and the plaintiffs. The pleaded facts disclosed a sufficient basis for arguing that a relationship of proximity existed, such that it would not be unjust or unfair to impose a duty of care.[114] The negligence claims based in Hudbay's own wrongs could therefore also proceed to trial.

Piedra v Copper Mesa Mining Corp. (2011, Ont CA)[115]

Copper Mesa, incorporated in British Columbia, owned a second-level subsidiary that had a mining property in Ecuador. Two of Copper Mesa's directors resided in Toronto. The plaintiffs were residents of Ecuador. They brought an action in Ontario for $1.5 billion, for various torts allegedly committed by or on behalf of Copper Mesa in Ecuador. The torts included human rights violations and abuses that the plaintiffs said were committed by the mine's security forces in connection with a copper mine project that the plaintiffs, local villagers, opposed. The defendants were Copper Mesa, the two Ontario-resident directors, and the companies that operated the Toronto Stock Exchange (the TSX defendants), on which Copper Mesa's shares were listed. The defendants brought a motion to strike out the claims, on the basis that they disclosed no reasonable cause of action. The Ontario Court of Appeal, affirming the motion judge's decision, held that the claims were properly struck out.

Each of the claims was considered under Ontario law. The TSX defendants were said to have been negligent in offering Copper Mesa the facilities to raise capital, based on the nature of Copper Mesa's business activities. However, the TSX defendants, the court held, owed no duty of care to the plaintiffs. Neither of the two requirements for a *prima facie* duty of care was present. Harm to the plaintiffs from what these defendants did was not foreseeable, and there was no relationship of proximity, or indeed any relationship, between the stock exchange operators and the Ecuadorian plaintiffs.[116]

The plaintiffs had not alleged negligence as against Copper Mesa as a corporate entity, only against the two directors who lived in Ontario. Copper Mesa was sued on the basis that it was vicariously liable for the directors' torts.[117] However, the plaintiffs had failed to plead any facts that would show the directors were in any

---

[112] *Tolofson v Jensen*, [1994] 3 SCR 1022. Ontario law would also apply even if the tort was held to be committed in Guatemala, if the law of Guatemala was not proved.

[113] *Choc v Hudbay Minerals Inc*, 2013 ONSC 1414, 116 OR (3d) 674, para 63–65.

[114] *Ibid*, para 70.

[115] 2011 ONCA 191, 332 DLR (4th) 118.

[116] *Ibid*, para 40–71.

[117] *Ibid*, para 78.

way personally involved in what the security personnel did in Ecuador. The claims against them therefore failed for want of pleaded facts that would support a duty of care or a breach of that duty.[118]

Das v George Weston Ltd (2018, Ont CA)[119]

This was a class proceeding brought on behalf of all those who had been injured in the collapse of the Rana Plaza, a multi-story factory building in Bangladesh. One defendant was a Canadian company that purchased garments, for sale in its Canadian Loblaws stores, from a Bangladesh supplier, Pearl Global. The latter engaged another Bangladesh company, New Wave, one of the manufacturers in the building, to produce some of the garments. Loblaws had adopted CSR standards designed to oversee the operations of its suppliers, which were located in many foreign countries. The plaintiffs' case was, basically, that Loblaws had been negligent in failing to take reasonable measures to ensure that the premises in which New Wave's employees worked were safe. The alleged facts included manifest deficiencies in the structural safety of the Rana Plaza building.

The class proceeding was brought not only against Loblaws but also against a French company, Bureau Veritas, which carried on business in Ontario and in Bangladesh, among many countries. Loblaws had engaged Bureau Veritas's Bangladesh subsidiary to conduct "social audits" of Loblaw's suppliers there. A social audit was an assessment of the supplier's compliance with Loblaw's CSR standards as well as industry standards and local laws. Bureau Veritas was said to have been negligent, as against the victims of the building collapse, in failing to include building safety in its audit of New Wave.

The claims against Loblaws and Bureau Veritas were characterized as tort claims.[120] The court considered whether the *lex loci delicti* was Ontario or Bangladesh and, in either case, whether there was a viable claim. (The main issue argued on the law of Bangladesh was whether the action was barred by the Bangladesh limitation statute.[121]) The choice of law issue will be discussed further below, under question 17. On the assumption that Ontario law applied, the motion judge held that the claims against both Loblaws and Bureau Veritas were bound to fail. (The Court of Appeal found it unnecessary to decide the position under Ontario law because it agreed that liability was governed by Bangladesh law). The *prima facie* duty of care was again the main issue, raising the two questions of foreseeability and proximity. Harm to those present in the building, from a want of due care, was held to have been reasonably foreseeable by Bureau Veritas but not by Loblaws.

[118] *Ibid*, para 74–92.

[119] 2018 ONCA 1053, leave to appeal to SCC refused, 38529 (8 August 2019).

[120] In addition to the negligence claims there was a breach of fiduciary duty claim against Loblaws. This is technically not a tort claim because fiduciary obligations originated in the courts of Chancery in England, but for practical purposes here it can be regarded as a tort claim.

[121] Limitation statutes are characterized as substantive in Canadian law: *Tolofson v Jensen*, [1994] 3 SCR 1022.

The reason was that Loblaws was not engaged in any activity that foreseeably would pose a risk of harm to the victims of the building collapse. It dealt with New Wave as one of its sub-suppliers but that was all. The fact that it had promulgated CSR standards did not impose a duty on it, because it would not be fair to punish this "good deed" by imposing a duty of care on Loblaws that would not be imposed on other firms that had not adopted CSR standards although they did use suppliers in the same building (there were several besides New Wave).[122]

In any event, whether or not the foreseeability element was present, the proximity element was not satisfied for either defendant. There was no relationship at all with those in the building who did not work for New Wave—workers for other manufacturers, and several hundred other persons who happened to be there when it collapsed. Even the relationship with New Wave employees was "indirect at best and more of an association that a relationship".[123] Loblaws, by sourcing garments from New Wave (although only contracting with Pearl Global), had not assumed a responsibility for the physical safety of New Wave's employees. The employees could not have had a reasonable expectation of such a responsibility on Loblaws' part.[124] As for Bureau Veritas, the argument that it was under a duty of care to assess building safety was inconsistent with the actual terms of its retainer by Loblaws, which were to conduct a social audit only. Therefore, no relationship of proximity, with respect to such safety, was present on the facts.

Summary of the Cases

The cases just discussed show the difficulties in making a common law tort claim for failure to observe CSR standards in foreign operations. Where, as in *Hudbay*, the plaintiffs are alleged to have been injured by the activities of the multinational concern itself, and the activities can be attributed at least in part to the parent company, a duty of care on the part of the parent company can be argued because the two principal elements of such a duty, the foreseeability and proximity requirements, are potentially present on the facts. A case like *Das* is at the other end of the spectrum because Loblaws, either itself or through subsidiaries, did nothing in Bangladesh except buy clothes that were made there.[125] Nor had it done anything, according to the judge, that could be said to have generated expectations on the part of the manufacturer's employees that Loblaws would proactively take steps to ensure their personal safety. *Piedra* sits between these two. It did involve a defendant corporation that controlled the local corporation that violated CSR norms. However, the pleaded facts were insufficient to support a viable claim against the corporation or the stock exchange on which its shares were listed.

[122] *Das v George Weston Ltd*, 2017 ONSC 4129, para 525, 533.

[123] *Ibid*, para 528.

[124] *Ibid*, para 531.

[125] In the course of doing so, Loblaws executives did visit Bangladesh and the New Wave premises; *ibid*, para 47.

2.4 Do CSR Rules Fall Under Public Policy or Are They Characterised as Mandatory Rules?

As explained in the responses above, in Canada CSR rules are neither mandatory rules imposed by legislation, nor rules of public policy. They are merely rules (or principles) of best practice that receive some government promotion but remain a matter of voluntary adherence by parties.

3 Alternative Methods of Dispute Resolution

3.1 Does Your Country Allow Disputes Concerning CSR to Be Submitted to:

Arbitration	YES
Mediation	YES
Conciliation	YES
An OECD National Contact Point	YES
Another alternative method (in which case, please specify)	

3.2 Please Explain the Above Answers

The Canadian National Contact Point is described above under question 2. As for the other dispute settlement methods, since CSR issues could arise, in legal terms, only as contractual disputes or tort claims, it would be open to the parties to such disputes or claims to agree on arbitration, mediation or conciliation.[126] There is no legislation that would enable one party to require the other to use any of these methods. Nor is there any analogue in the CSR context to the legislation, in some provinces, that restricts the ability of a party to stipulate one or other of these methods for consumer or employment disputes.

The *Court Jurisdiction and Proceedings Transfer Act* [*CJPTA*][127] codifies (up to a point) the private international law of jurisdiction in British Columbia. The statutes in Nova Scotia and Saskatchewan vary only in minor respects from the BC

[126] Arbitration is governed by statute in each province. Both the common law and the civil law of Quebec traditionally refused to give arbitration agreements unquestioned effect, because of the policy against "ousting the jurisdiction" of a court. However, following international trends, statutes in the provinces now accept not only the legality but also the binding nature of arbitration agreements. For Quebec, see *Civil Code of Québec*, CQLR, c CCQ-1991, art 3148.

[127] SBC 2003, c 28 (in force 4 May 2006) [*CJPTA (BC)*].

version.[128] The other six common law provinces (Alberta, Manitoba, Ontario, New Brunswick, Prince Edward Island, and Newfoundland & Labrador) and three territories (Yukon, Northwest Territories, and Nunavut) follow the common law principles of jurisdiction. Book Ten of the *Civil Code of Québec* deals comprehensively with private international law in that province.[129]

For the common law jurisdictions of Canada, the two most important treatises are those by Walker[130] and by Pitel and Rafferty.[131] For Québec, they are those by Emanuelli[132] and by Goldstein and Groffier.[133]

4 Jurisdiction

*4.1 Where the Dispute Must Be Submitted to a Court in Your Country, Which Court Has Jurisdiction (*More Than One Answer Is Possible*)*

The Forum of the Defendant?

Yes. In the CJPTA provinces, the test is "ordinary residence",[134] which is defined for a corporation as including any jurisdiction where it has a place of business.[135] In the other common law provinces, an individual can be sued in the jurisdiction where he or she was present at the time the action was commenced. A corporation is considered present wherever it carries on business.[136] At common law, a corporation can be sued in any country in which it carries on business, whether or not the claim is related to that business.[137]

In Québec there is jurisdiction based on the defendant's domicile or residence in Québec.[138] A legal person is domiciled at the place of its head office.[139] In personal

---

[128]*Court Jurisdiction and Proceedings Transfer Act*, SS 1997, c C-41.1 (in force 1 March 2004); *Court Jurisdiction and Proceedings Transfer Act*, SNS 2003 (2d Sess), c 2 (in force 1 June 2008). Yukon Territory has enacted it but not brought it into force: *Court Jurisdiction and Proceedings Transfer Act*, SY 2000, c 7. See Black et al. (2012).

[129]CQLR, c CCQ-1991 {*CcQ*].

[130]Walker (2005).

[131]Pitel and Rafferty (2016).

[132]Emanuelli (2006).

[133]Goldstein and Groffier (1998).

[134]*CJPTA (BC)*, SBC 2003, c 28, s 3(d).

[135]*Ibid*, s 7.

[136]The leading case on this ground of jurisdiction over a corporation is *Chevron Corp v Yaiguaje*, 2015 SCC 42, [2015] 3 SCR 69.

[137]*Ibid*, para 78–89.

[138]*CcQ*, CQLR, c CCQ-1991, art 3148(1).

[139]*Ibid*, art 307.

actions of a patrimonial nature a legal person domiciled outside Québec can be sued in Québec if it has an establishment there, and the dispute relates to its activities in Québec.[140] This makes the Québec rules for jurisdiction over a corporation much narrower than the rules in the common law provinces. In the common law provinces, including those that have the *CJPTA*, a corporation that carries on business in the province is considered to be present in the province and so subject to the jurisdiction of its courts for any type of claim. In Québec there is no jurisdiction unless the corporation has its head office in Québec and so is domiciled there, or the claim relates to business that the corporation, though domiciled elsewhere, does at an establishment in Québec.

The Forum of One of the Defendants, with All the Potential Defendants Being Added (in This Case, Specify on What Basis—Corporate Group, Practical Involvement, Etc.) Whatever Their Geographical Location?

Yes, as a general rule. In the non-CJPTA provinces, rules of court typically allow service on a person outside the province if that person is a necessary or proper party to a person served in the province. Traditionally, in England, proper service of process *ipso facto* established jurisdiction, but in Canada that is no longer so. Service does not establish jurisdiction if there is no real and substantial connection between the province and the defendant or the facts giving rise to the cause of action.[141] Generally speaking, a real and substantial connection can be shown if a plaintiff sues a party that is resident outside the province for wrongs that are connected with claims against a party in the province. The same is true if a defendant makes a third party claim against a person outside the province, or if defendant A seeks contribution and indemnity from defendant B, located outside the province, on the basis that that defendant B was also liable to the plaintiff. However, there is no absolute rule that a claim against a party or third party outside the province has a real and substantial connection with the province just because it is most conveniently tried together with a claim against a person in the province. The drafters of the *CJPTA* did not include the "necessary or proper party" category of case as a presumed real and substantial connection.

Therefore, if the two claims are factually completely separate from one another, the fact that they can conveniently be heard together may not be not sufficient to bring the claim against the non-resident party. A example, in recent cases, is a plaintiff suing a person in the province who injured him or her in an accident, and then trying also to sue a person outside the province who injured him or her in a completely separate second accident that happened outside the province. The case for a "real and substantial connection" that has been argued is that the damage caused by the two accidents is indivisible and requires a joint trial. However, the

[140] *Ibid*, art 3148(2). Residence is not a criterion that applies to a legal person because it is defined in art 77 as "the place where he [the person] ordinarily resides".

[141] *Morguard Investments Ltd v De Savoye*, [1990] 3 SCR 1077; *Hunt v T & N plc*, [1993] 4 SCR 289.

courts have held that the fact that the court has jurisdiction over the first claim does not give the court jurisdiction over the second claim, even if the two accidents did cause damage that analytically is indivisible. There is just no territorial connection with the second accident.[142]

In Québec, the Civil Code includes article 3139, which gives a Québec court jurisdiction to hear an "incidental demand" if the court has jurisdiction to hear the "principal demand."[143] The provision has been the subject of discussion by commentators, who note its potential for giving a court jurisdiction over a matter having no connection with Québec at all.[144] It has not yet been the subject of judicial consideration.[145]

The Contractual Forum? (Explain the Conditions for This to Apply, Giving Examples Relating to CSR)

Yes. Canada is not a party to the Hague Choice of Court Convention.[146] However, if parties have agreed that the court of a province shall have jurisdiction, that court has jurisdiction both under the CJPTA[147] and at common law.[148] The same is true in Québec.[149] The only conditions are that the agreement must be valid and that it must, on its proper construction, apply to the dispute in question.

In the CSR context, it could lead to a Canadian court taking jurisdiction in a dispute between a Canadian company and a foreign contracting partner, if the contract provided for such jurisdiction. However, if the claim were against the Canadian company, there would be unquestioned jurisdiction in any event because of the Canadian company's presence in the province (in the common law provinces) or its domicile or establishment in the province (in Québec).

The Forum of the Damage? (State What Is Meant by "Damage")

Québec law distinguishes between cases where a "fault was committed in Québec", an "injury was suffered in Québec", or "an injurious act or omission occurred in Québec". All three are separately mentioned in the same provision of the Civil Code

---

[142] *E.g.*, *Best v Palacios*, 2016 NBCA 59 (one accident in New Brunswick, the other in Massachusetts, USA).

[143] *CcQ*, CQLR, c CCQ-1991, art 3139.

[144] Goldstein and Groffier (1998), pp. 336–338.

[145] Obiter remarks were made about it in *Lapointe Rosenstein Marchand Melançon LLP v Cassels Brock & Blackwell LLP*, 2016 SCC 30, [2016] 1 SCR 851, para 33. These were criticized by the dissenting judge as an unnecessary pronouncement on the meaning of a provision of Quebec law that was not at issue in the case, which was an appeal from Ontario: *ibid*, para 120.

[146] Walker (2005), § 11.2c. Ontario has already passed implementing legislation that will take effect when Canada becomes a party to the convention with application to Ontario: *International Choice of Court Agreements Convention Act, 2017*, SO 2017, c 2.

[147] *CJPTA (BC)*, SBC 2003, c 28, s 3(c).

[148] Walker (2005), § 11.2b; Pitel and Rafferty (2016), pp. 66–71.

[149] *CcQ*, CQLR, c CCQ-1991, art 3148(4).

as giving the court jurisdiction.[150] An omission is situated in Québec if the pre-existing obligation, on which the culpable omission was based, was one that ought to have been fulfilled in Québec.[151] Damage includes loss of reputation and financial loss, which are considered to be suffered in Québec if the plaintiff is resident there or has an establishment there to which the loss should be attributed.[152]

The jurisdictional rule in the common law provinces, both those with the *CJPTA* and those without it, is that the court has jurisdiction if the claim concerns a "tort committed in the province".[153] This involves considering both the place where the defendant's act or omission took place, and the place of damage, as well as other elements like the foreseeability to the defendant of the place where the harm was suffered. Financial loss, as well as physical injury to person or property, is included, as is damage to reputation. Courts have not been willing to take jurisdiction based solely on the fact that the plaintiff suffered damage in the province, in the form of pain, suffering and expense, as the consequence of having moved to the province after suffering the initial injury elsewhere. That does not meet the "real and substantial connection" test.[154]

The most extensive consideration of the locus of a tort in a CSR case has been in the context of choice of law, and will be considered below.[155] In the CSR cases involving jurisdiction, the defendant was typically a Canadian corporation over which there was unquestioned jurisdiction, so the primary jurisdictional argument was *forum non conveniens*. (See under question 13.)

The Forum of Necessity? (State the Conditions for This Rule to Apply)
Forum of necessity has an uncertain status in Canadian common law.[156] It is, however, present in the Québec Civil Code. Article 3136 provides,

---

[150] *Ibid*, art 3148(3). These grounds were said to satisfy the constitutional requirement of a "real and substantial connection" with Quebec in *Spar Aerospace Ltd v American Mobile Satellite Corp*, 2002 SCC 78, [2002] 4 SCR 205.

[151] Emanuelli (2006), p. 103.

[152] *Spar Aerospace Ltd v American Mobile Satellite Corp*, 2002 SCC 78, [2002] 4 SCR 205 (both financial loss and loss of reputation pleaded).

[153] *CJPTA (BC)*, SBC 2003, c 28, s 10(g) (presumed real and substantial connection). For the non-*CJPTA* provinces, the leading decisions on "tort committed in the province" are *Moran v Pyle National (Canada) Ltd*, [1975] 1 SCR 393 (products liability); *Breeden v Black*, 2011 SCC 19, [2012] 1 SCR 666 (defamation).

[154] *Club Resorts Ltd v Van Breda*, 2012 SCC 17, [2012] 1 SCR 572, para 89.

[155] Below, under Q17.

[156] It was mentioned several times in *Club Resorts Ltd v Van Breda*, 2012 SCC 17, [2012] 1 SCR 572, para 59, 82, and 86, only to emphasize the court was giving no opinion on it. Some lower courts have assumed it to be part of the common law: see, for example, *Cook v 1293037 Alberta Ltd*, 2016 ONCA 836; *Forsythe v Westfall*, 2015 ONCA 810, leave to appeal to SCC refused, 36716 (10 March 2016): West *Van Inc v Daisley*, 2014 ONCA 232, 119 OR (3d) 481; *Ibrahim v Robinson*, 2015 ONCA 21, 124 OR (3d) 106. However, no significant case has held that it applied. It was an alternative ground for jurisdiction in *Obégi Chemicals LLC v Kilani*, 2011 ONSC 1636.

> 3136. Even though a Québec authority has no jurisdiction to hear a dispute, it may hear it, if the dispute has a sufficient connection with Québec, where proceedings cannot possibly be instituted outside Québec or where the institution of such proceedings outside Québec cannot reasonably be required.

This provision was considered by the Québec Court of Appeal in *Anvil Mining Ltd c Association canadienne contre l'impunité*.[157] Anvil was a company incorporated in the Northwest Territories of Canada, but its head office was in Australia. Its sole activity was to mine copper in the Democratic Republic of Congo (DRC). It was sued in Québec by the victims of a bloody suppression by Congolese military of an attempt by armed individuals to declare the independence of the Katanga region, in which the mine was situated. Anvil, which was said to have been implicated in what happened in the DRC, had a small office in Québec for shareholder relations. The Québec Court of Appeal held that the Québec courts lacked international competence in respect of this claim under the general jurisdictional rules, given that the claim bore no relation to the activities that Anvil carried on in Québec[158] and the claim was based on acts done and harm suffered entirely outside Québec. The Congolese victims argued that the Québec courts could exercise the jurisdiction of necessity under article 3136, but the Court of Appeal held against this argument on the basis that the plaintiffs had submitted no valid grounds for not pursuing their claim in Australia.

The *CJPTA* includes a forum of necessity provision that was in part derived from Québec's but omits the "sufficient connection with [the province]" requirement in the Québec provision. The *CJPTA* section says:

> **6**. A court that under section 3 lacks territorial competence in a proceeding may hear the proceeding despite that section if it considers that
>
> (a) there is no court outside British Columbia in which the plaintiff can commence the proceeding, or
> (b) the commencement of the proceeding in a court outside British Columbia cannot reasonably be required.

This has not been considered by an appellate court in any of the three provinces that have the *CJPTA*.[159] It has been applied by a trial court in British Columbia, but the correctness of that case is open to question because it was a factual situation where the inability to sue elsewhere was due, not to external circumstances, but to legal problems that the claim would encounter in the alternative forum.[160]

[157] 2012 QCCA 117, [2012] RJQ 153, leave to appeal to SCC refused, 34733 (1 November 2012). A first instance decision, also finding the provision was not satisfied, was *Droit de la famille — 14994*, 2014 QCCS 1893.

[158] As is required if an action is brought against a non-resident corporation based on its having an establishment in Quebec: above, under Q12(a).

[159] Some first instance decisions are *Sekela v Cordos*, 2015 BCSC 732; *Aleong v Aleong*, 2013 BCSC 1428; *Luu v Wang*, 2013 BCSC 454; *Lamothe v Lamothe*, 2014 NSSC 137.

[160] *Josephson v Balfour Recreation Commission*, 2010 BCSC 603, 10 BCLR (5th) 39, leave to appeal to BCCA granted, 2010 BCCA 339. It is understood that the appeal was discontinued.

Claims by foreign plaintiffs against a Canadian corporation that violated its CSR obligations would seldom raise a forum of necessity issue, but claims by Canadian or foreign plaintiffs against a foreign entity could do so.[161]

Universal Civil Jurisdiction? (State the Conditions for This Rule to Apply)

Following the English model, a rule of public international law is not part of Canadian law unless it is adopted by judicial decision in a common law case, or implemented by statute. This is also true of jurisdiction. Canadian courts can exercise no jurisdiction solely on the basis that such jurisdiction would be regarded as universal under public international law. The jurisdiction must be specifically conferred on the court by judicial precedent or by statute.

Even if universal jurisdiction were a ground for a Canadian court to take jurisdiction, it is doubtful whether CSR claims would be regarded as a category of claims that are subject to universal jurisdiction.

Other?

This heading is an appropriate one under which to note *Chevron Corp v Yaiguaje*.[162] It is the only CSR case so far to have reached the Supreme Court of Canada. It was not an original claim but an action to enforce a judgment rendered in Ecuador against an American petroleum corporation, Chevron US. The plaintiffs in the Ecuadorian proceedings were some 30,000 villagers whose property and livelihood had been harmed by environmental damage resulting from oil exploration and extraction activities of Texaco, which was acquired subsequently by Chevron US. The Ecuadorian court gave judgment against Chevron US for US$9.51 billion. The enforcement action was brought in Ontario against both Chevron US and its seventh-level subsidiary, Chevron Canada, which was headquartered in Ontario and did extensive business throughout Canada. Chevron US had obtained orders from United States courts barring enforcement of the Ecuadorian judgment in the United States on the ground that it was obtained by fraud.

The *Chevron* enforcement action has so far gone through a jurisdiction stage and partly through the merits of the enforcement claims. In the jurisdiction stage, Chevron US and Chevron Canada argued, on different grounds, that the Ontario court had no jurisdiction, as a matter of Canadian constitutional law, to entertain the enforcement proceeding. Chevron US argued that the enforcement claim lacked a real and substantial connection with Ontario, such a connection being the general constitutional prerequisite for jurisdiction in a civil case. The Supreme Court of Canada held that in an action to enforce a foreign judgment a real and substantial connection was not necessary, essentially because an enforcement action is distinct

---

[161]The claims by the Eritrean plaintiffs in *Araya v Nevsun Resources Ltd*, 2017 BCCA 401, 419 DLR (4th) 631, leave to appeal to SCC granted, 37919 (14 June 2018), might well have been ones that "could not reasonably be required" to be brought in Eritrea, but the defendant was a British Columbia corporation, which removed any jurisdictional difficulty as far as jurisdiction *simpliciter* (jurisdiction as a matter of law, as distinct from discretion) was concerned.

[162]2015 SCC 42, [2015] 3 SCR 69.

from an action on an original claim. It does not purport to impose obligations on a defendant outside the province. Those obligations have been imposed by the foreign judgment. The enforcement action does nothing but provide local machinery to enforce the already existing obligation. Jurisdiction is therefore not dependent on showing a real and substantial connection with the province.

Chevron Canada argued that the court lacked jurisdiction because the claim against it, as a (seventh-level) subsidiary of Chevron US, lacked any connection with the business that it did in Ontario or elsewhere in Canada. The Supreme Court held, consistently with common law precedent, that such a connection was unnecessary. Carrying on business in the province makes a corporation present in the province, and presence is sufficient to give the courts of that province jurisdiction over the corporation irrespective of the nature of the claim, or whether the claim has anything to do with the business that the corporation did in the province.

The Supreme Court's decision was solely on the issue whether the enforcement proceeding was within the jurisdiction of the Ontario courts. It was not concerned with any of the substantive issues relating to that proceeding. There was no question that—leaving aside defences such as fraud, natural justice and public policy—Chevron US was bound by the judgment because it had submitted to the jurisdiction of the Ecuadorian court and defended the original proceeding. However, Chevron US had no business or assets in Canada, only Chevron Canada did. Therefore, the fundamental question in the second phase of the litigation was whether the assets of Chevron Canada were exigible to satisfy a judgment against its parent company.

The Ontario Court of Appeal held that they were not.[163] The plaintiffs were unable to displace the principle that the assets of a corporation (Chevron Canada, in this case) do not belong to its shareholders (Chevron US). Nor were they able to persuade the court to "pierce the corporate veil" on the basis that Chevron Canada should be treated as the *alter ego* of Chevron US. It was not dominated by its parent, because it had its own management, and it was not being used by the parent as an instrument of fraud or wrongdoing. The separate legal personality of the subsidiary corporation was a bedrock principle of corporate law that should be subject only to narrow and clearly defined exceptions. This case fell outside those exceptions. What was really driving the plaintiffs' appearance in the Ontario courts was their inability to enforce their judgment in the United States. This was not a case where a judgment debtor did not have sufficient assets available to pay the judgment debt. It was only because of the court orders in the United States that normally routine enforcement measures were not being pursued there against Chevron US, and that the plaintiffs were asking the Ontario courts to create an exception to the principle of corporate separateness that was ill-defined and would be unnecessary for similarly situated judgment creditors.

[163] *Yaiguaje v Chevron Corp*, 2018 ONCA 472, 423 DLR (4th) 687, leave to appeal to SCC refused, 38183 (4 April 2019).

The *Chevron* case, as it has evolved to this point, shows that, if a CSR claim succeeds in a court outside Canada,[164] there is no question that it can be enforced in Canada. It also shows that—not as a legal prerequisite to jurisdiction but as a practical matter—the defendant in the foreign proceeding itself, not a related corporation, must have assets in Canada.

4.2 If Judicial Rulings Have Already Been Given in Your Country on Breaches of CSR, Please Give Summaries of Those Decisions and Provide Detailed References

A number of CSR claims have been the subject of litigation in Canada. A number of international mining companies are Canadian corporations,[165] and the Canadian courts are being used to seek redress for harm caused by these corporations' activities abroad, usually through subsidiary corporations. The jurisdictional issue has usually been, not jurisdiction *simpliciter* (jurisdiction as a matter of law as distinct from discretion), but *forum non conveniens*. Jurisdiction *simpliciter* has been based on the residence of the defendant corporation in Canada, but *forum non conveniens* is argued because the wrongs are usually ones that were wholly or partly committed in a foreign country. Both at common law and under the *CJPTA*, a court can decline jurisdiction if it is persuaded that another forum would be clearly more appropriate from the point of view of the interests of the parties and the interests of justice.[166] Although its status was unclear before the introduction of the new Civil Code in 1994, *forum non conveniens* is part of the law of Québec. However, article 3135 *CcQ* is framed in terms that stress, more than the common law usually does, the exceptional nature of the discretion:

> 3135. Even though a Québec authority has jurisdiction to hear a dispute, it may, exceptionally and on an application by a party, decline jurisdiction if it considers that the authorities of another State are in a better position to decide the dispute.[167]

The following cases all involved preliminary jurisdictional motions made in CSR claims against Canadian corporations.

---

[164]That is, a court that is regarded under Canadian private international law as having jurisdiction in respect of the claim; see below, under Q20.

[165]See Dashwood (2007, 2012).

[166]The *forum non conveniens* provisions in the *CJPTA (BC)*, SBC 2003, c 28, s 11, were identified with the common law principles relating to *forum non conveniens* in *Teck Cominco Metals Ltd v Lloyd's Underwriters*, 2009 SCC 11, [2009] 1 SCR 321.

[167]See the discussion of this provision in *Spar Aerospace Ltd v American Mobile Satellite Corp*, 2002 SCC 78, [2002] 4 SCR 205.

Garcia v Tahoe Resources Inc (2017, BCCA)[168]

Garcia v Tahoe Resources Ltd is the first appellate case in which foreign plaintiffs succeeded in overcoming a *forum non conveniens* argument in a CSR claim against a Canadian corporation for wrongs that its subsidiary committed abroad. The claims in this case were brought by seven Guatemalan residents who had been shot by security personnel when they conducted a protest just outside a mine in Guatemala owned by MSR, the local subsidiary of Tahoe, a British Columbia corporation whose day-to-day management was located in Nevada, USA but whose directors met once or twice a year in Vancouver and whose annual meetings took place there or in Toronto. Tahoe was alleged to have completely controlled the activities of MSR and to have authorized, expressly or implicitly, the use of excessive force by the security manager and the personnel under his supervision. Alternatively, Tahoe was said to have been negligent in supervising the activities of those persons.

Tahoe conceded that the British Columbia court had jurisdiction under the *CJPTA*'s "ordinary residence" rule, based on Tahoe's being required to have a registered office in British Columbia, since it was incorporated there.[169] Its argument that a court in Guatemala would be a clearly more appropriate forum succeeded before the chambers judge[170] but the Court of Appeal rejected it and held the action should proceed. The main reason, for holding that discretion should have been exercised against granting a stay, was that the evidence showed that Guatemala did not offer a forum in which the plaintiffs could bring their claims against Tahoe. The Court of Appeal stressed that the discovery procedures in Guatemala as against Tahoe were likely to be much less effective than those available in British Columbia; that the plaintiffs' claims were probably barred by the one-year limitation period in Guatemala[171]; and that there was a measurable risk that the plaintiffs' claims would not get a fair hearing in Guatemala.[172]

On the last point the court relied upon evidence presented to the chambers judge that showed that corruption in the Guatemalan justice system was widespread and Guatemala did not have normative structures in place to ensure judicial independence.[173] On a *forum non conveniens* application the party that alleges a foreign legal system is corrupt or ineffective—usually the plaintiff that is resisting the application—must adduce sufficient evidence on that issue. Canadian courts

[168]2017 BCCA 39, leave to appeal to SCC refused, 37492 (8 June 2017).

[169]*CJPTA (BC)*, SBC 2003, c 28, s 7(a).

[170]"Chambers judge" is one of the terms used in some Canadian provinces for a judge dealing with pre-trial matters. In other provinces it is "motion judge".

[171]On this factor the court noted that the plaintiffs had not failed to pursue their rights in Guatemala, since they had joined their civil claims to a criminal proceeding there against Rotondo, the security manager, but the proceeding was suspended indefinitely when Rotondo fled to Peru: *Garcia v Tahoe Resources Inc*, 2017 BCCA 39, leave to appeal to SCC refused, 37492 (8 June 2017), para 91–94.

[172]*Ibid*, para 127–130.

[173]*Ibid*, para 113.

repeatedly stress that they are slow to condemn the system of justice in a foreign country as inferior to Canada's. However, the judge noted that the *forum non conveniens* context must be borne in mind. What must be assessed is whether the foreign tribunal, considering all the circumstances, is a clearly more appropriate forum than the Canadian one. If the integrity of the foreign system of justice is put in issue, what needs to be shown is not proof of corruption but merely a real risk that the alternative forum will not provide justice.[174] That real risk is then weighed as a factor together with all the other factors relevant to the exercise of the court's discretion to stay the proceeding. The risk was sufficiently established here, given that the plaintiffs' claims were against a powerful international company whose mining interests in Guatemala aligned with the political interests of the Guatemalan state.[175]

Araya v Nevsun Resources Ltd (2017, BCCA)[176]

The plaintiffs, refugees from Eritrea who did not live in Canada, brought an action against Nevsun, a mining company incorporated in British Columbia, claiming that the plaintiffs had been subject to forced labour and other human rights abuses while working at the Bisha gold mine developed in Eritrea by Nevsun under a commercial venture with the Eritrean state. Some of the claims were based on British Columbia law relating to torts, including conversion, battery, unlawful confinement, negligence, conspiracy, and negligent infliction of mental distress. Other claims were pleaded in terms of breaches of *jus cogens* or peremptory norms of customary international law such as forced labour and torture. Some claims also raised issues of corporate immunity and whether the act of state doctrine raised a complete defence to the plaintiffs' claims.

The plaintiffs pleaded that Nevsun itself had participated actively in the development of the mine; had condoned human rights abuses by contractors and by the Eritrean military, who were involved with the contractors; had aided and abetted the conduct of the contractors; was liable for the conduct of its Eritrean subsidiary, BMSC; was also vicariously liable for conduct of the contractors and the Eritrean military that furthered Nevsun's commercial objectives; had participated in a civil conspiracy with the Eritrean parties; and was liable for its own negligence for breach of a duty of care owed to the plaintiffs.

Nevsun applied to have the court decline jurisdiction under the *forum non conveniens* provision of the *Court Jurisdiction and Proceedings Transfer Act* (*CJPTA*) (the *forum non conveniens* application).[177] It also sought orders to strike the plaintiffs' claims on the basis that they were not justiciable, either because they were barred by the act of state doctrine (the act of state application) or because they were based on alleged breaches of customary international law (the CIL application).

[174] *Ibid*, para 124.

[175] *Ibid*, para 130.

[176] 2017 BCCA 401, 419 DLR (4th) 631, leave to appeal to SCC granted, 37919 (14 June 2018).

[177] *CJPTA (BC)*, SBC 2003, c 28, s 11.

The chambers judge refused a stay of proceedings on the ground of *forum non conveniens* and the Court of Appeal upheld that decision. A good part of the argument on appeal revolved around the chambers judge's reliance on evidence as to the poor state of the judicial system in Eritrea. In holding that the judge had made no reviewable error in his approach, the Court of Appeal described him as facing a stark choice: the expense, inconvenience and practical difficulties of mounting a trial in British Columbia concerning conduct in a faraway and inaccessible country, as against the prospect of no trial at all, or a trial in an Eritrean court, possibly presided over by a functionary with no real independence from the state—a state that was implicated in the case. It was also relevant that grave abuses of human rights were alleged. The cost, inconvenience and expense that would be involved in a trial in British Columbia must be looked at in the light of the gravity of the plaintiffs' allegations.

The Court of Appeal also affirmed the chambers judge's refusal to dismiss the action on the ground of the act of state doctrine. The scope of the act of state doctrine in Canadian law was unclear but, on any of the possible formulations to be found in (mainly) English case law, the doctrine did not apply here. The plaintiffs' claims did not purport to challenge the legality or validity of Eritrea's legislation or other laws, nor the legal effect of an act of the Eritrean government in relation to events in that country. The claims were for injuries caused by acts on the part of Nevsun in connection with wrongs alleged to have occurred in Eritrea that were not contemplated by any legislation or official policy. Nor was there any suggestion that Eritrea's ownership or possession of property, or indeed its legal position in general, would be affected by a judgment in favour of the plaintiffs. Most importantly, even if the act of state doctrine might apply, the court should apply the public policy exception to the doctrine. The nature of the grave wrongs asserted was such that they could not be justified by legislation or official policy, nor had it been argued in this case that they were.

Finally, the court also affirmed the judge's refusal to strike out the pleadings related to violations of customary international law by Tahoe and those for whom it was responsible. It could not be said that a civil claim based on violations of international law was bound to fail. While the plaintiffs faced significant legal obstacles in making good such a claim, it could not be said that recognizing a norm of customary international law as the basis for some type of private law remedy would bring the entire system of international law crashing down. No state was a party to the present proceeding; Eritrea was fully protected by state immunity; and the prohibition against torture, on which the plaintiffs' international law claims rested in part, was universally accepted.

Das v George Weston Ltd (2018, Ont CA)[178]

The facts of this case were summarized above.[179] Loblaws argued that the Ontario court lacked jurisdiction over some plaintiffs' claims against it arising out of the collapse of the Rana Plaza building in Bangladesh. The issue here was jurisdiction in a class proceeding, where the plaintiffs' connection with the province is relevant as well as the defendant's, since the proceeding is aimed at a decision that will bind all members of the plaintiff class. Loblaws admitted that there was jurisdiction *simpliciter*, based on its being resident in Ontario, for claims brought by plaintiffs who submitted to the jurisdiction by personal involvement in the class proceeding as named plaintiffs. However, it contended that the claims of the "absent foreign claimants", that is, victims of the building collapse who had not submitted to the Ontario court's jurisdiction, lacked a real and substantial connection with Ontario and so were beyond the court's jurisdiction and needed to be excluded from the class proceeding. The court rejected this argument because the absent foreign claimants would be able to opt into the class proceeding by a court-supervised opt-in procedure.[180] Nevertheless, the court went on to refuse certification to the plaintiffs' action on the ground that it was bound to fail, regardless of whether one applied Ontario tort law (as discussed above[181]) or Bangladesh law.[182]

Yassin v Green Park International Inc (2010, Que CA)[183]

Two Quebec companies, Green Park and Green Mount, began constructing residential buildings in the village of Bil'in in the West Bank, territory occupied by Israel since 1967. The buildings were to be occupied by Israeli citizens. The village council, and individuals who were said to have owned the land in question, brought an action in Quebec against the two companies and their principal shareholder, Laroche, claiming a declaration that the defendants' activities made them complicit in Israel's violation of article 49(6) of the Fourth Geneva Convention, dealing with the Protection of Civilian Persons in Time of War, and of other international conventions and customary international law. The defendants applied for a stay of proceedings on the ground of *forum non conveniens*, which was granted by the Superior Court judge.

The Court of Appeal held that there was no reason to interfere with the exercise by the court below of its discretion to decline jurisdiction under article 3135 *CcQ* (*forum non conveniens*). It was correct that the provision requires "exceptional" circumstances to do so, but the judge had a basis for finding that the criterion was met.

---

[178] 2018 ONCA 1053, leave to appeal to SCC refused, 38529 (8 August 2019).

[179] Under Q8(c).

[180] *Das v George Weston Ltd*, 2017 ONSC 4129, para 164–166.

[181] Under Q8(c).

[182] See below under Q17.

[183] 2010 QCCA 1455, aff'ng 2009 QCCS 4151, [2009] RJQ 2579 (*sub nom Bil'in (Village Council) v Green Park International Inc*).

The judge had not erred in taking into account that ownership of the land in question would be an issue in any Quebec proceeding, because it was clear that the interest of some of the plaintiffs to sue depended on their ownership of the property. Nor had he erred in rejecting the plaintiffs' contention that their claim was outside the jurisdiction of the High Court of Justice in Israel. That assertion was unsupported by the evidence. Nor had he erred in holding that the plaintiffs had not made good their claim that, even if it heard the case, the High Court would refuse to decide it as non-justiciable.

The judge had not misapplied the factors relevant to *forum non conveniens* as identified in *Spar Aerospace Ltd. v. American Mobile Satellite Corp.*[184] There was no doubt that the residence of the parties and the witnesses, the location of material evidence, the execution of the work, the location of the defendants' assets, and the need to have the judgment recognized in another jurisdiction, all pointed to Israel as the more appropriate forum. The plaintiffs argued that the judge's characterization of the connection with Quebec as "superficial" was wrong, given that the principal party behind the defendant corporations chose to incorporate in Quebec because of tax benefits and should not now be able to avoid the obligations arising from his choice. That was true as far as it went, but the fact remained that the dispute pitted citizens of the West Bank against corporations carrying out work in the West Bank in compliance with the law applicable in the West Bank. It required a great deal of imagination to claim that the action had a serious connection with Quebec.

Recherches Internationales Québec v Cambior inc (1998, Que SC)[185]
Some 23,000 residents of Guyana brought an action against Cambior, a Québec corporation, claiming damages suffered as a result of a massive spill of toxic materials from the effluent treatment plant of a gold mine operated by Cambior's majority-owned Guyanese subsidiary. By way of declinatory exception, Cambior argued that the court lacked jurisdiction or, alternatively, should decline it on the ground of *forum non conveniens*. The judge found that the Québec court, as well as the Guyanese court, had jurisdiction to try the issues because Cambior was domiciled in Québec. However, the court should exercise the exceptional power to stay the proceeding under article 3135 *CcQ* on the basis of *forum non conveniens*. The court relied on a number of factors in reaching this conclusion, including the fact that the plaintiffs and much of the evidence were located in Guyana; the fault occurred in Guyana; a Guyanese court was in a better position to apply the law of that country, which the parties agreed must apply; and the plaintiffs had "failed to bring forward any conclusive and objective evidence to show that Guyana was an inadequate forum due to the many deficiencies that plague its system of justice."[186]

[184]2002 SCC 78, [2002] 4 SCR 205.

[185]No 500-06-000034-971 (14 August 1998), 1998 CanLII 9780 (Que CS).

[186]*Ibid*, para 88.

Summary of the Cases

Declining jurisdiction on the ground of *forum non conveniens* is a highly fact-driven exercise of discretion, but the way in which the case is pleaded is critical because the pleadings essentially form the assumed facts which the jurisdictional challenge is decided. In the two British Columbia cases where actions have been allowed to continue, *Garcia* and *Araya* (which is under appeal to the Supreme Court of Canada), the claims had been pleaded to implicate the direct responsibility of the Canadian parent corporation and to provide a basis for arguing that the alternative forum—Guatemala and Eritrea, respectively—posed obstacles to the plaintiffs' being able to obtain justice there. In the two Québec cases, *Yassin* and *Cambior*, the pleaded facts did not provide a solid enough basis for the court to conclude either that the claims against the Québec corporations were as substantially connected with Québec as they were with Israel and Guyana, respectively, or that the latter were jurisdictions in which the plaintiffs could not get justice.

The *Das* case was not a *forum non conveniens* case but a case on the question whether the court had jurisdiction in respect of all the members of the plaintiff class. The court held that it did have jurisdiction to adjudicate their claims, by virtue of their submission or potential submission to the court's jurisdiction, but the claims were bound to fail in law.

5 Applicable Law

5.1 What Is the Law Applicable to Rules Relating to Corporate Structure? In Other Words, How Is the lex societatis *Determined?*

The law governing the structure and internal relationships of the corporation is, in all Canadian jurisdictions, the law of the country or province in which the corporation is incorporated.[187]

5.2 What Is the Law Applicable to Rules Belonging to the Law of Contract? (State the Main Conflict Rule—"Autonomy of Will", for Example—Then the Conflict Rules Applicable by Default)

In the common law provinces of Canada, a contract is governed by the law that that the parties have agreed will apply, either by express provision or by necessary

[187]For Quebec, see *CcQ*, CQLR, c CCQ-1991, art 3083(2).

implication. If the parties have made no agreement as to the applicable law, the court must apply the system of law with which the contract has its closest and most real connection.

Under Québec private international law, a juridical act, such as a contract, "is governed by the law expressly designated in the act or whose designation may be inferred with certainty from the terms of the act."[188] If no law is designated, the applicable law is that of "the State with which the act is most closely connected in view of its nature and the attendant circumstances."[189] So far, the Québec approach is very close to that of the common law provinces. However, Québec law includes a "characteristic performance" presumption that is not part of the common law. This is that a juridical act "is presumed to be most closely connected with the law of the State where the party who is to perform the prestation which is characteristic of the act has his residence or, if the act is concluded in the ordinary course of business of an enterprise, has his establishment."[190]

5.3 What Is the Law Applicable to Rules Belonging to the Law of Torts? (State All the Conflict Rules in Your Country in the Order in Which the Courts Would Apply Them)

The only choice of law rule in tort that the Supreme Court of Canada has approved is that the law of the *situs* of the tort applies.[191] The leading judgment left some room for departure from the principle if the *situs* of the tort is indeterminate because the damage occurred in a jurisdiction different from that in which the defendant's act or omission took place, or arose out of some transnational or interprovincial activity.[192] However, no case so far has developed a defined exception to the *lex loci delicti* rule.[193]

[188] *Ibid*, art 3111(1).

[189] *Ibid*, art 3112.

[190] *Ibid*, art 3113.

[191] *Tolofson v Jensen*, [1994] 3 SCR 1022.

[192] *Ibid*, 1049–1050.

[193] The Supreme Court itself has suggested, obiter, that the tort of libel could be governed, not by the *lex loci delicti*, which is the law of each jurisdiction where the defamatory material is published, but by the law of the jurisdiction where the most substantial harm is done to the plaintiff's reputation: *Éditions Écosociété Inc v Banro Corp*, 2012 SCC 18, [2012] 1 SCR 636, para 56–61 (a case in which the alleged libel concerned the Banro company's mining activities in the Democratic Republic of Congo). In *Haaretz.com v Goldhar*, 2018 SCC 28, 423 DLR (4th) 419, which held that jurisdiction should be declined on *forum non conveniens* grounds in a case of Internet libel, the three dissenting judges held that the "most substantial harm" test should not be adopted in Canada, two of the six majority judges held that it should, and the other four held that the case did not call for that issue to be decided.

The *Das* case[194] is so far the only Canadian case to have considered in detail the choice of law issues in a CSR-based lawsuit. The question was whether Loblaws and Bureau Veritas's torts, if proved, would be governed by Ontario or Bangladesh law. The plaintiffs had tried to plead the claims with emphasis on where Loblaws took its corporate decisions and administered its CSR policy, and contended that the alleged torts were committed in Ontario. The court held that, based on the *lex loci delicti* principle, Bangladesh law would apply to the negligence claim against Loblaws.[195] The wrong relied upon—the failure to take steps to monitor the safety of the occupants of a building where garments were made for Loblaws—was to be localized in Bangladesh, not in Ontario. That was the country substantially affected by the alleged acts or omissions, the country whose citizens suffered the consequences of the wrongdoing and whose law was in the reasonable contemplation of the parties and which law was referenced in Loblaws' CSR standards.[196] On similar reasoning, the negligence ascribed to Bureau Veritas also had its *locus* in Bangladesh.[197]

If Bangladesh law applied, the court held, the claims failed because the limitation period under that law had expired and because it was bound to fail under the tort law of Bangladesh.[198]

5.4 Does Your Country's Case Law Allow Verification of Whether the Applicable Law Is in Conformity with the Rules of International Human Rights Law, the ILO Conventions, or Other Mandatory Rules of International Law? Please Explain

Essentially, no. The only ground for rejecting an otherwise applicable law is that it violates Canadian public policy. Some norms of international law, especially human rights law, probably do form part of Canadian public policy. However, the fact that a foreign law is not in keeping with human rights law, or a convention or a mandatory rule of international law is not necessarily a ground for refusing to apply a foreign rule of law.

---

[194] *Das v George Weston Ltd*, 2018 ONCA 1053, leave to appeal to SCC refused, 38529 (8 August 2019). See above, under Q8(c).

[195] The same conclusion applied to the breach of fiduciary duty claim, which the motion judge regarded as "just a disguised negligence claim": 2017 ONSC 4109, para 269.

[196] 2018 ONCA 1053, para 85–91.

[197] *Ibid*, para 86.

[198] *Ibid*, paras 100–126 (limitation), 127–216 (tort law). The Court of Appeal considered the latter point because, for a small subset of the plaintiff class, the limitation defence did not apply.

5.5 Does Your Country's Case Law Allow the Application of Ethical Rules Instead of, or as a Complement to, the Applicable Law? Please Explain

No. Canadian private international law has so far not accepted that a court (as distinct from an arbitrator) can apply a rule that is not drawn from the law of a state. Choice of law rules refer to the law of a particular jurisdiction and leave no room for rules of fairness that are not part of the law of any identified state.

Public policy, as noted under the previous question, allows a court to reject an unfair rule, in some circumstances, but not to devise an *ad hoc* rule to replace it. The "gap" must be filled by a rule of a state's law. This issue came up in the *Das* case.[199] On the assumption that Bangladesh law applied to their claims, the plaintiffs argued that public policy should bar an Ontario court from applying the provisions of a Bangladesh statute, based on Sharia law, that provided for the heirs of a deceased person receiving unequal damages for the death of that person, males receiving twice as much as females.[200] The motion judge observed that the claims of most of the class plaintiffs would not be affected by this statute because they were survivors of the disaster, not the heirs of a deceased victim.[201] Even if public policy were to bar the application of this law to some of the class plaintiffs, the result was not to displace Bangladesh law altogether, but only to sever the offending rule of law. The Bangladesh limitation law would still bar the claims.[202]

6 Recognition and Enforcement of Judgments

6.1 Describe the Rules Applicable in Your Country to the Recognition and Enforcement of Foreign Judgments

In the common law jurisdictions, the rules for enforcing foreign judgments are extremely liberal. A judgment must be final and have the force of law in the jurisdiction where it is pronounced. The foreign court must also have had jurisdiction according to the common law rules for jurisdiction "in the international sense". A foreign court is considered to have had jurisdiction in that sense if the person against whom judgment is given was resident (meaning present) in the foreign country at the time the proceeding was commenced. It also had jurisdiction if the person consented to the foreign court's jurisdiction by commencing the proceeding, by submitting to

[199] *Ibid.*

[200] 2017 ONSC 4109, para 291–295.

[201] *Ibid*, para 296.

[202] *Ibid*, para 298; 2018 ONCA 1053, para 94–95.

the court's jurisdiction in the course of the proceeding, or by agreeing in advance that the court would have jurisdiction. The most striking feature of the rules, confirmed only in 2003, is that a defendant who was neither resident in the foreign jurisdiction nor consented to be sued there will still be bound by the foreign judgment if there was a real and substantial connection between the foreign country and the defendant or the facts giving rise to the dispute.[203] Thus many undefended judgments, given against non-residents of the originating state, are enforceable under the Canadian common law rules.

The Québec rules as to jurisdiction are somewhat less expansive. In personal actions of a patrimonial nature, the jurisdiction of foreign authorities is recognized only in the cases listed in article 3168 *CcQ*. These are:

(1) the defendant was domiciled in the State where the decision was rendered;
(2) the defendant possessed an establishment in the State where the decision was rendered and the dispute relates to its activities in that State;
(3) injury was suffered in the State where the decision was rendered and it resulted from a fault which was committed in that State or from an injurious act or omission which occurred there;
(4) the obligations arising from a contract were to be performed in that State;
(5) the parties have submitted to the foreign authorities the present or future disputes between themselves arising out of a specific legal relationship; however, renunciation by a consumer or a worker of the jurisdiction of the authority of his place of domicile may not be set up against him;
(6) the defendant has submitted to the jurisdiction of the foreign authorities.

The most notable differences from the common law rules as to a foreign court's jurisdiction are two. First, corporate presence in the foreign country is not sufficient if the dispute does not relate to the corporation's activities in that country. At common law, it is sufficient because corporate presence, by carrying on business at a fixed location, is considered the analogue of the physical presence of a natural person. Second, a judgment against a non-resident of the originating state who did not consent to the foreign court's jurisdiction is only enforceable in the cases listed in paragraphs (3) and (4). The Civil Code does not embrace the full "real and substantial connection" basis for enforcing foreign judgments that the common law has adopted. However, the connections in paragraphs (3) and (4) are extensive enough that they cover a good many of the undefended foreign judgments made against Canadian companies in cases arising out of their activities abroad.

The defences to enforcement include fraud, breach of natural justice (principally failure to receive notice of the proceeding in time to make a proper defence), and public policy. When the Supreme Court of Canada confirmed the "real and substantial connection" ground for enforcement it was invited also to expand the defences, but it declined to do so.[204] The defences to enforcement under the Civil Code of

[203] *Beals v Saldanha*, 2003 SCC 72, [2003] 3 SCR 416.
[204] *Ibid.*

Québec are similar,[205] except there is no defence of fraud under that name, and there is a defence that applies to default judgments, namely, that the defendant was not served in accordance with the law of the place where the decision was rendered.[206]

6.2 If a Judgment Given Abroad Holds a Company Liable for Breach of the Rules of CSR, Is Your Country Likely to Recognise and/or Enforce That Judgment? Please Explain

Yes, if the judgment is a civil judgment. No, if it is a penal judgment.[207] I cannot think of a CSR judgment that otherwise meets the requirements of enforcement but would not be enforced on the basis of its subject-matter or the fact that the defendant was a Canadian corporation.

The best-known foreign judgment in a CSR claim that has come before the Canadian courts is the *Chevron* case concerning the US$9.5 billion judgment from Ecuador.[208] So far, however, the only issues decided in the Canadian litigation are the jurisdiction of the Canadian courts to entertain the enforcement action (yes),[209] and the exigibility of the Canadian subsidiary's assets to satisfy a judgment against its American parent corporation (no).[210] Whether the Ecuadorian court had jurisdiction is not in question, since Chevron US defended the action in Ecuador. However, the fraud defence, which has been litigated in the United States, has not been litigated in the Ontario enforcement proceeding.

[205] *CcQ*, CQLR, c CCQ-1991, art 3155(3) (contravention of the fundamental principles of procedure), 3155(5) (outcome of a foreign decision is manifestly inconsistent with public order as understood in international relations).

[206] *Ibid*, art 3156. It also provides that even if service did comply with the stipulated law, the Québec authority may refuse recognition or enforcement if the judgment debtor proves that he or she was unable to acquaint him- or herself with the act instituting the proceedings or was not given sufficient time to offer a defence.

[207] As that is defined in *Huntington v Attrill*, [1893] AC 150 (PC (Ont)).

[208] See above under Q12(h).

[209] *Chevron Corp v Yaiguaje*, 2015 SCC 42, [2015] 3 SCR 69.

[210] *Yaiguaje v Chevron Corp*, 2018 ONCA 472, 423 DLR (4th) 687, leave to appeal to SCC refused, 38183 (4 April 2019).

6.3 *Same Question as in 6.2, But the Rule Applied Is One of Soft Law or Ethics. Is Your Country Likely to Block Recognition or Enforcement of Such a Judgment? Please Explain*

Given the basic principle that an otherwise enforceable foreign judgment cannot be reviewed as to its merits, I think the answer is no. If the foreign judgment has the status of a binding, final judgment, the fact that the foreign court based its decision on soft law or ethical principles would not impede enforcement of the judgment. It might do so if the foreign court's use of such principles could be attacked by the judgment debtor as a violation of natural justice or of Canadian public policy.

References

Bakan J (2015) The invisible hand of law: private regulation and the rule of law. Cornell Int Law J 48:279–300

Baudouin JL, Deslauriers P (1998) La responsabilité civile, 5ème éd. Yvon Blais, Cowansville QC

Black V, Pitel SGA, Sobkin M (2012) Statutory jurisdiction: an analysis of the court jurisdiction and proceedings transfer act. Carswell, Toronto

Blyschak P (2014) Corporate liability for foreign corrupt practices under Canadian law. McGill Law J 59:655–705

Bradley SP (2009) *BCE Inc. v. 1976 Debentureholders*: the new fiduciary duties of fair treatment, statutory compliance and good corporate citizenship? Ottawa Law Rev 41:325–349

Conway M (2015) A new duty of care? Tort liability from voluntary human rights due diligence in global supply chains. Queen's Law J 40:741–784

Dashwood HS (2007) Canadian mining companies and corporate social responsibility: weighing the impact of global norms. Can J Polit Sci 40:129–156

Dashwood HS (2012) The rise of corporate social responsibility: mining and the spread of global norms. Cambridge University Press, Cambridge

Duggan A, Ziegel JS, Girgis J (2014–2015) Canada's enhanced CSR strategy: human rights due diligence and access to justice for victims of extraterritorial corporate human rights abuses. Can Bus Law J 56:167–207

Emanuelli C (2006) Droit international privé Québécois, 2e éd. Wilson & Lafleur, Montréal

Francis C (2005) *Peoples Department Stores v Wise*: the expanded scope of directors' and officers' fiduciary duties and duties of care. Can Bus Law J 41:175–183

Goldstein G, Groffier E (1998) Droit international privé (2 vol). Yvon Blais, Montréal

Grenon A, Bélanger-Hardy L (2008) Elements of Quebec civil law: a comparison with the common law of Canada. Thompson Carswell, Toronto

Idemudiah U, Kwakyewah C (2018) Analysis of the Canadian national corporate social responsibility strategy: insights and implications. Corp Soc Resp Environ Manag 25:928–938. https://doi.org/10.1002/csr.1509

Kerr M, Janda R, Pitts C (2009) Corporate social responsibility: a legal analysis. LexisNexis, Markham ON

Kuras RO (2000) Corporate social responsibility: a Canada-U.S. comparative analysis. Man Law J 28:303–319

Pitel SGA, Rafferty NS (2016) Conflict of laws, 2nd edn. Irwin Law, Toronto

Podgorny M, Musgrove JB (2014) Foreign corrupt practices laws: implications for the Canadian natural resources sector. Asper Rev Int Bus Trade Law 14:161–187

Posyniak T (2012) Realizing a "Pious Wish" of *Peoples* and *BCE*: enforcement of pluralist theory and corporate environmental responsibility. J Environ Law Pract 23:69–103

VanDuzer JA (2010) *BCE v. 1976 Debentureholders*: the Supreme Court hits and misses in its most important corporate law decision since *peoples*. UBC Law Rev 43:205–258

Waitzer E, Jaswal J (2009) *Peoples, BCE* and the good corporate "citizen". Osgoode Hall Law J 41:439–496

Walker J (2005) Castel & Walker: Canadian conflict of laws, 6th edn. LexisNexis, Toronto

Chile

Judith Schönsteiner and Juan Ignacio Contardo

Abstract This chapter revises the regulation of CSR in Chile, looking into law, regulation, public policies and case-law that would correspond to or come close to implementing the UN Guiding Principles on Business and Human Rights and the OECD Guidelines for Multinational Enterprises. CSR itself is not incorporated in laws in any form whatsoever. Public policies, however, take up international CSR concepts as defined in this book, usually by reference to human rights instruments. Such is the case for the National Action Plan on Human Rights and Business, and Chapter 8 of the National Human Rights Plan, both adopted in 2017. Interestingly, however, case-law of civil courts can be read as allowing for extraterritorial claims, albeit with limited success. Consumer law provides for further elements of protection, including the environmentally aware consumer.

1 Definition and Sources

1.1 Does Your Country Have a Definition of Corporate Social Responsibility?

There is a public policy definition since August 22th, 2017, when the government launched a National Action Plan on Human Rights and Business (NAP, 2017). This definition is based strictly on the UN Guiding Principles on Business and Human Rights, but only relates to human rights due diligence, not all aspects that could come under CSR. There is no definition of CSR, in any manner whatsoever, that would be

---

Information includes updates until November 2018.

Information regarding state-owned enterprises has been elaborated with support from Fondecyt project N° 11150853, led by Judith Schönsteiner.

J. Schönsteiner (✉) · J. I. Contardo
Universidad Diego Portales, Santiago, Chile
e-mail: judith.schonsteiner@udp.cl; juan.contardo@mail.udp.cl

C. Kessedjian, H. Cantú Rivera (eds.), *Private International Law Aspects of Corporate Social Responsibility*, Ius Comparatum – Global Studies in Comparative Law 42, https://doi.org/10.1007/978-3-030-35187-8_6

included in *law*. However, human rights law is partly incorporated into national legislation, as well as environmental and labour standards. Nevertheless, these areas are lacking a specific focus on compliance challenges in the context of business operations, especially, supply chain, extraterritoriality, and, in the case of human rights, prevention (see also Q 18).

"Social Responsibility" has not been explicitly defined in the National Action Plan on Human Rights and Business in Chile; rather, the NAP includes a definition of "due diligence":

> Human rights due diligence constitutes a continuous process of business administration, that a prudent and reasonable enterprise must carry out, in order to comply with its responsibility to respect human rights, in the light of its [specific] circumstances.

The definition is closely inspired by the UN Guiding Principles, which establish that a human rights due diligence process must "include the evaluation of the actual and potential impact of its activities on human rights", implement its conclusions, act upon and follow-up the recommendations regarding how to face negative consequences of its business activities.

The Chilean Institute of National Normalization (INN, *Instituto Nacional de Normalización*) has approved ISO 26000 as a Chilean Standard NCh-ISO 26000-2010 *Guía de Responsabilidad Social* (Social Responsibility Guide). This standard is non-binding and not certifiable, and therefore, legal actions available against institutions certified by INN would not be available, unless its contents were included in any contractual relations.

The absence of a legally binding definition might be explained with the general reticence by the Chilean law-making elite to favour a strong state, or excessive regulation. As CSR is precisely what goes beyond the law, a definition would be perceived as counter-intuitive. Nonetheless, there are two laws that grant tax benefits in case of social and cultural donations, respectively. Law 18.985, as amended by Law 20.675 (entry into force January 1st, 2014) regulates cultural donations, and Law 19.885, social donations. In relation to the latter, the Ministry of Social Development establishes a link to "social responsibility" and "sustainability (sostenibilidad)", without, however, defining these.[1] The Ministry also establishes a link to the concept of "business and human rights", providing a brochure with explanations and definitions, in explicit implementation of its NAP commitments.[2]

The Social Responsibility Council for Sustainable Development (Consejo de RS, *Consejo de Responsabilidad Social para el Desarrollo Sostenible*), a public-private advisory body created in 2013 by the Ministry of Economy, has a working definition of CSR. CSR is understood as the responsibility of organizations with regard to their social and environmental impact. This entity has meanwhile, after a change of the minister and the undersecretary, lost most of its importance: after July 2016, it has only met once, in March 2017, and several business entities and government bodies

---

[1]Ministerio de Desarrollo Social http://sociedadcivil.ministeriodesarrollosocial.gob.cl/promoviendo-la-rs-inclusiva/.

[2]Ministerio de Desarrollo Social http://sociedadcivil.ministeriodesarrollosocial.gob.cl/derechos-humanos-y-empresa/.

had no longer attended its sessions, or are represented at a technical, not political/board level. The Ministry of Economy, instead, committed in the NAP to elaborate, together with the enterprises represented in the Council, "MoU, guides, manuals and directives" so that business and human rights standards can be more easily integrated in the companies.[3] According to government information, this measure was complied with.[4] The body itself was not significantly revived either after the change of administration in March 2018. The government has not even changed the names of ministers in the official webpage.[5]

If at all, Chile would opt for a CSR definition incorporated in national law, and adapted to the culturally founded requirements of legal formalism and positivism. On the one hand, considering that Chile is very interested in OECD compliance (in order to maintain its recently obtained membership), the OECD definition would probably be considered favourably for local incorporation, although it is not sufficiently specific to fit legislative requirements and would need to be spelled out. On the other hand, considering the existence of a policy based on the UN Guiding Principles, there might be a certain preponderance to continue using that framework.

1.2 Is Your Country a Member of the OECD? If Yes, Has Your Country Set Up a National Contact Point?

The National Contact Point (NCP) is hosted in the Economic Relations Division of the Foreign Ministry (DIRECON), more precisely, in the unit that deals with OECD issues. The NCP's procedures were revised in 2011/2012, and are currently being revised again.

The NCP consists of one full-time public officials from DIRECON. The NCP has a very low visibility and proactivity, and has been criticized for its lack of independence, which does not generate sufficient trust for it being used for specific instances.[6] However, in August 2017, the NCP took part in a peer-review process, in which three foreign NCPs evaluated its performance. The creation of a full-time NCP, within a new department called CER—*Conducta Empresarial Responsable* (Responsible Business Conduct), aims at implementing the recommendations of the peer-review process. Time will show whether the implementation of a full-time post achieves a reduction in this lack of trust.

The NCP has an advisory council (*Comité Espejo*) that consists of civil society, trade union, and business representatives, and a consultative council (*Consejo Consultivo*) that unites experts from different ministries in case the specific instances

---

[3]Plan de Acción Nacional, p. 46.

[4]Acerca del Plan de Acción Nacional https://minrel.gob.cl/acerca-del-plan-de-accion-nacional/minrel/2017-11-10/145451.html.

[5]Consejo de Responsabilidad Social para el Desarrollo Sostenible http://consejors.economia.cl.

[6]Schönsteiner (2017).

relate to topics that are specific to other areas of expertise. The NCP committed in the NAP to strengthen the *Comité Espejo*.[7] Currently, government evaluates whether this Committee should be merged with the Multi-actor Group that will be responsible for channelling citizen participation in the implementation of the National Human Rights Plan.[8]

Since 2014, the NCP has dealt with only five specific instances (four of which in 2014). Two of these were declared inadmissible, one was desisted from by the claiming SME, and in one case (Ripley, 2014), the company was not ready to enter mediation. Only in one of these cases (Starbucks, 2014), the parties engaged in a mediation process before the NCP. Although the company abandoned the proceedings, an agreement between the parties was reached shortly before the publication of the NCP's final report. No request for a specific instance was brought between 2015 and 2018. In earlier years, the NCP issued declarations in six specific instances between 2002 and 2009, once it collaborated with the Norwegian NCP (Cermaq case). No specific instances were brought between 2010 and 2012.

As OECD Watch criticized, for several years the procedure of the NCP was not accessible on its institutional homepage.[9] There was only a flowchart which showed the different procedural stages. Since September 2018, the rules of procedure have been made available after a consultative process in the *Comité Espejo*. The NCP engages in a follow-up procedure, which consists in publishing a compliance report based on party submissions 1 year after adoption of the agreement and decision. Until now, the NCP has never used that mechanism, as no specific instance has reached substantive agreement since that procedure is in force.

There is a considerable lack of knowledge of the NCP among civil society and companies, probably due to the insufficient funding and resourcing of the mechanism. Although the NCP has engaged in publicising its role, there do not seem sufficient knowledge about and/or trust in the mechanism. In July 2017, the Chilean NCP was the first to invite three peers (the Israeli, Norwegian and UK NCPs) to review its performance. During the peer review, the NCP committed to reviving a multi-stakeholder advisory council that had not met since September 2016. The plan of the current government is to fusion the NAP Multi-actor Group and the *Comité Espejo*, but no concrete steps have yet been taken.

In the NAP, the National Human Rights Institute (INDH) committed to provide technical support to the NCP, consisting of communication regarding possible infringements of the OECD Guidelines on Multinational Enterprises, and, just as the Human Rights Division of the Foreign Ministry, of collaboration in publicizing of and training on the NCPs offices and functions.[10] These measures are being realized; the implementation of the channels for citizen participation is still outstanding.

---

[7]Plan de Acción Nacional, p. 49.

[8]Schönsteiner (2018).

[9]OECD Watch (2017), NCP Peer Review Submission.

[10]Plan de Acción Nacional, p. 49.

1.3 As a Member of the United Nations, Has Your Country Taken Any Action Under the 2011 Guiding Principles? If Yes, Please Describe (National Action Plan, Etc)

Chile voted in favour of the Guiding Principles in the United Nations in 2011, and initiated a NAP process in March 2015, with technical assistance from the Danish government, through the Danish Institute of Human Rights. The DIHR commissioned and financed a Country Guide (carried out by the Chilean National Human Rights Institute, INDH) and a National Baseline Study on Business and Human Rights (NBL) commissioned to the Universidad Diego Portales, which identified gaps in human rights protection and guarantees, looking into state responsibilities of regulation, oversight, and access to remedy and access to justice.[11]

In August 2016, the Ministry of Foreign Relations undertook three participatory dialogues in three different regions of the country, resulting in a report of observations. Afterwards, the Interministerial Working Group on Business and Human Rights, coordinated by the Undersecretary of Economy, drafted a NAP, which was put to electronic consultation in April 2017. The final NAP was published on August 21st, 2017 and is valid for 3 years. It contains voluntary commitments by different government agencies, and several non-state actors. The NAP provides for a follow-up process, and the second NAP is committed to be elaborated from August 2019 onwards, however, without a concrete roadmap available to the public as of September 2019. The National Human Rights Plan adopted in December 2017 reiterates several commitments of the NAP and adds others.[12]

Assessment of the NAP Commitments

The participatory process leading up to the NAP was strongly criticized as insufficient by one member of the Council of the National Human Rights Institution.[13] However, more than procedural shortcomings, there is a lack of actually taking into account what stakeholders have suggested regarding the NAP's content.

While it is a considerable achievement to have run through a multi-stakeholder process to elaborate the first Chilean NAP, and also, that this process has been transparent—the NBL as well as the results of the participatory dialogues were published—the definite commitments are rather shallow. While important economic actors have finally surmounted their critical attitude, and committed to concrete goals, other heavyweights in the executive have not joined the process.

Also, the legislature is completely absent from the NAP. Sensible issues like extraterritoriality and budgetary issues have been spared out. In other areas, where the NBL clearly signalled a lack of regulation, the NAP commitments are only referring

[11] Schönsteiner et al. (2016).

[12] Schönsteiner (2018).

[13] Aylwin, José, A un año del Plan de Acción Nacional de derechos humanos y empresas, 1 Sept 2018, https://www.elmostrador.cl/noticias/opinion/2018/09/01/a-un-ano-del-plan-de-accion-nacional-de-ddhh-y-empresas/.

to policy incentives; the only meaningful legislative commitments are the creation of regulation for social enterprises, in the framework of the Roadmap on Productivity, Innovation and Growth (*Agenda de Productividad, Innovación y Crecimiento*), and the implementation of a Policy of Local Development and Energy Projects.

No oversight mechanism besides the environmental agency (*Superintendencia de Medioambiente*, SMA) has committed to any action under the plan, although the National Baseline Study had identified efficient oversight as one of the main challenges for closing the compliance gaps in relation to business and human rights in Chile. The SMA committed to implement a process of prioritization of oversight (*fiscalización*) according to criteria of "territorial vulnerability", "public commotion", and "gravity of the violations denounced". A concrete human rights focus is, however, not part of the commitment.

The NAP includes several commitments to create incentives for private companies to implement pillar II of the Guiding Principles. Some of these incentives correspond to private law; most, however, to public policy initiatives or completely voluntary promotional activities. There are no commitments regarding tax incentives. One of the most promising initiatives comes from the Ministry of Energy, which will elaborate and promote mechanisms of conflict solution between communities and business. If these mechanisms were based on a human rights approach, they would constitute an important contribution to drafting negotiation agreements that comply with the business and human rights framework. In general, most of the different guides that the ministries and state institutions commit to elaborate, have to boil down finally into contractual agreements between companies and the parties whose human rights are affected—in that sense, contract law becomes extremely important.

With regard to State-owned Enterprises, results of a current research project will be included in the publication that will come out of this questionnaire; human rights impact assessments are currently undertaken in Codelco and ENAP, but results are not yet available at the closure of this report. The SEP Chile system does not count with a human rights policy, human rights impact assessment or due diligence procedures. Therefore, it is more than surprising that the UN WG report (2015) on State-owned enterprises mentions SEP as "exemplary" in terms of B&HR commitments. It is rather a dangerous down-grading if an enterprise or a state-owned enterprise system is praised although it does not even had, at the moment, a declared a human rights policy, and less, implemented a due diligence approach. The praise of SEP policies may be due to a conflict of interests, as the Chilean member of the working group was the director of the consultancy that worked for SEP in relation to these topics. The SEP Code of Conduct includes, only since 2018, a reference to the Guiding Principles. This reference has not yet been incorporated by the boards of the different state-owned enterprises united in the SEP system. In the NAP, SEPChile did not commit to measures separately; however, the Ministry of Economy committed to incentivize and work with SEP Chile in order to adopt an auditing process in human rights matters.

Interestingly, several non-state actors committed to specific measures in the NAP. Thus, the Santiago Stock Exchange will train listed companies in business and human rights issues; UNICEF Chile will carry out a baseline study on business and children's rights in Chile; and the NGO Fundación Casa de la Paz will establish a roundtable to exchange best practices among civil society and business.

Nevertheless, no specific measure related to civil law has been committed in the NAP.

As to the implementation, the first preliminary report (with implementation measures taken between August and December 2017, was made available in October 2018, 10 months late. As the data shows, several ministries and institutions have not provided any information in relation to their commitments. The reason seems to be the change of government and the reduced knowledge by public officials, as the new administration has not sufficiently installed the topic as politically relevant. This is true despite a governmental commitment with the NAP contained in the Government program of President Sebastián Piñera. The online follow-up mechanism was taken off the web in January 2019, when responsibilities changed from the Foreign Ministry to the Ministry of Justice, and updated information is not available as of September 2019, despite the long-awaited creation of a civil-society advisory body for the NAP in April 2019. The conformation of this body does not represent social movements or NGOs with critical visions of the plan.

In December 2017, the government also approved Chile's first National Human Rights Plan, which contains a chapter on business and human rights, and generally includes a series of measures related to potential or actual human rights violations by private actors who are not correctly regulated or supervised by government organs. The chapter on business and human rights in principle takes up the commitments made in the NAP, but adds a couple of measures by organs that had not participated in the NAP. The criterion for selection of measures include in the National Human Rights Plan was that these measures corresponded to recommendations issued by the National Human Rights Institutions, or the UN treaty bodies. The new administration has made an oral commitment to the plan, but is making changes and has resubmitted the Plan to the competent administrative organ for approval as late as September 2019. The approval of the Plan by the main organ of administrative oversight, the *Contraloría*, is pending.[14]

1.4 Does Your Country Apply the ISO Standards? Yes

Chile incorporates ISO standards through Chilean norms of standardization, but does not make them obligatory for either private or public actors.

The National Normalization Agency (http://www.inn.cl) has published the ISO 26000, but the authors are not aware of any specific measures of divulgation, or public policy incentives for its use. Certification is, of course, impossible, as the standard is not certifiable. The ISO 26000 instrument is considered private, and subject to the freedom of doing business. The standard cannot not be invoked in

[14]Schönsteiner (2018) and Ministry of Justice, Press release of September 5, 2019, available at http://www.minjusticia.gob.cl/ministeriode-justicia-y-derechos-humanos-ingreso-plan-nacional-de-dd-hh-a-contraloria-para-toma-de-razon/.

courts, unless it forms part of or had been referenced in a contract. There is no experience as of yet whether mention of the ISO 26000 or similar standards on the webpages of companies generate legitimate expectations for consumers, that then could be invoked in proceedings led under consumer rights legislation.

1.5 Please Indicate All Other Sources You Consider Relevant, and Also Any Specific Feature of Your Legal System That Should Be Borne in Mind to Better Understands Your Answers to This Questionnaire[15]

The Chilean Constitution of 1980, adopted during the Pinochet dictatorship, enshrines an economic paradigm which underregulates business and overregulates labour. This system, installing a neoliberal economic system according to the paradigms of the Chicago School, has been virtually untouched, although the political constitution has been amended several times, most relevantly, in 2005. In a legal system which does not use precedent, where the various branches of government have yet to take full responsibility for human rights (article 5.2 of the Constitution), legislative shortcomings increase the risk of infringement by private actors and, with courts that rule on a case-by-case basis, may lead to investor and business uncertainty.

The Constitution (article 6.2) is explicit about the horizontal effect of fundamental rights, yet does not adequately define or entrench them. As a result, human rights in business contexts are not always respected or protected. Article 19 lists fundamental rights, yet most economic, social and cultural rights are not properly safeguarded or defined. The rights to water, housing, education, form labour unions or strike, for example, are not mentioned in the Constitution and are not justiciable to their full content and scope as defined under international human rights law. Some protection is achieved when litigating social and economic rights through heads of discrimination or property right claims, or other alternative means, as is done for example with some right to health claims.

Moreover, although requests for injunctive relief over fundamental rights (*recurso de protección*) do not require a lawyer, claimants who can afford counsel tend to be more successful, especially on appeal. The formal exemption from counting with counsel does not remove the hurdles to accessing justice regarding fundamental rights. Thus, while the Constitution protects private property rights, the legal system tends to favour claimants represented by counsel, in practice leaving the majority of claimants regarding smaller claims on property, especially subsistence

[15]This section is extracted from Schönsteiner et al., NBL on Business and Human Rights, Chile, 2016 (hereinafter NBL), translated by Patricio Mason, and adapted to an international audience. All original sources are to be found in the NBL 2016.

property, unprotected. This is tantamount to indirect discrimination, in a country that already exhibits extreme income inequality.

In addition, the Constitution has no general provision on discrimination or the prohibited categories recognised in international law. A general equality provision exists but lacks the required guarantees on direct, indirect and structural discrimination, which is only partly compensated by a legal prohibition of discrimination. Affirmative action is not a right in Chile, although some measures of affirmative action exist, for example, a 1% employment quota for persons with disabilities. Also lacking is recognition of indigenous peoples and protection of the rights enshrined in ILO Convention 169 and interpreted in the 2007 UN Declaration on the Rights of Indigenous Peoples. These features, owed to the doctrine of a weak state, but also political interests of those who have better access to lobbying in Congress. They operate in a very imperfect marked dominated by monopolies of goods of everyday use and medicine, make it difficult for business to know exactly how they should respect human rights, as they do not encounter sufficient legislation or court decisions to guide them.

Thus, as Chile follows a paradigm of a deliberately weak state, many issues that are *law* in other countries, are voluntary in Chile, and eventually an issue of CSR although corresponding to international human rights obligations. In terms of human rights compliance and social and environmental policies, however, this voluntarism often has the consequence that international obligations are not met.

A baseline study on the compliance with business and human rights standards by the State found in 2016 that there are several systemic failures and challenges when addressing business behaviour and business impact. This is especially due to weak regulation, especially in environmental issues and indigenous rights, to the lack of independent oversight of business activities, including in the extractive sector (mining, logging, fishing), and to the serious impact of the substandard nature of spatial planning. 2018 has seen another series of intoxication events in an industrial complex with several hundreds of persons' health affected, mainly of children.[16]

Human rights guarantees in current and pending foreign investment and trade agreements are also found wanting. Access to justice and remedy in business and human rights contexts is clearly inadequate, with preventive legal, policy, or administrative remedies notably lacking. Such good practices as do exist should be strengthened and integrated into cross-cutting business and human rights policy.

Compliance Gaps

More specifically, Chilean regulation fails to guarantee labour rights, the health rights of communities adjoining investment projects, the right to citizen participation and the right to free, prior and informed consultation, especially of indigenous communities. Most emission limits regarding toxic substances and air quality standards are inconsistent with World Health Organisation levels. There are no soil

---

[16]INDH, Informe Misión de Observación Zona de Quintero y Puchuncaví, 11–13 September 2018, https://bibliotecadigital.indh.cl/bitstream/handle/123456789/1168/mision-quintero.pdf?sequence=1.

quality or contamination regulations, nor modern refuse recycling and treatment systems. Mining regulations fail to guarantee the safety of tailings dams and other hazardous deposits, with possibly serious consequences in case of human error or natural disasters like earthquakes, very frequent in Chile. This last point has been recognized by the responsible government agency.

Logging regulation does not provide for the balancing between different use of soil, and impairment of water resources and subsistence farming is often disregarded. The fisheries and aquaculture industries are not regulated in a way that guarantees the right to work of subsistence fishermen. Chemicals used in agribusinesses impact the health of farm workers and nearby communities, while farm work regulations for seasonal workers, especially on fair pay, labour unions and social security, are inconsistent with international standards.

Although guarantees have improved considerably in recent years, labour regulations remain at odds with international law. Also lacking are effective guarantees against discrimination in the selection process of employees, namely on social background, income level, union membership, disability, gender, indigenous status and other prohibited grounds. There is no effective mechanism guaranteeing equal pay for women, indigenous workers, or persons with disabilities, especially on access to work discrimination.[17] Thus, the gender wage gap is at 40%, while the indigenous wage gap oscillates between 30 and 45%, depending on gender and training.[18] Collective labour rights have been especially weak, since the gross human rights violations against trade union members, and the overregulation of the freedom of association and the right to strike in labour law, during the dictatorship.[19]

Chile is one of the countries with the highest privatization rate of public services worldwide. Throughout privatised services such as health, education, public transportation, care of elderly persons, housing, and water and sanitation (UNGP 5 and ICESCR), regulations are insufficient to guarantee human rights. The overarching issue here is diminished public funding and inefficient oversight, compounded by lack of authority and coordination. A competition-based structure of the system is designed in such a way that the State is automatically the weakest competitor, which makes the public systems loose quality teachers and health professionals. In that sense, the State competes in less than equal conditions with private providers, and is kept from providing quality service to the 80% of the population served by the public health system and the over 90% of students enrolled in public or publicly-subsidized schools. In the field of water and sanitation services, including waste disposal, the State is unable to guarantee a preventive focus on external risks, contrary to the human right to drinking water and sanitation.[20] Public transportation services in metropolitan Santiago are considerably better than elsewhere, a feature shared in

[17]NBL (2016).

[18]NBL (2016), p. 96.

[19]NBL (2016), pp. 29–30.

[20]Contreras and Schönsteiner (2017).

varying degrees by all privatised services. This and effects of income inequality is discriminatory under international law.

Despite strides in prevention and reaction to business non-compliance, oversight systems remain extremely deficient (see UNGP 3) due to lack of funds, authority, independence and coordination. Cases in point include SERNAC's inability to pursue health system violations and lack of preventive oversight of informal care facilities where seniors or disabled persons may be found illegally confined or housed. In fisheries and mining, the oversight function is rendered considerably less effective by policies providing for advance notice of inspection, and the need for oversight organs to request transport from companies to reach the inspected facilities, due to lack of budget for hiring their own transport.

Regarding the impact of spatial planning on enjoyment and guarantee of human rights, this study notes no effective harmonization of land use and no spatial planning of energy, mining, logging, or real estate projects.[21] As evidenced in the *Campiche* (Supreme Court) and *Curtido Blas* (Constitutional Court) cases, there is often no effective access to justice for infringement of environmental, health, or privacy rights, as required under international human rights law. The NBL study also reported that the regime of indigenous and subsistence property, notably lack of access to justice and to free, quality legal assistance (UNGP 25 and American Convention on Human Rights, article 25), as well as poor free, prior and informed consultation regulations (see ILO Convention 169), are contrary to Chile's international obligations.[22]

Existing and planned trade and investment agreements do not undergo systematic human rights review in Chile, unless the negotiation partner requires so, which tends to limit Chile's policy—and decision-making, as information about possible negative social and environmental impact is lacking. For example, the planned ratification of UPOV-91, an intellectual property agreement, threatens to seriously put at risk the human rights and livelihood of small farmers and indigenous and peasant communities, as the effects of GMOs are scientifically unknown. Chile's regulation does not provide for the application of the precautionary principle in such cases. In the case of the modernization of the EU-Chile free trade agreement, a social impact assessment, covering also human rights relevant aspects, is under way (report due June 2018), and could be a model for future impact evaluations. However, the Chilean government does not seem to be ready to enter formal requirements unless imposed on it. The major risks that can be identified with regards to the agreement is the change in intellectual property rights and therefore, a reduction of access to medicines as the use of generics would be considerably limited; the continuous lack of protection for indigenous peoples, especially, their land rights; and the risk of continuous risks of contamination. Opportunities of the agreement include integrating human rights protection in the substantive text and the creation of an independent third party expert complaints mechanism under the treaty.[23]

[21] Soto (2015).

[22] Barros and Schönsteiner (2014).

[23] Stoll (2016).

For those unable to afford counsel by their own means, access to justice and remedy is structurally limited. With minor differences, this holds true across civil, environmental, consumer, constitutional, and economic law. Access issues are most acute in civil matters, which generally is an unsuitable forum for settlement of reparation claims. The Legal Aid Service (CAJ), the sole public institution providing free legal assistance in non-criminal cases, is mostly staffed by articling students, lacks experienced staff, and only works in specific areas of the law, elements that threaten both service quality and access to justice. Human rights offices, for example, exist only in Santiago, and, in the form of an indigenous rights unit, in Temuco. While additional support is available for especially vulnerable groups, this is insufficient and generally based on CAJ services, which suffer from the structural issues above. In business and human rights contexts pro bono work is nearly non-existent, as many potential participants whose main clients are businesses would see a conflict of interest.

Steps Towards Compliance: Voluntary Policy Measures
Certain discrete initiatives constituting good sustainability and labour rights practice can be considered a step in the right direction of promoting human rights in business, although they cannot replace missing legislation. These generally voluntary initiatives include cleaner production programmes encouraging sustainability agreements between companies, and a pilot pre-investment agreement project advancing community engagement in energy investment processes. While Cleaner Production Agreements do not yet contain human rights language, and the Cleaner Production Council does not yet promote their inclusion, the Energy Ministry guidelines on community involvement do include some human rights standards, and are a commendable effort to be expanded and deepened. The main challenge is whether such processes should be registered in private law (contracts, IBAs, or BSAs), or whether they must be reviewed, corrected and approved in public law, to guarantee human rights conformity.

In addition, the Social Development Ministry has conducted several studies on socially inclusive development in private and public-private contexts. Codelco, the state-owned copper company, has a human rights and community relations policy in place which includes indigenous rights and is partly subject to access to information laws (UNGP 4). The Ministry of Mines is looking into a strategy addressing safety issues at hundreds of abandoned tailings dams and deposits.

The Office of the Superintendent of Securities and Insurance (*Superintendencia de Valores y Seguros*) has adopted a "report or explain" policy regarding women who incorporate boards, executive positions, and the labour force.[24] ChileCompra, the public procurement agency depending on the Ministry of Finance, is encouraging ministries to embrace environmental, labour and social standards in public

[24]NBL (2016).

procurement according to UNGP 6.[25] Labour standards are obligatory for public procurement; once ministries or other state organs commit to the other standards, these become mandatory for bidders. The Economic Directorate of the Ministry of Foreign Relations (DIRECON) committed in the NAP to elaborate, "when pertinent", criteria on sustainability and human rights when selecting companies for subsidies for exportation.[26] These measures, while welcome, cannot make up for substantive regulation which includes different types of incentives, dissuasion and sanctions, and which guarantees minimum standards on health and safety, environment, consumer safety and the health of communities.

2 Characterisation

2.1 Rules Pertaining to Company Law

2.1.1 Please Describe the Rules of CSR Pertaining to Company Law (Due Diligence, Duty of Vigilance, Compliance Department, Etc)

Chile has limited rules of CSR in terms of compliance mechanisms, that are focused on public limited corporations (*sociedad anónima abierta*). As indicated above, there is no specific regulation on CSR content or human rights policies. The other corporate forms, that is to say, private corporations (*sociedad anónima cerrada*); *en comanditas*[27]; collective companies; individual companies with limited liability; and limited liability companies by shares, do not have express regulation of compliance rules, although they can voluntarily adopt them.

Only public corporations called "open" corporations, which can trade their shares in the stock market, are subject to legal regulation relating to some aspects of CSR, controlled by the State through the *Superintendencia de Valores y Seguros*, the Chilean market oversight body (SVS for its acronym in Spanish). The legislation of public limited companies through Law 18.046 on Public Limited Companies (LSA). and of the stock market in Law 18.045 on the Stock Market (LMV). in Chile underwent a major modernization in the year 1981. Successive reforms have since been aimed at improving the protection of minority shareholders through introducing corporate governance and by increasing information and transparency obligations for shareholders, the market and the regulator (Law 19.075 and Law 20.382).

In terms of the securities market, the changes experienced have been part of successive capital market reforms that have sought to provide greater liquidity, allow

[25]NBL (2016).

[26]Plan de Acción Nacional, p. 45.

[27]The "en comandita" corporation is defined as "... the one celebrated between one or more people who promise to carry to the corporation a monetary contribution, and one or more people who are obliged to manage the company exclusively themselves or their delegates and in their particular name" (Chilean Comercial Code article 470).

for financial innovation and introduce greater competition. There were three rounds of reforms:

- Reforms to the Capital Markets I: Law 19.768 that introduces tax adjustments to the market of capital and renders the mechanism of voluntary savings more flexible, and Law 19.769, which makes the investments of mutual funds and insurance companies more flexible, creates mutual fund managers, facilitates the internationalization of banking and improves laws on corporations and investment funds.
- Capital Market Reforms II: Law 20.190 which introduces tax and institutional adjustments for the promotion of the venture capital industry and continues the process of modernization of the capital market (introduces the Stock Company, frequently used in corporate structures of big enterprises).
- Capital Market Reforms III: Law 20.448 introducing a series of reforms in terms of liquidity, financial innovation and capital market integration; Capital Market Reforms Bicentennial: Law 20.552 on modernization and promotion of competition in the financial system, Law 20.544 on tax treatment of derivative instruments, Law 20.667 regulating the insurance contracts. All of the above, was most recently supplemented by Law 20.720 on the Reorganization and Settlement of Companies and Individuals and Law 20.712 on the Administration of Third Party Funds and Individual Portfolios (now, Unified Law of Funds).

Considering the general principles of the OECD Guidelines for Multinational Enterprises, the following matters are noteworthy in the context of this general legislation:

Good Corporate Governance
Two laws tried to improve corporate governance of companies: Law 19.705 that regulates takeover bids and establishes corporate governance and especially Law 20.382 that improves regulations on corporate governance. The following changes to the corporate governance regime are relevant in terms of CSR, as defined by the OECD Guidelines: (1) The need to appoint independent directors for companies with a market capitalization of close to 60 million dollars; (2) the obligation to create a committee of directors; (3) empowerment of self-regulation; (4) regulation of conflicts of interest between the parent company and its subsidiaries; (5) reinforcement of the rigour of the external auditors' reports; (6) improvement of the regulation on the use of privileged information; (7) improvement of the information to be provided to shareholders' meetings.

Both the Public Limited Companies Law and the Securities Market Law, as well as the SVS regulations impose heavy burdens, especially regarding disclosure, on securities issuers in the area of financial and business information, as it may have an impact on the valuation by investors of the securities issued (Articles 54, 46, 56 and 74 of the LSA, and articles 9, 10 and 54 of the LMV). In this sense, at least an instrumental conception of an interest groups approach as defined in the OECD Guidelines can be considered as partly reflected in Chilean legislation. In human rights terms, however, the stakeholder definition is too restricted, as it is mainly tied to minority shareholders. However, transparency has generally improved, although civil society stakeholders do not count with non-technical information on the issues they might have interest in.

An exception are SVS standards on recommendations to report sustainability and CSR issues in June 2015, which are now contained in SVS General Standards (NCG) 385 and 386. These standards promote the adoption of policies on social responsibility and sustainable development, with particular reference to diversity in the composition of the board and the designation of senior executives of the company. They also refer to the promotion of disseminating information to shareholders and the general public regarding policies, practices and their effectiveness, in the matter of social responsibility and sustainable development. On the one hand, they pretend improving the quality and reliability of the information contained in the self-assessment of boards, through the evaluation of a third party outside the company. On the other hand, the aim is to promote the adoption of national and international principles, guidelines and recommendations, such as those developed by the Committee of Sponsoring Organizations or the contents of the Aims for Information and Related Technology. Finally, the standards promote the clarification of conflicts of interest and updating of the Code of Conduct of leading executives and the board.

In the same vein, the Santiago Stock Exchange, an entity supervised by the SVS, in 2015 issued recommendations to companies to strengthen transparency in the market, including the recommendation to publish an Annual Sustainability Report, complementing the Financial information with background on the objectives, strategies and results in labour matters, responsibility for products and services, community relations, environmental impacts and corporate governance practices.

Self-Regulation

Beyond the progress of Law 20.382, in relation to self-regulation of companies, it is important to highlight the creation of the Good Practices Committee of the Santiago Stock Exchange. As expressed by the same Stock Exchange, "the Good Practices Committee's main objective is to support the self-regulation of the securities market through an independent, complementary activity, and not a substitute for the supervisory authorities in force, in order to preserve the stability of the market, give greater protection to investors and promote systemic stability in the stock market" (Bolsa web). While still quite rudimentary, the sustainability index is a first step towards greater protection.

Promotion of Knowledge on CSR and Compliance Among Its Employees

In Chile, there are no rules on this matter. However, it is very likely that from the cases of collusion (which will be referred to below) some of these issues will be introduced through self-regulation.

Since the enactment of Law 20.393 on the criminal liability of legal persons, more and more companies take preventive measures in order to avoid the consequences of this Law. Employer organizations and chambers of commerce, however, as the organized business, could do more in promoting voluntary compliance.

Labour Law

Chilean law lacks the protection of whistle-blowers, be this in the context of work relations or community relations.[28] Furthermore, according to reiterate reports from the ILO, and UN experts, collective workers' rights are systematically hampered. Also, as 28.6% of the Chilean work force (30.3% for women) are employed in the informal sector,[29] labour law protection does not become effective in relation to their working conditions, as only applicable to the formal sector.

Implementation of Measures to Mitigate or Avoid the Impacts Reported by the OECD Guidelines, or to Promote the Implementation of Measures Favourable to CSR

Although the public limited companies and securities laws do not establish explicit links with any of the public policies relevant to business and human rights issues, it is incumbent on company directors to prohibit any illegal acts (article 42 No. 7 LSA, but see general lack of regulation Q 5). Some of the inspectors of the company administration have the duty to report to the competent judicial and administrative authorities, any crimes, irregularities or anomalies in administration or accounting that they become aware of, as well as in the violations of civil, criminal, environmental or constitutional law. However, auditing companies are excluded from this scheme.[30]

In addition, there is a set of public policies that favour that companies take measures promoting CSR. This is the case of the Institute of Agricultural Development (INDAP), which is a service under the Ministry of Agriculture, and has as its objective: "To promote the economic, social and technological development of small farmers and peasants, in order to contribute to increasing their entrepreneurial, organizational and commercial capacity, their integration into the process of rural development and optimize the use of productive resources". Through their policies, small businesspersons are encouraged to conduct their companies in a sustainable way. Similarly, the Banco de Estado (a state-owned bank), SERCOTEC (subsidies for SMEs) and ProChile (support for exporting companies) have policies that have, in part, a gender focus. Also, a number of public-private partnerships have been created to voluntarily promote adhesion to CSR standards. Thus, in 1998, through Supreme Decree N° 90, the Advisory Council for Sustainable Development in Chile was created. And, in 2013, Supreme Decree N° 60, established Social Responsibility Council for Sustainable Development (see above, Q1). Both councils had the function of advising the President of the Republic in the creation of norms favourable to CSR, as well as to promote coordination of state organs with the private sector.

---

[28]NBL (2016), p. 49.

[29]INE, Estadísticas de informalidad laboral, Jul-Sept 2018, available at http://www.ine.cl/estadisticas/laborales/informalidad-laboral.

[30]NBL (2016), p. 68.

2.1.2 If These Rules Have Given Rise to Disputes, Please Briefly Describe the Cases That Have Arisen in Your Country and Their Outcomes (Providing Full References for Court Decisions)

The most important case in fraud in market stocks offers that has been resolved in national history is the so-called *Chispas* case, also called "the business of the century". The case dealt with the negotiation between a small group of businesspersons who controlled the shares of the country's most important electricity company (then: Endesa), and a Spanish buyer, who bought their shares at a very convenient price. Under this agreement, the vast majority of shareholders were left out. Both the SVS and the courts fined the key managers and the shareholders who benefited from the agreement, because of the conflicts of interest they had in the negotiation.[31] The decision of the Supreme Court is in line with *Commentary* N° 7 of the General Principles and Chapter III of the OECD Guidelines for Multinational Enterprises. Likewise, the resolution of the case promoted the reforms of corporate governance and of capital markets.

The second most important case has been the so-called "Waterfall case" (*cascadas*). A group of holding companies (the "cascada" or waterfall companies) undertook a series of social operations, both investment and financing, which were intended to make available significant stock packages for sale in the market, and then to repurchase the securities at prices higher than those of their initial sale. "Cascada" companies sold these securities to companies identified as "related, linked and instrumental", and then repurchased these same companies' packages of shares, of equal or greater number, always at a higher price. In order to repurchase stock packages, the "cascada" companies had to assume an estimated cost of over US $ 300 million between 2009 and 2011. The SVS established that such a charge is not attributed to bad business decisions, but was a direct result of the management of those companies, which privileged the interest of one of its shareholders to the prejudice of others. The SVS imposed a fine of US $ 164,000,000 for the breach of the Securities Market Law and Law of Corporations to the principal shareowner, to the companies executives and to the stock broker.[32] As in the previous case, the resolution of the SVS is in line with *Commentary* N° 7 of the General Principles and Chapter III of the OECD Guidelines for Multinational Enterprises. In that sense, it covers one aspect of what is defined as CSR in this report; other areas, such as social, environmental and human rights issues, were not covered.

A third important case has been "La Polar". *La Polar* is a retail company that opened its shares to the stock market. It was possible to identify that this company deceived the market using bad practices in relation to the management and accounting of its loan portfolio. In fact, *La Polar* unilaterally renegotiated the debts that its defaulting clients had with the company, without the knowledge of the customers. This implied that they were hiding their portfolio of defaulting customers from the

[31] Supreme Court, *Mackenna y otros con SVS*, Role N° 4261-04, 7 Jul 2005.

[32] SVS, Resolution No. 223, 2 Sept 2014.

stock market, instead showing them as current debts, which made the market believe in a solvent company, in circumstances that it was not. The SVS fined the directors and the company went bankrupt, reaching agreement with creditors to avoid bankruptcy. In the framework of the protection of consumer rights, SERNAC reached an agreement with the company, which compensated clients. This scandal prompted the passing of Law 20.555, which introduced consumer protection rules on financial contracts (called "*SERNAC financiero*" rules). In that sense, the case prompted the legalization of certain voluntary CSR norms favouring small borrowers, which before, were less protected. The solutions of Law 20.555 are in line with Chapter VIII of the OECD Guidelines for Multinational Enterprises. But again, corporate case-law in Chile does not provide binding incentives for compliance with other CSR standards, such as social, environmental or human rights standards. The Government, however, committed to developing a bill (Proyecto de ley) in relation to sustainable business (see above, Roadmap for Productivity, Innovation and Growth), which could potentially incentivize the creation of business that responds to such standards.

2.2 *Rules Pertaining to the Law of Contract*

2.2.1 Please Describe the Rules of CSR Pertaining to Contract Law (Clauses on Compliance with the OECD Guidelines, Anti-Corruption Clauses, Control of the Value Chain, Etc)

The general rules of contracts in Chile are governed by the Civil Code dating from 1855 (ChCC), which does not contain, because the date of its adoption, explicit rules on CSR. No reforms have changed this situation so far. In this way, the general ordering of contracts is not structured to follow CSR lines. Quite to the contrary, the ChCC governs the principle of contractual freedom, by means of which the parties are free to agree upon the rights and obligations they deem pertinent as long as they do not violate the law, public order or morality. For this reason, beyond the scope of consumer protection referred to in the following lines, and limitations by general legislation, there are no general rules on CSR to be followed when entering into contracts. Therefore, their inclusion rests upon the will of individuals who may adopt them (or not) whenever they deem it appropriate. Third party beneficiaries can be persons, legal personalities such as NGOs, trade unions, or foundations, but not the environment. Third parties can invoke their rights in court once they have accepted the rights, not before. As contracts may not contravene the law, the general regulation is very important in order to assess whether CSR norms are reflected in the Chilean system. The main shortcomings are identified in the response to Q 5.

An exception to the general law of contracts is consumer law, which is regulated by special norms contained in Law 19.496 (hereinafter LPDC). Consumer protection regulations are configured in Chile as mandatory rules and are therefore not at the disposal of the parties' free contractual will, since consumer rights are deemed inalienable (article 4 LPDC). The law regulates basic consumer rights (article 3), including: the free choice of goods and services; the right to truthful and timely information; the right not to be arbitrarily discriminated against; consumer safety; the right to reparation and compensation of damages; and education in consumption.

Public procurement contracts are, however, considerably more restricted than contracts between private parties. In fact, they constitute interesting good practices in relation to possible rules on supply chain contracts. According to Law 19.886, companies that are found responsible in the labour justice system (for anti-trade union practices, for example) are excluded from the public procurement roster for 2 years. While this is the only binding provision, other CSR policies such as gender equality, energy sustainability, and inclusion of workers with disabilities, are promoted by *Chilecompra* to be included in the call for bids of each Ministry or Service. Several dozens of public entities have committed to use these directives and include them into their procurement contracts. However, there remain problems with measuring (certification), and graduality regarding the quality of performance is not reflected when awarding marks for compliance. For example, having several sophisticated recycling procedures does not necessarily give higher marks than just recycling one residue. These incentives finally boil down to contracts, in which these social elements will have to be reflected. They will then be enforceable through the judiciary. State-owned enterprises are not applying procurement laws, but there is discussion in that regard.

As explained above, the principle of freedom of contract governs the general law of contracts, according to which the parties are free to conclude contracts and to establish the obligations they deem appropriate. This is clear from article 1545 ChCC which states that "every contract legally concluded is a law for contractors, and cannot be invalidated except by mutual consent or legal reasons". Since contractual regulations on CSR are not mandatory as a general rule (except for certain special sectors that will be spelled out in the following lines), but are given to the freedom of individuals, a contract that violates private standards on CSR is valid and effective. On the contrary, if the sectoral regulations on CSR are of public order, a contract that violates them is void for reasons of illegality (articles 1462 and 1467 ChCC). There is debate as to whether consumers could be able to claim compensation for misleading advertising in case social, environmental or human rights standards were publicized but not complied with (article 28f Law 19.496 on Consumer Rights).

The norms pertaining to regulated markets, and in general, the norms that govern Chilean public law, are considered of public order, just as the constitutional recognition of human rights is considered public order law. This also includes all human rights guaranteed in treaties Chile has ratified, as these are incorporated in national law through article 5.2 of the Constitution, and, of course, all constitutional rights enshrined in article 19 of the Constitution. However, the problem is that non-subsistence property rights—the basis for nearly all business contracts—are enjoying the same hierarchy in Chilean constitutional law as fundamental rights. That means that in the moment of balancing contractual property rights and human rights, the latter do not necessarily take the preponderance they should be given according to the logic of international human rights law, which allows limitations of human rights only in the case of public health, safety, public security, morals, and the rights of others. According to international law, the balancing must take into account two principles: no human right may be restricted in its essence (core), and any restriction of a human right must be proven to be necessary and proportional.

From another point of view, the doctrine of private law in Chile gives effectiveness to the co-called State-contracts. The paradigmatic regulation on the subject was Law DL 600 on foreign investment, in 2016 replaced by Law 20.848. Through neither of these laws investors are required to take on obligations related to CSR, although the state of Chile undertakes certain obligations with foreign investors in relation to the stability of the tax regime.

Comparing the OECD Guidelines for Multinational Enterprises with the LPDC, the Chilean law regulates non-conformity in goods (articles 19 to 21) and services (articles 40 and 41) by establishing a system of contractual remedies similar to those of the Vienna Convention on the international sale of goods. There is special regulation in the LPDC on the security of goods and services (articles 44 et seq. LPDC). It also obliges the supplier to provide accurate and timely information, especially in financial contracts (articles 17 A to 17 L). This could in certain circumstances indirectly allow protection of social, environmental or human rights.

It is noteworthy that the LPDC does not regulate aspects related to free competition and unfair competition, but those laws are complementary when consumers are affected, which has given rise to several disputes of high public relevance (they will be detailed in 7.2 below).

Compliance with consumer protection regulations has been delivered exclusively to a public body, known as SERNAC ("*Servicio Nacional del Consumidor*", national consumer protection service), which, within its powers, has the authority to denounce violations of consumers' rights in court, so that the courts impose the fines established by the Law. There are cases where SERNAC's faculties run in parallel to other public entities that have similar powers in sectoral areas (banks, electricity, telecommunications, for example).

Finally, it should be noted that the actions that stem from the LPDC have a special and more expeditious procedure, in order to impose fines and obtain remedies for the consumer. Likewise, the Chilean law contemplates a system of class actions when large groups of consumers are affected.

A regulation that touches upon consumer protection and the right to health has been Law 20.606 on nutritional composition of food and its advertising, which obliges manufacturers, producers, distributors and importers of food to keep certain standards of advertising and food labelling in the production, import, processing, packaging, storage, distribution and sale of food for human consumption. This law, however, has been criticized for being not sufficiently effective, and for not including certain ingredients that are claimed a to potentially be a health risk. For example, GMO food needs not to be labelled as such in Chile.

2.2.2 If These Rules Have Given Rise to Disputes, Please Briefly Describe the Cases That Have Arisen in Your Country and Their Outcomes (Providing Full References for Court Decisions)

To date, we do not know of contract law cases on non-compliance with CSR rules, that were resolved in court. This situation is different in labour law, which is not part of private law, and has been recognized as having relatively well established protection of workers' individual rights; the protection of collective rights, however, is wanting still. Also in the area of health, protection is better, as health contracts are not considered completely private. For example, health issues have progressively been considered within the sphere of consumer law, despite being in principle excluded from consumer protection, just as educational contracts regarding schooling and higher education.[33] This *de facto* change in health protection is not based on the human rights character of health, but rather on the relation of consumption between patient and health provider.

Notwithstanding the above, there has been an enormous quantity of successful individual litigation in constitutional fora relating to the unilateral rise in the prices of private health insurance administered by institutions called ISAPRES (185,310 cases only in 2016), in which, through the constitutional action of *protección* of constitutional rights (in comparative law, often called *amparo* actions), the right not to be arbitrarily discriminated against has been invoked to avoid the increase of such health plans. The Courts of Appeal and the Supreme Court in the great majority of cases resolved in favour of clients.

Also in the case of consumers, there have been cases of relevance. The most important of these is *SERNAC v. Cencosud*, in the Court cancelled abusive clauses in the contracts that allowed to unilaterally increase the cost of credit agreements. Other important cases are pending and were brought by consumers being affected by collusion of participants in certain markets: pharmacies, poultry, and tissue paper.[34] In particular, in the case of pharmacies, the three major chains colluded to gradually raise the cost of certain medicines; in the case of poultry, the two largest suppliers were pooled to maintain market shares; in the case of tissue paper, the two largest producers colluded to maintain market shares and control prices, over more than 5 years. In the pharmacies case, two of the denounced companies were fined to pay US 20 million each, and the company that reached a conciliatory agreement, only paid one million dollar. In the poultry case, the two major companies were fined to pay US $23.3 million each, and the other one to US $ 9.3 million. In the tissue paper case, the free competition court fined one company to US $ 18.3 million dollars. The other company was not fined, because it reached an agreement with the prosecutors.

[33] NBL (2016), p. 48.

[34] Sernac v. Cruz Verde, Salcobrand and Fasa, 10th Civil Court of Santiago, Rol N°. 1940-2013; Sernac v. Agrícola Agrosuper S.A., 29th Civil Court of Santiago, Role N° 28470-2015; Conadecus v. CMPC Tissue S.A. and another, 10th Civil Court of Santiago, Rol N°. 29214-2015.

In the case of services and education contracts, the LPDC has also been applied to resolve disputes related to them. An example in this area were the cases of misleading advertising regarding the formation of criminalistic experts. Several educational centres offered these studies promising broad occupational fields for that career, in circumstances in which the monopoly of those studies is with the Police of Investigations of Chile. The affected students sued in court to enforce their rights, and won. It has also dealt with the LPDC for cases of affecting the quality of education, even though the LPDC expressly excludes this matter.[35]

2.3 *Rules Pertaining to Law of Torts*

The preferential, practically exclusive, area of application of the rules of tort law for non-compliance with CSR issues has been that of damage to the environment. For the Chilean Civil Code, the responsibility that derives from affectation to the environment, does not allow actions to repair that damage, but only compensation to the affected persons, through the actions of "immissions". Immission has been defined as "a possessory disturbance of an indirect nature which, without disputing the material possession of the property, projects influences on it of such a nature as to prevent it, make it difficult or uncomfortable for its owner to exercise possessory acts over the same product, as would be the action of a third party over their own assets".[36] The most classic examples on matter are bad odours, noises and vibrations (but see *Curtido Bas*, Constitutional Court, a case similar to López Ostra vs Spain in the ECtHR) where constitutional rights on the basis of bad odours stemming from a tannery were, however, not sufficient ground to justify the re-location of the firm).

In the case of damage to the environment, these effects have been redirected to the general rule of damages, that is, article 2429 of the ChCC which establishes a general tort when damage has been caused to another and which is no more than a recognition of the principle *neminem laedere*.

The most important case ruled by our Supreme Court on this matter is *Lizana v Municipalidad de Puente Alto*. In this case, the State of Chile, the municipality of Puente Alto and a real estate company were found liable for allowing a group of people to install their homes on land adjacent to a former landfill site, which was had been closed contravening the prevailing environmental regulations. As a consequence, the people were exposed to gas and bad smells, affecting their daily life, which was reflected in the order of compensation for the moral damage caused to the plaintiffs. This case innovated as it granted collective moral damage, inexistent previously. It was estimated that the community was damaged and not only particular persons, in circumstances in which torts are generally not allowed to be sued in any form of class action.

---

[35]Barrientos and Contardo (2013).

[36]Amunátegui (2013), p. 73.

In addition, there is a recent development on a special tort liability regulated in Law 19.300, Law of General Bases of the Environment (hereinafter LGBMA) that allows the exercise of civil actions to compensate for the reparation of the environment. For these purposes, the LGBMA defines environment as "the global system constituted by natural and artificial elements of a physical, chemical or biological nature, sociocultural and their interactions, permanently modified by human or natural action and that governs and conditions the existence and Development of life in its manifold manifestations." As can be appreciated, the definition is very broad and refers not only to the biological nature but also to artificial elements in a sociocultural environment, which has been recognized by court rulings.

Before its reform in 2010, this tort was the adequate mechanism to obtain reparation (article 53 LGBMA). Today, individual reparations are returning to article 2329 ChCC cited above. Though the mechanism of article 53 LGBMA is currently in force, it seeks the reparation not of the person affected, but of the environment as an equivalent to a subject of rights. Among the paradigmatic cases on the matter, there are the compensatory judgments in: *Fisco de Chile v. Company C.T.C. Startel S.A.* condemning a telecommunications company for the installation of antennas in an area declared "typical", that is, of certain value for cultural heritage; *Fisco de Chile v. Chemical and Mining Society of Chile,* for demolition of a historic monument; *Fisco de Chile v. Inc. Industrial Pto. Montt S.A.*, for the destruction of archaeological heritage. Since the introduction of a special jurisdiction for the resolution of environmental cases in 2013, by Law 20.417, the Environmental Tribunal has ruled on nine occasions on environmental damage claims. At the same time, damages litigation in civil courts has almost ceased.

2.4 Do CSR Rules Fall Under Public Policy or Are They Characterised as Mandatory? If They Are Characterised as Public Policy, Please Give References to the Case Law That Shows This

Since adoption of the NAP, there is a public policy instrument. However, CSR rules are not mandatory unless/until their content is introduced as public law regulation.

There is no case law yet; the National Action Plan was launched on August 22th, 2017. Based on Pillars I and III of the UN Guiding Principles, it systematizes and structures measures that had already been committed to by government actors, but has no new budget assigned to those measures. Measures that would require new budgetary allowances, were not included in the plan. For an analysis of the NAP, please refer to Q 1.

CSR rules have no specific definition, and are completely up to each enterprise. If standards are regulated as law, or become part of a public contract, they automatically change their status and are not CSR any more.

3 Alternative Methods of Dispute Resolution

*3.1 Does Your Country Allow Disputes Concerning CSR to be Submitted to (*More Than One Answer Is Possible*)*

Arbitration	(YES, under certain conditions)
Mediation	(YES, under certain conditions)
Conciliation	(YES, under certain conditions)
An OECD National Contact Point	YES

3.2 Please Explain the Above Answers

As CSR measures are generally voluntary, it is possible to submit their disputes to arbitration, mediation and conciliation, but only if the parties so agree, or a specific contract contains those measures explicitly. Arbitrators, mediators and conciliators do not have any recognized ethical or legal obligation to introduce CSR standards into the proceedings, unless the outcome of the conflict solution would entail a violation of existing law.

National Contact Point

- Procedure and institutional setting.
- Special instances and promotional work.
- Assessment of function and performance.
- Commitments in the NAP, collaboration agreement with the NHRI.

For an assessment of the NCP, see Q 2.

4 Jurisdiction

*4.1 Where the Dispute Must Be Submitted to a Court in Your Country, Which Court Has Jurisdiction (*More Than One Answer Is Possible*)*

- The forum of the defendant?
- The forum of one of the defendants, with all the potential defendants being added (in this case, specify on what basis—corporate group, practical involvement, etc.) whatever their geographical location?
- The contractual forum? (Explain the conditions for this to apply, giving examples relating to CSR)
- The forum of the act of causation? (State what is meant by "act of causation")

- The forum of the damage? (State what is meant by "damage")
- The forum of necessity? (State the conditions for this rule to apply)
- Universal civil jurisdiction? (State the conditions for this rule to apply)
- Other?

For civil actions (contracts, torts) the general rule of jurisdiction in Chile is the linked to the defendant's place of residence (article 134 Organic Code of Courts, hereinafter COT). If there are several defendants, the competent court is the domicile of any of them. When the civil action derives from a criminal offense, the victim may choose between the aforementioned rule, or civilly sue in the framework of the criminal trial. In any case, the parties to a contract may freely agree to which Chilean territorial jurisdiction they wish to subject themselves to. Thus, it is possible that the parties with domicile in Santiago, want to be subject to the jurisdiction of the courts of the municipality of Valparaíso. The parties to a dispute may also submit the decision to an arbitral tribunal, except in cases in which arbitration is prohibited (articles 229–230 COT). The most important of these exceptions is criminal jurisdiction that cannot be relegated to arbitration.

Consequently, in civil matters, the general rule of jurisdiction is the forum of the domicile of the defendant or of one of them. The parties may, with very few exceptions, extend the jurisdiction of the courts to those of a given city, or voluntarily submit most cases to arbitration. On the contrary, Chile does not apply as a rule the jurisdiction of the domicile of the contract, nor the cause of the damage, nor the damage, and does not establish a universal civil jurisdiction. On the other hand, criminal jurisdiction is public law, and it cannot be modified by any agreement.

In the case of consumer protection cases and actions of individual interest, the competent court is either the local police court corresponding to the municipality of the consumer or the defendant at the consumer's choice. It is not possible to agree in a consumer contract an alteration of this rule (new article 50 H of the LPDC).[37] In the case of actions of collective and diffuse interest (class actions), the competent tribunal is the civil court corresponding to where the offense was committed or where it was initiated, at the choice of the plaintiff (article 51 LPDC). While those courts have the advantage of being easily accessible in consumer cases, they might face considerable difficulty for suits filed by claimants living in the regions and having to sue in the capital. They also have little training in deciding human rights and discrimination issues, a fact which might limit access to justice.

In matters of free competition, the competent court is the Tribunal of Free Competition, created by Law 19.911 of 2003, with a single office in Santiago, and with national jurisdiction. Notwithstanding the foregoing, if on the occasion of attacks on free competition, the collective or diffuse interest of consumers is affected, compensation actions may be brought before the competent civil court (article 51 LPDC) rather than the Tribunal of Free Competition. In matters of unfair

[37]The reform was ordered by the new Law 21.081, published 14th September 2018.

competition, the competent court is the civil court of the defendant's or the plaintiff's domicile, at the plaintiff's choice (article 8 Law 20.169).

In the case of damage to the environment, the competent court is the domicile of the person competent to sue (ius standi, article 20 Law No. 20.600). Jurisdiction on labour issues will not be dealt with as they are not considered civil law in Chile.

4.2 If Judicial Rulings Have Already Been Given in Your Country on Breaches of CSR, Please Give Summaries of Those Decisions and Provide Detailed References

There are no judicial rulings that would have determined explicitly any breaches of CSR, as there is no (legal) jurisdictional basis for that. No court has determined a breach of the Guiding Principles either. Decisions of the National Contact Point have been explained and discussed above. Nevertheless, there are many decisions in constitutional, administrative, consumer and competition law that de facto are about CSR, or more precisely, about "business and human rights", "business and environment", "business and corruption or illicit practices", so that the list of decisions would be too complex to handle. Therefore, we have included references to key case-law in the previous sections of the report.

4.3 Are There Other Aspects of Jurisdictional Competence Specific to Your Country That You Would Like to Point Out in Order to Help us Better Understand Your Answers?

Under Chilean law, courts are required to apply domestic law, even if the facts have occurred abroad. And so, for example, in the *Catrilef v. Fishing Cisne S.A.* case, the court applied the doctrine of lifting the corporate veil to determine civil responsibility in relation to a company with respect to acts committed by *another company of the same holding* that occurred in Australia. In this regard, it can be argued that it would be perfectly possible in Chile to pursue the parent companies' liability for acts contrary to CSR standards carried out by subsidiaries located in foreign countries insofar damage under civil law arises, and when it is not mandatory to follow the proceedings before international arbitral tribunals, as happened in the case *Lucchetti Peru S.A.*[38] This seems to be an exception with regard to comparative regulation, and opens interesting paths of litigation and defense.

[38]In this case, one would assume that once the arbitral tribunal declared itself incompetent, a civil claim could be brought again in Chilean courts. See López (2006).

5 Applicable Law

5.1 *What Is the Law Applicable to Rules Relating to Corporate Structure? In Other Words, How Is the* lex societatis *Determined?*

The general rule in Chile is that the parties wanting to form a company can freely adopt the structure they want to give it, within a limited catalogue of available corporate forms. In this way, the corporate forms admitted in Chile are: "sociedad colectiva", "sociedad encomandita", limited liability company, individual limited liability company, company by stocks ("sociedad por acciones"), closely-held corporation and limited public corporation. The first two types are regulated in the Commercial Code, the others by their respective laws (respectively Law 3.918, Law 19.857, Law 19.190, and LSA). There are also special companies for certain specific topics, such as the Sports Corporations Law (Law 20.019).

For certain specific matters, the law prescribes to keep to a specific corporate form and to establish a specific purpose. This is the case of banks (article 27, DFL No. 3 of 1997), which must be public limited companies, or insurance companies (article 4 DFL No. 253 of 1931), which must also be public limited companies with exclusive purpose of insurance or reinsurance.

5.2 *What Is the Law Applicable to Rules Belonging to the Law of Contract?*

On the one hand, article 14 ChCC establishes that "the law is obligatory for all the inhabitants of the Republic, including the foreign ones"; paragraph 1 of article 17 ChCC prescribes that "the form of public instruments is determined by the law of the country in which they were granted. Its authenticity will be tested according to the rules established in the Code of Prosecution"; pursuant to these norms, it has been argued in the doctrine (legal scholars) that Chilean law has to be applied to all contracts concluded in Chile, as to substance and form.

On the other hand, in the case of a contract concluded abroad that shall be validated in Chile, it is governed by the Law of the country in which it was entered into as to its form, but by Chilean law as regards the substance. In any case, in Chile, the parties to a contract may freely choose to apply the law of the country that they deem pertinent to that contract, and in that situation the Chilean courts will be obliged to apply foreign law.

Taking into account the above, the general rule in private law (articles 4 and 13 ChCC) is the Civil Code. Consequently, any conflict that is presented on contracts is governed by the Civil Code. However, in matters of contracts, these are governed by the principle of autonomy of will (article 1545 ChCC). So in contractual disputes, the contract is applied first (articles 1545 and 1560 CC), and regarding anything not explicitly foreseen therein, the general rules on contract of the Civil Code fill the voids. However, as established above in relation to contract law, no contract may violate the law, public order or morals.

5.3 What Is the Law Applicable to Rules Belonging to the Law of Torts?

Again, based on article 14 ChCC, cited above, in Chile, disputes over torts are ruled according to Chilean law, even if the facts occurred un foreign country. Taking into account the above, the general rule in private law (articles 4 and 13 ChCC) is the Civil Code, which regulates non-contractual liability (article 2314 et seq.). The Chilean liability system is as follows: in the ChCC, a general tort is established in case of damage (articles 2314 and 2329 ChCC), and special torts exist that deal with liability for acts committed by minors, article 2319), for acts of subordinates (articles 2320, 2321 and 2322 ChCC), for damage due to ruin in buildings (articles 2323 and 2324 ChCC), for damage caused by animals (articles 2325 and 2326); and for damage caused by things that fall or are thrown out of a building (article 2328 ChCC). Any prejudice to issues of CSR must be circumvented to fit within the scope of these torts. According to these torts, the liability is primary subjective or, in other words, it is based on fault. The Civil Code does not know strict liability torts in principle (articles 2322 and 2326 are discussed to be strict liability cases, but the issue remains controversial). Nevertheless, the civil liability that arises for acts of the subordinates, specially, the one that can be imputed to businesspersons it is applied in a very similar way to strict liability, because businesspersons may only excuse their liability when it was impossible to stop de act or omission of the dependent persons.

5.4 Does Your Country's Case Law Allow Verification of Whether the Applicable Law Is in Conformity with the Rules of International Human Rights Law, the ILO Conventions, or Other Mandatory Rules of International Law? Please Explain

The doctrine and jurisprudence on the issue of revision of compatibility of norms and judgments with international human rights law, ILO Conventions or other binding rules of international law, are still controversial.[39] Thus,

[39]Henríquez (2017), and Schönsteiner (2016).

a. The Constitutional Tribunal decided and later confirmed that international human rights treaties are incorporated with a hierarchy that situates them above ordinary laws, but below the Constitution. This position, however, remains controversial in doctrine and Congress, even in some courts of ordinary jurisdiction. Only some judges of the constitutional tribunal (minority) recognize the legal value of UN treaty body recommendations, general comments, and IACtHR decisions.[40] The Supreme Court is more ready to incorporate international human rights law in some of its case-law.[41]
b. Although still quite controversial, there have been doctrine and jurisprudence that recognize the tribunals' duty to exercise conventionality control. This interpretative exercise revises norms, decisions and facts brought before the courts as to whether they comply with the American Convention on Human Rights, and possibly, also the relevant UN human rights treaties.[42]
c. In civil law disputes, references to international human rights law are nearly non-existent, besides family law issues. In administrative law cases, such references are increasing, for example in administrative oversight bodies such as the *Superintendencias* (cf. health, environment) or the *Contraloría* (legality control of administrative law, control of public expenditure, and corruption).
d. There is no systematic conventionality control in Congress, and the Executive only refers sporadically to international human rights law when drafting legislation, although international human rights law is often cited as the reason for adopting the new legislation/amending existing legislation. The Constitutional Tribunal does not check for the compliance with international human rights law when checking for the constitutionality of bills. However, some judges do in their individual votes. Lately, when participating of law-making function, there is a slow incorporation of UN treaty organs' recommendations into public policy making. However, such a method has been explicitly and consistently adopted in the drafting of the National Human Rights Plan.
e. Recognition of jurisdiction of international human rights and labour organs: IACHR, IACtHR, ILO Committee, HR Committee, Committee on Economic, Social and Cultural Rights (without individual jurisdiction), Committee Rights of the Child, CEDAW (without individual jurisdiction), Committee on the Rights of Personas with Disabilities, Committee on the Rights of Migrant Workers and their Families.

[40] Schönsteiner (2016).
[41] Aguilar (2009).
[42] Henríquez (2017).

5.5 Does Your Country's Case Law Allow the Application of Ethical Rules Instead of, or as a Complement to, the Applicable Law? Please Explain

No. Only insofar ethical rules have become part of an enforceable contract are they actually considered applicable law. Insofar the UN Guiding Principles refer to binding human rights treaties, and (this is still controversial) their authoritative interpretation by treaty bodies, the human rights standards are applicable via article 5.2 of the Constitution (see Q 18).

6 Recognition and Enforcement of Judgments

6.1 Describe the Rules Applicable in Your Country to the Recognition and Enforcement of Foreign Judgments

The general regime of compliance with foreign judgments is that of *exequatur* procedure established in the Code of Civil Procedure (hereinafter CPC), between articles 242 to 251. The *exequatur* is the prior authorization to be given by the Supreme Court of Justice for the enforcement, in Chile, of a decision rendered by a foreign court, provided there is no bilateral or multilateral international treaty that establishes a different form of compliance with foreign judgments (article 243 CPC), for example the New York Convention on the Recovery Abroad of Maintenance of 1956. In order to comply with the judgment of a foreign court, Chile requires reciprocity, that is, that in the foreign country the Chilean judgments be allowed to be complied with as well (article 244 CPC). Article 245 CPC establishes that in Chile, the judgments pronounced by a foreign country will have the same force as if they had been issued in Chile provided that: (1) "they contain nothing contrary to the laws of the Republic" (without considering the procedure), (2) do not oppose the jurisdiction of Chile, (3) the party against whom the judgment is invoked has been duly notified of the action; And (4) are enforced in accordance with the laws of the country in which they have been pronounced.

The Supreme Court is the competent court to hear this procedure (article 247 CPC). Once the request has been approved by the Supreme Court, the execution of the judgment will be the responsibility of the Chilean court that should have known the case in the first instance if it had been known in Chile (article 251 CPC).

6.2 If a Judgment Given Abroad Holds a Company Liable for Breach of the Rules of CSR, Is Your Country Likely to Recognise and/or Enforce That Judgment? Please Explain

Provided that the conditions for the provenance of the *exaquatur* are met, the Chilean court should give mandatory force to the judgment (see also Q 20).

6.3 Same Question as in 6.2, But the Rule Applied Is One of Soft Law or Ethics. Is Your Country Likely to Block Recognition or Enforcement of Such a Judgment? Please Explain

To our knowledge, this has not happened, but it seems difficult to apply soft law instruments or ethical standards in Chile. However, if the liability decision comes from a foreign court, and the conditions of article 245 CPC are fulfilled, that ruling should be enforceable in Chile.

References

Aguilar G (2009) La Corte Suprema y la aplicación del Derecho Internacional: Un proceso esperanzador. Estudios Constitucionales 7:91–136

Amunátegui C (2013) Hacia un concepto de inmisiones en el derecho chileno. Revista chilena de Derecho 40:46–86

Barrientos F, Contardo J (2013) Artículo 23 inciso 1°. Diversas infracciones a la Ley. In: De la Maza I, Pizarro Wilson C (eds) La protección de los derechos de los consumidores. Thomson, Santiago, pp 553–582

Barros A, Schönsteiner J (2014) Diligencia Debida: Proyectos de inversión, propiedad sobre los recursos naturales y consulta libre, previa e informada a los pueblos y comunidades indígenas concernidos In: Vial T (ed) Informe Anual sobre Derechos Humanos en Chile. Ediciones UDP, Santiago, pp 203–244

Contreras M, Schönsteiner J (2017) Derecho al agua, emergencias y responsabilidades del Estado y de las empresas sanitarias. In: Vial T (ed) Informe Anual sobre Derechos Humanos en Chile. Ediciones UDP, Santiago, pp 99–162

Henríquez M (ed) (2017) El Control de Convencionalidad: Un balance comparado a 10 años de Almonacid Arellano. Ediciones DER, Santiago

López S (2006) La falta de jurisdicción ratione temporis en el caso Lucchetti. Revista Chilena de Derecho 33:159–165

OECD Watch (2017) Submission to the 2017 Peer Review of the Chilean NCP. Available at: https://www.oecdwatch.org/2017/07/17/oecd-watch-submission-to-the-2017-peer-review-of-the-chilean-ncp/

Schönsteiner J (2016) El derecho internacional de los derechos humanos en el Tribunal Constitucional chileno: El mínimo común denominador. Revista de Derecho de la Universidad Austral de Chile 29:197–226

Schönsteiner J (2017) Submission to the Peer Review Process of the Chilean National Contact Point, on file with the authors

Schönsteiner J (2018) Empresas y derechos humanos: Plan de Acción Nacional sobre Derechos Humanos y Empresas y Plan Nacional de Derechos Humanos. In: Vial T (ed) Informe Anual sobre Derechos Humanos en Chile. Ediciones UDP, Santiago

Schönsteiner J, Varas K, Soto P, Araya F (2016) Estudio de Línea Base sobre Empresas y Derechos Humanos en Chile. http://www.derechoshumanos.udp.cl/derechoshumanos/index.php/quienes-somos?layout=edit&id=157 (cited as NBL)

Soto P (2015) El poder de la Administración del Estado para planificar las ciudades: Reposición de las declaratorias de utilidad pública en la Ley General de Urbanismo y Construcciones. In: Couso J (ed) Anuario de Derecho Público. Ediciones UDP, Santiago, pp 370–404

Stoll P et al (2016) Capítulo laboral modelo para acuerdos comerciales de la Unión Europea. https://www.fes-asia.org/fileadmin/user_upload/documents/2017-06-Model_Labour_Chapter_DRAFT.pdf

China

Guangjian Tu and Si Chen

Abstract The idea of Corporate Social Responsibility (CSR) was not conceptualized when the first Chinese Company Law (CCL) was enacted in the 1990s. But CSR was one of the many issues considered in the process of modernizing company law and it has been given an explicit legal recognition by Chinese Company Law since 2006. However, there is no clear and specific definition for CSR in the Chinese legal system. It is also a controversial concept among the Chinese academia. Currently, there is no obvious sign that Chinese government officials would apply the concept embodied in international instruments such as ISO 26000, OECD Guidelines for Multinational Enterprises (OECD Guidelines) and the United Nations Guiding Principles on Business and Human Rights (UN Guiding Principles). However, the number of CSR reports published in China has grown steadily in the past decade. International initiatives on CSR are increasingly incorporated into local initiatives in China. A persuasive online survey indicates that respondents are broadly confident about the future development of CSR in China, with 84% believing that the level of CSR knowledge, implementation and communication will grow in the next decade. Although the government will remain the key driver of CSR development, the role of the general public will continue to grow in importance. As far as Private International Law (PIL) issues of CSR are concerned, generally no distinct rules have been developed in China yet.

G. Tu (✉)
Faculty of Law, University of Macau, Macau, China
e-mail: gjtu@umac.mo

S. Chen
Faculty of Law, McGill University, Montreal, QC, Canada
e-mail: si.chen5@mail.mcgill.ca

C. Kessedjian, H. Cantú Rivera (eds.), *Private International Law Aspects of Corporate Social Responsibility*, Ius Comparatum – Global Studies in Comparative Law 42, https://doi.org/10.1007/978-3-030-35187-8_7

1 Definition and Sources

1.1 Does Your Country Have a Definition of Corporate Social Responsibility?

No.

1.1.1 If No, Please Explain Why Your System Does Not Have Any Definition

The idea of Corporate Social Responsibility (CSR) is new to China. It was not conceptualized when the first Chinese Company Law was drafted in the 1990s although CSR was given an explicit recognition in Article 5 of Chinese Company Law as of 1 January 2006. However, there is no clear definition or illustration for CSR in the Chinese legal system. Furthermore, there is no common agreement on the definition of CSR in practice and in literature in the Chinese context.[1]

1.1.2 If No, Do You Think Your Country Would Apply Either the ISO 26000 Definition, or the Concept Embodied in the OECD Guidelines for Multinational Enterprises, or That of the United Nations Guiding Principles on Business and Human Rights? (Give the Source of Your Opinion, If Any)

Currently, there is no obvious information that the Chinese government would apply ISO 26000 definition, or the concept embodied in the OECD Guidelines for Multinational Enterprises, or that of the United Nations Guiding Principles on Business and Human Rights. The available information on the application and implementation of those three documents is provided in the answers for questions 2, 3 and 4 of this questionnaire.

1.2 Is Your Country a Member of the OECD? If No, Has Your Country Nonetheless Adhered to the OECD Guidelines? If No, Do You Think Your Country Might Adhere in the Near Future? Please Explain Your Answers

China is not a member of the OECD and has not adhered to the OECD Guidelines for Multinational Enterprises. Despite that China and the OECD have been working

[1]Zhao (2014).

closely with each other, there is no clear evidence, and we do not believe, China would adhere to the OECD Guidelines in the near future.

The collaboration between China and the OECD was established in the 1990s. Their cooperation has been strengthened during the past five years.[2] In 1995, China and the OECD initiated their cooperation by hosting the first workshop.[3] In July 2015, China signed cooperation agreements with the OECD and joined the OECD Development Centre.[4] During the recent five years, China has been increasingly involved with the OECD initiatives,[5] including the recently enhanced cooperation between the OECD and Chinses Chamber of Commerce for Metals, Minerals and Chemicals Importers and Exporters (CCCMC), a subordination of the Ministry of Commerce of China.[6]

The cooperation between China and OECD in relation to CSR has been exemplarily illustrated through the cooperation between CCCMC and OECD.[7] With combined efforts and support by the OECD and other stakeholders, CCCMC issued the Chinese Guidelines for Social Responsibility in Outbound Mining Investment [CCCMC Guidelines (2014)] in October 2014.[8] After the issuance of the CCCMC

[2]See OECD Data, Country Page: China (available at https://data.oecd.org/china-people-s-republic-of.htm and http://www.oecd.org/china/).

[3]See OECD-China: 20 Years of Partnership (2015) (available at https://www.slideshare.net/OECDpsd/oecd-20years-china).

[4]See China Signs Cooperation Agreements with OECD and Joins OECD Development Centre (available at http://www.oecd.org/newsroom/china-signs-cooperation-agreements-with-oecd-and-joins-oecd-development-centre.htm).

[5]See OECD, Active with The People's Republic of China (available at http://www.oecd.org/china/active-with-china.pdf).

[6]Chinses Chamber of Commerce for Metals, Minerals and Chemicals Importers and Exporters (CCCMC) is a national social organization in China's metal mining industry, and it is a subordination of the Ministry of Commerce. CCCMC has around 6300 company members, which are engaged in metals, non-metallic minerals, coal, construction materials, hardware, oil, chemicals, plastics, fine chemicals, agro-chemicals and rubber products, encompassing the majority of Chinese mining companies investing abroad and trading mineral, metal, and hydrocarbon products. CCCMC is the largest and most professional industrial organization in these sectors. CCCMC has made great efforts to provide information and consulting services to its member companies, including but not limited to the following: developing policy and tools in extractive sector; helping Chinese companies to identify, reduce and avoid risks; improving their capacity to integrate social responsibility into their business strategies; and promoting sustainable development in overseas mining investments. For more information on Chinses Chamber of Commerce for Metals, Minerals and Chemicals Importers and Exporters (中国五矿化工进出口商会), please visit http://en.cccmc.org.cn.

[7]For the OECD and CCCMC co-operation, see OECD page for Chinese Due Diligence Guidelines for Responsible Mineral Supply Chains (available at http://mneguidelines.oecd.org/chinese-due-diligence-guidelines-for-responsible-mineral-supply-chains.htm).

[8]Chinese Guidelines for Social Responsibility in Outbound Mining Investment [hereinafter in this report, "CCCMC Guidelines (2014)"], in other occasions, is also referred to as "CCCMC Guidelines", "Chinese Responsible Mining Guidelines" etc. The CCCMC Guidelines (2014) addresses a wide variety of issues structured along the main topics of corporate social responsibility with a focus on human rights and supply-chain management such as environment, labor practices as well as

Guidelines (2014), CCCMC has taken further actions to implement the Guidelines in order to promote and disseminate the idea of social responsibility among Chinese mining corporations. Subsequent initiatives include the issuance of the Chinese Due Diligence Guidelines for Responsible Mineral Supply Chains [CCCMC Due Diligence Guidelines (2015)],[9] the Sustainable Mining Action Plan,[10] and the Responsible Cobalt Initiative.[11] Those documents and initiatives were supported by a couple of stakeholders, particularly the OECD. Notably, both of the Chinese Due Diligence Guidelines (2015) and the Sustainable Mining Action Plan (2016) resulted from the support of OECD. For instance, the Chinese Due Diligence Guidelines (2015) were based on the 2011 UN Guiding Principles on Business and Human Rights and the OECD Due Diligence Guidance on Responsible Supply Chains of Minerals from Conflict-Affected and High-Risk Areas.[12] Despite that China is not an OECD member, the Chinese Due Diligence Guidelines (2015) describes the OECD's Due Diligence Guidance as the "recognized international framework" for supply-chain due diligence in the mining sector.

1.3 As a Member State of the United Nations, Has Your Country Taken Any Action Under the 2011 Guiding Principles? If Yes, Please Describe (National Action Plan, Etc.)

During 2008–2011, China supported and endorsed the 2011 UN Guiding Principles on Business and Human Rights.[13]

China has not yet issued any concrete National Action Plan for implementing the 2011 Guiding Principles. However, in the recent five years, a positive trend can be observed. Among others, it is notable that CCCMC has issued the Chinese

occupational health and safety. The CCCMC Guidelines (2014) applies to all outbound Chinese investments in the fields of mineral exploration, extraction and processing. For CCCMC Guidelines (2014), please visit http://www.cccmc.org.cn/docs/2016-05/20160503161251906597.pdf.

[9]See CCCMC Guidelines (2015), Chinese Due Diligence Guidelines for Responsible Mineral Supply Chains (available at http://www.cccmc.org.cn/docs/2016-05/20160503161408153738.pdf).

[10]See CCCMC SMAP, Sustainable Mining Action Plan officially launched in Beijing (available at http://en.cccmc.org.cn/news/cccmcinformation/58817.htm).

[11]See CCCMC RCI, Responsible Cobalt Initiative: Facing Challenges, Sharing Responsibility, Joining Hands and Achieving Win-win (available at http://www.cccmc.org.cn/docs/2016-11/20161121141502674021.pdf).

[12]CCCMC and the OECD have signed a Memorandum of Understanding to cooperate in the development of the CCCMC Guidelines (2015). The task is listed in the "China-OECD Medium Term Vision and Action Plan for 2015-2016". See CCCMC Guidelines (2015), *supra* note 9.

[13]See Human Rights Council, 2011 UN Guiding Principles on Business and Human Rights (available at http://www.ohchr.org/Documents/Publications/GuidingPrinciplesBusinessHR_EN.pdf).

Guidelines for Social Responsibility [CCCMC Guidelines (2014)] in Outbound Mining Investment and conducted follow-up initiatives to apply and implement the Guidelines. The CCCMC Guidelines (2014), as for the first time in an official document, makes explicit reference to the 2011 UN Guiding Principles. Moreover, some international and Chinese local civil society organizations have made joint efforts to promote the dissemination and implementation of the 2011 UN Guiding Principles at the domestic level.[14] Chinese and international scholars have also made academic advancement for introduction and promotion of the 2011 UN Guiding Principles in China.[15]

The issuance and implementation of the CCCMC Guidelines (2014) is an ongoing example of how the 2011 Guiding Principles has been taken into action in the Chinese context. In Chapter 2 "Social Responsibility Issues in Outbound Mining Investment" of the CCCMC Guidelines (2014), there is a specific part, Section 2.4, which addresses issues in relation to human rights. In Section 2.4, it is confirmed that "The companies shoulder the responsibility to respect human rights within their sphere of influence. The companies shall take active measures to avoid the passive acceptance or active involvement in human rights violations." In Section 2.4.1, it is further stressed that the companies should "observe the UN Guiding Principles on Business and Human Rights during the entire life-cycle of the mining project", including: developing a policy commitment to meet the responsibility to respect human rights, developing a human rights due diligence process to identify, prevent, mitigate, and address adverse impacts on human rights, and developing a provision or cooperate with the local community to effectively remedy those affected by adverse human rights impacts through legitimate processes.[16] In Section 2.4.6, it demanded that companies should conduct risk-based supply chain due diligence in order to prevent engagement with materials that may have funded or fueled conflict, which has been stressed by the 2011 Guiding Principles. Notably, the CCCMC Guidelines (2014) is equipped with an implementation mechanism, Chapter 3 "Implementation of the Guidelines", through which CCCMC is mandated to monitor the implementation of the Guidelines.

The subsequent initiatives of the CCCMC Guidelines (2014) have also taken specific note of the 2011 Guiding Principles. For instance, the major objective of the Chinese Due Diligence Guidelines (2015) is to operationalize and provide details to

[14]See Peking University International Law Institute & Beijing Rong Zhi Corporate Responsibility Institute, Tracktwo & Global Business Initiative on Human Rights; The Corporate Responsibility to Respect Human Rights in China and Globally (2014 Project Report) (available at https://gbihr.org/images/general/EN-China-Learning-Project-Report.pdf). Also see Global Witness, Promissing Chinese Guidelines for Mineral Supply Chain Checks - Public Consultation Begins (2015 Project) (available at https://www.globalwitness.org/en/countries/china/promising-chinese-guidelines-mineral-supply-chain-checks-public-consultation-begins/).

[15]See articles written by a Chinese professional, researcher and scholar, Dr. LIANG Xiaohui in 2013 (in Chinese, accessible at http://www.pkulaw.cn/fulltext_form.aspx?Gid=1510162215) and in 2015 (in English, accessible at https://business-humanrights.org/en/looking-forward-2015-the-"pillar-ii"-policy-shift-in-china-and-business-practices-in-the-ungps).

[16]See CCCMC Guidelines (2014), *supra* note 8.

Clause 2.4.6 of the CCCMC Guidelines (2014).[17] The specific objectives are to provide guidance and support to companies which are extracting and/or using mineral resources and their related products and engaged at any point in the supply chain of minerals to identify, prevent and mitigate their risks of contributing to committing serious human rights abuses and risks of serious misconduct.[18] The CCCMC Guidelines (2015) requires that all companies that fall within the scope of application carry-out the 5-STEP risk-based supply chain due diligence framework. The Chinese Due Diligence Guidelines (2015) is actually based on the 2011 Guiding Principles and the OECD Due Diligence Guidance on Responsible Supply Chains of Minerals from Conflict-Affected and High-Risk Areas. Having the same wording as in the CCCMC Guidelines (2014), the Chinese Due Diligence Guidelines (2015) require companies to "observe the Guiding Principles on Business and Human Rights during the entire life-cycle of the mining project."[19] The other wordings in the Chinese Due Diligence Guidelines (2015), particularly the wording of "identify, prevent and mitigate", are closely aligned with the 2011 Guiding Principles, the OECD Guidelines for Multinational Enterprises (2011) and the OECD Due Diligence Guidance (2013).

1.4 Does Your Country Apply the ISO Standards? If Yes, Please Give Examples of Their Application

According to the ISO 26000 Post Publication Organization, China has not yet formally adopted the ISO 26000 as a national standard. The application of ISO 26000 by Chinese companies is solely voluntary. However, China is in the progress of adoption. China is among the countries which offer a National Mirror Committee (NMC) and is a part of NIN - NSB Information Network through the National

---

[17]See CCCMC Guidelines (2014), *supra* note 8. The Clause 2.4.6 of the CCCMC Guidelines (2014) reads as follows: "2.4 Human Rights: Admitting and respecting human rights is very important for the rule of law, social justice, stability, and a harmonious society. The companies shoulder the responsibility to respect human rights within their sphere of influence. The companies shall take active measures to avoid the passive acceptance or active involvement in human rights violations... 2.4.6 Conduct risk-based supply chain due diligence in order to prevent engagement with materials that may have funded or fuelled conflict: Conduct an assessment to define whether the mining project from which traded minerals originate or the mineral trading routes used are located in a conflict-affected and/or high-risk area. Adapt existing due diligence measures to the specific needs of conflict-affected and high-risk areas Measures should be third-party audited and publically reported on. When operating in a conflict-affected and/or high-risk area, take steps to monitor the business relations, transactions, and flows of funds and resources and avoid the trade of conflict minerals."

[18]*Ibid* at 8, II Objective.

[19]*Ibid* at 8.

Standards Body (NSB).[20] Furthermore, it has been shown by a couple of indications that China (including the government and Chinese companies) has been increasingly making use of the ISO 26000 standards. The standards have been constantly introduced, referred to and applied by stakeholders in China.

(1) List of Examples of Supporting Initiatives That Have Been Taken to Explain and Promote the Use of ISO 26000

During the recent five years, a couple of significant national standards and policy documents have been inspired and/or influenced by ISO 26000, including: National Standards GB/T36000/36001/36002, the CCCMC Guidelines, and the Management Directory of Chinese Industrial and Corporate Social Responsibility, as well as local policy and guidance on CSR.

National Standards GB/T36000/36001/36002

The Chinese National Standards GB/T36000/36001/36002 issued in 2015 were inspired by ISO 26000 standards, and they came into force on 1 January 2016.[21]

Chinese Guidelines for Social Responsibility in Outbound Mining Investment (CCCMC Guidelines (2014))

In October 2014, the CCCMC launched the Chinese Guidelines for Social Responsibility in Outbound Mining Investment (CCCMC Guidelines (2014)).[22] The CCCMC Guidelines (2014) takes into account a couple of international initiatives, and it is "essentially structured along the principles and core subjects of the ISO 26000 Guidance on Social Responsibility with some exceptions to better reflect the specifics of the mining industry".[23] The CCCMC Guidelines (2014) follows the core areas of ISO 26000, and it also has referred to ISO 14001.[24] Furthermore, the Chinese Due Diligence Guidelines (2015), a subsequent initiative, has referred to ISO 26000, ISO 17000 and ISO 18788.

Management Directory of Chinese Industrial and Corporate Social Responsibility

The Management Directory of Chinese Industrial and Corporate Social Responsibility issued in 2015 by the Chinese United Association of Industry and Economy [中国工业经济联合会《中国工业企业社会责任管理指南(2015)》] references a group of international standards, including ISO 26000.[25]

---

[20]Further details could be found on the ISO Country Page: China (accessible at http://iso26000.info/countries/).

[21]*Ibid*.

[22]*Supra* note 8.

[23]*Supra* note 8, Foreword.

[24]*Ibid* at 40.

[25]See Chinese United Association of Industry and Economy, Management Directory of Chinese Industrial and Corporate Social Responsibility (2015) (available at http://www.cfie.org.cn/2710757099819/2724474915407/index.html).

Local Policy and Guidance on CSR
Jiangsu Province issued Guidance on Corporate Social Responsibility Construction in 2017 which takes reference from ISO 26000.[26]

In February 2017, Jiangsu Province issued Guidance on Corporate Social Responsibility Construction (the Guidance) which clarified that Jiangsu aimed to establish and improve related mechanisms to promote enterprises to fulfill social responsibility, build CSR evaluation system to promote the common development of enterprises and society so as to realize the goals of "Three Enhancement and Three Improvement" by the year of 2020.[27] The "Three Enhancement" include: the consciousness and enthusiasm of CSR fulfilment, the good corporate influence, and the harmonious relations between enterprises and employees, customers, partners, ecological environment and community. The "Three Improvement" include: the integrity management, the law-based management, and the social image, core competitiveness and sustainability of enterprises. This Guidance takes reference from ISO 26000 and implements the national social responsibility standard GB/T36000-2015 Guidance on Social Responsibility issued by Standardization Administration of China.

(2) List of Trainers and Consultants Promoting the Application of ISO 26000 in China
There are a couple of outstanding trainers, consultants, as well as consulting companies working on the application of ISO 26000 in China, including: SynTao Co., Ltd. (CSR Consulting) [商道纵横],[28] Beijing Rongzhi CSR Institute [北京融智企业社会责任研究院],[29] GoldenBee China (Beijing) Management Consulting Co., Ltd. [责扬天下],[30] Corporate Citizenship in Action (CSR Consulting) [明善道].[31]

[26]Please visit Sino-Swedish Corporate Social Responsibility website and see Jiangsu Province Issues Guidance on Corporate Social Responsibility Construction (available at http://csr2.mofcom.gov.cn/article/csrnews/news2017/201703/20170302544126.shtml).
[27]*Ibid.*
[28]For SynTao Co., Ltd. (CSR Consulting) [商道纵横], please visit http://en.syntao.com.
[29]For Beijing Rongzhi CSR Istitute [北京融智企业社会责任研究院], please visit http://en.rzcsri.com.
[30]For GoldenBee CSR Consulting [责扬天下], please visit http://en.goldenbeechina.com/index.php/About/index/id/1.html.
[31]For Corporate Citizenship in Action (CSR Consulting) [明善道], please visit http://www.csrconsulting.com.cn/en/main.HTM.

(3) The Reference to ISO 26000 in Corporate Social Responsibility Reports Released by Chinese Companies

According to the observation by GoldenBee China (Beijing) Management Consulting Co., Ltd., ISO 26000 has drawn wide attentions in China.[32] GlodenBee submits that ISO 26000 reshapes social responsibility management practices in China and ignites Chinese companies' brand new recognition of social responsibility.[33] Chinese companies have taken their practical experience into consideration and further developed ISO 26000 to improve their management.

The strengthened recognition and practical examples have been reflected by corporate social responsibility reports issued by Chinese companies. According to the research by Goldenbee, by October 2014, a total of 8448 social responsibility reports have been released by Chinese companies.[34] Among the 2240 reports released in 2014 (calculated by the end of October 2014), 112 have referred to ISO 26000.[35] Evidences have shown that, when Chinese companies prepare social responsibility reports, ISO 26000 has been regarded as an important basis and guidance. For instance, in April 2011, Aluminum Corporation of China released its 6th social responsibility report, which was guided by ISO 26000 and framed according to the seven core subjects of ISO 26000.[36]

Furthermore, in 2016, ISO 26000 was referred to by more than 30% of Corporate Social Responsibility reports released by Chinese Central Enterprises (Chinese State-owned Key Enterprises),[37] and it was also referred to in those corporate social responsibility reports issued by Chinese companies listed in the Hong Kong Exchanges and Clearing Limited (HKEx).[38]

---

[32]See GoldenBee CSR Consulting, Chief Expert of GoldenBee CSR Consulting Attends ISO 26000 Conference in Stockholm (in English accessible at http://en.goldenbeechina.com/index.php/Home/Insights/show/id/29) and the sources in Chinese (accessible at http://www.goldenbeechina.com/html/2015-10/466.html).

[33]*Ibid.*

[34]*Ibid.*

[35]*Ibid.*

[36]*Ibid.*

[37]See GoldenBee CSR Consulting, A Study of Corporate Social Responsibility Reports by Central Enterprises (2016)《2016中央企业社会责任报告研究》at 7 (available at http://www.goldenbeechina.com/html/2017-01/532.html).

[38]See GoldenBee CSR Consulting, A Study of Corporate Social Responsibility Reports by Chinese Enterprises Listed in the Hong Kong Exchanges and Clearing Limited (2016) (available at http://www.goldenbeechina.com/html/2017-04/541.html).

1.5 Please Indicate All Other Sources You Consider Relevant, and Also Any Specific Feature of Your Legal System That Should Be Borne in Mind to Better Understand Your Answers to This Questionnaire

The following information and sources might be helpful for better understanding the answers to this questionnaire.

The Supervision of Chinese Corporations
The State-owned Assets Supervision and Administration Commission of the State Council (国务院国有资产监督管理委员会)[39] is a key official body which is in charge of the supervision of Chinese corporations operating inside China, and the Department of Outward Investment and Economic Cooperation of Ministry of Commerce (商务部对外投资和经济合作司)[40] is a key official body which is in charge of the supervision of Chinese corporations operating overseas.

The Issuance and Implementation of Chinese National Standards
China National Institute of Standardization (中国标准化研究院)[41] and Standardization Administration of The People's Republic of China (中国国家标准化管理委员会)[42] are two key institutions on the issuance and implementation of Chinese national standards.

Literature on CSR in Contemporary China
In English, there are not many resources which specifically address the topic of corporate social responsibility in China. However, the topic has been increasingly interesting to scholars and professionals during the recent decades, along with the application of the concept of Corporate Social Responsibility and the rapid development of Chinese companies both inside and outside of China.

Generally speaking, Corporate Social Responsibility, as a concept and as a specific category of "social responsibility", is rarely referred to in court decisions or legal analysis in China; however, it is increasingly applied and implemented by stakeholders in China, including Chinese companies, Chinese consulting companies working on CSR issues, as well as government officials and NGO representatives.

The following resources may be helpful for understanding the application and implementation of corporate social responsibility in China.

[39]For more information on the State-owned Assets Supervision and Administration Commission of the State Council (国务院国有资产监督管理委员会), please visit http://en.sasac.gov.cn.

[40]For more information on the Department of Outward Investment and Economic Cooperation of Ministry of Commerce (商务部对外投资和经济合作司), please visit http://english.mofcom.gov.cn/departments/hzs2/.

[41]For more information on China National Institute of Standardization (中国标准化研究院), please visit http://en.cnis.gov.cn.

[42]For more information on Standardization Administration of The People's Republic of China (中国国家标准化管理委员会), please visit http://www.sac.gov.cn.

(1) Books

Eweje, G., & Ozan N. A. (eds). (2014). *Corporate Social Responsibility and Sustainability: Emerging Trends in Developing Economies.* Bingley, England: Emerald.

Hasan, S., (eds). (2017). *Corporate Social Responsibility and the Three Sectors in Asia: How Conscious Engagement Can Benefit Civil Society*. New York: Springer.

Low, K. C. P., et al. (eds). (2014). *Corporate Social Responsibility in Asia: Practice and Experience*. Cham: Springer.

Örtenblad, A., (eds). (2016). *Research Handbook on Corporate Social Responsibility in Context. Cheltenham: Edward Elgar Publishing.*

Plessis, J. J. du, et al. (eds). (2018). *Globalisation of Corporate Social Responsibility and Its Impact on Corporate Governance*. Cham: Springer.

Shin, K. (2014). *Corporate Social Responsibility Reporting in China*. Heidelberg: Springer.

Vermander Benoît, & World Scientific (Firm). (2014). *Corporate Social Responsibility in China: A Vision, an Assessment and a Blueprint*. Singapore: World Scientific Pub.

Wu, W. (2018). *Chinese Oil Enterprises in Latin America: Corporate Social Responsibility*. Palgrave Macmillan.

Zhang, D. (2017). *Corporate Social Responsibility in China: Cultural and Ownership Influences on Perceptions and Practices*. Springer.

Zhang, D., et al. (2018) *Sustainable Development and Corporate Social Responsibility*. London: Routledge, Taylor & Francis Group.

Zhao, J. (2014). *Corporate Social Responsibility in Contemporary China*. Cheltenham, UK: Edward Elgar.

Zu, L. (2009). *Corporate Social Responsibility, Corporate Restructuring and Firm's Performance: Empirical Evidence from Chinese Enterprises*. Berlin: Springer.

(2) Articles

Garde-Sanchez, R., et al. (2018). Current Trends in Research on Social Responsibility in State-Owned Enterprises: A Review of the Literature from 2000 to 2017. *Sustainability*, 10(7), 2403–2403.

Noronha, C., et al. (2013). Corporate Social Responsibility Reporting in China: An Overview and Comparison with Major Trends. *Corporate Social Responsibility and Environmental Management*, 20(1), 29–42.

Tan-Mullins, M., & Hofman, P. S., (2014). The Shaping of Chinese Corporate Social Responsibility. *Journal of Current Chinese Affairs*, 43(4), 3–18.

Zhu, Q, et al. (2016). Corporate Social Responsibility Practices and Performance Improvement among Chinese National State-Owned Enterprises. *International Journal of Production Economics*, 171, 417–426.

(3) Research Reports

Embassy of Sweden in Beijing & CSR Asia. "A Study on Corporate Social Responsibility Development and Trends in China" (2014) (accessible at http://www.csr-asia.com/report/CSR-development-and-trends-in-China-FINAL-hires.pdf).

GoldenBee (Beijing) Management Consulting Co., Ltd. "Research on Corporate Social Responsibility Reporting in China 2017" (2017) (accessible at http://images.mofcom.gov.cn/csr2/201712/20171222104320673.pdf).

(4) Website Resources

Sino-Swedish Corporate Social Responsibility Website

http://csr2.mofcom.gov.cn

(The website is based on the memorandum of understanding for continued cooperation on CSR between Sweden and China. The website was approved by Ministry of Commerce of China and supported by China International Electronic Commerce Centre. It is run by CSR Centre at the Embassy of Sweden in Beijing and China WTO Tribune.)

CSR-China

https://www.csr-china.net

(CSR-China is a CSR-focused vertical website sponsored by GoldenBee CSR Consulting and professionally supported by China WTO Tribune. CSR-China presents latest global corporate responsibility news and spreads the value of CSR philosophy. It works for advancing CSR and promoting sustainability in China.)

(5) Institutions on CSR Consulting and Research

SynTao Co., Ltd. (CSR Consulting) [商道纵横]

http://en.syntao.com

SynTao, founded in 2005, is a leading Beijing-based consultancy promoting sustainability and responsibility in the Asian region. The consultancy focuses on consulting, education and investment in the field of Corporate Social Responsibility.

GoldenBee China (Beijing) Management Consulting Co., Ltd. [责扬天下]

http://en.goldenbeechina.com/index.php/About/index/id/1.html

GoldenBee, founded in 2003, is one of the first professional organizations to embrace social responsibility and sustainable development in China. The consultancy strives to develop a close partnership with sustainability-oriented enterprises and organizations and serve as a high-end think tank for them.

Beijing Rongzhi Corporate Social Responsibility Research Institute [北京融智企业社会责任研究院]

http://en.rzcsri.com

Beijing Rongzhi was established in 2009. The Institute is a professional organization that is officially registered with the Beijing Municipal Civil Affairs Bureau and is responsible for the research and consultation of social responsibility and sustainable development in China.

Corporate Citizenship in Action (CSR Consulting) [明善道]

Corporate Citizenship in Action (CCiA), its operation commenced in 2006, is a professional consulting firm dedicated to helping companies to put CSR into practice with better effectiveness and efficiency. CCiA focuses on CSR strategic planning and corporate practice by providing the most suitable and customized solutions for various companies, both multinational and local business sectors. With a particular focus on the interplay of business, NGO/NPOs and government, CCiA is committed to facilitating network and cooperation between those three institutions.

2 Characterisation

2.1 Rules Pertaining to Company Law

2.1.1 Please Describe the Rules of CSR Pertaining to Company Law (Due Diligence, Duty of Vigilance, Compliance Department, Etc.)

There are initiatives and attempts in legislation to improve Corporate Social Responsibility within corporations and raise awareness as well as understanding across sectors. The attempts constitute both general provisions for corporate objectives (Article 5 of Company Law, 2013) and specific provisions for protecting various stakeholders (Article 14 and 17 of Company Law, 2013) in corporate law, as well as other laws that directly relate to the legitimate rights of certain stakeholders (such as employees, Labor Contract Law, 2008).

In the Chinese Company Law (enacted in 1993, revised in 2005, and amended in 2013),[43] there are no clauses explicitly and directly touching on due diligence, duty of vigilance, compliance department, etc. However, some clauses could still be relevant to CSR in the sense of broadly speaking. They are:

Article 5 A company shall, when engaging in business activities, abide by laws and administrative regulations, observe social moralities and business ethics, act in good faith, accept the supervision of the Government and the general public, and undertake social responsibilities.

The legitimate rights and interests of a company shall be protected by law, and shall not be infringed upon.

---

[43]See The Company Law of the People's Republic of China (《中华人民共和国公司法》) (available at http://www.npc.gov.cn/wxzl/gongbao/2014-03/21/content_1867695.htm). It was enacted in 1993, revised in 2005, and amended in 2013, and then came into effect as of March 1, 2014. It was initially adopted at the 5th Session of the Standing Committee of the 8th National People's Congress on December 29, 1993, amended for the first time on December 25, 1999 in accordance with the Decision of the 13th Session of the Standing Committee of the Ninth People's Congress on Amending the Company Law of the People's Republic of China and amended for the second time on August 28, 2004 in accordance with the Decision of the 11th Session of the Standing Committee of the 10th National People's Congress of the People's Republic of China on Amending the Company Law of the People's Republic of China. It was further revised at the 18th Session of the 10th National People's Congress of the People's Republic of China on October 27, 2005 and amended for the third time on December 28, 2013 in accordance with the Decision on Amending Seven Laws Including the Marine Environment Protection Law of the People's Republic of China at the 6th Session of the Standing Committee of the 12th National People's Congress, and then came into effect as of March 1, 2014.

Article 14 A company may establish a branch company by filing an application for registration with the relevant company registration authority and obtaining a business license. A branch company is not qualified as a legal person, and its civil liabilities shall be borne by the parent company. A company may establish subsidiaries. Subsidiaries are qualified as legal persons, and shall independently bear civil liabilities in accordance with the law.

Article 17 A company shall protect the legitimate rights and interests of its staff members, conclude labor contracts with them, participate in the social insurance system, and reinforce the labor protection for them so as to achieve safe production.

The company shall adopt various forms to enhance vocational education and job training for its staff members to improve their professional competency.

Article 18 The staff members of a company shall organize a labor union in compliance with the Labor Union Law of the People's Republic of China to carry out labor union activities and maintain the legitimate rights and interests of the staff members. The company shall provide necessary conditions for the labor union thereof to carry out activities. The labor union of the company shall, in accordance with the law, conclude a collective contract with the company in connection with such matters as labor remunerations, working hours, benefits, insurance, labor safety, and sanitation, on behalf of the staff members.

A company shall, in accordance with the Constitution and other relevant laws, implement democratic management through a general meeting of the representatives of staff members or other forms.

When making research and decisions on restructuring or any major issue concerning its business operations, or when formulating important rules and regulations, a company shall listen to the opinions of its labor union, and to the opinions and suggestions of its staff members through the general meeting of the representatives of staff members or other forms.

Article 186 The liquidation group of a company shall, after having liquidated the property of the company and prepared the balance sheet and a list of property, formulate a liquidation plan which shall be submitted to the shareholders' meeting, the general meeting or the competent people's court for confirmation. After paying off the liquidation expenses, the salaries, social insurance premiums and the statutory compensations of the staff members, the due and payable taxes and the debts of the company, the liquidation group shall distribute the remaining property, in the case of a limited liability company, in proportion to the shareholders' capital contribution or, in the case of a company limited by shares, in proportion to the shares held by each shareholder. During the liquidation, the company shall continue to exist, but shall not carry out business activities irrelevant to the liquidation. The property of the company shall not be distributed to any shareholder before full payments have been made out of the property in accordance with the preceding Paragraph.

Article 196 When conducting business activities within the territory of China, branches of foreign companies that are established upon approval shall comply with Chinese laws, and shall not prejudice the social and public interest of China. Their legitimate rights and interests are protected by Chinese laws.

Article 213 The business license of a company shall be revoked if grave illegalities that endanger State security or prejudice social and public interests are committed in the name of the company.

Article 215 Whoever violates this Law shall be investigated for criminal liabilities pursuant to the law if the violation constitutes a criminal offense.

2.1.2 Please Give Detailed References to the Relevant Instruments or Case Law

The most important and relevant rule of CSR in the Chinese Company Law (2014)[44] is article 5, which has for the first time explicitly required companies to "undertake social responsibilities". There are no publicly available resources on the application of Article 5 and it is assumed that the practical application of Article 5 in court decisions is extremely limited.

Article 5 A company shall, when engaging in business activities, abide by laws and administrative regulations, observe social moralities and business ethics, act in good faith, accept the supervision of the Government and the general public, and undertake social responsibilities.

The legitimate rights and interests of a company shall be protected by law, and shall not be infringed upon.

2.1.3 If These Rules Have Given Rise to Disputes, Please Briefly Describe the Cases That Have Arisen in Your Country and Their Outcomes (Providing Full References for Court Decisions)

It is required by Article 5 of Chinese Company Law that companies shall undertake social responsibilities. However, there is no clear legal definition or further explanation of the concept of corporate social responsibility. In Chinese court systems, there might indeed be cases relevant to issues of "corporate social responsibility", but they are not tagged or named as "corporate social responsibility cases" during the court proceedings and in the court decisions because there is no such cause of action in Chinese law yet. One, therefore, needs to look into the substantive contents of the cases and decisions in order to evaluate whether a case is relevant to "corporate social responsibility" and whether Article 5 has been actually relied on to make a judgment.

Furthermore, a hybrid corporate governance model has seemingly been adopted in China and directors are required under the Chinese Company Law to consider the interests of stakeholders, and observe business ethics as well as social morality;

[44]Article 5 is a new article in the Chinese Company Law (2005) and the article remains in the Chinese Company Law (2013).

however, scandals related to CSR indicate that the enforcement of legal requirements of CSR in practice in China is far from being satisfactory.

A couple of Chinese cases in relation to CSR have been internationally known as huge scandals, covering the field of food scares, labour issues and environmental degradations.[45] For instance, food and drug safety has been a worrying issue in China. In the case of melamine-tainted milk powder committed by Chinese company Sanlu in China in 2008, allegedly around 7000 infants were hurt, some of whom were in hospital for a prolonged period, and 150 had serious kidney failure after consuming the milk powder produced by Sanlu.[46] For those cases in relation to CSR, there were specific criminal punishment and civil liabilities according to specific provisions of Chinese law; however, Article 5 of Company Law is rarely triggered and there is no exact reference in terms of CSR.

2.2 *Rules Pertaining to the Law of Contract*

2.2.1 Please Describe the Rules of CSR Pertaining to Contract Law (Clauses on Compliance with the OECD Guidelines, Anti-corruption Clauses, Control of the Value Chain, Etc.)

In Chinese Contract Law (enacted in 1999),[47] there are no clauses explicitly and directly touching on compliance with the OECD Guidelines, anti-corruption clauses, control of the value chain, etc. However, some clauses could still be relevant. They are:

Article 7 When concluding and performing contracts, the parties concerned shall abide by laws and administrative regulations, respect social ethics, and refrain from disrupting the social and economic order or undermining social and public interests.

Article 186 The gift-giver may rescind gift-giving prior to the transfer of the rights of the asset gifted.

The preceding Paragraph shall not apply to contracts of gifts in the nature of public welfare or moral obligations, such as contracts on disaster relief, poverty alleviation etc., or contracts of gifts that have been notarized.

---

[45]Zhao (2014).

[46]Zhao (2014). It was reported that around 700 tons of San Lu baby milk powder had been contaminated with melamine, to meet company requirements for protein content in the short-term interests of the shareholders. As a result of consuming the contaminated milk, infants allegedly suffered diseases such as kidney stones.

[47]See The Contract Law of the People's Republic of China (《中华人民共和国合同法》) (available at http://www.npc.gov.cn/npc/lfzt/rlyw/2016-07/01/content_1992739.htm). It was adopted at the Second Session of the Ninth National People's Congress of the People's Republic of China on March 15, 1999, and came into effect on October 1, 1999.

Moreover, some relevant clauses might also be found in Chinese Labor Contract Law (enacted in 2008).[48] The Chinese Labor Contract Law regulates the establishment, performance, variation and termination of labor contracts, and it is regarded as a distinct improvement on the legal framework regulating employment relations in China. The Law prescribes when employees can be dismissed and introduces requirements regarding work hours, rest and leave, wages and social insurance.

2.2.2 Please Give Detailed References to the Relevant Instruments or Case Law

See Chinese Contract Law and Chinese Labor Contract Law as mentioned above.

2.2.3 If These Rules Have Given Rise to Disputes, Please Briefly Describe the Cases That Have Arisen in Your Country and Their Outcomes (Providing Full References for Court Decisions)

No detailed information could be provided for by now.

2.3 Rules Pertaining to Law of Torts

2.3.1 When a Third Party (an Employee, Customer, Supplier or Victim of Breaches by the Company, Etc.) Takes Action Against a Company for Breach of a Rule of CSR, Is That Action Characterised as a Tort Action? YES NO

The answer to this question is not that clear yet. However, according to our estimation, it would mainly be characterized as a tort action.

2.3.2 If Yes, Please Give Examples, Drawn Either from Legislation or Case Law, with Detailed References

A typical example is that a victim's action against a company for breach of environmental responsibility is characterised as a tort action in Chinese Tort Law

[48]See The Labor Contract Law of the People's Republic of China (《中华人民共和国劳动合同法》) (available at http://www.npc.gov.cn/wxzl/wxzl/2007-08/14/content_374713.htm#). It was adopted at the 28th Session of Standing Committee of the 10th National People's Congress of the People's Republic of China on June 29, 2007, and amended on December 28, 2012 in accordance with the Decision of the 30th Session of the Standing Committee of the 11th National People's Congress on Amending the Labor Contract Law of the People's Republic of China.

(enacted in 2009, and came into effect in 2010),[49] Article 65 of which says: "The polluter of environment shall bear tort liability for the damage caused".

2.3.3 If No, Please Explain What Other Characterisation Is Applied, Giving Detailed References to the Relevant Instruments or Case Law

In other contexts, it might be characterized as a contractual action. For example, this could occur when the dispute arises out of Chinese Labour Contract Law, Article 80 of which says: "If the employer has made some by-laws concerning the employees' direct interests that have violated laws and governmental regulations …… and caused loss to the employees, the employer shall pay damages to the employees".

2.4 Do CSR Rules Fall Under Public Policy or Are They Characterised as Mandatory Rules?

No.

2.4.1 If They Are Characterised as Mandatory Rules, Please Give Detailed References (Attaching, if Possible, the Original Texts with French, English or Spanish Translations)

Not applicable.

2.4.2 If They Are Characterised as Public Policy, Please Give References to the Case Law That Shows This

Not applicable.

[49]See The Tort Liability Law of the People's Republic of China (《中华人民共和国侵权责任法》) (available at http://www.npc.gov.cn/huiyi/cwh/1112/2009-12/26/content_1533221.htm). It was adopted at the 12th Session of the Standing Committee of the 11th National People's Congress on December 26, 2009 and came into effect on July 1, 2010.

2.4.3 If They Are Characterised Neither as Mandatory Rules Nor Public Policy, Please Explain How They Are Treated Under Your Legal System. Are They Left Entirely to the Discretion of the Parties? If Not, Please Explain the Nuances Specific to Your Legal System

In China, the situation is unclear and unsettled yet. Although CSR rules are increasingly given legal status, public recognition and state confirmation, they are seldom directly applied by courts in deciding a case or taken as legal basis of claims by the parties.

3 Alternative Methods of Dispute Resolution

*3.1 Does Your Country Allow Disputes Concerning CSR to Be Submitted to (*More Than One Answer Is Possible*)*

Arbitration	YES	NO	**NOT CLEAR**
Mediation	YES	NO	**NOT CLEAR**
Conciliation	YES	NO	**NOT CLEAR**
An OECD National Contact Point	YES	**NO**	
Another alternative method (in which case, please specify)			

3.2 Please Explain the Above Answers

Taking labour disputes as an example, arbitration and mediation are possible. The situation is unclear in terms of conciliation.

Chinese Labour Law was enacted in 1993 and then was amended in 2009.[50] China continues to construct a legal system for employee protection. The overall implementation of Chinese Labour Law consists of administrative law enforcement mechanisms, which mainly includes labour inspection, and judicial procedures, which cover labour arbitration, labour mediation and labour litigation.[51] Those four main mechanisms constitute the key measures for resolution of labour disputes.

[50]The Labor Law of the People's Republic of China (《中华人民共和国劳动法》) was adopted at the 8th Meeting of the Standing Committee of the 8th National People's Congress on July 5, 1994 and amended on August 27, 2009 in accordance with the Decision of the 10th Session of the Standing Committee of the 11th National People's Congress of the People's Republic of China on Amending Some Laws of the People's Republic of China (available at http://www.gov.cn/banshi/2005-05/25/content_905.htm).

[51]See Xie (2016).

An important feature of the labour dispute resolution mechanism in China is that labour arbitration is a procedural pre-requisite of labour litigation. To illustrate, according to Chinese Labour Law, when a labour dispute occurs, the parties involved may apply for mediation; either party may also directly apply to a labour dispute arbitration commission for arbitration. A party who is dissatisfied with the arbitration award will then be eligible to file a lawsuit in a court. Therefore, labour arbitration is a procedural pre-requisite of labour litigation, in that a party to a labour dispute may not bring a dispute to a court without first going through the arbitration procedure.

Some clauses in Chinese Labor Law (1994 as amended in 2009) are relevant.

Chapter 10: Labor Dispute

Article 77 In case of a labor dispute between an Employer and a laborer, the parties concerned may apply for mediation or arbitration, or file a lawsuit in accordance with law, or may settle the dispute through consultation.

The principle of mediation shall be applicable to the procedures of arbitration and lawsuit.

Article 78 The settlement of a labor dispute shall follow the principles of legality, fairness and timeliness, and safeguard the lawful rights and interests of the parties of the labor dispute in accordance with law.

Article 79 After a labor dispute occurs, the parties concerned may apply to the Employers' labor dispute mediation committee for mediation; where no agreement is reached through mediation and a party requests arbitration, s/he may apply to the labor dispute arbitration committee for arbitration. Either party may also directly apply to the dispute arbitration committee for arbitration. Where a party is dissatisfied with the arbitration award, s/he may file a lawsuit to a people's court.

Article 80 The Employer may establish its labor dispute mediation committee, which shall consist of workers' representatives, the Employer's representatives and the labor union's representatives. The chairman thereof shall be held by a representative of the labor union.

Where an agreement has been reached on a labor dispute through mediation, the parties concerned shall perform the agreement.

Article 81 A labor dispute arbitration committee shall consist of the representatives of the labor administration department, the representatives of labor unions at the same level and the representatives of Employers. The chairman thereof shall be held by a representative of the labor administration department.

Article 82 The party requesting arbitration shall, within 60 days from the date of the labor dispute, file a written application with the labor dispute arbitration committee. The committee shall generally make an arbitration award within 60 days after receiving the arbitration application. Where the parties concerned raise no objection, they shall implement the arbitration award.

Article 83 Where a party involved in a labor dispute is dissatisfied with the arbitration award, it may file a lawsuit to a people's court within 15 days from the date of receiving the arbitration award. Where a party neither files a lawsuit nor performs the arbitration award within the legal time limit, the other party may apply to a people's court for enforcement.

Article 84 Where a dispute arises from the conclusion of a collective contract and no agreement is reached through consultation between the parties concerned, the labor administration department under the local people's government may organize relevant parties to settle the dispute in a coordinated way.

Where a dispute arises from the performance of a collection contract and no agreement is reached through consultation between the parties concerned, either party may apply to the labor dispute arbitration committee for arbitration; where a party is dissatisfied with the arbitration award, it may file a lawsuit to a people's court within 15 days from the date of receiving the arbitration award.

Chapter 11: Supervision and Inspection

Article 85 Labor administration departments under people's governments at or above the county level shall, in accordance with law, supervise and inspect Employers' compliance with labor laws and regulations, be entitled to deter the acts of violating labor laws and regulations and order Employers involved to make correction.

Article 86 Supervisors and inspectors of labor administration departments under people's governments at or above the county level shall, during performing their official duties, be entitled to enter the business places of Employers to learn the implementation of labor laws and regulations, check necessary data and inspect workplaces thereof.

Supervisors and inspectors of labor administration departments under people's governments at or above the county level shall, during performing their official duties, show their certificates, enforce laws impartially and observe relevant provisions.

Article 87 Relevant departments under people's governments at or above the county level shall, within the scope of their respective responsibilities, supervise Employers' compliance with labor laws and regulations.

Article 88 Labor unions at all levels shall, in accordance with law, safeguard laborers' lawful rights and interests, and supervise Employers' compliance with labor laws and regulations.

4 Jurisdiction

4.1 *Where the Dispute Must Be Submitted to a Court in Your Country, Which Court Has Jurisdiction* (More Than One Answer Is Possible)

- **The forum of the defendant?**

  Yes, see Article 21 of Chinese Civil Procedure Law (CCPL).[52]

[52]See Tu (2016), p. 126.

- **The forum of one of the defendants, with all the potential defendants being added (in this case, specify on what basis—corporate group, practical involvement, etc.) whatever their geographical location?**
  Yes, see Article 21 of CCPL. I think it is based on practical involvement, whatever their geographical location is.[53]
- **The contractual forum? (Explain the conditions for this to apply, giving examples relating to CSR)**
  Basically no. If yes, the court for the place of performance of the contract, essentially the place of performance of the characteristic obligation of the contract, to our understanding. No example is available yet.[54]
- **The forum of the act of causation? (State what is meant by "act of causation")**
  Yes, see Articles 28 & 55 of CCPL. The forum of the act of causation could be interpreted as the place of the tortious act being committed or the damage being sustained.[55]
- **The forum of the damage? (State what is meant by "damage")**
  Yes, as already said in the answer to the immediately previous question. But our law has not detailed the issue of what is meant by "damage". In the past, we basically touched upon physical damage only.
- **The forum of necessity? (State the conditions for this rule to apply)**
  No such a doctrine in Chinese law.
- **Universal civil jurisdiction? (State the conditions for this rule to apply)**
  No such a jurisdictional ground in China.
- **Other?**
  No.

5 Applicable Law

5.1 *What Is the Law Applicable to Rules Relating to Corporate Structure? In Other Words, How Is the* lex societatis *Determined?*

The law of the place of registration. Where this place is different from the place of principal business, the latter can prevail. The place of habitual residence of a corporate shall be understood as its principal business place.[56]

---

[53] *Ibid.*

[54] *Ibid.*, p. 127.

[55] *Ibid.*, p. 130.

[56] See Article 14 of the Law on the Application of Law for Foreign-related Civil legal Relationships of the People's Republic of China (LAL); Tu (2011), pp. 575–576.

5.2 *What Is the Law Applicable to Rules Belonging to the Law of Contract? (State the Main Conflict Rule—"Autonomy of Will", for Example—Then the Conflict Rules Applicable by Default)*

First, the doctrine of party autonomy ie the law chosen by the parties; secondly, the law of the place of habitual residence of the person who performs the characteristic obligation for the contract. If a law found is inappropriate, then the law of the place which has the closest connection with the contract shall be applied.[57]

5.3 *What Is the Law Applicable to Rules Belonging to the Law of Torts? (State All the Conflict Rules in Your Country in the Order in Which the Courts Would Apply Them)*

First, the doctrine of party autonomy is recognized for post-tort disputes; secondly, the law of the place of the parties' same habitual residence; thirdly, the law of the place of tort, which could be interpreted as the place of the causing act or the place of damage at the discretion of the judge in favor of the victim.[58]

5.4 *Does Your Country's Case Law Allow Verification of Whether the Applicable Law Is in Conformity with the Rules of International Human Rights Law, the ILO Conventions, or Other Mandatory Rules of International Law? Please Explain*

No such a case reported yet.

[57]See Article 41 of LAL; Tu (2011), pp. 579–581.

[58]See Article 44 of LAL; Tu (2011), pp. 582–584.

5.5 *Does Your Country's Case Law Allow the Application of Ethical Rules Instead of, or as a Complement to, the Applicable Law? Please Explain*

We do not think so. It is hardly possible for Chinese judges to apply these non-positive law rules to decide a case, according to our understanding.

6 Recognition and Enforcement of Judgments

6.1 *Describe the Rules Applicable in Your Country to the Recognition and Enforcement of Foreign Judgments*

China normally does not recognize and/or enforce a foreign judgment without a treaty or reciprocity in practice except foreign judgments declaring divorces although in recent years it seemed that some Chinese courts started to show more liberal attitude towards the conception of reciprocity.[59]

6.2 *If a Judgment Given Abroad Holds a Company Liable for Breach of the Rules of CSR, Is Your Country Likely to Recognise and/or Enforce That Judgment? Please Explain*

If no treaty or reciprocity, it is almost impossible as said above; if there is a treaty, it can. Recently, China is seemingly more and more willing to recognize and/or enforce foreign judgments on the basis of reciprocity. It will do the same to CSR judgments, we believe.

6.3 *Same Question as in Sect. 6.2, but the Rule Applied Is One of Soft Law or Ethics. Is Your Country Likely to Block Recognition or Enforcement of Such a Judgment? Please Explain*

It is difficult to answer this nuanced question. Our estimation is probably "no" because Chinese courts normally will not look into the merits of the case including

[59]See Article 281 of CCPL; Tu (2016), pp. 169–176.

the substantive law applied when deciding whether recognizing and/or enforcing foreign judgments.

References

du Plessis JJ et al (eds) (2018) Globalisation of corporate social responsibility and its impact on corporate governance. Springer, Cham
Eweje G, Ozan NA (eds) (2014) Corporate social responsibility and sustainability: emerging trends in developing economies. Emerald, Bingley
Hasan S (ed) (2017) Corporate social responsibility and the three sectors in Asia: how conscious engagement can benefit civil society. Springer, New York
Low KCP et al (eds) (2014) Corporate social responsibility in Asia: practice and experience. Springer, Cham
Örtenblad A (ed) (2016) Research handbook on corporate social responsibility in context. Edward Elgar, Cheltenham
Shin K (2014) Corporate social responsibility reporting in China. Springer, Heidelberg
Tu G (2011) China's new conflicts code: general issues and selected topics. Am J Comp Law 59
Tu G (2016) Private international law in China. Springer, Singapore
Vermander B, World Scientific (2014) Corporate social responsibility in China: a vision, an assessment and a blueprint. World Scientific Pub, Singapore
Wu W (2018) Chinese oil enterprises in Latin America: corporate social responsibility. Palgrave Macmillan, New York
Xie Z (2016) Implementation mechanisms for Chinese Labour Law: institutions, practices, and challenges. In: Liukkunen U, Chen Y (eds) Fundamental labour rights in China: legal implementation and cultural logic. Springer, Dordrecht
Zhang D (2017) Corporate social responsibility in China: cultural and ownership influences on perceptions and practices. Springer, Singapore
Zhang D et al (2018) Sustainable development and corporate social responsibility. Routledge, London
Zhao J (2014) Corporate social responsibility in contemporary China. Edward Elgar, Cheltenham
Zu L (2009) Corporate social responsibility, corporate restructuring and firm's performance: empirical evidence from Chinese enterprises. Springer, Berlin

Colombia

William Fernando Martínez Luna and Nicolás Carrillo Santarelli

Abstract In practice, corporate activities may have detrimental impacts on the enjoyment of human rights, be them rights of employees, members of indigenous communities, or others. Accordingly, some developments have taken place in the international level in order to address them through the protect, respect and remedy pillars of the business and human rights framework. Nevertheless, much of the concrete protection is to take place at the domestic legal levels, and often through ordinary legal tools and doctrines. This Chapter explores how the Colombian domestic legal system provides certain mechanisms in both private—including private international law—and public law provisions, such as torts law or constitutional developments on corporate due diligence, respectively, among others.

1 Definition and Sources

1.1 Does Your Country Have a Definition of Corporate Social Responsibility?

It does, as explained below.

This paper is part of the project results: "El impacto de la globalización en las relaciones privadas internacionales y su repercusión en el Derecho internacional privado colombiano". Resolución 011 de 2014 Universidad Jorge Tadeo Lozano.

W. F. Martínez Luna
Jorge Tadeo Lozano University, Bogotá, Colombia
e-mail: williamf.martinezl@utadeo.edu.co

N. Carrillo Santarelli (✉)
Universidad de La Sabana, Bogotá, Colombia
e-mail: nicolas.carrillo@unisabana.edu.co

C. Kessedjian, H. Cantú Rivera (eds.), *Private International Law Aspects of Corporate Social Responsibility*, Ius Comparatum – Global Studies in Comparative Law 42, https://doi.org/10.1007/978-3-030-35187-8_8

1.1.1 If Yes, Please State That Definition Here and Give the Source

Corporate social responsibility (hereinafter, CSR) has had a constant evolution in Colombia since the beginnings of the twentieth century. Its first precedent may be found in the birth of the *Fundación Social* (i.e. Social Foundation) in 1911. Guilds such as ANDI, FENALCO or ACOPI, along with trade unions and the Catholic Church, had a decisive role in the 1950s in terms of being the most noteworthy social actors in that country,[1] encouraging transparency and good practices in the business sector.[2]

Likewise, *Cajas de Compensación* were first created in 1954, and had as their main objective the protection and promotion of the welfare of workers. These entities were originally voluntary but became mandatory around the year 1957. Between the 60s and 70s, Colombian corporations undertook social initiatives by means of the constitution of foundations, which were bolstered by tax deductions over donations.

Notwithstanding the former precedents, CSR as such would only begin to be considered in Colombia in 1987, thanks to the introduction of a so-called "social balance" in the reports of businesses, according to a methodology proposed by ANDI and the ILO. It sought to measure the social policy that was implemented by corporations.[3]

Another landmark regarding CSR in Colombia was the inclusion of the 'Social State of Law' notion in the 1991 Constitution. This principle incorporates the "value of solidarity and social justice" in the actions of both the State and citizens, and especially of companies. Having as a main principle the prevalence of the general and social interest. In regard to this, the Constitutional Court has held in different judgments that:

i. Corporate social responsibility, notwithstanding its being the product of voluntary initiatives of businesses, has elements that prove to be decisive in the conduct that actors must have in the Social State of Law.
ii. Corporate social responsibility entails practices that have an intimate connection with the principle of solidarity—cardinal in the social State—and, in this way, give concretion to constitutional duties of actors that have the possibility of exerting an influence in the concrete development of fundamental rights.
iii. The fact that an activity is the product of the execution of a program of corporate social responsibility does not prevent it from implicating the concretion of fundamental rights and, in this fashion, neither prevents from the respect owed to the limits of a constitutional nature that exist in relation to aspects of a social State of law.
iv. Corporate social responsibility has, as its main actors, businesses, but social commitment should not be considered to be exhausted in that kind of initiatives, which may—and should—be complemented by the participation of other actors—stakeholders, according to United Nations terminology—such as organized civil society, the State, trade unions,

[1] Ibarra Padilla (2014), pp. 54–56.

[2] Melamed Varela et al. (2017), p. 19.

[3] Vid. Ibarra Padilla (2014), pp. 54–56; Melamed Varela et al. (2017), p. 19.

organizations with a social interest, NGOs and community organizations, among others.[4]

By the year 1993, the main fourteen guilds of the country constituted the "Consejo Gremial Nacional", in which the services, industry, finance, cattle and commercial sectors were represented. It had as its main goal the strengthening of social function. In this grouping, initiatives would flow, such as the "Guaymaral commitment", the Colombian Business Council for Sustainable Development (CECODES being the Spanish acronym).

The Antioquia *Caja de Compensación*, along with ICONTEC, undertook the initiative of drafting a document on the regulation of CSR in Colombia.

The Colombian Committee of Corporate Social Responsibility (CCRSE) was created in 1994. Its mission is the 'promotion of research towards the creation of systems of management of Corporate Social and Ethic Responsibility within organizations, that add value to them, their members, support institutional strengthening, generate benefits for the Colombian society, and contribute to the development of the country, in such a way that cultural changes and the building of democratic coexistence are generated.'[5]

In 2018, the 180 Colombian Technical Guide (GTC) of Social Responsibility was created by ICONTEC. It contains guidelines on the responsible performance of businesses.[6]

As can be seen, commitment in regard to CSR has grown in Colombia and has been approached by state institutions, Courts and non-governmental organizations. Accordingly, it is possible to identify definitions of CSR made by those actors.

Firstly, the 180 Colombian Technical Guide (GTC) defines CSR as the 'voluntary and express commitment undertook by organizations in regard to expectations and joint actions generated with stakeholders in regard to an integral human development. It permits organizations to ensure economic growth, social development and environmental balance; with the starting point being the observance of legal provisions.'[7]

The Superintendence of Societies considers CSR as the 'voluntary commitment of organizations to identify and manage the impact generated by their activities on interest groups (workers, suppliers, clients, community, etc.) with the aim of ensuring an economic growth, social development and environmental equilibrium (sustainable development.'[8]

---

[4]Constitutional Court of Colombia, Judgment T-2220146.

[5]Centro Colombiano de Responsabilidad empresarial (2018) Misión. https://www.idealist.org/es/ong/25f5bff69243437ba70bd6fcf8372bb4-centro-colombiano-de-responsabilidad-empresarial-bogota.

[6]Ibarra Padilla (2014), pp. 54–56.

[7]Instituto Colombiano de Normas Técnicas y Certificación. Guía Técnica Colombiana N°180 (2008), 35.

[8]Superintendencia de Sociedades (2018). Gobierno Corporativo y RSE, available at https://www.supersociedades.gov.co/delegatura_aec/informes_publicaciones/responsabilidad_social/Paginas/default.aspx.

On its part, according to the Colombian Centre for Corporate Social Responsibility (CCRE) 'social responsibility is the response capacity that a company or entity has in relation to the effects and implications of its activities over the different groups with which it enters into relations (stakeholders or interest groups). In such terms, businesses are socially responsible when the activities they undertake aim to satisfy the needs and expectations of their members, society and of those who benefit from their commercial operations, and also the care and preservation of their surroundings.'[9]

The Constitutional Court has referred to CSR on several occasions, holding that 'social responsibility programs respond to the need that a company, being a subject that acts inside the society, participates in the development and promotion of the welfare of the collective subject in which its activity takes place. In other words, being a company an actor that gets involved in a given community; whose actions may have positive and negative impacts in said community; whose power is made felt in financial, political, social, environmental, labour and other dimensions; and whose capacity to operate is among the greatest ones in the communities in which they are found, a wide variety of action possibilities arise in terms of the possibility of a company having a positive impact on the community or communities in which its activities take place.'[10]

1.1.2 Do You Think Your Country Would Apply Either the ISO 26000 Definition, or the Concept Embodied in the OECD Guidelines for Multinational Enterprises, or That of the United Nations Guiding Principles on Business and Human Rights?

The state of Colombia has endorsed the aforementioned instruments in different ways, as a result of all of which their content and definitions have been more or less internalized in its practice.

First, as to the OECD Guidelines for Multinational Enterprises (hereinafter, the OECD Guidelines), Colombia became the 43rd adherent[11] to the OECD Declaration on International Investment and Multinational Enterprises. Colombia did so on 8 December 2011.[12] Considering that the OECD Guidelines are found in Annex 1 to that Declaration, amount to "recommendations jointly addressed by

---

[9]Sarmiento del Valle (2011), p. 8.

[10]Constitutional Court of Colombia, case file T-2220146, Rapporteur justice: Dr. Humberto Antonio Sierra Porto.

[11]Colombia adheres to the OECD Declaration on International Investment, 08 December 2011. OECD (2018) http://www.oecd.org/countries/colombia/colombiaadherestotheoecddeclarationoninternationalinvestment.htm.

[12]Colombian Ministry of Trade, Industry and Tourism. (2018) Líneas Directrices de la OCDE para Empresas Multinacionales. https://www.anm.gov.co/sites/default/files/Documentos/cartilladirectricesocde.pdf.

governments to multinational enterprises",[13] and are meant to be promoted by National Contact Points acting as a "forum for discussion of all matters relating to the *Guidelines*",[14] which "shall be set up" by adhering countries, including Colombia,[15] it is thus important to ascertain if Colombia has internalized[16] the language and notions of the Guidelines. In this regard, the answer is a satisfactory one: indeed, the state often refers to the Guidelines in several ways, including brief documents available to the public; and the internalization is facilitated by the establishment of the National Contact Point, which was so created by means of Decree 1400 of 2012, as examined below in Sect. 2.1.

As to ISO 26000 standards, a 2015 research study found that much of what they aim for is already found in or required by the Colombian legal system, albeit not in a unified way but instead in piecemeal terms, with certain aspects addressed by ISO 26000 being dealt with by a given statute, and others by other statutory or codified norms. Furthermore, the empirical study concluded that 58% of the issues of ISO 26000 were already required by Colombian legislation applicable to private corporations, whereas the percentage increased to 83% in regard to state-owned companies.[17] Additionally, businesses with offices in Colombia, such as SGS, provide services regarding the implementation of ISO 26000 standards.[18]

Finally, concerning the 2011 Guiding Principles on Business and Human Rights (hereinafter, the Guiding Principles), Colombia has indeed taken steps to implement them, as described in greater detail in Sect. 3, below.

1.2 Is Your Country a Member of the OECD? If Yes, Has Your Country Set Up a National Contact Point? If Yes, Please Give Its URL and a Brief Outline of Its Structure and Main Actions in the Past 3 Years

It is. One of the diplomatic successes of Colombian President Juan Manuel Santos before leaving office was securing the membership of Colombia in the OECD.

[13]OECD Guidelines for Multinational Enterprises, § I.1.

[14]Ibid., § I.10.

[15]Decision of the OECD Council on the OECD Guidelines for Multinational Enterprises, June 2000, § I.1.

[16]On internalization, see: Koh (1997).

[17]Martínez and Ciro Ríos (2015), pp. 148–162.

[18]Vid. SGS (2008) ISO 26000. https://www.sgs.co/es-es/health-safety/quality-health-safety-and-environment/sustainability/social-sustainability/iso-26000-guidance-on-social-responsibility-performance-assessment-and-training.

Colombia was invited to join the organization by members on 25 May 2018, and the Accession Agreement was signed on 30 May 2018 in Paris.[19]

As was described in Sect. 1.3, Colombia adhered to the Declaration on International Investment and Multinational Enterprises, and therefore had commitments under the OECD Guidelines, prior to becoming a member of this organizations. Furthermore, as is described below, Colombia set up a National Contact Point in 2012, which is institutionally located in a Ministry and is advised by a Consultative body, and there have been three petitions made to it.

Colombia set up a National Contact Point (hereinafter, NCP, the URL of which as of the date of writing is http://www.mincit.gov.co/mincomercioexterior/publicaciones/2241/punto_nacional_de_contacto_pnc_de_las_directrices_de_la_ocde_para_empresas_multinacionales), as described in Sect. 2.1.1, above by means of Presidential Decree 1400 of 29 July 2012, explicitly indicating in its Preamble that Colombia was under an obligation to create a NCP.[20] According to article 1 of the Decree, the NCP is institutionally-located in the Ministry of Trade, Industry and Tourism. Per article 4, the NCP can be advised by a Consultative Committee, created by the same Ministry but composed of four members: a representative of trade unions, a representative of the business sector, a representative of NGOs and a representative of the academy. Cases are to be filed in written form (article 14), and complaints will be transmitted to the respective multinational enterprise, which has a right to present its response. Before concluding an initial evaluation, the NCP may convene a meeting with the parties or ask for additional information. Cases are admissible if the NCP considers that there may be a breach of the Guidelines by the respective corporation. If the NCP concludes that the case is admissible, it will offer its good offices to mediate in the dispute, controlling that rights renounced to or addressed in the negotiation between the parties are prone or susceptible to this. If mediation fails, the NCP will proceed to a final evaluation of the case, which concludes with a final report, which will include recommendations to the corporation. In case the NCP deems that they are required. The final report is not binding.[21] In sum, the procedure before the Colombian NCP has three stages: initial evaluation of the case; mediation; and final examination.[22] The practice of the NCP will shed light on how it interprets its mandate and functions.

---

[19] OECD (2018) http://www1.oecd.org/countries/colombia/oecd-countries-agree-to-invite-colombia-as-37th-member.htm.

[20] The text in Spanish reads 'Que en virtud de las disposiciones de las Directrices, Colombia debe establecer el Punto Nacional de Contacto, así como el procedimiento para la puesta en práctica de este instrumento según lo establecido en la "Decisión del Consejo sobre las Directrices para Empresas Multinacionales de la OCDE"'.

[21] Presidency of Colombia, Decree 1400 of 2012, 29 July 2012, articles 14 through 37.

[22] Colombian Ministry of Trade, Industry and Tourism (2018) Líneas Directrices de la OCDE para Empresas Multinacionales. http://www.mincit.gov.co/loader.php?lServicio=Documentos&lFuncion=verPdf&id=69670&name=CARTILLA_DIRECTRICES_OCDE_FINAL.pdf&prefijo=file.

So far, there is public information on three cases[23] that have been submitted to the Colombian National Contact Point: *Case Hoteles Decamerón*, *Case Drummond*, and *Case DHL*, with only the latter having an available final evaluation, which is interesting because it also involved the German NCP (which was the one to adopt the final examination, in 2014) and led to an exchange of information between the two National Contact Points (and that of Turkey), requested by the German NCP for mediation purposes.[24] In that case, the Colombian NCP recommended the parties to attempt mediation.[25]

Another case was rejected by the Colombian NCP, based on the argument that the applicant's request dealt with legal labour rights, which are beyond the scope of good offices and pertain issues that can only be settled by the judiciary, reason why they cannot be subject to 'mediation'. In spite of this, the NCP did encourage the respective corporation, Hodecol S.A.S., to create spaces for dialogue with the applicant.[26]

Finally, in the case of the complaint against the multinational enterprise Drummond Ltd., the Colombian NCP adopted its 'Initial Evaluation' in December 2016. In its decision, the NCP considered, among others, that the breach of domestic legislation does not necessarily amount to a contravention of the OECD Guidelines; that its competence is not precluded as a result of the absence of a judicial or administrative decision on the matter, of the existence of parallel processes, or because a decision is pending before the judiciary or administrative authorities. Instead, the NCP considered that foremost it must consider whether its good offices can potentially "positively contribute to the resolution" of the dispute. That being said, the NCP did hold that when such parallel procedures are being resorted to, the proceedings before the NCP cannot lead to developments on the specific pleadings and requests made to other authorities, with the NCP not being empowered to act as an "additional instance".

It added that offering good offices cannot be interpreted as an acknowledgment or declaration of the breach of the Guidelines; and also mentioned that the NCP encourages parties to the dispute to "openly and constructively think on the general strengthening of the human rights policy of the corporation" (emphasis added). Furthermore, the NCP considered that it could play a positive role by mediating in

[23]Information on the cases can be found in the pertinent Ministry's webpage, at. Ministerio de Comercio Industria y Turismo. (2018) Casos específicos. http://www.mincit.gov.co/mincomercioexterior/publicaciones/8667/casos_especificos.

[24]Declaración final conjunta del Punto Nacional de Contacto Alemán de las Líneas Directrices de la OCDE para Empresas Multinacionales (PNC), UNI Global Union (UNI) y la Federación Internacional de Trabajadores del Transporte (ITF) y Deutsche Post DHL (DP- DHL) sobre la denuncia hecha por UNI / ITF contra DP-DHL/Bonn, pp. 1, 3, 6.

[25]Ministry of Trade, Industry and Tourism (2018) Case DHL-2012-Temas laborales, Initial evaluation carried out by the German NCP. http://www.mincit.gov.co/loader.php?lServicio=Documentos&lFuncion=verPdf&id=69750&name=Comentarios_iniciales_sobre_el_Caso_DHL_-_PNC_Colombiano_.pdf&prefijo=file.

[26]Colombian National Contact Point (2017), pp. 10–11

order to address the lack of trust between the parties and lack of dialogue between them, which is an aspect different from the complaints made before the judiciary that the NCP could thus well address. The National Contact Point thus considered that the next stage could take place, and that in relation to aspects on work safety and health, policy on labour human rights and Corporate Social Responsibility issues could be discussed. For the previous reasons, the NCP partially admitted the case, inviting the parties to enter into a dialogue with the help of its mediation, which would be confidential while they last and will conclude with a final communiqué to be published in the NCP' and OECD's webpages.[27]

1.3 As a Member State of the United Nations, Has Your Country Taken Any Action Under the 2011 Guiding Principles? If Yes, Please Describe (National Action Plan, etc.)

Yes, it has taken several steps in furtherance of the Guiding Principles, as is explained next.

It must be indicated that Colombia was among the first states to adopt a National Action Plan (hereinafter, NAP or the Plan) regarding them, doing so in December 2015.[28] Plans of that sort have been regarded as a means to facilitate and promote the observance and implementation of the standards declared and developed in the Guiding Principles.[29] The NAP is considered a public policy instrument with an initial period of validity of 3 years, which can be[30] extended for no longer than 10 months. So far, there have been two reports on the supervision of the implementation of the Plan.[31] The adoption of this NAP and the follow-up of its implementation, have also led to an internalization of the content and definitions found in the Guiding Principles. This can be seen, among others, when the NAP and the reports

[27]Colombian National Contact Point (2016), pp. 6–10.

[28]Presidency of the Republic of Colombia (2018) Balance y recomendaciones para la actualización del Plan Nacional de Acción en Derechos Humanos y Empresa mentioned in the statement of the United Nations Office of the High Commissioner for Human Rights, 1.

[29]United Nations Forum on Business and Human Rights (2016), National action plans to implement the UN Guiding Principles on Business & Human Rights: stepping up Government commitments and action. https://www.ohchr.org/Documents/Issues/Business/ForumSession5/Nov16/NationalActionPlansImplementUN.pdf.

[30]Consejería de derechos humanos, Presidency of the Republic of Colombia, *Colombia Avanza: Derechos humanos y empresa, Plan Nacional de Acción en Derechos Humanos y Empresas*, § Evaluación y seguimiento, point e.

[31]Consejería de derechos humanos, Presidency of the Republic of Colombia, *Plan Nacional de Acción en Derechos Humanos y Empresa: Informe de avances en la implementación*, 2017; Consejería de derechos humanos, Presidency of the Republic of Colombia, *Segundo informe de seguimiento del plan nacional de acción de derechos humanos y empresas*, 2017–2018.

constantly refer to the three protect, respect and remedy pillars[32]; mention the objective of strengthening judicial and non-judicial remedies[33]; and stress the importance of ensuring that businesses operate with due diligence, and even endorses initiatives as *Guía Colombia* (made with the support of the Swiss Embassy), which among others seek to generate practical guidelines on such due diligence that can be taken into account by corporations in their operations, to ensure that they respect human rights.[34]

Altogether, in Colombia there has been an interesting synergy between the different supranational initiatives on business and human rights and corporate social responsibility referred to in Sect. 1.3, above, insofar as instead of referring to either of those in an isolated manner, reference to many of them is made in an integrated fashion in legislation, public policy and statements. In this fashion, for instance, the OECD Guidelines are also mentioned as both background and current tools in the NAP and the follow-up reports, and the Plan goes as far as saying that "besides the Guiding Principles [. . .] this Plan takes into account the main pertinent standards in the field, including" the OECD Guidelines.[35] Likewise, Resolution 40796 of 01 August 2018 adopted by the Ministry of Mines and Energy refers in its Preamble to those same Guidelines, to the Guiding Principles, and to the 2015 National Action Plan, among others, before deciding adopting a "Policy of Human Rights" in the extractive sector. There has been a reception of the content of the Guiding Principles in case law as well. For example, the Colombian Constitutional Court's decision in Judgment T-732/16 expressly mentions them and examines the content of Principles 4, 15, 17 and 19, its three pillars and the National Action Plan in order to make a decision on an alleged violation to the right to housing arising as a result of harm caused by a pipeline, with which not only state authorities but also a corporation were given orders, based on the Colombian doctrine that the *tutela* remedy can be used against private parties whenever alleged victims are found in a situation of subordination or 'helplessness' in relation to them.[36]

---

[32]See, e.g. Consejería de derechos humanos, Presidency of the Republic of Colombia, *Colombia Avanza: Derechos humanos y empresa, Plan Nacional de Acción en Derechos Humanos y Empresas*, p. 3.

[33]Ibid., p. 11; Consejería de derechos humanos, Presidency of the Republic of Colombia, *Plan Nacional de Acción en Derechos Humanos y Empresa: Informe de avances en la implementación*, 2017, p. 6.

[34]Consejería de derechos humanos, Presidency of the Republic of Colombia, *Segundo informe de seguimiento del plan nacional de acción de derechos humanos y empresas*, 2017–2018, p. 30.

[35]Consejería de derechos humanos, Presidency of the Republic of Colombia, *Plan Nacional de Acción en Derechos Humanos y Empresa: Informe de avances en la implementación*, 2017, p. 37; Consejería de derechos humanos, Presidency of the Republic of Colombia, *Segundo informe de seguimiento del plan nacional de acción de derechos humanos y empresas*, 2017–2018, pp. 40–41; Consejería de derechos humanos, Presidency of the Republic of Colombia, *Colombia Avanza: Derechos humanos y empresa, Plan Nacional de Acción en Derechos Humanos y Empresas*, pp. 4, 9.

[36]Constitutional Court of Colombia, Judgment T-732/16, 19 December 2016. Furthermore, article 42.4 of Decree 2591 of 1991, regulating the *tutela* remedy, confirms that the action can be brought

Moreover, it is noteworthy that some companies operating in the Americas, including in Colombia, have adopted codes of conduct or statements referring to the Guiding Principles, including Ericsson, Shell, Coca-Cola or Telefónica; while others have made mention of other standards, including the OECD Guidelines.[37]

1.4 Does Your Country Apply the ISO Standards? If Yes, Please Give Examples of Their Application

The content of the ISO standards is already promoted by legislation with similar objectives and requirements, and by certain corporations, as explained next.

CSR policies have been implemented in Colombia since the early twentieth century. This implementation was voluntary at first, being based on the initiative of corporations and business associations. Afterwards, the legislative branch of power included some aspects of CSR to national legislation, thus making them mandatory.[38] This explains why aspects traditionally considered belonging to CSR are sometimes the domain of hard law and others merely of soft law.

As part of the so-called soft law, ISO 26000 provides a global guidance that promotes best practices on social responsibility pertaining to public and private businesses around the world.

Those norms have been welcomed in Colombia, not only because of their having been the subject of several academic studies, but also because they have been implemented in several corporations. To provide one example, Ecopetrol has integrated ISO 26000 standards both in its mission, vision and strategic framework as part of its strategy for the year 2020.[39] Another company, SODIMAC, which operates in Chile, Peru, Argentina and Colombia, also partly bases its social

against private actors in the events mentioned in the body of the text. That paragraph says (in the original Spanish version): "Cuando la solicitud fuere dirigida contra una organización privada, contra quien la controle efectivamente o fuere el beneficiario real de la situación que motivó la acción, siempre y cuando el solicitante tenga una relación de subordinación o indefensión con tal organización".

[37] Carrillo and Arevalo (2017), pp. 105–108.

[38] The business organizations that implement the most CSR policies in Colombia are: the mining company El Cerrejón, the financial group AVAL and the Bavaria brewery; they are focusing on issues of job creation, sports support, community support, among others. Vid. Universidad Nacional (2015) Agencia de noticias. http://agenciadenoticias.unal.edu.co/detalle/article/empresas-colombianas-lejos-de-alcanzar-la-rse.html.

[39] Global Compact (2010) Reporte de sostenibilidad de ECOPETROL. https://www.unglobalcompact.org/system/attachments/10166/original/ReporteSostenibilidadEcopetrol2010.pdf?1304620879.

responsibility basis under the aegis of ISO 26000.[40] The same happens with ISAGEN,[41] ISA,[42] EPM,[43] and other businesses.

The essence of ISO 26000 standards relies on its voluntary character. Certainly, its guidelines lack binding force, and their observance cannot be certified, reason why their implementation responds to the social responsibility of corporations more than to a binding nature.

Even though ISO 26000 is considered to be soft law, many of its standards are enshrined in the Colombian Constitution and in some laws, decrees and instructions of State bodies, which are mandatory. Accordingly, it may be concluded that in spite of ISO 26000 being voluntary, some of its key elements are binding via Colombian legislation.

Some have argued that CSR is based on articles 58 and 333 of the Political Constitution.[44] Indeed, these standards set forth the social and ecological function of property and business. This social function is translated into the idea that their objective is not only the generation of employment and profit, but also a series of obligations towards society that seek the common good and general interest. Therefore, even though the Constitution does not specifically refer to CSR, it has a Constitutional backing by virtue of the imposition of a series of responsibilities on corporations towards the society at large.[45]

As happens with the Colombian Constitution, legislative developments have not referred to CSR *eo nomine*.[46] That being said, there are several norms that address

---

[40]SODIMAC (2012) Política de Responsabilidad Social. https://www.sodimac.cl/static/site/nuestra-empresa/RS-sodimac2012/pdfs/RS/Reporte_Sosteniblidad_Sodimac_2012_politica.pdf.

[41]ISAGEN (2007) Informe de Gestión. https://www.isagen.com.co/SitioWeb/delegate/documentos/nosotros/informes-de-gestion/informe-gestion-2017.pdf.

[42]ISA (2013) Gestión de Derechos Humanos y empresa. http://www.isa.co/es/sala-de-prensa/Documents/etica-y-sostenibilidad/informacion-de-actualidad/noticias/2013-04-13%20promocion-y-respeto-de-los-derechos-humanos.pdf.

[43]EPM (2015) Gestión social y ambiental. http://2015.sostenibilidadgrupoepm.com.co/gestion-social-y-ambiental/informacion-general/perfil-del-informe/.

[44]Article 333 says: 'La actividad económica y la iniciativa privada son libres, dentro de los límites del bien común. Para su ejercicio, nadie podrá exigir permisos previos ni requisitos, sin autorización de la ley. La libre competencia económica es un derecho de todos que supone responsabilidades. La empresa, como base del desarrollo, tiene una función social que implica obligaciones. El Estado fortalecerá las organizaciones solidarias y estimulará el desarrollo empresarial. El Estado, por mandato de la ley, impedirá que se obstruya o se restrinja la libertad económica y evitará o controlará cualquier abuso que personas o empresas hagan de su posición dominante en el mercado nacional. La ley delimitará el alcance de la libertad económica cuando así lo exijan el interés social, el ambiente y el patrimonio cultural de la Nación.'

[45]Acevedo et al. (2013), pp. 320–321; Ibarra Padilla (2014), p. 71

[46]Notwithstanding, the Colombian legislative branch of power has processed four bills on CSR, which unfortunately were never enacted into law. The first of them, PL (law project) 153 of 2006 'por la cual se reglamenta la Responsabilidad Social de las empresas, y se dictan otras disposiciones', was composed of 10 articles. Afterwards, PL 031 of 2007 'por la cual se definían normas sobre la Responsabilidad Social y medioambiental de las empresas y se dictaban otras disposiciones' was processed, and had nine articles in its content. Finally, law projects 058 of 2009

some of the main aspects of CSR directly or indirectly. That is why Colombian studies have identified an important percentage of ISO 26000 standards that are already addressed by Colombian norms, there being a conclusion according to which 58% is applicable to private businesses and 83% to companies with State funds.[47] Furthermore, some legal developments that coincide with ISO 26000 standards are shown in Annex 1.[48]

Moreover, the Colombian legal system has an obligation of presenting a report of business practices. Such a report,[49] known as report 42, must be presented to the Superintendence of Societies by commercial societies that are supervised or controlled, the branch offices of foreign societies, and unipersonal businesses. This report has the objective of performing a diagnosis of the implementation of corporate governance and social responsibility practices.

According to a 2016 report, out of the 5732 corporations that had to present the report, 86% of them perform CSR actions, 96% avoid being complicit in bribes or corruption, and 87.9% consider that the main motivation to implement CSR initiatives is the improvement of business in relation to workers, with the second main motivation being the improvement of image and reputation of the company.

Regarding concrete CSR actions, businesses in Colombia mainly focus on the following: lowering the harmful environmental impact of their operations (83.2%); improving the labour conditions of workers or those who perform activities for the company (91.8%); ensuring the respect of human rights in all the operations of the society (95.8%); avoiding complicity in bribes or corruption (96.7%); improving relations with clients and consumers (93%); promoting relations that are respectful of neighbours or communities in the areas of influence (87.7%); and giving donations or aid to social causes (66.8%).

As to the CSR actions that were performed within the supply chain, the Superintendence of Societies found the following: support for the improvement of productivity and the efficiency of suppliers or distributors (52.9%); promotion and evaluation of responsible practices between groups of suppliers or distributors

---

and 070 of 2010 'por la cual se definen normas sobre la responsabilidad social empresarial, la protección infantil y se dictan otras disposiciones' can be found, and each of them had 10 articles.

[47]Martínez and Ciro Ríos (2015), pp. 148–162.

[48]Fajardo (2015), pp. 130–155; Martínez and Ciro Ríos (2015), pp. 148–162; Orjuela, Guía para auditar responsabilidad social basado en las normas ISO 26000, SA 8000 y la legislación colombiana. (Repositorio Universidad Militar, 2014), https://repository.unimilitar.edu.co/bitstream/handle/10654/10952/Gu%EDa%20para%20auditar%20Responsabilidad%20Social.pdf?sequence=1.

[49]Superintendencia de Sociedades (2016) Indicadores Gobierno Corporativo. https://www.supersociedades.gov.co/delegatura_aec/informes_publicaciones/responsabilidad_social/documentos_resocial/Indicadores%20Gobierno%20Corporativo%202016.pdf.

(53.8%); and the analysis of the life cycle of products and services and extending responsibilities (47.9%).[50]

As is evinced, a good deal of CSR policies enshrined in ISO 26000 can be found in the Colombian legal system. It is even mandatory to present a report of corporate practices for the Superintendence of Societies to be able to supervise the social performance of businesses. Nevertheless, businesses are filling the gaps of legal provisions with voluntary actions, be it using ISO 26000, the Global Reporting Initiative (GRI), the Global Compact or the Guidelines for Multinational Enterprises.[51]

1.5 Please Indicate All Other Sources You Consider Relevant, and Also Any Specific Feature of Your Legal System That Should Be Borne in Mind to Better Understand Your Answers to This Questionnaire

The Colombian legal system permits international human rights law and humanitarian law standards to be considered in terms of interpretation and direct application in certain events, as explained in section 18, below; and has referred to the Guiding Principles and OECD Guidelines, as explained above. This implies that many other sources that are pertinent from a business and human rights perspective can (and have) also been taken into account by the judiciary and other State agents.

2 Characterisation

2.1 Rules Pertaining to Company Law

2.1.1 Please Describe the Rules of CSR Pertaining to Company Law (Due Diligence, Duty of Vigilance, Compliance Department, etc.)

Many aspects of CSR are to be directly handled by corporations. Therefore, they should devise and carry out guidelines, processes and actions related to pertinent binding and voluntary standards. CSR standards directly related to businesses will be

[50]Superintendencia de Sociedades (2016) Indicadores Gobierno Corporativo. https://www.supersociedades.gov.co/delegatura_aec/informes_publicaciones/responsabilidad_social/documentos_resocial/Indicadores%20Gobierno%20Corporativo%202016.pdf.

[51]For instance, company AVIATUR has a Code of Ethics based on the Global Compact. Vid. AVIATUR (2005) Código de Ética. http://www.grupoaviatur.com/multisites/grupoaviatur/images/pdf/cod_etica.pdf.

explored next, distinguishing between those whose source is a legal provision from those compliance with which is voluntary.

A good portion of CSR aspects that ought to be directly handled by corporations themselves are actually regulated by legal sources applicable in Colombia. This happens concerning issues as discrimination and vulnerable groups, fundamental rights and principles in the workplace, work conditions and social security, social dialogue, health aspects, conflicts of interests, and corruption, among others.

A key aspect of CSR that is directly relevant for business structures is that of due diligence. Indeed, it must be followed by corporations in order to identify, prevent and mitigate negative impacts of their decisions and activities in human rights,[52] environmental, social and economic aspects. The Colombian State has adopted a guide on due diligence in human rights and international humanitarian law in supply chains,[53] the main objective of which is 'providing businesses with guidelines on due diligence in human rights terms in their supply chains, by means of a responsible and transparent management in their relations with suppliers and contractors' (our translation). Likewise, a guide on due diligence in human rights and IHL terms in terms of institutional strengthening has been adopted as well,[54] and has as its objective the provision of guidelines that help businesses in their 'responsibility of respecting human rights in the implementation of actions towards institutional strengthening' (our translation).

Some Colombian businesses claim that they have been implementing those due diligence procedures, such as ECOPETROL,[55] which has a guideline on human rights that addresses due diligence through the 'identification, evaluation and management of human rights risks and impacts' (our translation). Regarding it, the Unit of Corporate Social Responsibility ('Unidad de Responsabilidad Social') has a primary responsibility.

Finally, it must be noted that the Constitutional Court informed to the public that it reached a decision dealing, among others with aspects of prior consultation and corporate due diligence. The Court's decision in question is judgment SU-123/18, in

[52]Borda and Gutierrez (2017), pp. 222–243.

[53]Guías Colombia (2018) Guía para la debida diligencia en DDHH y DIH en la cadena de suministro. http://www.derechoshumanos.gov.co/observatorio/publicaciones/documents/2018/080730-guia-para-debida-diligencia-ddhh-dih-cadena-suministro.pdf.

[54]Guías Colombia (2018) Guía para la debida diligencia en DDHH y DIH en las acciones de fortalecimiento institucional. http://www.derechoshumanos.gov.co/observatorio/publicaciones/Documents/2018/180730-Guia-para-Debida-Diligencia-acciones-Fortalecimiento-Institucional.pdf.

[55]According to ECOPETROL, due diligence is the 'proceso exhaustivo y proactivo para identificar los impactos adversos, actuales o potenciales, en los derechos humanos, derivados de las decisiones y actividades de Ecopetrol a lo largo del ciclo de vida completo de un proyecto, con el objetivo de prevenir y mitigar dichos impactos, y reparar los daños causados de ser el caso'.

which it clarified that corporations have due diligence duties, and that if they have been observed by businesses in concrete cases, a second step follows. In it, State authorities must carry out a balancing of rights if indigenous communities and others have been affected by (diligent) corporate conduct, in order to determine how to accomplish constitutional mandates. It seems to follow that if due diligence was not observed by a corporation, the interests of those affected by its conduct will automatically prevail. Likewise, if corporate conduct was diligent, a business could still have legal burdens out of a balancing of rights exercise.[56]

2.1.2 Please Give Detailed References to the Relevant Instruments or Case Law

The Colombian state has ratified 61 ILO Conventions, 52 of which are currently in force, 5 from which the State has withdrawn, and four of which have terminated.[57] There are also domestic norms that aim to prevent corruption acts and to strengthen an ethical behaviour in the public administration[58]; others that address conflicts of interest,[59] discrimination and unequal treatment,[60] wage and labour policies,[61] transnational corruption,[62] or the hiring of persons in a vulnerable situation,[63] among others. Annex 1 to this text provides a detailed view of legal sources addressing CSR aspects.

Other corporate-related CSR aspects are not directly governed by legal sources, but rather can be found in practices voluntarily undertaken by businesses. Some of them have to do with due diligence, the resolution of complaints, risk situations, and else. That being said, increasingly many of those aspects are no longer exclusively CSR issues, and fall within the scope of the business and human rights *corpus juris*,

[56]Constitutional Court of Colombia, Judgment SU-123/18, 15 November 2018, paras. 13.1–13.9.

[57]ILO (2018) Ratificaciones. www.ilo.org/dyn/normlex/es/f?p=NORMLEXPUB:11200:0::NO::P11200_COUNTRY_ID:102595.

[58]See the following Colombian legislation: Law 1474 of 2011. "Por la cual se dictan normas orientadas a fortalecer los mecanismos de prevención, investigación y sanción de actos de corrupción y la efectividad del control de la gestión pública"; Law 190 of 1995. "por la cual se dictan normas tendientes a preservar la moralidad en la Administración Pública y se fijan disposiciones con el objeto de erradicar la corrupción administrativa".

[59]Law 964 of 2005, Arts. 44; 45, Resolution 275 of 2001; Law 222 of 1995; Law 1258 of 2008, Art. 27; Decree 1925 of 2009, Arts. 4 and onwards; Law 1474 of 2011 ('Estatuto anticorrupción', anti-corruption Statute).

[60]Law 1482 of 2011.

[61]Law 278 of 1996.

[62]Law 1778 of 2016.

[63]Law 789 of 2002; 'ley estatutaria' 1618 of 2013.

the second pillar of which has some binding elements, either under domestic or international law.

Many Colombian corporations mention CSR elements in their codes of conduct, referring to principles and values that are to be taken into account when decisions are made within an organization. According to a 2016 report on business practices issued by the Superintendence of Societies (report No. 41), out of 5732 businesses that had to present that report 71.3% of the corporations do have ethical guidelines applicable to them, 89.4% inform employees about such guidelines during training, and 67.0% inform employees about those guidelines in periodic trainings. On the other hand, 59.5% of businesses inform members of the directive board about ethical guidelines during induction, while 43.2% inform those members during periodic trainings.[64]

One example that can be mentioned is that of Aviatur, a corporation that has claimed to follow the Global Compact and refers to it in its code of ethics, by providing that all co-operators, members of the board of directives, suppliers and contractors of Group Aviatur, regardless of position or geographical location, must act with 'responsibility, integrity and respect': striving, among others, for the respect of human rights, avoiding conflicts of interest, corruption; and protecting the environment and communities.[65]

In turn, mining corporation Cerrejón has a manual to guide conduct, in which guidelines on the good behaviour of the company, employees and third parties can be found. For instance, it has ethical policies; a guide to the prevention of corruption; a self-control and risk management system—in relation to money laundering and the financing of terrorism—a policy against conflicts of interest; and policies on human rights, fraud control, equal opportunities, responsible labour aspects, and work promotion on behalf of communities in areas of influence.[66]

Nonetheless, it is not enough to create codes of conduct or codes of ethics. Among others, from the perspective of corporate action it is also important to have compliance and supervision mechanisms related to their standards. That is why some companies have constituted committees entrusted with the supervision and evaluation of the performance of the business in terms of the observance of the guidelines enshrined in the aforementioned codes. Moreover, we believe that voluntary standards must be complemented by binding ones and access to judicial mechanisms for the reparation of victims. In our opinion, voluntary initiatives can improve corporate culture, but are not sufficient.

[64]Superintendencia de Sociedades (2016) Indicadores Gobierno Corporativo. https://www.supersociedades.gov.co/delegatura_aec/informes_publicaciones/responsabilidad_social/documentos_resocial/Indicadores%20Gobierno%20Corporativo%202016.pdf.

[65]AVIATUR (2005) Código de Ética. http://www.grupoaviatur.com/multisites/grupoaviatur/images/pdf/cod_etica.pdf.

[66]Cerrejón (2018) Desarrollo sostenible. https://www.cerrejon.com/index.php/desarrollo-sostenible/estandares/politicas/.

Another important mechanism used by businesses is creating channels of reception of complaints. They permit both employees and third parties to present complaints and denunciations against the conduct of the corporation itself, of employees or of contractors, among others. Sometimes, the anonymity of those who present the complaints is ensured, and there are procedures that are triggered in order to address the alleged conduct. According to the report of business practices of the Superintendence of Societies, out of those which presented the report 55.7% have complaints reception venues that ensure the anonymity of the applicant and their proper handling.[67]

In conclusion, regarding CSR corporations are obliged to observe the legislation (and international law sources deemed to be internally required and applicable in Colombia) and are expected to implement voluntary strategies. Some corporations have created guidelines that address employees and third parties interacting with them in the form of codes of conduct, have created complaints mechanisms, claim to supervise and evaluate the CSR performance of employees and co-operators, and have due diligence procedures.

2.2 *Rules Pertaining to the Law of Contract*

In strict contract terms, corporations may include clauses on CSR aspects in their contracts with third parties. Such clauses belong to a global policy that a business may have, and seek to prevent and sanction, in contractual terms, conduct that is contrary to CSR elements.

In the first place, there is a marked tendency in Colombian practice to include anti-corruption clauses in contracts between public- and private-sector businesses. Indeed, in public procurement it is frequent to find annexes or clauses with anti-corruption commitments. The inobservance of such commitments by the contractor engages not only criminal or administrative responsibility but is deemed to also have a direct impact on contract performance and compliance. For instance, the Ministry of National Education has a format named anti-corruption commitment ('Compromiso anticorrupción'), by means of which the contractor promises to neither bribe State agents nor enter into agreements that negatively affect the transparency of the contractual process.[68]

[67]Superintendencia de Sociedades (2016) Indicadores Gobierno Corporativo. https://www.supersociedades.gov.co/delegatura_aec/informes_publicaciones/responsabilidad_social/documentos_resocial/Indicadores%20Gobierno%20Corporativo%202016.pdf.

[68]Ministry of National Education (2018) Anti-corruption commitment. https://www.mineducacion.gov.co/1759/articles347633_Formato_N6__Compromiso_anticorrupcion.docx.

Private-sector corporations also often have anti-corruption policies,[69] and there are guidelines on the inclusion of related clauses in contracts[70] celebrated with suppliers, agents, distributors, clients, and other third parties. Some clauses address concrete conduct of contractors, such as bribes; while others aspire to ensure that the parties are aware of the national and company anti-corruption framework. The contractual consequence of the breach of anti-corruption clauses is unilateral and early termination of the contract and compensation agreed upon by the parties.

Secondly, businesses often have contracting policies that are consistent with the OECD Guidelines for Multinational Enterprises.[71] For example, some businesses include clauses that oblige contractors to know about and observe human rights policies; and to prevent child and forced labour, labour harassment, human trafficking and the sexual exploitation of children and adolescents. Likewise, clauses that oblige contractors to respect trade union and labour rights in their businesses have also been agreed upon, protecting the right of workers to form unions or otherwise join organizations that seek to protect their interests or negotiate collectively. There have also been clauses that encourage the elimination of violence against women, gender violence and domestic violence. Additionally, some public and private businesses have had environmental contract clauses.[72] For example, CONFA includes the following clause in contracts with their suppliers (our translation): 'We commit to conduct operations with the necessary care in order to preserve the

[69]Corporations including: Manpower (2018) Anti-corruption policies https://www.manpowergroup.com/wps/wcm/connect/c0bda0ce-e88c-4f72-96fa-bef91cd3630e/mpg_fcpa_anti_corruption_policy5_15%2B%2BSpanish%2B%28SP%29%2BFinal.pdf?MOD=AJPERES&CACHEID=c0bda0ce-e88c-4f72-96fa-bef91cd3630e. Accessed. 13 nov 2018; Incauca S.A.S. (2018) Anti-corruption policies. http://www.incauca.com/wp-content/uploads/2017/09/manual-anticorrupcion-prevencion-soborno-transnacional-incauca.pdf; Refocosta (2018) Anti-corruption policies. http://www.refocosta.com/images/politicas/POLITICA-ANTICORRUPCION-Y-ANTISOBORNO-Refocosta-VF-Jul2016.pdf; Bavaria (2018) Anti-corruption policies. https://www.bavaria.co/sites/g/files/ogq8776/f/201710/AB%20InBev-Pol%C3%ADtica-Anticorrupci%C3%B3n-y-Manual-de-Cumplimiento.pdf.

[70]For example, corporation Deloitte, operating in Colombia, has an anti-corruption policy that requires the acceptance of contract clauses in that sense. See: Deloitte (2018) anti-corruption policy. https://www2.deloitte.com/content/dam/Deloitte/co/Documents/about-deloitte/Politica%20No%2018%20Deloitte%20LATCO%20V3.pdf.

[71]Such is the case of company ISAGEN, see: ISAGEN (2016) Informe de gestión. https://www.isagen.com.co/informe-de-gestion/2016/pdf/Derechos_humanos.pdf.

[72]The Town Hall of Bogota has concrete clauses that must be included in all contracts with suppliers. One of them says the following: 'El contratista deberá tomar todas las medidas conducentes a evitar la contaminación ambiental a la entrega del producto relacionado principalmente con el manejo adecuado de los residuos que se puedan generar, asimismo cumplir con todas las leyes ambientales, de higiene y seguridad industria, y de salud ocupacional aplicables (Presentar el programa). El contratista no dejará sustancias o materiales nocivos para la flora, fauna o salud humana, ni contaminará los ambientes de trabajo en la institución, el suelo o los cuerpos de agua existentes'. Vid. Town Hall of Bogota (2013) Requisitos ambientales, clasificación de proveedores y criterios ambientales para las compras públicas sostenibles de la SDA Version 2. http://www.ambientebogota.gov.co/documents/17323/0/Criterios+Ambientales+SDA+version+2.pdf.

environment if we are chosen to enter into a contract with the Corporation. 2.2. We will minimize environmental contamination and will also make constant improvements towards the protection of the environment. 2.3. We declare that we operate in conformity with the standards of the legislation of the Republic of Colombia and of international norms related to the protection of the environment.'[73]

Altogether, businesses operating in Colombia often include CSR clauses in their contracts with third parties, the most common ones being anti-corruption-related. Nevertheless, there is a great diversity of clauses that follow the OECD Guidelines for Multinational Enterprises. Quite importantly, the breach of those clauses may lead to the unilateral and early termination of the contract and may also require the payment of non-compliance compensation.

2.3 Rules Pertaining to Law of Torts

The breach of CSR-related obligations by businesses may lead to administrative, criminal, contract or even extra-contractual responsibility. This is because the issues covered by CSR are diverse and many; and are sometimes governed by legal sources –such as the Colombian Code of Commerce, Civil Code, labour regulation, Criminal Code, or else.

Basically, what kind of responsibility a business that does not conform to CSR policies will have depends on its relationship with the affected party. According to this criterion, in Colombia there is a differentiated responsibility. Therefore, for instance, if the victim is an employee, client or another company, and the conduct affects an issue agreed upon in a contract, then the remedy to be employed is a contractual one. Conversely, if the applicant has no contract relationship with the company that breached CSR standards, it will have to demand reparations on the basis of torts actions. If the conduct of a company is forbidden by the Criminal Code, on top of civil compensation, some corporate agents may face criminal responsibility; and if the conduct is prohibited by administrative law, applicable administrative regulations may be applicable.

When a third party (an employee, customer, supplier or victim of breaches by the company, etc.) takes action against a company for breach of a rule of CSR, is that action characterized as a tort action? It can be. This does not depend on whether CSR considerations are involved, but simply on whether harm was caused in the context of an extra-contractual relationship. Therefore, the general case law of torts in Colombian legislation is applicable, but there are no specifics on CSR.

[73]CONFA (2018) Compromiso de integridad anticorrupción. https://confa.co/wp-content/uploads/2018/03/Anexo-1.-Compromiso-Integridad-Anticorrupci%C3%B3n-y-Confidencialidad.pdf.

2.4 *Do CSR Rules Fall Under Public Policy or Are They Characterised as Mandatory Rules?*

In this section, we will present how CSR standards are treated in the Colombian legal system. They are considered as voluntary unless otherwise provided by a source of international or domestic law. Additionally, while the law on societies indicates that they must be administered for the benefit of shareholders, it has been put forward that a systemic interpretation in light of different elements of the legal system requires taking into account the social impact of corporate operations.

CSR Rules in the Case Law of the Constitutional Court: 'Soft Law' Standards That Can Be Made Binding If There Is the Political Will to Use Sources of Law to Achieve This

Regarding Corporate Social Responsibility, the Colombian Constitutional Court made an interesting pronouncement when it conducted an examination of a Free Trade Agreement with Canada before authorizing the state to give its consent to become a party to it. The decision is enlightening as to how CSR is conceived in the Colombian legal system. The judgment in question is the C-608/10, issued in 3 August 2010. The Court basically indicated that while CSR standards are frequently non-binding, it was to be praised that an international treaty opted to refer to it, insofar as treaty law is binding. Moreover, and quite interestingly, the Constitutional Court saw the introduction of (binding) CSR provisions as paving the way for the introduction of human rights obligations of businesses. The pertinent section of the Court was made in regard to article 816 of the Agreement, which reads:

> Each Party should encourage enterprises operating within its territory or subject to its jurisdiction to voluntarily incorporate internationally recognized standards of corporate social responsibility in their internal policies, such as statements of principle that have been endorsed or are supported by the Parties. These principles address issues such as labour, the environment, human rights, community relations and anti-corruption. The Parties remind those enterprises of the importance of incorporating such corporate social responsibility standards in their internal policies.

Concerning that provision, the Colombian Court applauded that CSR standards were "elevated to positive international treaty law, considering that its normative sources are frequently found in 'soft law' provisions, such as declarations and resolutions. In this sense, including CSR provisions in a free trade agreement as the present one helps to achieve constitutional values and principles such as solidarity, the dignification of work, the respect of the environment, and generally the observance of the obligations of corporations in the field of human rights" (emphasis added; original text in Spanish found in the footnote).[74]

[74]Constitutional Court of Colombia, Judgment C-608/10, 03 August 2010. The Court's original passage is the following: "Sobre el particular, la Corte considera de la mayor importancia que los postulados de la llamada responsabilidad social corporativa (RSC) o responsabilidad social empresarial (RSE) sean elevados a derecho positivo internacional convencional, por cuanto sus fuentes normativas suelen encontrarse en disposiciones de *soft law*, tales como declaraciones y

CSR in Colombia: Beyond the Exclusive Interests of Shareholders. A Systemic Interpretation

A study on CSR in Colombia made by Fabio Andrés Bonilla-Sanabria argues that even though Law 222 of 1995 considers that societies must be mainly administered for the benefit of shareholders, an interpretation must be made in light of article 333 of the Political Constitution. It ensures free economic activities and private initiative "within the limits of the common good", and sets forth that "business, as a basis of development, has a social function that entails obligations".[75] Such an interpretation, according to that author, would permit to argue that a manager rightfully complies with his duties when taking into account the interests of other groups, even above those of those who provide funds. Furthermore, he argues that the case law of the Constitutional Court (see the previous subsection) permits to consider that corporate social function is *complementary* to the for-profit goals of business actors.[76]

3 Alternative Methods of Dispute Resolution

3.1 Does Your Country Allow Disputes Concerning CSR to Be Submitted to Arbitration, Mediation, Conciliation, and an OECD National Contact Point?

The Colombian legal system permits disputes on CSR to be settled by means of alternative dispute resolution methods (hereinafter, also ADRM), provided that the rights being discussed allow negotiation, waivers or are among those identified for such purpose by the law. In this regard, article 116 of the Political Constitution indicates that the State can temporarily endow private parties with the power to administer justice by acting as juries, conciliators or arbitrators based on the empowerment made by the parties under the conditions set forth by the legislation.

resoluciones. En tal sentido, incluir los principios de la RSC en un tratado de libre comercio como el presente, coadyuva al cumplimiento de los valores y principios constitucionales tales como la solidaridad, la dignificación del trabajo, el respeto por el medio, y en general, el cumplimiento de las obligaciones de las empresas en materia de derechos humanos".

[75]Article 333 of the 1991 Colombian Constitution says (in the original Spanish text): "La actividad económica y la iniciativa privada son libres, dentro de los límites del bien común. Para su ejercicio, nadie podrá exigir permisos previos ni requisitos, sin autorización de la ley. La libre competencia económica es un derecho de todos que supone responsabilidades. La empresa, como base del desarrollo, tiene una función social que implica obligaciones. El Estado fortalecerá las organizaciones solidarias y estimulará el desarrollo empresarial.

[76]Bonilla Sanabria (2017), pp. 41–43.

3.2 Please Explain the Above Answers

Firstly, conciliation is an alternative dispute resolution mechanism by means of which two or more persons directly address their disputes with the assistance of a neutral third party, called conciliator.[77] In Colombia, it is possible to conciliate issues on administrative, civil, labour, family, competition and consumption matters, according to law 640 of 2001.

In turn, arbitration is regulated by law 1563 of 2012, according to which arbitrators can be appointed by parties in order to solve a conflict over matters that permit the free disposition by the parties or over those authorized by the law. Matters of free disposition, according to the Constitutional Court, are those that can be freely negotiated or renounced to by the conflicting parties, reason why their handling falls under their free will. Conversely, for the Court there are certain matters which by their very nature are not subject to disposition or negotiation, reason why they must necessarily be dealt with by the "judges of the Republic".[78]

Also, disputes over CSR may also be the object of mediation, as indicated by Decree 1400 of 2012, which created the National Contact Point of Colombia and adopted the procedure enshrined in the OECD Guidelines for Multinational Enterprises. Chapter III of the Colombian source sets forth the possibility and procedure for parties to reach an agreement with the assistance of a mediator, who will bring knowledge and expertise in order to facilitate the reaching of an agreement between the parties. Matters that may be submitted to mediation are those over rights that can be waived to, that is to say, renounced to under the Colombian legislation or international agreements.

Accordingly, if conflicts over CSR are related to negotiable matters, i.e. those over which rights holders can freely decide, the Colombian legal system permits the conflict to be settled by having recourse to the alternative dispute resolution mechanisms.

Finally, Colombia set up a National Contact Point, as described in Sect. 2.1.1, in which its case law, above, in which its case law was also described.

4 Jurisdiction

4.1 Where the Dispute Must Be Submitted to a Court in Your Country, Which Court Has Jurisdiction?

Colombian Courts use different fora in terms of the attribution of judicial competence, based on international treaties and the General Code of Procedure (GCP).

[77] Article 64 of law 446 of 1998.

[78] Constitutional Court, Judgment SU-174/07.

Applicable norms in Colombia foresee a general forum and concrete fora, depending on the international features of the relationship and its nature. That is why in regard to CSR disputes, the first thing to do is analysing whether the legal relation is national or international, and later to ascertain what the nature of the legal situation is. Next, the different possible fora (in light of domestic and international norms) will be identified.

General Forum

Concerning international judicial competence, it is to be noted that Colombia is a party to the 1889 Montevideo Treaty. It determines judicial competence to resolve a dispute that exceeds the boundaries of the agreement based on the nature of actions. Regarding personal actions, it is necessary to sue before the judges of the place under whose law the legal act object of the dispute is governed; being it also indicated that it is possible to sue before the judges of the place in which the defendant resides.

In relation to real (i.e. good-related) or mixed actions, it is necessary to sue before the judges of the place in which the good that is the object of the application is located. If the action deals with goods found in different places, the application must be made before the judges of each of them.

As to internal territorial competence, the GCP mentions the domicile of the defendant as the general forum of jurisdictional competence in contentious proceedings. In this sense, if there is but one defendant, the connection point will be the place of domicile of that sole defendant. If the defendant has no domicile in Colombia, her/his residence will be used. If that person does not reside in Colombia or residence is unknown, the judge of the domicile or residence of the applicant will seize the matter.

In case there is just one defendant, and that party has several domiciles in the country, any of their judges will be competent, and the applicant can decide from among them. If there are several defendants domiciled in different places, the judge of any of them will be competent, and also chosen by the applicant.

Contractual Forum

If a judicial proceeding has a contract as its origin, and such an agreement is regarded as being national, according to article 28 of the GCP the competent judge will be the one of the places of fulfilment of any of the obligations. Hence, is an application on CSR has as its origin or cause the breach of contract duties, the applicant will be able to submit the application before the judge of the place where obligations are to be performed, provided that they must be fulfilled in the same place. Otherwise, if different duties are to be fulfilled in different places, the applicant may choose to file the application before the judge of any of them.

Finally, it must be noted that Colombia is not bound by international norms that regulate the contractual forum when a matter is transnational.

Torts Forum

Torts responsibility is mentioned in the Colombian Civil Code, specifically under article 2341, according to which a person who is guilty or perpetrated a crime, or who has harmed someone else, is obliged to compensate, without prejudice to the main penalty that law may impose due to the guild or crime.

Harm is defined by the Supreme Court of Justice of Colombia as a detriment, impairment, or prejudice, which affects goods or licit interests of the victim, related to her/his patrimony, to the goods of her/his personality, or to her/his spiritual or affective sphere.

Based on the foregoing, civil torts responsibility in Colombia, i.e. responsibility for harm caused beyond contract links, is "conditioned on a preferential forum", with a tribunal being entrusted with settling such disputes on the basis of the principle of territoriality, on the basis of the *forum loci delicti (commissi or damni)* principle, that is to say, of the place where the harm or prejudicial effects were caused.

Thus, is torts-based responsibility of the defendant is being debated in a proceeding, and the conflict is deemed to be a domestic one—i.e. no "foreign" element is present—, then the judge of the place where the facts that led to the application took place will be the competent one, according to article 28.6 of the GCP.

If a torts-related controversy has foreign elements, international private law standards must be resorted to. There are only two sources ratified by Colombia with provisions on this matter, the first of which is article 11 of the Montevideo Treaty on Commercial International Law, according to which collisions and the boarding of vessels are governed by the law of the country in whose waters they took place and are subject to the jurisdiction of its tribunals. Such a provision develops the principle *forum loci delicti* referred-to above.

The second source is the 1999 Basel Protocol on Liability and Compensation for Damage Resulting from Transboundary Movements of Hazardous Wastes and their Disposal, which in article 17, entitled "Competent courts", indicates that:

> 1. Claims for compensation under the Protocol may be brought in the courts of a Contracting Party only where either: (a) The damage was suffered; or (b) The incident occurred; or (c) The defendant has his habitual residence or has his principal place of business. 2. Each Contracting Party shall ensure that its courts possess the necessary competence to entertain such claims for compensation.

This provision not only enshrines the *forum loci delicti commissi* principle, also found in the Treaty of Montevideo, but also includes the *forum loci delicti damni* and *forum domicilium* ones in order to determine what Court is competent.

4.2 If Judicial Rulings Have Already Been Given in Your Country on Breaches of CSR, Please Give Summaries of Those Decisions and Provide Detailed References

There have been several judgments addressing aspects of CSR. However, the most-resorted to remedy has been the *tutela* action. This is because, by virtue of CSR having a connection with fundamental rights, applicants have frequently chosen this prompt remedy in order to ask for the protection of their rights. A few examples will be provided next.

In the *tutela* judgment No. 733/17 of the Constitutional Court, of 15 December 2017, the Court considered as proved the violation of the rights to previous consultation, to health and to the enjoyment of a healthy environment against the members of indigenous communities affected by some actions of company Cerro Matoso. For this reason, the Court granted protection and issued some orders seeking to make the enjoyment of the protected rights effective. Among the orders that were issued, one was about financing and making a Special Fund of Ethnic Development (Fondo Especial de Etnodesarrollo) work, the general objective of which would be the reparation of victims from an ethnic and collective perspective, due to the specific harm that was caused for several decades by the defendant mining company.[79]

In another case, the Court examined if the hiring policies of ECOPETROL in relation to security personnel, falling under the scope of its CSR, were contrary to the principle of equality and non-discrimination and to the prohibition of discrimination on the basis of gender and access to work opportunities. The Court concluded that, based on the evidence that was collected, the use of a gender factor as a basis to make decisions was used with no legitimacy whatsoever. The Court ordered the consideration of the applicant for a security job, and therefore granted the protection of her rights.[80]

Tutela judgment No. 272/17 of 28 April 2017 of the Constitutional Court also explored CSR elements. On 30 March 2017, a traditional authority agent of the community of Guamachito of an Indigenous *Resguardo* Wayuu Lomamato filed a *tutela* action against the Interior Ministry, the Ministry of the Environment and Sustainable Development, the National Authority of Environmental Licenses, and the *Empresa Transportadora de Gas Internacional S.A. E.S.P. –TGI* corporation. The applicant argued that the fundamental rights of his ethnic group to previous consultation, due (administrative) process, the environment and equality, were affected because of the expansion of the *Hatonuevo* gas compressor station. The Court ruled in his favour, and ordered, among others, the commencement of an administrative process aimed at verifying the allegations of the applicant community in relation to the inadequate operation of the gas compressor station and the and supervising the facts. The Court added that, if environmental observations made in 2009 and 2016 by the entity were ignored, the imposition of sanctions contemplated in law 1333 of 2009 should also be considered.

Other judgments that deal with related aspects include judgments C-915 of 2019, T-014 of 1994, C-790 of 2011, C-915 of 20100, C-608 of 2020, C-830 of 2010,

---

[79] Among the concrete protection strategies indicated by the Court, the following can be mentioned: (1) measures aiming at the decontamination of the ecosystem (air, soil and bodies of water); (2) adoption of technical methods that prevent the extraction and dispersal of particulate matter; (3) restoration of the water basin of *caño Zaino*; (4) restoration of the productive capacity of the affected terrains; (5) recovery of the landscape; and (6) isolation of the mining complex by means of artificial and/or natural barriers.

[80] Constitutional Court, judgment No. 247/10, 15 April 2010.

C-851 of 2013, C-524 of 1995, C-608 of 2010, C-332 of 2000, C-915 of 2010, T-781 of 2014, or C-384 of 2003.

4.3 Are There Other Aspects of Jurisdictional Competence Specific to Your Country That You Would Like to Point Out in Order to Better Understand?

None, the sources and explanations provided in the answers to the other questions are sufficient to properly understand the handling of CSR issues in Colombia.

5 Applicable Law

5.1 *What Is the Law Applicable to Rules Relating to Corporate Structure? In Other Words, How Is the* lex societatis *Determined?*

Under the Colombian legislation, *lex societatis* is based on the social domicile, that is to say, in order to settle international conflicts on corporation issues, judges apply the law of the country in which a corporation is domiciled. This nexus is set forth both in the 1889 Montevideo Treaty and in the Colombian Code of Commerce.

The 1889 Montevideo Treaty on Commercial International Law indicates that the law of commercial domicile governs the form of the social contract, the relationships between shareholders, and also those between the corporation and third parties.[81] Likewise, it is said that societies that have legal personality will be governed by the law of the country of their domicile.[82]

In turn, the Code of Commerce sets forth in article 469 that "those societies constituted in accordance with the law of another country and whose main domicile is abroad are foreign", which permits to infer that national societies will be those whose domicile is located inside the Colombian territory, provided that they have been created on the basis of Colombian law. Considering that commercial societies domiciled in Colombia are subject to Colombian legislation, it can be concluded that the *lex societatis* in Colombia is the law of the domicile of a society, since

[81] Article 4 of the Montevideo Treaty says "El contrato social se rige tanto en su forma, como respecto a las relaciones jurídicas entre los socios, y entre la sociedad y los terceros, por la ley del país en que ésta tiene su domicilio comercial."

[82] Article 5 of the Montevideo Treaty says "Las sociedades o asociaciones que tengan carácter de persona jurídica se regirán por las leyes del país de su domicilio; serán reconocidas de pleno derecho como tales en los Estados, y hábiles para ejercitar en ellos derechos civiles y gestionar su reconocimiento ante los tribunales."

commercial law does not allow conflict autonomy, i.e. the election of the applicable law by the contracting parties.

5.2 *What Is the Law Applicable to Rules Belonging to the Law of Contract? (State the Main Conflict Rule: "Autonomy of Will", for Example—Then the Conflict Rules Applicable by Default)*

Colombia has three main conflict of law rules that must be considered by judges when choosing the law applicable to a contract. One of them has an international or uniform source, with the remaining two having a domestic origin. The first one is the Montevideo Treaty of 1899, the second and the third being article 20 of the Civil Code and article 869 of the Code of Commerce, respectively.

The uniform conflict of law rules displaces the domestic conflict of law rules.[83] Hence, the Montevideo Treaty will be examined in the first place. Afterwards, the domestic norms will be explored.

1889 Montevideo Treaty

The 1899 Montevideo Treaties deal with civil law, trade law, criminal law, procedural law, literary and artistic property, patents of invention, trademarks and factory brands and the exercise of liberal professions. Concretely, the Treaty on Civil International Law enshrines in articles 32 through 39 conflict of law rules that determine the applicable law to obligations and contracts. This treaty is binding for Colombia, Argentina, Bolivia, Peru, Uruguay and Paraguay. However, since Argentina, Uruguay and Paraguay signed and ratified the 1940 Montevideo Treaties of 1940, their uniform rules are applicable among them.

What is most noteworthy is the Treaty on Civil International Law is the fact that it contains uniform conflict norms. This permits judges of States parties to use the same norm of conflict when choosing the law applicable to an international contract. Yet, that Treaty has certain closed conflict norms, which means that they are exclusively applicable to the judicial authorities of States that have ratified the instrument and in relation to cases connected with their territories, unlike the Rome I Regulation on the law applicable to contractual obligations in the European Union,[84] which has universal application.[85] This highlights the importance of the internal conflict norm in each State party to the Treaty. Indeed, due to the

[83]This hierarchy is a transcendental one, and the Tribunal must take it into account when identifying the applicable law.

[84]About Rome I Regulation Vid. Martínez (2015), p. 128.

[85]This is set forth in article 2 of the Rome I Regulation on the law applicable to contractual obligations, in which it is said that 'Any law specified by this Regulation shall be applied whether or not it is the law of a Member State'.

Montevideo Treaty having a quite narrow territorial scope of application, often it is necessary to resort to the domestic conflict norm to identify the law applicable to an international contract. This is contrary to what happens with the 1980 Rome Convention and its successor, namely Rome I Regulation, which rendered domestic conflict norms almost useless.[86]

The 1889 Montevideo Treaty sets forth conflict norms to identify the law applicable to contracts in the absence of an election by the parties and has no provision whatsoever that enables and regulates the election of law by agreement of the contracting parties (conflict autonomy). This situation led to a debate in doctrine as to the possibility, or absence thereof, of having conflict autonomy. Nonetheless, nowadays the prevailing interpretation considers that *if* the chosen legal system permits conflict autonomy, then its election is fully valid and, therefore, the contract must be ruled by the law chosen by the contracting parties.

Conflict of Law Rules in the Absence of Choice Under the 1889 Montevideo Treaty on Civil International Law

Judges who examine international contracts governed by the Treaty of Montevideo must verify in the first place whether the contracting parties elected a law, and then if such a choice is a valid one. In case there is no such valid choice of applicable law, the respective judge will have to apply the conflict norm enshrined in the Treaty in order to identify the norm that governs the contract.

The Treaty treats the place of implementation of the treaty as the relevant aspect, as indicated in article 32. According to it, the law of the place in which contracts are to be fulfilled determines if it is necessary for them to be written and what documents are required. This is confirmed in article 33, according to which the same law rules its (a) existence, (b) nature, (c) validity, (d) effects, (e) consequences, (f) execution, (g) every other aspect relevant for contracts.

Accordingly, an international contract that falls within the scope of application of the Montevideo Treaty is governed by the law of the place in which it must be fulfilled. This is highlighted by a judgment of the Constitutional Court of Colombia issued on 22 May 2002 (C-395 of 2002), in which it was held that '[t]he Treaty on Civil International Law and Commercial International Law negotiated in Montevideo (1888-1889), to which Colombia acceded by means of Law 40 of 1933 [...] enshrines the principle according to which contracts are governed by the law of execution.'

Domestic Conflict of Law Rules

Colombian domestic conflict of law rules are found in the Civil and Commercial Codes, separated by an outdated distinction between civil and mercantile legal relations. Those conflict of law rules are unilateral, that is to say, they only determine when the Colombian law is applicable, and provide no rules to apply foreign law.

As with the 1889 Montevideo Treaty, internal conflict of law rules do not provide a regulation on party autonomy, which actually should be the first connection point

[86]Martínez (2014), pp. 25–44.

to be considered in order to identify the law of the contract. There has been a debate, still ongoing, on whether clauses resorting to such autonomy are valid or not.

Party Autonomy in Domestic Conflict of Law Rules

The notion that law ought to permit the parties to agree on the law applicable to an international contract is regarded as the cornerstone of modern conflict of law rules. In this sense, paragraph 11 of the Preamble to Rome I Regulation (EC) No. 593/2008 of 17 June 2008 on the law applicable to contractual obligations sets forth that '[t]he parties' freedom to choose the applicable law should be one of the cornerstones of the system of conflict-of-law rules in matters of contractual obligations.'[87] This possibility is missing in the Colombian legal system, reason why it is necessary to resort to other internal and international legal provisions to find a legal basis that supports such a right.

Firstly, resort is often made to articles 15, 16 and 1602 of the Colombian Civil Code. Article 1602 considers that agreements reached through the contract amount to a law with *inter partes* or private effects, the declaration of invalidity of which may only be made by the contracting parties themselves or according to legal causes that so determine. This being so, the parties are empowered to add to contracts all clauses they deem convenient, as long as they are not contrary to legislation, mores and 'good traditions'. In fact, one of such clauses could well be the choice of the applicable law governing their international contract.

Indeed, precisely articles 15 and 16 of the Civil Code set forth the limits that contracting parties have in relation to the content of their agreement. Article 15 stipulates that it will only be possible to waive those rights recognized by legal standards that exclusively affect the private interests of the party renouncing to them, as long as such waiver is not forbidden by a legal provision, as happens in regard to duties on providing food, termination resulting from a serious injury, and other circumstances.

In turn, article 16 of the Civil Code indicates that it is not allowed to exclude, by means of private agreements, those laws 'the observance of which compromises public order and good traditions'. This implies that beyond this restriction private parties are entitled to freely agree on the content of their contract.

Accordingly, and provided that the former conditions are observed, it is to be considered that a clause according to which certain legislation will govern an international contract is admissible in the Colombian legal system and must be applied by the judge that seizes the matter.

Likewise, it is pertinent to take into account those international treaties that have been signed but not ratified (yet) by the State of Colombia that permit conflict autonomy,[88] one of them being the 1994 Inter-American Convention on the Law

[87]Paragraph 11 of the Rome I Regulation on the law applicable to contractual obligations.

[88]Medina (2007), pp. 371–382.

Applicable to International Contracts (Mexico Convention of 1994),[89] which in article 7 says that:

> The contract shall be governed by the law chosen by the parties. The parties' agreement on this selection must be express or, in the event that there is no express agreement, must be evident from the parties' behaviour and from the clauses of the contract, considered as a whole. Said selection may relate to the entire contract or to a part of same. Selection of a certain forum by the parties does not necessarily entail selection of the applicable law.

On the other hand, it is also possible to consider, by way of analogy, international arbitration norms.

In sum, there is no general prohibition against conflict autonomy in the Colombian legal system, except for article 1328 of the Code of Commerce, which sets forth a peremptory norm applicable to the contract of commercial agency, according to which '[i]n all respects, contracts of commercial agency to be executed in the national territory are subject to Colombian laws. Any agreement to the contrary will be regarded as not being written.' But even in regard to provision there is only a restriction when the connection point is that of the execution of the contract inside Colombian territory, which implies that it is permissible to agree on clauses of election of other laws when such a restriction is not present, as happens for instance when a contract is to be executed abroad.

Therefore, the choice of the applicable law in relation to international contracts by the contracting parties is a valid agreement that does not contradict the Colombian legal system.

Conflict of Law Rules in Absence of Choice, According to the Civil Code

The Colombian Civil code has a conflict norm applicable to contractual issues in article 20.[90] In order to properly understand that article, in light of its complexity, the first thing that an interpreter must do is find out where the contract is to be executed. In case the contract must be executed in Colombia, then Colombian law will be the applicable one, according to paragraph 3 of article 20 of the Civil Code. However, if the contract must be executed abroad, in principle Colombian law would not be the applicable one, unless such contract affects interests of the Colombian nation. In order to know which contracts affect the interests of the nation, it must be borne in mind that some of them are defined as having such effects in express parts of the legislation.[91] Additionally, it is considered that contracts that pertain to goods

[89] Inter-American Convention on the Law Applicable to International Contracts, signed at Mexico City on Marth 17, 1994, at the Fifth Inter-American Specialized Conference on Private International Law (CIDIP-V).

[90] The pertinent original Spanish version says 'Los bienes situados en los territorios, y aquéllos que se encuentren en los Estados, en cuya propiedad tenga interés o derecho la Nación, están sujetos a las disposiciones de este Código, aun cuando sus dueños sean extranjeros y residan fuera de Colombia. Esta disposición se entenderá sin perjuicio de las estipulaciones contenidas en los contratos celebrados válidamente en país extraño. Pero los efectos de dichos contratos, para cumplirse en algún territorio, o en los casos que afecten a los derechos e intereses de la Nación, se arreglarán a este código y demás leyes civiles de la unión.'

[91] Aljure (2007), pp. 351–370.

located in the Colombian territory also affect the interest of the nation, due to the State sovereignty over the soil. Whenever a public order provision determines the applicability of Colombian legislation, it is also considered that the interests of the nation are implicated. In conclusion, the Colombian law will apply to those international contracts that must be executed within the national territory or whenever contracts affect the rights or interests of the nation.[92]

Conflict of Law Rules in Absence of Choice, According to the Code of Commerce

The Code of Commerce contains a specific conflict of law rules in matters related to the contract of commercial agency in article 1328, according to which '[f]or all purposes, contracts of commercial agency executed in the national territory are subject to Colombian laws. Any contrary stipulation will be treated as not having been written'. On the other hand, the Code also has a more general provision in relation to all other contracts. It is found in article 869, according to which '[t]he execution of contracts celebrated overseas that are to be complied with in the country will be governed by the Colombian legislation.'

The connection point enshrined in this conflict of law rules is the place of execution of the contracts—mercantile ones, in this case—. Yet, due to its being a unilateral conflict norm, it only determines when the substantive Colombian law will be the applicable one. Therefore, whenever the international contract must be complied with within Colombian territory, Colombian laws will be the ones to govern the merits of an issue on the basis of the *lex loci solutionis* principle. The question that arises is whether the contract executed abroad is also governed by the law of the place of its execution. The answer to this question is made in the affirmative, because 'it must be understood generally that the law of the country of execution of the contract will be the applicable one. This must be seen as the proper interpretation of this article, considering that the bilateral character of the norm has not been effected in case law.'[93] Moreover, as a result of the fact that Colombian judges must necessarily find the applicable substantive norms through the use of the conflict norm, and due to the Colombian law being inapplicable whenever the contract is not executed in Colombia, legal actors must use the law of the country where the contract is executed. They do this by means of an extensive interpretation of the unilateral conflict of law rules.

[92] *Ibid.*

[93] Medina (2007), pp. 371–382.

5.3 What Is the Law Applicable to Rules Belonging to the Law of Torts?

The Colombian State does not have an efficient regulation of torts in the international landscape. In fact, only a few international legal sources deal with it, yet fail to provide an adequate regulation that gives foreseeability about the law applicable to the ensuing international legal relations, and domestic legislation lacks a conflict norm in the field.

The first of the international sources is the 1889 Montevideo Treaty on Civil Law. It employs the *lex civilis causae* criterion, as evinced by article 38, according to which obligations that arise without agreement are governed by the law of the place in which the licit or wrongful act took place. That treaty has a general conflict norm, the basis of which is the place in which a wrongful act happened. However, the scope it encompasses is a narrow one; and the case law developments on it are scarce.

A second source is the Montevideo Treaty on commercial law, which has a concrete conflict norm on torts in relation to maritime accidents in article 11, according to which collisions and the boarding of vessels are governed by the law of the country in whose waters that conduct occurred, which is subject to the jurisdiction of such country's Courts. Accordingly, this provision enshrines the *lex loci delicti commissi* principle.

The Basel Protocol on Liability and Compensation for Damage Resulting from Transboundary Movements of Hazardous Wastes and their Disposal, adopted on December the 9th, 1999, also includes a conflict norm in tort aspects, specifically an international one regarding the movement and disposal of hazardous wastes. According to article 19, "[a]ll matters of substance or procedure regarding claims before the competent court which are not specifically regulated in the Protocol shall be governed by the law of that court including any rules of such law relating to conflict of laws." In other words, this provision points towards the law of the forum, which means that aspects not regulated by the instrument it is found in will be governed by the law of the State the Courts of which seize the matter.

Finally, as to domestic norms on the identification of the law applicable to international torts, Colombia has no norms regulating the problem in a specific way. Nevertheless, doctrine tends to favour the applicability of the *lex loci*, unless public order is compromised.[94]

[94]Monroy (1999), p. 312.

5.4 *Does Your Country's Case Law Allow Verification of Whether the Applicable Law Is in Conformity with the Rules of International Human Rights Law, the ILO Conventions, or Other Mandatory Rules of International Law?*

In the Colombian legal system, both international legal standards that pertain to the protection of human dignity, and the interpretation that international supervisory bodies make on their content and scope, can be directly taken into account by judges in order to accomplish one of two things: preventing the application of domestic law contrary to said international standards or directly using them and their interpretation when making decisions in cases as to whether fundamental rights were violated and protection to victims is due. As to the first function, namely on ensuring compatibility with international law, this can be accomplished in two ways: either making the application of infra-constitutional domestic legislation inapplicable–via the doctrine of an 'exception of unconstitutionality', which all judges can resort to but has only *inter partes* effects[95]; or when the Constitutional Court declares that a norm is contrary to the Constitution and is therefore expelled from the legal system (unconstitutionality declaration). Concerning the second function, international legal standards can be considered when deciding is the claims made pursuant to a *tutela* remedy are correct. Such an action can be presented before any judge and can be ultimately reviewed by the Constitutional Court and is based on arguments that fundamental rights have been violated and requested judicial protection is to be granted.[96]

In regard to all of the aforementioned options, certain international standards can be integrated in judicial reasoning via the doctrine of the 'block of constitutionality', according to which, among others, international human rights law standards and case law (of international or regional supervisory bodies)[97] either form part of the Constitution itself or serve as parameters of control. The Constitutional Court has distinguished between a *stricto sensu* and a broad 'block of constitutionality',

[95]Constitutional Court of Colombia, Judgment T-681/16, 05 December 2016. As indicated in that judgment, the exception may be requested by a party to a dispute or used *ex officio* by a judicial authority when a norm with hierarchy lower than a constitutional position is contrary to the Constitution but this has not been declared yet by the Constitutional Court; when the pertinent rule reproduces the content of another one declared as unconstitutional by the Constitutional Court; or when, in light of the specific circumstances of the case, the application of the rule would lead to results that are contrary to the Constitutional requirements.

[96]On the *tutela* remedy, article 86 of the 1991 Colombian Constitution says (in the Spanish original): "Toda persona tendrá acción de tutela para reclamar ante los jueces, en todo momento y lugar, mediante un procedimiento preferente y sumario, por sí misma o por quien actúe a su nombre, la protección inmediata de sus derechos constitucionales fundamentales, cuando quiera que éstos resulten vulnerados o amenazados por la acción o la omisión de cualquier autoridad pública. . .". The *tutela* remedy is further regulated in (Presidential) Decree 2591 of 1991.

[97]Constitutional Court of Colombia, Judgment T-1319/2001, 07 December 2001.

according to which the former encompasses, among others, international treaty law mentioned in article 93 of the Constitution, namely that referring to treaty norms on human rights whose obligations cannot be suspended during states of emergency[98]; while the latter includes international human rights provisions that can be subject to limitations during states of emergency. This second group (*lato sensu* block) can only be used for the purposes of interpreting constitutional provisions; while the first group standards can be used for purposes of controlling the compatibility of legislation with the Constitution.[99] It is worth mentioning that international humanitarian law standards[100] and certain labour treaties, such as ILO Convention No. 169, have been considered to belong to the block of constitutionality.[101] Furthermore, it has been said that 'block' standards must be interpreted in light of the *pro homine* (most favourable) interpretation criterion.[102]

5.5 Does Your Country's Case Law Allow the Application of Ethical Rules Instead of, or as a Complement to, the Applicable Law?

Conflict norms applicable in Colombia, both international and domestic, do not regulate the possibility of a judge being capable of applying ethical norms in order to settle a dispute, since the legislator has always and exclusively resorted to the term 'law'. The only reference to other sources that may be found is present in the 1994 Inter-American Convention on the Law Applicable to International Contracts signed at Mexico City.[103] In article 9, it determines that an international contract 'shall be governed by the law of the State with which it has the closest ties.' For a judge to decide which State is the closest one to the contract, the treaty permits such an authority to 'take into account the general principles of international commercial law recognized by international organizations.' It is true that these principles are not considered as ethical norms. Nevertheless, the addition is noteworthy because it provides a clear example of a judge not only resorting to the 'law' in a strict sense in order to make a decision on the merits of a dispute.

[98]Article 93 of the 1991 Colombian Constitution stipulates (in the original Spanish version): "Los tratados y convenios internacionales ratificados por el Congreso, que reconocen los derechos humanos y que prohíben su limitación en los estados de excepción, prevalecen en el orden interno. Los derechos y deberes consagrados en esta Carta, se interpretarán de conformidad con los tratados internacionales sobre derechos humanos ratificados por Colombia".

[99]Constitutional Court of Colombia, Judgment C-355/06, 10 May 2006.

[100]Constitutional Court of Colombia, Judgment T-1635/2000, 27 November 2000.

[101]Constitutional Court of Colombia, Judgment C-401/2005, 14 April 2005.

[102]Constitutional Court of Colombia, Judgment T-327/2001, 26 March 2001.

[103]The Colombian State signed this treaty, but it has not been ratified yet.

As to ADRM, which as was expressed above can provide mechanisms to settle CSR disputes, it should be noted that it is possible to settle conflicts on the basis of equity. Indeed, article 1 of law 1563 of 2012 indicates that an arbitral award can be adopted on the basis of 'law, equity or technical' considerations. Likewise, law 640 of 2001 permits to conciliate on the basis of equity.

In that sense, in Colombian case law decisions made on the basis of equity have been analysed, and it has been said that they arise 'exclusively from the internal considerations of the judge, whose only foundation is a loyal knowledge and understanding or the truth known and preserved in good faith – 'ex aequo et bono''.[104] According to this, it is possible for ADRM to be decided based on equity and the application of ethical norms in order to settle a dispute on CSR. After all, neither the parties nor the arbitrator(s) are exclusively and necessarily dependent on the law.

A different thing happens with judges, considering that according to article 230 of the Colombian Political Constitution they are only bound by the rule of law when making judgments. '[E]quity, jurisprudence, general principles of law and doctrine are supplementary sources of the judicial activity'. Therefore, it must be understood that judges must be based on the law when judging and may resort to the other sources of law in a supplementary way.

By way of conclusion, when the parties and the law permit a controversy to be settled through the application of equity in ADRM, it is possible to even exclusively resort to the application of ethical norms. Conversely, if ADRM must be decided on the basis of the law in a given case, or whenever the ones who decide on a case are judges, the law will be the applicable source to rule on the merits, and ethical norms may, at most, be employed in a supplementary way.

6 Recognition and Enforcement of Judgments

6.1 Describe the Rules Applicable in Your Country to the Recognition and Enforcement of Foreign Judgments

As has been explained for long, exequatur is a legal institution that was devised in order to "recognize or convalidate" judgments and other pronouncements with the same characteristics that have been issued abroad. It is an exceptional tool, considering that the principle of sovereignty is based on the idea that the administration of justice is an exclusive function of the State, and is not subordinated to foreign

[104]Council of State, Grand Chamber on Contentious Matters, Third Section, judgment, No. 11001-03-26-000-2016-00046-00, 7 December 2016; Council of State, Administrative Contentious Chamber, Third Section, judgment, file 31.354, 6 August 2006.

jurisdictions.[105] Following this logic, it is indicated that "judgments issued by foreign judges produce no effects in Colombia, unless they are given, on the basis of Colombian legislation, and meeting the pertinent conditions",[106] exequatur, according to articles 605 and onwards of the General Code of Procedure.

This exception to the general rule is justified by the principles of international cooperation and reciprocity, on the basis of which it is possible to grant validity to decisions adopted by foreign Courts, provided that judgments issued by Colombian judges are attached the same value abroad.[107]

For this reason, firstly the competent Colombian judicial authority will consider what has been agreed in a treaty celebrated between Colombia and the State the Courts of which have adopted the judgment the validity and implementation of which is sought in Colombia[108] (diplomatic reciprocity).[109] If there is no international treaty to resort to, the principle of legislative reciprocity will be employed. According to it, the State of Colombia will grant a foreign judgment the same effects given to Colombian judicial decisions under the laws of the respective foreign State.[110]

The State of Colombia regulates the exequatur of judgments and other decisions in domestic legal norms, and also accepts standards set forth in international treaties. As to domestic legislation, the General Code of Procedure and law 1563 of 2012 (Arbitral Statute) can be found. Article 606 of the General Code of Procedure sets forth the requirements that a national Court must take into account in order to grant or refuse the recognition of a foreign judgment. These requirements aim to protect the national public order, the exclusive competence of Colombian judges, *res*

[105]Supreme Court of Justice, Civil Chamber, judgment No. 11001-0203-000-2007-00537-00, 22 September 2017.

[106]Supreme Court of Justice, judgment R. 6174, 12 August 1997.

[107]Supreme Court of Justice, Civil Chamber, judgment No. 110001-02-03-000-2015-01864-00, 21 September 2017.

[108]Ibid.

[109]"De la reciprocidad diplomática se ha dicho que surge «cuando entre Colombia y el país de donde proviene la decisión judicial objeto del *exequátur*, se ha suscrito tratado público que permita igual tratamiento en este Estado extranjero a las sentencias emitidas por jueces colombianos, de manera que como contraprestación a la fuerza que éstas tengan en aquél, las suyas vinculen en nuestro territorio»". Source: Supreme Court of Justice, judgment R. 5524, 25 September 1996; Supreme Court of Justice, Civil Chamber, judgment No. 11001-0203-000-2007-00537-00, 22 September 2017.

[110]Legislative reciprocity, according to the Court, takes place when "reconocérsele efectos jurídicos a las sentencias de los jueces colombianos por la legislación del país de donde proviene la decisión materia de exequátur, pues igual fuerza vinculante tendrán las decisiones de sus jueces en el Territorio Nacional, siendo entendido que esta forma de reciprocidad puede ser a su vez basada en textos legales escritos o en la práctica jurisprudencial imperante en el país del fallo objeto de exequátur". Supreme Court of Justice, judgment R. 5524, 25 September 1996; Supreme Court of Justice, Civil Chamber, judgment No. 11001-0203-000-2007-00537-00, 22 September 2017.

judicata, the right of defence, and due process guarantees.[111] The exequatur request must be presented to the competent authority, which is none other than the Civil Chamber of the Supreme Court of Justice, unless the pertinent international treaties say otherwise. The applicant must provide all of the evidence deemed pertinent, and the conditions set forth in paragraphs 1 through 4 of article 606 must be strictly observed.

The procedure ensures the right of defence. Accordingly, the affected party and the deputy procurator are notified of the request. Afterwards, the procedure continues with the order of evidence, its gathering; then the final submissions are presented and the judgment granting or declining exequatur if adopted. If the exequatur of a foreign decision is granted, and its execution is required, it will be performed by the competent Colombian judge on the basis of a procedure found in the General Code of Procedure.

In turn, law 1563 of 2012 is the statutory law on arbitration applicable in the Colombian territory. It was modelled after the UNCITRAL Model Law on International Commercial Arbitration. Chapter IX indicates all the requirements for the recognition and execution of foreign arbitral awards, the reasons for their denial, functional competence, procedures and their execution.

As to international treaties, Colombia has ratified the 1979 Inter-American Convention on Jurisdiction in the International Sphere for the Extraterritorial Validity of Foreign Judgments, the 1889 Montevideo Treaty on International Procedural Law, the 1975 Inter-American Convention on International Commercial Arbitration, and the 1958 New York Convention on the Recognition and Enforcement of Foreign Arbitral Awards.

The Inter-American Convention on extraterritorial validity of foreign judgments and arbitral awards,[112] concluded at Montevideo on 8 May 1979,[113] regulates the recognition of judgments and arbitral awards the recognition of which is sought in a State party and which have been adopted in civil, commercial and labour proceedings in another State party to the Convention. The conditions for the recognition of

[111] Article 606 says "*Requisitos*. Para que la sentencia extranjera surta efectos en el país, deberá reunir los siguientes requisitos: 1. Que no verse sobre derechos reales constituidos en bienes que se encontraban en territorio colombiano en el momento de iniciarse el proceso en que la sentencia se profirió. 2. Que no se oponga a leyes u otras disposiciones colombianas de orden público, exceptuadas las de procedimiento. 3. Que se encuentre ejecutoriada de conformidad con la ley del país de origen, y se presente en copia debidamente legalizada. 4. Que el asunto sobre el cual recae, no sea de competencia exclusiva de los jueces colombianos. 5. Que en Colombia no exista proceso en curso ni sentencia ejecutoriada de jueces nacionales sobre el mismo asunto. 6. Que si se hubiere dictado en proceso contencioso, se haya cumplido el requisito de la debida citación y contradicción del demandado, conforme a la ley del país de origen, lo que se presume por la ejecutoria. 7. Que se cumpla el requisito del exequátur."

[112] The following States are parties to the treaty: Argentina, Bolivia, Brasil, Colombia, Ecuador, México, Paraguay, Perú, Uruguay, and Venezuela.

[113] This treaty was approved in Colombia by means of law 16 of 1981, and the ratification instrument was deposited on 10 September 1981. It entered into force for it on 10 October 1981.

decisions are found in article 2,[114] and seek to ensure the due process, the right of contradiction and the preservation of public order.

The determination of what judicial authority is competent in relation to proceedings is governed by the law of the forum, that is to say, the law of the State in which the effectiveness of the foreign judgment is requested.[115] Another key element is the fact that the Convention permits the partial recognition of the judgment, award or resolution, is the interested party so requests, according to article 4.

The uniform standards provided by treaty law are crucial, considering that the correct administration of justice by States parties requires cooperation for judgments and arbitral awards to be recognized and implemented with greater freedom in another country, especially nowadays, considering the pervasiveness of globalized private relations.

In turn, the 1889 Treaty on International Procedural Law of the South American Congress of Private International Law, which was ratified by Colombia on the basis of law 68 of 1920, regulates the effects that convalidated judgments or awards on civil and commercial issues, public documents and other authentic documents of State authorities, exhortations and letters rogatory, have in other State parties. Article 5 sets forth the requirements that foreign judgments and awards must meet in order to be recognized in a State party to the treaty. Such conditions follow the same logic of the Montevideo Convention and of the General Code of Procedure, inasmuch as it requires the judgment of award having been issued by a competent officer, its being executory, its respecting the right to defence, its not contravening the public order or the country in which its homologation is sought, and its meeting the conditions of form and procedure enshrined in the treaty.

The Inter-American Convention on International Commercial Arbitration adopted in Panama on January 30th, 1975,[116] regulates general aspects of arbitral

[114]"The foreign judgments, awards and decisions referred to in Article 1 shall have extraterritorial validity in the States Parties if they meet the following conditions: a. They fulfill all the formal requirements necessary for them to be deemed authentic in the State of origin; b. The judgment, award or decision and the documents attached thereto that are required under this Convention are duly translated into the official language of the State where they are to take effect; c. They are presented duly legalized in accordance with the law of the State in which they are to take effect; d. The judge or tribunal rendering the judgment is competent in the international sphere to try the matter and to pass judgment on it in accordance with the law of the State in which the judgment, award or decision is to take effect; e. The plantiff has been summoned or subpoenaed in due legal form substantially equivalent to that accepted by the law of the State where the judgment, award or decision is to take effect; /. The parties had an opportunity to present their defense; g. They are final or, where appropriate, have the force of *res judicata* in the State in which they were rendered; h. They are not manifestly contrary to the principles and laws of the public policy (ordre public) of the State in which recognition or execution is sought."

[115]Article 6 of the Convention.

[116]The following States are parties: Argentina, Bolivia, Brasil, Chile, Colombia, Costa Rica, Ecuador, El salvador, Estados Unidos, Guatemala, Honduras, México, Nicaragua, Panamá, Paraguay, Perú, República Dominicana, Uruguay, and Venezuela.

proceedings, such as the compromisory clause or the appointment of arbitrators. In article 5 it sets forth causes to refuse the recognition of an arbitral award, which must be borne in mind by the judicial authorities of State parties.

Finally, the Convention on the Recognition and Enforcement of Foreign Arbitral Awards (1958 New York Convention)[117] sets forth common legal standards on the recognition of arbitral agreements and the recognition and execution of foreign arbitral awards and of those awards regarded as non-national. The main objective of this treaty is preventing arbitral awards, both foreign and non-national ones, from having a different treatment that leads to their discrimination. In order to avoid this, States parties are obliged to strive for the recognition and possibility of execution of such awards in their jurisdictions in conditions that are equal to those applicable to national arbitral awards.[118]

6.2 If a Judgment Given Abroad Holds a Company Liable for Breach of the Rules of CSR, Is Your Country Likely to Recognise and/or Enforce That Judgment?

The State of Colombia will recognize a foreign judgment that condemns a corporation for the breach of CSR standards as long as the procedure and requirements found in international treaties, the principle of reciprocity and articles 606 and onwards of the General Code of Procedure are met. There are neither additional conditions nor express prohibitions regarding the possibility of ventilating CSR issues and seeking the recognition and implementation of decisions on it in Colombia.

6.3 Same Question as in Sect. 6.2, but the Rule Applied Is One of Soft Law or Ethics. Is Your Country Likely to Block Recognition or Enforcement of Such a Judgment?

If a foreign judgment whose recognition and execution is sought in Colombia was decided on the basis of soft law or ethical standards, the competent jurisdictional

[117]Colombia is a party to Colombia this treaty since 24 December 1979, and has been ratified by other 158 States.

[118]Other relevant international instruments include: Tratado de Derecho Internacional Privado entre Colombia y Ecuador, Quito, 18 June 1903, ratified by Colombia by means of law 13 of 1905; Convenio sobre ejecución de sentencias civiles entre Colombia y España, law 7 of 1908; Tratado sobre ejecución de actos extranjeros, adopted in the Bolivarian Congress, Caracas, Venezuela, on 18 July 1911, law 16 of 1913; Concordat and Final Protocol between the Republic of Colombia and the Holy See, signed in Bogota on 12 July 1973, law 20 of 1974 (December 18).

body must verify that those standards are not contrary to the national public order. Indeed, be it because these standards were incorporated into a contract by virtue of the material autonomy of the contracting parties, or because a judge decided to resort to them in order to rule on the merits—regardless of whether the parties chose them or not—, Colombian judges must confirm that the respective soft law or ethical norms are consistent with laws and other Colombian provisions that have a public order nature, with the exception of those on procedure.

The Supreme Court of Justice has said precisely this, when arguing that homologation is only possible when foreign judgments are coherent with Colombian public order standards, which according to it are related to values seen as essential in the Colombian social and legal system. The Court also highlights that public order is to be understood as a reservation clause that prevents foreign norms seen as applicable in a given relation from being welcomed when the fundamental principles by which the Colombian legal system is inspired are contravened.[119]

References

Acevedo J, Zárate R, Garzón W (2013) Estatus jurídico de la Responsabilidad Social Empresarial (RSE) en Colombia. Díkaion 22:320–321

Aljure A (2007) La ley aplicable a los contratos internacionales o con elemento extranjero. In: Mantilla F, Ternera F (eds) Los contratos en el derecho privado. Legis, Bogotá, pp 351–370

Bonilla Sanabria F (2017) Remarks on corporate social responsibility, company law, and groups of companies. Vniversitas 134:41–43

Borda S, Gutierrez M (2017) Between peace and justice. The role of human rights norms in Colombia's peace process. In: Fuentes C, Drumond P (eds) Human rights and conflict resolution: bridging the theoretical and practical divide. Routledge, New York, pp 222–243

Carrillo N, Arevalo C (2017) The discursive use and development of the guiding principles on business and human rights in Latin America. Int Law Revista Colombiana de Derecho Internacional 15:105–108

Colombian National Contact Point (2016) Queja contra la Empresa Multinacional Drummond LTD. por parte de las asociaciones sindicales: SINTRADEM, CGT Seccional Cesar, CGT Colombia, Evaluación inicial

Colombian National Contact Point (2017) Queja contra la Empresa Multinacional Hoteles Decamerón Colombia S.A.S Hodecol S.A.S, por parte de la asociación sindical: Sindicato Nacional de Trabajadores de la Industria Gastronómica, Hotelera y Turística de Colombia – SINTHOL, Evaluación inicial

Constitutional Court of Colombia, Judgment SU-123/18, 15 November 2018

Fajardo M (2015) Efectividad regulatoria de la responsabilidad social empresarial en Colombia. Criterio Jurídico Garantista 8:130–155

Ibarra Padilla A (2014) Principios de la responsabilidad social empresarial en el ordenamiento jurídico colombiano. Revista de Derecho Universidad del Norte 41:51–82

Koh H (1997) Why do nations obey international law? Yale Law J 106:2599–2659

Martínez J, Ciro Ríos L (2015) Incorporación de la ISO 26000, sobre organizaciones empresariales, en la legislación colombiana. Ánfora 22:148–162

[119]Supreme Court of Justice, judgment, No. 080, 5 November 1996.

Martínez W (2014) Reflexiones sobre la ley aplicable al contrato internacional en defecto de elección en el derecho de la Unión Europea. Eafit J Int Law 5:25–44

Martínez W (2015) Los puntos de conexión rígidos para determinar la ley aplicable al contrato internacional en la Unión Europea: ¿Evolución o retroceso? Revista Científica General José María Córdova 12:111–128

Medina H (2007) La ley aplicable al contrato. In: Mantilla F, Ternera F (eds) Los contratos en el derecho privado. Legis, Bogotá, pp 371–382

Melamed Varela E, Blanco Ariza A, Miranda Redondo R et al (2017) Normalización de la responsabilidad social empresarial: un análisis desde su obligatoriedad y voluntariedad. Revista Espacios 38:1–15

Monroy M (1999) Tratado de Derecho Internacional Privado. Temis, Bogotá

Sarmiento del Valle S (2011) La Responsabilidad Social Empresarial: gestión estratégica para la supervivencia de las empresas. Dimensión Empresarial 9:6–15

Czech Republic

Monika Feigerlová and Monika Pauknerová

Abstract The National Report provides a general overview of the concept of Corporate Social Responsibility in the Czech Republic and its reflection in rules pertaining to company law, contract law, tort law and private international law. The core issues cover the applicability of CSR's rules as part of a governing law and analysis of rules determining jurisdiction of a relevant forum for deciding disputes relating to CSR's values. The awareness of the international CSR instruments is rather low in the Czech Republic amongst both businesses and the general public. The recent initiatives, including the National Action Plan and the National Action Plan on Business and Human Rights, seem essential for further development and achieving a more systematic and coordinated approach to these issues at the domestic level. Companies play an essential role in economic development and their activities shall be respectful of human rights, irrespective of where their operations take place. Norms of private international law are broad as regards their scope of application but have inherent limits to enable disputes regarding breaches committed by overseas operations to be litigated in the Czech courts or the courts of the EU Member States.

Research for the report was supported by the long-term strategic development financing of the Institute of State and Law of the Academy of Sciences of the Czech Republic (RVO: 68378122).

M. Feigerlová (✉) · M. Pauknerová
Institute of State and Law, Czech Academy of Sciences, Prague, Czech Republic
e-mail: monika.feigerlova@ilaw.cas.cz; pauknerova@ilaw.cas.cz

C. Kessedjian, H. Cantú Rivera (eds.), *Private International Law Aspects of Corporate Social Responsibility*, Ius Comparatum – Global Studies in Comparative Law 42, https://doi.org/10.1007/978-3-030-35187-8_9

1 Definition and Sources

1.1 Does Your Country Have a Definition of Corporate Social Responsibility? If Yes, Please State That Definition Here and Give the Source (a Written Source or Precise References to Case Law)

Under the National Action Plan for Corporate Social Responsibility in the Czech Republic,[1] corporate social responsibility ("CSR") is defined as "an organisation's commitment to ensure that its decisions and day-to-day activities take account of the needs of its clients, suppliers, customers, employees and citizens living in the place where it operates, as well as those of the environment and all other entities, to which its activities relate, either directly or indirectly."

In the foreword to the National Action Plan for CSR, the Minister of Industry and Trade makes an express reference to the European Commission's definition of CSR which characterizes CSR as "the responsibility of enterprises for the impact their activities have on society." The influence or inspiration by the European Commission's definition is noticeable in the Czech detailed formulation of CSR.

The current concept of CSR represents a coherent set of activities and practices that, if applied, form an integral part of the control strategy of organisations and are implemented by organisations on a voluntary basis beyond the scope of their legal obligations, motivated by a desire to help to improve conditions in society. Corporate social responsibility includes, for example, areas associated with human rights, employee care, job creation, diversity, equal access to employees, lifelong education, prevention of environmental pollution, the use of renewable sources, saving energy, water and other resources, the fight against corruption, transparency and the quality of products and services.

In the Czech environment, corporate social responsibility is perceived as a concept which should be applied primarily by commercial enterprises. However, this is something that should also be focused on by non-governmental non-profit organisations and State and local government authorities, as these are also responsible for the impact their activities have on society. Therefore, the National Action Plan covers the corporate social responsibility of organisations without distinguishing the private and public spheres, and includes all these subjects under this term. The State shall principally create appropriate conditions to assure the promotion and dissemination of the concept of CSR and to remove elements of bureaucracy while maintaining transparency and respect for CSR in state administration and local government authorities.[2]

---

[1]See Ministry of Industry and Trade of the Czech Republic (2016).

[2]Ministry of Industry and Trade of the Czech Republic (2016), p. 15.

The Government of the Czech Republic considers corporate social responsibility to be a strictly voluntary concept based on self-regulation.[3] It encompasses activities of all organisations that are carried out beyond the scope of their legal duties towards their employees, society and the environment. In other words, CSR in the Czech Republic is not regulated through laws or directives, but kept on a voluntary basis.[4] Some scholars active in this field even describe CSR as an activity of a charitable nature.[5]

On the other hand despite the proclaimed voluntary nature of CSR it has to be noted that Czech law regulates some of the commitments or areas that can be perceived as a part of CSR in other countries. Such commitments are then part of the legal framework and, therefore, not considered CSR. This applies in particular to consumer protection law, working conditions and safety at the workplace, prohibition of discrimination, pollution limits, etc. A failure to comply with these obligations represents violation of the relevant legal rule and not of CSR. The general awareness of the concept of CSR is relatively low in the Czech Republic.

1.2 *Is Your Country a Member of the OECD? If Yes, Has Your Country Set Up a National Contact Point? If Yes, Please Give Its URL and a Brief Outline of Its Structure and Main Actions in the Past 3 Years*

The Czech Republic is the OECD Member since 2005 and is one of the signatory States of the OECD Guidelines for Multinational Enterprises ("OECD Guidelines"). The concept of CSR embodied in the OECD Guidelines is a bit different from CSR referred to in the National Action Plan.

The OECD adopts the following definition: "Responsible business conduct (RBC) means that businesses a) should make a positive contribution to economic, environmental and social progress with a view to achieving sustainable development and b) should avoid and address adverse impacts through their own activities and prevent or mitigate adverse impacts directly linked to their operations, products or services by a business relationship. Risk-based due diligence is central to identifying, preventing and mitigating actual and potential adverse impacts, and thus is a key element of RBC. Enterprises must obey domestic laws and respect human rights wherever they operate even where such laws or obligations are poorly enforced. This

---

[3]The Constitutional Court of the Czech Republic underlined the voluntary nature of the CSR concept in its judgment ref. no. I. ÚS 3278/15 dated 21 November 2017. The Court held that: "*the CSR institute is of strictly voluntary nature. The fact that obligations beyond compliance do not establish legally enforceable obligations is a decisive factor for a number of corporations when adhering to the CSR rules. It is voluntary and marketing oriented "do-gooding*".

[4]Background in the Czech Republic, Ibid., 5.

[5]See Archalous (2017), p. 10.

is the first obligation of enterprises. The scope of RBC is broad and cross cutting as impacts to society, both positive and negative, cover a range of substantive areas (e.g. disclosure, human rights, employment and labour, environment, anti-corruption, consumer interests, science and technology, competition, and taxation). All enterprises should behave responsibly regardless of their legal nature, size, ownership structure, or the sector of the economy in which they operate. Thus, expectations of RBC extend to enterprises that are private, state-owned or mixed; multinational or domestic; large or small and medium-sized enterprises."[6]

The National Contact Point for the Implementation of OECD Guidelines for Multinational Enterprises in the Czech Republic (*Národní kontaktní místo pro implementaci Směrnice OECD pro nadnárodní podniky*) ("NCP") was set up in the Czech Republic in 2013 with the aim of implementing the OECD Guidelines. The NCP was established by Government Resolution No 779 of 16 October 2013 as a permanent working group within the Ministry of Industry and Trade. Its primary purpose is to raise public awareness of the OECD Guidelines, and to facilitate amicable settlement of cases involving an alleged violation of the OECD Guidelines.

The permanent working group is composed of government representatives, employers (the Confederation of Industry), employees (the Bohemian—Moravian Confederation of Trade Unions) and the non-profit sector (Frank Bold).[7]

Pursuant to the government-approved NCP Statutes, the main objectives of the NCP include the following: (a) broadening public awareness of the OECD Guidelines; (b) dealing with questions concerning the OECD Guidelines; (c) helping to find solutions in notified claims alleging that a multinational enterprise has violated the OECD Guidelines; and (d) cooperating with other national contact points in resolving notified claims and in all other matters relating to the OECD Guidelines.[8] All submissions to the NCP must be filed in compliance with its Rules of Procedure.[9]

Based on unofficial information NCP has been involved in five situations initiated by a non-governmental organization. According to the annual reports on the OECD Guidelines,[10] no case has been filed or closed by NCP within the last 3 years. NCP's main actions focus on promoting and disseminating the OECD Guidelines, including hosting conferences.

As to the definitions and terminology, the NCP officials prefer to use with respect to the OECD Guidelines the term RBC (responsible business conduct) instead of CSR which better encapsulates the emphasis on conducting business in compliance

[6]OECD (2015), p. 75.

[7]The official website of NCP is: https://www.mpo.cz/en/foreign-trade/international-organizations-and-trade/oecd/national-contact-point-for-the-implementation-of-oecd-guidelines-for-multinational-enterprises%2D%2D-165673/.

[8]Statutes of the National Contact Point for the Implementation of the OECD Guidelines for Multinational Enterprises.

[9]For details see https://www.mpo.cz/en/foreign-trade/international-organizations-and-trade/oecd/national-contact-point-for-the-implementation-of-oecd-guidelines-for-multinational-enterprises%2D%2D-165673/.

[10]For details see http://mneguidelines.oecd.org/annualreportsontheguidelines.htm.

both with laws and regulations (even where these are poorly enforced) and societal expectations from various stakeholders (such as investors, employees, customers, suppliers and wider community). Only the latter aspect covers private voluntarism labelled as CSR.

1.3 As a Member State of the United Nations, Has Your Country Taken Any Action Under the 2011 Guiding Principles? If Yes, Please Describe (National Action Plan, etc.)

The Czech Republic is also a Member State of the United Nations and as such has recently taken an action under the United Nations Guiding Principles on Business and Human Rights ("the 2011 Guiding Principles"). Since 2015 a working group established under the auspices of the Minister for Human Rights, Equal Opportunities and Legislation was preparing the National Action Plan on Business and Human Rights which was finally approved by the Government at the end of the last year.

In line with the 2011 Guiding Principles the initiatives in the areas of business and human rights ("BHR") are contextually and conceptually different from the concept of CSR in their aims and ambitions. The starting perspectives of each concept are distinct. Under the BHR concept, the duty to respect human rights is perceived as an obligation of the business enterprise without any possibility of discretion. The responsibility to observe human rights throughout the operation of the business enterprises exists within the realm of legal compliance and is not voluntary.

The supporters of BHR concept point out that the duty to respect human rights is undisputed. The issue is rather the non-availability or insufficiency of remedies against infringements of human rights. If a business enterprise is not performing or not meeting its commercial targets, it is morally acceptable that the enterprise reduces or drops altogether charity contributions during the critical period. By contrast, it is not acceptable at any point in time that an enterprise would ban trade unions or would not provide a minimum wage to its employees.[11]

Based on the above premises, the National Action Plan on Business and Human Rights for the period 2017–2022 ("NAP on BHR")[12] was elaborated and was approved by the Government of the Czech Republic on 23 October 2017.[13] The NAP on BHR was elaborated on the basis of the 2011 Guiding Principles and also partly reflects the OECD Guidelines.

[11]Archalous (2017), p. 10.

[12]The NAP on BHR was prepared with the support and approval of the Minister for Human Rights, Equal Opportunities and Legislation with the participation of public sector, private sector, NGOs and trade unions.

[13]For details see https://www.vlada.cz/cz/ppov/rlp/aktuality/vlada-prijala-prvni-narodni-akcni-plan-pro-byznys-a-lidska-prava-161702.

The NAP on BHR expressly states that it represents a measure implementing the 2011 Guiding Principles in the Czech Republic. At the same time it has been prepared in response to requests of the Council of Europe[14] and the European Commission[15] to its Member States to prepare a national action plan.

The NAP on BHR is based on the recognition of States‘ obligations to respect, protect and fulfil human rights and fundamental freedoms. Majority of States ratified international treaties for protection of human rights by which they are bound. Some States, nonetheless, did not ratify all the treaties or fail to enforce their commitments that are aimed at requiring business enterprises to respect human rights in practice. This leads to a so-called legal gap in State practice. Even if human rights laws are not effectively enforced, the internationally recognized human rights do not cease to exist thereby. Each individual is morally obliged to respect human rights and States are bound to protect them because of their universal acceptance by the international community as a part of "*ius cogens*".[16]

The NAP on BHR refers to the 2011 Guiding Principles as to a coherent set of 31 propositions divided into three pillars. Each pillar is elaborated in detail in the NAP on BHR.

The first pillar recognizes the obligation of a State to protect human rights. The addressee of the first pillar is the State as a representative of the public power that is empowered to use legal instruments such as legislation, regulations, policies and adjudication for achieving its goals. The second pillar focuses on business enterprises and their obligation to respect human rights. The addressees of the second pillar are, therefore, business enterprises that are obliged to avoid infringing on the human rights of others. They should also avoid causing or contributing to adverse human rights impacts through their own activities and should actively seek to identify how they prevent and mitigate their impacts on human rights.

Whereas the first pillar focuses on the role of States in overseeing companies' respect for human rights, the second pillar encourages private sector to adhere to standards even in areas where public enforcement is insufficient. Moreover, the second pillar plays an important role in States that have fully functioning legal and judicial systems. The activities of the business enterprises complement the public power and contribute to the prevention of human rights abuses which occur as a result of negligence or lack of information.

The third pillar accentuates the mutual commitment of States and business enterprises to provide for remedies against infringements of human rights. The addresses of the third pillar are thus both the State and private sector which shall

[14]The NAP on BHR refers in this respect to the document of the Council of Europe named "Recommendation CM/Rec (2016)3 of the Committee of Ministers to member States on human rights and business" of 2 March 2016.

[15]The NAP on BHR refers in this respect to the document of the European Commission named "A renewed EU strategy 2011-14 for Corporate Social Responsibility, Brussels, 25. 10. 2011, COM (2011) 681 final", available at: http://eur-lex.europa.eu/LexUriServ/LexUriServ.do?uri=COM:2011:0681:FIN:en:PDF.

[16]NAP on BHR, 3.

cooperate in creating a comprehensive effective remedial system for business-related human rights abuses.[17]

The aim of the NAP on BHR is to set goals and tasks in the area of business and human rights and to promote public awareness of this concept in the Czech Republic. As there has been no systematic approach to BHR concept in the Czech Republic so far, the NAP on BHR also offers an opportunity to map the current processes in this area, evaluate their effectiveness and identify inadequacies.

Martin Archalous, one of the authors of the NAP on BHR, believes that CSR as defined by the Czech Republic in the National Action Plan overlaps in certain aspects with the activities of business enterprises envisaged in the second pillar. The NAP on BHR explicitly distinguishes the concept of human rights and business from CSR. Each concept is based on a different narrative. CSR focuses on corporate voluntarism undertaken by corporations in order to improve quality of life in local communities or strengthen their relationships with key stakeholders such as employees, customers, investors, etc. On the other hand, the concept of human rights and business puts emphasis on the accountability of corporations for harm caused by their operations. Respecting human rights is not of a voluntary nature; "modern slavery", child labour or devastation of environment cannot be dependent upon good will of entrepreneurs.[18]

The NAP on BHR expressly stipulates that commitments contained in the NAP on BHR which are not reflected in legal rules are non-binding and do not create new law obligations. The NAP on BHR presumes that vast majority of business enterprises complies in their operations with human rights standards automatically. It is also noted that many enterprises adopt their own codes of conduct promoting human rights compliance and that in the Czech Republic we can already rely on voluntary commitments of entrepreneurs towards human rights standards.[19]

1.4 Does Your Country Apply the ISO Standards? If Yes, Please Give Examples of Their Application

The ISO 26000 standard defines CSR as "the responsibility of an organization for the impacts of its decisions and activities on society and the environment, through transparent and ethical behaviour that: contributes to sustainable development, including health and the welfare of society; takes into account the expectations of stakeholders; is in compliance with applicable law and consistent with international

[17]Ibid., 4.
[18]Ibid 5.
[19]Ibid., 6.

norms of behaviour; and is integrated throughout the organization and practised in its relationships".[20]

The National Action Plan for CSR refers to the ISO 26000 voluntary standard—Social Responsibility Guidelines—as to one of the initiatives on CSR at the international level. At the same time it is noted that the awareness of the international CSR instruments is low in the Czech Republic, amongst both businesses and the general public.[21]

There is no further mention of the ISO standards in the National Action Plan save for the National CSR Award which is announced every year by the Quality Council of the Czech Republic and is awarded to an enterprise whose responsible conduct has a positive impact in compliance with internationally recognised standards, including ISO 26000.

Further, the NAP on BHR mentions ISO 26000 in the context of public procurement. A manual on how to include requirements of sustainable development, societal and environmental concerns into the processes of public procurement shall be prepared.

A number of certifying authorities offer services relating to ISO 26000 (which, however, itself does not serve for certification) and to a related certifying norm SA 8000 in the Czech Republic. Based on unofficial information Czech businesses face requirements on this type of certification from their business partners operating in highly developed countries.

1.5 Please Indicate All Other Sources You Consider Relevant, and Also Any Specific Feature of Your Legal System That Should Be Borne in Mind to Better Understand Your Answers to This Questionnaire

The Ministry of Industry and Trade in cooperation with Quality Council of the Czech Republic set up and administers a portal on CSR called "National CSR Information Portal".[22] The portal includes linkages to national and international documents on the topic of CSR and aims at gathering all relevant documents at one place for easy accessibility by the businesses and general public, including for example Czech translations of the international instruments such as the 2011 Guiding Principles.

[20]ISO 26000 – Social Responsibility Standard. Available at: https://www.iso.org/iso-26000-social-responsibility.html.

[21]Ministry of Industry and Trade of the Czech Republic (2016), p. 31.

[22]The website is available in Czech language only and is gradually amended: http://narodniportal.cz.

2 Characterisation

As stated in Chapter "Questions de droit international privé de la responsabilité sociétale des entreprises : Rapport général", the Government of the Czech Republic considers CSR to be a voluntary concept based on self-regulation representing a set of values focused on the economic, social and environmental impacts of an organisation's main activities. From this perspective CSR is not regulated through legal rules and cannot be found in laws.

At the same time some matters covered by the 2011 Guiding Principles and the OECD Guidelines as reflected in the NAP on BHR may be regulated by national law or international commitments. Under this caveat, Chapter "Argentina" will briefly mention legal rules which might conceptually belong to the RBC or BHR concepts. They are, however, labelled in this way neither in legislation nor in judicial decisions. We cannot, thus, identify decisions which would address breaches of CSR rules. In view of the Czech definition, none of the below rules can be considered a CSR rule.

2.1 Rules Pertaining to Company Law

Non-financial Reporting

In 2016 the Czech Republic as a Member State of the EU transposed into its national law the European Parliament and Council Directive 2014/95/EU of 22 October 2014, amending Directive 2013/34/EU (the "Directive"), as regards the disclosure of non-financial and diversity-related information by large enterprises and company groups. In accordance with Article 4 of the Directive, the Member State are obliged to bring into force laws or regulations necessary to comply with the Directive by 6 December 2016. The Czech Republic amended its accounting laws (Act no. 563/1991 Coll., on Accounting) by Act no. 462/2016 Coll. with the effect as of 1 January 2017 (the "Accounting Amendment").

Starting with the financial statements for the financial year 2017 entities which meet criteria defined in the Accounting Amendment (e.g. number of employees exceeding 500 employees and an entity having the status of a subject of public interest) will need to disclose non-financial information regarding environmental, social and employee issues, respect for human rights and the fight against corruption and bribery. The required information must be provided in a defined structure in the annual report or annual consolidated report of the relevant entity or in a separate document prepared for this purpose. The documents must also be available on-line. The fact that an entity has prepared the non-financial information will have to be verified by an auditor.[23] Entities to which the measure applies are given a degree of autonomy in selecting standards that they will follow in preparing the reports.

[23]See Sections 32f – 32i of Act no. 563/1991 Coll., on Accounting, as amended.

It is estimated that non-financial reporting will apply to 30 entities in the Czech Republic. It has to be noted that even prior to the Accounting Amendment certain entities, in particular companies publicly listed, already had to disclose information of non-financial nature (e.g. activities of the entity in the field of research and development, on employment matters, protection of environment or whether the entity established a branch office abroad).

The explanatory report to the Accounting Amendment refers to the National Action Plan for CSR in the Czech Republic that envisages voluntary non-financial reporting as an instrument contributing to a greater transparency in operations of business enterprises.[24] The explanatory report states that a number of companies already provide information about environmental activities or human rights on a voluntary basis with the aim to increase their prestige and competitiveness on the market.[25]

Rules of Conduct for Members of a Company Body

As regards the internal structure of companies, it cannot be said that any specific feature would be directly inspired by the CSR concept (e.g. the existence of Supervisory Boards in joint-stock companies was enacted long before any discussions on the topic of CSR were held). Nonetheless, Czech legal corporate doctrine is not totally immune to CSR. Pursuant to corporate rules of conduct, a member of the statutory body of a company has to act with due care and with necessary loyalty.[26]

The duty of loyalty is a broad provision perceived as a general corporate principle whose application will result in different outcomes depending on the facts of each case. The principle will enable assessing and capturing various business circumstances that dynamically evolve in the society. The duty of loyalty is linked to the interests of the relevant corporation as a whole, including its shareholders. In this context a leading legal commentary on company law points out that loyalty is measured against achieving benefits for the company and not necessarily against achieving profits of the company only.[27]

According to Stanislava Černá, based on the stakeholder value theory, persons managing companies cannot be driven by the goal of achieving permanently high

[24]See Explanatory report to Act no. 462/2016 Coll., [online], available at http://www.psp.cz/doc/00/12/66/00126641.pdf.

[25]Ibid.

[26]See Section 51 (1) of Act no. 90/2012 Coll., on Commercial Companies and Cooperatives (Business Corporations Act), of 25 January 2012, which states: "A person shall be deemed to act with due care and the necessary knowledge where, in business-related decisions, he or she could in good faith and reasonably assume to be acting on an informed basis and in justifiable interest of the business corporation. The foregoing shall not apply in cases where such decision-making was carried out without the necessary loyalty" in connection with Section 212 (1) of Act no. 89/2012 Coll., the Civil Code, which states: "By accepting membership in a corporation, a member undertakes to act, with respect to the corporation, with integrity and comply with its internal order. A corporation may not unreasonably discriminate in favour or against its member and must protect his membership rights as well as legitimate interests."

[27]Štenglová et al. (2013), p. 135.

stock prices. In managing company's operations they have to respect and match interests of all stakeholders which contribute to the success of the company, i.e. of employees who invest their own work force, intelligence and creativity, of suppliers and customers buying the final products.[28]

Leading company law authorities recognize the duty of a member of the statutory body and, thus, of the company, to take into account in its decision-making also societal and environmental circumstances relating to the operations of the company. They explicitly state that the obligation is not result of legally enforceable commitments but of the requirement of the sustainability of healthy development of our society. It is always necessary to reflect into the interests of the company the actual needs of the society as a whole, such as protection of health and environment. It is sensible for the management of every company to consider elements of *corporate social and environmental responsibility*.[29]

Fulfilling and coordinating all interests at stake does not need to be an easy exercise in a particular case. It has to be yet seen how courts will interpret the duty of loyalty of the member of the statutory body of the company with respect to the CSR concept in general, and specifically in light of the definition of the CSR chosen in the National Action Plan and the proposed voluntary initiatives therein. No case law on this issue is available yet.

Proposed Expulsion or Disqualification from Office of a Member of the Statutory Body of a Business Corporation for Human Rights Infringements

In the field of BHR the NAP on BHR proposes to evaluate the possibility of expulsion from the office of a member of the statutory body of the company whose previous actions obviously contributed to the company's infringements of human rights.[30]

A disqualification scenario is presumed by law with regard to company's bankruptcy where a court can decide that a member of the statutory body of the bankrupt corporation who was in office at the time of the ruling on bankruptcy or afterwards may not hold the office as a member of the statutory body of any corporation or act as a person in a similar position for a period of 3 years after the expulsion decision became legally effective.[31] The same applies to a person who, at the time of the ruling on bankruptcy, was no longer a member of the statutory body of the business corporation or no longer acted as a person in a similar position, but whose previous actions obviously contributed to the business corporation's bankruptcy.[32] The

[28]Černá (2006), p. 243.

[29]Štenglová et al. (2013), p. 135.

[30]NAP on BHR, 11.

[31]Section 63 (1) of Act no. 90/2012 Coll., on Commercial Companies and Cooperatives (Business Corporations Act). English translation is available at: http://obcanskyzakonik.justice.cz/images/pdf/Business-Corporations-Act.pdf.

[32]Section 63 (2) of Act no. 90/2012 Coll., on Commercial Companies and Cooperatives (Business Corporations Act).

disqualification measure can be similarly applied to the influential or controlling entity where the influence of such entity significantly contributed to the bankruptcy of the business corporation.[33]

The NAP on BHR suggests further elaborating on the possibility to expand the above bankruptcy disqualification provision to human rights abuses to which the management of the company obviously contributed. Before preparing a draft law the effectiveness of the measure (including the length of the disqualification period and the legal certainty on the part of the concerned persons as to what obligations apply to them) will have to be thoroughly considered.[34]

Recommendation for Implementing Due Diligence Mechanisms
The NAP on BHR further encourages business enterprises to implement internal due diligence mechanism for detecting and preventing human rights abuses within their operations.[35]

2.2 *Rules Pertaining to the Law of Contract*

Clauses on compliance with the OECD Guidelines or anti-corruption clauses are not common in purely domestic transactions. Such clauses can be seen in contracts of a "foreign provenience" when dealing with foreign business partners or Czech daughter companies belonging to multinational group of companies.

One of the priorities of the National Action Plan on CSR is the protection of consumers, customers, and service users. Following the European Union rules on consumer protection the Czech Republic has a robust legislation both on consumer contracting and on unfair trade practices.[36] As regards the contractual rules, specific requirements are imposed on General Terms and Conditions, information clauses, expanded possibilities to terminate the contract, warranty claims, dispute resolution, etc. The CSR support is directed at self-regulation, mainly with respect to improving dialogue between businesses and consumers which is still underdeveloped in the Czech Republic pursuant to the National Action Plan.[37]

Specific problems in consumer protection represent unfair (misleading and aggressive) trade practices. An example of such a practice is when an entrepreneur declares a commitment to follow certain rules of behaviour (e.g. codes of conduct which might also theoretically include CSR rules) without complying with the

[33]Section 76 (2) of Act no. 90/2012 Coll., on Commercial Companies and Cooperatives (Business Corporations Act).

[34]NAP on BHR, p. 12.

[35]NAP on BHR, pp. 30–31.

[36]See Sections 1810-1867 of Act no. 89/2012 Coll., Civil Code and Act no. 634/1992 Coll., on Consumer Protection.

[37]Ministry of Industry and Trade of the Czech Republic (2016), p. 64.

commitment.[38] Another example of unfair practice is the unauthorised use of a quality mark. Such practices are forbidden under the Consumer Protection Act (Act no. 634/1992 Coll.), which transposed relevant EU Directives, and are subject to sanctions and penalties from the Czech Trade Inspection Authority, Czech Agriculture and Food Inspection Authority, Czech National Bank, Czech Telecommunication Authority, Energy Regulatory Authority and other specialized public bodies.

2.3 Rules Pertaining to the Law of Torts

Czech tort law does not contain any specific provision that would require Czech-incorporated companies to respect human rights, protection of environment or other social values when conducting business, directly or indirectly, abroad (using their subsidiaries or supply chain partners). There is also no express legal duty obliging companies to actively prevent damage abroad. General provisions of tort law with their natural territorial limits would have to be applied. Again as stated above, the Czech concept of CSR is deemed to be of a voluntary nature. From this perspective breach of a CSR norm cannot lead to extra contractual liability per se.

Under Czech law there is a general duty of prevention which plays a fundamental role in the law of damages. The Czech regulation is based on the principle of *neminem laedere* and states that if required by the circumstances of the case or the usages of private life, everyone is obliged to behave so as to avoid unreasonable harm to freedom, harm to life, bodily harm or harm to the property of another.[39]

Czech provisions on non-contractual liability differentiate among liability for an accident, liability for breach of good morals (*bonos mores*) and liability for breach of law.[40] The most common type of extra contractual liability is liability for breach of a legal duty. The duty to provide compensation for breach of statutory obligations is associated with the culpable breach of that duty. The law distinguishes between situations where a violation of legal obligations affects absolute rights and situations where another law is subject to interference. If absolute rights are breached, the law

[38]See Section 5 (3) of Act no. 634/1992 Coll., on Consumer Protection which stipulates: "(3) A business practice is also considered to be unfair, if in the factual relations, taking into account all their attributes and circumstances leads or may lead to the consumer making a decision concerning a purchase that he would not have made otherwise and if it includes [. . .] (c) failing to abide with the unambiguous obligation included in a code of conduct to which observance the seller provably bound himself." Further pursuant to Annex 1 listing unfair trade practices: "Trade practices are always considered unfair if an entrepreneur a) declares its commitment to observe certain rules of conduct (Code of Conduct), or that this Code of Conduct has been approved by a certain entity, if this is not the case [. . .]."

[39]See Section 2900 of Act no 89/2012 Sb., Civil Code.

[40]See Sections 2904, 2909 and 2910 of Act no 89/2012 Sb., Civil Code.

requires a culpable breach of legal duties by the tortfeasor.[41] If a relative right of the injured party is breached, the injured party has a claim if this happened due to a culpable breach of a statutory duty enacted to protect such right.[42]

Further, Czech law stipulates liability of a principal for its agent or helper. It is stated that a person who, in his activities, uses an agent, employee or another helper shall provide compensation for the damage caused by such a person as if he caused it himself. However, if, in the case of a performance provided by another person, someone has undertaken to carry out a particular activity independently, he is not considered to be a helper; however, if such other person has chosen him carelessly or exercised inadequate supervision over him, that other person is liable as a surety for the fulfilment of his duty to provide compensation for damage.[43] Assuming the last sentence of the provision would be applicable to activities of a subsidiary performed in its own name and on its own behalf, the principal would be only liable for diligent choice of the sub-contractor (*cura in eligendo*) and adequate supervision over him (*cura in custodiendo*).[44]

Whistleblowing is reporting of illegal or unethical practices in the organization to the relevant authorities. Czech law does not provide a uniform definition or interpretation for this term and is still rather a new issue. In most cases whistleblowing is translated as "protection of the notifier". A person providing such information is then regarded as the notifier.

In the Czech Republic, despite several attempts there no specialized whistleblowing regulation has been adopted. The current protection of whistleblowers is only contained in sector-specific regulations (i.e. banks, credit cooperatives, capital markets, public servants). Whistleblowers, nevertheless, enjoy safeguards afforded by general legislation which, however, might not be sufficient. For example, the Czech Labour Code[45] imposes a ban on unequal treatment of employees. If the notification concerns facts relating to the work, the notifier cannot be treated in a less favourable manner than other employees. Further, a termination notice for an employment relationship can be given only for reasons defined in the Labour Code, which obviously does not include the notification as a ground for dismissal.

[41] See Section 2910, first sentence, of Act no 89/2012 Sb., Civil Code.

[42] See Section 2910, second sentence, of Act no 89/2012 Sb., Civil Code.

[43] See Section 2914 of Act no 89/2012 Sb., Civil Code.

[44] See Hulmák (2014), p. 2914.

[45] Act no. 262/2006 Coll., Labour Code.

2.4 *Do CSR Rules Fall Under Public Policy or Are They Characterised as Mandatory Rules?*

Mandatory Rules

Given the voluntary concept of CSR in the Czech Republic the CSR rules *per se* cannot be considered part of law. As a result, characterization of CSR rules as mandatory rules is per definition excluded.

Nevertheless, as described above there can be instances in which CSR considerations will be taken into account while resolving legal disputes (e.g. as a part of the considerations of the duty of loyalty of shareholders and members of statutory bodies of companies or of the unfair trade practices).

Overriding mandatory rules are provisions of Czech law that cannot be derogated from contractually or by any other means and which cannot be replaced or superseded by foreign law in the limits of the subject they regulate.[46] Rules aimed at consumer protection or protection of environment are generally considered as falling within the category of overriding mandatory rules. From this broad perspective certain rules on consumer protection which conceptually deal with issues covered by CSR could be characterized as mandatory rules under the Czech Act on Private International Law. No specific case law of the Czech courts on this issue is available. With respect to consumer law the debate is, however, theoretical as under the Rome I Regulation a specific regime including ordinary imperative norms applies to consumer relations.

Public Policy Exception

As regards the public policy (*ordre public*) exception, it is an exceptional measure in the Czech Republic which can be applied only in extreme and specific cases. Under the public policy exception, a legal provision of another state is not applied in the Czech Republic if the effects of such application would contravene the public order of the Czech Republic. Likewise, it is also not possible to recognise any foreign judgements, foreign court settlements, foreign notary or other public documents or foreign arbitral awards or to implement any procedural acts requested from abroad or to recognise any legal relations or any facts which have arisen abroad or according to foreign law on the same grounds.[47]

The fundamental principles of the public order in the Czech Republic are those whose preservation is aimed at satisfying the basic interests of the State and society and the principles of the rule of law. Legal regulations whose content could result in the application of the public policy exception on a national scale are, in particular, the Constitution of the Czech Republic (Constitutional Act no. 1/1993 Coll.),

---

[46]See Article 9 of Rome I Regulation and Section 3 of Act no. 91/2012 Coll., on Private International Law.

[47]See Article 21 of the Rome I Regulation and Section 4 of Act no. 91/2012 Coll., on Private International Law.

including the Charter of Fundamental Rights and Freedoms (promulgated under number 2/1993).

The Czech Republic is also a signatory country to ILO Conventions dealing with child labour, including ILO Convention No. 182 concerning the Prohibition and Immediate Action for the Elimination of the Worst Forms of Child Labour. Forced labour or service in general, without explicitly emphasizing child forced labour, is prohibited by the Charter of Fundamental Rights and Freedoms which is a document setting out the fundamental principles of public order in the Czech Republic as described above. Therefore, a foreign judgment approving or admitting child labour should not be enforced in the Czech Republic for a public policy reason.

It can, however, be said that in typical examples given as a child labour (e.g. drugs, sexual exploitation of children) also other fundamental principles of public order would be concerned and recognition of foreign judgment could be refused on public policy ground for contravening other values. For example, trafficking of children for sexual purposes is a criminal offense in the Czech Republic.

3 Alternative Methods of Dispute Resolution

The Czech Republic has established the OECD National Contact Point, which can receive complaints in accordance with its Rules of Procedure. As described in more detail in Chapter 1 no case has been filed or closed by the Czech National Contact Point since 2011.

As CSR is not reflected in legal rules in the Czech Republic, legal disputes resulting in binding outcomes are *per se* excluded. Private sector implements activities of CSR on an entirely voluntary basis. Therefore, from this point of view neither arbitration[48] nor mediation[49] is primarily designated for solving CSR matters.

The National Action Plan states with respect to the consumer protection priorities that the enforceability of the law is considered a crucial factor in protecting consumers' economic interests. Consumer disputes have been regularly decided by ordinary courts. As this option is lengthy and costly, an out-of-court settlement has been recently introduced into Czech law[50] in line with the EU legal framework ("conciliation"). Since 2 February 2016, the Czech Trade Inspection Authority has been the entity ensuring alternative dispute resolution for consumer disputes.

Further, in specific sectors specialized public authorities serve as the conciliation authority, e.g. consumer disputes in the area of financial services can be brought

[48] Act no. 216/1994 Coll., on Arbitration Proceedings and on Enforcement of Arbitral Awards.

[49] Act no. 202/2012 Coll., on Mediation and Change of Some Laws (Mediation Act).

[50] Sections 20d - 20m of Act no. 634/1992 Coll., on Consumer Protection having transposed Directive 2013/11/EU of the European Parliament and of the Council on alternative dispute resolution for consumer disputes.

before the Financial Arbitrator, in the field of electronic communication and postal services before the Czech Telecommunication Office, in the field of electricity, gas and heat industry before the Energy Regulatory Office, and in the area of legal services before the Czech Bar Association. Contracts for provision of health services provided to patients by medical professionals contracts concerning non-economic services of general interest and public providers of further and higher education are excluded from potential proceedings.

Conciliation is made available for disputes between consumers and vendors residing in any Member State of the European Union. If a consumer believes that it suffered a prejudice from a vendor or that a vendor failed to meet its obligations, the consumer has the right to carry out the conciliation procedure and try to seek an out-of-court solution. The Czech Trade Inspection Authority will review the submission and if the consumer's requirements are assessed as justified, it will invite the relevant vendor to react in order to reach an amicable solution of the particular dispute. The proceedings should finish within 90 days. This time limit may be extended in complex cases.[51]

Vendors are obliged to cooperate with the Czech Trade Inspection Authority and their cooperation may be enforced by administrative sanctions. The Czech Trade Inspection Authority will not have a power to resolve the disputes but will only be authorised to bring the parties to agreement. If a vendor is not willing to accept the proposed agreement, the Czech Trade Inspection Authority can issue a non-binding justified statement which the consumer can potentially use in future legal actions.[52]

There is no fee for the proceedings and each party bears their own costs. The vendors have to inform consumers in a clear, comprehensive, and easily accessible manner about the possibility of the conciliation and the competent authority. The conciliation procedures are not deemed to substitute judicial proceedings. Consumers or vendors may at any time seek remedy at court. However, if the consumer applies for conciliation after the litigation is initiated in respect of the dispute, the application will be rejected.

Theoretically, we can imagine that a dispute over the alleged non-compliance of a vendor with its proclaimed code of conduct (possibly containing CSR commitments) could be subject to the above out-of-court settlement procedure. We are not aware of any decided cases in this respect.

On-Line Dispute Settlement

A new platform at the EU level for dealing with consumer disputes online has been put in place since 9 January 2016 on the basis of Regulation (EU) No. 524/2013 of the European Parliament and of the Council on online dispute resolution for consumer disputes. The platform will enable consumers and vendors domiciled in the EU to resolve their disputes regarding contractual obligations arising from domestic and cross-border online purchases.

[51]See Section 20t of Act no. 634/1992 Coll., on Consumer Protection.

[52]See Section 20u of Act no. 634/1992 Coll., on Consumer Protection.

Support for widespread use of systems for resolving consumer disputes out of court is one of the priorities defined in the National Action Plan.[53]

4 Jurisdiction

4.1 Where the Dispute Must Be Submitted to a Court in Your Country, Which Court Has Jurisdiction?

The determination of jurisdiction for potential CSR breaches or breaches of a foreign subsidiary of a Czech mother company is in our opinion the most difficult issue. The Czech Republic, as the EU Member State, applies in particular Regulation No. 1215/2012 on jurisdiction and the recognition and enforcement of judgments in civil and commercial matters (recast) ("Brussels I Recast"). Moreover, the Czech Republic is a contracting State to many international conventions concerning international procedure law, relevant are here in particular bilateral agreements on legal assistance with third States (non-EU) which take precedence over the Brussels I Recast. With respect to Switzerland, Norway and Island, the Lugano Convention on Jurisdiction and the Recognition and Enforcement of Judgments in Civil and Commercial Matters applies.

Unless the directly applicable provisions of the EU law or the provisions of promulgated international treaties by which the Czech Republic is bound provide otherwise, the autonomous Czech law will be applicable. The provisions governing international civil procedure with respect to Czech courts are included in the Private International Law Act (the "PIL Act").[54]

The PIL Act lays down a general rule on the jurisdiction of Czech courts, under which Czech courts have jurisdiction if they are locally competent under the procedural provisions, unless it is otherwise provided.[55] As regards the reference concerning the competence of Czech courts, the Czech Code of Civil Procedure ("CCP")[56] shall be applied.

It is important to mention here the provisions on immunity from jurisdiction of Czech courts. Other States shall have immunity from the jurisdiction of Czech courts as regards proceedings arising out of the State's acts and actions undertaken while exercising their State, governmental or other public powers and functions, including their property used or intended for such acts. Immunity from the jurisdiction shall not apply to other acts, actions or cases, to the extent in which general international

[53]Ministry of Industry and Trade of the Czech Republic (2016) at 69.

[54]Act No. 91/2012 Coll., on Private International Law (Private International Law Act). English translation of the PIL Act is available at: http://obcanskyzakonik.justice.cz/home/zakony-a-stanoviska/preklady/english. See also translation by Bříza & Trubač at www.brizatrubac.cz.

[55]See Section 6 of PIL Act.

[56]Act No 99/1963 Coll., Code of Civil Procedure.

agreements allow institute proceedings against a State before the courts of another State.[57]

The Forum of the Defendant

In civil and commercial matters, in general, persons domiciled in an EU Member State shall, whatever their nationality, be sued in the courts of that Member State. Persons who are not nationals of the Member State in which they are domiciled shall be governed by the rules of jurisdiction applicable to nationals of that State.[58] Under Section 85 CCP, the general court of a legal entity shall include a district (or regional) court in the district of which the legal entity has its registered office.

The Forum of One of the Defendants, with All the Potential Defendants Being Added; the Contractual Forum; the Forum of the Act of Causation; the Forum of the Damage

The Brussels I Recast stipulates in Article 7 special jurisdiction of courts of the Member States in matters relating to, *inter alia*,

- obligations (courts of the place of performance of such obligation);
- torts or delicts (courts for the place where the harmful event occurred or may occur); and
- disputes arising out of the operations of branch, agency or other establishment (courts for the place in which such establishment is situated).

A person domiciled in an EU Member State may also be sued where he is one of a number of defendants, in the courts for the place where any one of them is domiciled, provided the claims are so closely connected that it is expedient to hear and determine them together to avoid the risk of irreconcilable judgments resulting from separate proceedings.[59]

It is important to note that these rules of Brussels I Recast on special jurisdiction are linked to the condition that the claim is lodged against a person domiciled in another EU Member State only.

Under the autonomous Czech law, which would in principle[60] be applicable if such condition is not met, the provisions of the CCP will be relevant. In these cases, the jurisdiction may be based on special rules included in Sections 86-88 CCP. Under Section 86/2 CCP, proprietary rights may be exercised upon the one with no other applicable court in the Czech Republic at a court in the district of which such person has his property. The property is understood broadly, including not only movables and immovables but also e.g. an internet domain registered in the Czech Republic, or shares.[61]

[57]See Section 7 of PIL Act.

[58]See Article 4 Brussels I Recast.

[59]For details see Article 8 Brussels I Recast.

[60]Bilateral agreements on legal assistance with third States may have special rules in this respect.

[61]See e.g. Decisions of the Upper Court in Prague No. 3 Cmo 316/2013 and No. 5 Cmo 141/2013.

Under Section 86/3 CCP an action may also be filed against a foreign person at a court in the district of which the company of such foreign person or branch of the company of such person is located in the Czech Republic.

In addition to the general court of the defendant, a court applicable for proceedings shall also include a court in the district of which a fact establishing the right to indemnity has occurred (Section 87/1 b) CCP), a branch of the company of the natural person or legal entity that is the defendant is located if the dispute concerns that branch (Section 87/1 c) CCP), or there is registered office of the entity which organizes a regulated market or runs a multilateral trading system, provided the dispute arises from a trade (1) on the regulated market organized by such entity, or from settlement of such trade, or (2) in the multilateral trading system run by such entity, or from settlement of such trade (Section 87/1 d) CCP).

'Indemnity' is defined in Section 2894 of the Civil Code.[62] Under this provision, the duty to provide compensation to another for harm shall always involve the duty to provide compensation for harm to assets and liabilities (compensation for damage). If the duty to provide compensation to another for non-pecuniary harm has not been expressly stipulated, it affects the tortfeasor only where specifically provided by a statute. In such cases, the duty to provide compensation for non-pecuniary harm by providing satisfaction is assessed by analogy under the provisions on the duty to provide compensation for damage. Pursuant to this formulation, indemnity shall include also satisfaction with respect to other than proprietary loss or harm.[63] The 'relevant fact' is interpreted in the Czech case law in conformity with the CJEU judgment *Bier v. Mines de potasse*[64]; as such, it should be a legally relevant fact.[65]

In our opinion, the special jurisdiction over individual contracts of employment may also be relevant. Under Brussels I Recast, as an employer who is not domiciled in an EU Member State but has a branch, agency or other establishment in one of the Member States, the employer shall, in disputes arising out of operations of the branch, agency or establishment, be deemed to be domiciled in that Member State and in such a case the jurisdiction of Czech courts would be established.[66]

In general, the rules permitting to establish the jurisdiction of Czech courts exist and are relatively broadly conceived; however, the most difficult condition would be to establish a sufficient linkage with the forum in the Czech Republic.

Theoretically, the jurisdiction of Czech courts can also be based on a choice of court agreement, see the Hague Convention on choice of court agreements of 2005, Article 25 Brussels I Recast, and Section 85 PIL Act.

[62]Act no 89/2012 Sb., Civil Code (hereinafter 'Civil Code'). English translation of the Civil Code available at: http://obcanskyzakonik.justice.cz/home/zakony-a-stanoviska/preklady/english.

[63]ASPI Commentary, Sec 87 CCP.

[64]ECJ, Case No 21/76.

[65]Decision of the Upper Court in Prague No. 6 Cmo 66/2010.

[66]See Articles 20/1 and 21/2 Brussels I Recast.

4.2 *If Judicial Rulings Have Already Been Given in Your Country on Breaches of CSR, Please Give Summaries of Those Decisions and Provide Detailed References*

To our knowledge, so far, no judicial rulings on breaches of CSR as defined *supra* (or which would take into account the CSR concept when considering breaches of binding legal obligations) have been given in the Czech Republic. The cases, if any, concerned breaches of human rights in the territory of the Czech Republic.

5 Applicable Law

5.1 *What Is the Law Applicable to Rules Relating to Corporate Structure? In Other Words, How Is the* lex societatis *Determined?*

Conflict rules applicable to companies are codified in the PIL Act. Many related questions, such as the definition of the seat or the transfer of the seat of a company, are included in the Civil Code and in the Business Corporations Act,[67] as well as in the Transformations Act of 2008, as substantially amended in 2011.[68] An important role is also played by the Act on Public Registers of Legal and Natural Persons of 2013.[69]

Under Section 30/1 PIL Act "the legal personality and legal capacity of an entity other than a natural person shall be governed by the law of the state under which it was established (incorporated). This law shall also govern a trading name or a name and internal relations of such an entity, the relations between such an entity and its partners or members, mutual relations of its partners or members, a responsibility of its partners or members for liabilities of such an entity, a person responsible for acting on behalf of such an entity, as well as its winding up." It follows that the *lex societatis* is very broad and the definition of the scope is precise.

The primary connecting factor is evidently and clearly the incorporation of the company. The company is defined as "an entity other than a natural person".

[67] Act no 90/2012 Sb., Business Corporations Act (hereinafter 'Business Corporations Act'), English translation of the Business Corporations Act available at: http://obcanskyzakonik.justice.cz/home/zakony-a-stanoviska/preklady/english.

[68] Act no 125/2008 Sb., on the Transformation of Business Corporations and Cooperatives (hereinafter 'Transformations Act'). An English translation is not available.

[69] Act no 304/2013 Sb., on Public Registers of Legal and Natural Persons (hereinafter 'Public Registers Act'). An English translation is not available.

5.2 What Is the Law Applicable to Rules Belonging to the Law of Contract? (State the Main Conflict Rule—"Autonomy of Will", for Example—Then the Conflict Rules Applicable by Default)

In general, the main conflict rule is "autonomy of will". As the EU Member State, Czech Republic in the first place applies the Rome I Regulation on the law applicable to contractual obligations ("Rome I").[70] The PIL Act is confined to issues not included in the scope of legislation of the European Union and international conventions, unless these instruments expressly allow for the regulation contained in the PIL Act. Under Section 87 of the PIL Act, contracts shall be governed by the law of the State with which the contract is the most closely connected, unless the parties have chosen the applicable law. However, the relevant cases on the responsible business conduct will mostly be covered by the scope of the Rome I Regulation.

The types of contract that may be relevant here are the sales contract or the contract for the provisions of services (with suppliers that are resident in the countries where the business conduct standards may have been infringed), also the individual employment contract. Under the Rome I, in the absence of choice, the governing law shall be the law of the country where the seller or the service provider has his habitual residence, with the escape clause, stipulating that where it is clear from all the circumstances of the case that the contract is manifestly more closely connected with another country, the law of that other country shall apply.[71]

In employment contracts, to the extent that the law applicable to the individual employment contract has not been chosen by the parties, the contract shall be governed by the law of the country in which or, failing that, from which the employee habitually carries out his work in performance of the contract. Where the law applicable cannot be determined pursuant to such rule, the contract shall be governed by the law of the country where the place of business through which the employee was engaged is situated. Relevant may also be the escape clause: where it appears from the circumstances as a whole that the contract is more closely connected with another country, the law of that other country shall apply.

[70] See Article 3 Rome I.

[71] See Article 4 Rome I.

5.3 *What Is the Law Applicable to Rules Belonging to the Law of Torts? (State All the Conflict Rules in Your Country in the Order in Which the Courts Would Apply Them)*

We may also take into consideration a non-contractual responsibility. In such cases the Rome II Regulation on the law applicable to non-contractual obligations (the "Rome II") would be applicable. Under Article 4 of the Rome II, unless otherwise provided for in this Regulation, the law applicable to a non-contractual obligation arising out of a tort/delict shall be the law of the country in which the damage occurs irrespective of the country in which the event giving rise to the damage occurred and irrespective of the country or countries in which the indirect consequences of that event occur. However, where it is clear from all the circumstances of the case that the tort/delict is manifestly more closely connected with another country, the law of that other country shall apply. A manifestly closer connection with another country might be based in particular on a pre-existing relationship between the parties, such as a contract, that is closely connected with the tort/delict in question.

As for environmental damage, the law applicable to a non-contractual obligation arising out of environmental damage or damage sustained by persons or property as a result of such damage shall be the law determined pursuant to Article 4 Rome II, unless the person seeking compensation for damage chooses to base his or her claim on the law of the country in which the event giving rise to the damage occurred.

In general, both in contractual and in non-contractual relations, in certain circumstances it might be problematic that a foreign law that does not provide sufficient standards of protection applies. The above-mentioned escape clauses do not guarantee the application of Czech law in many instances. A reference to overriding mandatory rules of the Czech law might be a solution in cases of human rights abuses, but inadequate in situations involving less serious breaches, see *supra*.

5.4 *Does Your Country's Case Law Allow Verification of Whether the Applicable Law Is in Conformity with the Rules of International Human Rights Law, the ILO Conventions, or Other Mandatory Rules of International Law? Please Explain*

The Czech Republic participates in a number of international treaties and conventions, both multilateral, and bilateral. Under Article 10 of the Czech Constitution,[72] published international treaties, whose ratification was consented to by the

[72]Constitutional Act No. 1/1993 Coll.

Parliament and which are binding on the Czech Republic, form part of the Czech legal order; if an international treaty provides otherwise than an act (statute), the international treaty shall be applied.

With respect to private international law, this principle is confirmed in Section 2 of the PIL Act, under which provisions of international treaties binding on the Czech Republic shall take precedence over the PIL Act, or, more precisely, provisions of the PIL Act shall be applied only if such a treaty or convention does not provide otherwise.

Moreover, fundamental principles are provided by the Constitution and by the Charter of Fundamental Rights and Freedoms.[73] These principles, such as the equality of sex, race, and religion, political or other convictions, national or social origin, membership in a national or ethnic minority, property, birth, or other status. etc. shall apply especially through the assessment of public policy, as they concern the social and governmental system whose observance must be required, pursuant to Section 4 of the PIL Act, or Article 21 of the Rome I, or Article 26 of the Rome II.

Any bill proposed by the Government must fulfil the test of human rights conformity that is conducted by the ministry presenting the bill and being responsible for the compliance of the bill with human rights. A preventive review of the compatibility of international treaties to be ratified with the Constitution is available in order to decrease the risk that two incompatible norms, both of a fundamental nature, would exist in the same legal order.[74]

Pursuant to Article 95 of the Czech Constitution, in making their decisions, judges are bound by statutes and international treaties which form a part of the legal order. Judges are authorized to judge whether enactments other than statutes are in conformity with statutes or with such treaties. In the event of a conflict, the judge applies the international treaty without the need to abolish the relevant regulation (which is inferior to statutes in the hierarchy of norms). Should a court come to the conclusion that a statute which should be applied in the resolution of a matter is in conflict with the constitutional order (which also includes ratified and published international treaties on human rights pursuant to the case law of the Czech Constitutional Court), it shall submit the matter to the Constitutional Court. The assessment applies to Czech legal norms only and does not give a Czech court the right to assess conformity of foreign governing law with international human rights law. In such a case public policy exception could prevent application of foreign norms whose effects are incompatible with Czech legal order, including the Charter of Fundamental Human Rights and Freedoms.

Nonetheless, under Czech autonomous private international law, the court may give an effect to those overriding mandatory rules that form a part of a law of foreign country when deciding about applicability of certain rules of applicable law. Pursuant to Section 25 of the PIL Act, upon the request of a participant, provisions may be applied of laws of another State which should not be applied under the

[73]Constitutional Act No. 23/1991 Coll.

[74]See Section 87/2 of the Constitution.

provisions of the PIL Act, however under the law they form a part of they shall be applied irrespective of which law governs the rights and obligations concerned. The condition for their application shall be that the rights and obligations concerned shall have a sufficiently significant connection to the other State and it shall be fair with respect to the nature of these provisions, their purpose or the consequences which would, in particular for the participants, result from their application or non-application. The participant invoking such provisions shall prove the validity and content of these provisions.

Legal literature is silent as regards the assessment of such norms of a third State with human rights international laws. Nevertheless, in deciding over the application or non-application of overriding mandatory rules of the third State, the judge will logically make its own assessment of the nature of the rules and the conditions for their application. The judge has a wide discretion to decide whether to apply overriding mandatory rules in the light of all legal and factual circumstances of the case and upon the prerogative of fairness. The application is obviously not possible if it would lead to a conflict with a Czech overriding mandatory rule. As a final step the exercise will certainly involve, under the principle of public policy exception, the evaluation of the effects of the application of such norms from the perspective of their conformity with the fundamental principles of the Czech legal order (including the Constitution and the Charter of Fundamental Human Rights and Freedoms).

In the EU context, Section 9/3 of the Rome I Regulation takes precedence and it stipulates stricter conditions than the PIL Act. It is also important to note that the Rome II Regulation does not provide for the application of overriding mandatory rules of a third State.[75]

5.5 *Does Your Country's Case Law Allows the Application of Ethical Rules Instead of, or as a Complement to, the Applicable Law? Please Explain*

Under the prevailing Czech legal doctrine, in private international law relations parties can choose any State law to govern their contractual or non-contractual relationships. It is not possible to choose non-state norms, religious rules or other set of rules such as UNIDROIT Principles. From this perspective, such chosen rules would be only incorporated into the otherwise applicable (State) law whose imperative norms would prevail.

In purely domestic relations if a party undertakes to comply with certain ethical rules or codes of conduct vis-à-vis its business partner, such an undertaking can represent a binding contractual obligation enforceable by law. It will depend on the wording of the relevant clause. Regulated professions such as advocates, architects, journalists, etc. are subject to ethical rules of their professional associations.

---

[75] See Article 16 of the Rome II Regulation.

Breaches of these rules are sanctioned by the associations through their internal disciplinary mechanisms.

With respect to consumer protection law, a false declaration by an entrepreneur about its commitment to follow certain ethical rules or a code of conduct represents an unfair trade practice forbidden and sanctioned by law.

The Czech civil law stems from generally recognised principles of justice and law pursuant to Section 3/3 of the Civil Code. This provision refers to essential postulates such as that the parties of civil law relationships are equal in their rights and obligations, the principle of legitimate expectations and protection of rights acquired in good faith, etc. These principles serve as an interpretative guidance and for filling regulatory gaps and their concept is distinct from simple ethical rules.

6 Recognition and Enforcement of Judgments

As for the recognition of judgments given in an EU Member State, it shall be recognized in the Czech Republic without any special procedure being required.[76] The recognition of a judgment shall be refused, on the application of any interested party, only for rather limited reasons, in particular, if such recognition is manifestly contrary to public policy (*ordre public*) in the Member State addressed; or where the judgment was given in default of appearance, or the judgment is irreconcilable with a judgment given between the same parties in the Member State addressed; or if the judgment is irreconcilable with an earlier judgment given in another Member State or in a third State involving the same cause of action and between the same parties (for details see Article 45 Brussels I Recast). Similar reasons for the recognition and/or refusal of a recognition are included in the Lugano Convention, applicable with respect to Iceland, Norway and Switzerland.

Specific procedural rules are contained in the PIL Act and in bilateral agreements on legal assistance. Under Section 14 of the PIL Act, judgments of foreign courts and judgments of foreign authorities on rights and obligations which would be, based upon their private-law nature, decided by courts in the Czech Republic, as well as foreign court settlements and foreign notarial acts or other public documents on these matters ("foreign judgments"), shall be effective in the Czech Republic provided a certificate of the foreign authority confirms the judgment has become final and provided it has been recognized by the Czech public authorities.

Foreign judgments shall not be recognized for reasons stated explicitly in Section 15 of the PIL Act, such as the exclusive jurisdiction of Czech courts, *lis pendens*, *res iudicata*, procedural incorrectness, manifest contradiction with public policy, and/or no guaranty of reciprocity. Reciprocity shall not be required provided the foreign judgment is not aimed against a national of the Czech Republic or a Czech legal entity. On the basis of a foreign judgment on property matters which

[76]For details see Article 36 Brussels I Recast.

meets the conditions for recognition, an enforcement of such judgment may be ordered by a reasoned decision of a Czech court.[77]

To our knowledge Czech courts have not answered the question of whether a judgment given abroad holding a company liable for breach of the rules of CSR or applying soft law or ethics would be recognised is the Czech Republic yet. Based on the principle enacted in Article 52 Brussels I Recast, a judgment given in a Member State may not be reviewed as to its substance in the Member State addressed. The Czech legal doctrine also recognizes the principle of exclusion of an *au fond* review within the process of recognition of foreign judgments. From this perspective a foreign judgment shall be recognized.

Nevertheless, given the fact that CSR is perceived in the Czech Republic as a voluntary set of values, it is difficult to predict and it will depend on the circumstances of each individual case. The control by the public policy exception which is, however, rather restrictive in the Czech legal environment, remains.

The question of whether a foreign judgment that would have used the doctrine of piercing the corporate veil very loosely or too easily would be held contrary to the Czech public policy has not been tested to our knowledge yet. Czech law does not recognize the concept of piercing the corporate veil in the sense that the legal personality of the company is disputed and has to be lifted and therefore the action should be directed to its owners who stand behind the corporate veil.

Czech law, however, works with the concept of influential persons who, under certain circumstances, can be made responsible for a conduct of a separate legal entity if it is proved that such an influential person used its influence in a decisive and significant manner, to influence the behaviour of the influenced legal entity to the damage of the latter.[78] Under this concept, the influential entity shall be then liable (derivative liability) towards the creditors of the influenced entity for the payment of the debts, which cannot be, partially or fully, paid to them by the influenced entity as a result of the influence.[79] The law does not work with other similar concepts (e.g. alter ego, façade) but according to leading authorities on corporate law, these concepts are not expressly prohibited[80] and their potential development will depend on the approach of the judiciary and the doctrine.

There is no case law available on this point but given the narrowly perceived concept of public policy in the context of recognition of foreign judgments in the Czech Republic it appears to be unlikely that a Czech court would refuse to recognize a foreign judgment finding on a liability of a person using the concept of group of companies/or similar concept, unless procedural rights of such person were violated. It is a question of the applicable law and since the Czech doctrine is

[77]See Section 16 of the PIL Act.

[78]See Section 71 (1) of Act no. 90/2012 Coll., on Commercial Companies and Cooperatives (Business Corporations Act).

[79]See Section 71 (3) of Act no. 90/2012 Coll., on Commercial Companies and Cooperatives (Business Corporations Act).

[80]Štenglová et al. (2013), p. 174.

based on the exclusion of au fond review, the Czech enforcement judge would not be able to review the correctness of the application of governing law. The governing law regarding the group of companies' relationships appears to be the law of the controlled/influenced person (e.g. ECJ *Impacto Azul*[81]). For the sake of completeness, it has to be, however, noted that Czech courts do not take lightly extension of arbitration clauses to third parties[82] that give rise to similar concerns.

References

Archalous M (2017) Byznys a lidská práva (Business and Human Rights, in Czech), doctoral student research activity paper. Faculty of Law, Charles University, Prague

Černá S (2006) Obchodní právo (Commercial Law), 1st edn. ASPI, Praha

European Commission. A renewed EU strategy 2011–14 for Corporate Social Responsibility, Brussels, 25.10.2011, COM (2011) 681 final. Available at: http://eur-lex.europa.eu/LexUriServ/LexUriServ.do?uri=COM:2011:0681:FIN:en:PDF. Accessed 12 Nov 2018

Hulmák M et al (2014) Občanský zákoník VI. Závazkové právo. Zvláštní část (§ 2055–3014). Komentář (Civil Code. Law of Obligations. Special Part. Commentary), 1st ed. C. H. Beck, Praha

ISO 26000 – Social Responsibility Standard. Available at: https://www.iso.org/iso-26000-social-responsibility.html. Accessed 12 Nov 2018

Ministry of Industry and Trade of the Czech Republic, Strategic Document entitled National Action Plan for Corporate Social Responsibility in the Czech Republic. Available at: https://www.mpo.cz/en/business/corporate-social-responsibility/national-action-plan-for-corporate-social-responsibility-in-the-czech-republic%2D%2D148817/. Accessed 12 Nov 2018

NAP on BHR (National Action Plan on Business and Human Rights for the period 2017–2022). https://www.vlada.cz/cz/ppov/rlp/aktuality/vlada-prijala-prvni-narodni-akcni-plan-pro-byznys-a-lidska-prava-161702. Accessed 18 Dec 2017

NCP (National Contact Point for the Implementation of OECD Guidelines for Multinational Enterprises in the Czech Republic), official website. Available at: https://www.mpo.cz/en/foreign-trade/international-organizations-and-trade/oecd/national-contact-point-for-the-implementation-of-oecd-guidelines-for-multinational-enterprises%2D%2D-165673/. Accessed 12 Nov 2018

OECD (2015) Policy framework for investment 2015 Edition, OECD Publishing, Paris. [online]. Available at: https://www.oecd.org/daf/inv/investment-policy/Policy-Framework-for-Investment-2015-CMIN2015-5.pdf. Accessed 27 Sep 2017

Štenglová I, Havel B, Cileček F, Kuhn P, Šuk, P (2013) Zákon o obchodních korporacích. Komentář (Business Corporations Act, Commentary), 1st ed. C. H. Beck, Praha

[81]ECJ, Case C-186/12.

[82]See e.g. Judgment of the Supreme Court ref. no. 23 Cdo 111/2009 dated 23. 2. 2011.

France

Anne Danis-Fatôme, Katrin Deckert, Marie Laure Niboyet, and Laurence Sinopoli

Abstract The French Legislature recently adopted several reforms that integrate certain dimensions of CSR. For example, the Law of 22 May 2019 modified article 1833 of the Civil Code to include social and environmental issues in corporate activity, in order to define how it should address them. Also, the Law n° 2017-399 on the duty of vigilance of parent companies of 2017 establishes the obligation for larger companies to set up a vigilance plan, allowing them to identify and prevent potential risks to human rights and the environment. The implementation of these instruments remains uncertain, especially considering that several categories of private international law are concerned.

Case law derives mostly from common law or EU law. In relation to substantive law, the Erika and Distilbène cases deserve to be analyzed. Concerning private international law, case law addressing co-employment (the Molex case), the international *ordre public* (a case of domestic slavery), or even a denial of justice (Comilog case) show specifically the difficulties to bring certain parties before a French jurisdiction.

Résumé Le législateur français a récemment adopté plusieurs réformes qui intègrent certaines dimensions de la RSE. Ainsi, la loi du 22 mai 2019 a modifié l'article 1833 du Code civil incluant les enjeux sociaux et environnementaux de l'activité de la société pour définir la gestion de celle-ci. Plus encore, en 2017, a été adoptée la loi n° 2017-399 relative au devoir de vigilance des sociétés mères et des entreprises donneuses d'ordre qui prévoit l'obligation pour les plus grandes sociétés d'établir un plan de vigilance permettant d'identifier et de prévenir les risques d'atteintes aux droits humains et les risques environnementaux. Le champ d'application dans l'espace de ces dispositifs demeure incertain, d'autant que plusieurs catégories du droit international privé sont concernées.

A. Danis-Fatôme
Université de Brest, Brest, France

K. Deckert · M. L. Niboyet · L. Sinopoli (✉)
Université Paris-Nanterre, Paris, France
e-mail: marie-laure.niboyet@numericable.fr; laurence.sinopoli@parisnanterre.fr

C. Kessedjian, H. Cantú Rivera (eds.), *Private International Law Aspects of Corporate Social Responsibility*, Ius Comparatum – Global Studies in Comparative Law 42, https://doi.org/10.1007/978-3-030-35187-8_10

Les illustrations jurisprudentielles reposent, elles, davantage sur le droit commun ou le droit de l'Union européenne. Sur le plan du droit matériel, les affaires de l'Erika et du Distilbène méritent examen. Quant au droit international privé, la jurisprudence relative au co-emploi (affaire Molex) ou à l'ordre public international (cas d'esclavagisme domestique) ou encore au déni de justice (affaire Comilog) montrent particulièrement les difficultés d'attraire certaines parties devant une juridiction française.

1 Définition et sources

1.1 Existe-t-il une définition de la responsabilité sociétale des entreprises dans votre pays ?

1.1.1 Dans l'affirmative, merci de reproduire ici cette définition et donner la source (source écrite ou jurisprudence avec ses références précises)

A ce jour, il n'y pas de définition de la RSE en droit français mais la Commission européenne en a arrêté une. Dans sa Communication du 25 octobre 2011, la Commission européenne a défini la RSE comme « la responsabilité des entreprises vis-à-vis des effets qu'elles exercent sur la société »[1]. Cette responsabilité impose d'engager « en collaboration étroite avec [ses] parties prenantes, un processus destiné à intégrer les préoccupations en matière sociale, environnementale, éthique, de droits de l'homme et de consommateurs dans [ses] activités commerciales et leur stratégie de base »[2].

La transposition en droit français de la directive 2014/95/UE relative à la publication d'informations extra-financières par les entreprises, dite « directive RSE », a été opérée par l'ordonnance n°2017-1180 du 19 juillet 2017 relative à la publication d'informations non financières par certaines grandes entreprises et certains groupes d'entreprises. Ce texte n'a pas retenu de définition de la RSE[3].

Notre système juridique se méfie en général des définitions (« omnis definitio in jure civil periculosa est » toute définition en droit civil est dangereuse), bien que des réformes récentes (not. l'ordonnance 2016-131 du 10 février 2016 portant réforme du droit des contrats, du régime général et de la preuve des obligations) montrent que cette défiance est moins marquée aujourd'hui.

[1]« Responsabilité sociale des entreprises : une nouvelle stratégie de l'UE pour la période 2011-2014 COM (2011) 681 final.

[2]« Responsabilité sociale des entreprises : une nouvelle stratégie de l'UE pour la période 2011-2014 COM (2011) 681 final.

[3]Pour une définition doctrinale, v. not. Family (2013), p. 1560 et s.

1.1.2 Pensez-vous que votre pays appliquerait soit la définition ISO 26000, soit la conception que s'en fait les Principes directeurs de l'OCDE, soit celle des Lignes Directrices des Nations Unies (expliquer la source de votre opinion s'il y en a) ?

La jurisprudence française pourrait forger sa propre définition, en s'inspirant de ces différentes sources.

1.2 Votre pays est-il membre de l'OCDE ? Dans l'affirmative, votre pays a-t-il créé un Point de contact national ? Dans l'affirmative, merci d'en donner l'URL et de décrire rapidement son organisation et ses principales actions dans les trois dernières années

https://www.tresor.economie.gouv.fr/Ressources/pcn

Le PCN français a été créé en 2001. C'est une émanation de la Direction générale du Trésor. Il a une composition tripartite : il réunit des représentants de plusieurs administrations (économie et finances, affaires étrangères et développement écologie, développement durable et énergie, affaires sociales et emploi), de 6 syndicats (CFDT, CFE-CGC, CFTC, CGT, FO, UNSA) et des entreprises françaises (MEDEF).

Le PCN français a été saisi d'une vingtaine de cas depuis sa création[4]. L'un des cas les plus emblématique de son action est le cas *Michelin*[5].

1.3 Votre pays étant membre des Nations Unies, existe-t-il une activité à signaler à partir des Lignes directrices de 2011 ? OUI

On peut considérer que la loi française n°2017-399 relative au *devoir de vigilance* des sociétés mères et des entreprises donneuses d'ordre du 27 mars 2017 s'est notamment inspirée des Lignes directrice de 2011. Les « Principes directeurs relatifs aux entreprises et aux droits de l'homme » adoptés par l'ONU, en 2011, contiennent, en effet, notamment, la recommandation d'« évaluer les impacts futurs et potentiels liés aux activités de l'entreprise » et celle de contrôler la mise en œuvre de ces plans d'action. La proximité avec les obligations mises à la charge de l'entreprise par la loi française sur le devoir de vigilance est donc frappante.

---

[4]www.pcn-france.fr.

[5]v. *infra* question 10.

Un plan national français de développement de la RSE date de 2013[6]. La Plateforme nationale d'actions globales pour la Responsabilité sociale des entreprises (« Plateforme RSE ») a été mise en place auprès du Premier ministre (attachée à France Stratégie) le 17 juin 2013 (représentants des entreprises, des salariés, des associations et ONG, des structures multi-parties prenantes...). Après un avis de la CNCDH du 24 octobre 2013[7] et un travail interministériel, la Plateforme a rédigé en 2017 le plan national d'action pour la mise en œuvre des principes directeurs des Nations unies relatifs aux droits de l'homme et aux entreprises[8], en retenant les propositions qui ont fait l'objet d'un consensus et en indiquant en annexe les propositions sur lesquelles les différents acteurs n'ont pas trouvé d'accord. Le point de désaccord majeur concerne le caractère volontaire ou non des obligations et le rôle du juge ou la préférence pour des règlements extra-juridictionnels.

1.4 Votre pays applique-t-il les normes ISO ?

Ce sont, en effet, des « normes » non contraignantes et vues comme telles par le juge français.

2 Qualification

2.1 Règles relevant du droit des sociétés

Sans exhaustivité, seules certaines questions concernant le droit des sociétés seront examinées ici. D'autres feront l'objet de développements intégrés aux questions relatives tant à la compétence qu'au droit applicable telles que celles de l'imputation à la société mère des agissements de sa filiale et de celle de la levée du voile de la personnalité morale au sein des groupes de sociétés[9].

Objet social de l'entreprise
La loi PACTE (n°2019-486 du 22 mai 2019 relative à la croissance et à la transformation des entreprises) est présentée comme une réforme qui vise à repenser l'objet social de l'entreprise dans le prolongement des dispositions relatives à la RSE, mais elle concerne en réalité de l'objet de la société, et surtout de sa gestion. La loi PACTE consacre la notion de RSE comme socle de la société et la faire entrer dans le

[6]www.diplomatie.gouv.fr/fr/IMG/pdf/4-0_PAPL__-Document_Preparatoire_au_Plan national_ RSE cle42648e.pdf.

[7]http://www.cncdh.fr/fr/publications/entreprises-et-droits-de-lhomme.

[8]http://www.diplomatie.gouv.fr/fr/politique-etrangere-de-la-france/droits-de-l-homme/entreprises-et-droits-de-l-homme/article/adoption-du-plan-national-d-action-pour-la-mise-en-oeuvre-des-principes.

[9]voir *infra* réponses aux questions n° 12 et n° 15.

code civil. Placer la RSE au centre de la stratégie des entreprises était déjà l'une des conclusions du rapport Notat-Senard[10] qui a servi de base, ou au moins d'inspiration, à l'élaboration de la loi PACTE.

Aux termes de la loi PACTE, il appartient, en premier lieu, au conseil d'administration de déterminer les orientations de l'activité de la société conformément à son intérêt social, en considérant ses enjeux sociaux et environnementaux, et de veiller à leur mise en œuvre. La loi introduit les notions d'intérêt social et de considération « des enjeux sociaux et environnementaux » à l'article 1833 du Code civil. Selon le Conseil d'État, dans son avis sur le projet de loi PACTE[11], il s'agit de deux obligations distinctes. Ces deux nouvelles obligations sont, d'ailleurs, applicables à toutes les sociétés (sociétés cotées ou non, grandes sociétés ou PME). Ainsi, toute société, civile ou commerciale, quelle qu'en soit sa taille, ne devrait plus seulement avoir un objet licite et être constituée dans l'intérêt commun des associés[12], elle devrait désormais aussi être gérée « dans son intérêt social et en prenant en considération ses enjeux sociaux et environnementaux ». Cette exigence devrait être prise en compte par les membres du conseil d'administration et son président, et de manière générale par tous les dirigeants sociaux[13].

En second lieu, en application du nouvel article 1835 du Code civil, le conseil d'administration devra également prendre en considération « la raison d'être » de la société, lorsque celle-ci sera définie dans les statuts. C'est une autre nouveauté, mais facultative cette fois. C'est une faculté, mais non dépourvue de portée normative si la société fait ce choix : l'inscription de la raison d'être dans les statuts imposerait alors de s'y conformer. Ainsi, le conseil d'administration devra prendre en compte la raison d'être de la société, et le cas échéant en tirer des conséquences dans ses décisions, voire même la défendre, notamment contre ses propres actionnaires et/ou investisseurs.

Devoir de vigilance des sociétés mères et des entreprises donneuses d'ordre

Le 21 février 2017, l'Assemblée nationale a adopté la loi n° 2017-399 relative au devoir de vigilance des sociétés mères et des entreprises donneuses d'ordre[14]. Les grandes lignes des obligations s'imposant aux sociétés sont décrites ci-dessous et seront complétées par les aspects touchant à la responsabilité délictuelle ci-dessous[15]. Cette loi, promise déjà par l'ancien président François Hollande lors de sa campagne présidentielle, vise, notamment, à prévenir les accidents comme par exemple celui provoqué en 2013 par l'effondrement de l'immeuble Rana Plaza.

[10]Notat et Senard (2018).

[11]CE, 14 juin 2018, n° 394599 et 395021, *Avis sur un projet de loi relatif à la croissance et la transformation des entreprises.*

[12]C.civ., art. 1833 al. 1.

[13]Projet de nouveaux art. 1833 C. civ., L. 225-35 al. 1 C. com. et L. 225-64 al. 1 C. com.

[14]Voir Hannoun (2014), Queinnec et Brabant (2013), Cuzacq (2014), Danis-Fatôme et Viney (2017), Boucobza et Serinet (2017).

[15]V. *infra* question 8.

La loi prévoit que les grandes sociétés (5.000 salariés en France et 10.000 salariés dans le monde) sont tenues d'**identifier** les risques d'atteintes aux droits humains et les risques environnementaux, de les prévenir et d'en rendre compte publiquement[16]. Plus précisément, un **plan de vigilance** doit être établi et mis en œuvre ; ce plan doit inclure les « *mesures de vigilance raisonnable propres à identifier les risques et à prévenir les atteintes graves envers les droits humains et les libertés fondamentales, la santé et la sécurité des personnes ainsi que l'environnement* », résultant des activités de la société elle-même ou des sociétés qu'elle contrôle, ou de celles de leurs sous-traitants et fournisseurs avec lesquels la société entretient « *une relation commerciale établie, lorsque ces activités sont rattachées à cette relation* ». *Le plan de vigilance et le compte rendu de sa mise en œuvre effective doivent être* ***publiés*** *et inclus dans le rapport annuel du conseil d'administration ou du directoire à l'assemblée générale des actionnaires de la société.*

Aux termes de la proposition de loi adoptée par le Parlement, le manquement à ces obligations devait être sanctionné par des amendes civiles pouvant atteindre 10 millions d'euros (l'amende civile pouvant même être portée jusqu'à 30 millions d'euros en cas de survenance d'un dommage que la mise en œuvre effective d'un plan aurait permis d'éviter) et par l'application des règles de la responsabilité civile délictuelle (toute personne ayant un intérêt à agir pouvant saisir le juge). Mais, dans une décision du 23 mars 2017[17], le Conseil constitutionnel a déclaré non conformes à la Constitution les dispositions concernant l'amende civile au regard du principe de la légalité des peines[18] en raison de leur imprécision, s'agissant en particulier des « *mesures de vigilance raisonnable* » et des *« droits humains »*.

En revanche, l'instauration d'obligations contraignantes de vigilance en matière de droits de l'Homme et d'environnement et leur sanction par l'application de la responsabilité civile n'ont pas été censurées. C'est ainsi que la loi sur le devoir de vigilance a été enfin publiée au Journal officiel le 28 mars 2017.

Cette loi est importante pour au moins deux raisons.

En premier lieu, elle rompt avec l'approche politique, largement répandue en Europe, mais aussi dans le monde, qui privilégie dans ce domaine l'**autorégulation** volontaire et les mécanismes du marché pour sanctionner les violations des droits de l'Homme et les atteintes à l'environnement par les entreprises. Actuellement, la plupart des pays européens se limitent à soutenir l'engagement volontaire des entreprises en matière de RSE et à créer de la **transparence**, de manière à permettre ainsi aux consommateurs et aux investisseurs de prendre leurs décisions sur le fondement de critères relatifs à la RSE.

En second lieu, la loi présente l'intérêt de viser non seulement les risques d'atteintes aux droits de l'Homme et à l'environnement résultant des activités d'une société, mais aussi des activités de ses **filiales**, **sous-traitants** et **fournisseurs** indépendants avec lesquels la société a une relation commerciale établie. Une société

[16]Art. L. 225-102-4 et s. du Code de commerce.

[17]n° 2017-750 DC.

[18]Article 8 de la Déclaration des droits de l'Homme et du citoyen.

française entrant dans le champ d'application de cette loi pourrait ainsi être tenue civilement responsable des violations des droits de l'Homme dans des ateliers de ses sous-traitants au Bangladesh, par exemple, dès lors qu'elle n'aurait pas adopté des mesures de vigilance raisonnables. Pourtant, les entreprises (en France mais aussi dans la très grande majorité des pays industrialisés) ne sont en principe pas responsables des dommages causés par les filiales, sous-traitants et fournisseurs indépendants, même si ces derniers sont en fait sous leur contrôle. L'externalisation des risques liés aux atteintes aux droits de l'homme et à l'environnement sur les entreprises établies dans les pays en développement et les pays émergents est ainsi rendue plus difficile. Néanmoins, la portée effective de ce nouveau dispositif dépendra fortement de l'interprétation qui en sera faite par le juge. En particulier, il conviendra de préciser, le cas échéant par un décret en Conseil d'Etat, en quoi consistent exactement les « *mesures de vigilance raisonnable* » le long de la chaîne d'approvisionnement.

Cela étant, la nouvelle loi tend à mieux encadrer les activités des entreprises dans des pays où les violations des droits de l'homme et destructions de l'environnement sont très graves. Mais ce lourd dispositif est-il raisonnable du point de vue des entreprises françaises dans une économie globalisée et très concurrentielle ? Cette loi ne va-t-elle pas sacrifier la compétitivité des sociétés françaises ? Fort débattue au moment des travaux préparatoires, cette question a été relativisée au regard tant des avantages réputationnels dont bénéficieront les entreprises vertueuses que de la nécessité de respecter les droits fondamentaux.

Quid surtout des risques juridiques pour ces dernières ? En particulier, le mécanisme de responsabilité délictuelle est redouté par les acteurs économiques car il n'a pas de limites (alors que l'amende civile était limitée quant à son montant, et donc plus prévisible), même si sa mise en œuvre concrète dépendra de son interprétation judiciaire. À l'inverse, les victimes comme les différentes associations ou syndicats s'inquiètent des difficultés pour établir le lien de causalité entre le manquement au devoir de vigilance et le dommage[19].

Information extra-financière

Les nouvelles dispositions françaises relatives à l'information non (ou extra-) financière à publier par les grandes entreprises transposent la directive 2014/95/UE du 22 octobre 2014 relative à la publication d'informations extra-financières par les entreprises (« directive sur la responsabilité sociale des entreprises (RSE) »). Cette transposition a été initiée par l'ordonnance n° 2017-1180 du 19 juillet 2017 relative à la publication d'informations non financières par certaines grandes entreprises et certains groupes d'entreprises, et complétée par le décret n° 2017-1265 du 9 août 2017. Récemment, l'article L. 225-102-1 du Code de commerce a été encore légèrement modifié par les lois n° 2018-771 du 5 septembre 2018 (art. 84), n° 2018-898 du 23 octobre 2018 (art. 20) et n° 2018-938 du 30 octobre 2018 (art. 55).

[19]Danis-Fatôme et Viney (2017), p. 1610.

Les textes définissent le champ et le contenu de la « *déclaration de performance extra-financière* », qui doit après vérification par un organisme tiers indépendant être insérée dans le rapport de gestion et être publiée.

Sociétés concernées ou exemptées par la déclaration de performance extra-financière En principe, toutes les sociétés doivent insérer une déclaration de performance extra-financière dans leur rapport de gestion puis la publier, dès lors qu'elles franchissent les seuils fixés par décret[20].

Les sociétés dont les titres sont admis aux négociations sur un marché réglementé sont soumises aux seuils suivants: 500 salariés et 20 millions d'euros de bilan ou 40 millions de chiffre d'affaires[21]. En raison de leur activité, certaines sociétés non cotées, mais assimilées, sont également assujetties à cette obligation, dès lors qu'elles excèdent ces mêmes seuils.

S'agissant des sociétés non cotées, sont concernées par cette obligation celles qui franchissent les seuils suivants : 500 salariés et 100 millions d'euros de bilan ou de chiffre d'affaires. Ces seuils sont plus exigeants que ceux prévus par la directive. En revanche, la SARL et la SAS restent hors champ de cette obligation de déclaration.

Concernant enfin les groupes consolidés, l'article L. 225-102-1, II du Code de commerce dispose que les sociétés qui établissent des comptes consolidés « *sont tenues de publier une déclaration consolidée de performance extra-financière lorsque le total du bilan ou du chiffre d'affaires et le nombre de salariés* ***de l'ensemble des entreprises comprises dans le périmètre de consolidation*** *excèdent les seuils mentionnés au I* ». C'est donc sur une ***base consolidée*** qu'est apprécié le dispositif de déclaration. En outre, les *filiales* sont exemptées d'établir une déclaration, lorsque celle-ci est déjà faite par la société contrôlante *sur une base consolidée* (par ailleurs, cette exemption s'applique également lorsque la société consolidante est établie dans un autre Etat membre de l'Union européenne et publie une déclaration selon sa propre législation[22]).

Contenu de la « déclaration de performance extra-financière » « *Dans la mesure nécessaire à la compréhension de la situation de la société, de l'évolution de ses affaires, de ses résultats économiques et financiers et des incidences de son activité* »[23], la déclaration comprend :

- pour toutes les sociétés, les informations sur la manière dont la société prend en compte *les conséquences sociales et environnementales* de son activité ;
- pour les sociétés cotées et assimilées, les effets de son activité quant au respect des *droits de l'homme et à la lutte contre la corruption et l'évasion fiscale*.

---

[20] C. com., art. L. 225-102-1.
[21] C. com., art. R. 225-104.
[22] C. com., art. L. 225-102-1, IV.
[23] C. com., art. L. 225-102-1, III.

Les risques extra-financiers auxquels la société est confrontée, les politiques mises en œuvre pour limiter ces risques et les résultats de ces politiques doivent être présentés pour chacune de ces catégories d'information. En outre, l'article R. 225-105 du Code de commerce énumère les informations à fournir dans les domaines concernés.

Le dispositif français, à la différence de la directive européenne qui accorde une option aux Etats membres, n'autorise pas « *l'omission d'informations portant sur des évolutions imminentes ou des affaires en cours de négociation* dans des cas exceptionnels ». En revanche, en application de la règle « appliquer ou expliquer » (*comply or explain*), il prévoit que « *lorsque la société n'applique pas de politique en ce qui concerne un ou plusieurs de*s risques liés à l'activité de la société*], la déclaration comprend une explication claire et motivée des raisons le justifiant* »[24]. En outre, selon ce même texte, il est possible pour les sociétés de ne pas renseigner la liste intégrale des informations requises, lorsque celles-ci ne sont pas pertinentes au regard des principaux risques et politiques identifiés.

Vérification de la « déclaration de performance extra-financière » Selon l'article R. 225-105-2 du Code de commerce, les sociétés dont les seuils dépassent 100 millions d'euros du bilan ou 100 millions du chiffre d'affaires, et 500 salariés, doivent faire contrôler leur déclaration par un organisme tiers indépendant, qui doit être accrédité à cet effet par le Comité français d'accréditation (Cofrac).

Plus précisément, cet organisme tiers indépendant doit rédiger un rapport comprenant un avis sur la conformité de la déclaration aux dispositions légales et la sincérité des informations fournies dans la déclaration, ainsi que les diligences que l'organisme a mises en œuvre pour conduire sa mission de contrôle.

Publicité de la déclaration Chaque société doit mettre sa déclaration à la libre disposition du public, via son site internet, dans un délai de huit mois à compter de la clôture de l'exercice et pendant cinq ans[25].

Entreprise de l'économie sociale et solidaire

La loi n° 2014-856 du 31 juillet 2014 relative à l'économie sociale et solidaire (loi ESS) définit, dans son article 1er, l'économie sociale et solidaire comme un mode d'entreprendre et de développement économique adoptant des modalités de gouvernance démocratique et des règles de gestion privilégiant le développement de l'activité de l'entreprise et le long terme.

Plus précisément, les grands principes de l'ESS sont :

- poursuivre un but social autre que le seul partage des bénéfices,
- une lucrativité encadrée (notamment bénéfices majoritairement consacrés au maintien ou au développement de l'activité)
- une gouvernance démocratique et participative.

[24]C. com., art. R. 225-105, I.

[25]C. com., art. R. 225-105-1, III.

Elle comprend les acteurs traditionnels et inclut une nouvelle catégorie, à savoir les entreprises de l'ESS. Autrement dit, son champ d'application englobe non seulement les coopératives, les mutuelles, les fondations et les associations, mais également les sociétés commerciales répondant à certains principes de gestion.

L'acquisition de la qualité d'entreprise de l'ESS s'effectuera par voie déclarative, au moment de l'immatriculation et du dépôt des statuts. Cette reconnaissance ouvre notamment droit aux financements de la Banque publique d'investissement. Pour cela, il est nécessaire de respecter les grands principes de l'ESS et de poursuivre un objectif d'utilité sociale, définie par le respect de l'une des conditions suivantes :

- apporter un soutien à des personnes vulnérables ;
- contribuer à la cohésion territoriale ou la préservation du lien social.

L'agrément « entreprise solidaire d'utilité sociale », qui permet aux entreprises agréées d'accéder notamment à l'épargne salariale solidaire, est réservé aux entreprises de l'ESS dont l'activité présente un impact social significatif.

En dehors du droit des sociétés, il convient également de noter :

Informations à diffuser en matière d'investissement socialement responsable Plusieurs textes français ont pour objet la présentation des informations à publier sur les modalités de prise en compte dans la politique d'investissement des critères relatifs au respect d'objectifs sociaux, environnementaux et de qualité de gouvernance, ainsi que, pour certaines entités, sur les moyens mis en oeuvre pour contribuer à la transition énergétique et écologique.

Ainsi, selon l'article L. 533-22-1, al. 1, du Code monétaire et financier, « *Les sociétés de gestion mettent à la disposition des souscripteurs de chacun des OPCVM ou des FIA relevant des paragraphes 1, 2 et 6 de la sous-section 2, du paragraphe 2 ou du sous-paragraphe 1 du paragraphe 1 de la sous-section 3, ou de la sous-section 4 de la section 2 du chapitre IV du titre Ier du livre II du présent code qu'elles gèrent une information sur les modalités de prise en compte dans leur politique d'investissement des critères relatifs au respect d'objectifs sociaux, environnementaux et de qualité de gouvernance. Elles précisent la nature de ces critères et la façon dont elles les appliquent selon une présentation type fixée par décret. Elles indiquent comment elles exercent les droits de vote attachés aux instruments financiers résultant de ces choix.* »

Et d'après l'article L. 533-22-1, al. 3, du Code monétaire et financier « *Les entreprises d'assurance et de réassurance régies par le code des assurances, les mutuelles ou unions régies par le code de la mutualité, les institutions de prévoyance et leurs unions régies par le code de la sécurité sociale, les sociétés d'investissement à capital variable, la Caisse des dépôts et consignations, les institutions de retraite complémentaire régies par le code de la sécurité sociale, l'institution de retraite complémentaire des agents non titulaires de l'Etat et des collectivités publiques, l'établissement public gérant le régime public de retraite additionnel obligatoire et la Caisse nationale de retraites des agents des collectivités locales mentionnent dans leur rapport annuel et mettent à la disposition de leurs souscripteurs une information sur les modalités de prise en compte dans leur politique d'investissement des critères relatifs au respect d'objectifs sociaux, environnementaux et de qualité de gouvernance et sur les moyens mis en œuvre pour contribuer à la transition énergétique et écologique. Ils précisent la nature de ces critères et la façon dont ils les appliquent, selon une présentation type fixée par décret. Ils indiquent comment ils exercent les droits de vote attachés aux instruments financiers résultant de ces choix.* »

2.2 Règles relevant du droit des contrats

Nous n'avons pas eu accès aux contrats stipulant de telles clauses. Néanmoins, plusieurs articles de doctrine font état de ce type de clauses et s'interrogent sur leurs implications en droit des contrats[26].

Une responsabilité de nature contractuelle résultant de la violation des obligations de vigilance pourrait être engagée entre les différents contractants d'une chaîne d'approvisionnement, si ces obligations étaient intégrées dans les contrats les unissant, par exemple, entre une entreprise donneuse d'ordre et son sous-traitant[27]. Voir les implications éventuelles de telles chaînes de contrats sur la compétence juridictionnelle internationale[28] et sur la loi applicable[29].

La question se pose également sous l'angle des engagements unilatéraux[30].

2.3 Règles relevant du droit des délits

2.3.1 Lorsqu'un tiers à l'entreprise (salarié, client, fournisseur, victime de violations etc...) poursuit une entreprise pour une violation d'une norme de RSE, l'action est-elle qualifiée d'action délictuelle ?

La violation d'une recommandation qui relève de la RSE n'est pas en principe considérée comme une faute au sens du droit français de la responsabilité civile délictuelle[31]. En revanche, la loi française n°2017-399 relative au devoir de vigilance des sociétés mères et des entreprises donneuses d'ordre du 27 mars 2017, notamment inspirée des principes directeurs de l'OCDE à l'attention des

[26]Deumier (2013), Mekki (2015).

[27]v. Launay et Queinnec (2016).

[28]v. *infra* question 12.

[29]v. *infra* question 13.

[30]v. *infra* question 8.1.

[31]Art. 1240 et 1241 du Code civil.

multinationales, permet d'engager la responsabilité délictuelle des entreprises concernées pour non-respect d'une obligation de vigilance[32].

On peut mentionner le fait que la doctrine française est partagée sur la question de savoir si un code de bonne conduite ou une charte éthique, édicté par une entreprise, est susceptible d'être qualifiée par un juge français « d'engagement unilatéral de volonté »[33]

V. aussi jugeant du caractère non-contraignant d'une Charte éthique d'entreprise : Soc 6 juin 2001, n°99-43929. Si la jurisprudence française reconnaît qu'une déclaration contenue dans un Code de bonne conduite a valeur d'engagement unilatéral de volonté, le nature de la responsabilité changerait[34].

2.3.2 Dans l'affirmative, merci de donner les exemples tirés soit du droit écrit, soit de la jurisprudence avec les références précises

Droit écrit : loi française n°2017-399 relative au le devoir de vigilance des sociétés mères et des entreprises donneuses d'ordre du 27 mars 2017.

En guise d'illustrations jurisprudentielles, on se contentera de citer deux affaires emblématiques.

Affaire de *l'Erika* [35]: la responsabilité de la société Total a été retenue pour avoir contrevenu à ses propres règles de *Vetting* en acceptant un pétrolier, l'Erika, en limite d'âge, en signant un contrat de d'affrètement sachant que le navire (appartenant à l'une de ses filiales) ne correspondait pas aux critères de sa mission en termes de sécurité et en ne procédant à aucune inspection physique du bâtiment. La société Total avait en effet mis en place un *système de « Vetting » impliquant des contrôles techniques* dont la mise en œuvre lui conférait le droit de monter à bord du pétrolier.

Affaire du *Distilbene* [36]: responsabilité d'une société ayant commercialisé un produit pharmaceutique, le Distilbène, alors que les risques pour les personnes exposées pendant la grossesse de leur mère à ce médicament étaient connus et identifiés sur le plan scientifique, « qu'elle n'avait pris aucune mesure, ce qu'elle aurait dû faire même en présence de résultats discordants quant aux avantages et inconvénients », et qui avait ainsi avait « *manqué à son obligation de vigilance* ».

---

[32]Sur les conditions de mise en œuvre de cette responsabilité, plus particulièrement la difficulté d'établissement du lien de causalité, v. not. Danis-Fatôme et Viney (2017), Boucobza et Serinet (2017).

[33]Pour l'affirmative : Le Tourneau (2011), p. 256 ; pour la négative : Mekki (2015), n°23.

[34]Sur ces questions, voir Trébulle, n°42 et s. ; Deumier (2013), p. 1566 ; sur la responsabilité contractuelle des entreprises, voir réponse à la question n° 7.

[35]Cass. crim., 25 sept. 2012, n° 10-82-938, Bull. crim., n° 198.

[36]Cass. 1ère civ. 7 mars 2006 n° 04-16179.

2.4 *Les règles de la RSE appartiennent-elles à l'ordre public ou sont-elles qualifiées de lois de police ?*

Dans la mesure où les règles de la RSE traduisent certaines règles relatives à la sauvegarde des droits de l'homme, du droit de l'environnement ou des droits fondamentaux il est tout à fait possible que cela conduise parfois à une application de ces règles comme lois de police ou pour déclencher une exception d'ordre public international. Mais cela n'a pas été clairement énoncé par la jurisprudence.

2.4.1 Si elles sont qualifiées de lois de police, merci de donner les références précises

Le Conseil constitutionnel dans sa décision n° 2017-750 DC du 23 mars 2017 sur la loi relative au devoir de vigilance des sociétés mères et des entreprises donneuses d'ordre a répondu à différentes critiques dont l'une portait sur le caractère imprécis des conditions d'engagement de la responsabilité en cas de dommage survenu à l'étranger.

Selon le Conseil, de telles critiques n'ont pas de portée s'agissant de la mise en œuvre des règles générales de responsabilité. Plus précisément, en ce qui concerne le droit international privé, le Conseil constitutionnel se borne à indiquer : « 28. (...) [Les règles générales du droit de la responsabilité] permettent, le cas échéant, que la responsabilité d'une société puisse être engagée, sur le fondement de ces dispositions, à raison de dommages survenus à l'étranger. »

Il est possible d'interpréter un tel motif en ce sens qu'il témoigne de la qualification d'une règle d'application immédiate qui pourrait être également reliée aux débats parlementaires ayant précédé l'adoption de la loi[37,38]. Les principes directeurs des Nations unies, les principes directeurs de l'OCDE, l'avis de la commission des affaires étrangères de la Commission européenne, la norme ISO 2000 sont également cités dans l'exposé des motifs de la proposition de loi et même si la loi finalement votée diffère de la proposition initiale, ces considérations demeurent un indice intéressant pour l'interprétation du champ d'application et la qualification des dispositions prévues.

Néanmoins, selon ces derniers auteurs[39] la portée de cette loi de police pourrait se limiter à la définition de l'obligation de la société mère ou au donneur d'ordre sans concerner la réparation du dommage (à comparer avec le débat plus large d'une telle dissociation de lois en cas d'application d'un régime général de responsabilité pour violation des droits de l'homme et d'une éventuelle référence au droit international pour déterminer l'obligation à réparation[40]). Le motif du Conseil constitutionnel qui vise expressément la responsabilité nous paraît, au contraire, englober aussi bien la question de la définition du devoir que les conséquences sur le terrain de la responsabilité.

---

[37]Extraits de l'exposé des motifs de la proposition de loi n°2578 enregistrée à l'Assemblée nationale le 11 février 2015 par des députés dont B. Le Roux, D. Potier, Ph. Noguès

> « Conformément aux principes directeurs des Nations unies relatifs aux entreprises et aux droits de l'homme adoptés à l'unanimité par le Conseil des droits de l'homme des Nations unies en juin 2011, et conformément aux principes directeurs de l'OCDE, l'objectif de cette proposition de loi est d'instaurer une obligation de vigilance des sociétés mères et des entreprises donneuses d'ordre à l'égard de leurs filiales, sous-traitants et fournisseurs. Il s'agit de responsabiliser ainsi les sociétés transnationales afin d'empêcher la survenance de drames en France et à l'étranger et d'obtenir des réparations pour les victimes en cas de dommages portant atteinte aux droits humains et à l'environnement.
>
> Avec des chaînes de production de plus en plus mondialisées et complexes, les sociétés transnationales jouent aujourd'hui un rôle majeur dans la gouvernance économique mondiale et dans le jeu des échanges internationaux. Si le développement des échanges commerciaux mondiaux contribue au rayonnement et au développement économiques des pays qui y participent, force est de constater qu'il s'accompagne parfois de certaines pratiques ayant des incidences négatives sur les droits humains et l'environnement. Ces pratiques constituent un frein au développement économique et humain, tout autant qu'une pression à la baisse sur nos standards nationaux en matière de protection sociale, de droits humains, de protection de la biodiversité et de l'environnement, et plus généralement d'éthique dans les affaires. »
>
> (...)
>
> « Les motifs et le dispositif qui sont proposés doivent nous conduire à appréhender ce texte novateur comme une loi impérative, afin que la loi française puisse primer une loi étrangère normalement applicable au contrat, lorsqu'elle est plus protectrice pour la partie la plus faible. »

[38]En ce sens voir Boskovic (2016), Queinnec et Pironon (2017).

[39]Queinnec et Pironon (2017).

[40]Voir Kessedjian (2002–2004) et le débat qui a suivi ; voir aussi Muir Watt (2010–2012).

Un autre exemple de loi d'application immédiate pourrait résulter de l'article 17 de la loi n°2016-1691 du 9 décembre 2016 relative à la transparence, à la lutte contre la corruption et à la modernisation de la vie économique qui s'applique aux groupes dont la société mère a son siège social en France pour détecter les versements de commission illicites « *en France ou à l'étranger* » (corruption ou trafic d'influence). Notons que cela donne compétence à l'autorité de lutte contre la corruption à l'égard de ces sociétés.

De même l'article L 512-17 du Code de l'environnement, issu de la loi n° 2010-788 du 12 juillet 2010 dite Grenelle II, qui crée une obligation de financer la remise en état du site pour la protection de l'environnement en cas de l'existence d'une faute caractérisée commise par la société mère qui a contribué à une insuffisance d'actif de la filiale, pourrait être considérée comme une loi de police, dont le champ d'application dans l'espace pourrait par exemple être lié à l'affectation d'un terrain en France mais qui pourrait aussi dépendre du siège de la société mère ou de celui de la filiale.

Sur l'information du consommateur ou la protection du travailleur, les questions seront traitées dans la rubrique sur la loi applicable au contrat.

2.4.2 Si elles sont qualifiées d'ordre public, merci de donner les références jurisprudentielles pour étayer cette qualification

Dans la mesure où la RSE reprend des traités qui sauvegardent les droits de l'homme, certains droits sociaux fondées sur des conventions de l'OIT, certains aspects liés à la préservation de la santé publique ou du droit de l'environnement, l'ordre public international pourrait écarter l'application du droit étranger pour permettre l'application du droit français[41]. En matière de prohibition de l'esclavage, on relèvera une utilisation particulièrement abrupte de l'ordre public international pour fonder tant la compétence du tribunal français que des dispositions françaises alors que la présence de la demanderesse sur le territoire français était temporaire[42] (sur les aspects de compétence, dans cette même affaire, voir *infra* réponse à question n°12).

Bien que ces traités soient considérés comme n'imposant des obligations qu'entre Etats dans l'ordre international, l'on peut suggérer qu'il en découle un devoir pour les ordres juridiques nationaux de faire respecter ces traités dans les rapports horizontaux. Ainsi, dans un tout autre domaine, la jurisprudence française rejette la demande de reconnaissance de répudiations prononcées à l'étranger sur le fondement de la convention européenne des droits de l'homme prohibant la discrimination entre époux. Dans cette hypothèse, il n'a jamais été soulevé que l'absence

[41]Hammje (1997), Marchadier (2007).

[42]Cass. soc., 10 mai 2006, RCDIP 2006, p. 856, note P. Hammje et E. Pataut; JCP 2006, II, 10121, note S. Bollée; JDI 2007, p. 531, note J.-M. Jacquet.

d'effet horizontal de l'art. 5 du Protocole 7 de la Convention pouvait empêcher le jeu de cette disposition comme exception d'ordre public international[43].

3 Modes alternatifs de règlement des différends

Votre pays admet-il que le contentieux lié à la RSE puisse être soumis à (plusieurs réponses possibles) :

- **l'arbitrage : OUI**

En droit français de l'arbitrage, le litige est arbitrable dès lors que les droits en cause sont disponibles[44]. Les droits extrapatrimoniaux sont en principe indisponibles, mais leurs conséquences pécuniaires sont arbitrables. De plus, la jurisprudence française admet de plus en plus largement que des droits d'ordre public, ou sujets à des lois de police, sont arbitrables, le contrôle s'exerçant *a posteriori* sur la conformité de la sentence à l'ordre public[45].

Nous ne disposons pas d'information sur l'existence de sentences arbitrales intervenues en matière de RSE mais il ne devrait pas y avoir de difficulté à régler par arbitrage les litiges relatifs à la réparation des dommages sanitaires, sociaux et environnementaux liés à la RSE.

- **La médiation : OUI**

La médiation[46], si elle réussit, aboutit à une transaction qui est permise si les droits sont disponibles, notamment sur « *l'intérêt civil qui résulte d'un délit* », suivant l'article 2046 du Code civil. Des contentieux RSE donnent souvent lieu à des transactions, mais celles-ci ne sont guère publiées.

- **La conciliation : Pas clair**

Pas d'information sur l'utilisation de la conciliation (réglementée en droit français aux articles 128 et s. du Code procédure civile) en RSE.

- **Un Point de Contact National de l'OCDE : OUI**

Depuis sa création en 2001, le PCN français a été saisi de *24 circonstances spécifiques*. Les syndicats français ou les organisations syndicales internationales sont à l'origine de la majorité de ces saisines (24), bien moins par des ONG (6). D'autres ont été introduites par les Nations Unies (1), par un avis de la Ministre du Commerce extérieur (1), par le maire d'une commune et les employés de l'entreprise

[43]Cass., 1re civ., 17 février 2004, RTD. civ. 2004, p. 367, obs. J. Marguénaud; RCDIP 2004, p. 423, note P. Hammje ; Niboyet and de Geouffre et de la Pradelle (2017) : n°386 et s.

[44]Art. 2059 du Code civil.

[45]Sur l'évolution de la jurisprudence française, Audit, Bollée et Callé (2016) : n° 869 et s.

[46]Réglementée aux art. 131-1 et s. du Code de procédure civile.

mise en cause (1) et par un ressortissant camerounais (1). Parmi ces 24, 3 ont abouti à des accords entre l'entreprise et les plaignants.

Après le drame du Rana Plaza, le PCN a été saisi par le ministre du Commerce extérieur avec comme mission la promotion des principes directeurs et le renforcement de leur application.

La circonstance spécifique *Michelin* a donné lieu à lune large publicité, l'entreprise souhaitant montrer qu'elle exécutait volontairement les recommandations du PCN, d'autant que celui-ci avait conclu que le groupe Michelin avait respecté 18 recommandations de l'OCDE n'avait pas commis de violations des droits de l'homme mais constate le respect insuffisant ou incomplet de 7 recommandations de l'OCDE (notamment l'absence d'études d'impact). Notons que la « procédure » a continué sur demande de l'entreprise alors même que les parties ayant « saisi » le PCN s'étaient « désistées ». Le communiqué du PCN du 14 mai 2014 (« Michelin : lancement des études d'impact recommandées par le PCN ») sur le suivi de l'affaire fait état du lancement des études d'impact social et environnemental, le renforcement des relations avec les parties prenantes sur place et l'application par Michelin des standards d'emploi de l'OIT et de l'OCDE non seulement à ses salariés de l'usine Michelin du Tamil Nadu, en Inde, mais également aux salariés de leurs sous-traitants.

Les circonstances spécifiques portées à la connaissance du PCN français peuvent donné lieu en parallèle à une action devant les juridictions étatiques. Ainsi, le PCN français a été saisi en avril 2014 au sujet de la décision du Groupe finlandais UPM de fermer de ses établissements en France. Le maire de la commune de Docelles où se situait cet établissement, l'association « Sauver la papeterie de Docelles » ainsi que 56 anciens salariés ont saisi les PCN pour violation des Principes directeurs (en particulier l'art. 6 sur les fermetures d'entités). La saisine était parallèle à plusieurs procédures intentées devant les Conseils de Prud'hommes et le Tribunal de commerce par des anciens salariés de l'entreprise. Le groupe UPM a refusé l'offre de médiation du PCN, qui a ainsi clôturé le dossier en 2015.

- **Un autre mode alternatif** (dans ce cas, merci de préciser de quel mode il s'agit)

A la suite de la catastrophe du Rana Plaza, sous l'impulsion de l'OIT, ont été signés **divers accords** par des fédérations syndicales internationales et nationales, des ONG et des entreprises dont le Bon marché. D'autres entreprises ont contribué à un fonds d'indemnisation sans pour autant signer l'accord et en relevant que cela ne signifiait pas qu'elle reconnaissait une quelconque responsabilité.

Ont ainsi été conclus[47] :

- un accord sur les conditions de sécurité des bâtiments au Bangladesh
- un accord sur l'indemnisation des travailleurs victimes du Rana Plaza

[47]Sur ces questions Belporo (2016), Moreau (2006), Vacarie (2015).

4 Compétence juridictionnelle

4.1 Lorsque le contentieux doit être soumis à un juge dans votre pays, la compétence juridictionnelle est admise (plusieurs réponses sont possibles) :

En France, dans les contentieux internationaux relatifs à la matière civile et commerciale, les règles de compétence juridictionnelle internationale sont déterminées par le règlement (UE) n°1215/2012 du Parlement et du Conseil du 12 décembre 2012 concernant la compétence judiciaire, la reconnaissance et l'exécution des décisions (règlement Bruxelles I refondu).

Lorsque le défendeur est domicilié hors de l'UE, ces règles de compétence se coordonnent, à certaines conditions (fixées aux art. 6-1 et 6-2 du règlement Bruxelles I refondu), avec les règles nationales.

- **le for du défendeur** ?

Lorsque le défendeur est domicilié sur le territoire d'un Etat membre de l'Union européenne, la compétence des juridictions de l'Etat du domicile du défendeur est la règle de principe consacrée à l'article 4-1 du règlement Bruxelles I refondu : « *sous réserve du présent règlement, les personnes domiciliées sur le territoire d'un Etat membre sont attraites, quelle que soit leur nationalité devant les juridictions de cet Etat membre* ».

Il en résulte que dès lors qu'une société a implanté son siège social dans un Etat membre de l'UE, les juridictions de cet Etat sont compétentes pour connaître de toutes les actions de nature civile intentée contre cette société. Au stade de la vérification de la compétence de la juridiction saisie, il n'y a pas lieu de procéder à d'autre vérification que celle de la détermination du domicile du défendeur.

La définition du domicile Pour déterminer si une personne physique est domiciliée sur le territoire du for, « *le juge applique sa loi interne*» (art. 62-1) et pour déterminer si cette personne a son domicile dans un autre Etat membre, « *la loi de cet autre Etat membre* » (art. 62-2).

Quant aux sociétés et aux personnes morales, elles « *sont domiciliées la où est situé :*

(a) *leur siège statutaire*
(b) *leur administration centrale ; ou*
(c) *leur principal établissement* » (art. 63-1).

Il est à noter que la localisation du principal établissement en France n'est pas aisément retenue[48].

Ainsi, *la question de savoir si la responsabilité d'une société mère française peut être recherchée en France à raison du comportement à l'étranger d'une filiale*

[48]Cass. 1re civ., 22 février 2017, n°16-12408.

étrangère n'a pas à être tranchée au stade de la vérification de la compétence de la juridiction saisie. Dès lors que l'action est exercée contre une société française, le défendeur est bien domicilié en France et les juridictions françaises compétentes.

Mais la question pourrait rejaillir à un autre niveau, celui de l'appréciation de la recevabilité de l'action.

Pour être *recevable*, en effet, la demande en justice doit émaner de celui qui a qualité pour agir (la « qualité active ») et doit être dirigée contre celui qui a qualité pour défendre (ce que l'on peut appeler la « qualité passive »). En d'autres termes, l'absence de qualité du défendeur entraîne l'irrecevabilité de l'action comme l'absence de qualité du demandeur[49].

Or *l'indépendance juridique des sociétés au sein du groupe et, en négatif, les moyens de lever le voile de la personnalité morale sont incontestablement des questions de fond relatives à l'identification du débiteur de l'obligation en cause*. Mais ces questions retentissent sur la détermination des personnes susceptibles de défendre à l'action. De la même façon qu'on ne peut agir en recouvrement d'une créance que contre le débiteur supposé de celle-ci, lorsque l'action est exercée contre une personne morale, il faut que celle-ci puisse apparaître comme le débiteur supposé du droit invoqué.

Quoi qu'il en soit, que l'on y voit une condition de bien fondé ou de recevabilité de la demande, *cette condition est tellement liée au fond qu'elle devrait, dans un contentieux international, être tranchée au regard la loi applicable au fond*, ce qui disqualifie la loi du for, régissant les éléments de la procédure.

Mais l'on peut encore s'interroger sur le point de savoir si cette loi devrait être la *lex societatis* ou bien la *lex causae* (loi du délit, par exemple).

Des auteurs français se sont interrogés sur ce conflit de lois sans opter de manière définitive[50]. Ils ont privilégié l'application de la loi de la filiale, tout en admettant une possible application de la *lex causae* « afin de déjouer la stratégie consistant à implanter des filiales dans des Etats complaisants » (cette question sera reprise dans les développements sur le droit applicable *infra* réponse à question n° 15). Mais il a été également envisagé de poser une règle matérielle de droit international privé de responsabilité de la société mère pour les agissements de ses filiales lorsqu'elle a participé à l'activité sur laquelle la responsabilité est fondée ou qu'elle a profité de cette activité (voir la résolution de Lisbonne de l'Institut de droit international de 1995).

Il sera noté qu'en droit interne français, les moyens juridiques permettant de faire tomber *l'écran de la personnalité morale* sont conçus de manière particulièrement restrictive : il faut une *confusion des patrimoines* des sociétés telle qu'il n'est plus possible de distinguer les différents éléments qui composent le groupe. Selon la jurisprudence française, au sein des groupes de sociétés, il faut démontrer des relations anormales de transfert d'éléments du patrimoine d'une société à l'autre et que ces relations anormales aillent au-delà de ce qui est justifié par l'existence du

[49]Cadiet et Jeuland (2015) : n° 363.

[50]Bureau et Muir Watt (2017) : n° 1064

groupe[51]. *La notion de dirigeant de fait* permettant de faire supporter l'insuffisance d'actif de la filiale par la société mère est également conçue de manière très stricte et ne saurait se déduire de la seule détention du capital de la filiale, même à 100%[52].

Il est à noter également que certains *textes spéciaux* facilitent l'action contre la société mère en édictant une responsabilité directe de la société mère pour manquement à un devoir de vigilance (voir *supra* la loi française sur le devoir de vigilance la réponse, question 10-1) ou pour faute caractérisée de la société mère ayant contribué à l'insuffisance d'actifs de la filiale qui empêche la filiale de faire face à ses obligations de remise en état des sites pollués[53].

Mais, à la différence du *droit européen de la concurrence*, le droit français n'établit pas de règle générale d'imputabilité des infractions de la filiale à la société mère lorsque la filiale, bien qu'ayant une personnalité juridique distincte, ne se détermine pas de façon autonome mais applique les instructions données par la société mère. En droit de la concurrence, une règle d'imputabilité de l'infraction – fondée sur la notion d'entreprise et non sur celle de personne juridique comme auteur de l'infraction- est en effet grandement facilitée par la jurisprudence qui pose une présomption - théoriquement susceptible d'être renversée mais en pratique irréfragable- selon laquelle lorsque la société mère détient la totalité, ou la quasi-totalité du capital de sa filiale, cette société mère exerce une influence déterminante sur le comportement infractionnel de sa filiale[54].

La compétence dites « des gares principales » En droit de l'Union européenne, l'action peut être intentée « *s'il s'agit d'une contestation relative à l'exploitation d'une succursale, d'une agence ou de tout autre établissement au lieu de leur situation* » (art 7- 5 du règlement Bruxelles I refondu) ; la règle existe également en droit commun français par extension à la matière internationale de l'article 43 du Code de procédure civile.

Néanmoins, plusieurs conditions doivent être réunies. Il faut d'abord que le litige naisse de l'activité de cet établissement (sorte de « *transacting business* »[55]). En outre, pour ce que ce for puisse jouer de façon autonome (notamment par rapport au for du contrat ou au for du délit), il faut se trouver dans l'hypothèse d'un établissement secondaire dont l'activité se réaliserait à l'étranger pour le compte d'une maison mère et dont l'implication serait source d'une responsabilité contractuelle ou extracontractuelle vis à vis de tiers. Si l'hypothèse est bien théoriquement possible, elle devrait se rencontrer assez rarement en pratique[56].

---

[51]Cass. com. 19 avril 2005, Metaleurop, n° 05.10095, JCP ed E. 2005, 721, obs. B Rolland, Bull. Joly sociétés, 2005, 690, note C. Saint-Allary.

[52]Cass. com. 11 oct. 2016, n° 14-26901.

[53]Art. L. 512-17 C. envir., issu de la loi n° 2010-788 du 12 juillet 2010 dite Grenelle II.

[54]CJCE 10 sept. 2009, aff. C-97/08P, AKzo Nobel; CJUE 10 avril 2014, aff. C- 247/11 P et C-253/ 11 P, Areva ; CJUE 27 avril 2017, aff. C-516/15, Akso Nobel.

[55]cf. Kessedjian (2013) : n° 1124.

[56]Gaudemet-Tallon (2015) : n° 235.

- **le for d'un défendeur en y ajoutant tous les défendeurs pouvant être impliqués et la compétence fondée sur la connexité**

L'existence de codéfendeurs En droit de l'Union européenne, la connexité n'est pas un chef attributif de compétence. Toutefois, dans les situations de consorité, lorsque l'un des codéfendeurs est domicilié sur le territoire d'un Etat membre, la connexité permet d'étendre la compétence de la juridiction saisie à l'égard de ce défendeur aux autres codéfendeurs[57], à la condition de l'existence entre les demandes d'un « *lien si étroit qu'il y a intérêt à les instruire et à les juger en même temps afin d'éviter des solutions qui pourraient être inconciliables si les causes étaient jugées séparément* ».

La consécration de ce for dit dérivé est strictement limitée à la mise en œuvre de la règle de compétence de principe, fondée sur le domicile du défendeur. Elle ne saurait permettre une extension de compétence d'un juge saisi sur le fondement d'une autre règle de compétence (for du délit ou for du contrat par exemple, sauf compétence spéciale de faveur au salarié voir ci-dessous).

Cette disposition est applicable, depuis la refonte du règlement Bruxelles I, aux litiges relatifs au contrat de travail, mais ne joue qu'au profit du salarié demandeur. La jurisprudence française antérieure qui s'était développée sur la notion de co-emploi pour atteindre un résultat similaire (voir *infra*) est donc désormais devenue inutile. En revanche le regroupement du contentieux de travail devant un for unique serait possible même si la règle de compétence utilisée est celle du lieu d'exécution habituelle du travail.

Ainsi est-il permis d'assigner en France une société mère et sa (ou ses) filiale(s), lorsque l'une de ces sociétés (filiale ou société mère) y est domiciliée dès lors que ces sociétés se trouvent impliquées dans une même situation litigieuse et ce, même si les demandes formées contre elles ne reposent pas sur le même fondement juridique[58].

La connexité entre les demandes formées contre les codéfendeurs serait admise dès lors que l'implication de ces sociétés dans une même situation factuelle rendrait nécessaire de les juger ensemble afin d'éviter des recours en cascade entre les parties ou des décisions intellectuellement inconciliables. La Cour de justice ne considère pas, en revanche, qu'il faille établir en outre les demandes n'aient pas été formées ensemble dans le seul but de soustraire l'un des codéfendeurs aux tribunaux de l'Etat sur le territoire duquel il est domicilié[59].

Au regard des critères de la jurisprudence de la Cour européenne de justice, il semble que *des demandes pourraient être regroupées sur le fondement de l'article 8-1 du règlement Bruxelles refondu aux fins d'attraire ensemble la société mère et la filiale (ou le sous-traitant) dès lors que cette dernière (ou ce dernier) aurait agi sur*

---

[57] art. 8-1 du règlement Bruxelles I refondu.

[58] CJUE 11 octobre 2007, Freeport, aff. C- 98/06 et la jurisprudence postérieure, sauf à admettre une exception lorsque les droits en cause porteraient sur des brevets, voir CJUE 13 juillet 2006, aff. C-539/06, Roche Nederland, jurisprudence citée et non démentie par CJUE 12 juillet 2012, Solvay, aff. C- 616/10 au point 24.

[59] cf. la jurisprudence Freeport précitée.

ordre donné par la société mère d'entreprendre l'action ou que les différentes sociétés auraient pris part de manière concertée à l'activité à l'origine d'un dommage ou encore que les sociétés auraient agi de manière identique ou similaire conformément à une politique commune arrêtée au sein d'un groupe de sociétés. En revanche, il semble *difficile de fonder le lien de connexité entre les demandes sur la seule appartenance des sociétés à un même groupe de sociétés*[60].

L'existence de co-employeurs Comme indiqué précédemment, dans les litiges relatifs au contrat de travail, la jurisprudence française a eu recours à la notion de co-employeurs pour permettre au salarié employé par une filiale étrangère d'attraire en France au sein d'une même instance la filiale étrangère (employeur direct) et la société mère française qui la contrôle (considérée comme l'employeur indirect du salarié) ou inversement la société mère étrangère aux côtés de la filiale française[61]. Toutefois, les critères du co-emploi sont définis en droit français de manière très stricte : il faut soit un lien de subordination entre le salarié et la société mère soit entre la société mère et la filiale « une confusion d'intérêts, d'activités et de direction se manifestant par une immixtion de la société mère dans la gestion économique et sociale de la filiale »[62].

- **Le for contractuel** ?

En droit commun des contrats En droit de l'Union européenne, en matière contractuelle, le demandeur dispose d'une option de compétence entre les juridictions du domicile du défendeur ou « *la juridiction du lieu d'exécution de l'obligation qui sert de base à la demande* » (art. 7-1° point a). Ce lieu est défini pour la vente de marchandises comme « *le lieu d'un Etat membre où, en vertu du contrat, les marchandises ont été ou auraient dû être livrées* ». Et pour la fourniture de services comme « *le lieu d'un Etat membre où, en vertu du contrat, les services ont été ou ont dû être fournis* (art. 7-1 point b)».

Cette règle n'est applicable que si le défendeur est domicilié sur le territoire d'un Etat membre (art. 7 al. 1). A défaut, la règle française de compétence spéciale en matière contractuelle est définie à l'article 46 alinéa 2 du Code de procédure civile, étendu à la matière internationale, permettant la saisine des juridictions françaises soit au titre de « *la juridiction du lieu où demeure le défendeur* » soit au titre de la « *la juridiction du lieu de la livraison effective de la chose ou du lieu de l'exécution de la prestation de service* ».

Concevoir des exemples de contentieux contractuels liés à la RSE suppose de satisfaire deux préalables :

[60]Comp. Résolution de Sophia du 26-30 août 2012 du Comité sur le contentieux privé international dans l'intérêt du public de l'Association de droit international, art. 2.2., posant une présomption de connexité dans le cadre des groupes de sociétés.

[61]Sur cette jurisprudence voir Jault-Seseke (2013).

[62]Cass. soc. 6 juil 2016, n° 14-27266, 14-26541 et 15-15481 ; Cass. soc. 2 juil 2014 n°13-15208.

D'une part, il faut envisager des normes contraignantes dont la violation serait susceptible d'engendrer une responsabilité contractuelle des entreprises partenaires (par exemple des fournisseurs, des distributeurs ou des sous-traitants) à l'égard d'une société mère ou d'une société donneuse d'ordre. Cela suppose en amont une contractualisation d'un devoir de vigilance librement assumé par la société mère ou donneuse d'ordre et une volonté de celle-ci de le faire respecter par le truchement du contrat avec ses partenaires. Le contrat devient ainsi le vecteur d'un devoir de vigilance, souscrit *ex nihilo*, ou étendu au-delà de son périmètre légal, ou encore complété en y spécifiant des règles de preuve par exemple[63].

D'autre part, pour être utiles, les règles de compétence internationale, propres à la matière contractuelle, doivent aboutir à la désignation d'un for différent de celui du domicile du défendeur, puisque celui-ci est toujours disponible. Or, l'alternative offerte en matière contractuelle au for du défendeur est la saisine de la juridiction lieu d'exécution du contrat (*forum loci executionis*), lequel sera souvent, dans les hypothèses de mise en cause d'une responsabilité sociétale des entreprises, situé dans un Etat tiers à l'Union européenne. Mais, dans l'exemple d'une chaîne de contrats, une chaîne de contrats d'approvisionnement, l'on pourrait parfaitement concevoir une obligation contractuelle (de livraison ou de fourniture de service) mise à la charge de l'un des partenaires de la chaîne – fabricant, fournisseur, distributeur, transporteur etc. - devant s'exécuter dans un autre Etat membre que celui du domicile de ce partenaire.

En droit de la consommation En droit de l'Union européenne, le consommateur (personne physique agissant pour un besoin étranger à son activité professionnelle ou personne morale représentant un groupe de consommateurs) peut choisir de porter son action soit devant les juridictions du domicile du défendeur soit devant celles de son propre domicile (art. 18-1 « *l'action par un consommateur contre l'autre partie au contrat peut être portée soit devant les juridictions de l'Etat membre sur le territoire duquel est domiciliée cette partie, soit, quel que soit le domicile de l'autre partie, devant la juridiction du lieu où le consommateur est domicilié* ». Cette règle de compétence spéciale obéit à certaines conditions tenant soit à l'objet du contrat souscrit (art. 17-1 points a et b) soit aux conditions de sa conclusion (art. 17-1 point c).

S'agissant d'une action introduite par un groupe de consommateurs, ce for spécial protecteur du consommateur risque néanmoins d'aboutir à un éclatement du groupe lorsque les consommateurs sont domiciliés en des lieux multiples.

Lorsque le contractant du consommateur n'est pas domicilié sur le territoire d'un Etat membre, le consommateur peut agir devant les juridictions de l'Etat sur lequel son contractant « *possède une succursale, une agence ou tout autre établissement pour les contestations relatives à leur exploitation* » (art. 17-2).

Il est à noter que la Cour de justice retient une conception large de la notion de contrat international de consommation en estimant que dès lors que le contrat

[63]Sur tous ces points, voir M. Mekki (2015), p. 104 et *supra* réponse à la question 10-1.

souscrit s'insère dans un ensemble contractuel englobant des sociétés relevant d'Etats différents le for protecteur de l'article 18-1 permet au consommateur de regrouper le contentieux pour agir contre les différents maillons de la chaîne[64]. Il faut néanmoins qu'on soit en matière contractuelle et qu'un contrat soit souscrit entre les protagonistes[65].

Ainsi, peut-on imaginer l'action d'un consommateur (domicilié en France) qui se prévaudrait à l'encontre d'une société étrangère d'un manquement à un devoir d'information tel que celui prévu à l'article L. 113-1 du code de la consommation au terme duquel :

> Le fabricant, le producteur ou le distributeur d'un bien commercialisé en France transmet au consommateur qui en fait la demande et qui a connaissance d'éléments sérieux mettant en doute le fait que ce bien a été fabriqué dans des conditions respectueuses des conventions internationales relatives aux droits humains fondamentaux, toute information dont il dispose portant sur un des éléments ci-après : origine géographique des matériaux et composants utilisés dans la fabrication, contrôles de qualité et audits, organisation de la chaîne de production et identité, implantation géographique et qualités du fabricant, de ses sous-traitants et fournisseurs.

Indépendamment des questions de fond, concernant l'applicabilité de la législation protectrice du consommateur (voir *infra* sous la question n° 15) et de la sanction de ce devoir d'information (laquelle en droit français ne suppose pas nécessairement un préjudice, par exemple le devoir d'information du médecin), au seul stade de l'appréciation de la compétence juridictionnelle, la juridiction du domicile du consommateur (prévue à l'art. 18-1 du règlement Bruxelles I refondu) pourrait donc constituer un forum possible.

- **Le for délictuel ?**

En droit de l'Union européenne, en matière délictuelle, lorsque le défendeur est domicilié dans un Etat membre de l'Union européenne, le demandeur peut attraire le défendeur, soit devant les juridictions du domicile de ce dernier, soit devant « *le tribunal du lieu où le fait dommageable s'est produit ou risque de se produire* » (art. 7-2° du règlement Bruxelles I refondu). Lorsque le défendeur est domicilié hors de l'Union européenne, c'est la règle française de l'article 46 alinéa 3 du Code de procédure civile qui permet la saisine des juridictions françaises soit au titre de la juridiction du lieu où demeure le défendeur, soit au titre de « *la juridiction du lieu du fait dommageable ou celle dans le ressort de laquelle le dommage a été subi* »[66].

Une jurisprudence bien acquise de la Cour de justice a décidé que lorsque le fait générateur et la réalisation du préjudice se réalisent en des pays différents, le demandeur peut saisir à son choix l'une l'autre des juridictions de ces lieux, sans avoir à démontrer l'existence de liens plus étroits avec l'Etat de la juridiction qu'il a

---

[64]CJUE 14 nov 2013, Armin Maletic, Aff. C- 478/12.

[65]CJUE 14 mai 2009, Ilsinger, aff. C-180/06 et 28 janv. 2014, Aff. C-375/13.

[66]Sur la qualification délictuelle de la demande fondée sur l'immixtion de la société mère dans la gestion de sa filiale, voir Cass. 1ère civ., 26 oct. 2011, n° 10-17026, JDI 2013 n° 2, com. 11 et CJUE 18 juil. 2012, OFAB, Aff. C-147/12.

saisie[67]. Mais, en cas de pluralité d'auteurs ayant agi dans des pays différents, il a été jugé qu'il n'était pas possible de retenir la compétence, au titre du lieu du fait générateur, à l'égard d'un coauteur du dommage, seul assigné, qui n'a pas agi en ce lieu[68]. La question demeure ouverte au cas où tous les coauteurs seraient assignés devant la juridiction de l'Etat où auraient été accomplis des agissements délictuels par l'un d'eux.

- **le for du fait causal** ? (préciser ce que l'on entend par « fait causal »)

Il est difficile d'imaginer toutes les situations dans lesquelles il y pourrait y avoir une difficulté à localiser le fait causal en matière de RSE.

Il pourrait y avoir une première *difficulté à localiser la prise de décision* – ou l'absence de précaution préalablement à une telle décision- qui serait source d'une responsabilité directe d'un opérateur économique pour violation de son devoir de vigilance, ayant provoqué la production d'un dommage social, sanitaire ou environnemental dans un autre pays. Dans le cadre d'une société, la prise de décision devrait être présumée localisée au lieu du siège social. Mais l'on pourrait concevoir d'y faire exception quand il est établi qu'une décision a été prise lors d'une réunion organisée dans un autre pays.

Lorsque la difficulté concerne la *responsabilité d'une société dans les dettes auxquelles une autre société se trouve tenue*, l'on pourrait s'inspirer d'un arrêt de la Cour de justice[69], qui a localisé les actions d'un membre du conseil d'administration et d'un actionnaire d'une société pour les rendre responsables des dettes de cette société en raison d'un manquement à leurs obligations légales de surveillance et de contrôle financier « au lieu auquel s'attachent les activités déployées par ladite société ainsi que la situation financière liées à ces activités » (comparer avec la localisation du fait générateur de la responsabilité – contractuelle - d'une société mère, ayant souscrit une lettre d'intention garantissant les engagements de sa filiale, au siège de la filiale, considéré comme le lieu où l'obligation de la société mère devait produire ses effets[70]).

En matière de *responsabilité du fait d'un produit défectueux*, le lieu de l'événement causal est situé au lieu de fabrication et non à celui où le produit a été acheté[71]. Cette localisation devrait valoir également quand le fondement de l'action réside dans la violation d'un devoir de vigilance ayant conduit à la fabrication du produit dangereux.

Enfin, pour retenir la responsabilité d'une société mère ou donneuse d'ordre devant la juridiction du lieu du fait causal, il pourrait y avoir une *difficulté touchant à la détermination du lien de causalité entre l'événement causal invoqué et le dommage subi*: exemple du dysfonctionnement de l'usine d'une filiale ou d'un

---

[67]CJCE 30 nov. 1976, Mines de Potasse d'Alsace, aff. 21/76.

[68]CJUE 3 avril 2014 aff. C-387/12.

[69]CJCE 18 juil 2013, OFAB, aff. C-147/12.

[70]Cass. com., 3 mars 1992, n° 89-13.837, Sté Svedex Holding : RCDIP 1993, p. 692, obs. A. Sinay-Cytermann.

[71]CJUE 16 janv. 2014, aff. C-45/13.

sous-traitant et le défaut de contrôle ou de surveillance de la société mère ou de l'entreprise donneuse d'ordre[72]. C'est une question relative au bien fondé de la demande mais qui pourrait rejaillir au stade de la compétence, à propos de la localisation de l'élément causal.

- **le for du dommage** ?

Les dommages réparables en matière de RSE sont des violations de droits humains, des dommages causés à la santé et à l'environnement, qu'il s'agisse de dommages d'ordre patrimonial ou extrapatrimonial.

Le dommage réparable devrait s'étendre aux *risques avérés de dommages futurs*, ce qui soulève la question des *actions préventives*.

L'action préventive dépend du droit national du for quant à sa recevabilité et des règles de l'article 7-2° du règlement Bruxelles I refondu quant à la détermination de la juridiction compétente. En visant le lieu où « le fait dommageable risque de se produire », l'article 7-2° s'applique en effet aux actions qui visent à empêcher la commission d'un acte délictuel et la réalisation d'un dommage. On pourrait donc imaginer une action visant à empêcher l'accomplissement d'une activité susceptible d'être génératrice d'un dommage : par exemple en cas de risque de produit défectueux ou polluant, le lieu de l'événement causal devrait être localisé au lieu de fabrication du produit[73] ou bien en cas de risque de pollution par hydrocarbures au lieu d'acceptation par l'affréteur d'un navire ne présentant pas les garanties de sécurité. Mais le lieu du préjudice sera parfois difficile à localiser avant la survenance du dommage : par exemple impossible de localiser par anticipation le naufrage éventuel du cargo vétuste chargé de produits polluants ?

Par ailleurs, dans la mise en œuvre de l'art. 7-2° du règlement Bruxelles I refondu, seul *le lieu du préjudice initial et direct* doit être pris en considération, par exclusion du lieu du préjudice subi par les victimes par ricochet et de celui du préjudice ultérieurement subi par la victime dans un autre pays que celui du préjudice initial[74].

- **le for de nécessité** ?

Le for de nécessité n'a pas été consacré à l'occasion de la révision du règlement Bruxelles I, malgré des propositions qui avaient été faites en ce sens. Mais il est bien établi en droit français commun, depuis une jurisprudence ancienne qui avait voulu tempérer ainsi l'incompétence de principe des tribunaux français dans les litiges entre étrangers. Cette incompétence dans les litiges entre étrangers ayant été depuis lors levée, ce chef de compétence est aujourd'hui arrimé au principe fondamental du droit d'accès à la justice.

D'une part, le demandeur doit établir qu'il se trouve dans l'impossibilité de fait ou de droit de saisir un tribunal étranger, ou du moins de saisir un tribunal étranger dont

---

[72]Danis-Fatôme et Viney (2017).

[73]CJUE 16 janv 2014 aff. C-45/13.

[74]CJCE 19 sept 1995, aff. C-364/93, Antonio Marinari et 16 juin 2009, Aff. C-189/08, Zuid Chemie BV.

la décision serait susceptible d'être reconnue en France. D'autre part, le litige doit présenter des liens suffisants avec la France.

Dans une *affaire d'esclavage domestique*, la Cour de cassation française semble s'être fondée sur ce chef de compétence pour admettre la compétence des tribunaux français, saisis par une jeune nigériane alors que le litige ne présentait pas d'autre lien avec la France que la seule présence de celle-ci sur le territoire français[75]. Cette application très compréhensive du for de nécessité avait été justifié par le caractère exceptionnel et la gravité des fais commis.

Dans *l'affaire Comilog*, la Cour de cassation vient de rendre une décision importante concernant un contentieux collectif opposant des centaines de salariés à plusieurs sociétés françaises et à une société gabonaise, l'employeur. Ces travailleurs travaillaient sur une ligne de chemin de fer transportant du manganèse entre le Gabon et le Congo. A la suite d'un grave accident, la compagnie gabonaise a cessé ses activités et licencié sans préavis ni indemnité le personnel. C'est dans ces conditions que les salariés ont saisi les juridictions françaises d'une action contre la société gabonaise et contre des sociétés françaises, les sociétés « Comilog » et la société Eramet, la société mère.

La Cour d'appel de Paris, dans six arrêts rendus le même jour[76] a d'abord écarté la qualification de co-employeurs puis, dans deux arrêts sur six (pour des raisons procédurales propres aux espèces concernées), retenu sa compétence sur le fondement du risque de déni de justice en relevant l'absence de perspective d'aboutissement dans un délai raisonnable de la procédure intentée dès 1992 au Congo. Pour la Cour de Paris le lien du litige avec la France était établi du fait que la société étrangère était une filiale d'une société mère française. C'est sur ce dernier point que ces arrêts viennent d'être cassés par la Cour de cassation française au motif que « *si l'impossibilité pour une partie d'accéder au juge chargé de se prononcer sur sa prétention et d'exercer un droit qui relève de l'ordre public international constitue un déni de justice fondant la compétence de la juridiction française lorsqu'il existe un rattachement avec la France, la seule détention et par une société française d'une partie du capital d'une société étrangère ne constitue pas un lien de rattachement au titre du déni de justice* »[77].

- **La compétence universelle civile ?**

La compétence universelle civile n'est pas consacrée dans le règlement Bruxelles I refondu ni en droit commun français. Toutefois, *par l'effet d'une compétence universelle au pénal*, il serait possible de former une action civile devant la juridiction pénale par application de l'article 7-3 du règlement qui donne compétence au civil à la juridiction pénal saisie de l'action publique (« *s'il s'agit d'une action en réparation de dommage ou d'une action en restitution fondées sur une*

[75]Cass. 1ère civ. 10 mai 2006, JCP 2006, II, 10121, note S. Bollée, RCDIP 2006, p. 856, note E. Pataut et P. Hammje.

[76]Paris, 10 septembre 2015 ; Pataut (2016).

[77]Cass. soc. 14 sept 2017 n° 15-26.737 et Y 15-26.738 ; Pataut (2018).

infraction, devant la juridiction saisie de l'action publique, dans la mesure où, selon sa loi, cette juridiction peut connaître de l'action civile »).

4.2 Si des décisions de justice ont déjà été rendues dans votre pays sur une violation de la RSE, merci de résumer ces décisions et de nous en donner les références précises

Affaire **Comilog** précitée *supra* sous la question n° 12 ; affaires de l'**Erika** et du **Distilbene**, précitées *supra* sous la question n° 8.

Ces deux dernières affaires (Erika et Distilbène) ont permis de retenir une responsabilité civile fondée sur la violation d'un devoir de vigilance mais n'ont pas conduit à des raisonnements de droit international privé concernant la localisation de l'événement causal ou du préjudice dans un contentieux international.

4.3 Souhaitez-vous nous signaler d'autres aspects de la compétence juridictionnelle spécifiques à votre pays qui nous aideraient à comprendre mieux vos réponses ?

Le droit international privé français n'a pas consacré *la théorie du forum non conveniens* et l'emploi de celle-ci a même été condamné dans l'espace judiciaire européen[78]. En droit commun également, le juge français doit en principe exercer sa compétence et ce, même lorsque le litige ne présente aucun autre lien de rattachement avec le système du for que celui prévu par un chef exorbitant, comme la nationalité française du demandeur, en vertu de l'article 14 du code civil français.

Mais il existe en droit français des techniques procédurales susceptibles d'autoriser un juge français à se dessaisir malgré sa compétence établie : *le défaut d'intérêt à agir* ou le *caractère illicite de l'intérêt à agir* du demandeur, d'une part, et *l'abus de droit* dans l'exploitation d'une règle de compétence, d'autre part. Ces outils ont été proposés en doctrine pour sanctionner dans les contentieux internationaux un comportement déloyal ou pour corriger le recours à un chef de compétence mettant la partie défenderesse dans une situation excessivement défavorable par rapport à celle du demandeur[79].

Il est à noter qu'en cas de *litispendance* entre une procédure pendante devant une juridiction française et une autre pendante devant une juridiction d'un Etat tiers à

[78] CJCE 1er mars 2005, aff. Owusu, C- 281/02.

[79] Voir notamment Cornut (2007) et les références citées.

l'Union européenne, le règlement Bruxelles I refondu confère au juge européen saisit en second un certain pouvoir d'appréciation pour se dessaisir au profit du juge de l'Etat tiers, saisi en premier (art. 33). Ce *pouvoir d'appréciation* est très proche de celui que la jurisprudence français reconnaît aux juges français dans les conflits de procédures relevant du droit commun[80].

Lorsque le défendeur n'est pas domicilié sur le territoire d'un Etat membre de l'Union européenne, la compétence des juridictions françaises est régie par le droit commun français (art. 6-1 du règlement Bruxelles I refondu). Le demandeur de nationalité française peut alors saisir les juridictions françaises sur le fondement de sa *nationalité française,* en vertu de l'article 14 du Code civil. Quelle que soit sa nationalité, le demandeur domicilié en France peut invoquer en France l'article 14 du code civil pour saisir les tribunaux français (en vertu de l'art. 6-2 du règlement Bruxelles I refondu).

5 Droit applicable

5.1 Quel est le droit applicable aux normes relevant de l'organisation des sociétés ? En d'autres termes, comment se détermine la lex societatis *?*

Le droit français connaît la combinaison de *deux critères pour la lex societatis* : le lieu du siège social combiné avec le siège statutaire. Signalons en outre que le renvoi de la loi étrangère à une autre qui accepte sa compétence, par exemple en application de la théorie de l'incorporation est possible[81].

Selon les articles 1837 du Code civil et L. 210-3 du Code de commerce, deux règles sont formulées : l'une sous forme unilatérale retient le critère du siège social interprété comme le siège réel, mais la jurisprudence l'a bilatéralisée ; l'autre permet aux tiers de se prévaloir de la loi du lieu du siège statutaire mais empêche au contraire que lui soient opposées les dispositions de cette loi lorsque le siège statutaire ne correspond pas au siège social.

En effet, *le siège social* est défini par la jurisprudence par la localisation de la direction effective ou du principal centre de décisions[82], « son siège réel, défini comme le siège de la direction effective et présumé par le siège statutaire » dont il faut démontrer le caractère fictif[83].

---

[80]Cass. 1ère civ., 26 nov. 1974, RCDIP 1975, p. 491, note D. Holleaux.

[81]Banque ottomane, Paris 3 octobre 1984, RCDIP 1985, 526 note H. Synvet ; JDI 1986, 156 not J. Goldman.

[82]Kessedjian (2013) : n°205, pp. 108–109.

[83]Cass. ass. plén. 21 déc. 1990 : N° de pourvoi: 88-15744 Bulletin 1990 A.P. N° 12 p. 23 ; Rev. crit. DIP 1992, p. 70, note Duranton ; D. 1991, p. 305, concl. Dontenwille et éd. E. II, p. 49, rapport J. Lemontey ; déjà Req. 28 oct. 1941 : Gaz. Pal. 1942. I, 18.

Néanmoins, plusieurs tendances se dessinent qui atténuent cette présentation classique.

D'une part, de nombreuses dispositions sont applicables de manière unilatérale[84]. D'autre part, certains auteurs ont considéré que l'analyse de la jurisprudence française ne permettait pas de donner autant d'importance au siège réel. En effet, les décisions qui prennent en compte le *siège réel* concernent en réalité des situations particulières telles que la fictivité voire la fraude à la loi[85]. Ce dernier auteur, à l'inverse, considère que la référence au siège réel par la jurisprudence française ne peut être niée. En outre, l'ensemble de la doctrine constate que le critère du siège statutaire et ladite théorie de l'incorporation prend davantage de poids, notamment sous l'influence du droit de l'Union européenne qui pour les personnes morales européennes rend extrêmement difficile le refus de reconnaître en vertu de l'application de la liberté d'établissement la fictivité du siège statutaire[86].

L'arrêt de la Cour de cassation française qui pourrait aller en ce sens est celui rendu dans l'affaire Artifax[87]. Dans un attendu de rejet la Cour affirme « *Mais attendu que pour apprécier l'exactitude du siège social indiqué dans les conclusions d'une personne morale, il y a lieu de se référer à la loi dont dépend la société en cause* ». Si ce n'était la généralité de cette formule, l'on aurait tendance à ne pas attribuer une portée majeure à cet arrêt dans la mesure où la question posée peut sans doute être relativisée. Une partie soulevait en effet que le siège indiqué dans les conclusions de l'autre partie était fictif afin de les faire déclarer irrecevables. Il nous semble que sur cette question de la reconnaissance de la personnalité juridique pour agir en justice et pour accomplir les actes de procédure, il est tout à fait possible de donner une portée plus importante à la loi du siège statutaire, sans que la solution ne concerne pour autant l'ensemble des questions relevant du droit de sociétés.

En matière de RSE, deux questions générales pourraient relever du domaine de la *lex societatis*, avec une combinaison possible avec d'autres lois et notamment la loi applicable à la réparation. Mais surtout, ce sont les textes qui prévoient des régimes spéciaux dont on peut se poser la question de savoir s'ils forment un tout qui s'intégrerait dans la catégorie « sociétés ». Ce sont des raisonnements théoriques qui n'ont pas donné lieu à jurisprudence.

Questions générales

L'on peut d'une part s'interroger sur la loi qui permettrait d'imputer à une société contrôlante les actes ou faits d'une société contrôlée (outre la loi applicable à la définition du contrôle). D'autre part, en cas d'apparence ou de fictivité, se pose la question de la loi permettant de « percer le voile ». Ces questions ont déjà été

[84]Voir notamment D'Avout (2015).

[85]Synvet, L'organisation juridique du groupe international de sociétés – Conflit de lois en matière de sociétés et défaut d'autonomie économique de la personne morale, thèse Rennes, 1979, cité par Menjucq (2016) : n°77 et s.

[86]Voir notamment CJCE, 9 mars 1999 Centros, C-212/97.

[87]Cass. com. 21 oct. 2014, n°13-11805 ; D'Avout (2015).

abordées sous l'angle de la recevabilité de l'action en justice du défendeur (voir *supra* question n° 12).

Une partie de la doctrine considère que : « En bonne logique la compétence de la loi de la filiale devrait notamment s'imposer lorsque l'on s'interroge sur les conditions auxquelles peut être « *levé le voile* » de la personnalité morale, de manière à imputer à la société mère la responsabilité encourue par celle qu'elle domine »[88]. M. Menjucq considère plus généralement qu'en cas de groupes de sociétés tant le rapport de domination que la constitution et le fonctionnement de chaque société du groupe relève de la loi de chaque filiale[89].

Régimes spéciaux
Peuvent se rattacher à la *lex societatis* un certain nombre d'obligations imposées par la loi française dans des *dispositions spéciales* aux personnes morales, formulées comme des règles définissant pour la plupart unilatéralement leur champ d'application et visant les sociétés établies en France agissant à l'étranger. Nous illustrerons par quelques dispositions sans pouvoir être exhaustives[90].

- **Loi sur le devoir de vigilance** du 27 mars 2017 : aux termes de l'article L. 225-102-4 du Code de commerce

> Toute société qui emploie, à la clôture de deux exercices consécutifs, au moins cinq mille salariés en son sein et dans ses filiales directes ou indirectes dont le siège social est fixé sur le territoire français, ou au moins dix mille salariés en son sein et dans ses filiales directes ou indirectes dont le siège social est fixé sur le territoire français ou à l'étranger, établit et met en œuvre de manière effective un plan de vigilance.
>
> Les filiales ou sociétés contrôlées qui dépassent les seuils mentionnés au premier alinéa sont réputées satisfaire aux obligations prévues au présent article dès lors que la société qui les contrôle, au sens de l'article L. 233-3, établit et met en œuvre un plan de vigilance relatif à l'activité de la société et de l'ensemble des filiales ou sociétés qu'elle contrôle.

L'obligation d'établir un plan de vigilance suit selon la doctrine la *lex societatis* et s'applique donc aux sociétés dont le siège social est situé en France, en précisant que les conditions d'applicabilité du texte sont très strictes et le champ d'application d'autant plus étroit[91]. Les auteurs s'appuient sur la formule du Conseil constitutionnel (voir ci-dessus question les lois de police) tout en précisant que la question de l'applicabilité à une société dont le siège est à l'étranger n'était pas posée directement ainsi que sur la place de la disposition législative dans le Code de commerce, la nouvelle disposition jouxtant celles qui imposent aux sociétés par actions de droit français l'établissement de documents d'information sur la gestion, la rémunération des dirigeants et les activités à risques.

---

[88]Audit, Bollée et Callé (2016) : n°63 ; en ce sens également Kessedjian (2013) : n°223, p. 120.

[89]Menjucq (2016) : n°459, p. 346.

[90]Pour une analyse détaillée, cf. Caillet, Guislain et Malbrand (2016).

[91]Schiller (2017) : 19 ; Queinnec et Pironon (2017) : n°104.

En sens inverse, l'on peut s'attacher à la lettre du texte et à la syntaxe des propositions « *Toute société qui emploie, à la clôture de deux exercices consécutifs, au moins cinq mille salariés en son sein et dans ses filiales directes ou indirectes dont le siège social est fixé sur le territoire français, ou au moins dix mille salariés en son sein et dans ses filiales directes ou indirectes dont le siège social est fixé sur le territoire français ou à l'étranger, établit et met en œuvre de manière effective un plan de vigilance.* ». L'expression « dont le siège social est fixé sur le territoire français » concerne les filiales directes ou indirectes pour fixer un seuil différent (5000 salariés pour un groupe dont toutes les sociétés sont en France / 10000 lorsque certaines sont à l'étranger). Selon nous, la loi n'entend pas se limiter aux sociétés dont le siège est en France.

Quoi qu'il en soit, une fois posée l'exigence de l'élaboration et du suivi d'un plan de vigilance, la question se pose de savoir *comment la lex societatis se combine avec les autres lois applicables soit au titre d'un contrat si on considère que ce plan crée des obligations contractuelles, soit au titre de la responsabilité délictuelle* lorsque des victimes tierces mettent en jeu la responsabilité pour la réparation d'un dommage dont on peut considérer qu'il n'aurait pas eu lieu si le plan de vigilance avait été élaboré ou mieux élaboré, exécuté ou bien exécuté.

- Le ***reporting* extra-financier** (Ordonnance n° 2017-1180 du 19 juillet 2017 relative à la publication d'informations non financières par certaines grandes entreprises et certains groupes d'entreprises, transposant la directive 2014/95/UE et D. n°2017-1265 du 9 août 2017 JORF n°0187 du 11 août 2017, texte n°25)

Le nouvel article L. 221-7 du Code de commerce montre que la loi s'applique par le biais d'un autre critère que le siège statutaire, notamment en cas de société sur un marché règlementé en France « Le I de l'article L. 225-100-1 et l'article L. 225-102-1 s'appliquent au rapport de gestion lorsque l'ensemble des parts sont détenues par des personnes ayant l'une des formes suivantes ou par des sociétés de droit étranger d'une forme juridique comparable : société anonyme, société en commandite par actions, société à responsabilité limitée ou société par actions simplifiée. »

- Engagement de la société-mère en cas de défaillance de la fille pour les obligations de prévention et de réparation découlant de l'application des **articles L. 162-1 à L. 162-9 du Code de l'environnement.**

On peut également penser que cet engagement est soumis à la *lex societatis* plutôt qu'à la loi du contrat, pour imposer les règles applicables aux conventions réglementées. (rappel : Article L233-5-1 La décision par laquelle une société qui possède plus de la moitié du capital d'une autre société au sens de l'article L. 233-1, qui détient une participation au sens de l'article L. 233-2 ou qui exerce le contrôle sur une société au sens de l'article L. 233-3 s'engage à prendre à sa charge, en cas de défaillance de la société qui lui est liée, tout ou partie des obligations de prévention et de réparation qui incombent à cette dernière en application des articles L. 162-1 à L. 162-9 du code de l'environnement est soumise, selon la forme de la société, à la procédure mentionnée aux articles L. 223-19, L. 225-38, L. 225-86, L. 226-10 ou L. 227-10 du présent code. »

– **Les incitations dans le cadre de la loi d'orientation et de programmation relative à la politique de développement et de la solidarité internationale** : l'article 8 de loi n°2014-773 du 7 juillet 2014 vise explicitement les « sociétés ayant leur siège sur son territoire et implantées à l'étranger ». Ces normes définissent ainsi unilatéralement leur champ d'application dans l'espace.

Ainsi l'article 8 de la loi n°2014-773 du 7 juillet 2014 d'orientation et de programmation relative à la politique de développement et de solidarité internationale indique-t-elle :

> Article 8 - La politique de développement et de solidarité internationale prend en compte l'exigence de la responsabilité sociétale des acteurs publics et privés. La France promeut cette exigence auprès des pays partenaires et des autres bailleurs de fonds.
>
> Dans le cadre de cette exigence de responsabilité sociétale, les entreprises mettent en place des procédures de gestion des risques visant à identifier, à prévenir ou à atténuer les dommages sociaux, sanitaires et environnementaux et les atteintes aux droits de l'homme susceptibles de résulter de leurs activités dans les pays partenaires.
>
> **La France encourage les sociétés ayant leur siège sur son territoire et implantées à l'étranger** à mettre en œuvre les principes directeurs énoncés par l'Organisation de coopération et de développement économiques à l'intention des entreprises multinationales et les principes directeurs sur les entreprises et les droits de l'homme adoptés par le Conseil des droits de l'homme de l'Organisation des Nations unies.
>
> Le groupe Agence française de développement intègre la responsabilité sociétale dans son système de gouvernance et dans ses actions. Il prend des mesures destinées à évaluer et maîtriser les risques environnementaux et sociaux des opérations qu'il finance et à promouvoir la transparence financière, pays par pays, des entreprises qui y participent. Son rapport annuel d'activité mentionne la manière dont il prend en compte l'exigence de responsabilité sociétale

5.2 *Quel est le droit applicable aux normes relevant du droit des contrats ?*

C'est le règlement Rome I n°593/2008 du 17 juin 2008 qui s'applique en France en matière civile et commerciale et qui permet de déterminer la loi applicable au contrat par le biais de la clause de choix de loi (article 3) et, à défaut, par l'application de critères objectifs (article 4). Dans le cadre du choix de loi, le considérant 13 rappelle que les parties peuvent intégrer « *un droit non étatique ou une convention internationale* », ce qui peut donc inclure un certain nombre d'instruments de la RSE.

La question (qui reste théorique) qui nous paraît intéressante de poser est celle de savoir si les plans de vigilance ou codes de conduite élaborés entre les différentes « parties » relèvent de la loi applicable au contrat. Plus précisément, la question se pose de savoir si le tiers peut se prévaloir d'une faute contractuelle, en relation avec l'inexécution du plan, en application de la loi applicable à cet acte car ce sont rarement les personnes directement liées par le plan ou le code qui vont s'en prévaloir.

La question peut être résolue par une articulation avec le Règlement Rome II n° 864/2007 du 11 juillet 2007 sur la loi applicable aux obligations non contractuelles, lequel prévoit à l'article 4§3 une clause d'exception visant expressément l'application de la loi du contrat lors que le dommage présente un lien étroit avec une relation préexistante[92]. Dès lors, que la responsabilité soit envisagée sous l'angle contractuel ou délictuel, c'est la loi applicable à ce plan de vigilance qui devrait s'appliquer.

Néanmoins il paraît délicat d'admettre que le plan soit entièrement régi par une *lex contractus* étrangère à celle qui en impose l'élaboration soit au titre de la *lex societatis*, soit au titre d'une loi de police (cf *supra*).

Deux types de contrats spéciaux méritent d'être relevés : le contrat de consommation et le contrat de travail.

S'agissant du contrat de consommation, l'application *du devoir d'information* prévu par l'article L. 113-1 C. Cons. sur les conditions de fabrication des biens commercialisés en France au regard de conventions internationales relatives aux droits humains fondamentaux listées à l'article D. 113-1 du même code, est soumise à la loi de la résidence habituelle du consommateur désignée par l'article 6 du Règlement Rome I. Ces dispositions attribuent ainsi à toutes les entités participant à la production et la distribution d'un produit un devoir d'informer le consommateur, qui pourrait se prévaloir ainsi d'une faute contractuelle à l'égard de son cocontractant. A l'égard des autres membres de la chaîne de production et de distribution, la solution peut être justifiée, par application du Règlement Rome II, sur le fondement de l'application d'une loi de police (article 16). De manière plus acrobatique, on pourrait songer à faire application de l'article 6 du Règlement Rome II, en considérant que la loi est applicable car elle est celle sur le territoire duquel les intérêts collectifs des consommateurs sont affectés ou susceptibles de l'être, l'absence d'information dénotant une concurrence déloyale.

S'agissant du contrat de travail, le *co-emploi* a été extrêmement réduit par la jurisprudence française. La jurisprudence ne se pose pas réellement la question de la loi applicable à la situation de co-emploi et applique à « l'ensemble de la relation contractuelle », la loi du lieu d'exécution habituel du contrat de travail[93]. La commentatrice de la précédente décision considère que la Cour de cassation pourrait faire davantage usage de la clause d'exception lorsque le travailleur a été amené à travailler dans plusieurs entités du groupes.

La RSE fait l'objet d'accords cadres transnationaux défini par la Commission européenne comme « *un accord comportant des engagements réciproques, dont le champ d'application s'étend au territoire de plusieurs Etats, conclu entre un ou*

[92]Audit, Bolléeet Callé (2016) : n°211.

[93]Cass. soc. 21 mai 2014, n° 13-11.396, n° 13-11.694 ; Jault-Seseke (2015), p. 594.

plusieurs représentants d'une entreprise ou d'un groupe d'entreprises d'une part, et une ou plusieurs organisations de travailleurs d'autre part, portant sur des conditions de travail et d'emploi et/ou les relations entre les employeurs et les travailleurs et leurs représentants »[94]. La question de la loi applicable à ces accords et celle de leur caractère contraignant restent ouvertes[95].

Dans le cadre européen, des conventions collectives transnationales ont vu le jour et le régime contractuel leur paraît applicable[96].

5.3 *Quel est le droit applicable aux normes relevant du droit des délits ?*

Le règlement Rome II n°864/2007 du 11 juillet 2007 sur la loi applicable aux obligations non-contractuelles prévoit qu'il ne s'applique pas aux obligations découlant du droit des sociétés pour des cas qui relèveraient de la responsabilité personnelle des dirigeants et des organes pour les dettes de la société. Les questions relatives à la RSE ne font pas partie de ces catégories et ressortissent donc au champ d'application du Règlement.

La loi applicable en principe est celle du lieu du fait dommageable, entendu comme le lieu du préjudice, à l'exclusion sur lieu du fait générateur, de sorte que les nouvelles règles adoptées dans les pays des sièges des entreprises pourraient rester lettre morte pour des dommages liés à la délocalisation à l'étranger des activités d'extraction ou de fabrication. Ainsi, plusieurs auteurs[97] considèrent que la responsabilité demeure attachée à la loi du lieu du fait dommageable.

Néanmoins, plusieurs raisonnements peuvent conduire à l'application d'une autre loi que celle du lieu du préjudice direct[98].

(1) L'utilisation de la *clause d'exception*: l'article 4§3 du Règlement Rome II prévoit une clause d'exception en cas de liens manifestement plus étroits avec un autre pays. Déplacer la responsabilité vers le lieu du centre de décision comme le fait le législateur français, n'est-ce pas créer des liens plus étroits avec le pays dans lequel doit être établi et à partir duquel doit être exécuté le plan de vigilance ? Un tel raisonnement aurait peu de chances de prospérer car il suppose de faire de la

[94]Comm. eur. Le rôle des accords d'entreprises transnationaux dans le contexte d'une intégration internationale croissante, SEC (2008) 2155, 2 juillet 2008, p. 3.

[95]Pataut (2017).

[96]Pataut (2017), p. 92 citant P. Rodière, Droit social de l'Union européenne, 2ème éd. LGDJ-Lextenso, 2014, n°107.

[97]v. notamment Queinnec et Pironon (2017).

[98]v. notamment Sinopoli (2017).

priorité donnée par le législateur d'un Etat membre au devoir de vigilance un élément décisif quant à la localisation de la situation. Or, la Cour de justice européenne par l' interprétation uniforme, prend soin de distancier l'interprétation des règlements de l'Union de la teneur des droits nationaux. Néanmoins, en cas de contractualisation de la RSE par le biais d'un plan de vigilance, il serait tout à fait concevable de faire jouer la clause d'exception qui vise expressément « *la relation contractuelle préexistante* ».

(2) En matière *environnementale*: lorsque le dommage consiste en une atteinte à l'environnement, l'article 7 prévoit une option de la victime qui peut se prévaloir de la loi du pays « *dans lequel le fait générateur du dommage s'est produit* ». Dans la mesure où le fait générateur consiste en un manquement à l'égard du plan de vigilance, sa localisation au siège de la maison mère ou du donneur d'ordre semble pertinente.

(3) La méthode de *la prise en considération*: l'article 17 du Règlement Rome II permettrait la prise en considération du droit du pays du lieu du centre des décisions[99]. Cette disposition déplace le curseur de la question de la responsabilité à celle de la règle de comportement prise en considération comme un fait. Ainsi, la loi française instaure deux étapes pour définir le devoir de vigilance à l'aune duquel est apprécié le comportement de la maison mère ou du donneur d'ordre: elle précise les modalités de la prévention par l'élaboration et le suivi du plan de vigilance ; elle renvoie ensuite au droit commun de la responsabilité en cas de manquement. Ainsi, une fois la loi du lieu du siège prise en considération pour définir le comportement de la maison mère ou du donneur d'ordre (qui peut d'ailleurs se rattacher à l'application de la *lex societatis*, v. *supra*), ce serait ensuite la loi applicable à la responsabilité qui en déterminerait les conséquences, mais sans revenir sur l'imputation.

(4) *Loi de police* : la décision du Conseil constitutionnel précitée va en ce sens, l'application unilatérale de la loi française serait fondée sur l'article 16 du Règlement Rome II relatif aux lois de police. La loi récente témoignerait de la volonté de la France de régir impérativement la situation, ce ré-ancrage de l'activité transnationale conçue ou décidée à partir du territoire français, même si elle délocalisée à l'étranger, traduisant une politique de sauvegarde de l'organisation économique et sociale du pays. Ce raisonnement pourrait être corroboré par l'argument suivant lequel ce dispositif vise à protéger des risques d'atteintes graves à des droits découlant de conventions internationales protégeant les droits fondamentaux.

---

[99]« [P]areille catégorie est certainement assez large pour englober l'ensemble des règles de police qui visent à réaliser une finalité économique ou sociale en pesant sur les comportements individuels ». Pour expliciter cette disposition, l'auteur cite Currie et Ehrenzweig, en considérant qu'elle vise « des règles de droit public qui commandent le comportement des particuliers en s'adressant directement à ces derniers (datum) » en opposition à des « règles de décision qui ont pour destinataire le juge », Muir Watt (2008), p. 140.

5.4 La jurisprudence de votre pays permet-elle une vérification de la conformité du droit applicable aux règles du droit international des droits de l'homme, aux conventions de l'OIT, à d'autres normes obligatoires du droit international ?

La jurisprudence française en matière de droit de la famille a souvent écarté une loi étrangère applicable car contraire à une convention en matière de droits de l'homme[100].

5.5 La jurisprudence de votre pays permet-elle l'application de normes éthiques en lieu et place du droit applicable ou comme complément de ce droit ?

Lex mercatoria: les instruments de soft law qui constituent un relais des conventions internationales dans les relations horizontales et permettent d'assouplir les conditions d'imputation ne sauraient-ils traduire des règles matérielles de droit international privé, contribution de la jurisprudence nationale à la lex mercatoria ? (sur ces conditions d'imputation voir l'article I A 2 des Principes directeurs relatifs aux entreprises et aux droits de l'homme des Nations Unies, approuvés par le Conseil des droits de l'homme (résolution 17/4 du 16 juin 2011) et surtout en ce qui concerne l'appréhension des relations d'affaires, le § 3 des Principes de l'OCDE à l'intention des entreprises multinationales)[101].

Intellectuellement envisageable, il demeure néanmoins peu probable que la Cour européenne de justice en accepte une articulation avec les règles de conflits européennes, à moins qu'elle ne décèle elle-même dans l'ordre international et le droit de l'Union, une telle règle matérielle[102].

[100]Niboyet and de Geouffre et de la Pradelle (2017) : n°394 et s.

[101]Dubin (2013), Dubin (2014), Robé (2013).

[102]cf. Communication de la Commission « Responsabilité sociale des entreprises: une nouvelle stratégie de l'UE pour la période 2011-2014 » (COM(2011)0681) ; Livre vert de la Commission « Promouvoir un cadre européen pour la responsabilité sociale des entreprises » (COM(2001)0366) ; Résolution du Parlement européen du 25 octobre 2016 sur la responsabilité des entreprises dans les violations graves des droits de l'homme dans les pays tiers (2015/2315).

6 Reconnaissance et exécution des jugements

6.1 Décrivez les règles applicables dans votre pays à la reconnaissance et à l'exécution des jugements étrangers

Les *jugements émanant des juridictions d'un Etat membre de l'Union européenne* bénéficient d'une reconnaissance et d'une force exécutoire de plein droit dans les autres Etats membres (art. 36 et s. du règlement Bruxelles I refondu).

La reconnaissance peut être refusée, à la demande de toute partie intéressée, dans plusieurs cas :

- *« si la décision est manifestement contraire à l'ordre public de l'Etat membre requis*
- *dans le cas où la décision a été rendue par défaut, si l'acte introductif d'instance ou un acte équivalent n'a pas été notifié ou signifié au défendeur en temps utile et de telle manière qu'il puisse se défendre, à moins qu'il n'ait pas exercé de recours à l'encontre de la décision alors qu'il était en mesure de le faire*
- *si la décision est inconciliable avec une décision rendue entre les mêmes parties dans l'Etat membre requis*
- *si la décision est inconciliable avec une décision rendue antérieurement dans un autre Etat membre ou dans un Etat tiers entre les mêmes parties dans un litige ayant le même objet et la même cause, lorsque la décision rendue antérieurement réunit les conditions nécessaires à sa reconnaissance dans l'Etat membre requis » (art. 45-1, points a, b, c et d) ».*

En dehors de ces motifs de refus, la reconnaissance ne peut être contestée, ni pour incompétence du juge étranger (sauf violation d'une règle de compétence exclusive ou d'un règle de compétence spéciale protectrice des assurés, des consommateurs et des salariés, art. 45-1 point e)) ni en procédant à la révision du jugement.

Les jugements émanant d'un autre Etat membre étant revêtus de la force exécutoire de plein droit dans tous les autres Etats membres, *aucune procédure d'exequatur n'est nécessaire* pour en obtenir l'exécution en France. Cependant, les mêmes motifs de refus que ceux prévus pour s'opposer à leur reconnaissance permettent à la personne contre laquelle l'exécution est demandée de s'opposer à leur exécution devant le juge français de l'exécution (art. 46 et s.).

En droit commun, applicable *aux jugements émanant d'Etats tiers à l'Union européenne*, il semble qu'il faille encore opérer une distinction – pourtant critiquée unanimement - entre les jugements constitutifs et les jugements déclaratifs, rendus en matière patrimoniale. Les premiers bénéficient d'une reconnaissance de plein droit, qui est refusée aux seconds[103].

Quoi qu'il en soit, la reconnaissance d'un jugement étranger peut toujours être contestée par toute personne qui y a intérêt par l'invocation de l'un des *motifs de*

[103]voir cependant un arrêt inédit pouvant laisser espérer une évolution, Cass. 1ère civ., 14 mai 2014, n° 13-11711.

refus de reconnaissance énoncés dans l'arrêt Cornelissen[104] : incompétence du juge étranger (découlant de l'absence d'un lien de rattachement caractérisé entre le litige et le juge étranger – ce exclut la compétence du juge étranger fondée sur un chef exorbitant comme la seule nationalité ou résidence du demandeur ou bien le seul lieu de la signification de l'acte introductif d'instance-, ou découlant de la violation d'une règle de compétence exclusive au profit des tribunaux français), fraude et contrariété à l'ordre public international (du point de vue de la procédure ou de la substance). A ces motifs doit être ajouté le grief d'inconciliabilité avec une décision française, même s'il n'est pas explicitement mentionné dans l'arrêt Cornelissen parce qu'il peut être considéré comme inclus dans l'ordre public procédural. Ces motifs caractérisent, en négatif, l'absence de l'une des conditions de reconnaissance, conditions dites de régularité internationale des jugements étrangers.

Pour être *exécutoire en France*, les jugements émanant d'Etats tiers à l'Union européenne doivent faire l'objet d'une *procédure d'exequatur*. L'exequatur sera ordonné – au terme d'une procédure nécessairement contradictoire - si le jugement satisfait à toutes les conditions de régularité internationale précédemment signalées.

Les tribunaux français sont toujours compétents pour statuer sur les actions relatives à l'efficacité en France d'un jugement étranger, qu'il s'agisse de statuer sur la régularité ou sur l'exequatur du jugement étranger et ce, même si le défendeur ne possède aucun bien en France. L'action est en principe réservée à la partie bénéficiaire du jugement contre la partie perdante mais l'action est également ouverte, dans certaines circonstances, à la partie perdante[105].

Le jugement étranger revêtu de la force exécutoire est exécuté en France selon les règles françaises du droit de l'exécution, dans les mêmes conditions qu'un jugement français. *Le titre exécutoire ne peut plus être remis en cause devant le juge de l'exécution*, sauf jeu éventuel de la prescription décennale des jugements, qui commence à courir à compter du jugement d'exequatur[106].

Enfin, *l'autorité de la chose jugée à l'étranger* découle de la reconnaissance du jugement étranger en France. Cette autorité est mesurée en France à l'aune de la *triple condition d'identité de parties, d'objet et de cause*. Ainsi a-t-il été jugé, à propos du licenciement d'un salarié, d'abord par une filiale espagnole (licenciement sur lequel avait statué un jugement espagnol), puis par la société mère française (licenciement à l'origine du litige dont était saisi le juge français), qu'il n'y avait pas d'identité de parties ni d'objet entre l'instance espagnole entre le salarié et la filiale espagnole et l'instance française entre ce même salarié et la société mère française[107].

---

[104]Cass. 1ère civ., 20 fév. 2007.

[105]pour se réserver, par exemple, un recours ultérieur contre une autre partie condamnée, cf. Cass. 1ère civ., 3 janv. 1980, Garino, JDI 1980, p. 341.

[106]Cass. 1ère civ., 4 nov. 2015, n° 14-11881.

[107]Cass. soc. 8 fév. 2012, n° 10-27940, D. 2012, 1171, G. Ngoumtsa Anou.

6.2 *Si un jugement a été rendu à l'étranger condamnant une entreprise pour violation des normes de la RSE, votre pays est-il susceptible de reconnaître et/ou exécuter ce jugement ? Merci d'expliquer*

Nous n'avons pas relevé de décision française publiée en la matière. Il sera donc raisonné de manière prospective à partir des décisions canadiennes, prononcées dans *l'affaire Chevron*[108] replacées dans le contexte plus global de l'ensemble des procédures auxquelles cette affaire a donné lieu[109].

En 2015, la Cour suprême de l'Ontario a reconnu que les tribunaux ontariens étaient compétents pour connaître de l'action en reconnaissance et exécution en Ontario d'une décision équatorienne condamnant une société américaine (la société Chevron Corp) à la réparation des dommages causés par la pollution des eaux et des forêts par hydrocarbures et à pourvoir aux soins de la population locale. Les défendeurs à la procédure canadienne étaient la société mère américaine (Chevron corp.) et sa filiale canadienne (Chevron Canada). Tandis que la société mère, partie à l'instance équatorienne, ne possédait aucun bien au Canada, la filiale canadienne, quant à elle, n'était pas partie à l'instance équatorienne. Il s'agissait donc d'obtenir l'exécution d'une condamnation prononcée en Equateur contre la société mère américaine sur les actifs présents au Canada de sa filiale canadienne.

Au stade de l'appréciation de la *compétence du juge de l'exequatur*, la décision canadienne est tout à fait conforme à celle qu'aurait pu rendre un juge français. Comme déjà signalé, il est admis que les tribunaux français ont une compétence générale pour statuer sur l'efficacité (reconnaissance et exequatur) en France des jugements étrangers, sans qu'aucun lien entre le litige et l'ordre juridictionnel du for ne soit requis (cf. *supra*).

Mais si la compétence des juges saisis de l'instance indirecte n'était pas contestable, la demande pouvait néanmoins se heurter à d'autres obstacles, au stade de l'examen de sa recevabilité.

L'action en exequatur est, en effet, *doublement réservée*, sous l'angle actif au bénéficiaire du jugement, sous l'angle passif à la partie perdante. Exceptionnellement, l'action a été reconnue à la partie perdante (cf. *supra*). Mais la doctrine n'est pas favorable à une ouverture de l'action à un tiers à la procédure étrangère et elle ne devrait pas davantage admettre l'action contre le tiers[110]. *Ainsi donc, l'action en exequatur du jugement étranger ne devrait pas être admise en France contre une société, comme l'était la société Chevron Canada, qui n'avait pas été partie à l'instance équatorienne* (à comp. avec la solution en ce sens de l'arrêt du 20 janvier 2017 de la Cour de suprême d'Ontario). Le seul moyen d'écarter cette fin

---

[108]Chevron Corp. c. Yaiguaje, 2015 CSC 42 ; Yaiguaje c. Chevron Corp., 2017, ONSC 135 (CanLII).

[109]Muir Watt (2011).

[110]voir les auteurs cités par Vareilles-Sommières, Rep. droit int. V° jugements étrangers, n°275.

de non recevoir serait d'admettre la *confusion des patrimoines des sociétés Chevron Corp et Chevron Canada*. Cette confusion des patrimoines autoriserait à considérer que la condamnation prononcée en Equateur contre la société mère (Chevron Corp) est susceptible d'être exécutée sur les biens situés au Canada de la filiale canadienne (Chevron Canada). C'est la discussion qui intervenue devant la Cour suprême de l'Ontario et qui a abouti à une décision négative en janvier 2017. Au regard des conditions très strictes posées en droit français pour lever le voile de la personnalité morale, y compris au sein des groupes de sociétés (cf *supra*), l'on peut penser qu'une décision similaire aurait été prononcée en France[111].

Une fois franchis les filtres de l'examen de la compétence du juge de l'exequatur et de la recevabilité de l'instance indirecte, il faut vérifier ensuite que le jugement étranger satisfait aux conditions de régularité internationale (sur ces conditions voir *supra*).

A priori, *le jugement équatorien aurait pu être déclaré régulier en France* : le litige présentait *un lien caractérisé avec le juge équatorien* (juge du lieu du dommage, de la nationalité et de la résidence des victimes). Cette décision de condamnation à réparation des dommages sanitaires causés à la population et de dommages environnementaux ne devrait pas être en soi jugée contraire à l'ordre public international français, sous réserve que les *dommages-intérêts punitifs* qu'elle contenait soient jugés proportionnés[112]. On pourrait encore imaginer de faire jouer l'exception d'ordre public international à l'encontre d'un jugement étranger qui aurait pris certaines libertés avec *l'autonomie des personnes morales* composant un groupe de sociétés. Néanmoins un tel grief pourrait se heurter à la prohibition de la révision. En témoigne cet arrêt de la première chambre civile de la Cour de cassation[113]. Les juges du fond avaient rejeté l'exequatur d'une décision étrangère ayant condamné solidairement les entreprises d'une groupe de l'employeur qui avait licencié en se fondant sur l'autonomie juridique des personnes morales. La Cour de cassation casse en estimant que les juges du fond ont procédé à une révision prohibée de la décision étrangère sous couvert de vérification de conformité à l'ordre public international.

Une telle décision est critiquable car elle méconnaît le devoir du juge du contrôle. En effet, le juge français de l'exequatur a bien l'interdiction de procéder à une appréciation tant des faits jugés à l'étranger que de l'application par le juge étranger des règles de droit à ces faits, sous peine de révision du jugement étranger, interdite en France depuis la jurisprudence Munzer[114]. Mais il est fait exception à cette prohibition pour admettre « *la révision à fin de contrôle* »[115] qui consiste à admettre

[111]voir cependant, en faveur de l'idée que Chevron Corp. et Chevron Canada avaient des intérêts communs susceptibles d'affecter l'étanchéité de leur patrimoine et de justifier que l'on saisisse les biens de l'un pour désintéresser les créanciers de l'autre, Jault-Seseke (2016).

[112]Cass. 1ère civ., 1er déc. 2010, n° 09-13303.

[113]Cass. 1re civ., 8 février 2000, n°97-20937.

[114]Cass. 1ère civ., 7 janv. 1964, RCDIP 1964, p. 344, note H. Battifol.

[115]Holleaux (1980–1981).

que l'exercice du contrôle des conditions de régularité, tel que le contrôle de conformité du jugement à l'ordre public, puisse découler de l'examen du contenu du jugement étranger, dispositif et motifs compris.

Enfin, la reconnaissance du jugement équatorien aurait pu être discutée en France, sous l'angle des *agissements frauduleux* reprochés par Chevron Corp aux avocats et experts des parties dans cette affaire (grief de fraude ou d'escroquerie au jugement) ou d'une éventuelle *absence d'impartialité des juges équatoriens* (grief de violation de l'ordre public procédural).

6.3 Même question qu'en 6.2, mais la norme appliquée est une norme de soft law ou d'éthique. Votre pays est-il susceptible de bloquer la reconnaissance ou l'exécution d'un tel jugement ? Merci d'expliquer

L'invocation d'un grief de contrariété à l'ordre public serait sans doute concevable à l'encontre de la reconnaissance d'un jugement étranger de condamnation pour manquement à une norme de soft law. Toutefois, l'on voit mal comment l'on pourrait y voir une atteinte à un « *principe essentiel du droit français* », dès lors que la jurisprudence français commence a accueillir des actions en responsabilité fondées sur la violation d'un devoir de vigilance, fût-il dépourvu de valeur contraignante au moment où ces décisions ont été prononcées (voir les arrêts cités *supra* dans les affaires Erika et Distilbène).

7 Questions oubliées ?

7.1 Si vous souhaitez nous signaler toute autre question que nous aurions oubliée ci-dessus, nous vous en serions reconnaissants

Nous avons pris acte de *l'exclusion des aspects de droit pénal* dans ce rapport (corruption, blanchiment, pratique commerciale trompeuse). Néanmoins, les dispositifs créés notamment pour lutter contre la corruption peuvent être pertinents. À cet égard, la protection des lanceurs d'alerte l'est tout particulièrement.

Lanceur d'alerte
La loi Sapin 2 sur la transparence, la lutte contre la corruption et la modernisation de la vie économique a été adoptée le 8 novembre 2016 par le Parlement. Ce texte instaure notamment un statut pour le lanceur d'alerte et une protection en sa faveur.

La protection des lanceurs d'alerte n'est pas nouvelle. L'assemblée parlementaire du Conseil de l'Europe a donné une définition large du donneur d'alerte dans cette perspective: « *toute personne soucieuse qui tire la sonnette d'alarme afin de faire cesser des agissements pouvant représenter un risque pour autrui* »[116]. Il convient de protéger celui qui est à l'initiative des révélations contre les représailles des personnes mises en cause puisque l'efficacité des alertes professionnelles dépend grandement de la protection offerte au lanceur d'alerte.

Néanmoins, le droit d'alerte confronte le salarié à son devoir de loyauté envers son employeur, l'agent public à son devoir de réserve ; il peut aussi porter atteinte au secret professionnel ou d'affaires, à la réputation d'un tiers, d'une entreprise. Et il ne faut pas que la protection du lanceur d'alerte puisse être trop facilement instrumentalisée, par exemple pour diffamer ou injurier une personne. Il est donc nécessaire d'assurer une conciliation entre ces différents intérêts.

A cet égard, la directive UE 2016/943 du 8 juin 2016 sur les secrets d'affaires pose quelques dérogations de nature à tenir compte des lanceurs d'alerte.

Quant au droit français, il comportait pendant longtemps un embryon de dispositif d'alerte professionnelle. En effet, quelques lois s'étaient succédées (sans toujours utiliser ce terme) afin de protéger ceux qui révèlent certains risques (en matière de sécurité au travail, de sécurité sanitaire, de santé publique, d'environnement) ou certains faits (harcèlement sexuel ou moral, discrimination, mauvais traitements dans les établissements médicaux, corruption, conflits d'intérêts, et plus généralement tout crime ou délit dont un salarié ou agent public a eu connaissance dans l'exercice de ses fonctions). Plus précisément, elles protégeaient le lanceur d'alerte contre toute mesure de représailles : il ne pouvait faire l'objet d'aucune sanction ou mesure discriminatoire qui soit motivée par l'alerte.

Toutefois, cette protection ne jouait que dans le champ d'application de ces lois.

En dehors de leurs domaines respectifs, le lanceur d'alerte ne jouait que de la protection inhérente à l'exercice de sa liberté d'expression. Or, à ce titre, on pouvait observer que la liberté d'expression était devenue l'instrument principal du lanceur d'alerte ; l'alerte professionnelle reposait même sur la liberté d'expression, et ce dans tous les domaines. Toutefois, l'exercice de cette liberté ne devait pas être abusif et le lanceur d'alerte devait l'exercer de bonne foi. En outre, l'employeur pouvait, si cela était justifié, apporter des restrictions à la liberté d'expression du salarié.

Par ailleurs, depuis que la CNIL est saisie de la question des alertes professionnelles, la protection du lanceur d'alerte, du point de vue du traitement des données personnelles, était aussi assurée, notamment par la confidentialité de son identité.

Cette protection du lanceur d'alerte a été généralisée par la loi Sapin 2, qui en donne une définition, tout en dessinant un cadre précis, un régime en la matière.

Définition du lanceur d'alerte

La loi Sapin 2 donne d'abord une définition précise du lanceur d'alerte : une « *personne physique qui révèle ou signale, de manière désintéressée et de bonne foi,*

---

[116]Résolution 1729, §1, Protection des « donneurs d'alerte », 2010.

un crime ou un délit, une violation grave et manifeste d'un engagement international régulièrement ratifié ou approuvé par la France, d'un acte unilatéral d'une organisation internationale pris sur le fondement d'un tel engagement, de la loi ou du règlement, ou une menace ou un préjudice grave pour l'intérêt général, dont elle a eu personnellement connaissance » (art. 6, al. 1er). Certaines informations sont cependant exclues du champ de l'alerte : celles relevant du secret de la défense nationale, du secret médical ou du secret des relations entre un avocat et un client. La protection ne peut donc pas jouer face à des secrets fondamentaux (art. 6, al. 2).

Cette définition, très restrictive, du statut de lanceur d'alerte a pour conséquence qu'il risque d'être difficile à obtenir.

D'abord, le lanceur d'alerte doit être une personne « physique », ce qui empêche toute personne morale, notamment une institution représentative du personnel ou un syndicat, de bénéficier de ce statut.

Ensuite, il est nécessaire que cette personne physique soit « *désintéressée* » et de « *bonne foi* ». Ces conditions sont critiquables dans la mesure où ce qui importe en vérité, est de savoir si le contenu de l'alerte est vrai ou faux. De nombreuses législations étrangères retiennent au demeurant cette solution.

Dans la loi Sapin 2, le lanceur d'alerte est aussi érigé au rang de défenseur de « l'intérêt général », non défini par la loi. Dans la pratique toutefois, cela est rarement le cas ; par ailleurs, la somme d'intérêts particuliers ne suffit pas à constituer un intérêt général.

Le lanceur d'alerte doit en outre avoir eu « *personnellement connaissance* » des faits. Il s'agit là aussi d'une formulation trop vague, qui ouvre aisément la voie à une contestation et une argumentation en sens contraire.

Enfin, la nouvelle loi ne tient pas compte des obligations légales de dénonciation s'imposant à certaines personnes (les agents publics selon l'art. 40 al. 2 du Code de procédure pénale s'agissant des infractions dont ils ont connaissance dans l'exercice de leurs fonctions, et certains professionnels dans le cadre de la lutte contre le blanchiment et le financement du terrorisme d'après l'art. L. 561-1 du Code monétaire et financier).

Régime applicable

Le nouveau texte prévoit une protection des lanceurs d'alerte : il ajoute, d'une part, un article 122-9 au Code de pénal au terme duquel « *n'est pas pénalement responsable la personne qui porte atteinte à un secret protégé par la loi, dès lors que cette divulgation est nécessaire et proportionnée à la sauvegarde des intérêts en cause, qu'elle intervient dans le respect des procédures de signalement définies par la loi et que la personne répond aux critères de définition du lanceur d'alerte* ». D'autre part, bien que leur anonymat soit normalement garanti, au moins jusqu'à ce que le caractère fondé de l'alerte soit établi, ont été intégrées quelques mesures de protection contre des représailles (interdiction de toute sanction ou mesure discriminatoire, assortie en cas de litige d'un aménagement de la preuve), qui ne sont toutefois pas toutes convaincantes, ni efficaces. Le lanceur d'alerte peut aussi bénéficier de l'appui du Défenseur des droits, qui peut accorder au lanceur d'alerte une aide financière.

Le texte introduit désormais une hiérarchie entre l'alerte externe, adressée à l'autorité judiciaire, à l'autorité administrative ou aux ordres professionnels (en cas d'inaction de l'autorité saisie en interne ou s'il y a un « *danger grave et imminent ou en présence d'un risque de dommages irréversibles* »), et l'alerte interne, adressée au supérieur hiérarchique, qui est censé être le premier averti. Ce choix n'est pas neutre, puisque la problématique et la protection à garantir sont différentes dans l'un et l'autre des cas.

Enfin, les personnes morales de droit public ou de droit privé d'au moins 50 salariés, les communes de plus de 10 000 habitants et les administrations de l'État, y compris l'AMF et l'ACPR, doivent mettre en place des procédures de recueil des alertes.

En résumé, la loi met en place une « course d'obstacles », pour finalement offrir peu de garanties, et ses dispositions, dont certaines ont été déférées au Conseil constitutionnel, sont difficilement applicables en l'état. L'avenir dira si elle est ou non à même de favoriser les alertes.

Références

Ouvrages

Audit M, Bollée S, Callé P (2016) Droit du commerce international et des investissements étrangers. LGDJ-Lextenso, Paris

Bureau D, Muir Watt H (2017) Droit international privé, T. 2. PUF, Paris

Cadiet L, Jeuland E (2015) Droit judiciaire privé. LexisNexis, Paris

Caillet M-C, Guislain M-L, Malbrand T (2016) La vigilance sociétale en droit français. Sherpa, Ritimo, Passerelle, Paris

Gaudemet-Tallon H (2015) Compétence et exécution des jugements en Europe. LGDJ-Lextenso, Paris

Kessedjian C (2013) Droit du commerce international. PUF, Paris

Marchadier F (2007) Les objectifs généraux du droit international privé à l'épreuve de la Convention européenne des droits de l'homme. Bruylant, Bruxelles

Menjucq M (2016) Droit international et européen des sociétés. LGDJ-Lextenso, Paris

Moreau M-A (2006) Normes sociales, droit du travail et mondialisation. Dalloz, Paris

Niboyet M-L, de Geouffre de La Pradelle G (2017) Droit international privé. LDGJ-Lextenso, Paris

Notat N, Senard J-D (2018) L'entreprise, objet d'intérêt collectif. La documentation française, Paris

Articles

Belporo C (2016) Les enjeux contemporains de l'encadrement de la responsabilité des entreprises en matière de droits humains dans la chaîne d'approvisionnement: le cas pratique que la tragédie au Bangladesh. RDT:722

Boskovic O (2016) Brèves remarques sur le devoir de vigilance et le droit international privé. D.:385

Boucobza X, Serinet Y-M (2017) Loi « Sapin 2 » et devoir de vigilance : l'entreprise face aux nouveaux défis de la *compliance*. D.:1619
Cornut E (2007) *Forum shopping* et abus du choix de for en droit international privé. JDI:27
Cuzacq N (2014) Commentaire des propositions de loi relatives au devoir de vigilance des sociétés mères et des entreprises donneuses d'ordre. RDT:265
Danis-Fatôme A, Viney G (2017) La responsabilité civile dans la loi relative au devoir de vigilance des sociétés mères et des entreprises donneuses d'ordre. D. Chr.:1610
D'Avout L (2015) Siège social, fictivité et fraude : hésitations autour du rattachement français des sociétés. RCDIP:541
Deumier P (2013) La responsabilité sociétale de l'entreprise et les droits fondamentaux. D.:1564
Dubin L (2013) L'élaboration des principes à l'intention des entreprises multinationales par l'OCDE ou comment globaliser la régulation du comportement d'un acteur global? In : Le pouvoir normatif de l'OCDE. SFDI-Pedone, Paris, p 113
Dubin L (2014) Les relations partenariales entre les Nations Unies et les entreprises transnationales. In : Les 70 ans des Nations Unies : quel rôle dans le monde actuel?. Pedone, Paris, p 189
Family R (2013) La responsabilité sociétale de l'entreprise : du concept à la norme. D.:1558
Hammje P (1997) Droits fondamentaux et ordre public, RCDIP 1997:1
Hannoun C (2014) Vers un devoir de vigilance des sociétés mères ? Revue internationale de la compliance et de l'éthique des affaires 51–52:32
Holleaux D (1980–1981) Les conséquences de la prohibition de la révision », Trav. Com. Fr. DIP.:53
Jault-Seseke F (2013) L'appréhension de la responsabilité des groupes de sociétés par le droit international privé : l'exemple du droit du travail et du droit de l'insolvabilité. TFCDIP:77
Jault-Seseke F (2015) Co-emploi : précision des critères relatifs à la confusion d'intérêts, d'activités et de direction. RCDIP:594
Jault-Seseke F (2016) Du nouveau sur la responsabilité des sociétés multinationales. Revue droit social:57
Kessedjian C (2002-2004) Les actions civiles en matière de violation des droits de l'homme. Aspects de droit international privé. TFCDIP:151
Launay A, Queinnec Y (2016) De la prévention à la réparation des impacts ESG, Le contrat durable, outil de formalisation du devoir de vigilance raisonnable. In : La RSE saisie par le droit, Perspectives interne et internationale. Pedone, Paris
Le Tourneau Phh (2011) Responsabilité sociale des entreprises et droit des affaires. In: Responsabilité sociale des entreprises : regards croisés, droit et gestion. Economica, Paris
Mekki M (2015) Contrat et devoir de vigilance. RLDA:86
Muir Watt H (2008) Rome II et les "intérêts gouvernementaux": pour une lecture fonctionnaliste du nouveau règlement du conflit de lois en matière délictuelle. In: Corneloup S, Joubert N. (eds) Le Règlement Rome II sur la loi applicable aux obligations non contractuelles. Litec, Paris
Muir Watt H (2010–2012) Les enjeux de l'affaire Kiobel : le chaînon manquant dans la mise en œuvre de la responsabilité des entreprises multinationales en droit international privé et public, TFCDIP:233
Muir Watt H, (2011) Chevron, l'enchevêtrement des fors. Un combat sans issue ?. RCDIP:339
Pataut E (2016) Déni de justice et compétence internationale dans les litiges internationaux du travail. D.:1175
Pataut E (2017) Les rattachements de l'entreprise multinationale: le point de vue du droit international privé, In: L'entreprise multinationale et le droit internationl. SFDI-Pedone, p 73
Pataut E (2018) Déni de justice et compétence internationale. RCDIP:267
Queinnec Y, Brabant S (2013) De l'art et du devoir d'être vigilant. RLDA:88
Queinnec Y, Pironon V (2017) Actes pratiques & ingénierie sociétaire. Revue trimestrielle Lexisnexis Jurisclasseur : n°120
Robé J-P (2013) Les entreprises multinationales, vecteurs d'un nouveau constitutionnalisme. Arch. phil droit 56:337

Schiller S (2017) Exégèse de la loi relative au devoir de vigilance des sociétés mères et entreprises donneuses d'ordre. JCP Entreprise et affaires 15:1193
Sinopoli L (2017) Ancrer la « RSE » des multinationales ». Cahiers de droit de l'entreprise 5:38
Trébulle F-G Enc. Dalloz Rép. sociétés V° Responsabilité sociale des entreprises : n°42 et s
Vacarie I (2015) Le travail dans un marché sans frontières. RDT:634
Vareilles-Sommières P Rep. droit int. V° jugements étrangers

Germany

Marc-Philippe Weller, Leonhard Hübner, and Luca Kaller

Abstract This chapter provides an overview on how Private International Law (PIL) may be made useful for the purposes of Corporate Social Responsibility (CSR) under German Law.

After briefly glancing at the institutional framework of CSR in Germany ("Definition and Sources"), we analyse which rules of the substantive law may be used to protect CSR considerations ("Characterisation"). To this end, we take a closer look at company law, contract law and the law of tort. Within the company law, extending the duty of legality (Legalitätspflicht), piercing the corporate veil (Durchgriffshaftung) or using the newly introduced sections 289b and 289c of the German Commercial Code (HGB) may be options for enforcing CSR-rules. It would, however, be preferable to recognise a duty of care of the parent company within the law of tort, i.e. recognise its tortious responsibility across the value chain.

We summarise alternative methods of dispute resolution within CSR cases ("Alternative methods of dispute resolution"). The subsequent chapters evaluate under which circumstances German courts will have jurisdiction to decide CSR cases ("Jurisdiction") as well as which law will be applicable in relation to company structure (lex societatis), contract law and the law of tort ("Applicable law"). Within the law of tort, we suggest that victims of human rights violations should be able to choose the law applicable to their case under the Rome II regulation. In the final

---

The answers provided in the following questionnaire are primarily based on Weller et al. (2016), p. 387. Additional information was drawn from Thomale and Hübner (2017), p. 285; Weller and Thomale (2017), p. 509.

M.-P. Weller · L. Hübner
Institut für ausländisches und internationales Privat- und Wirtschaftsrecht, Universität Heidelberg, Heidelberg, Germany
e-mail: marc.weller@ipr.uni-heidelberg.de; leonhard.huebner@ipr.uni-heidelberg.de

L. Kaller (✉)
Max-Planck-Institut für ausländisches und internationales Privatrecht, Hamburg, Germany
e-mail: kaller@mpipriv.de

C. Kessedjian, H. Cantú Rivera (eds.), *Private International Law Aspects of Corporate Social Responsibility*, Ius Comparatum – Global Studies in Comparative Law 42, https://doi.org/10.1007/978-3-030-35187-8_11

chapter, we outline the requirements for recognising and enforcing foreign judgments ("Recognition and enforcement of judgments").

1 Definition and Sources

1.1 Does Your Country Have a Definition of Corporate Social Responsibility?

Yes. There is, however, no single definition of Corporate Social Responsibility in Germany. Instead, the German CSR system draws upon various definitions of Corporate Social Responsibility. As the Federal Ministry of Labour and Social Affairs (*Bundesministerium für Arbeit und Soziales*) puts it: CSR refers to "a company's responsibility for its impact on society" which includes "social, environmental and economic aspects, as for example outlined in the internationally recognised reference documents on CSR, chief among them the fundamental ILO declaration on multinational enterprises and social policy, the OECD Guidelines for Multinational enterprises, the UN Guiding Principles on Business and Human Rights (*UNGP*), the UN Global Compact and ISO 26000."[1]

The German government follows the 'revised' CSR definition pronounced by the EU in 2011.[2] Until then, the EU[3] (and the German)[4] definition had included an

[1] http://www.csr-in-deutschland.de/EN/What-is-CSR/Background/Sustainability-and-CSR/sustainability-and-csr-article.html, cf. for further information (in German only) *Wissenschaftliche Dienste des Deutschen Bundestages*, Corporate Social Responsibility (CSR) – Aktueller Stand in Deutschland, 2016, https://www.bundestag.de/blob/424954/76374d447099012620a493400ba0001c/wd-5-032-16-pdf-data.pdf.

[2] COM(2011) 681, 25 October 2011, p. 5, 6: "The Commission has identified a number of factors that will help to further increase the impact of its CSR policy, including: [...] The need to acknowledge the role that complementary regulation plays in creating an environment more conducive to enterprises voluntarily meeting their social responsibility."

[3] COM(2001)366, 18 July 2001, p. 6.

[4] Cf. particularly the Resolution of the National CSR-Forum from 28 April 2009 on a common understanding of CSR in Germany: "Corporate Social Responsiblity (CSR) bezeichnet die Wahrnehmung gesellschaftlicher Verantwortung durch Unternehmen über gesetzliche Anforderungen hinaus. CSR steht für eine nachhaltige Unternehmensführung im Kerngeschäft, die in der Geschäftsstrategie des Unternehmens verankert ist. CSR ist freiwillig, aber nicht beliebig." (http://www.bmas.de/SharedDocs/Downloads/DE/PDF-Publikationen/a397-csr-empfehlungsbericht.pdf?__blob=publicationFile). The national CSR-Forum was founded by the Federal Ministry of Labour and Social Responsibility in 2009. 41 experts from the private sector, trade unions, NGOs, academia and representatives of Federal Ministries meet on a biannual basis to discuss and advise the Federal Government on the development of its CSR Strategy. For further information, cf. http://www.csr-in-deutschland.de/EN/Policies/CSR-national/National-CSR-Forum/national-csr-forum-article.html.

element of voluntariness. This is no longer the case. The new definition implies that compliance with the legal standards (set by statute, such as the CSR-Directive[5] or the Conflict Minerals-Regulation[6]) constitutes the minimum threshold.[7] For a company to fully comply with its CSR obligations (or better CSR expectations), it is expected, but not obliged, to implement additional safeguarding systems that ensure the comprehensive protection of human rights standards as well as other social, environmental and ethical standards.[8]

1.2 *Is Your Country a Member of the OECD? If Yes, Has Your Country Set Up a National Contact Point? (If Yes, Please Give Its URL and a Brief Outline of Its Structure and Main Actions in the Past 3 Years)*

Germany is one of the founding members of the OECD.[9]

The National Contact Point in Germany was established in 2000. It is housed in the Federal Ministry for Economic Affairs and Technology (*Bundesministerium für Wirtschaft und Technologie*). Within the Ministry, it has been directly attached to the Directorate General for External Economic Policy (*Geschäftsstelle für Außenwirtschaftspolitik*) since 2016.[10]

Five people were working for the NCP in July 2017, three of them legal staff and two clerks.[11] Since 2017, the NCP has had its own budget assigned to it on an annual basis.[12]

---

[5]Directive 2013/34/EU of 26 June 2013, as amended by Directive 2014/95/EU of the European Parliament and of the Council of 22 October 2014.

[6]Regulation (EU) 2017/821 of 17 May 2017 of the European Parliament and of the Council of 17 May 2017 laying down supply chain due diligence obligations for Union importers of tin, tantalum and tungsten, their ores, and gold originating from conflict-affected and high-risk areas; cf. Heße and Klimke (2017), pp. 446 ff.

[7]Spießhofer (2016), §11, para. 5–6.

[8]*Ibid.*, para. 5.

[9]http://www.oecd.org/germany/germany-and-oecd.htm.

[10]https://www.bmwi.de/Redaktion/EN/Downloads/M-O/organisationsplan-bmwi.pdf?__blob=publicationFile&v=3 and National Contact Point Reporting Questionnaire, 2016, p. 3, http://www.bmwi.de/Redaktion/EN/Downloads/nks-jahresbericht-2016.pdf?__blob=publicationFile&v=5.

[11]This information has generously been provided to the authors on their request by the German NCP.

[12]https://www.bmwi.de/Redaktion/DE/Artikel/Aussenwirtschaft/oecd-leitsaetze-nationale-kontaktstelle.html. Until 2016, budgetary issues were decided on an ad hoc basis, cf. National Contact Point Reporting Questionnaire, 2016, pp. 5–6; http://www.bmwi.de/Redaktion/EN/Downloads/nks-jahresbericht-2016.pdf?__blob=publicationFile&v=5.

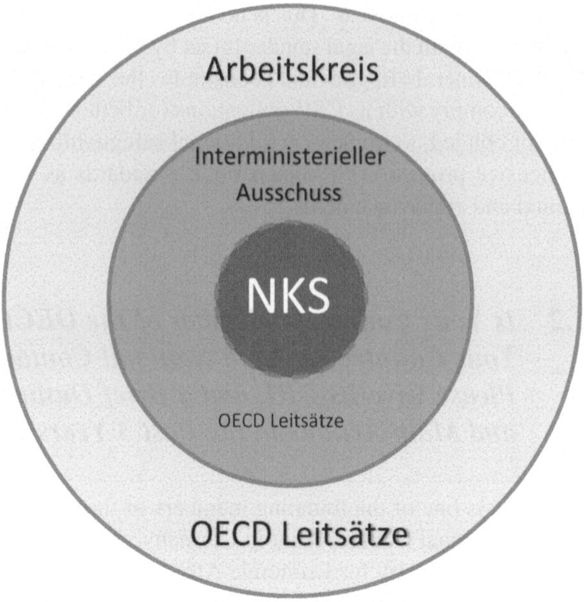

Fig. 1 Structure of the German National Contact Point (this diagram has been provided by the German NCP)

The NCP takes decisions in consultation and accordance with the decisions of the Interministerial Committee for the OECD Guidelines (*Interministerieller Ausschuss (IMA) OECD-Leitsätze*). The Committee consists of representatives of the Federal Ministry of Economic Affairs and Technology that houses the NCP and of other ministries, including the Federal Foreign Office (*Auswärtiges Amt*), the Federal Ministry of Labour and Social Affairs (*Bundesministerium für Arbeit und Soziales*), the Federal Ministry of Finance (*Bundesfinanzministerium*) and the Federal Ministry of Justice and Consumer Protection (*Bundesministerium für Justiz und Verbraucherschutz*).[13]

Additionally, the NCP is supported by the Working Group on the OECD Guidelines (*Arbeitskreis "OECD Leitsätze*), an advisory board composed of several ministries, business organisations, trade unions and NGOs. The Working Group is not involved in the decision-making process of the NCP but serves as a forum to discuss fundamental issues with regard to the OECD Guidelines and to facilitate cooperation in their application.

The structure of the NCP may be represented as follows (Fig. 1):

Further information on the German NCP may be found at:

http://www.bmwi.de/Redaktion/DE/Textsammlungen/Aussenwirtschaft/oecd.html (for information in German)

[13]This information has generously been provided to the authors on their request by the German NCP. Equally, *Wissenschaftliche Dienste des Deutschen Bundestages,* Struktur und Arbeitsweise der Nationalen Kontaktstellen für die OECD-Leitsätze für multinationale Unternehmen, WD 2 - 3000 - 206/14 vom 17. November 2014, p. 6, https://www.bundestag.de/blob/412818/30fc974f3b637f16993fe821de4313f4/wd-2-206-14-pdf-data.pdf.

http://www.bmwi.de/Redaktion/EN/Textsammlungen/Foreign-Trade/oecd-guidelines.html (for information in English)

Cases accepted for consideration within the past 3 years included:

- UNI/ITF against DP-DHL/Bonn (2012)[14]
- Uwe Kekeritz, Member of the German Bundestag, against KiK Textilien und Non-Food GmbH, C&A Mode GmbH & Co., and Karl Rieker GmbH & Co. KG (2013)[15]
- European Center for Constitutional and Human Rights (ECCHR), Reporters without borders, Bahrain Center for Human Rights, Bahrain Watch, and Privacy International against trovicor GmbH, Munich (2013)[16]
- Indocement Union, SP-ITP, the Federation of Indonesian Cement Industry (FSP-ISI), by the Confederation of Indonesian Trade Unions (CITU-KSPI) and by IndustriALL Global Union against PT Indocement Tunggal Prakarsa, Indonesia and HeidelbergCement AG, Germany (2013)[17]
- Mr. Dominic Whiting against NORDEX SE (2014)[18]

[14] *National Contact Point*, Joint final statement by the German National Contact Point for the OECD Guidelines for Multinational enterprises (NCP), UNI Global Union (UNI) and International Transport Workers' Federation (ITF) and Deutsche Post DHL (DP- DHL) on the complaint by UNI/ITF against DP-DHL/Bonn, 2014, access at http://www.bmwi.de/Redaktion/EN/Downloads/oecd-ac-final-statement-itf-dhl.pdf?__blob=publicationFile&v=1.

[15] *National Contact Point*, Final Statement by the German National Contact Point for the OECD Guidelines for Multinational Enterprises regarding a complaint by Uwe Kekeritz, Member of the German Bundestag, against KiK Textilien und Non-Food GmbH, C&A Mode GmbH & Co., and Karl Rieker GmbH & Co. KG, access at http://www.bmwi.de/Redaktion/EN/Downloads/oecd-ac-final-statement-kik.pdf?__blob=publicationFile&v=1.

[16] *National Contact Point*, Final statement by the German National Contact Point for the OECD Guidelines for Multinational Enterprises on a complaint by European Center for Constitutional and Human Rights (ECCHR), Reporters without borders, Bahrain Center for Human Rights, Bahrain Watch, and Privacy International against trovicor GmbH, Munich about violations of the OECD Guidelines for Multinational Enterprises, 21 May 2014, access at https://www.bmwi.de/Redaktion/EN/Downloads/oecd-ac-final-statement-ecchr.pdf?__blob=publicationFile&v=1.

[17] *National Contact Point*, Joint statement by the German National Contact Point for the OECD Guidelines for Multinational Enterprises on a complaint by Indocement Union, SP-ITP, the Federation of Indonesian Cement Industry (FSP-ISI), by the Confederation of Indonesian Trade Unions (CITU-KSPI) and by IndustriALL Global Union against PT Indocement Tunggal Prakarsa, Indonesia and HeidelbergCement AG, Germany, 21 May 2014, access at http://www.bmwi.de/Redaktion/EN/Downloads/oecd-ac-final-statement-nks-indonesien.pdf?__blob=publicationFile&v=1.

[18] *National Contact Point*, Final statement by the German National Contact Point for the OECD Guidelines for Multinational Enterprises on a complaint by Mr. Dominic Whiting against NORDEX SE, 31 August 2016, access at http://www.bmwi.de/Redaktion/EN/Downloads/abschlusserklaerung-nks-dominic-whiting-gegen-nordex-se.pdf?__blob=publicationFile&v=2.

- Industriegewerkschaft Metall (IG Metall) against Hyundai Motor Europe Technical Center GmbH (HMETC) in Rüsselsheim, Germany (2014)[19]
- Anonymous complaint against Audi AG (2014)[20]
- Metro Habib Employee Union, Karachi Pakistan (on behalf of the employees of METRO Habib Cash & Carry Pakistan) against METRO Cash & Carry (2014)[21]
- Mr. Yogesh KN against Robert Bosch GmbH and Bosch Limited (India) (2015)[22]

1.3 As a Member State of the United Nations, Has Your Country Taken Any Action Under the 2011 Guiding Principles?

Yes. A National Action Plan (NAP) was passed by the Federal Government (Cabinet of Ministers/*Bundeskabinett*) on 21 December 2016.[23] In the NAP, the Federal Government formulates its—non-legally binding—expectation of companies to respect human rights and to implement due diligence measures along their supply chains. No legislative measures are envisaged yet. For now, the government intends to further observe the situation and take legislative action, if necessary, at a later point in time.[24]

---

[19] *National Contact Point*, Final statement by the German National Contact Point for the OECD Guidelines for Multinational Enterprises relating to a complaint by Industriegewerkschaft Metall (IG Metall) against Hyundai Motor Europe Technical Center GmbH (HMETC) in Rüsselsheim, Germany, access at http://www.bmwi.de/Redaktion/EN/Downloads/oecd-ac-final-statement-hyundai.pdf?__blob=publicationFile&v=1.

[20] *National Contact Point*, Final declaration of the German National Contact Point for the OECD Guidelines for Multinational Enterprises in response to a complaint against Audi AG for violating the OECD Guidelines for Multinational Enterprises, 21 October 2014, access at http://www.bmwi.de/Redaktion/EN/Downloads/oecd-ac-final-statement-audi.pdf?__blob=publicationFile&v=2.

[21] *National Contact Points*, Final statement by the German National Contact Point for the OECD Guidelines for Multinational Enterprises on a complaint by Metro Habib Employee Union, Karachi Pakistan (on behalf of the employees of METRO Habib Cash & Carry Pakistan) against METRO Cash & Carry about violations of the OECD Guidelines for Multinational Enterprises, 21 May 2014, access at http://www.bmwi.de/Redaktion/EN/Downloads/oecd-ac-final-statement-metro.pdf?__blob=publicationFile&v=1.

[22] *National Contact Point*, Final statement by the German National Contact Point for the OECD Guidelines for Multinational Enterpriseson a complaint by Mr. Yogesh KN against Robert Bosch GmbH and Bosch Limited (India), 29 May 2017, access at http://www.bmwi.de/Redaktion/EN/Downloads/abschlusserklaerung-nks-yogesh-kn-gegen-robert-bosch-gmbh.pdf?__blob=publicationFile&v=1.

[23] The National Action Plan (only in German) is available at http://www.csr-in-deutschland.de/SharedDocs/Downloads/DE/NAP/nap-im-original.pdf?__blob=publicationFile&v=2.

[24] For further information (available in German only): http://www.csr-in-deutschland.de/DE/Wirtschaft-Menschenrechte/Ueber-den-NAP/Ziele-des-NAP/ziele-des-nap.html.

1.4 Does Your Country Apply the ISO Standards?

Yes. Cf. the description of CSR of the Federal Ministry of Labour and Social Affairs reproduced above at 1 and at https://www.bmas.de/SharedDocs/Downloads/DE/PDF-Publikationen/a395-csr-din-26000.pdf?__blob=publicationFile or http://www.bmub.bund.de/fileadmin/Daten_BMU/Pools/Broschueren/csr_iso26000_broschuere_bf.pdf (Information in German only) (last retrieved: 17/05/19).

No examples of application could, however, be found.

1.5 Please Indicate All Other Sources You Consider Relevant, and Also Any Specific Feature of Your Legal System That Should Be Borne in Mind to Better Understand Your Answers to This Questionnaire

In early 2019 the media reported that the Federal Ministry for Economic Cooperation and Development (*Bundesministerium für wirtschaftliche Zusammenarbeit und Entwicklung, BMZ*) was working on legislation to protect human rights along the supply chain. The draft that included a new "Act on due diligence obligations" (*Sorgfaltspflichtengesetz*) was then leaked to the media. The draft introduces mandatory human rights due diligence for so-called large companies or other companies operating in a high-risk sector or in a high-risk or conflict area.[25] The individual obligations are based on the UNGP. The duty of care is to be enforced within the public law by public authorities. For possible civil claims, it provides for a mandatory overriding provision only with regard to the violation of the due diligence duty. It seems that the other elements of a potential claim in tort including the causal link or the assessment of damages should be based on the lex loci delicti. By this wording, the legislator intends to implant mandatory due diligence obligations into foreign law in accordance with domestic German law. It is therefore an enormously complex regulation. As the monitoring of the national action plan on business and human rights currently runs until 2020,[26] the chances of implementing the draft are uncertain.

---

[25] Sorgfaltspflichtengesetz, available at: https://die-korrespondenten.de/fileadmin/user_upload/die-korrespondenten.de/SorgfaltGesetzentwurf.pdf.

[26] For further information, please refer to the homepage of the German Foreign Office, available at: https://www.auswaertiges-amt.de/de/aussenpolitik/themen/aussenwirtschaft/wirtschaft-und-menschenrechte/monitoring-nap/2124010.

2 Characterisation

2.1 Rules Pertaining to Company Law

2.1.1 Please Describe the Rules of CSR Pertaining to Company Law (Due Diligence, Duty of Vigilance, Compliance Department, etc.)

Human rights standards as well as other social, environmental and ethical standards may be safeguarded through a number of legal principles (*Rechtsinstitute*) within the company law. CSR considerations become relevant inter alia within (1.) the duty of care, (2.) the doctrine of piercing the corporate veil and (3.) the new reporting obligation established in ss. 289b, 289c of the German Commercial Code (*Handelsgesetzbuch—HGB*)—which, in turn, implement provisions of the European CSR-Directive.

(1.) The duties of care of the management board and of the supervisory board include the duty of legality (*Legalitätspflicht*), i.e. the duty to comply with the applicable laws when conducting a business.[27] The recent landmark decision of *Siemens/Neubürger*[28] relating to a complex system of corruption within the Siemens group surprised management boards, consultants and the research community alike.[29] It was one of the first cases in which a civil court awarded damages to a company against its director (*Vorstandsmitglied*) who had violated his duty to (effectively) monitor the subsidiaries' conduct.[30] In a nutshell, the court held the director accountable for the non-existing or at least insufficient compliance system and inadequate supervision of the foreign (Nigerian) subsidiary.[31] For the first time, the duty of legality of the parent company (Siemens AG) was extended to a *separate legal entity* (subsidiary) and to a company subject to a *foreign lex societatis* (Nigerian Company Law).

Although *Siemens/Neubürger* was a case on corruption, it might nevertheless be possible to transfer its ratio onto CSR cases. After all, if protecting free competition (as in *Siemens/Neubürger*) justified such far-reaching modification of the general PIL/company law rules, the protection of CSR standards makes

[27] Fleischer (2019), § 93 Rn. 15ff.; Spindler (2014).

[28] LG München I, 10.12.2013 - 5 HK O 1387/10.

[29] Bachmann (2014), p. 579; Fleischer (2014), p. 321; Harbarth and Brechtel (2016), p. 241; Paefgen (2016), p. 433; Seibt and Cziupka (2014), p. 1598.

[30] Dauner-Lieb (2016), § 76 AktG Rn. 7: "problematic judgment"; Fleischer (2014), p. 321; Paefgen (2016), p. 433.

[31] LG München I, 10.12.2013 - 5 HK O 1387/10.

an even stronger case for such modification.[32] There is, however, no case law yet indicating that the ratio of *Siemens/Neubürger* may be expanded in such a way.

Any liability originating from a breach of the duty of legality only establishes an internal liability. *In concreto*, it only establishes liability of the director(s) vis-à-vis the company.[33] Conversely, third parties (such as victims of human rights violations or other stakeholders) are not entitled to claim damages for any violation of the management board's duty to control the company's subsidiaries (*Legalitätskontrollpflicht*). Liability stemming from a breach of the duty of legality, therefore, is often of only limited use to the people directly affected by CSR—and particularly human rights—breaches.

(2.) Alternatively, one could consider generally piercing the corporate veil in the case of tortious liabilities of the subsidiary (*Deliktsdurchgriffshaftung*).[34] CSR violations may, after all, cause tortious liabilities.[35] However, such general piercing of the corporate veil in the case of tortious liabilities is, so far, not recognised under German law. Albeit it is an approach widely discussed for CSR cases, it is still restricted to few scenarios, such as *Vermögensvermischung*[36] or *Existenzvernichtungshaftung*.[37,38] None of them appear relevant in the CSR context. A general piercing of the corporate veil in order to establish such liability of the mother company would require legislative intervention, or fundamental evolution of the jurisprudence. Especially *Thomale* advocates such evolution; he has established a couple of prerequisites for piercing the corporate veil.[39] The prevailing opinion, however, still negates

[32]Hübner (2018a), p. 72 et ff.

[33]Weller et al. (2016), p. 413; Hübner (2018a), pp. 74 et ff.

[34]A number of scholars promote transferring this school of thought from the sphere of economics into the law, such as, within the English literature, Hansmann and Kraakman (1991), pp. 1879 et seq; Stone (1980), p. 1; Siliciano (1987), pp. 1834 et seq. Or, within the German literature, Thomale (2018); Bitter (2000), pp. 181 et seq, 200 et seq; Meyer (2000), pp. 1031 et seq.

[35]For further detail on the tortious liability stemming from CSR breaches cf. Question 2.3.

[36]I.e. cases in which it is impossible for an obligee to differentiate between the assets of the company and that of the shareholders. This may be caused by obscure bookkeeping or other factors. As a result, assets of the company are unduly attributed to the shareholders or other companies within the group.

[37]I.e. cases in which the shareholders, in reversal of the general rule, are accountable for the insolvency of the company. It, in essence, requires an improper withdrawal of company assets without compensation that causes or aggravates the company's insolvency. Cf. BGH, Urteil vom 16. Juli 2007 - II ZR 3/04.

[38]Weller et al. (2016), pp. 407–409.

[39]Thomale (2018); cf. for an analysis in more detail Weller et al. (2016), pp. 407 et seq.

the possibility of piercing the corporate veil in the case of tortious liabilities of the daughter company.

(3.) Another set of relevant provisions in this regard are the newly introduced sections 289b and 289c of the German Commercial Code (*HGB*).[40] They were introduced on 19 April 2017,[41] in order to implement the provisions of Art. 19a of the European CSR-Directive.[42] According to ss. 289b, 289c, certain large public-interest companies must include a so-called non-financial statement (*nichtfinanzielle Erklärung*) in their annual management report.

Some scholars claim that these provisions could cause a "revolution via the law of accounting."[43] A company would no longer be able to exclusively focus

---

[40] There is, as of yet, no official translation of these sections of the Commercial Code. Therefore, we took the liberty of translating the relevant provisions ourselves. Anything within square brackets has been added by the authors for easier understanding of the provisions and is not part of the official text. Square brackets have also been used to indicate omissions from the original text.

s. 289b of the Commercial Code:

(1) A capital company must include in its management report [according to ss. 264, 289 of the Commercial Code] a non-financial statement, if it exhibits the following characteristics:

1. the capital company fulfils the requirements of s. 267 para. 3 sen. 1 [i.e. is a large capital company within the meaning of that provision],
2. the capital company is capital market oriented [*kapitalmarktorientiert* within the meaning s. 264d of the Commercial Code] and
3. the capital company has had on average more than 500 employees during the financial year. [. . .].

s. 289c of the Commercial Code:

(1) In the non-financial statement within the meaning of s. 289b, the capital company must elaborate shortly on its business model.

(2) The non-financial statement must furthermore include at least the following aspects:

1. environmental issues [...],
2. employee matters, [...] including information on, for example, measures taken to ensure gender equality, [. . .] the respect for the rights of employees to be informed and consulted, [...] the respect for the rights of trade unions [...],
3. social matters [...],
4. the respect for human rights, including information on, for example, the avoidance of human rights violations, and
5. the combat against corruption and bribery [...].

[...]

(4) If a capital company does not pursue a concept in relation to one or more of the aspects named in paragraph 2, it must explicitly declare and elaborate on this in its non-financial statement [...].

For the official text of these provisions (in German only) cf. https://www.gesetze-im-internet.de/hgb/BJNR002190897.html#BJNR002190897BJNG000300300.

[41] Gesetz vom 11.4.2017 (BGBl. I S. 802).

[42] Directive 2013/34/EU of 26 June 2013, as amended by Directive 2014/95/EU of the European Parliament and of the Council of 22 October 2014.

[43] Hommelhoff (2015a, b), pp. 296 et seq; cf. equally Roth-Mingram (2015), pp. 1341 et seq.

on profit-maximisation but would now also have to take non-financial goals into account in its business decisions. It is, however, still too early to judge whether such a "revolution" will actually happen.[44]

The question remains whether and, if yes, how violations of ss. 289b, 289c could or should be sanctioned:

a) The directive itself does not specify any sanctions; it leaves the decision to the national legislator entirely (*minimum harmonisation*).
b) S. 331 and s. 334 of the German Commercial Code now also impose criminal liability on individuals who consciously falsify the content of the non-financial statement.[45] The non-financial statement constitutes a statement of facts about the human rights standards, environmental concepts, etc. implemented by the company. For example, the statement may declare that no children work in the production process. If this is untrue, the non-financial statement is false and criminal liability may accordingly be imposed.
c) Furthermore, s. 331 (1) no. 1 Commercial Code constitutes a rule intended to protect other persons (*Schutzgesetz*) within the meaning of s. 823 (2) of the German Civil Code.[46] Hence, members of the management and supervisory board could become civilly liable for producing a false non-financial statement, i.e. they may be liable for any material or immaterial damages that the company has suffered due to the false non-financial statement.[47]

   However, a factually false non-financial statement does not necessarily constitute to a breach of duty within s. 823 (2) and, thus, civil liability. While the human rights, environmental, social, etc. concepts stipulated in the non-financial statement describe a company's commitment to these goals, this commitment may, to our understanding, not be regarded as a

---

[44]Reserved in this context, Fleischer (2017), p. 525; Schön (2016), pp. 281 et seq.

[45]Cf. particularly s. 331 (1) no. 1 of the Commercial Code (in official translation):

> A prison sentence of up to three years or a fine will be imposed on someone who
>
> 1. as a member of the body authorised to represent the company or as a member of the supervisory board of a capital company gives a false account of or obscures the situation of the capital company [...] in the management report, including the non-financial statement, [or] in the separate non-financial statement [...].

Cf. furthermore s. 334 (1) no. 3 of the Commercial Code (in official translation):

> A regulatory offence is committed by someone who as a member of the body authorised to represent the company or as a member of the supervisory board of a capital company [...]
>
> 1. when preparing the management report or a separate non-financial statement breaches one of the provisions of ss. 289 to 289b (1), ss. 289c [...].

For the official text of these provisions (in German only) cf. https://www.gesetze-im-internet.de/hgb/BJNR002190897.html#BJNR002190897BJNG000300300.

[46]Merkt (2016), § 331, para. 1; Böcking et al. (2016), § 331, para. 8.

[47]Reserved in this context, Thomale and Hübner (2017).

commitment to a particular outcome (*obligation de résultat*[48]) but rather a commitment to undertake the appropriate efforts to reach these goals (*obligation de moyens*).[49] Classifying the stipulations of the non-financial statements as pure *obligations de moyens* creates a suitable parallel to the obligations imposed by s. 76 (4) of the German Stock Corporation Act[50] on women's quotas in management positions of capital companies.[51] Therefore, only if the management board has not taken appropriate measures to implement the goals of the non-financial statement, a breach of duty may be found. Members of the supervisory board may, in turn, only breach their duties if they recognise the falseness of the non-financial statement and fail to accordingly take appropriate measures against the management board.

d) At the same time, producing a false non-financial statement, always constitutes a violation of law (*Gesetzesverstoß*). This violation may gain such significance that the annual shareholders' meeting (*Hauptversammlung*) may be barred from discharging the members of the management and supervisory board according to s. 120 of the German Stock Companies Act (*AktG*).[52] If the general meeting nevertheless discharges them, its decision will be defective and, therefore, voidable according to s. 243 of the German Stock Companies Act.[53]

2.1.2 If These Rules Have Given Rise to Disputes, Please Briefly Describe the Cases That Have Arisen in Your Country and Their Outcomes (Providing Full References for Court Decisions)

To our knowledge, no disputes have arisen so far over ss. 289b, 289c of the Commercial Code.

---

[48]This differentiation is based on Art. 1137, 1147 of the French Code Civil of 1804. The German academic discussion on civil obligations has adopted this differentiation, cf. Mansel (2014), § 241, para. 9.

[49]Equally, Roth-Mingram (2015), pp. 1343 et seq.

[50]According to s. 76 (4), the management board must set targets as to the number of women in its top-management to be reached by a certain date.

[51]Similarly, Hommelhoff (2015a, b), p. 1331.

[52]Drygala (2015), § 111, para. 67 et seq.

[53]Roth-Mingram (2015), pp. 1343 et seq; Weller et al. (2016), p. 412.

2.2 *Rules Pertaining to the Law of Contract*

2.2.1 Please Describe the Rules of CSR Pertaining to Contract Law (Clauses on Compliance with the OECD Guidelines, Anti-corruption Clauses, Control of the Value Chain, Etc.)

(1.) German contract law is based on the freedom of contract, constitutionally guaranteed by Art. 2 (1) of the German Basic Law (*Grundgesetz*).[54] This implies that the parties are, in principle, free to determine whether, when, how and with whom to conclude a contract. In short, they are free in determining the particularities of their contract—even if they, through their agreement, deviate from statute. Such deviation from statute is possible as German contract law is, for the most part, non-mandatory (*dispositives Recht*).[55]
There are few exceptions to this rule. The probably most important one are those rules of German contract law that are in fact mandatory (*zwingendes Recht*). However, none of the OECD Guidelines are mandatory law.

(2.) Anti-corruption provisions are not part of contract law but are scattered across the criminal law,[56] the law on regulatory offences[57] and public law.[58] However, this does not imply that civil law leaves agreements on bribes, illegitimate (mutual) favours, etc. unsanctioned. For example, any contract aiming at corrupting (foreign) public authorities will be void for violating the principle of morality (*Sittenwidrigkeit*), as protected under s. 138 Civil Code.[59]

(3.) The parties are, of course, free to agree upon CSR clauses. Since numerous German companies implement own CSR-strategies, they regularly enshrine anti-corruption- and CSR-clauses into contracts with suppliers, subcontractors, and other business partners.[60] Such clauses are usually enforced via contractual

[54]Di Fabio (2016), para. 101. But even before the implementation of the German Basic Law—the German Civil Code is older than the Basic Law, particularly within the law on contracts—, the idea of autonomous parties shaped the German Civil Code. It was drafted in an environment of economic liberalism. Thus, the original document almost entirely refrained from monitoring contractual content, safe for the limits imposed by s. 134 (breach of statute—*Gesetzesverstoß*), s. 138 (unconscionability—*Sittenwidrigkeit*) and s. 242 (performance in good faith—*Leistung nach Treu und Glauben*). Over time, this has changed, particularly under the influence of EU law which introduced a multitude of clauses on the protection of weaker parties, for example consumers, leading to an, at times, far-reaching review of private-law contracts. Cf. in detail Säcker (2015), para. 33 et seq; Busche (2015), para. 5-7; Emmerich (2016), para. 1 et seq.

[55]Köhler (2016), para. 23 et seq.

[56]Cf. in particular s. 108e, s. 299 and ss. 332-336 Criminal Code, Art. 2 IntBestG and Art. 1 EUBestG.

[57]Cf. in particular s. 130 (1), (3) in combination with ss. 9, 29a and 30 of the Act on Regulatory Offences.

[58]Cf. inter alia, United Nations Convention against Corruption of 31 Oktober 2003, ratified by the German Bundestag on 27 Oktober 2014 (BGBl. 2014 II S. 762, 763).

[59]BGH NJW 1985, 2406; Ellenberger (2016), § 138 BGB Rn 43.

[60]Janke (2015), p. 248.

penalties, liquidated damages or auditing rights.[61] Regularly, they also seek to secure those standards along the entire supply chain by obliging their contractual partners to enforce those standards vis-à-vis their subcontractors as well.[62]

(4.) Furthermore, provisions on liability for product defects may be said to be CSR-related or, to put it differently, may indirectly create incentives for controlling the value chain. In particular, ss. 437, 434 (1) 3 of the Civil Code[63] may gain relevance here. These sections impose liability on a seller for inaccurate product descriptions (*Mängelhaftung wegen fehlerhafter Angaben*). For example, if sellers advertise their products by claiming that particular environmental or human rights standards were safeguarded in the production process, the seller is liable for the accuracy of this statement. If it is false, it constitutes a product defect within the meaning of s. 434 Civil Code.[64]

However, only buyers of such products are able to assert rights under ss. 437, 434 (1) 3 Civil Code. Victims of CSR breaches within the production process, in contrast, are unable to do so. As such, these provisions may only contribute to an effective CSR system to a limited degree. This is a general

---

[61] *Ibid.*

[62] *Ibid.*, p. 130. Such clauses are particularly common within the refinement of raw matierials industry. Cf. also Hauschka et al. (2016), § 19 para. 30; Janke (2015), p. 130.

[63] S. 434 Civil Code (official translation):

> (1) The thing is free from material defects if, upon the passing of the risk, the thing has the agreed quality. To the extent that the quality has not been agreed, the thing is free of material defects [. . .]
>
> 2. if it is suitable for the customary use and its quality is usual in things of the same kind and the buyer may expect this quality in view of the type of the thing.
>
> Quality under sentence 2 no. 2 above includes characteristics which the buyer can expect from the public statements on specific characteristics of the thing that are made by the seller, the producer (section 4 (1) and (2) of the Product Liability Act [Produkthaftungsgesetz]) or his assistant, including without limitation in advertising or in identification, unless the seller was not aware of the statement and also had no duty to be aware of it, or at the time when the contract was entered into it had been corrected in a manner of equal value, or it did not influence the decision to purchase the thing.

s. 437 Civil Code (official translation):

> If the thing is defective, the buyer may, provided the requirements of the following provisions are met and unless otherwise specified,
>
> 1. under section 439, demand cure,
>
> 2. revoke the agreement under sections 440, 323 and 326 (5) or reduce the purchase price under section 441, and
>
> 3. under sections 440, 280, 281, 283 and 311a, demand damages, or under section 284, demand reimbursement of futile expenditure.

The full text of these sections may be found at https://www.gesetze-im-internet.de/englisch_bgb/englisch_bgb.html#p0726.

[64] Weller et al. (2016), pp. 398–399.

problem of implementing CSR standards under contract law, as contractual rules may only benefit or oblige the parties involved in the respective contract.[65]

2.2.2 If These Rules Have Given Rise to Disputes, Please Briefly Describe the Cases That Have Arisen in Your Country and Their Outcomes (Providing Full References for Court Decisions)

To our knowledge, no CSR disputes have arisen within the contract law yet.

2.3 Rules Pertaining to the Law of Tort

(1.) Victims of human rights violations, neighbouring residents of polluted rivers and land, and other people whose rights and interests protected under s. 823 (1) Civil Code[66] have been infringed may claim reparation or other compensation from the company[67] inflicting that damage upon them. Unlike contractual duties that are owed only towards the contracting parties, tortious duties are owed towards everyone (*neminem laedere*-principle). The protection offered by German tort law is, nevertheless, at present limited.

(2.) Firstly, only erga omnes rights (*absolute Rechtsgüter*) are protected under s. 823 (1) Civil Code, including for example life, physical integrity, health or property. This limited protection—and the therefore limited risk of liability—in essence protects the general freedom of action.[68]

---

[65]Safe for contracts protecting third parties (*Verträge mit Schutzwirkung zugunsten Dritter*): Under certain circumstances, parties not involved in the agreement may claim protection under the agreement (cf. instead of many BGH NJW 1995, 92). Only breaches of contractual duties of care (*Schutzpflicht*) may be invoked—not breaches of the primary duty of performance (*Leistungspflicht*). For a third party to be protected under a contract in such a way, the following requirements must be met: (1) There must be a (not necessarily effective) contractual relationship between two parties (*Schuldverhältnis*), (2) the third party must come into contact with the risks arising from breaches of duties of care in the same way as the obligee (*Leistungsnähe*), (3) there must be a relationship of proximity between the obligee and the third party (*Gläubigerinteresse*), (4) both requirements (2) and (3) must be apparent to the obligor (*Erkennbarkeit für den Schuldner*), and (5) the third party must be in need of protection (*Schutzbedürfnis*), i.e. the third party must not have own comparable contractual claims against the obligor. Hereto in more detail, cf. Jauernig and Stadler (2016), § 328, para. 19 et seq.

[66]S. 823 Civil Code (official translation):

> (1) A person who, intentionally or negligently, unlawfully injures the life, body, health, freedom, property or another right of another person is liable to make compensation to the other party for the damage arising from this.

Accessible at: https://www.gesetze-im-internet.de/englisch_bgb/englisch_bgb.html#p0726.

[67]Liable under the law of tort is the company itself, not its managing body, cf. Wagner (2013), § 823, para. 85; for remarks on legal persons liable under the law of tort, cf. already Medicus (1998), pp. 573 et seq.

[68]Kötz and Wagner (2013), para. 94 et seq; Weller (2013), pp. 1341 et seq.

Hence, human rights violations give rights to damages only if they coincide with a violation of the abovementioned erga omnes rights. This will not always be the case. For example, inhumane working conditions as such do not necessarily constitute a damage to health. However, once people are in fact injured, damages under s. 823 (1) Civil Code can be granted if the subsequent conditions are also met.

To avoid the issue of having to establish an injury to a person's body, health, property and the like, one could consider generally defining at least human rights—as part of the CSR rules—as *other rights* within the meaning of s. 823 (1) Civil Code.[69] There are, however, a few obstacles to this solution:

a) First, human rights traditionally only bind nation states, not individuals. It would need to be determined whether individuals, including transnational companies, could be regarded as additional addressees of the human rights regimes (*unmittelbare/mittelbare Drittwirkung*).[70] There is, in fact, a current tendency in academia to acknowledge this possibility.[71] However, no case law supports this view yet.
b) Second, even if transnational companies were bound, it would not at all be clear which of the numerous human rights conventions would lastly be determinative of the content of those *other rights* in s. 823 (1).[72] Or who would conclusively interpret the applicable convention.[73]
c) Third, human rights are formulated in a vague or open manner, so that it is at least difficult for the individual to ascertain his or her obligations with sufficient legal certainty.[74]

(3.) If one of the protected rights is infringed, liability under s. 823 (1) furthermore requires a *breach of duty*. Within contract law, the duties of each party are determined, defined and limited by the agreement. Such contractual determination is not possible within the law of tort. Nor is there a general duty to protect

[69] At first, it may appear that human rights fit into the category developed by the courts for the protection of the so-called general right of personality (*Allgemeines Persönlichkeitsrecht*), cf. inter alia BGHZ 13, 334 (*Leserbrief*) and BGHZ 26, 349 (*Herrenreiter*). This right has, so far, primarily served to protect the free development of one's own personality (*freie Entfaltung der Persönlichkeit*) or the protection and preservation of one's personal space (*Gewährleistung der engeren persönlichen Lebenssphäre und der Erhaltung ihrer Grundbedingungen*), cf. BVerfG NJW 2008, 39, para. 75; BVerfG NJW 2006, 207, para. 25; BVerfG NJW 1980, 2070, para. 13. As such, the *Allgemeine Persönlichkeitsrecht* shows some overlaps with the human rights protection but does not per se cover human rights in their full scope.

[70] Cf. Hennings (2009), p. 43. Similar to the indirect validity of fundamental rights guaranteed in the German Basic Law in the private law (*mittelbare Drittwirkung der Grundrechte im Privatrecht*). Hereto in more detail, cf. Säcker (2015), para. 60 et seq.

[71] Weller and Thomale (2017), pp. 509, 515 et seq.

[72] Weller et al. (2016), p. 400.

[73] *Ibid.*

[74] Weller and Thomale (2017), pp. 509, 515 et seq.

other people from harm.[75] What is required is a *breach of a delictual duty of care* (*Verkehrspflicht*).

a) Generally speaking, those who create risks, dangers or hazards are under the obligation to take reasonable measures to protect third parties from harm.[76] Therefore, if a company creates a particular danger in the process of sourcing raw materials or when producing a product, that company has to take the reasonable preventive measures, for example, to avoid accidents, prevent fire outbreaks or ensure only authorised personnel comes into contact with hazardous substances/machinery.
b) However, according to the prevailing opinion in academia, this declictual duty of care generally does not apply across the value chain—neither in the case of subsidiaries nor in the case of independent contractors[77]: Tortious liability for actions of a subsidiary is barred by the corporate veil (*konzernrechtliches Trennungsprinzip*).[78] The same holds true for independent legal entities like subcontractors or suppliers.

   This view proves unconvincing. First, one may find a company liable across the value chain if the ratio of the English case of *Chandler v Cape*[79] was applied in Germany. In that case, a duty of care resulted from an assumption of responsibility by the company vis-à-vis the employees of its subsidiary. Alternatively, German courts could generally extend the delictual duty of care of the parent company to its subsidiaries and subcontractors whenever the parent company has decisive influence on the management of the subsidiary. This appears particularly called for in the high-risk areas of business of those legal entities.[80]
c) Yet another problem associated with establishing tortious liability in international cases is whether *duties of care apply across borders* and, if they do, which standard—domestic or foreign—is determinative for the legal entity (subsidiary or subcontractor) doing business abroad. In general, the

[75] Hager (2009), § 823, E 25.

[76] BGHZ 65, 221. In more detail to the historical development of duties of care, cf. Kötz and Wagner (2013), para. 16 et seq; *v.* Bar (1996), § 2 II, para. 104 et seq.

[77] The question of duties of care applying across legal subjects is to be differentiated from the cases where someone has already created a danger, delegated its control onto a third party and the selection or supervision of that third party was deficient (*Delegationsfälle*). In those cases, liability is imposed on the basis that a party may not free itself from its responsibilities and duties by delegating them onto a third party without ensuring that that third party will take the appropriate measures to prevent harm to others. Cf. Schaub (2014), § 823, para. 129; Teichmann (2014), § 823, para. 33, 36.

[78] Cf. Heider (2008), § 1, para. 46; Wilhelmi (2015), § 13, para. 2 et seq; Mühlhens (2006), p. 23 et seq.; dissenting Weller and Thomale (2017), pp. 509, 522 et seqq.

[79] *Chandler v Cape* [2016] EWCA Civ 525. For an analysis of this case, cf. inter alia *Petrin* (2013) and *Sanger* (2012). The scope of this case was, however, subsequently limited in *Thompson v The Renwick Group* [2014] P.I.Q.R P18—as, for example, Grusic (2015), p. 30, rightly points out.

[80] In more detail Weller and Thomale (2017), pp. 509, 520 et seq.

standard applicable at the place of the harmful act is determinative.[81] However, in the case of CSR-standards—particularly human rights standards that are aimed to apply universally without greater variation between countries[82]—this appears problematic. Which standard, in fact, would or should be applicable, needs to be enquired further.

(4.) Other norms within the law of tort, such as s. 823 (2) or s. 831[83] Civil Code, are not yet suitable to establish general CSR-liability.

a) As of today, human rights may not be interpreted as protective laws (*Schutzgesetz*) pursuant to s. 823 (2) Civil Code. As established, human rights are only applicable between the state and the individual and do not oblige individuals.[84] S. 823 (2) Civil Code might, however, offer an opportunity to establish CSR-liability *de lege ferenda* if CSR-responsibility was determined in a statutory norm intended for the protection of individuals against harm within the meaning of that section.[85]

b) S. 831 Civil Code may gain importance if a company has acted through a vicarious agent (*Verrichtungsgehilfe*). However, independent legal entities are not qualified as vicarious agents of the mother company.

2.4 Do CSR Rules Fall Under Public Policy or Are They Characterised as Mandatory Rules?

CSR rules are—to date—classified neither as international mandatory rules nor do they fall under public policy (*ordre public*).

For a recent reform proposal see above, answer to question 1.5.

---

[81] Cf. generally BGHZ 195, 30; Teichmann (2014), § 823, para. 36; Kötz and Wagner (2013), para. 183 et seq. With regard to duties of care of tour operators, cf. Tonner (2012), § 651f, para. 21.

[82] Bergmann (2015).

[83] S. 831 Civil Code (official translation):

> (1) A person who uses another person to perform a task is liable to make compensation for the damage that the other unlawfully inflicts on a third party when carrying out the task. Liability in damages does not apply if the principal exercises reasonable care when selecting the person deployed and, to the extent that he is to procure devices or equipment or to manage the business activity, in the procurement or management, or if the damage would have occurred even if this care had been exercised.
>
> (2) The same responsibility is borne by a person who assumes the performance of one of the transactions specified in subsection (1) sentence 2 for the principal by contract.

Accessible at: https://www.gesetze-im-internet.de/englisch_bgb/englisch_bgb.html#p0726.

[84] Weller et al. (2016), p. 756; Wagner (2016), p. 756.

[85] *Ibid.*, pp. 417 et seq.

3 Alternative Methods of Dispute Resolution

Does your country allow disputes concerning CSR to be submitted to (*more than one answer is possible*):

- *Arbitration*: Yes, cf. ss. 1025 et seq Civil Code, particularly s. 1029 Civil Code on the requirement of an arbitration agreement between the parties.
- *Mediation*: Yes, cf. s. 278a Code of Civil Procedure (ZPO).[86] Mediation procedures are possible either outside of court proceedings, as regulated in the Mediation Act (*Mediationsgesetz*), or within court proceedings, as allowed in s. 278 (5) Code of Civil Procedure.[87]
- *Conciliation*: Yes. S. 15a Introductory Act to the German Code of Civil Procedure[88] (*EGZPO*) enables the German states to declare a legal action inadmissible unless a governmental conciliator has been contacted and attempts to achieve an unanimous, out-of-court settlement have proven unsuccessful.[89] However, this only applies to a limited number of civil procedures. In the case of CSR-claims, s. 15a procedures will have little significance. Regardless of s. 15a procedures, the judge is "[i]n all circumstances of the proceedings" under an obligation to act "in the interests of arriving at an amicable resolution of the legal dispute or of the individual points at issue", s. 278 (1) Code of Civil Procedure.[90]
- *An OECD National Contact Point*: Yes. A guideline on the complaints procedure according to the OECD guidelines may be found at http://www.bmwi.de/Redaktion/EN/Downloads/oecd-extraction-complaint-procedure.pdf?_blob=publicationFile&v=1 (last retrieved 17/05/19).
- *Another alternative method* (in which case, please specify): None.

---

[86]S. 278a Code of Civil Procedure (official translation):

> (1) The court may suggest that the parties pursue mediation or other alternative conflict resolution procedures.
> (2) Should the parties to the dispute decide to pursue mediation or other alternative conflict resolution procedures, the court shall order the proceedings stayed.

Accessible at http://www.gesetze-im-internet.de/englisch_zpo/englisch_zpo.html#p1021.

[87]Cf. hereto in more detail Bacher (2017), § 278a, para. 1; Foerste (2017), § 278a, para. 1 et seq; Ulrici (2016), § 278a, para. 1 et seq.

[88]Accessible at http://www.gesetze-im-internet.de/zpoeg/15a.html, available only in German.

[89]Hereto in more detail Prütting (2016), § 278, para. 57 et seq.

[90]Official translation available at http://www.gesetze-im-internet.de/englisch_zpo/englisch_zpo.html#p1021. Hereto in more detail Prütting (2016), § 278, para. 9 et seq.

4 Jurisdiction

4.1 *Where the Dispute Must Be Submitted to a Court in Your Country, Which Court Has Jurisdiction*

For civil law cases, Art. 4, 63 Brussels Ia-Regulation determines whether a German court has jurisdiction for claims against companies or other legal persons.[91] It will have jurisdiction if the defendant company has its statutory seat, central administration or principal place of business in Germany.[92] In this case, it is irrelevant whether the harming act or the damage has occurred abroad.

The *forum non conveniens* doctrine is not applicable in the realm of the Brussels Ia-Regulation due to the ECJ's judgment in *Owusu*.[93]

4.2 *If Judicial Rulings Have Already Been Given in Your Country on Breaches of CSR, Please Give Summaries of Those Decisions and Provide Detailed References*

In Germany, there are some prominent ongoing CSR cases at various courts. Jurisdiction is not in dispute in any of them. In each case, the defendant mother company has its statutory seat, central administration or principal place of business in Germany, as required by Art. 4, 63 Brussels Ia-Regulation. The following overview will, therefore, focus on the material issues of these CSR-cases.

a) One of the most notable cases being heard at the moment is the case against the textile discounter KiK before the Regional Court (*Landgericht, LG*) Dortmund.[94] In this case, surviving victims and relatives of deceased of the devastating fire in a textile factory in Karachi, Pakistan, in 2012[95] claim reparation from KiK. KiK neither runs the factory nor does it own a share in the company (Ali Enterprises) that ran the factory. The claimants argue that KiK, as the main customer of Ali Enterprises, was able to notably influence the business practices of Ali Enterprises and its production process and was, therefore, under an obligation to ensure the safety of the employees of Ali Enterprises. This, the claimants argue, KiK failed to do.

---

[91] *Brussels Ia-Regulation* is another term for the Council Regulation (EU) No 1215/2012 of the European Parliament and of the Council of 12 December 2012 on jurisdiction and the recognition and enforcement of judgments in civil and commercial matters.

[92] Stürner (2015), p. 844.

[93] ECJ Case 281/02 *Owusu v Jackson* [2005] ECLI:EU:C:2005:120, paras. 36 et seq.

[94] LG Dortmund, Urteil vom 10.01.2019 - 7 O 95/15.

[95] http://www.nytimes.com/2012/09/13/world/asia/hundreds-die-in-factory-fires-in-pakistan.html.

In January 2019, the Dortmund Regional Court dismissed the claims as barred by limitation under Pakistani law.[96] The claimants had asserted an implied partial choice of German law with respect to limitation. In their opinion, the parties had agreed on German law in that regard as a result of negotiations between the respective German lawyers in the German language and a German document. The court rejected this reasoning and followed the expert opinion, which recognised a limitation period under Pakistani law. As a result of striking out the claim on the issue of limitation, the court did not decide whether KiK had a duty of care towards the employees of KiK's supplier. According to press reports, the plaintiffs have filed an appeal with the Higher Regional Court (*Oberlandesgericht, OLG*) of Hamm.

b) Another notable case is also being heard before the Higher Regional Court Hamm at the appeal stage.[97] A Peruvian farmer from Huaraz asserts that the electric utilities company RWE is, alongside many others, responsible for global warming. Because of the glacial melting global warming causes, the lake just above the city of Huaraz is about to overflow and flood Huaraz. It threatens the people living there and may destroy their livelihoods. The claimant demands that RWE pays for measures needed to protect the city, the contribution being proportionate to RWE's share in causing global warming.

The outcome of this case is uncertain. The court of first instance has denied the claim since the claimant was unable to establish a causal relationship between the defendant's conduct (production of greenhouse gases) and the potential risk of flooding Huaraz.[98] On 13 November 2017, the OLG Hamm deviated from this view and held in an intermediate ruling that the claim of the Peruvian farmer was, at the outset, admissible and conclusive. The ruling highlighted that potentially there is a causal relationship between the emissions by RWE power stations and the imminent flooding of the claimant's property.[99] The court therefore ordered expert opinions to determine the causal relationship between RWE's greenhouse emissions and the potential flooding of Huaraz as well as RWE's exact share in contributing to this risk.[100]

c) Another creative way of tackling human rights issues in the supply chain might be found in competition law. In 2003, Nike was the defendant in a US-lawsuit due to "misleading advertisements" on the working conditions in its Asian production facilities.[101] The case, brought by the consumer protection activist Marc Kasky, was eventually settled for $1.5 million.[102] In the same fashion, the

---

[96] LG Dortmund, Urteil vom 10.01.2019 - 7 O 95/15.

[97] https://germanwatch.org/de/13837, Pressemitteilung vom 12.05.2017.

[98] LG Essen, Urteil vom 15.12.2016 - 2 O 285/15.

[99] OLG Hamm, Beschluss vom 30.11.2017 - I-5 U 15/17.

[100] *Ibid.*

[101] Joseph (2004), p. 101.

[102] https://www.business-humanrights.org/en/nike-lawsuit-kasky-v-nike-re-denial-of-labour-abuses-0?page=4 (last retrieved: 23/12/2019).

Hamburg Consumers' Office, supported by two NGOs, filed a competition law suit against the German discounter LIDL for misleading advertisements based on the German Fair Trade Practices Act (*UWG*).[103] The claim was based on allegations that LIDL's suppliers, despite various fair trade advertisements by LIDL, committed a number of CSR offences, including excessive working hours, unfair payroll deductions, prohibition of trade unions, and discrimination against women.[104] LIDL was therefore accused of intentional deceit of consumers in accordance with s. 5 (1) no. 1 and 3 UWG. Ten days after the claim was filed at the Local Court of Heilbronn (*Landgericht Heilbronn*), LIDL surrendered and issued a statement that it would no longer publish such fair trade advertisements. As a consequence, the proceedings were discontinued. It, thus, seems that competition law might be an alternative for CSR-based lawsuits.

5 Applicable Law

5.1 What Is the Law Applicable to Rules Relating to Corporate Structure? In Other Words, How Is the lex societatis Determined?

The *lex societatis* determines questions of a company's establishment, organisation, its internal and external relations as well as its dissolution—in short "under which circumstances a legal person originates, lives and passes."[105]

Since both *Rome I* and *Rome II* that govern the applicable law on contracts and torts (see below) generally exempt company law from their scope of application, cf. Art. 1 (2) lit. f Rome I and Art. 1 (2) lit. d Rome II, national conflict of law will regularly determine the applicable law.

The determination of the *lex societatis* is split between EU-/EEA-companies and those from third countries,[106] as established by the case law of the European Court of Justice and the jurisprudence of the courts of the member states.[107]

a) In Germany, the *lex societatis* is, in general, determined according to the 'real seat theory' (*Sitztheorie*) [108] which states that the law of the country is applicable in which the company factually has its centre of administration (i.e. its 'real

[103]For further information: https://www.ecchr.eu/de/unsere-themen/wirtschaft-und-menschenrechte/arbeitsbedingungen-in-suedasien/bangladesch-lidl.html?file=tl_files/Dokumente/Wirtschaft%20und%20Menschenrechte/Arbeitsbedingungen%2C%20Lidl%2C%20Juristischer%20Hintergrund%2C%202010-04.pdf.

[104]Osieka (2014), p. 221.

[105]BGH NJW 1957, 1433 (1434)—translated by the authors.

[106]Weller (2017), p. 167; Hübner (2018a, b), p. 149.

[107]Weller (2017), p. 167.

[108]BGH NJW 2009, 289, para. 21 et seq (*Trabrennbahn*); Weller (2015), para. 338 et seq.

seat').[109] Its location may, accordingly, not be changed by will. Consequently, the law of the country will be applicable to which the company has its closest link.[110] Through its purely objective approach, the real seat theory not only allows states to effectively control the companies based in its territory but also prevents a 'race to the bottom' that might occur if companies were free to choose the law applicable to them.[111]

b) In contrast, within the scope of EU law, the applicable law will be determined on the basis of the 'incorporation theory' (*Gründungstheorie*),[112] i.e. the law of the country is applicable in which the company was founded. The great advantage of this theory is that it is consistent with the freedom of establishment, Art. 49, 54 TFEU.[113]

   The incorporation theory usually also applies in the case of international conventions, like the Treaty of Commerce and Friendship between the United States of America and Germany of 1954.[114]

   It is disputed which act shall be determinative as "act of foundation", whether it should be (1) the act of establishment, (2) the statutory seat, (3) the place of registration, (4) a place freely chosen by the company founders, or (5) the place at which the company was granted legal personality.[115]

c) Recent developments within and reform proposals of the PIL on CSR and company law issues demonstrate that the inconsistent determination of the *lex societatis* remains a current issue. The EU Commission, for example, considers introducing a Rome V-Regulation, unifying the PIL framework on the law applicable to companies across the EU.[116]

   aa) A first proposal was made by the GEDIP group in 2016.[117] It suggested that the incorporation theory should be introduced as *loi uniforme*. In that respect it would overcome the split determination of the applicable law in Germany.
   bb) In addition, the GEDIP-proposal also contains a rule on CSR. Art. 1 (3) of the draft proposal states that the rules "do not prejudice the fulfilment of the obligations deriving from social responsibility of companies (corporate social responsibility) as defined by national, European or international norms".

---

[109] BGHZ 97, 272. In more detail on the determination of this 'real seat' cf. Weller (2015), para. 321 et seq, with further references.

[110] *v.* Bar and Mankowski (1991), para. 621.

[111] Gesell (2013), para. 2.3.

[112] Weller (2015), para. 350.

[113] *Ibid.*, para. 340.

[114] *Ibid.*, para. 341.

[115] *Ibid.*, para. 333, with further references.

[116] Study on the Law Applicable to Companies—Final report, 2016, accessible at https://bookshop.europa.eu/en/study-on-the-law-applicable-to-companies-pbDS0216330/.

[117] Groupe européen de droit international privé (GEDIP), Draft rules on the law applicable to companies and other bodies (accessible at http://www.gedip-egpil.eu/documents/Milan%202016/GEDIPs%20Proposal%20on%20Companies.pdf).

Initially, the GEDIP group had intended to come up with the far-reaching rule that the legal order should be applicable that offered the strongest CSR protection.[118] It, however, refrained from this idea for various reasons: The concept of CSR was regarded as too vague and the potential costs for enterprises as incalculable. In fact, the GEDIP generally considered PIL regulations as unsuitable for such a rule. Instead, the issue of ensuring the strongest possible CSR protection should rather be addressed within the substantive law.[119]

5.2 What Is the Law Applicable to Rules Belonging to the Law of Contract? (State the Main Conflict Rule: "Autonomy of Will", for Example—Then the Conflict Rules Applicable by Default)

The applicable law for rules within the law of contract is determined by the so-called *Rome I Regulation* (in German: *Rom I-VO*) as *loi uniforme*. Art. 3 (1) Rome I declares that the will of the parties shall be determinative. If the parties did not choose an applicable law (cf. Art. 3 Rome I), Art. 4 (2) Rome I declares that the contract will, in principle, be governed by the law of the country where the party required to effect the characteristic performance of the contract has its habitual residence. This means, for example, that in a contract of sale, the law of the country where the seller has its habitual residence governs the contract; in the case of a contract on the provision of services, it will be the law of the country where the service provider has its habitual residence.[120]

Therefore, if a buyer of a product wanted to bring an action against a domestic seller of goods that have been produced under conditions that breach human rights standards, German law would be applicable.

In contrast, a victim of a CSR breach will usually, at most, have a contractual relationship to a subsidiary (*Tochtergesellschaft*) or a supplier based abroad, such as a contract of employment. This relationship will be governed by the respective foreign law. Thus, victims of CSR breaches will rarely be able to invoke German law.

[118]GEDIP (2016), p. 23: «Nonobstant l´article 3, les questions liées à la responsabilité sociétale des entreprises, à partir du moment où elles affectent l´organisation de la société, sont soumises à la loi la plus protectrice soit du siège social statutaire, soit de l´incorporation, soit du siège social réel, soit des activités de la société.»

[119]*Ibid.*, p. 23.

[120]Cf. also Art. 4 para. 1 Rome I.

5.3 *What Is the Law Applicable to Rules Belonging to the Law of Torts? (State All the Conflict Rules in Your Country in the Order in Which the Courts Would Apply Them)*

If a CSR-breach constitutes a tortious act, the applicable law is determined by the *Rome II-Regulation* (in German: *Rom II-VO*).[121]

a) Art. 4 (1) Rome II determines that, in principle, the law of the country in which the damage occurs (*Ort der Rechtsgutsverletzung*) is applicable. Where the event giving rise to the damage occurred (*Handlungsort*) or where indirect consequences of that event occur is, accordingly, irrelevant.[122] Rome II, thus, implements the general principle of European law that legal relationships arising out of tortious acts are to be governed by the law applicable at the place of the tort/delict (*lex loci delicti*), precisely the *lex loci damni.*[123]

   Thus, German tort law will be applicable if the damage arises in Germany. However, victims of CSR breaches that were committed abroad by subsidiaries and independent contractors of the domestic mother company will usually only be able to invoke foreign law, as they will usually only have suffered harm abroad.

b) Two exceptions apply to the rule of *lex loci damni*: Firstly, if the person inflicting the harm and the person harmed have their habitual residence in the same country, the law of that country will be applicable, Art. 4 (2). Secondly, if there is a manifestly closer connection with a country than that indicated by para. 1 or 2, the law of that other country will be applicable.

   aa) The prevailing opinion approves of this system. After all, legal relations arising from a tort were usually not much more than a coincidental clashing of separate legal spheres of two or more people. Thus, the *lex locus delicti* appeared as the most obvious connecting factor.[124] Furthermore, by usually declaring the *lex loci damni* applicable, the victim's interest in being able to claim compensation according to the law of a jurisdiction generally predictable for him or her was protected.[125]

   bb) However, some authors argue that at least victims of human rights violations should be able to choose the law applicable to their case: either the law of the country in which the damage, Art. 4 (1) Rome II, or the law of the country in

[121] Regulation (EC) No 864/2007 of the European Parliament and of the Council of 11 July 2007 on the law applicable to non-contractual obligations (Rome II).

[122] Thorn (2016); Art. 4 Rom-I-VO.

[123] Cf. Recital no. 18 to Regulation (EC) No 864/2007.

[124] Spickhoff (2013); VO (EG) 864/2007 Art. 4, para. 1.

[125] Junker (2015), Rom II-VO Art. 4, para. 3; similarly, already BGH NJW 1983, 1972 (1973).

which the event giving rise to the damage occurred.[126] This right to choose could be justified by recourse to Art. 4 (3) Rome II. The underlying argument is: The current connecting factors (*Anknüpfungspunkte*) in the Rome II-Regulation were established to protect the victim. However, it may, in some cases, turn out to be more favourable to the victim if the law of the country of the tortious event was applicable. Therefore, the victim should be able to choose.

This view would also pay regard to the fact that the tortious event may not only occur abroad at the location of the subsidiary or the subcontractor. It may—in addition—occur in the state of the parent company, the tort of the parent company being a breach of its delictual duty of care by omission, namely failing to take the necessary preventive measures to protect the employess of its subsidiaries and subcontractors from harm. This view presupposes that the mother company has a duty of care towards the employees of its subsidiaries and subcontractors at all.[127] The latter connecting factor, the breach of the mother company's duty of care, would lead to the domestic tort law of the mother company being applicable.

c) Another option would be a subsequent choice of the *lex fori*.[128] The wrongdoer and the victim may agree to apply a specific legal system for the claim of the victim after the event which gave rise to the claim took place, Art. 14 (1) lit. a Rome II Regulation. It is, however, unlikely that a company will subsequently voluntarily subject itself to a more stringent CSR regime.
d) Lastly, the *ordre public* rule in Art. 26 Rome II might lead to the application of the *lex fori*. However, this would be limited to a very small number of cases.[129]
e) For environmental torts, the Rome II Regulation contains a specific rule in Art. 7. If the CSR breach has led to an environmental damage, the victim may choose between the *lex loci delicti* or the law of the country in which the event giving rise to the damage occurred. Art. 7, thus, already implements the suggested development of the Rome II system within human rights cases (see above at b).

[126]Weller and Thomale (2017), pp. 509, 523 et seq.

[127]See above at question 2.3.

[128]Thomale and Hübner (2017), p. 392.

[129]Cf. hereto in further detail questions 20 and 21.

5.4 Does Your Country's Case Law Allow Verification of Whether the Applicable Law Is in Conformity with the Rules of International Human Rights Law, the ILO Conventions, or Other Mandatory Rules of International Law? Please Explain

Yes. Art. 6 Introductory Act to the Civil Code,[130] as well as Art. 21 Rome I[131] and Art. 26 Rome II[132] enable the judge to question whether a rule, applicable according to Art. 4 (1) Rome II, would determine an outcome that was manifestly incompatible with the public policy of the forum, i.e. the German *ordre public*. The discrepancy between the outcome provided for by the applicable law and the considerations of justice that the German statutory rules are based upon must be so pronounced that applying the foreign rules would appear intolerable.[133] Thus, not every inconformity with public policy may lead to a non-application according to Art. 4 (1).

What exactly encompasses a sufficiently manifest inconformity needs to be determined on a case by case basis. Generally, the German *ordre public* encompasses not only the in Art. 6 sen. 2 Introductory Act to the Civil Code expressly named rights granted by the German Basic Law. It also includes European and international human rights, such as those granted by the Charta of Fundamental Rights of the European Union, the European Convention on Human Rights, the ILO Conventions or the Universal Declaration of Human Rights, as well as other

---

[130]Art. 6 Introductory Act to the Civil Code (official translation):

> A provision of the law of another country shall not be applied where its application would lead to a result which is manifestly incompatible with the fundamental principles of German law. In particular, inapplicability ensues, if its application would be incompatible with civil rights.

Accessible at https://www.gesetze-im-internet.de/englisch_bgbeg/englisch_bgbeg.html#p0038.

[131]Art. 21 Regulation (EC) No 593/2008:

> The application of a provision of the law of any country specified by this Regulation may be refused only if such application is manifestly incompatible with the public policy (ordre public) of the forum.

Accessible at http://eur-lex.europa.eu/legal-content/EN/TXT/HTML/?uri=CELEX:32008R0593&from=EN.

[132]Art. 26 Regulation (EC) No 864/2007:

> The application of a provision of the law of any country specified by this Regulation may be refused only if such application is manifestly incompatible with the public policy (ordre public) of the forum.

Accessible at http://eur-lex.europa.eu/legal-content/EN/TXT/HTML/?uri=CELEX:32007R0864&from=DE.

[133]BGH IPrax 2001, 586 (587); Schulze (2015), para. 14.

conventions of international law.[134] The rights granted by these conventions are binding within German law, either as federal law according to Art. 59 (2) Basic Law[135] or, as far as they are general rules of international law, according to Art. 25 Basic Law.[136]

5.5 Does Your Country's Case Law Allow the Application of Ethical Rules Instead of, or as a Complement to, the Applicable Law? Please Explain

Yes. Soft law rules, although non-binding, may be taken into consideration within the German *ordre public*. However, these soft law rules must in some way have gained authority within the domestic legal system, i.e. they must belong to the fundamental principles of German law.[137] This will usually be the case if they have become part of the national legal system in one way or the other, or if their basic considerations are in some way reflected in the national legal system.

The OECD Guidelines or the *Ruggie Principles*, therefore, have the potential of becoming part of the national *ordre public* in the long run. While they have not yet become part of the German law in any way, this may change if according legislative measures are taken.[138]

[134]Cf. in detail v. Hein (2015), para. 132 et seq; Stürner (2017), para. 176 et seq.

[135]Art. 59 para. 2 Basic Law (official translation):

> Treaties that regulate the political relations of the Federation or relate to subjects of federal legislation shall require the consent or participation, in the form of a federal law, of the bodies responsible in such a case for the enactment of federal law [...].

Accessible at https://www.gesetze-im-internet.de/englisch_gg/englisch_gg.html#p0141.

[136]Art. 25 Basic Law (official translation):

> The general rules of international law shall be an integral part of federal law. They shall take precedence over the laws and directly create rights and duties for the inhabitants of the federal territory.

Accessible at https://www.gesetze-im-internet.de/englisch_gg/englisch_gg.html#p0141.

[137]Stürner (2017), para. 246.

[138]*Ibid.*, para. 247.

6 Recognition and Enforcement of Judgments

6.1 Describe the Rules Applicable in Your Country to the Recognition and Enforcement of Foreign Judgments

The law of recognition and enforcement of foreign judgments is to be found in various sources including EU law, international public law and national law.

a) S. 328 Act on Civil Procedure[139] provides an autonomous rule for the recognition of foreign judgments. However, s. 328 may only apply if there are no EU regulations (especially the Brussels Ia-Regulation[140]) or inter-state agreements (such as the Lugano-Convention[141]) taking precedence. Thus, s. 328 applies only to foreign judgements that have been issued (1) by a court of a non-EU member state, (2) by a court of a country with which Germany has no inter-state agreement on the recognition of judgments, or (3) if the applicable rules allow for recourse to s. 328.[142]

---

[139] S. 328 Code of Civil Procedure (official translation):

(1) Recognition of a judgment handed down by a foreign court shall be ruled out if:

1. The courts of the state to which the foreign court belongs do not have jurisdiction according to German law;
2. The defendant, who has not entered an appearance in the proceedings and who takes recourse to this fact, has not duly been served the document by which the proceedings were initiated, or not in such time to allow him to defend himself;
3. The judgment is incompatible with a judgment delivered in Germany, or with an earlier judgment handed down abroad that is to be recognised, or if the proceedings on which such judgment is based are incompatible with proceedings that have become pending earlier in Germany;
4. The recognition of the judgment would lead to a result that is obviously incompatible with essential principles of German law, and in particular if the recognition is not compatible with fundamental rights;
5. Reciprocity has not been granted.

(2) The rule set out in number 5 does not contravene the judgment's being recognised if the judgment concerns a non-pecuniary claim and if, according to the laws of Germany, no place of jurisdiction was established in Germany.

Accessible at http://www.gesetze-im-internet.de/englisch_zpo/englisch_zpo.html#p2455.

[140] Regulation (EU) No 1215/2012 of the European Parliament and oft he Council of 12 December 2012 on jurisdiction and the recognition and enforcement of judgments in civil and commercial matters (recast), [2012] O.J. L 351/1.

[141] Convention on jurisdiction and the recognition and enforcement of judgments in civil and commercial matters, [2007] O.J. L 339/3.

[142] In this manner, Bach (2017), § 328, para. 9 et seq. For a full list of relevant international legal framework taking precendence over s. 328, cf. Gottwald (2016), § 328, para. 17 et seq.

Even if Art. 36 et seq. Brussels Ia-Regulation and the autonomous German law (ss. 328, 722-723 Act on Civil Procedure) exhibit fundamental similarities, such as the principle of *ipso iure* recognition, the maxim of *favour executionis*, as well as the prohibition of the *révision au fond*, there are at least two relevant differences: The autonomous law is more restrictive in the recognition of foreign judgments (cf. Art. 45 Brussels Ia-Regulation and s. 328 Act on Civil Procedure), and s. 328 (1) no. 5 Act on Civil Procedure requires reciprocity whereas the Brussels Ia-Regulation does not.[143] Notwithstanding, both regimes resemble one another in most ways.

A foreign judgment may be recognised according to s. 328 if[144]:

(1) the issuing court has been internationally competent to judge on the matter (s. 328 para. 1 no. 1),
(2) the fair trial rights of the defendant have been respected (s. 328 para. 1 no. 2),
(3) there is no contradicting judgment that has either been handed down in Germany or been recognised in Germany (s. 328 para. 1 no. 3),
(4) the judgment does not infringe the German *ordre public* (s. 328 para. 1 no. 4), and
(5) reciprocity is granted—except under the conditions of s. 328 para. 2. Reciprocity means that a foreign judgment will only be recognised in Germany if a German judgment would equally be recognised in the issuing state (s. 328 para. 1 no. 5).

One should note that s. 328 uses the word 'judgment' (*Urteil*). This terminology is in some way misleading as not only judgments in the formal sense may be recognised but any final decision of a foreign court in a civil matter.[145]

On top of the in s. 328 explicitly mentioned requirements, there are two further requirements that must also be met[146]:

(1) The judgment may not be void or for any other reason ineffective (*Wirksamkeit der Entscheidung*). Otherwise the act of recognition would grant the claimant more rights than he would domestically have. If the judgment is merely voidable, it may be recognised for as long as it has not been voided.[147]

[143]Junker (2016), pp. 343–344.

[144]Cf. to the requirements of s. 328 in more detail Gottwald (2016), § 328, para. 57 et seq; Bach (2017), § 328, para. 10 et seq.

[145]Stadler (2017), § 328, para. 5.

[146]Bach (2017), § 328, para. 12, 14; Stadler (2017), § 328, para. 7, 8.

[147]Prevailing opinion, cf. Gottwald (2016), § 328, para. 66 with further references.

(2) The court must have had jurisdiction to issue a judgment at all (*Gerichtsbarkeit*). This would, for example, not be the case if a judgment had been issued against a member of the diplomatic corps, cf. s. 18 Courts Constitution Act (*GVG*).[148] This requirement is implicitly based on the requirements of competency, s. 328 (1) no. 1, and of compatibility with the German *ordre public*, s. 328 (1) no. 4.

The recognising court is under the obligation to enquire *ex officio* whether these written and unwritten conditions are met.[149] Otherwise, the court may not review the foreign judgment, neither to its facts nor its application of the law (*no révision au fond*).[150]

By providing a conclusive list of cases where foreign judgments may *not* be recognised, s. 328 *a contrario* provides for the general recognition of foreign judgments in Germany.[151] Although it is disputed whether s. 328 puts foreign judgments on a par with domestic judgments (*Gleichstellung*)[152] or whether, as the prevailing opinion promotes, merely the effects of the judgment are recognised as binding within the domestic legal order (*Wirkungserstreckung*),[153] this is, for our purposes, not decisive. The parties may invoke the rights granted by the judgement in either case.

b) The recognition of foreign judgments must be differentiated from their enforcement, particularly in the case of judgments granting performance of any specific act.

aa) Enforcement under the Brussels Ia-Regulation is easier than under the German autonomous procedural law. In particular, the declaration of enforceability has been abolished within the realm of this regulation, Art. 39 Brussels Ia-Regulation (recast).[154]

---

[148] s. 18 Courts Constitution Act (official translation):

> The members of the diplomatic missions established in the territory of application of this Act, the members of their families and their private servants shall be exempt from German jurisdiction [. . .].

Accessible at https://www.gesetze-im-internet.de/englisch_gvg/englisch_gvg.html#p0040.

[149] Dörner (2017), § 328, para. 20.

[150] Gottwald (2016), § 328, para. 116.

[151] Bach (2017), § 328, para. 10.

[152] Kropholler (2006), § 60 V 1b.

[153] Cf. inter alia BGH NJW 1992, 3096 (3098); OLG Hamm, Beschluss vom 30.11.2017 - I-5 U 15/17; Stadler (2017), § 328, para. 2 with further references.

[154] Procedures initiated before 10 January 2015 are subject to the Art. 33 et seq. Brussels Regulation 2001.

bb) Ss. 722 to 723 of the German Code of Civil Procedure[155] lay down the rules on the enforcement of foreign judgments in Germany. In contrast to the *ipso iure* recognition of foreign judgments in Germany (if the requirements of s. 328 are met), there is no such *ipso iure* enforceability. In fact, a judgment for enforcement is necessary (so called *Exequatur*),[156] unless there is a European enforcement order according to ss. 1079 et seq and particularly s. 1082 and ss. 1110 et seq Code of Civil Procedure.

To the requirements of enforcement: In contrast to the recognition of foreign judgments, s. 723 (2) 1 expressly establishes the requirement of legal validity of the judgment, i.e. no enforcement will be possible if legal remedies are still available to the parties (appeals procedure, voidability of the judgment, etc). Meanwhile, a *révision au fond* is equally prohibited.[157] Most importantly, a judgment for enforcement may only be issued if the requirements of s. 328 are met, s. 723 (2) 2.

6.2 *If a Judgment Given Abroad Holds a Company Liable for Breach of the Rules of CSR, Is Your Country Likely to Recognise and/or Enforce That Judgment? Please Explain*

Yes. See above, answer to question 6.1.

The content of the foreign judgment will not be scrutinised, except for its compatibility with the European or German *ordre public* (no *révision au fond*).

---

[155]S. 722 Code of Civil Procedure (official translation):

(1) Compulsory enforcement may be pursued under the judgment of a foreign court if such compulsory enforcement is ruled admissible by a judgment for enforcement.

(2) That local court (Amtsgericht, AG) or regional court (Landgericht, LG) shall be competent for entering the judgment on the complaint filed for such judgment with which the debtor has his general venue, and in all other cases, that local court or regional court shall be competent with which a complaint may be filed against the debtor pursuant to section 23.

s. 723 Code of Civil Procedure (official translation):

(1) The judgment for enforcement is to be delivered without a review being performed of the decision's legality.

(2) The judgment for enforcement is to be delivered only once the judgment handed down by the foreign court has attained legal validity pursuant to the laws applicable to that court. The judgment for enforcement is not to be delivered if the recognition of the judgment is ruled out pursuant to section 328.

Accessible at http://www.gesetze-im-internet.de/englisch_zpo/englisch_zpo.html#p2455.

[156]Gottwald (2016), § 722, para. 1 et seq.

[157]*Ibid.*, § 723, para. 2.

6.3 Same Question as in Sect. 6.2, but the Rule Applied Is One of Soft Law or Ethics. Is Your Country Likely to Block Recognition or Enforcement of Such a Judgment? Please Explain

Civil law judgments will probably be enforced. See above, answers to question 6.1.

References

Bach I (2017) ZPO. In: Vorwerk V, Wolf C (eds) Beck'scher Online-Kommentar, ZPO, Stand: 15.6.2017. C.H.Beck, München. §§ 328–329, 355–372a, 722–723

Bacher K (2017) ZPO. In: Vorwerk V, Wolf C (eds) Beck'scher Online-Kommentar, ZPO, Stand: 15.6.2017. C.H.Beck, München. §§ 253 – 299a, 321a

Bachmann G (2014) Anmerkung zum Urteil des LG München I vom 10.12.2013 - 5 HK o 1387/10 - Zur Haftung des Vorstands für Mängel des Compliance-Systems. ZIP:579–583

Bar C (1996) Gemeineuropäisches Deliktsrecht Band 1. C.H.Beck, München

Bar C, Mankowski P (1991) Internationales Privatrecht Band 2. C.H.Beck, München

Bergmann J (2015) Menschenrechte. In: Handlexikon der Europäischen Union, 5th edn. Nomos, Baden-Baden

Bitter G (2000) Konzernrechtliche Durchgriffshaftung. Heymanns C, Köln

Böcking H-J, Gros M, Rabenhorst D (2016) Handelsgesetzbuch. In: EBJS, 37th edn. C.H.Beck, München

Busche J (2015) BGB. In: Münchener Kommentar zum BGB, 7th edn. C.H.Beck, München. §§ 133, 139–157 BGB

Dauner-Lieb B (2016) AktG. In: Hennsler M, Strohn L (eds) Gesellschaftsrecht, 3rd edn. C.H.Beck, München. §§ 76–94

Di Fabio U (2016) In: Maunz T, Dürig G (eds) Grundgesetz Kommentar, 79 EL. C.H.Beck, München. Art. 2

Dörner H (2017) In: Saenger I (ed) ZPO, 14th edn. Nomos, Baden-Baden. § 328, EuGVVO, EuEheVO, IntFamRVG, EuUnthVO, AUG

Drygala T (2015) In: Schmidt K, Lutter M (eds) AktG. Otto Schmidt, Köln. §§ 41, 95–116 und 171–176

Ellenberger J (2016) In: Palandt O (ed) BGB, 75th edn. C.H.Beck, München. §§ 1–240, EGBGB Art. 229 §§ 6, 12, 23, 24, 31, AGG §§ 1–5, 31, 32

Emmerich V (2016) BGB. In: Münchener Kommentar zum BGB, 7th edn. C.H.Beck, München. § 311

Fleischer H (2014) Aktienrechtliche Compliance-Pflichten im Praxistest: Das Siemens/Neubürger-Urteil des LG München. NZG:321–329

Fleischer H (2017) Corporate social responsibility. AG 2017, 509–525

Fleischer H (2019) In: Spindler G, Stilz E (eds) Kommentar zum Aktiengesetz, 4th edn. C.H.Beck, München. §§ 76–94

Foerste U (2017) In: Musielak H-J, Voit W (eds) ZPO, 14th edn. Franz Vahlen, München. §§ 108–113, 253–287

Gesell H (2013) Gesellschaftsrechtliche Umsetzung grenzüberschreitender Umwandlungen. In: Prinz U (ed) Umwandlungen im Internationalen Steuerrecht. Otto Schmidt, Köln

Gottwald P (2016) ZPO. In: Münchener Kommentar zur ZPO, 5th edn. C.H.Beck, München. §§ 322–328

Grusic U (2015) Responsibility in groups of companies and the future of international human rights and environmental litigation. CLJ 74:30–34
Hager J (2009) In: Staudinger J (ed) BGB. De Gruyter, Berlin. §§ 823–825
Hansmann H, Kraakman R (1991) Toward unlimited shareholder liability for corporate torts. Yale Law J 100:1879–1934
Harbarth S, Brechtel M (2016) Rechtliche Anforderungen an eine pflichtgemäße Compliance-Organisation im Wandel der Zeit. ZIP:241–251
Hauschka CE, Moosmayer K, Lösler T (2016) Corporate compliance, 3rd edn. C.H.Beck, München
Heider K (2008) In: Münchener Kommentar zum AktG, 3rd edn. C.H.Beck, München. §§ 1–14
Hein J (2015) BGB. In: Münchener Kommentar zum BGB, 6th edn. C.H.Beck, München. Art. 6 EGBGB
Hennings A (2009) Über das Verhältnis von multinationalen Unternehmen zu Menschenrechten. Universitätsverlag Göttingen, Göttingen. https://doi.org/10.17875/gup2009-181
Heße D, Klimke R (2017) Die EU-Verordnung zu Konfliktmineralien: Ein stumpfes Schwert? EuZW 28:446–450
Hommelhoff P (2015a) CSR-Vorstands- und –Aufsichtsratspflichten. NZG:1329–1336
Hommelhoff P (2015b) Nichtfinanzielle Ziele in Unternehmen von öffentlichem Interesse. In: Bork R, Kayser G, Kebekus F (eds) Festschrift Kübler B. C.H.Beck, München
Hübner L (2018a) Human rights compliance und Haftung im Außenverhältnis. In: Krajewski M, Müller-Hoff C (eds) Die Durchsetzung menschenrechtlicher Sorgfaltspflichten von Unternehmen. Nomos, Baden-Baden
Hübner L (2018b) Eine Rom-VO für das Internationale Gesellschaftsrecht – zugleich ein Beitrag zur Kohärenz im Internationalen Gesellschaftsrecht. ZGR:149–185
Janke S (2015) In: Walden D, Depping A (eds) CSR und nachhaltige Korruptionsprävention. Springer, München
Joseph S (2004) Corporations and transnational human rights litigation. Bloomsbury Publishing, London
Junker A (2015) BGB. In: Münchener Kommentar zum BGB, 6th edn. C.H.Beck, München. Rom II-VO Art. 4
Junker A (2016) Internationales Zivilprozessrecht, 3rd edn. C.H.Beck, München
Köhler H (2016) BGB Allgemeiner Teil, 40th edn. C.H.Beck, München
Kötz H, Wagner G (2013) Deliktsrecht, 12th edn. Vahlen, München
Kropholler J (2006) IPR, 6th edn. Mohr Siebeck, Heidelberg
Mansel P (2014) In: Jauernig O (ed) BGB, 15th edn. C.H.Beck, München. §§ 1–242, 516–534, 598–651, 652–675 b, 677–704, 1297–1921, AGG §§ 1–22, 31–33.
Medicus D (1998) Deliktische Außenhaftung der Vorstandsmitglieder und Geschäftsführer. ZGR:570–585
Merkt H (2016) In: Baumbach A, Hopt K (eds) Kommentar zum Handelsgesetzbuch, 37th edn. C. H.Beck, München. §§ 238–342e
Meyer J (2000) Haftungbeschränkung im Recht der Handelsgesellschaften. Springer, München
Mühlhens J (2006) Der sogenannte Haftungsdurchgriff im deutschen und englischen Recht. Mohr Siebeck, Tübingen
Osieka G (2014) Zivilrechtliche Haftung deutscher Unternehmen für menschenrechtsbeeinträchtigende Handlungen ihrer Zulieferer. Peter Lang, Bern
Petrin M (2013) Assumption of responsibility in corporate groups. Mod Law Rev: 603
Paefgen W (2016) "Compliance" als gesellschaftsrechtliche Organpflicht? WM:433–444
Prütting H (2016) ZPO. In: Münchener Kommentar zur ZPO, 5th edn. C.H.Beck, München
Roth-Mingram B (2015) Corporate Social Responsibility (CSR) durch eine Ausweitung der nichtfinanziellen Informationen von Unternehmen. NZG:1341–1344
Säcker F (2015) In: Münchener Kommentar zum BGB, 7th edn. C.H.Beck, München, Einleitung BGB
Sanger A (2012) Crossing the corporate veil: The duty of care owed by a parent company to the employees of its subsidary. Camb Law J 71(3):478–481

Schaub R (2014) BGB. In: Prütting H, Wegen G, Weinreich G (eds) Kommentar BGB, 9th edn. Luchterhand, München

Schön W (2016) Der Zweck der Aktiengesellschaft – geprägt durch europäisches Gesellschaftsrecht. ZHR 180:279–288

Schulze G (2015) In: Hüßtege R, Mansel H-P (eds) Rom-Verordnungen, 2nd edn. Nomos, Baden-Baden

Seibt H, Cziupka J (2014) 20 Thesen zur Compliance-Verantwortung im System der Organhaftung aus Anlass des Siemens/Neubürger-Urteils. DB:1598–1602

Siliciano J (1987) Corporate behavior and the social efficiency of tort law. Michigan Law Rev:1820–1864

Spickhoff A (2013) BGB. In: Bamberger G, Roth H, Hau W (eds) Beck'scher Online-Kommentar, Stand: 01.02.2013. C.H.Beck, München. Art.4

Spießhofer B (2016) Compliance and corporate social responsibility. In: Hauschka C, Moosmayer K, Lösler T (eds) Corporate compliance, 3rd edn. C.H.Beck, München

Spindler G (2014) AktG. In: Münchener Kommentar zum AktG, 4th edn. C.H.Beck, München. §§ 76–96, 117 AktG

Stadler A (2016) In: Jauernig O (ed) BGB, 16th edn. C.H.Beck, München

Stadler A (2017) In: Musielak H-J, Voit W (eds) ZPO, 14th edn. Franz Vahlen, München. §§ 128–165, 214–229, 239–252, 328, 330–347, 355–370, 1072–1075, Vorb. z. Europa?ischen Zivilprozessrecht, EuGVVO, EuZustVO

Stone C (1980) The place of enterprise liability in the control of corporate conduct. Yale Law J 90:1149–1192

Stürner M (2015) Die Rolle des Kollisionsrechts bei der Durchsetzung von Menschenrechten. In: Hilbig-Lugani K, Jakob D, Mäsch G, Reuß P, Schmid C (eds) Festschrift Coester-Waltjen D. Gieseking, Bielefeld

Stürner M (2017) BGB. In: Gsell B, Krüger W, Lorenz S, Reymann C (eds) Beck'scher Online-Grosskommentar zum BGB, Stand: 01.05.2017. C.H.Beck, München. Art. 6 EGBGB

Teichmann A (2014) In: Jauernig O (ed) BGB, 15th edn. C.H.Beck, München. §§ 249–255, 535–597, 651a–651m, 823–853

Thomale C (2018) Kapital als Verantwortung. ACP 218:685–688

Thomale C, Hübner L (2017) Zivilgerichtliche Durchsetzung transnationaler Unternehmensverantwortung. JZ:385–397

Thorn K (2016) In: Palandt O (ed) BGB, 75th edn. C.H.Beck, München. EGBGB Art. 3–48 mit Rom I-, Rom II- und Rom III-Verordnung sowie Gu?terrechtsverordnungen, Haager Unterhaltsprotokoll und Erbrechtsverordnung (teilweise), Art. 220, 229 § 28

Tonner K (2012) BGB. In: Münchener Kommentar zum BGB, 6th edn. C.H.Beck, München. §§651a–Nach §651m

Ulrici B (2016) ZPO. In: Münchener Kommentar zur ZPO, 5th edn. C.H.Beck, München. § 278a ZPO

Wagner G (2013) BGB. In: Münchener Kommentar zum BGB, 6th edn. C.H.Beck, München. §§ 823–838

Wagner G (2016) Haftung für Menschenrechtsverletzungen. RabelsZ 80:717–782

Weller M-P (2013) Fehlerhafte Kapitalmarktinformation zwischen Freiheit und Haftung. In: Festschrift für Michael Hoffmann-Becking zum 70. Geburtstag. C.H.Beck, München

Weller M-P (2015) GmbHG. In: Münchener Kommentar zum GmbHG, 2nd edn. C.H.Beck, München. §§ 14, 15, 18 GmbHG, Einleitung Internationales Gesellschaftsrecht

Weller M-P (2017) Das autonome Unternehmenskollisionsrecht. IPRax:167–178

Weller M-P, Thomale C (2017) Menschenrechtsklagen gegen deutsche Unternehmen. ZGR:509–526

Weller M-P, Kaller L, Schulz A (2016) Haftung deutscher unternehmen für Menschenrechtsverletzungen im Ausland. ACP 216:387–420

Wilhelmi R (2015) In: Ziemons H, Jaeger C (eds) Beck'scher Online-Kommentar GmbHG, Stand: 15.08.2015. C.H. Beck, München. §§ 13–18

Italy

Angelica Bonfanti

Abstract Corporate Social Responsibility (CSR) is a notion known to the Italian legal system. More precisely, in light of Italian law, we can distinguish between CSR *strictu sensu* (as generally conceived of as based on voluntary commitments) and the corporate accountability to respect binding obligations recognized at law (especially on the basis of the legal provisions of Italian company, contract and tort law) concerning, for instance, the protection of human and labor rights and the environment (CSR *latu sensu*). Bearing this distinction in mind, the present report will focus on CSR from the perspective of Italian private international law, addressing CSR *strictu* and *latu sensu*.

1 Definition and Sources

1.1 Does Your Country Have a Definition of Corporate Social Responsibility? If Yes, Please State That Definition Here and Give the Source (a Written Source or Precise References to Case Law)

Corporate Social Responsibility (CSR) is a notion known to the Italian legal system. Italian scholars have long debated about CSR definition. Pursuant to one theory, "CSR is focused on the notion that 'the legitimate concerns of a corporation should include such broader objectives as sustainable growth, equitable employment practices, and long-term social and environmental wellbeing'".[1] In another scholar's

[1]Denozza and Stabilini (2008).

A. Bonfanti (✉)
Dipartimento di Diritto pubblico italiano e sovranazionale, Università degli Studi di Milano, Milan, Italy
e-mail: angelica.bonfanti@unimi.it

C. Kessedjian, H. Cantú Rivera (eds.), *Private International Law Aspects of Corporate Social Responsibility*, Ius Comparatum – Global Studies in Comparative Law 42, https://doi.org/10.1007/978-3-030-35187-8_12

view, CSR is a model of extended corporate governance whereby those who run "a firm (entrepreneurs, directors, and managers) have responsibilities that range from fulfilment of their fiduciary duties towards the owners to fulfilment of analogous fiduciary duties towards all the firm's stakeholders".[2]

As a preliminary remark, it bears noting that CSR is generally conceived of as based on voluntary commitments, at least literally. More precisely, in light of Italian law, we can distinguish between CSR *strictu sensu* and the corporate accountability to respect binding obligations recognized at law (especially on the basis of the legal provisions of Italian company, contract and tort law) concerning, for instance, the protection of human and labor rights and the environment (CSR *latu sensu*).

Bearing this distinction in mind, the present report will focus on CSR from the perspective of Italian private international law, addressing CSR *strictu* and *latu sensu*.

The definition of CSR relevant to the Italian legal system can be found in the National Action Plan on Corporate Social Responsibility 2012–2014,[3] which endorses and follows the definition given by the 2011 European Commission Communication on CSR[4]: "responsabilità delle imprese per il loro impatto sulla società" [responsibility of businesses for their impact on society]. It acknowledges that the implementation of CSR is in the interest of the corporations themselves and of society as a whole and explicitly states: "la RSI riguarda comportamenti volontari delle imprese che vanno oltre il semplice rispetto degli obblighi giuridici" [RSI involves voluntary behavior by companies that surpasses basic respect for legal obligations].[5]

The National Action Plan on CSR includes, within the field of application of CSR: human rights and social rights protection; non-discrimination; environmental protection; fighting corruption; consumer protection; fiscal governance; and transfer of knowledge to stakeholders and local communities.[6]

---

[2]Sacconi (2006), p. 259.

[3]Ministero del lavoro e delle politiche sociali, Ministero dello sviluppo e delle politiche economiche, Piano d'azione nazionale sulla responsabilità sociale d'impresa 2012–2014, available at: www.sviluppoeconomico.gov.it/images/stories/documenti/Piano_RSI_2012_2014_IT.pdf.

[4]European Commission, Communication from the Commission to the European Parliament, the Council, the European Economic and Social Committee and the Committee of the Regions 'A renewed EU strategy 2011-14 for Corporate Social Responsibility', 25 October 2011.

[5]Piano d'azione nazionale sulla responsabilità sociale d'impresa 2012–2014 cit., 3.

[6]Ibid., 13. Literally it states: "in linea con gli orientamenti internazionali e con la strategia europea, gli ambiti della vita delle imprese coperti dalla RSI possono essere sinteticamente riassunti in: rispetto dei diritti umani; sviluppo e tutela delle pari opportunità; lavoro, occupazione e condizioni di lavoro, laddove non siano coperti dalle leggi nazionali e dalla contrattazione (ad es. azioni positive per l'inclusione sociale, formazione e riqualificazione professionale dei lavoratori, salute e sicurezza del lavoro, conciliazione vita-lavoro ma anche, in contesti esteri debolmente regolamentati, azioni relative al rispetto dei diritti dei lavoratori e dei minori internazionalmente riconosciuti); tutela dell'ambiente e efficiente utilizzo delle risorse naturali (es. riduzione delle emissioni, efficientamento energetico, prevenzione dell'inquinamento); lotta alla corruzione e all'illegalità; tutela dei consumatori; sviluppo delle collettività, buona governance fiscale

1.2 Is Your Country a Member of the OECD? If Yes, Has Your Country Set Up a National Contact Point? If Yes, Please Give Its URL and a Brief Outline of Its Structure and Main Actions

As a member of the OECD and an adhering country to the OECD Guidelines for Multinational Enterprises, Italy is committed to implementing the recommendations embodied therein.

The Italian National Contact Point (NCP) was set up pursuant to Article 39 of Law 273/2002 and following ministerial decrees as a simple and streamlined structure organised within the Ministry of Economic Development. Its website can be browsed at: pcnitalia.sviluppoeconomico.gov.it/it.

The NCP's main bodies are: the General Director, the NCP Committee and the Secretariat. The General Director has decision-making powers and consists in the person of the Ministry of Economic Development's General Director for industrial policy, competitiveness and SMEs. The NCP Committee has consultative functions and is composed by representatives of the relevant Ministries and major national Business Associations and Trade Unions. Finally, the Secretariat is composed of one manager and several civil servants of the Sixth Ministry Division on international policies, promotion of corporate social responsibility and cooperative movement. It handles NCP day-to-day management, plans the promotional activities of the Guidelines, receives and provides instruction in specific cases, and answers questions put forward by all interested parties.

The NCP's mandate consists in implementing initiatives to spread and enforce, as widely as possible, the OECD Guidelines, promoting dialogue and collaboration among institutions (including other countries' NCPs), and dealing with specific cases submitted to it. Over the past several years, the Italian NCP has developed some surveys mainly focused on the SMEs and initiatives aimed at spreading and facilitating the implementation of the OECD Guidelines at the Italian level.[7] Among the most significant and recent, it has adopted sector-specific guidance tools, such as: a report on responsible business conduct in the textile and garment supply chain *(Rapporto per la condotta d'impresa responsabile nella catena di fornitura del settore tessile-abbigliamento. Raccomandazioni del PCN italiano in attuazione delle Linee Guida OCSE per le imprese multinazionali al settore tessile-abbigliamento,* 2014),[8] a guidance for due diligence in the supply chain (*Guida*

(trasparenza, scambio di informazioni e concorrenza fiscale leale); sviluppo e trasferimento di conoscenze a beneficio degli stakeholders e delle comunità locali".

[7]Information available at: pcnitalia.sviluppoeconomico.gov.it/it.

[8]Available at: https://pcnitalia.mise.gov.it/attachments/article/2035843/Rapporto_PCN_Italiano_tessile-abbigliamento_IT_DEF_con_autori%20(23).pdf; https://pcnitalia.mise.gov.it/attachments/article/2035843/Guida_Due_Diligence_catena_fornit_2012_DEF%20(24).pdf.

alla due diligence nella catena di fornitura, 2011),[9] a guidance for non-financial risk in gold industry (*Indicatori per l'accountability del rischio non finanziario nel settore orafo*, 2012),[10] a guidance for due diligence in the supply chain of the steel industry (*Decalogo per una siderurgia sostenibile*),[11] and a guidance for the SMEs (*Le Linee guida OCSE. Focus sulle pratiche delle PMI,* 2009).[12] Finally the NCP has adopted a report on Business and Human Rights in Italy (*Rapporto Imprese e Diritti Umani in Italia*) aimed at examining the compliance of the Italian regulatory and institutional framework with the UN Guiding Principles on Business and Human Rights (hereinafter "UNGPs").[13] Among the executive tools set up by the NCP there is also a report on CSR performance (*Misurare e Creare Valore per gli Stakeholders: lo Stato dell'Arte e le Prospettive Future nella Valutazione della Responsabilità Sociale di Impresa*),[14] and the online platform of corporate social responsibility, aimed at helping larger enterprises to integrate CSR in their competitive strategy and daily management, through the standardization of CSR indicators in strategic areas, such as organisation and administration, people and workplace, customers, consumers and suppliers, natural environment, local community and relations with the public administration, innovation, competitiveness and relevant risk management.[15]

As regards the specific cases submitted to the Italian NCP, they are relatively few. At the time of writing—May 2019—only two of them have led to the adoption of a final statement by the NCP: they were respectively submitted in 2011 against EATON and in 2016 against Salini.

The former instance was presented by the trade unions FIOM-CGIL, which accused EATON s.r.l. of closing down its plant in Massa and starting lay-off procedures in violation of the OECD Guidelines on 'Employment and Industrial Relations' (Guidelines, 2000 ed., chap. IV). The NCP "recommend[ed] that the Parties work together in good faith to the best solution of such a complex case, affecting many workers and the economy of an entire region, in coherence with the

---

[9]https://pcnitalia.mise.gov.it/attachments/article/2035843/Guida_Due_Diligence_catena_fornit_2012_DEF%20(24).pdf.

[10]https://pcnitalia.mise.gov.it/attachments/article/2035843/Relazione_finale_ANALITICA%20(2).pdf; https://pcnitalia.mise.gov.it/attachments/article/2035843/Relazione_finale_SINTESI%20(1).pdf.

[11]https://pcnitalia.mise.gov.it/attachments/article/2035843/1_ALLEGATO_1_Mise_Feralpi_Report_Final201310%20(13).pdf.

[12]https://pcnitalia.mise.gov.it/attachments/article/2035843/la-responsabilita-sociale-d2019impresa-nel-quadro-delle-201clinee-guida-ocse-destinate-alle-imprese-multinazionali201d-2013-un-focus-sulle-piccole-e-medie-imprese_5.pdf.

[13]https://pcnitalia.mise.gov.it/attachments/article/2035845/DIRITTI%20UMANI.pdf. OHCHR, Guiding Principles on Business and Human Rights, June 16, 2011, available at: www.ohchr.org/Documents/Publications/GuidingPrinciplesBusinessHR_EN.pdf.

[14]https://pcnitalia.mise.gov.it/attachments/article/2035843/misurare-per-gestire-e-creare-valore-per-gli-stakeholder-lo-stato-dell2019arte-e-le-prospettive-future-nella-valutazione-della-responsabilita-sociale-d2019impresa_1.pdf.

[15]https://pcnitalia.mise.gov.it/index.php/it/strumenti-per-le-imprese/piattaforma-di-indicatori-di-rsi.

collaborative spirit underlying the conciliation proceedings and the proceeding before the NCP and in accordance with the agreements made and with the rules of fairness. In particular, for the future, the NCP recommend[ed] that EATON s.r.l. strive for the highest involvement of workers whenever a major organisational change is under consideration (Guidelines, 'Employment and Industrial Relations' ed., 2011, § §. 6 and 7), in ways and times that permit the cooperation of the labour unions and the institutions to mitigate the impact of such changes on workers, especially in the case of closure of an entity resulting in lay-off or collective dismissal, preventing the transfer of all or part of a production out of the country in question from becoming a pressure instrument on workers in negotiations".[16]

The case involving Salini Impregilo SpA, an Italian industrial group specialised in major complex construction projects was submitted in March 2016 by Survival International on behalf of the indigenous peoples of the Lower Omo Valley, in Southwestern Ethiopia and Lake Turkana, in Kenya.[17] According to the complainant, the design, construction and management of the Gibe III dam on the Omo River—carried out by Salini as contractor of the Ethiopian Electric Power Corporation—resulted in violation of the fundamental human rights of the above-mentioned communities and failed to comply with Chapter II and Chapter V of the Guidelines. The communities were not adequately consulted nor were they asked for their prior consent on the project, they lost their basic livelihoods, which were guaranteed by the flooding of the Omo River, and suffered the violation of their right to development because of the failure to carry out a proper environmental impact assessment of the project and an adequate consultation process. The NCP considered that Salini "accepted [the NCP's] good offices and the terms of reference for the conciliation procedure, in search of a shared solution",[18] while Survival proved to be unwilling "to take advantage of the NCP's good offices",[19] being reluctant to renounce public communication to the extent necessary to facilitate the resolution of the issues raised.[20] For these reasons, the NCP adopted a Final Statement, calling upon Survival "to seize the opportunities of dialogue that are concretely provided by the specific instances mechanism"[21] and recommending Salini to "provide the needed technical support" in order to implement the already adopted plans, which it considered to be adequate in the abstract, and to foster the implementation of the mitigation measures in their favour, according to the provision of the 2011 Guidelines and the UN Guiding Principles. Worth mentioning two further instances: the first is based on the complaint filed by Egbema Voice of Freedom and concerns the

[16]Ministero dello Sviluppo Economico, Punto di contatto Nazionale, Specific instance prot. n. 37515/2.3.11 submitted to the Italian National Contact Point by the FIOM-CGIL labour union of Massa Carrara on February 24, 2011, Final Statement, par. 33–34.

[17]National Contact Point for the OECD Guidelines, Specific instance submitted to the Italian NCP on March 11, 2016 by Survival International Italia against Salini Impregilo S.p.A., Final Statement, 8 June 2017.

[18]*Ibid.*, para. 43.

[19]*Ibid.*

[20]*Ibid.*

[21]*Ibid.*, para. 79–80.

negative impacts on property, health and livelihoods of the Nigerian community in the Aggah village, due to the flooding caused by the infrastructures built by ENI (the Italian state-owned energy company) in order to drill for oil. The case is under mediation.[22]

The second instance has recently lead to the adoption of an initial statement. It was submitted by FIOM-CGIL Firenze against the Belgian corporation N.V. Bekaert S.A. and Bekaert Figline S.p.A. The trade unions claimed that the corporation closed down its Italian plant and started lay-off procedures without fulfilling the requirements under Chapter V of the OECD Guidelines (Employment and Industrial Relations). Given the fact that the corporation in the meantime accepted specific commitments through the signature of an agreement with the interested parties, the NCP merely recommended N.V. Bekaert S.A. and Bekaert Figline S.p.A. to implement the due diligence process in compliance with the OCED Guidelines in order to identify, prevent and mitigate the risks that such an operation can have on employees and stakeholders.[23]

1.3 As a Member State of the United Nations, Has Your Country Taken Any Action Under the 2011 Guiding Principles? If Yes, Please Describe (National Action Plan, etc.)

Italy published in December 2016 a National Action Plan on Business and Human Rights (*Piano di azione nazionale impresa e diritti umani* 2016–2021, hereinafter "NAP") aimed at implementing the UNGPs at domestic level, after launching a public consultation.[24]

The Italian NAP, a 31-page document adopted by the CIDU (Human Rights Interministerial Committee), identifies five main areas of intervention, which, given the specificities of Italian social, labour and environmental conditions, need to be primarily addressed: the promotion of human rights due diligence processes; opposing *caporalato*, i.e. treatment practices, mainly concerning agricultural workers, that disregard core labour standards; the promotion of labour rights within the global supply chain; a more robust role for Italy in the process of cooperation in

[22]See https://complaints.oecdwatchorg.org/cases/Case_489

[23]Punto di contatto nazionale per le Lineeguida OCSE, istanza specifica presentata al PCN italiano il 23 luglio 2018 da FIOM-CGIL Firenze, contro N.V. Bekaert S.A. E Bekaert Figline S.P.A., Valutazione iniziale, 5 November 2018.

[24]Piano di azione nazionale impresa e diritti umani 2016-2021, available at: www.cidu.esteri.it/resource/2016/12/49118_f_PANBHRITAFINALE15122016.pdf. The literature about B&HR and the UNGPs is extensive. Among the others, see: Addo (2014), p. 133; Bernaz (2017); Bonfanti (2012); Bonfanti (2019); Deva and Bilchitz (2013); Jägers (2002); Mares (2012); Marrella (2017a), p. 33; Zamora Cabot (2017); Cantú Rivera (2019).

development based on the promotion of human rights; opposing discrimination, including gender discrimination; and environmental protection.[25]

Even though the Government identifies the steps already taken and signals the weaknesses and gaps in Italian law, the NAP appears vague in some regards.[26] For instance, even though it promotes a human rights due diligence process with a particular focus on SMEs, it does not reach the point of qualifying it as mandatory and recommending the introduction of related legislation, while, as regards the implementation of the third pillar of the UNGPs, the Government limits its future intervention to the identification of gaps in Italian law and to the evaluation of the need to introduce relevant additional civil, administrative and criminal law measures.

Finally, the on-going process of review and update of the NAP must be positively assessed. In fact, the CIDU has subjected the NAP to an interim review and in November 2018 has published the revised version of it. The latter contains an updated description of the actions planned and carried out and, differently from the previous version, identifies the specific Ministries or public institutions in charge of implementing them.[27]

1.4 Does Your Country Apply the ISO Standards? If Yes, Please Give Examples of Their Application

Italian law provides for the application of ISO standards, for instance in the field of public procurement, as prescribed by Legislative Decree 50/2016 (*Codice dei contratti pubblici*).[28] Pursuant to Article 82 of Decree 50/2016, public authorities can require economic operators to certify their conformity with specifically established criteria and requirements, by way of providing a certificate released by one of the qualified organizations. Thus, certificates of conformity issued by competent organizations are recognized as having specific legal value in this context. In order to participate in calls for the supply of services with a value of more than 150,000 euros, economic operators must certify their compliance with ISO 9000.[29] Article 93.7 of Decree 50/2016 establishes preferential treatment for operators certified as ISO9000, ISO14001, ISO 50001, ISO 27001, or Social Accountability

[25] Bordignon (2019), p. 84; Fasciglione (2017), p. 277.

[26] For a comment see: HRIC, ECCJ, MANI TESE, FIDH, Contribution to the Italian National action plan on business and human rights 2016–2021, available at: http://www.cidu.esteri.it/resource/2016/09/48784_f_HRICECCJFIDHMT_CONTRIBUTION_ITALIANNAP_2016_ENGITA.pdf.

[27] Piano di azione nazionale impresa e diritti umani 2016–2021, available at: https://cidu.esteri.it/comitatodirittiumani/resource/doc/2018/11/all_1_-_pan_bhr_ita_2018_def_.pdf.

[28] Decreto legislativo 18 aprile 2016, n. 50, Codice dei contratti pubblici, in Gazzetta Ufficiale, no 91, 19 April 2016.

[29] *Ibid.*, art. 84.4(c).

8000. Article 95.6 establishes that the award of procurements is based on objective criteria, including economic, quality, social, and environmental criteria, and makes specific reference to certifications concerning the health and safety of workers under OSHAS 18001.[30]

2 Characterisation

The Italian legal system includes several laws that provide for the obligation of companies to respect responsible standards of conduct. These rules are connected indirectly with the above-mentioned literal notion of CSR: indeed, differently from the latter—based on voluntary commitments—they are binding at law, their violation can give rise to judicial claims, and their legal enforcement may be ordered. This Section aims at examining the Italian rules pertaining to company, contract and tort law.

2.1 Rules Pertaining to Company Law

This report analyses the rules pertaining to company law, bearing in mind the words of two prominent scholars: "Nobody can doubt that the managers (and all corporate bodies) have to comply with the rules of corporate law or of other laws that protect the interests of creditors, employees or stakeholders other than the shareholders. The problem therefore arises when we shift from considering management choices that are more or less constrained by law to considering choices that call for the exercise of a more or less wide discretionary power of managers".[31]

Against this backdrop, this report focuses on: the parent company's duty of care; the directors' duty of diligence; the disclosure of non-financial information; the discipline of social enterprises; and the legislation on benefit corporations. Finally, it takes a look at Legislative Decree No 231/2001: even though its bases are found in criminal and administrative law, it facilitates the adoption of management and control models, which are legal tools directly linked to the exercise of the duties of care, risk prevention and due diligence within corporations.

First of all, pursuant to Article 2497 of the civil code (hereinafter 'c.c.'), a parent company has a duty of diligence over its subsidiaries to perform the correct corporate and business management ('corretta gestione societaria e imprenditoriale').[32] In case of lack of compliance with this duty, their shareholders can bring a civil action against it.

[30] For an overall persective on this issue: Valaguzza (2016).

[31] Denozza and Stabilini (2008).

[32] Marrella (2017a), pp. 151–152.

In accordance with Article 2380*bis* c.c., a company's directors must take the measures necessary to reach corporate objectives and pursue corporate interests; Article 2392 places on directors the duty of diligence in performing their tasks.[33] Pursuant to Article 2393 c.c. (entitled 'Azione sociale di responsabilità'), the company can bring a civil action against directors for lack of implementation of their duties imposed by the law or by the deed of incorporation. In accordance with Article 2393*bis* a claim against directors and the corporation itself may also be brought by minority shareholders, if they represent either one fifth of the corporate assets or the different percentage established by the deed of incorporation and, in any case, no more than one third of the assets (with lower percentages for corporations listed on the stock exchange).

In light of these premises, one may wonder whether lack of compliance with CSR standards of conduct might be claimed under Articles 2497, 2392, 2393, and 2393*bis*. Can the notion of "corretta gestione societaria e imprenditoriale" [correct corporate and business management] under Article 2497 include respect for CSR standards? Can such respect be considered part of the actions the company directors must put in place in order to reach corporate objectives and pursue corporate interests pursuant to 2380*bis* c.c.? This hypothesis is only possible "[o]nce it is determined that a certain amount of protection of the interests of stakeholders is necessary to achieve the common good"[34]: in this case "the interests of stakeholders would concur to compose the corporate interest in a manner not dissimilar from the interest of shareholders".[35] For instance, in "situations in which CSR can produce a higher total surplus [. . .] the adoption of CSR practices should be mandatory for the directors and managers of the company".[36] Should the plaintiffs be able to give such a decisively complex demonstration, the directors (and the company) would be considered civilly liable and could be ordered to compensate any damages caused.

In this context, it is worth mentioning Italy's recent implementation of Directive 2014/95/UE.[37] Pursuant to Article 2 of Legislative Decree No. 254/2016, adopted on 30 December 2016,[38] the covered corporations are obliged to annually disclose non-financial information concerning the activities undertaken and their develop-

---

[33]Tina (2008).

[34]Denozza and Stabilini (2013), p. 10.

[35]*Ibid.*

[36]*Ibid.*

[37]Directive 2014/95/EU of the European Parliament and of the Council of 22 October 2014 amending Directive 2013/34/EU as regards disclosure of non-financial and diversity information by certain large undertakings and groups, in OJ L 330, 15 November 2014, 1. See Woods (2019), pp. 102–103.

[38]Decreto legislativo 30 dicembre 2016, n. 254. Attuazione della direttiva 2014/95/UE del Parlamento europeo e del Consiglio del 22 ottobre 2014, recante modifica alla direttiva 2013/34/UE per quanto riguarda la comunicazione di informazioni di carattere non finanziario e di informazioni sulla diversità da parte di talune imprese e di taluni gruppi di grandi dimensioni, in Gazzetta Ufficiale, Serie Generale n.7, 10 January 2017.

ment, outcomes, and impacts in the fields of environmental, human rights, and social rights protection, as well as fight to corruption. More precisely, through such a disclosure the directors should give an account of the corporate management models adopted pursuant to Legislative Decree 231/2001 (for details, please see below), the implemented corporate policies, and the risks arising from corporate activities and products, including throughout the supply chain; the use of water and renewable/non-renewable energy; polluting emissions; the foreseeable impacts in the medium term of the corporate activities on the environment and human health; and the policies undertaken to protect labor and human rights and combat corruption. In case of corporate groups, the parent company's directors shall also give an account of the relevant non-financial information pertaining to the subsidiaries.[39] In case of a lack of respect for their duties, Article 8 provides for the enactment of administrative sanctions against the directors.

It is worth adding that Italian law also provides for the constitution of social enterprises and benefit corporations. The former are disciplined by Legislative Decree 155/2006.[40] Pursuant to it the private legal entities which exercise a stable and main economic activity consisting in the production and supply of goods and services 'di utilità sociale, diretta a realizzare finalità di interesse generale' [useful to society, aimed at realizing ends of a general interest] can be qualified as 'imprese sociali' [social enterprises].[41] It is acknowledged that 'beni e servizi di utilità sociale' [goods and services useful to society] refer to products and services concerning the development of social services, health care, education, training, graduate, and post-graduate education, environmental protection, the protection of cultural heritage, social tourism, and cultural services, when these activities give rise to more than 70% of overall corporate revenues. Under Article 12, the workers and the beneficiaries of the services supplied by the social enterprise must be involved in the decisions concerning, at least, the workers' treatment and the quality of the goods and services.

As far as benefit corporations are concerned, their constitution is regulated by Legislative Decree 1882/2015.[42] Benefit corporations are defined as corporate entities which contextually pursue economic and social objectives and perform their activities responsibly, sustainably and transparently with regard to individuals, communities, the environment, the cultural heritage, and the stakeholders. The

---

[39]Decreto legislativo 30 dicembre 2016, n. 254, art. 3.

[40]Decreto Legislativo 24 marzo 2006, n. 155 'Disciplina dell'impresa sociale, a norma della legge 13 giugno 2005, n. 118', in Gazzetta Ufficiale n. 97, 27 April 2006.

[41]*Ibid*, art. 1.

[42]Decreto Legge 1882 del 17 Aprile 2015 sulle Società Benefit, in Disposizioni per la formazione del bilancio annuale e pluriennale dello Stato (legge di stabilità 2016). On this topic: F. Denozza, A. Stabilini, 'Due visioni della responsabilità sociale dell'impresa, con una applicazione alla società benefit', VIII Convegno annuale dell'associazione italiana dei professori universitari di diritto commerciale *Orizzonti del diritto commerciale. Il diritto commerciale verso il 2020: i grandi dibattiti in corso, i grandi cantieri aperti*, Roma, 17-18 febbraio 2017, available at: rivistaodc.eu/media/65449/denozza-stabilini.pdf.

objectives, specifically identified within the deed of incorporation, must be achieved by striking a balance between the shareholders' and the stakeholders' interests. The directors are liable in cases of failure to carry out their duties in this respect. If a benefit corporation does not pursue its social objectives, it can be considered liable for misleading advertising.[43]

The last legal tool worthy of reference in this context is Legislative Decree 231/2001.[44] Even though, as anticipated, it is an administrative and criminal legal tool, it encourages the adoption of organizational, management and control models ('modelli di organizzazione e gestione') by companies, which imply the identification of procedures and processes to avoid the occurrence of human rights violations, environmental abuses and corruptive practices within the development of corporate activities.[45] The Decree provides for the direct administrative liability of corporations for the commission of any of several crimes (exhaustively listed in the Decree) by their representatives. The adoption of management and control models adequate to prevent managers, executives, employees and collaborators from committing them can exonerate a company from such liability. Among the crimes triggering corporate liability are: crimes against the State or public bodies; corruption and misappropriation of public funds; money laundering; environmental crimes[46]; corporate crimes; market abuse; terrorism and subversion of the democratic order; mutilation of female genitals and crimes against the person; IT crimes; homicide and serious bodily harm through violation of the rules on safety in the workplace; cross-border crimes; and immigration crimes. Corporate liability is triggered if such crimes are committed in the interest of or for the benefit of the company by persons holding representative, administrative or managerial positions, and the company cannot demonstrate that it has taken adequate measures to prevent them. Pursuant to Article 4.1, parent companies incorporated in Italy of multinational corporations can be deemed liable for the commission of specifically listed crimes by the subsidiaries incorporated abroad. Moreover, it is acknowledged that companies of the same group can be either held jointly liable,[47] or the parent company can be held liable for the subsidiaries' illicits.[48] Foreign companies can also be held liable under the Decree for crimes committed in Italy.[49]

---

[43]Decreto Legge 1882 del 17 Aprile 2015 cit., art. 6.

[44]Decreto legislativo 231 dell'8 giugno 2001. On this topic: Scoletta (2016), pp. 817 ff.; Marinucci (2002), pp. 1193 ff.

[45]Cocco (2004), pp. 90 ff.; Cavanna (2019), p. 122.

[46]M. Raimondo, 'La responsabilità degli enti per i delitti e le contravvenzioni ambientali: Godot è arrivato?', in *Diritto penale contemporaneo*, 7 November 2016, available at: www.penalecontemporaneo.it/d/4932-la-responsabilitadegli-enti-per-i-delitti-e-le-contravvenzioni-ambientali-godot-e-arrivato.

[47]Tribunale di Milano: I.V.R.I. Holding S.p.A. and COGEFI S.p.A, 20 September 2004; Unipol S.p.A. and FINSOE S.p.A.,14 May 2008.

[48]Corte di Cassazione, Sez. IV penale, 29 Januray 2013, No 4234.

[49]Tribunale di Milano: 13 June 2007; 27 April 2004. On this topic see: Manacorda (2012), p. 93; E. Stampacchia, 'La responsabilità 'amministrativa' degli enti con sede all'estero', in *Diritto penale*

It should be noted that under Article 6.2 of Decree 231/2001, the models can have the effect of excluding corporate administrative liability only if they are suitable to identify the risky activities, provide for specific protocols and decision-making processes in the covered fields, prevent the commission of illicit activities including through the investment of dedicated financial resources, and establish pertinent information duties and disciplinary sanctions. According to Article 6.3, the models can be drafted on the basis of the codes of conduct adopted by the business associations. One scholar has correctly highlighted that only some codes can be considered adequate models.[50] However, since their adoption is necessary in order to shield against corporate liability, in case the directors do not adopt them, they might be sued by the shareholders through the above-mentioned 'azione di responsabilità' under Article 2393.

In this context, some cases are worthy of mention: in fact, the majority of disputes on CSR *latu sensu* brought before Italian courts concern corporate liability pursuant to Decree 231/2001. As a preliminary remark, we must, however, clarify that most of these cases do not present connections with foreign States, and thus do not have lead to international disputes.

One interesting case involves the corporation Thyssenkrupp and the fire at its premises in Turin in December 2007, which caused the death of seven employees. The corporation was considered liable under Decree 231/2001 and sentenced to a fine amounting to more than 1 million euros and to the seizure of the earnings gained after the occurrence of the crime; the CEO and five corporate managers were convicted for their personal criminal responsibility.[51]

Three interesting cases involve the Italian corporations ENI, SAIPEM and Finmeccanica, accused of being liable pursuant to Decree 231/2001 for the commission of international corruption in the development of their activities in Algeria, India and Nigeria, respectively. As regards the former case, ENI and SAIPEM were accused of paying bribes amounting to more than 197 million euros to the Algerian Ministry for Energy and Mines in order to facilitate the conclusion of contracts for oil extraction. In February 2016 the Court of Cassation annulled the Milan Court of Appeal's judgment, which had excluded the adiministrative responsibilty of ENI and its CEO's criminal responsibility.[52] In September 2018 the Tribunal of Milan, on the

---

contemporaneo, 4 October 2013, available at: www.penalecontemporaneo.it/d/2505-la-responsabilita-amministrativa-degli-enti-con-sede-all-estero.

[50]Melchionda (2007), pp. 215 ff.

[51]Corte di Cassazione, Sez. IV penale, 13 May 2016, No. 52511. See: A. Aimi, 'Si conclude definitivamente il processo Thyssenkrupp. Annotazione a Cass., Sez. IV, sent. 13 maggio 2016 (dep. 12 dicembre 2016), n. 52511, Pres. Izzo, Est. Bellini, Imp. Espenhahn', in *Diritto penale contemporaneo*, 9 January 2017, available at: www.penalecontemporaneo.it/d/5102-si-conclude-definitivamente-il-processo-thyssenkrupp; M. Lorenzo Minnella, 'D.Lgs. n. 231 del 2001 e reati colposi nel caso Thyssenkrupp. Sulla responsabilità dell'ente per gli omicidi colposi con violazione delle norme sulla sicurezza del lavoro', ibid., 10 December 2011, available at: http://www.penalecontemporaneo.it/d/1076-dlgs-n-231-del-2001-e-reati-colposi-nel-caso-thyssenkrupp.

[52]Corte di Cassazione, Sez. VI penale, 24 February 2016, No 17385.

one hand, confirmed the exclusion of liability of ENI and its CEO; on the other, it convicted SAIPEM's CEO, sentenced SAIPEM to a fine amounting to 400,000 euros, and ordered the seizure of 197 million euros.[53]

As concerns Finmeccanica, the Tribunal of Busto Arsizio in 2014 declared it and its subsidiary Agusta Westland not liable for international corruption under Decree 231/2001.[54] It was not proved that the corporations had bribed Indian ministries and military officers in order to facilitate the conclusion of a 2010 contract for the supply of 12 helicopters, with a value of 560 million euros. In 2016 the Court of Appeal held that the CEOs of the two companies were criminally liable.[55] After the Court of Cassation annulled in 2016 the Court of Appeal's decision,[56] in January 2018 the Milan Court of Appeal excluded their criminal liability.

Finally, in September 2018 the Tribunal of Milan declared two intermediary agents criminally liable for the payment of briberies amounting to more than 1 billion euros on behalf of ENI to the Nigerian government, in order to facilitate the conclusion of the exploitation contract of the oilfield OPL245 in 2011. The case against ENI is still pending.[57]

It is also worth mentioning the dispute involving Eternit corporation for the deaths and injuries caused by asbestos. In 2014 the Court of Cassation annulled judgments convicting the Swiss owner of Eternit for the deaths and injuries suffered by almost 28,000 victims. The Court concluded that the statute of limitation had expired.[58] A new case was then filed, concerning criminal liability for the deaths of 258 employees and individuals living around the Eternit premises. The legitimacy of the new proceedings in light of the *ne bis in idem* principle was assessed by the Constitutional Court.[59] On 16 May 2018 the Court of Cassation was confirmed the conclusions reached in 2014.[60]

Finally, the case involving ILVA, the biggest steel company in Italy and one of largest in Europe, accused of environmental crimes, must be cited. The Tribunal of

[53]Tribunale di Milano, Sez. IV penale, 18 September 2018.

[54]Tribunale di Busto Arsizio, 9 October 2014.

[55]Corte di Appello di Milano, Sez. II penale, 7 April 2016, No 4122/15 R.G.A.

[56]Corte di Cassazione, Sez. III penale, 16 December 2016.

[57]www.osservatoriodiritti.it/2018/10/29/eni-nigeria-processo-tangenti-corruzione/.

[58]Corte di Cassazione, Sez. I penale, 19 November 2014, No 7941. See: S. Zirulia, 'Eternit, il disastro è prescritto. le motivazioni della Cassazione', in *Diritto penale contemporaneo*, 24 February 2015, available at: www.penalecontemporaneo.it/d/3709-eternit-il-disastro-e-prescritto-le-motivazioni-della-cassazione; G. Gatta, 'Il diritto e la giustizia penale davanti al dramma dell'amianto: riflettendo sull'epilogo del caso Eternit', ibid., 24 November 2014, available at: www.penalecontemporaneo.it/d/3466-il-diritto-e-la-giustizia-penale-davanti-al-dramma-dell-amianto-riflettendo-sull-epilogo-del-caso-e.

[59]Corte Costituzionale, 31 May 2016, No. 200. See: 'S. Zirulia, *Ne bis in idem*: la Consulta dichiara l'illegittimità dell'art. 649 c.p.p. nell'interpretazione datane dal diritto vivente italiano (ma il processo Eternit *bis* prosegue)', in *Diritto Penale contemporaneo*, 24 July 2016, available at: www.penalecontemporaneo.it/d/4913-ne-bis-in-idem-la-consulta-dichiara-l-illegittimita-dell-art-649-cpp-nell-interpretazione-datane-da.

[60]Corte di Cassazione, Sez. I penale, 16 May 2018, No 21732.

Taranto ordered the seizure of the plant's blast furnaces in 2012. The judicial order stated clearly that the plant had caused and continued to cause sickness and death. However, later in 2012 Law No. 231/2012 rendered the seizure void and allowed the industry to continue its production activities. The Tribunal of Taranto raised a related question of constitutionality, which, however, the Constitutional Court rejected.[61] Since then, several other decrees have been enacted by the Italian government in order to authorize ILVA's production. In 2016, a group of 180 individuals, who had contracted serious pathologies, filed an application before the European Court of Human Rights, claiming violations of Articles 2, 8 and 13 of the European Convention of Human Rights and Fundamental Freedoms.[62] The Court adopted its decision on 24 January 2019.[63] Pursuant to it, Italy is responsible for violation of Articles 8 and 13. As concerns the former, the State has failed to strike a fair balance between the industrial interests and the rights of the individuals who lived in the neighborhood of the plant, the emissions of which had been scientifically proven to be noxious for human health.[64] As regards Article 13, Italy is responsible for not having provided applicants with judicial instruments to challenge Italian administrative actions and omissions.[65]

2.2 Rules Pertaining to the Law of Contract

As regards the provisions of Italian contract law relevant to CSR, two aspects are worthy of examination: contract nullity and the unilateral promises to the public.

Pursuant to Article 1418 c.c. a contract is null when it is inconsistent with mandatory provisions or if either its subject or its consideration is illicit.[66] Pursuant to Article 1343 c.c. consideration is illicit if inconsistent with mandatory norms, *ordre public* and public morals. Thus, if a contract is performed in disregard of fundamental human rights, the respect of which is mandatory pursuant to Article 2 of the Italian Constitution, we can infer that it is null.

[61]Corte Costituzionale, 9 April 2013, No 83. See G. Arconzo, 'Il decreto legge 'ad Ilvam' approda alla Corte Costituzionale: osservazioni preliminari al giudizio di costituzionalità', in *Diritto Penale Contemporaneo*, 15 Fbruary 2013, available at: www.penalecontemporaneo.it/d/2086-il-decreto-legge-ad-ilvam-approda-alla-corte-costituzionale-osservazioni-preliminari-al-giudizio-di.

[62]ECHR, Requêtes nos 54414/13 et 54264/15 Francesco Cordella et autres contre l'Italie et Lina Ambrogi Melle et autres contre l'Italie introduites respectivement le 29 juillet 2013 et le 21 octobre 2015, 27 April 2016. From a general perspective, Castellaneta (2000), pp. 913 ff.

[63]ECHR, *Affaire Cordella et Autres c. Italie*, Requêtes nos 54414/13 et 54264/15, 24 January 2019. See A. Longo, 'Cordella et al. v. Italy: Industrial Emissions and Italian Omissions Under Scrutiny', in *European Papers*, 2019, available at: http://www.europeanpapers.eu/it/authors/andrea-longo.

[64]ECHR, *Affaire Cordella et Autres c. Italie*, paras. 164–166.

[65]*Ibid.*, para. 176.

[66]Galgano (2014), pp. 364 ff.

Moreover, pursuant to Article 1427 c.c. the nullity of a contract can be claimed by a party whose consent was given in error or obtained through misrepresentation. Article 1428 c.c. specifies that a party's error is relevant only if it is essential and could or should be reasonably recognized by the counterparty. An error is essential if it concerns either the object of the contract or the qualities of the counterparty.

In light of this, it may be wondered whether contracts for the sale of products obtained through production methods which either violate human rights, cause pollution, or disregard the standards of conduct the seller is committed to respect can be claimed by the buyer to be null. This result would be highly probable in cases where the buyer is specialized in the trade of fair goods obtained through responsible production methods or adheres to ethical initiatives, since in these scenarios the buyer could demonstrate that the error was essential and that the seller should have been aware of it. Likewise, a parent corporation could claim the nullity of contracts it has entered into with suppliers and contractors involved in the supply chain because of its misrepresentation that they respect human and labour rights or use environmentally friendly techniques.

A second issue worthy of examination in this context concerns the possibility to characterize the adoption and publication of a code of conduct as a unilateral promise to the public, pursuant to Article 1989 c.c.[67] Under this provision, a promise is binding on a person who publicly makes it in favour of those who meet certain conditions or perform specific actions. Against this backdrop, it can be wondered whether the stakeholders in favour of which a corporation has promised, through the publication of a code of conduct, to respect certain responsible standards could judicially obtain its enforcement.

2.3 Rules Pertaining to Law of Torts

As noted above, the relationship existing between a company and its suppliers is contractual; instead, as it will be explained below, consumers can bring tort actions against corporations on the basis of the Italian Consumer Code, and third party victims of illegal corporate activities can bring tort actions against a company for the damages arising from the latter's illicit conduct. Moreover, in light of recent case law, victims of corporate crimes under Legislative Decree 231/2001 may also bring tort actions within criminal proceedings ("costituzione di parte civile").

Against this backdrop, three issues of Italian tort law may be relevant to CSR and worthy of consideration in this context.

First, under Article 2043 c.c. any intentional or negligent act that causes unjust damage to others, places an obligation on the person who committed it to compensate for the damage. Thus, this provision establishes the right of victims of illicit acts carried out by corporations to claim compensation for proven damages suffered,

[67] Rossi (2008), pp. 23 ff.

provided they can demonstrate the causal link between the corporate activity and the damages.

In this context, it is interesting to mention the filing in May 2017 with the Tribunal of Milan of a tort action against ENI and NAOC (its Nigerian subsidiary) by Ododo Francis Timi, the legal representative of the Nigerian Ikebiri community.[68] The plaintiff claimed that the defendant was liable for environmental damages and connected human rights violations caused by their extractive activities in Nigeria.[69]

The second issue concerns the right of victims to bring a tort action for damages in criminal proceedings based on corporate crimes pursuant to Legislative Decree 231/2001. Italian jurisprudence is not unanimous on this point: on the one hand, the Court of Cassation denied a right to bring a civil claim ('costituzione di parte civile') in 2010.[70] This conclusion was confirmed by the European Court of Justice (ECJ) in 2012.[71] Considering that "the victims concerned in the main proceedings are permitted under Italian law to seek compensation from the natural persons who committed the criminal acts to which Legislative Decree No 231/2001 refers",[72] the ECJ concluded that European law[73] "does not preclude a situation in which [they are] not entitled to seek compensation for the harm [...] from the legal person who committed [the] administrative offence".[74] However, it is here submitted that the ECJ's judgment does not lead to the assumption that the opposite solution is necessarily unlawful. This conclusion, in favour of the right of victims to become a civil party and claim compensation in criminal proceedings against legal persons charged with the offences covered by Decree 231/2001, has been later recognized by the Taranto Criminal Court of Appeal in the above mentioned case against ILVA for environmental crimes.[75]

---

[68]Atto di citazione con invito a comparire dinanzi al Tribunale di Milano, Ododo Francis Timi, IKE VII v. ENI and NAOC, 4 May 2017. See www.amnesty.it/nigeria-la-comunita-ikebiri-causa-alleni.

[69]European Parliament, *Access to legal remedies for victims of corporate human rights abuses in third countries*, Directorate-General for External Policies, February 2019, p. 57–60, available at: http://www.europarl.europa.eu/RegData/etudes/STUD/2019/603475/EXPO_STU(2019)603475_EN.pdf.

[70]Corte di Cassazione, Sez. IV penale, 5 October 2010, No 22512.

[71]ECJ, Maurizio Giovanardi and Others, Case C-79/11, 12 July 2012.

[72]*Ibid.*, para. 40.

[73]More specifically the judgment refers to art. 9.1 of the Council Framework Decision 2001/220/JHA of 15 March 2001 on the standing of victims in criminal proceedings, pursuant to which each Member State must ensure that victims of criminal acts are entitled to obtain a decision within reasonable time-limits on compensation by the offender in the course of criminal proceedings, except where, in certain cases, national law provides for compensation to be awarded in another manner.

[74]ECJ, Case C-79/11 cit., para. 49.

[75]Corte d'Assise di Taranto, 4 October 2016. Matteo Riccardi, "Sussulti' giurisprudenziali in tema di costituzione di parte civile nel processo de societate: il caso Ilva riscopre un leitmotiv del processo 231', in *Giurisprudenza Penale*, available at: http://www.giurisprudenzapenale.com/wp-content/uploads/2017/04/riccardi_gp_2017_4.pdf.

Finally, some reflections in light of Italian tort law shall be devoted to the legal value and enforceability of corporate codes of conduct.[76] In fact, pursuant to the Italian Consumer Code, a professional's failure to comply with the standards set forth pursuant to a code of conduct shall be considered misleading advertising if the commitment can be ascertained, in accordance with the professional usages, as binding.[77] If these conditions are met, consumers can claim a lack of respect for the code of conduct before the *Autorità garante della concorrenza e del mercato*[78] and file a collective civil action (class action) before the competent tribunal.[79]

2.4 Do CSR Rules Fall Under Public Policy or Are They Characterised as Mandatory Rules?

Given their voluntary nature, CSR rules *stricu sensu*—i.e. rules that do not amount to legally binding and enforceable provisions—can be considered neither mandatory nor principles of *ordre public*.

Indeed, pursuant to Italian law, mandatory rules are legislative provisions which cannot be derogated from. Depending on the context, their definition may be broadened or narrowed. For instance, if we take the discipline of contract nullity for inconsistency with mandatory provisions, the latter are meant to include only the rules which cannot be derogated from by the parties and which do not provide for exceptions, given the essential interests they aim to protect.[80] Also criminal law provisions are characterized as mandatory.[81] Thus, the provisions on the commission of crimes by corporations pursuant to Legislative Decree 231/2001 and on arising corporate liability are mandatory.

Public policy includes mandatory principles which protect the fundamental and ethical values of a society. It includes the principles set forth in the first part of the Italian Constitution and the fundamental international and European principles that the Italian legal system conforms to on the basis of the Italian Constitution.

When dealing with private international law, in order to define the notion of public policy we might recall Articles 16 and 64(g) of Law 218/1995 (the Italian

---

[76]For an overall analysis of the effectiveness of the codes of conduct see: Marrella (2017a), pp. 253 ff.

[77]Decreto legislativo, 6 settembre 2005, n. 206 recante il riassetto della normativa posta a tutela del consumatore, art. 22. Literally: "ove si tratti di un impegno fermo e verificabile, e il professionista indichi in una pratica commerciale che è vincolato dal codice".

[78]*Ibid.*, art. 27

[79]*Ibid.*, arts. 139 ff. See Di Cataldo (2011), pp. 803 ff.; F. Girinelli, "L'accertamento di una pratica commerciale scorretta: il doppio binario rimediale del public and private enforcement", in *Jus Civile* 2016, available at: www.juscivile.it/contributi/2016/31_Girinelli.pdf.

[80]Corte di Cassazione, Sez. II civile, 4 December 1982, No 6601. Galgano (2014), p. 278.

[81]Ibid., p. 279.

legislation on private international law).[82] They respectively preclude the application of foreign laws or the recognition of foreign judgments which are inconsistent with public policy. In accordance with the Italian Court of Cassation, the notion refers to the so-called "international public policy"[83]: the notion is not limited to Italian constitutional principles, but rather includes also those principles and rules which respond to the universal need to protect fundamental human rights or which inform the legal order in such a way that their infringement would amount to a violation of its foundational values.[84] Public policy is shaped taking into consideration the historical context[85] and can be defined as including fundamental principles that characterize the domestic legal order in a determined historical period, including the principles on the protection of fundamental human rights.[86]

In light of these premises, the protection of fundamental human rights and labour rights (the core of which have also acquired the status of international customary law), and, to a certain extent, the international principles on environmental protection, can be considered as mandatory provisions and ascribed to the notion of public order. Therefore, as long as CSR *latu sensu* includes them, it can be considered to be found in rules so characterized.

3 Alternative Methods of Dispute Resolution

Pursuant to Italian law some forms of ADR can be activated in disputes concerning CSR. Apart from the possibility to file specific instances dealing with the implementation of the OECD Guidelines for Multinational Enterprises with the Italian OECD National Contact Point, disputes concerning the violation of the rules of contract, tort, and corporate law can be settled, upon some conditions, also through arbitration, mediation and conciliation.

First, parties can resort to arbitration when the disputes concern disposable rights.[87] In these cases, Italian law also allows, to a certain extent, for the application of equity: indeed Article 822 of the code of civil procedure (c.p.c.) establishes that arbitral tribunals are to decide the case according to the law, unless the parties have indicated that they should decide according to equity. Disputes concerning labour rights can be instead decided by an arbitral tribunal only if this is established at law

[82]Legge 31 maggio 1995, n. 218. Riforma del sistema italiano di diritto internazionale privato. For a comment on the law see: Ballarino (2016); Bariatti (1996a), p. 1002; Boschiero (1996a); Conetti et al. (2009); Mosconi and Campiglio (2017); Pocar (1996, 2002).

[83]Corte di Cassazione, Sez. IV civile, 26 April 2013, No. 10070.

[84]Cassazione, 22 August 2013, No. 19405, 13, in *Rivista italiano di diritto internazionale privato* 2014, 698. Conetti (2017a), p. 60.

[85]Corte di Cassazione, Sez. I civile, 6 December 2002, No 17349. Vismara (2017), p. 84.

[86]Corte di Cassazione, No. 19405 cit., 13.

[87]Codice di procedura civile, art. 806.

or by collective contracts.[88] Second, art. 185 c.p.c. provides that if the parties jointly request it, the judge may perform an attempt to mediate between them, and the attempt can be renewed during the proceedings. In case of a positive outcome, the written transcript of the settlement reached is enforceable. Finally, pursuant to D. Lgs. 28/2010,[89] in compliance with Directive 2008/52/CE,[90] the adoption of a mediation process can be required by the parties to civil and commercial disputes concerning disposable rights. Even though matters concerning CSR are not listed as fields where an attempt to reach a mediated solution is compulsory, the parties can voluntary request it.[91]

4 Jurisdiction

In order to define the limits of Italian jurisdiction in civil and commercial matters (including CSR issues falling within these fields) we must first recall that Italy, as an EU Member State, is bound by EC Regulation 44/2001 (Brussels I)[92] and its recast, EU Regulation 1215/2012 (Brussels I *bis*).[93] These Regulations apply automatically, within the limits and to the extent they provide. The second one applies to proceedings initiated after 10 January 2015. However, the two Regulations often set forth analogous provisions, so that in this Report we will generally refer to Brussels I *bis*, and will explicitly recall the earlier one only when its discipline is so different as to be worthy of specific consideration.

Pursuant to Article 4.1 of Brussels I *bis*, "persons domiciled in a Member State shall, whatever their nationality, be sued in the courts of that Member State".[94] Under Article 62, "in order to determine whether a party is domiciled in the Member State whose courts are seised of a matter, the court shall apply its internal law", while "if a party is not domiciled in the Member State whose courts are seised of the

---

[88] *Ibid.* The topic of disputes on non-disposable rights has been subject to extensive interpretation by jurisprudential and scholars' review. See Salvaneschi (2014).

[89] Decreto legislativo, 4 marzo 2010, n. 28: Attuazione dell'articolo 60 della legge 18 giugno 2009, n. 69, in materia di mediazione finalizzata alla conciliazione delle controversie civili e commerciali.

[90] Directive 2008/52/EC of the European Parliament and of the Council of 21 May 2008 on certain aspects of mediation in civil and commercial matters, in OJ L 136, 24 May 2008, 3.

[91] Cominelli and Lucchiari (2017), p. 223.

[92] Council Regulation (EC) No 44/2001 of 22 December 2000 on jurisdiction and the recognition and enforcement of judgments in civil and commercial matters, in OJ L 12, 16 January 2001, 1.

[93] Regulation (EU) No 1215/2012 of the European Parliament and of the Council of 12 December 2012 on jurisdiction and the recognition and enforcement of judgments in civil and commercial matters (recast), in OJ L 351, 20 December 2012, 1; Carbone (2016); Dickinson and Lein (2015); Malatesta (2016); Pocar et al. (2012).

[94] Art. 4.1 Regulation No 1215/2012 and art. 2.1 Regulation No 44/2001. On the application of the Regulations Brussel I and Brussels I *bis* to disputes on corporate human rights violations see: Bonfanti (2013), p. 379; Bright (2019), p. 212; Enneking (2012); Marrella (2017a), pp. 347 ff.; Roorda (2019), p. 195; Roorda and Ryngaert (2016), p. 783; Álvarez Rubio and Yiannibas (2017); Wouters and Ryngaert (2009), p. 939.

matter, then, in order to determine whether the party is domiciled in another Member State, the court shall apply the law of that Member State". As regards legal persons, they are considered as domiciled at the place where they have their: "(a) statutory seat; (b) central administration; or (c) principal place of business".[95] These solutions can give rise to overlapping proceedings, to be eventually reconciled in the light of the regulation of *lis pendens*.[96]

Art. 7 of Regulation Brussels I *bis* establishes some criteria of special jurisdiction, alternative to the defendant's domicile. As far as the attribution of jurisdiction in disputes concerning CSR issues is concerned, the criteria concerning contract and tort matters are worthy of consideration, as well as those set forth for tort actions filed within criminal proceedings and for matters arising out of the operations of a corporate branch or agency. Finally, we should also pay attention to the criteria established for *lis pendens* and related actions.

As regards matters relating to a contract, a defendant domiciled in an EU Member State can be sued in the courts for the place of performance of the obligation in question, it being acknowledged that in the case of sale of goods, the place of performance is meant to be in the Member State where, under the contract, the goods were delivered or should have been delivered, and in the case of provision of services, the place is in the Member State where, under the contract, the services were provided or should have been provided.[97]

In matters relating to tort, delict or quasi-delict, a defendant domiciled in an EU Member State can be sued in the courts for the place where the harmful event occurred or may occur.[98] The ECJ has interpreted the notion of 'place where the harmful event occurred' as used by Article 5.3 of the 1968 Brussels Convention: in cases where the place of the occurrence of the event which gives rise to liability in tort and the place where that event results in damage are not identical, the notion is to be "intended to cover both the place where the damage occurred and the place of the event giving rise to it".[99] Thus, "the defendant may be sued, at the option of the plaintiff, either in the courts for the place where the damage occurred or in the courts for the place of the event which gives rise to and is at the origin of that damage".[100]

Moreover, as regards civil claims for damages or restitution based on acts giving rise to criminal proceedings, they can be filed with the court seized of those proceedings, to the extent that the court has jurisdiction under its own law to entertain civil proceedings.[101] This criterion has the effect of extending Italian civil jurisdiction through the filing of tort actions within criminal proceeding (in accordance with Article 70 of the Italian code of criminal procedure) to the disputes involving, as

[95]Art. 63 Regulation No 1215/2012 and art. 60 Regulation No 44/2001.

[96]Mosconi and Campiglio (2017), p. 75.

[97]Art. 7.1 Regulation No 1215/2012 and art. 5.1 Regulation No 44/2001.

[98]Art. 7.2 Regulation No 1215/2012 and art. 5.2 Regulation No 44/2001.

[99]ECJ, Mines de potasse d'Alsace SA, case C-21/76, November 1976.

[100]*Ibid.*

[101]Art. 7.3 Regulation No 1215/2012 and art. 5.3 Regulation No 44/2001.

defendants, Italian or foreign citizens whose crimes committed abroad must be judged by Italian criminal tribunals pursuant to Articles 7 ff. of the Italian criminal code.[102]

Finally, "as regards a dispute arising out of the operations of a branch, agency or other establishment", a defendant domiciled in Europe can also be sued "in the courts for the place where the branch, agency or other establishment is situated".[103] In case of co-defendants Article 8 establishes that "a person domiciled in a Member State may also be sued [. . .] in the courts for the place where any one of them is domiciled, provided the claims are so closely connected that it is expedient to hear and determine them together to avoid the risk of irreconcilable judgments resulting from separate proceedings".

It should be added that Article 3.2 of Law 218/1995 extends the above-mentioned criteria of jurisdiction to disputes involving defendants not domiciled within the EU territory, a quite common circumstance when dealing, as we are, with CSR issues and multinational corporations whose subsidiaries are constituted on the territory of non-European countries.[104] Article 3.2 of Law 218/1995 is in line with Article 6 Brussels I *bis*, pursuant to which "If the defendant is not domiciled in a Member State, the jurisdiction of the courts of each Member State shall [. . .] be determined by the law of that Member State". The practical effect of the extension under Article 3.2 is that the attribution of jurisdiction is determined pursuant to homogeneous criteria, regardless of where the defendant is based. Scholars highlight that uniformity should also be granted by way of interpreting the reference of Article 3.2 to the Brussels Convention as referring to the European Regulations which have subsequently replaced it.[105] This conclusion should be supported, notwithstanding a certain opposing Italian jurisprudence on this point.[106]

Moreover Article 25 of Brussels I *bis* provides for the possibility of the parties to agree on the tribunal competent to adjudicate the case. This provision must be coordinated with Article 4.1 of Law 218/1995, which extends Italian jurisdiction when the parties have agreed on this or the defendant accepts it through its procedural conduct. It is acknowledged that the parties cannot choose the competent court for cases falling under the exclusive jurisdiction and have limited discretionary power in proceedings involving weaker parties.[107]

---

[102]Mosconi and Campiglio (2017), p. 90.

[103]Art. 7.5 Regulation No 1215/2012 and art. 5.5 Regulation No 44/2001.

[104]Luzzatto (1996), p. 33; Ballarino (2016), p. 17; Boschiero (1996a), p. 89; Conetti et al. (2009), p. 11; Mosconi and Campiglio (2017), p. 128; Pocar (2002), p. 20.

[105]Conetti (2017b), pp. 21–22; Ivaldi (2017), p. 457.

[106]Corte di Cassazione, Sez. Unite civili: 4 November 2011, No 22883, *Rivista italiano di diritto internazionale privato* 2012, 923; 21 October 2009, No 22239, *Rivista italiano di diritto internazionale privato* 2010, 474. On the opposite: Corte di Cassazione, Sez. Unite civili, 20 February 2013, No 4211, in *Rivista italiano di diritto internazionale privato* 2013, 482.

[107]Corte di Cassazione, No 4211 cit., 483; Conetti (2017b), p. 33.

Finally, the discipline of *lis pendens* and related actions is worthy of consideration.[108] Art. 29 Brussels I *bis* regulates *lis pendens* establishing that "where proceedings involving the same cause of action and between the same parties are brought in the courts of different Member States, any court other than the court first seised shall of its own motion stay its proceedings until such time as the jurisdiction of the court first seised is established". It is acknowledged that, "where the jurisdiction of the court first seised is established, any court other than the court first seised shall decline jurisdiction in favour of that court". In light of Italian law, *lis pendens* should not be interpreted formally, but rather looking at the substantive outcomes the proposed actions can obtain.[109] As regards related actions (i.e. "so closely connected that it is expedient to hear and determine them together to avoid the risk of irreconcilable judgments resulting from separate proceedings"),[110] Article 30 Brussels I *bis* provides that when they are "pending in the courts of different Member States, any court other than the court first seised may stay its proceedings" and "where the action in the court first seised is pending at first instance, any other court may also, on the application of one of the parties, decline jurisdiction if the court first seised has jurisdiction over the actions in question and its law permits the consolidation thereof". It should be added that, pursuant to Article 6 of Law 218/1995, Italian jurisdiction extends to those preliminary legal issues the solution of which is necessary in order to decide the case.

If the proceedings were instituted later than 10 January 2015, *lis pendens* and related actions involving the jurisdiction of non-European countries are disciplined by Article 33 of Regulation Brussels I *bis*. These scenarios are highly relevant to the case law taken into consideration in the context of this Report, as CSR issues often involve matters that have occurred in developing, extra-European countries. Under Article 33, in case of *lis pendens*, "the court of the Member State may stay the proceedings if: (a) it is expected that the court of the third State will give a judgment capable of recognition and, where applicable, of enforcement in that Member State; and (b) the court of the Member State is satisfied that a stay is necessary for the proper administration of justice", while it may continue the proceedings if: "(a) the proceedings in the court of the third State are themselves stayed or discontinued; (b) it appears to the court of the Member State that the proceedings in the court of the third State are unlikely to be concluded within a reasonable time; or (c) the continuation of the proceedings is required for the proper administration of justice".[111] Comparable rules are established for related actions under Article 34.

In proceedings involving the jurisdiction of third countries not instituted later than 10 January 2015, *lis pendens* is regulated by Article 7 of Law 218/1995. Under the latter provision, an Italian tribunal can seize the proceeding if the same or the

---

[108] On this issue: Marongiu Bonaiuti (2008).

[109] Corte di Cassazione, Sez. Unite civili, 28 November 2012, No 21108, in *Rivista italiano di diritto internazionale privato* 2013, 762; Conetti (2017b), p. 34.

[110] Art. 30 Regulation No 1215/2012.

[111] On this issue, Franzina (2014a), p. 23; Franzina (2014b), p. 621.

preliminary question are pending before a foreign judge, and it deems that the latter's decision will be suitable to be recognized pursuant to Article 64 (see below).

After examining the rules on attribution of jurisdiction, it is interesting to refer to the already mentioned dispute filed against ENI and NAOC.[112] In that case the plaintiff's request to the Tribunal of Milan to institute proceedings against ENI was based on the latter's jurisdiction established on the defendant's domicile criterion, while the competence to adjudicate over NAOC is based on the above-examined criteria for related actions.

5 Applicable Law

Pursuant to Article 25 of Law 218/1995, corporations are generally subjected to the law of the State where they are constituted. As an exception, Italian law extends also to corporations having in Italy either their administrative seat or principal place of business. Among the issues covered by the *lex societatis* are the legal characterization, the constitution, the powers and functioning of corporate bodies, and the corporate liability and responsibility arising from violations of the law or the deed of incorporation.[113]

As regards the law applicable to contractual and tort obligations, it is worth recalling that Italy, as an EU Member State, directly applies EU Rome I[114] and Rome II[115] Regulations, as long as they provide for their application. Moreover, Italian Law 218/1995 provides for specific conflict rules for the identification of the applicable law to contractual and non-contractual obligations which do not fall within the scope of application of the above-mentioned Regulations.

With specific reference to the contractual obligations covered by Rome I Regulation (i.e those arising from contracts concluded after 17 December 2009 and not excluded from its scope of application under Article 1—e.g. questions governed by the law of companies), it establishes that the applicable law shall be, first, the law chosen by the parties, pursuant to Article 3.[116] In the absence of a choice, the law governing the contract shall be determined in accordance with the conflict rules set forth by Article 4, pursuant to which: "(a) a contract for the sale of goods shall be governed by the law of the country where the seller has his habitual residence; (b) a contract for the provision of services shall be governed by the law of the country

[112]Atto di citazione con invito a comparire dinanzi al Tribunale di Milano, Ododo Francis Timi, IKE VII v. ENI and NAOC cit.

[113]Santa Maria (1996), p. 133; Tonolo (2017a), p. 132; Benedettelli (2004), p. 205; Damascelli (2004); Munari (2003), p. 29; Seatzu (1997), p. 830.

[114]Regulation (EC) No 593/2008 of the European Parliament and of the Council of 17 June 2008 on the law applicable to contractual obligations (Rome I), in OJ L 177, 4 July 2008, 6.

[115]Regulation (EC) no 864/2007 of the European Parliament and of the Council of 11 July 2007 on the law applicable to non-contractual obligations (Rome II), in OJ L 199, 31 July 2007, 40.

[116]Boschiero (2009); McParland (2015); Marrella (2017b), pp. 250 ff.

where the service provider has his habitual residence; [...] (e) a franchise contract shall be governed by the law of the country where the franchisee has his habitual residence; (f) a distribution contract shall be governed by the law of the country where the distributor has his habitual residence". In other cases, "the contract shall be governed by the law of the country where the party required to effect the characteristic performance of the contract has his habitual residence". Finally it recognises that "where it is clear from all the circumstances of the case that the contract is manifestly more closely connected with" another country, or the law applicable cannot be determined pursuant to the above-mentioned conflict rules, the law of the country most closely connected shall apply. Article 21 establishes that the application of a provision of the foreign applicable law may be refused if such application is manifestly incompatible with the public policy (*ordre public*) of the forum.

Pursuant to Article 57 of Law 218/1995, the discipline of the Rome Convention on the law applicable to contractual obligations shall be applied in any case ("in ogni caso") to them.[117] We might wonder whether the reference to the Rome Convention must be interpreted as extending to Rome I Regulation, as long as the latter replaces the former. This solution is preferred in the name of greater legal uniformity.[118] As far as the extension "in any case" is concerned, because the Regulation is universally applied, it can attain only its objective scope of application. This means that, pursuant to Article 57 Law 218/1995, the European conflict rules also identify the law that applies to the subjects listed under Article 1 of Rome I Regulation, if they can be characterized, pursuant to Italian law, as contractual obligations.

Thanks to their contractual characterization, unilateral promises may be recognized among the obligations which can be attracted and ruled by the conflict rules established by Rome I Regulation. The ECJ has recognized such a contractual characterization in a case where a company "with the intention of inducing the consumer to enter a contract, addresse[d] to him in person a letter of such a kind as to give the impression that a prize [would have been] awarded to him if he return [ed] the 'payment notice' attached to the letter and, second, he accept[ed] the conditions laid down by the vendor and [did] in fact claim payment of the prize announced".[119] In case of lack of performance, the arising consumers' claims were to be considered "contractual in nature".[120]

Given these premises, we may legitimately wonder whether the publication of a corporate code of conduct can be considered to amount to a unilateral promise, and,

[117] Boschiero (1990); Boschiero (2011a); Boschiero (2010), p. 493; Treves (1996), p. 272; Conetti et al. (2009), p. 289.

[118] On this issue, see: Bonfanti (2009), p. 383; Marongiu Bonaiuti (2006), p. 155; Salerno, 'Le conseguenze del regolamento 'Roma I' sulla legge italiana di diritto internazionale privato', in *Il nuovo diritto europeo dei contratti: dalla Convenzione di Roma al Regolamento 'Roma I'*', Fondazione Italiana del Notariato, 2007, available at: http://elibrary.fondazionenotariato.it/articolo.asp?art=09/0913&mn=3.

[119] ECJ, Petra Engler v. Janus Versand GmbH, case C-27/02, 20 January 2005, para. 61.

[120] *Ibid.*

if so, whether such a unilateral promise should be either attracted under the extended discipline of Rome I Regulation, or, given the differences existing with the case examined by the ECJ, covered by Article 58 of Law 218/1995.[121] In accordance with the latter, a unilateral promise is governed by the law of the State where it is published. This can give rise to complex consequences when, for instance, the code is uploaded on the website of the parent and the subsidiary companies. Some scholars argue that this case should lead to *depecage*, i.e. application of the laws of all the States where the code is published.[122]

As regards the law applicable to non-contractual obligations, the conflict rules established by the Rome II Regulation cover the tort obligations arising from events occurring after 11 January 2009 and not excluded under Article 1.[123] For instance, Article 1(d) excludes "non-contractual obligations arising out of the law of companies [...] regarding matters such as the creation, [. . .] internal organisation [. . .] the personal liability of officers and members as such for the obligations of the company or body and the personal liability of auditors to a company or to its members in the statutory audits of accounting documents".

As a general rule, tort obligations shall be ruled by the law "of the country in which the damage occurs irrespective of the country in which the event giving rise to the damage occurred and irrespective of the country or countries in which the indirect consequences of that event occur".[124] This means that in the cases of corporate human rights violations committed by the subsidiaries of multinational corporations constituted on the territory of third countries, the law of those third countries shall be applied. This conclusion is also confirmed in case Article 4.2 applies. Pursuant to it, "where the person claimed to be liable and the person sustaining damage both have their habitual residence in the same country at the time when the damage occurs, the law of that country shall apply". As a residual clause, Article 4.3 provides that "[w]here it is clear from all the circumstances of the case that the tort/delict is manifestly more closely connected with [another] country [. . .], the law of that other country shall apply".

More specific conflict rules address environmental damage. Under Article 7 "the law applicable [. . .] shall be the law determined pursuant to Article 4(1), unless the person seeking compensation for damage chooses to base his or her claim on the law of the country in which the event giving rise to the damage occurred", thus meaning either the *lex commissi delicti* or the *lex damni*, depending on the plaintiff's choice.[125] In this regard, if we take the above-mentioned case brought against ENI and NAOC concerning the environmental damage caused in Nigeria, Nigerian law should apply.[126]

---

[121] Boschiero (1996b), p. 283.

[122] Tonolo (2017b), p. 283.

[123] Dickinson (2010); Malatesta (2006); Marrella (2017b), pp. 625 ff.

[124] Regulation No 864/2007, art. 4.

[125] Ivaldi (2013), p. 869.

[126] See above.

The application of the law identified pursuant to the above-described rules is limited by the application of overriding mandatory provisions,[127] the *ordre public*[128] of the forum, and the rules of safety and conduct which were in force at the place and time of the event giving rise to the liability.[129]

Tort obligations not covered by Rome II Regulation are disciplined pursuant to Article 62 of Law 218/1995, under which the applicable law is the *lex commissi delicti*, unless the plaintiff requires to subject the case to the *lex damni*, and except in cases where the plaintiff and the defendant have their habitual residence in the same State (in such cases, the law of that State would apply).[130]

Finally, it is worth recalling that—as already mentioned—Italian case law allows verification of whether the applicable law is in conformity with the rules of international human rights law, the ILO Conventions, or other mandatory rules of international law, thanks to the application of public policy, as established at Article 16 of Law 218/1995.[131]

6 Recognition and Enforcement of Judgments

Recognition and enforcement of foreign judgments in civil and commercial matters in Italy are ruled by Regulations Brussels I and Brussels I *bis*, as long as they apply, while the recognition and enforcement of decisions not covered by the Regulations are disciplined pursuant to Articles 64 ff. of Law 218/1995.

Being established that the European Regulations provide for recognition and enforcement of the decisions released by European judges, while the recognition and enforcement of extra-European decisions is governed pursuant to Law 218/1995, the three legal sources provide for different procedures. Regulation Brussels I *bis* provides for the automatic recognition and enforcement of foreign decisions; Brussels I and Law 218/1995 establish that foreign decisions are automatically recognized, while their enforcement depends upon the declaration of enforceability obtained upon request of the interested parties.

Article 64 of Law 218 provides that foreign decisions are recognized without the need for a specific procedure, if they meet the following requirements: they were released by a judge competent on the basis of the rules applied to the attribution of jurisdiction under Italian law; the defendant was served with the document institut-

[127] Regulation (EC) No 864/2007, art. 16.

[128] *Ibid.*, art. 26.

[129] *Ibid.*, art. 17.

[130] Marongiu Bonaiuti (2013), p. 203; Pocar et al. (1996), p. 307; Ballarino (2016), p. 279; Boschiero (1996a), p. 89; Conetti et al. (2009), p. 230; Mosconi and Campiglio (2017), p. 489.

[131] Boschiero (1996a), p. 225; Boschiero (2011b, c); Mosconi (1996), p. 78; Ballarino (2016), p. 109; Conetti et al. (2009), p. 51; Mosconi and Campiglio (2017), p. 260.

ing the proceeding and his/her defence rights were respected; the parties appeared or, if not, their contumacy was declared; and the decision can no longer be appealed, is not inconsistent with another final Italian decision, is not currently subject to separate proceedings pending in Italy, and its effects are not inconsistent with Italian public policy.[132] Under Article 67 all interested parties can require the competent Court of Appeal to declare the enforceability of the decision, upon the previous positive assessment of the requirements described above.

One of the most significant issues concerning the recognition and enforcement of foreign judgments arises with regard to punitive damages, the legitimacy of which has been discussed by the Italian jurisprudence.[133]

Articles 45 and 46 of Regulation Brussels I *bis* list several grounds on the basis of which the recognition and enforcement of a foreign European decision handed down in proceedings instituted after 10 January 2015 must be rejected: they are manifestly contrary to the addressed State's public policy; the judgment was given in default of appearance and the defendant was not served with the document which instituted the proceeding; the judgment is irreconcilable with a judgment given between the same parties in the addressed State or with an earlier judgment given in another Member State or in a third State involving the same cause of action and between the same parties, provided that the earlier judgment fulfils the conditions necessary for its recognition in the addressed State; or the judgment conflicts with the criteria for attribution of exclusive jurisdiction or on disputes involving weaker parties. The assessment can be required by any interested party to the recognition or by the party against whom enforcement is sought.[134]

The same grounds can justify the refusal of recognition or enforcement pursuant to Regulation Brussels I. However, under its Article 38, and differently from the former regulation, a judgment shall be declared enforceable "on the application of any interested party". Some procedural rules (such as the *inaudita altera parte* characterization of the proceeding and the right to appeal and claim the lack of compliance with the afore mentioned requirements) are defined by the Regulation itself.[135]

In light of these premises, a foreign judgment released in a proceeding instituted after 10 January 2015 and holding a company liable for the breach of a rule—either a contract, tort or corporate law provision—imposing standards of corporate conduct might be recognized and enforced on the basis of the European Regulation Brussels I *bis*, unless the requirements exhaustively listed by Article 45 are not fulfilled. The same rules would apply to the recognition and enforcement of a foreign judgment

---

[132]Bariatti (1996b), p. 318; Lopes Pegna (2009); Ballarino (2016), p. 115; Boschiero (1996a), p. 149; Conetti et al. (2009), p. 345; Mosconi and Campiglio (2017), p. 356.

[133]Corte di Cassazione, Sez. III civile, 19 January 2007, No. 1183; Corte di Cassazione, Sez. I civile, 8 February 2012, No 1781; Corte di Cassazione, Sezioni Unite, 5 July 2017 No. 16601. Bariatti, Fumagalli, Crespi Reghizzi (2019); Ivaldi (2017), p. 470; Lopez De Gonzalo (2008), pp. 77 ff.; Lopez De Gonzalo (2016), pp. 1503 ff.

[134]Lopes Pegna (2013), p. 1206; Salerno (2015a), p. 939.

[135]Salerno (2006, 2015b).

decided on the basis of a law providing for the application of an ethical rule or a certification standard. In this regard we should note that Italian private international law acknowledges that non-state/uniform legal principles can be applied within the limits established by the applicable law.[136] In the author's view, the same limitation should apply to ethical and soft law rules, which are inherently non-state principles whose respect can be required, within certain, specific limits, by the applicable domestic law. Following this perspective, for instance, a foreign judicial decision based on the application of ISO standards, in accordance with what is required by the domestic law applicable to the dispute, could be recognized and enforced in Italy, on the condition that the other requirements provided for by Article 45 Regulation Brussels I *bis* are met.

References

Addo MK (2014) The reality of the United Nations guiding principles on business and human rights. Human Rights Law Rev 14(1):133–147

Álvarez Rubio JJ, Yiannibas K (eds) (2017) Human rights in business. Removal of barriers to access to justice in the European Union. Routledge, London

Ballarino T, Ballarino E, Pretelli I (2016) Diritto internazionale privato italiano, VIII edn. Wolters Kluwer, Padua

Bariatti S (ed) (1996a) Legge 31 maggio 1995 n. 218. Riforma del sistema italiano di diritto internazionale privato: Commentario. CEDAM, Padua

Bariatti S (1996b) Articolo 64. In: Pocar F, Treves T, Carbone SM, Giardina A, Luzzatto R, Mosconi F, Clerici R (eds) Commentario del nuovo diritto internazionale privato italiano. CEDAM, Padua

Bariatti S, Fumagalli L, Crespi Reghizzi Z (eds) (2019) Punitive damages in private international law: state of the art and future developments. CEDAM, Padua

Benedettelli M (2004) Diritto internazionale privato delle società e ordinamento comunitario. In: Picone P (ed) Diritto internazionale privato e diritto comunitario. CEDAM, Padua

Bernaz N (2017) Business and human rights. History, law and policy - bridging the accountability gap. Routledge, London

Bonfanti A (2009) Le relazioni intercorrenti tra il regolamento Roma I e le convenzioni internazionali (in vigore e non). In: Boschiero N (ed) La nuova disciplina comunitaria della legge applicabile ai contratti (Roma I). G. Giappichelli Editore, Turin

Bonfanti A (2012) Imprese multinazionali, diritti umani e ambiente: profili di diritto internazionale pubblico e privato. Giuffrè, Milan

Bonfanti A (2013) No extraterritorial jurisdiction under the Alien Tort Statute: which forum for disputes on overseas corporate human rights violations after Kiobel? Diritti umani e diritto internazionale 7(2):379–400

Bonfanti A (ed) (2019) Business and human rights in Europe: international law challenges. Routledge, London

Bordignon M (2019) National action plans: a pathway to effective implementation of the United Nations guiding principles? In: Bonfanti A (ed) Business and human rights in Europe: international law challenges. Routledge, London

Boschiero N (1990) Il coordinamento delle norme in materia di vendita internazionale. CEDAM, Padua

[136] Conetti (2017a), p. 48.

Boschiero N (1996a) Appunti sulla riforma del sistema italiano di diritto internazionale privato. G. Giappichelli Editore, Turin
Boschiero N (1996b) Articolo 58. In: Pocar F, Treves T, Carbone SM, Giardina A, Luzzatto R, Mosconi F, Clerici R (eds) Commentario del nuovo diritto internazionale privato italiano. CEDAM, Padua
Boschiero N (ed) (2009) La nuova disciplina comunitaria della legge applicabile ai contratti (Roma I). G. Giappichelli Editore, Turin
Boschiero N (2010) Vendita (dir. int. priv. proc.). In: Baratta R (ed) Dizionario di diritto internazionale privato. Giuffrè, Milan
Boschiero N (2011a) Obbligazioni contrattuali (aggiornamento). In: Enciclopedia del Diritto, Annali II, T. III. Giuffrè, Milan
Boschiero N (2011b) Art. 16 (Ordine pubblico). In: Scialoja A, Branca G (eds) Trattato di diritto privato. Zanichelli Editore, Bologna
Boschiero N (2011c) Ordine pubblico 'internazionale' e norme di applicazione necessaria. In: Preite F, Gazzanti Pugliese di Cotrone A (eds) Trattato di diritto internazionale privato e comunitario. UTET, Turin
Bright C (2019) The civil liability of the parent company for the acts or omissions of its subsidiary: the example of the Shell cases in the UK and in the Netherlands. In: Bonfanti A (ed) Business and human rights in Europe: international law challenges. Routledge, London
Cantú Rivera H (2019) National action plans on business and human rights: progress or mirage? Bus Human Rights J 4(2):1–25
Carbone SM (2016) Il nuovo spazio giudiziario europeo in materia civile e commerciale: il Regolamento UE n. 1215/2012, VII edn. G. Giappichelli Editore, Turin
Castellaneta M (2000) L'individuo e la protezione dell'ambiente nel diritto internazionale. Rivista di diritto internazionale 83(4):913–964
Cavanna P (2019) Blending together human rights due diligence with 'Criminal' law: opportunities and pitfalls of the Italian solution. In: Bonfanti A (ed) Business and human rights in Europe: international law challenges. Routledge, London
Cocco G (2004) L'illecito degli enti dipendente da reato ed il ruolo dei modelli di prevenzione. Rivista italiana di diritto e procedura penale 47(1):90–121
Cominelli L, Lucchiari C (2017) Italian mediators in action: the impact of style and attitude. Confl Resolut Q 35(2):223–242
Conetti G (2017a) Il diritto applicabile. In: Conetti G, Tonolo S, Vismara F (eds) Manuale di diritto internazionale privato, II edn. G. Giappichelli Editore, Turin
Conetti G (2017b) La giurisdizione. In: Conetti G, Tonolo S, Vismara F (eds) Manuale di diritto internazionale privato, II edn. G. Giappichelli Editore, Turin
Conetti G, Tonolo S, Vismara F (2009) Commento alla legge di riforma del diritto internazionale privato italiano, II edn. G. Giappichelli Editore, Turin
Damascelli D (2004) I conflitti di legge in materia di società. Cacucci Editore, Bari
Denozza F, Stabilini A (2008) CSR and corporate law: the case for preferring procedural rules. https://ssrn.com
Denozza F, Stabilini A (2013) The shortcomings of voluntary conceptions of CSR. Orizzonti del diritto commerciale 2
Deva S, Bilchitz D (eds) (2013) Human rights obligations of business: beyond the corporate responsibility to respect? Cambridge University Press, Cambridge
Di Cataldo V (2011) Pratiche commerciali scorrette e sistema di enforcement. Giurisprudenza commerciale 38(6):803–827
Dickinson A (2010) The Rome II regulation: the law applicable to non-contractual obligations. Oxford University Press, Oxford
Dickinson A, Lein E (2015) The Brussels I regulation recast. Oxford University Press, Oxford
Enneking L (2012) Foreign direct liability and beyond: exploring the role of tort law in promoting international corporate social responsibility and accountability. Brill, Leiden

Fasciglione M (2017) Il Piano d'azione nazionale italiano su impresa e diritti umani e l'attuazione dei Principi guida ONU del 2011. Diritti umani e diritto internazionale 11(1):277–293

Franzina P (2014a) Lis Pendens involving a Third Country under the Brussels I-bis regulation: an overview. Rivista di diritto internazionale privato e processuale 50(1):23–42

Franzina P (2014b) Litispendenza e connessione tra Stati membri e Stati terzi nel regolamento Bruxelles I bis. Diritto del commercio internazionale 3:621–636

Galgano F (2014) Trattato di diritto civile, vol II, III edn. Wolters Kluwer, Padua

Ivaldi P (2013) Unione europea, tutela ambientale e diritto internazionale privato: l'art. 7 del regolamento Roma II. Rivista di diritto internazionale privato e processuale 49(4):869–882

Ivaldi P (2017) Danni alla salute, responsabilità civile delle imprese e diritto internazionale privato. In: Pineschi L (ed) La tutela della salute nel diritto internazionale ed europeo tra interessi globali e interessi particolari. Editoriale Scientifica, Naples

Jägers N (2002) Corporate human rights obligations: in search of accountability. Intersentia, Antwerpen

Lopes Pegna O (2009) I procedimenti relativi all'efficacia delle decisioni straniere in materia civile. CEDAM, Padua

Lopes Pegna O (2013) Il regime di circolazione delle decisioni nel Regolamento (UE) n. 1215/2012 (Bruxelles-I bis). Rivista di diritto internazionale 96(4):1206–1220

Lopez De Gonzalo M (2008) Punitive Damages e ordine pubblico. Rivista italiano di diritto internazionale privato 44:77–90

Lopez De Gonzalo M (2016) I punitive damages nel diritto internazionale privato, nel diritto uniforme, nei Principi UNIDROIT. In: Eppur si muove: the age of uniform law. Studi in onore di M. J. Bonell. UNIDROIT, Rome

Luzzatto R (1996) Articolo 3. In: Pocar F, Treves T, Carbone SM, Giardina A, Luzzatto R, Mosconi F, Clerici R (eds) Commentario del nuovo diritto internazionale privato italiano. CEDAM, Padua

Malatesta A (ed) (2006) The unification of choice of law rules on torts and other non-contractual obligations in Europe: the 'Rome II' Proposal. CEDAM, Padua

Malatesta A (ed) (2016) La riforma del Regolamento Bruxelles I: il Regolamento (UE) n. 1215/2012 sulla giurisdizione e l'efficacia delle decisioni in materia civile e commerciale. Giuffrè, Milan

Manacorda S (2012) Limiti spaziali della responsabilità degli enti e criteri di imputazione. Rivista italiana di diritto e procedura penale 55(1):91–112

Mares R (ed) (2012) The UN guiding principles on business and human rights: foundations and implementation. Brill, Leiden

Marinucci G (2002) *Societas puniri potest*: uno sguardo sui fenomeni e sulle discipline contemporanee. Riv Ital Dirit Proced Penal 45(4):1193–1214

Marongiu Bonaiuti F (2006) Conseguenze della trasfomazione della Convenzione di Roma in regolamento comunitario per il sistema italiano di diritto internazionale privato. In: Franzina P (ed) La legge applicabile ai contratti nella proposta di Regolamento 'Roma I'. CEDAM, Padua

Marongiu Bonaiuti F (2008) Litispendenza e connessione internazionale. Strumenti di coordinamento tra giurisdizioni statali in materia civile. Jovene, Naples

Marongiu Bonaiuti F (2013) Le obbligazioni non contrattuali nel diritto internazionale privato. Giuffrè, Milan

Marrella F (2017a) Protection internationale des droits de l'homme et activités des sociétés transnationales. Collected courses of The Hague Academy of International Law 385

Marrella F (2017b) Manuale di diritto del commercio internazionale. CEDAM, Padua

McParland M (2015) The Rome I Regulation on the law applicable to contractual obligations. Oxford University Press, Oxford

Melchionda A (2007) Interferenze di disciplina fra la responsabilità sociale delle imprese e la responsabilità 'da reato' degli enti. Il ruolo dei c.d. 'codici etici'. In: Scarponi S (ed) Globalizzazione, responsabilità sociale e modelli partecipativi. Università di Trento, Trento

Mosconi F (1996) Articolo 16. In: Pocar F, Treves T, Carbone SM, Giardina A, Luzzatto R, Mosconi F, Clerici R (eds) Commentario del nuovo diritto internazionale privato italiano. CEDAM, Padua

Mosconi F, Campiglio C (2017) Diritto internazionale privato e processuale, vol I, VIII edn. Utet Giuridica, Milan

Munari F (2003) Riforma del diritto societario italiano, diritto internazionale privato e diritto comunitario: prime riflessioni. Rivista di diritto internazionale privato e processuale 39:29–54

Pocar F (1996) Articolo 62. In: Pocar F, Treves T, Carbone SM, Giardina A, Luzzatto R, Mosconi F, Clerici R (eds) Commentario del nuovo diritto internazionale privato italiano. CEDAM, Padua

Pocar F (2002) Il nuovo diritto internazionale privato italiano, II edn. Giuffrè, Milan

Pocar F, Treves T, Carbone SM, Giardina A, Luzzatto R, Mosconi F, Clerici R (eds) (1996) Commentario del nuovo diritto internazionale privato italiano. CEDAM, Padua

Pocar F, Viarengo I, Villata F (eds) (2012) Recasting Brussels I. CEDAM, Padua

Roorda L (2019) Adjudicate this!—foreign direct liability and civil jurisdiction in Europe. In: Bonfanti A (ed) Business and human rights in Europe: international law challenges. Routledge, London

Roorda L, Ryngaert C (2016) Business and human rights litigation in Europe and Canada: the promises of forum of necessity-based jurisdiction. Rabels Zeitschrift für ausländisches und internationales Privatrecht 80(4):783–816

Rossi S (2008) Luci e ombre dei codici etici d'impresa. Rivista di diritto societario 1:23–41

Sacconi L (2006) A social contract account for CSR as extended model of corporate governance (Part I): rational bargaining and justification. J Bus Ethics 68(3):259–281

Salerno F (2006) Giurisdizione ed efficacia delle decisioni straniere nel Regolamento (CE) n. 44/2001. CEDAM, Padua

Salerno F (2015a) L'incidenza del regolamento (UE) n. 1215/2012 sulle norme comuni in tema di giurisdizione e di efficacia delle sentenze straniere. Rivista di diritto internazionale privato e processuale 51(4):939–954

Salerno F (2015b) Giurisdizione ed efficacia delle decisioni straniere nel regolamento (UE) n. 1215/2012 (rifusione): evoluzione e continuità del 'sistema Bruxelles-I' nel quadro della cooperazione giudiziaria europea in materia civile, IV edn. CEDAM, Padua

Salvaneschi L (2014) Arbitrato. In: Chiarloni S (ed) Commentario del Codice di procedura civile, vol IV. Zanichelli, Bologna

Santa Maria A (1996) Articolo 25. In: Pocar F, Treves T, Carbone SM, Giardina A, Luzzatto R, Mosconi F, Clerici R (eds) Commentario del nuovo diritto internazionale privato italiano. CEDAM, Padua

Scoletta MM (2016) La disciplina della responsabilità da reato degli enti collettivi: teoria e prassi giurisprudenziale. In: Canzio G, Cerqua LD, Luparia L (eds) Diritto penale delle società. Accertamento delle responsabilità individuali e processo alla persona giuridica. Wolters Kluwer, Milan

Seatzu F (1997) Sulla nuova disciplina delle società nel diritto internazionale privato italiano. Giurisprudenza commerciale I:830–841

Tina A (2008) L'esonero da responsabilità degli amministratori di S.P.A. Giuffrè, Milan

Tonolo S (2017a) Società. In: Conetti G, Tonolo S, Vismara F (eds) Manuale di diritto internazionale privato, II edn. G. Giappichelli Editore, Turin

Tonolo S (2017b) Obbligazioni. In: Conetti G, Tonolo S, Vismara F (eds) Manuale di diritto internazionale privato, II edn. G. Giappichelli Editore, Turin

Treves T (1996) Articolo 57. In: Pocar F, Treves T, Carbone SM, Giardina A, Luzzatto R, Mosconi F, Clerici R (eds) Commentario del nuovo diritto internazionale privato italiano. CEDAM, Padua

Valaguzza S (2016) Sustainable development in public contracts: an example of strategic regulation. Editoriale Scientifica, Naples

Vismara F (2017) Efficacia di sentenze e atti stranieri. In: Conetti G, Tonolo S, Vismara F (eds) Manuale di diritto internazionale privato, II edn. G. Giappichelli Editore, Turin

Woods CS (2019) European approaches to promoting responsible supply chains. In: Bonfanti A (ed) Business and human rights in Europe: international law challenges. Routledge, London

Wouters J, Ryngaert C (2009) Litigation for overseas corporate human rights abuses in the European Union: the challenge of jurisdiction. George Washington Int Law Rev 40(4):939–975

Zamora Cabot FJ, Heckendorn Urscheler L, De Dycker S (eds) (2017) Implementing the U.N. guiding principles on business and human rights: private international law perspectives. Schulthess, Geneva

Japan

Dai Yokomizo

Abstract Japan has been a member of the OECD, and set up a National Contact Point in 2008. Japan has also taken actions under the 2011 Guiding Principles. Japan stated in 2016 that it planned to formulate its National Action Plan in the coming years, and had started preliminary discussion among relevant ministries.

Under the Japanese Company Law, directors assume the duty of care of a good manager acting in a loyal manner in compliance with laws and regulations. In addition, a director shall disclose material facts with respect relevant transactions at a shareholders meeting and obtain approval of the shareholders meeting in certain cases. As regards corporate governance, a new rule on the disclosure of reasons not to have an outside director was introduced in 2014. There is also a rule relating to anti-corruption in the Unfair Competition Prevention Act. Furthermore, a third party can take action on the ground of tort against a company for breach of a rule of CSR. However, there have been few cases in which the court touched on the legal nature of a rule of CSR.

There have been no cases so far on breaches of CSR in which a Japanese court decided on international adjudicative jurisdiction or in which it allowed the application of ethical rules instead of, or as a complement to, the applicable law. It remains to be seen how cross-border civil disputes with regard to CSR is dealt with under the Japanese conflict of laws.

D. Yokomizo (✉)
Nagoya University, Nagoya, Japan
e-mail: daiyoko@law.nagoya-u.ac.jp

C. Kessedjian, H. Cantú Rivera (eds.), *Private International Law Aspects of Corporate Social Responsibility*, Ius Comparatum – Global Studies in Comparative Law 42, https://doi.org/10.1007/978-3-030-35187-8_13

1 Definition and Sources

1.1 Does Your Country Have a Definition of Corporate Social Responsibility? If Yes, Please State That Definition Here and Give the Source (a Written Source or Precise References to Case Law)

The Ministry of Economy, Trade and Industry (METI) defines "Corporate Social Responsibility" as "the behaviour of enterprises assuming the responsibility for impacts of their activities in order to be in harmony with the society and the environment and to seek for the sustainable development, and the style of enterprises to obtain the confidence of a variety of stakeholders surrounding them".[1]

1.2 Is Your Country a Member of the OECD? If Yes, Has Your Country Set Up a National Contact Point? If Yes, Please Give Its URL and a Brief Outline of Its Structure and Main Actions in the Past Three Years

Yes, Japan has been a member of the OECD since 1964.

Yes, Japan set up a National Contact Point in 2008.

There seems to be no website specifically for the Japanese NCP. However, a description of the Japanese NCP can be found on the web page about the OECD Guidelines for Multinational Enterprises on the web site of the Ministry of Foreign Affairs (only in Japanese): <http://www.mofa.go.jp/mofaj/gaiko/csr/housin.html>.

The Japanese NCP is composed of the Ministry of Foreign Affairs (OECD Division, Economic Affairs Bureau), the Ministry of Health, Labour, and Welfare (International Affairs Division, the Office of the Minister) and the Ministry of Economy, Trade and Industry (Trade and Investment Facilitation Division, Trade and Economic Cooperation Bureau).

In order to effectively implement the Guidelines, a Japanese NCP Committee has also been established in addition to the Japanese NCP. It is comprised of the Japanese NCP, Keidanren (Japan Business Federation), and Rengo (Japanese Trade Union Confederation).

When a complaint is submitted to the Japanese NCP, first, it makes an initial assessment to determine whether the complaint "merits further examination" and

[1]METI, Kigyō Kaikei, Kaiji, CSR Seisaku [Corporate Accounting, Disclosure, and CSR Policy] http://www.meti.go.jp/policy/economy/keiei_innovation/kigyoukaikei/ (Japanese).

then issues a final statement or report. The result of the procedure is published on the OECD website and Japanese NCP website in Japanese and English.[2]

The main actions in the past three years are as follows[3]:

(1) Four members of the Local Union of Chemical, Energy and Mines of Bridgestone Tire Indonesia(Bridgestone) filed a complaint dated September 6, 2004, alleging the company's violations of the Guidelines with regard to the dismissal of four Union members who had played an active role in negotiations over union members' minimum wages, and requested the assistance of the Japanese NCP, recommending that Bridgestone immediately withdraw the dismissal of the four and to pay their union membership wages.

Since judicial proceedings had already been concluded with regard to the same issues by the Indonesian Supreme Court, the Japanese NCP concluded that the case did not merit further consideration and terminated the procedure at the stage of initial assessment (October 3, 2014).[4]

(2) The TowerJazz Branch of Rengo Hokuban Local Union, the Hokuban Local Council of Rengo-Hyogo, Rengo-Hyogo, and Rengo (Japanese Trade Union Conference) submitted a specific complaint alleging that Tower Semiconductor Ltd. (headquartered in Israel) and its Japanese subsidiary called TowerJazz Japan, Ltd. had violated the Guidelines with regard to the closure of TowerJazz Japan's Nishiwaki factory on July 31, 2014. They requested that the companies involved pay 100% of the severance allowances for involuntary retirement within one month from retirement and provisional severance equivalent to three month' worth of the average wages within one week from retirement.

After several inquiries with the companies involved, the Japanese NCP ascertained that, although the companies involved did not want it to provide an opportunity for consultations in the case, TowerJazz Japan conducted consultations with the former employees through mediation by the Hyogo Prefectural Government Labor Relations Commission. The Japanese NCP decided to end its involvement with the case in consideration of the principle that the

[2]The Japanese NCP (2016) Procedural Guidance for the Japanese National Contact Point (NCP) under the OECD Guidelines for Multinational Enterprises. http://www.mofa.go.jp/mofaj/gaiko/csr/pdfs/ncp_jm_e.pdf.

[3]Otherwise, it revised its "Procedural Guidelines" which contain its operational rules and changed its title to "Procedural Guidance" in September 30, 2016. See, Ministry of Foreign Affairs (2016) Revision of the Procedural Guidelines for the Japanese National Contact Point (NCP) under the OECD Guidelines for Multinational Enterprises (MNEs). http://www.mofa.go.jp/press/release/press4e_001284.html.

[4]The Japanese NCP (2014) Initial Assessment by the Japanese NCP on a Specific Instance Involving Bridgestone Tire Indonesia in Relation to the OECD Guidelines for Multinational Enterprises. http://www.mofa.go.jp/mofaj/files/000194208.pdf.

provision of an opportunity for consultations by NCPs should be based on an agreement by the parties involved (September 30, 2016).[5]

(3) Four persons belonging to labor unions and a non-governmental organization in Thailand and a non-governmental organization in Japan submitted the specific complaint alleging that Suzuki Motor Corporation (headquartered in Japan) and a subsidiary called Suzuki Motor (Thailand) Co., Ltd. had violated the Guidelines in relation to the dismissal of some workers and the demotion and suspension of others from job duties implemented in Thailand by Suzuki Motor (Thailand) Co., Ltd.. They requested, among other things, that the unfairly dismissed workers be immediately reinstated to their former jobs under the former conditions and compensation should be paid for non-material damages.

When the Japanese NCP solicited the view of the companies involved on the possibility of providing an opportunity for consultations with the relevant parties, Suzuki Motor Corporation and Suzuki Motor (Thailand) Co., Ltd. replied that they had no intention of engaging in dialogue with the complainants through the mediation of the Japanese NCP because they applied for resolution through judicial procedures in Thailand which were ongoing and they intended to respect. Thus, in light of the absence of an agreement by the parties involved, the Japanese NCP decided to conclude its involvement with the case, and recommended that Suzuki Motor Corporation and Suzuki Motor (Thailand) Co., Ltd. conduct activity while respecting the OECD Guidelines for Multinational Enterprises (June 23, 2017).[6]

1.3 As a Member State of the United Nations, Has Your Country Taken Any Action Under the 2011 Guiding Principles? If Yes, Please Describe (National Action Plan, etc.)

Yes, Japan has taken actions under the 2011 Guiding Principles.

In the statement of the Japanese Government in the 2016 United Nations Forum on Business and Human Rights in November 2016, Japan stated that it planned to formulate its National Action Plan in the coming years, and had started preliminary discussion among relevant ministries, including the Ministry of Foreign Affairs, the Ministry of Justice, the Ministry of Economy, Trade and Industry, and the Ministry

[5]The Japanese NCP (2016) Final Statement on a Specific Instance Involving Tower Semiconductor Ltd. and TowerJazz Japan, Ltd. in Relation to the OECD Guidelines for Multinational Enterprises, http://www.mofa.go.jp/mofaj/files/000194210.pdf.

[6]The Japanese NCP (2017) Final Statement on a Specific Instance Involving Suzuki Motor Corporation and Suzuki Motor (Thailand) Co., Ltd. in Relation to the OECD Guidelines for Multinational Enterprises. http://www.mofa.go.jp/mofaj/files/000269214.pdf.

of Health, Labour and Welfare.[7] Japan's intention to formulate its National Action Plan was also announced in the appendix of the implementing guideline of The Sustainable Development Goals.[8] The activities for that are ongoing now.[9]

1.4 *Does Your Country Apply the ISO Standards? If Yes, Please Give Examples of Their Application*

There has been no case so far where the courts have applied the ISO standards, thus the situation is not clear. However, The Supreme Court implied that the violation of a self-regulatory rule regarding fair practices in securities transactions for the protection of investors established by the Securities Dealers Association (the Fair Trading Rules) can constitute a tort.[10] One author suggests, referring to this judgment, that the possibility cannot be denied that rules under CSR set the standard of due diligence for civil liability in tort.[11] Considering that Japanese enterprises have actively adopted the ISO 26000 compared with other countries,[12] it is highly likely that the ISO standards will be taken into consideration for decisions on civil liability in tort.

---

[7]Statement by Ambassador Mitsuko SHINO, The Permanent Mission of Japan (2016) National action plans to implement the UN Guiding Principles: stepping up Government commitments and action. http://www.geneve-mission.emb-japan.go.jp/itpr_ja/statements_rights_20161116.html.

[8]Headquarter of Promoting the SDG (2016) The implementing guideline of The Sustainable Development Goals. http://www.mofa.go.jp/mofaj/files/000252818.pdf (in Japanese).

[9]Ministry of Foreign Affairs of Japan (2018) Bijinesu to Jinken [Business and Human Rights]. http://www.mofa.go.jp/mofaj/fp/hr_ha/page22_001608.html (in Japanese).

[10]Supreme Court, Judgment, July 14, 2005 (Fair Practice Rules), *Minshū* [Supreme Court of Civil Reports], Vol. 59, No. 6, p. 1323. The English text is available at "Supreme Court of Japan", http://www.courts.go.jp/app/hanrei_en/detail?id=801.

[11]Kansaku (2009), pp. 193, 207.

[12]Business Policy Forum, Japan (2014) Kigyō no Shakai-teki Sekinin ni kansuru Kokusai Kikaku no Tekisetsu-na Katsuyō no Arikata nitsuiteno Tyōsa Kenkyū Hōkoku-sho [Report of Investigation and Research on the Appropriate Use of International Standards concerning the Corporate Social Responsibility], p. 22. http://www.bpfj.jp/act/download_file/98193838/18791038.pdf, according to which 53.0% of the interviewed companies (106 out of 200 companies) have adopted the ISO 26000.

2 Characterisation

2.1 *Rules Pertaining to Company Law*

2.1.1 Please Describe the Rules of CSR Pertaining to Company Law (Due Diligence, Duty of Vigilance, Compliance Department, etc.)

(1) Directors assume the duty of care of a good manager acting in a loyal manner in compliance with laws and regulations.
(2) A director shall disclose material facts with respect relevant transactions at a shareholders meeting and obtain approval of the shareholders meeting in certain cases.
(3) As regards corporate governance, it should be noted that a new rule on the disclosure of reasons not to have an outside director was introduced in 2014.

The detail of these rules are described in Sect. 6.2.

2.1.2 Please Give Detailed References to the Relevant Instruments or Case Law

Directors' Duty of Care of a Good Manager Acting in a Loyal Manner in *Compliance* with *Laws and Regulations*

(a) The relationship between a Stock Company and its directors are governed by the provisions on mandate.[13] Thus, directors assume a duty to administer the business with the care of a good manager.[14] The standard of the duty of care is what is ordinarily expected for a person in the said position, and the standard to be expected is higher for those appointed as a director in light of his/her special capabilities.[15]
(b) Directors must perform their duties for the Stock Company in a loyal manner in compliance with laws and regulations, the articles of incorporation, and resolutions of the shareholders meetings.[16] According to case law, Article 355 relating to these duties only elaborates and makes clear the content of the above-mentioned "duty to administer the business with the care of a good manager" in (a), and its significance lies in the fact that it makes that duty mandatory for directors.[17]

---

[13] Article 330 of the Companies Code.

[14] Article 644 of the Civil Code.

[15] Tokyo High Court, Judgment, April 28, 1973, *Hanrei Jihō* [Law case Reports], No. 1081, p. 130.

[16] Article 355 of the Companies Code.

[17] Supreme Court, Judgment, June 24, 1970, *Minshū*, Vol. 24, No. 6, p. 625. See also Egashira (2015), p. 430.

Duty to Disclose *the* Facts at a Share*holders Meeting*

If a director intends to carry out, for himself/herself or for a third party, any transactions in the line of business of the Stock Company, that director must disclose all material facts related to those transactions at the shareholders meeting and obtain its approval.[18] Based on the idea that when a director engages in a competitive business there is a high risk of compromising the interest of the company by way of stealing the its know-how or customer information, this duty is imposed on directors in a preventive and formal way.[19]

New Rule on the Disclosure of Reason Not to Have an Outside Director

In cases where a Company with a Board of Company Auditors[20] (limited to Public Companies[21] and a Large Companies[22]) at the end of the business year that is required to submit a securities report to the Prime Minister with respect to shares that the Company issues pursuant to the provisions of Article 24(1) of the Financial

[18]Article 356 (1) of the Companies Code. A Company with Board of Directors (which means any Stock Company which has a board of directors, or any Stock Company which is required to have a board of directors under the provisions of the Companies Code. Article 2 (vii)) shall obtain approval of the Board of Directors. Article 365 (1).

[19]Egashira (2015), p. 434.

[20]"Company with Board of Company Auditors" means any Stock Company which has a board of company auditors, or any Stock Company which is required to have a board of company auditors under the provisions of the Companies Code. Article 2 (x) of the Companies Code.

[21]"Public Company" means any Stock Company the articles of incorporation of which do not require, as a feature of all or part of its shares, the approval of the Stock Company for the acquisition of such shares by transfer. Article 2 (v) of the Companies Code.

[22]"Large Company" means any Stock Company which satisfies any of the following requirements: (a) that the amount of the stated capital in the balance sheet as of the end of its Most Recent Business Year (hereinafter in this (a) and (b) below referring to the balance sheet reported to the annual shareholders meeting under the provision of Article 439 in cases provided for in the first sentence of such Article, and referring to the balance sheet under Article 435(1) in cases where the first annual shareholders meeting after the incorporation of the Stock Company has not yet been held) is 500,000,000 yen or more; or (b) that the total sum of the amounts in the liabilities section of the balance sheet as of the end of its Most Recent Business Year is 20,000,000,000 yen or more. Article 2 (vi) of the Companies Code.

Instruments and Exchange Act,[23] does not have an Outside Director,[24] the directors must explain the reason why it is not appropriate to have an Outside Director at the

[23]"If Securities issued by a company (excluding regulated Securities; hereinafter the same applies in this Article, except in the following items) fall under one of the categories set forth in the following items, the company that is the Issuer of the Securities must submit, for each business year, a report stating the trade name of the company, the financial condition of the corporate group to which the company belongs and the company's own financial condition, other material particulars of the company's business, and other particulars specified by Cabinet Office Ordinance as necessary and appropriate in the public interest or for the protection of investors (hereinafter referred to as an "Annual Securities Report") to the Prime Minister, within three months after the end of that business year (or, if there is a compelling reason that the company cannot submit the document within such period, within a period approved in advance by the Prime Minister pursuant to the provisions of Cabinet Office Ordinance), for a domestic company, or within the period that is specified by Cabinet Order as necessary and appropriate in the public interest or for the protection of investors, for a foreign company, pursuant to the provisions of Cabinet Office Ordinance. . . .

(i) Securities listed on a Financial Instruments Exchange (excluding Specified Listed Securities);
(ii) Securities specified by Cabinet Order as having equivalent distribution statuses to the Securities set forth in the preceding item (excluding Securities specified by Cabinet Order as having equivalent distribution statuses to Specified Listed Securities);
(iii) Securities to whose Public Offering or Secondary Distribution the main clause of Article 4, paragraph (1), the main clause of Article 4, paragraph (2), the main clause of Article 4, paragraph (3), or the main clause of Article 23-8, paragraph (1) or (2) applies (excluding those specified in the preceding two items); or
(iv) Securities (limited to share certificates, Rights in a Securities Investment Business, etc. that are deemed to be Securities pursuant to Article 2, paragraph (2), and other Securities specified by Cabinet Order) that are issued by the company, for which the number of holders on the last day of the relevant business year or on the last day of any of the business years that began within four years before the day on which the relevant business year began is at least the number specified by Cabinet Order (or, for Rights in a Securities Investment Business, etc. that are deemed to be Securities pursuant to Article 2, paragraph (2), if the number of holders on the last day of the relevant business year is at least the number specified by Cabinet Order) (excluding Securities specified in the preceding three items)."

[24]"'Outside Director' means a director of any Stock Company who satisfies all of the following requirements;

(a) a person who is not an Executive Director (meaning a director as listed in the items of Article 363 (1) of a Stock Company or other directors who execute the operations of said Stock Company; hereinafter the same shall apply) or Executive Officer, manager, or other employee (hereinafter collectively referred to as "Executive Director, etc.") of said Stock Company or its Subsidiary and has not been an Executive Director, etc. of said Stock Company or its Subsidiary for ten years prior to assuming his/her office;
(b) if a person who has been a director, accounting advisor (if the accounting advisor is a juridical person, a member who is in charge of the affairs), or company auditor of said Stock Company or its Subsidiary (excluding a person who has been an Executive Director, etc.) at the time within ten years prior to assuming his/her office, a person who has not been an Executive Director, etc. of said Stock Company or its Subsidiary for ten years prior to assuming his/her office as director, accounting advisor, or company auditor;
(c) a person who is not a Parent Company, etc. of such Stock Company (limited to a natural person) or director or executive officer, manager, or other employee of a Parent Company, etc.;
(d) a person who is not an Executive Director, etc. of a Subsidiary, etc. of the Parent Company, etc. of such Stock Company (excluding such Stock Company and its Subsidiary); and
(e) a person who is not a spouse or relative within the second degree of kinship of a director or executive officer, manager, or other important employee of such Stock Company, or its Parent Company, etc. (limited to a natural person)". Article 2 (xv) of the Companies Code.

annual shareholders meeting of said business year.[25] This rule is a measure to strongly encourage the designation of Outside Directors to companies to which the Financial Instruments and Exchange Act applies.[26]

2.1.3 If These Rules Have Given Rise to Disputes, Please Briefly Describe the Cases That Have Arisen in Your Country and Their Outcomes (Providing Full References for Court Decisions)

There has been no case about the rule on the disclosure of reasons not to have an outside director (mentioned in Sect. 6.2. **3**)), and the cases relating to the duty to disclose the facts at a shareholders meeting (mentioned in Sect. 6.2. **2**)) do not concern CSR. In contrast, there are numerous cases about disputes concerning the directors' duty of the care of a good manager acting in a loyal manner in compliance with laws and regulations (mentioned in Sect. 6.2. **1**)). The typical cases which seem to concern CSR are the ones where the claimant sought damages against a director alleging that he/she bought shares, financial goods or memberships using false explanations and that the director did not perform their duty to administer the business with the care of a good manager.[27] I will mention two cases as examples.

---

[25]Article 327-2 of the Companies Code.

[26]Egashira (2015), p. 384.

[27]Tokyo District Court, Judgment, April 27, 2017, *available at* "Courts in Japan" <http://www.courts.go.jp/> (financial assets); Tokyo District Court, Judgment, April 23, 2015, (Hei 24 (wa) No. 20434, Hei 25 (wa) No. 6384), unpublished (membership of a golf club); Osaka District Court, Sakai Branch, Judgment, February 5, 2015, *Sakimono Torihiki Saibanrei-Shū* [Case Reports on Futures Trading], No. 75, p. 433 (shares); Tokyo District Court, Judgment, February 5, 2015 (Hei 24 (wa), No. 23479) unpublished (investment); Tokyo District Court, Judgment, September 26, 2014, *Hanrei Jihō* [Juridicial Reports], No. 2261, p. 199 (shares); Osaka High Court, Judgment, February 27, 2014, *Hanrei Jihō*, No. 2243, p. 82 (contracts for English lessons); Tokyo District Court, Judgment, September 13, 2013 (Hei 24 (wa) No. 12521), unpublished (foreign paper money); Tokyo District Court, Judgment, June 24, 2013 (Hei 22 (wa) No. 42922) unpublished (membership); Tokyo District Court, Judgment, February 22, 2013, *Hanrei Taimuzu* [Judicial Times], No. 1406, p. 306 (shares); Tokyo District Court, Judgment, February 4, 2013 (Hei 22 (wa) No. 42922) unpublished (membership); Tokyo District Court, Judgment, December 10, 2012 (Hei 24 (wa) No. 6181), unpublished (shares); Tokyo District Court, Judgment, August 27, 2012, *Hanrei Taimuzu*, No. 1388, p. 355 (fund); Tokyo District Court, Judgment, April 24, 2012 (Hei 22 (wa) No. 27471) unpublished (future commodities); Sendai District Court, Ogawara Branch, Judgment, March 23, 2012, *Sakimono Torihiki Saibanrei-Shū*, No. 65, p. 298 (membership); Tokyo District Court, Judgment, May 30, 2012, (Hei 23 (wa) No. 13652), unpublished (investment); Tokyo High Court, Judgment, November 30, 2011, *Hanrei Jihō*, No. 2152, p. 116 (shares); Tokyo District Court, Judgment, October 17, 2011 (Hei 20 (wa) No. 38487), unpublished (investment); Tokyo District Court, Judgment, September 30, 2011 (Hei 21 (wa) No. 45461), unpublished (shares); Tokyo District Court, Judgment, March 26, 2010, *Shōken Torihiki Higai Hanrei Serekuto* [Selected Cases on Damage from Securities Transactions], Vol. 38, p. 219 (fund); Tokyo District Court, Judgment, September 27, 2011, (Hei 19 (wa) No. 539, Hei (wa) No. 7589) unpublished (pension); Tokyo District Court, Judgment, December

Tokyo High Court, Judgment, August 28, 2013[28] The plaintiff sought damages against a director of a company whose memberships she bought, alleging that she bought them by way of a fraudulent act and that the director violated the duty to administer the business with the care of a good manager. The court held that the director did not perform the duty to supervise the representative director with regard to the sale of memberships and ordered the payment of damages.

Tokyo District Court, Judgment, December 25, 2014[29] The plaintiff sought damages against directors including the representative director of a listed company, alleging that he suffered a loss by buying shares of the company as a result of incorrect information disclosed in its annual securities report. The court acknowledged the violation of the duty of care for some of them and required the payment of damages.

As regards public health, there are some cases where directors' violation of the duty of care was alleged in a shareholder representative action.

Osaka District Court, Judgment, December 22, 2004[30] Shareholders sought damages against the directors of a company that sold foods in violation of the Food Sanitation Act, alleging that they did not fulfil their duty of care. The court acknowledged the violation of the duty of care and ordered the payment of damages.

2.2 Rules Pertaining to the Law of Contract

2.2.1 Please Describe the Rules of CSR Pertaining to Contract Law (Clauses on Compliance with the OECD Guidelines, Anti-corruption Clauses, Control of the Value Chain, etc.)

As regards the rules of CSR pertaining to contract law, there is no rule in Japan. There is a rule relating to anti-corruption in the Unfair Competition Prevention Act.[31]

21, 2009, *Sakimono Torihiki Saibanrei-Shū*, No. 62, p. 165 (foreign exchanges); Tokyo District Court, Judgment, July 25, 2007, *Hanrei Taimuzu*, No. 1288, p. 168 (future commodity).

[28] *Hanrei Taimuzu*, No. 1418, p. 133.

[29] Tokyo District Court, Judgment, December 25, 2014 (Hei 21 [Wa] No. 30700), unpublished.

[30] Osaka District Court, Judgment, December 22, 2004, *Hanrei Jihō*, No. 1892, p. 108; *Hanrei Taimuzu*, No. 1172, p. 271.

[31] Law No. 54 of 2015.

2.2.2 Please Give Detailed References to the Relevant Instruments or Case Law

Article 18 (1) of the Unfair Competition Prevention Act provides that "[n]o person may give, or offer or promise to give, any money or other benefit to a Foreign Public Official, etc. in order to have them act or refrain from acting in relation to the performance of official duties, or in order to have the Foreign Public Officials, etc., use their position to influence another Foreign Public Official, etc. to act or refrain from acting in relation to the performance of official duties, in order to make any wrongful gain in business with regard to international commercial transactions." A person who violates this rule will be punished by imprisonment with work for not more than five years, a fine of not more than five million yen, or both.[32] A Japanese person who committed this crime outside Japan will also be punished.[33]

2.2.3 If These Rules Have Given Rise to Disputes, Please Briefly Describe the Cases That Have Arisen in Your Country and Their Outcomes (Providing Full References for Court Decisions)

There has been one case in which a Japanese company and its directors giving money to a Vietnamese public official to receive an order about a consulting contract related to the construction operation of a highway in Saigon was held to be a violation of the above-mentioned rule.[34]

2.3 Rules Pertaining to Law of Torts

Article 709 of the Civil Code provides that "A person who has intentionally or negligently infringed any right of others, or legally protected interest of others, shall be liable to compensate any damages resulting in consequence". It is evident that the above-mentioned action is characterised as a tort action in Japan.

There are many cases in which an employee took an action against a company for its decision of dismissal[35] or in which a consumer took an action against a company for its false explanations on financial products.[36] The courts examined the case based on its characterization as a tort action.

[32] Article 21 (2) of the Unfair Competition Prevention Act.

[33] Article 21 (8) of the Unfair Competition Prevention Act.

[34] Tokyo District Court, Judgment, January 29, 2009, *Hanrei Jihō*, No. 2046, p. 159.

[35] Ex. Tokyo High Court, Judgment, April 14, 2016, *Rōdō Hanrei Journal* [Labor Case Journal], No. 55, p. 35; Osaka District Court, May 25, 2012, Rōhan [Labor cases], No. 1057, p. 78.

[36] Tokyo District Court, Judgment, April 24, 2012, *Sakimono Torihiki Saibanrei-Shū* [Case Reports on Future Trade], No. 65, p. 338; Tokyo District Court, Judgment, March 15, 2012 (Hei 23 (wa) No.

However, there have been few cases in which the court touched on the legal nature of a rule of CSR. It should be noted that one lower court referred to this issue in a case where alleged victims took an action against companies relevant to a factory scattering powder materials.[37] As regards the Pollution Prevention Guidelines drafted by the Ministry of Economy, Trade and Industry (METI), it held that the objective of that guideline is to publish concrete measures as a reference for companies with regard to the establishment of the environmental control systems for the effective prevention of pollution. It does not impose any legal obligation on companies nor show the minimum standard to be respected, and, therefore, the fact that companies did not take measures in line with the Guidelines does not in itself provide a basis for liability in tort.

2.4 *Do CSR Rules Fall Under Public Policy or Are They Characterised as Mandatory Rules? If They Are Characterised Neither as Mandatory Rules Nor Public Policy, Please Explain How They Are Treated Under Your Legal System. Are They Left Entirely to the Discretion of the Parties? If Not, Please Explain the Nuances Specific to Your Legal System*

There has been no case dealing with CSR. However, it is likely that the violation of CSR rules will be taken into consideration in the interpretation of rules relating to torts or contracts.[38]

3 Alternative Methods of Dispute Resolution

3.1 *Does Your Country Allow Disputes Concerning CSR to Be Submitted to (*More Than One Answer Is Possible*):*

Arbitration	YES
Mediation	NOT CLEAR
Conciliation	YES

(continued)

20171), unpublished; Tokyo District Court, Judgment, May 31, 2011, *Sakimono Torihiki Saibanrei-Shū*, No. 63, p. 20; Tokyo District Court, Judgment, April 11, 2011, *Sakimono Torihiki Saibanrei-Shū*, No. 64, p. 341.

[37]Tokyo District Court, Judgment, October 30, 2017 (Hei 28 (wa) No. 31611, Hei 29 (wa) No. 7003), unpublished.

[38]See Kansaku (2009).

An OECD National Contact Point	YES
Another alternative method (in which case, please specify)	

3.2 Please Explain the Above Answers

In Japan, a civil dispute which can be settled between the parties is to be arbitrated.[39] Thus, disputes concerning CSR are generally allowed to be submitted to arbitration. In addition, the parties are allowed to choose non-state law as the applicable substantive law.[40] However arbitration agreements between consumers and businesses have limited effect and may be cancelled by the consumer.[41] Also, arbitration agreements concerning individual labor-related disputes are null and void.[42] Thus,

[39]Article 13(1) of the Arbitration Law (Law No. 138 of 2003):

> Except as otherwise provided for in laws and regulations, an Arbitration Agreement shall be effective only when the subject thereof is a civil dispute (excluding disputes of divorce or dissolution of adoptive relation) which can be settled between the parties.

[40]Article 36(1) of the Arbitration Law:

> The law which the Arbitral Tribunal should comply with in making an Arbitral Award shall be as provided by the agreement of the parties. In this case, if laws and regulations of a given State have been designated, such designation shall be deemed as designating the laws and regulations of the State which shall be directly applied to the case and not the laws and regulations of the State providing the application of conflicting domestic and foreign laws and regulations, unless a contrary intention has been clearly indicated.

[41]Article 3 of the Arbitration Law, Supplementary Provisions:

> (1) For the time being until otherwise enacted, any arbitration agreements (. . .hereafter in this article referred to as the "consumer arbitration agreement") concluded between consumers (which hereafter in this article shall mean consumers as described in article 2, paragraph (1) of the Consumer Contract Act [Law No. 61 of 2000]) and businesses (which hereafter in this article shall mean businesses as described in article 2, paragraph (2) of the same law) subsequent to the enforcement of this Law, the subject of which constitutes civil disputes that may arise between them in the future, shall follow the provisions described in paragraphs (2) through (7).
> (2) A consumer may cancel a consumer arbitration agreement. Provided, this shall not apply in the event that the consumer is a claimant in arbitral proceedings based on the consumer arbitration agreement.
> (3) ....

[42]Article 4 of the Arbitration Law, Supplementary Provisions:

> For the time being until otherwise enacted, any arbitration agreements concluded following the enforcement of this Law, the subject of which constitutes individual labor-related disputes (which means individual labor-related disputes as described in article 1 of the Law on Promoting the Resolution of Individual Labor Disputes [Law No.112 of 2001]) that may arise in the future, shall be null and void.

even though disputes concerning CSR fall within these categories, the use of arbitration is limited or denied.

Disputes concerning CSR are also to be submitted to conciliation since these disputes are civil disputes.[43,44]

As has been described in Sect. 2.1, disputes concerning CSR are to be submitted to an OECD National Contact Point in Japan.

4 Jurisdiction

4.1 *Where the Dispute Must Be Submitted to a Court in Your Country, Which Court Has Jurisdiction (***More Than One Answer Is Possible***):*

The Forum of the Defendant?

The Japanese courts have jurisdiction if the defendant is domiciled in Japan.[45] In cases when the defendant is a corporation, the Japanese courts have jurisdiction if its principal office or business office is located in Japan.[46]

The Forum of One of the Defendants, with All the Potential Defendants Being Added (in This Case, Specify on What Basis—Corporate Group, Practical Involvement, Etc.) Whatever Their Geographical Location?

With regard to an action brought against multiple persons, when the Japanese courts have jurisdiction over one defendant and no jurisdiction over the others, the action may be filed with the Japanese courts if rights or obligations that are the subject matter of litigation are common to two or more persons or are based on the same

[43]Article 2 of the Civil Conciliation Act (law No. 152 of 2004):

> When a civil dispute arises, a party may file a petition for conciliation with a court.

[44]The distinction between mediation and conciliation is not clear in Japan, thus, the present author mentions only conciliation.

[45]Article 3-2(1) of the Code of Civil Procedure (law No. 109 of 1996):

> The courts have jurisdiction over an action that is brought against a person domiciled in Japan; against a person without a domicile or of domicile unknown, whose residence is in Japan; and against a person without a residence or of residence unknown, who was domiciled in Japan before the action was filed (unless the person has been domiciled in a foreign country after last being domiciled in Japan).

[46]Article 3-2(3) of the Code of Civil Procedure:

> The courts have jurisdiction over an action that is brought against a corporation or any other association or foundation whose principal office or business office is located in Japan, and against a corporation, association, or foundation without a business office or other office, or with a business office or other office of unknown location, whose representative or other person principally in charge of its business is domiciled in Japan.

factual or statutory causes, these persons may sue or be sued as co-litigants.[47] This newly introduced rule relating to the subjective joinder can be considered to have changed the attitude taken by lower instance courts in many cases: a subjective joinder was allowed only where there were special circumstances such that conducting a trial in the courts of Japan, in the light of specific facts, conforms to the principles of fairness as between parties and the expectation of a proper and speedy trial, as a result of considering the extent of the disadvantage to a defendant who would be forced to respond to an action in a foreign country.[48]

The Contractual Forum? (Explain the Conditions for This to Apply, Giving Examples Relating to CSR)

As regards an action on a claim of performance of a contractual obligation, the Japanese courts have jurisdiction if the contractually specified place for performance of the obligation is within Japan, or if the law of the place adopted under the contract gives a place within Japan as the place for performance of the obligation.[49] Thus, in disputes relating to CSR, when the contractual obligation as the object of the claim is to be performed in Japan (ex. deliverance of goods or supply of services respecting CSR), the Japanese courts would have jurisdiction.

---

[47] Article 3-6 of the Code of Civil Procedure:

> If multiple claims are involved in a single action and the Japanese courts have jurisdiction over one of those claims and no jurisdiction over the others, the action may be filed with the Japanese courts only if the one claim is closely connected with the other claims; provided, however, that with regard to an action brought by multiple persons or an action brought against multiple persons, this applies only in the case specified in the first sentence of Article 38.

Article 38 of the Code of Civil Procedure:

> If rights or obligations that are the subject matter of litigation are common to two or more persons or are based on the same factual or statutory causes, these persons may sue or be sued as co-litigants....

[48] See Yokomizo (2012a), pp. 107–108.

[49] Article 3-3 of the Code of Civil Procedure:

> An action set forth in one of the following items may be filed with the Japanese courts in the case specified in said item:
>
> (i) an action on a claim for performance of a contractual obligation; on a claim involving benevolent intervention in another's affairs that has been done, or unjust enrichment that has arisen, in connection with a contractual obligation; on a claim for damages due to nonperformance of a contractual obligation; or on any other claim involving a contractual obligation:
>
> if the contractually specified place for performance of the obligation is within Japan, or if the law of the place adopted under the contract gives a place within Japan as the place for performance of the obligation.

In cases of disputes arising out of consumer contracts, the Japanese courts have jurisdiction over an action brought by a consumer if the consumer is domiciled in Japan at the time the action is filed or at the time the contract was concluded.[50]

Moreover, in cases of individual civil labor disputes the Japanese courts have jurisdiction over an action brought by an employee if the place where the labor is to be provided as per the labor contract is within Japan.[51]

The Forum of the Damage? (State What Is Meant by "Damage")
As regards an action for a tort, the Japanese courts have jurisdiction if the place where the tort occurred is within Japan.[52] The place where the tort occurred covers the place of a harmful act (such as the place of the production of goods) as well as the place of the consequence (such as the explosion of the goods). However, cases where the consequences of a wrongful act committed in a foreign country have arisen within Japan but it would not ordinarily have been possible to foresee those consequences arising within Japan are excluded. The aim of this limitation is to strike a fair balance between the parties.[53]

The Forum of Necessity? (State the Conditions for This Rule to Apply)
There is no provision relating to the forum of necessity nor have there been any court decisions. However, academic opinions support the Japanese courts' jurisdiction as

---

[50]Article 3-4(1) of the Code of Civil Procedure:

> An action involving a contract concluded between a Consumer (meaning an individual (except for an individual that becomes a party to a contract as a part of a business undertaking or for business purposes); the same applies hereinafter) and an Enterprise (meaning a corporation or any other association or foundation or an individual that becomes a party to a contract as a part of a business undertaking or for business purposes; the same applies hereinafter) (this excludes a labor contract; hereinafter referred to as a "Consumer Contract"), which is brought by the Consumer against the Enterprise, may be filed with the Japanese courts if the Consumer is domiciled in Japan at the time the action is filed or at the time the Consumer Contract is concluded.

[51]Article 3-4(2) of the Code of Civil Procedure:

> An action involving a dispute over a civil matter that arises between an individual worker and that worker's employer with regard to the existence or absence of a labor contract or any other particulars of their labor relations (hereinafter referred to as an "Individual Civil Labor Dispute"),which is brought by the worker against the employer, may be filed with the Japanese courts if the place where the labor is to be provided as per the labor contract to which the Individual Civil Labor Dispute pertains (or if such a place is not established, the location of the place of business that hired the worker) is within Japan.

[52]Article 3-3 of the Code of Civil Procedure:

> An action set forth in one of the following items may be filed with the Japanese courts in the case specified in said item:
>
> (viii) an action for a tort: if the place where the tort occurred is within Japan (excluding if the consequences of a wrongful act committed in a foreign country have arisen within Japan but it would not ordinarily have been possible to foresee those consequences arising within Japan);

[53]See Yokomizo (2012a), p. 107.

the forum of necessity, relying on the right of access to the courts.[54] The conditions proposed are (1) impossibility or unreasonableness of resort to civil litigation in foreign countries, (2) a sufficient relation between the case and Japan, and (3) no other jurisdictional grounds in favour of the Japanese courts' jurisdiction over the case.[55]

Universal Civil Jurisdiction? (State the Conditions for This Rule to Apply)
There is no provision relating to universal civil jurisdiction, and there has been no case where the court referred to this jurisdiction. Also, there is no support from academic opinions for this jurisdictional ground.

Other?
First of all, even when there is a jurisdictional ground, the Japanese courts decline the jurisdiction if there are special circumstances because of which, if the Japanese courts were to conduct a trial and reach a judicial decision in the action, it would be inequitable to either party or prevent a fair and speedy trial.[56]

Other main jurisdictional grounds for the Japanese courts are as follows:

Place of the Property The Japanese courts have jurisdiction if the subject matter of the claim is located within Japan, or if the action is a claim for the payment of monies, and the seizable property of the defendant is located within Japan, except when the value of such property is extremely low.[57]

Place of an Office or a Business Office The Japanese courts have jurisdiction over an action against a person with an office or a business office, which is filed in

---

[54]Article 32 of the Constitution of Japan (Constitution 1946):

> No person shall be denied the right of access to the courts.

[55]Yokomizo (2012b), p. 5.

[56]Article 3-9 of the Code of Civil Procedure:

> Even when the Japanese courts have jurisdiction over an action (except when an action is filed based on an agreement that only permits an action to be filed with the Japanese courts), the court may dismiss the whole or part of an action without prejudice if it finds that there are special circumstances because of which, if the Japanese courts were to conduct a trial and reach a judicial decision in the action, it would be inequitable to either party or prevent a fair and speedy trial, in consideration of the nature of the case, the degree of burden that the defendant would have to bear in responding to the action, the location of evidence, and other circumstances.

[57]Article 3-3 of the Code of Civil Procedure:

> An action set forth in one of the following items may be filed with the Japanese courts in the case specified in said item:
> (iii) an action on a property right: if the subject matter of the claim is located within Japan, or if the action is a claim for the payment of monies, and seizable property of the defendant is located within Japan (except when the value of such property is extremely low);

connection with the business conducted at that person's office or business office, if the said office or business office is located within Japan.[58]

Place of Doing Business The Japanese courts have jurisdiction over an action against a person that conducts business in Japan if the said action involves the business that the person conducts in Japan.[59]

Place of Incorporation of a Company The Japanese courts have jurisdiction over certain types of actions involving a Japanese company.[60]

---

[58]Article 3-3 of the Code of Civil Procedure:

An action set forth in one of the following items may be filed with the Japanese courts in the case specified in said item:

(iv) an action against a person with an office or a business office, which is filed in connection with the business conducted at that person's office or business office: if said office or business office is located within Japan;

[59]Article 3-3 of the Code of Civil Procedure:

An action set forth in one of the following items may be filed with the Japanese courts in the case specified in said item:

(v) an action against a person that conducts business in Japan (including a foreign company (meaning a foreign company as prescribed in Article 2, item (ii) of the Companies Act (Act No. 86 of 2005)) that continually carries out transactions in Japan): if said action involves the business that the person conducts in Japan;

[60]Article 3-3 of the Code of Civil Procedure:

An action set forth in one of the following items may be filed with the Japanese courts in the case specified in said item:

(vii) one of the following actions involving a company or any other association or foundation: if the association or foundation is a corporation and it is incorporated pursuant to the laws and regulations of Japan, or if the association or foundation is not a corporation but its principal office or business office is located within Japan:

(a) an action brought by a company or any other association against its member or a person that was its member, an action brought by one member against another member or against a person that was a member, or an action brought by a person that was a member against a member, which is based on the relevant person's status as a member;
(b) an action brought by an association or foundation against its officer or a person that was its officer, which is based on the person's status as an officer;
(c) an action brought by a company against its incorporator or a person that was its incorporator, or against its inspector or a person that was its inspector, which is based on the person's status as an incorporator or inspector;
(d) an action brought by a company's or other association's creditor against its member or a person that was its member, which is based on the person's status as a member.

Exclusive Jurisdiction The Japanese courts have exclusive jurisdiction over certain matters.[61]

Objective Joinder If multiple claims are involved in a single action and the Japanese courts have jurisdiction over one of those claims and no jurisdiction over the others, the action may be filed with the Japanese courts if the one claim is closely connected with the other claims.[62]

Choice-of-Court Agreement The Japanese courts have jurisdiction if the parties designated the Japanese courts by an agreement.[63]

---

[61] Article 3-5 of the Code of Civil Procedure:

(1) Actions prescribed in Part VII, Chapter II of the Companies Act (excluding those prescribed in Sections 4 and 6 of that Chapter), actions prescribed in Chapter VI, Section 2 of the Act on General Incorporated Associations and General Incorporated Foundations (Act No. 48 of 2006), and other actions equivalent thereto involving associations or foundations incorporated pursuant to Japanese laws and regulations other than those Acts, are under the exclusive jurisdiction of the Japanese courts.
(2) An action related to a registration is under the exclusive jurisdiction of the Japanese courts if the place where the registration is to be made is within Japan.
(3) An action about the existence or absence or the validity of an intellectual property right (meaning an intellectual property right as prescribed in Article 2, paragraph (2) of the Intellectual Property Basic Act (Act No. 122 of 2002)) that arises through a registration establishing that intellectual property right is under the exclusive jurisdiction of the Japanese courts if that registration was made in Japan.

[62] Article 3-6 of the Code of Civil Procedure:

If multiple claims are involved in a single action and the Japanese courts have jurisdiction over one of those claims and no jurisdiction over the others, the action may be filed with the Japanese courts only if the one claim is closely connected with the other claims;. . .

[63] Article 3-7 of the Code of Civil Procedure:

(1) Parties may establish, by agreement, the country in which they are permitted to file an action with the courts.
(2) The agreement as referred to in the preceding paragraph is not valid unless it is made regarding actions that are based on a specific legal relationship, and executed by means of a paper document.
(3) If Electronic or Magnetic Records (meaning records used in computer data processing which are created in electronic form, magnetic form, or any other form that is otherwise impossible to perceive through the human senses alone; the same applies hereinafter) in which the content of the agreement is recorded are used to execute the agreement as referred to in paragraph (1), the agreement is deemed to have been executed by means of a paper document and the provisions of the preceding paragraph apply.
(4) An agreement that an action may be filed only with the courts of a foreign country may not be invoked if those courts are unable to exercise jurisdiction by law or in fact.
(5) An agreement as referred to in paragraph (1) which covers Consumer Contract disputes that may arise in the future is valid only in the following cases:

    (i) if the agreement provides that an action may be filed with the courts of the country where the Consumer was domiciled at the time the Consumer Contract was concluded (except in the case set forth in the following item, any agreement that an action may be filed only with a court of such a country is deemed not to preclude the filing of an action with a court of any other country);

Jurisdiction Based on Appearance The defendant's appearance constitutes the ground for the Japanese courts' jurisdiction.[64]

4.2 If Judicial Rulings Have Already Been Given in Your Country on Breaches of CSR, Please Give Summaries of Those Decisions and Provide Detailed References

There has been no case so far on breaches of CSR.

5 Applicable Law

5.1 What Is the Law Applicable to Rules Relating to Corporate Structure? In Other Words, How Is the lex societatis *Determined?*

There is no provision relating to the *lex societatis* in Japanese choice-of-law rules, *Hō no Tekiyō ni kansuru Tsūsoku-hō* (the Act on the General Rules of the Application of Laws: hereafter referred to as "*Tsūsoku-hō*").[65] The Supreme Court held in a

(ii) if the Consumer, in accordance with said agreement, has filed an action with the courts of the agreed-upon country, or if an Enterprise has filed an action with the Japanese courts or with the courts of a foreign country and the Consumer has invoked said agreement.

(6) An agreement as referred to in paragraph (1) which covers Individual Civil Labor Dispute that may arise in the future is valid only in the following cases:

(i) if the agreement is made at the time a labor contract ends, and establishes that an action may be filed with the courts of the country where the place that the labor was being provided as of that time is located (except in the case set forth in the following item, an agreement that an action may be filed only with the courts of such a country is deemed not to preclude the filing of an action with the courts of any other country);
(ii) if the worker, in accordance with said agreement, files an action with the courts of the agreed-upon country; or if the enterprise files an action with the Japanese courts or with the courts of a foreign country and the worker invokes said agreement.

[64] Article 3-8 of the Code of Civil Procedure:

If the defendant presents an oral argument on the merits of the case or enters a statement in preparatory proceedings without entering the affirmative defense that the Japanese courts lack jurisdiction, the courts have jurisdiction.

[65] Law No. 78 of 2006.

1975 decision[66] that a company before it was subject to New York law because "the defendant has been incorporated in accordance with the New York law, and has established its head office in that state". This wording is not sufficiently clear and is open to interpretation as supporting either the seat doctrine or the place of incorporation doctrine. However, although the case law has not made its position clear, the place of incorporation doctrine is almost unanimously accepted in Japan.[67]

5.2 *What Is the Law Applicable to Rules Belonging to the Law of Contract? (State the Main Conflict Rule—"Autonomy of Will", for Example—Then the Conflict Rules Applicable by Default)*

The law applicable to rules belonging to the law of contract is the one chosen by the parties.[68] The parties can freely change the applicable law after the conclusion of the contract.[69]

In absence of the parties' choice of the applicable law, the most closely connected law applies. In that case, if the characteristic performance of a contract is to be made by one party, the law of his/her habitual residence is presumed to be the law of the place with which the juristic act is most closely connected.[70]

---

[66]Supreme Court, Judgment, July 15, 1985, *Minshū*, Vol. 29, No. 6, 1061.

[67]See Yokomizo (2008), pp. 175–186.

[68]Article 7 of the *Tsūsoku-hō*:

> The formation and effect of a juristic act shall be governed by the law of the place which was chosen by the party/parties at the time when the act was made.

[69]Article 9 of the *Tsūsoku-hō*:

> The parties to a juristic act may change the law governing the formation and effect thereof. However, if the change of the governing law would prejudice the rights of a third party, the change may not be asserted against such third party.

[70]Article 8 of the *Tsūsoku-hō*:

> (1) If there is no applicable law chosen by the party/parties as in the preceding article, the formation and effect of a juristic act shall be governed by the law of the place with which the act was most closely connected at the time the act was made.
> (2) In the case of the preceding paragraph, if the characteristic performance of a juristic act is to be made by one party, the law of his/her habitual residence (if the party has an establishment which is related to the juristic act, the law of the place where the establishment is located, and if the party has several establishments in different jurisdictions which are related to the juristic act, the law of the place where the principal establishment is located) is presumed to be the law of the place with which the juristic act is most closely connected.
> (3) Notwithstanding the preceding paragraph, in applying paragraph 1, if the object of the juristic act is an immovable, the law of the place where the immovable is situated is presumed to be the law of the place with which the act is most closely connected.

5.3 What Is the Law Applicable to Rules Belonging to the Law of Torts? (State All the Conflict Rules in Your Country in the Order in Which the Courts Would Apply Them)

First, if the parties agreed on the law applicable to a tort after it occurred, the court applies that law.[71] If an alleged tortious act is characterized as product liability or defamation, the court designates the applicable law by special rules on these special torts.[72] Otherwise, the law applicable to a tort is governed by the law of the place in which the result of the infringing act was produced, except when it was not foreseeable under normal circumstances that the result would be produced at that place.[73] Thereafter, if the court acknowledges that there is another place which presents a manifestly closer connection with the tort than the one indicated by the preceding provisions, then the law of that place exceptionally applies.[74] Finally, it

[71] Article 21 of the *Tsūsoku-hō*:

> The parties of a tort may, after it occurred, change the law applicable to the formation and effects of claims arising from it. However, if the rights of a third party are affected, the change may not be asserted against him.

[72] Article 18 of the *Tsūsoku-hō* (Special Rule on Product Liability):

> Notwithstanding the provision of the preceding article, the formation and effects of claims arising from torts which are detrimental to life, body or property of other persons caused by the defect in the delivered product (the term "product" as used in this article shall mean any goods which were produced or processed) against the producer (the term "producer" as used in this article shall mean any person who produced, processed, imported, exported, distributed or sold the product in the course of his/her business) or any person who identified himself/herself as a producer by indicating his/her name, trademark or other feature on the product (hereinafter referred to as "producer et al.") shall be governed by the law of the place in which the product was delivered to the victim. However, if the delivery of the product at that place was not foreseeable under normal circumstances, the law of the place of the principal establishment of the producer et al.(or his habitual residence if he has no establishment) shall apply.

Article 19 of the *Tsūsoku-hō* (Special Rule on Defamation):

> Notwithstanding the provision of the article 17, the formation and effect of claims arising from defamation shall be governed by the law of the place in which the victim has his/her habitual residence (or the law of the place of its principal establishment if the victim is a juristic person or an association or foundation).

[73] Article 17 of the *Tsūsoku-hō*

> The formation and effects of claims arising from a tort shall be governed by the law of the place in which the result of the infringing act was produced. However, if it was not forseeable under normal circumstances that the result would be produced at that place, the law of the place in which the infringing act was done shall apply.

[74] Article 20 of the *Tsūsoku-hō*(Exception for a Place which Presents Manifestly Closer Connection):

should be examined whether the obligations under the applicable foreign law constitutes a tort also under Japanese law, or whether the remedies available under the applicable foreign law is also available under Japanese law (double actionability).[75]

5.4 Does Your Country's Case Law Allow Verification of Whether the Applicable Law Is in Conformity with the Rules of International Human Rights Law, the ILO Conventions, or Other Mandatory Rules of International Law? Please Explain

Article 42 of the *Tsūsoku-hō* allows verification of whether the application of the applicable law is in conformity with Japan's public policy (*ordre public*).[76] The conformity of the applicable law with the international human rights law or other mandatory rules of international law is to be examined at this stage. However, there has been no case which dealt with this issue.

Notwithstanding the provision of the preceding three articles, the formation and effects of claims arising from a tort shall be governed by the law of another place, when that place presents manifestly closer connection with the tort than the one indicated by the preceding three articles, in consideration of the fact that the parties had at the time of the occurrence of the tort common habitual residence, the fact that the tort constitutes the breach of contractual obligations between the parties, or other circumstances of the case.

[75] Article 22 of the *Tsūsoku-hō*(Limitation in Torts by Ordre public):

(1) If the obligations arising from a tort are governed by a foreign law, claims for damages or any other remedies under that law may not be claimed if the event does not constitute a tort under Japanese law.
(2) If the obligations arising from a tort are governed by the foreign law, even when the event constitutes a tort both under that foreign law and Japanese law, the victim may not claim any more recovery of damages or any other remedies than the ones available under Japanese law.

[76] Article 42 of the *Tsūsoku-hō*:

Where a foreign law is to apply but its application would be contrary to public policy (*ordre public*), it shall not apply.

5.5 Does Your Country's Case Law Allow the Application of Ethical Rules Instead of, or as a Complement to, the Applicable Law? Please Explain

There has been no case decision which allowed the application of ethical rules instead of, or as a complement to, the applicable law.

6 Recognition and Enforcement of Judgments

6.1 Describe the Rules Applicable in Your Country to the Recognition and Enforcement of Foreign Judgments

Foreign final judgments can be recognized and enforced pursuant to Article 118 of the Code of Civil Procedure and article 24 of the Code of Civil Enforcement.[77] The conditions for the recognition and enforcement are procedural and the effects of foreign judgments are to be recognized without a Japanese court's reviewing the case.

The foreign judgment to be recognized ("judgment of a foreign court") means "the final judgment rendered by a foreign court on private law relations by providing procedural guarantee to both parties, regardless of the name, procedure, or form of judgment." The requirements for the recognition are: (i) that the foreign court had international jurisdiction for the case from the viewpoint of Japan, (ii) that a service of process was appropriately sent to the defendant, (iii) that the content of the judgment and the court proceedings are not contrary to public policy and (iv) the existence of reciprocity between the rendering State and Japan with regard to the recognition of judgments.[78]

---

[77] Law No. 95 of 2007.

[78] Article 118 of the Code of Civil Procedure:

> A final and binding judgment rendered by a foreign court is valid only if it meets all of the following requirements:
>
> (i) the jurisdiction of the foreign court is recognized pursuant to laws and regulations, conventions, or treaties;
> (ii) the defeated defendant has been served (excluding service by publication or any other service similar thereto) with the requisite summons or order for the commencement of litigation, or has appeared without being so served;
> (iii) the content of the judgment and the litigation proceedings are not contrary to public policy in Japan;
> (iv) a guarantee of reciprocity is in place.

6.2 *If a Judgment Given Abroad Holds a Company Liable for Breach of the Rules of CSR, Is Your Country Likely to Recognise and/or Enforce That Judgment? Please Explain*

As has been mentioned in Sect. 6.1, the effects of foreign judgments are to be recognized without a Japanese court's reviewing the case. Thus, a foreign judgment which holds a company liable for breach of the rules of CSR is likely to be recognized and/or enforced in Japan.

6.3 *Same Question as in Sect. 6.2, but the Rule Applied Is One of Soft Law or Ethics. Is Your Country Likely to Block Recognition or Enforcement of Such a Judgment? Please Explain*

Japan's system for the recognition and enforcement of foreign judgments does not seem to require that a foreign court applies a state law. Thus, the conclusion will not differ according to whether the rule applied is one of state laws or soft law, although there has been no case decision or academic opinion on this point.

References

Egashira K (2015) Kabushiki Kaisha-Hō [Laws of stock corporations], 6th edn. Yūhikaku, Tokyo

Kansaku H (2009) Soft Law no 'Kigyō no Shakai-teki Sekinin (CSR)' Ron heno Kakuchō? [Extension of Soft Law to the theory of 'Corporate Social Responsibility (CSR)'?]. In: Kanda H (ed) Shijō Torihiki to Soft Law [Soft law and commerce]. Yūhikaku, Tokyo

Yokomizo D (2008) International company law in Japan. In: Basedow J, Baum H, Nishitani Y (eds) Japanese and European private international law in comparative perspective. Mohr Siebeck, Heidelberg

Yokomizo D (2012a) The new act on international jurisdiction in Japan: significance and remaining problems. Zeitschrift für Japanisches Recht 34:95

Yokomizo D (2012b) Kokusai Saiban Kankatsu ni okeru Kinkyū Kankatsu ni tsuite [The *forum necessitatis* in international judicial jurisdiction]. Hōsō Jihō [Lawyers Assoc J] 64(8)

Kazakhstan

Milana Karayanidi and Steven Comerford

Abstract This report provides an overview on private international law rules of the Republic of Kazakhstan bearing on the issue of corporate social responsibility (SCR). It sets forth the requirements on observance certain rights and freedoms by, among other, corporate actors subject to Kazakhstan's jurisdiction. It further defines the concept of SCR as understood by the industry in Kazakhstan and describes actions taken by Kazakhstan as a Member State of the United Nations. It draws upon the rules pertaining to the law of contract, torts, company law, and state mandatory public policy to complete characterization of SCR. Finally, it sets forth judicial and enforcement jurisdiction of relevant Kazakhstan's courts.

1 Definition and Sources

1.1 Does Your Country Have a Definition of Corporate Social Responsibility? If Yes, Please State That Definition Here and Give the Source (a Written Source or Precise References to Case Law)

The definition of Corporate Social Responsibility (CSR) in Kazakhstan is dispersed among several statutory instruments.

M. Karayanidi (✉)
Orrick, Herrington & Sutcliffe LLP, Washington, DC, USA
e-mail: karayanm@tcd.ie

S. Comerford
U.S. State Department, Washington, DC, USA
e-mail: scomerfo@tcd.ie

C. Kessedjian, H. Cantú Rivera (eds.), *Private International Law Aspects of Corporate Social Responsibility*, Ius Comparatum – Global Studies in Comparative Law 42, https://doi.org/10.1007/978-3-030-35187-8_14

The Constitution of the Republic of Kazakhstan[1] guarantees observance of the right to life and freedom of individuals, their dignity, freedom of speech and religion, etc. Specifically, in relation to CSR, it provides that:

- Every person shall have the right to freedom of labor, and the free choice of occupation and profession. Involuntary labor shall be permitted by court order or in the conditions of a state of emergency or martial law.
- Every person shall have the right to safe and hygienic working conditions, to just remuneration for labor without discrimination, as well as to social protection against unemployment.
- The right to individual and collective labor disputes with the use of methods for resolving them, stipulated by law including the right to strike, shall be recognized.
- Every person shall have the right to rest. Working labor agreements stipulating the length of working time, days-off and holidays, and paid annual leave shall be guaranteed by law.[2]

Business carrying out their activity in Kazakhstan must uphold these constitutionally guaranteed rights of individuals.

Other legislative acts determining certain aspects of CSR include:

- The Tax Code,[3] which contains the rules on paying taxes and mandatory payments by legal entities. In addition, the Tax Code provides for tax breaks for businesses for carrying out charitable activity.[4] Furthermore, it allows for deductions on value added tax for businesses carrying out social activity[5]; companies connected to medical and veterinarian services,[6] etc. Subsoil users may receive deductions on corporate (income) tax for mitigating the consequences of digging[7] and for sponsoring employees' education and community development.[8]
- The Labor Code[9] regulates labor relationships, requiring a balancing of interests of the employers and employees and welfare of the people. It also contains rules for relationships of employees and employers with the state authorities.

---

[1] *Konstitutsiia Respubliki Kazakhstan* (Constitution of the Republic of Kazakhstan) of 30 August 1995, Arts. 12–23. All laws and regulations, unless stated otherwise, are cited from the Kazakhstani online legal database <online.zakon.kz>.

[2] Ibid., Art. 24.

[3] *Kodeks Respubliki Kazakhstan o Nalogakh i Drugikh Obiazatelnykh Pratezhakh v Biudzhet* (Tax Code of the Republic of Kazakhstan) of 10 December 2008 No 99-IV, as amended.

[4] Ibid., Art. 133.

[5] Ibid., Art. 253.

[6] Ibid., Art. 254.

[7] Ibid., Art. 107.

[8] Ibid., Art. 112.

[9] *Trudovoĭ Kodeks Respubliki Kazakhstan* (Labor Code of the Republic of Kazakhstan) of 23 November 2015 No 414-V, as amended.

- The Ecological Code[10] regulates the use of natural resources and the environmental impacts of private legal entities.
- Other legislative acts[11] define certain aspects of CSR. The Law on Private Enterprise, for instance, proclaims the right of businesses to adhere in their activity to measures of social responsibility by completing projects in social, economic and ecological spheres.[12] It defines CSR as "voluntary contribution by private legal entities into the development of society in social, economic and ecological spheres."

Other (non-statutory) acts, advisory in nature, such as *gosudarstvennye standarty* (state standards) provide the norms for businesses wishing to perfect their activity in the area of social responsibility. The State Standard on Social Accountability[13] contains certain not mandatory requirements recommended for businesses wishing to realize their policies in the area of CSR (such as prohibition of indentured servitude, etc.). The State Standard on Professional Security[14] also contains provisions regulating policies for businesses in the area of professional responsibility.

Furthermore, in January 2013, the Ministry of Industry and Trade of Kazakhstan affirmed the international standard ISO 26000:2010.[15] It is not used for certifying businesses. It is advisory, used by businesses to integrate socially responsible behavior into their activity. It defines CSR as the "responsibility of organizations for impact of their decisions and activity on society and the environment by means of transparent and ethical behavior conducive to sustainable development, including welfare and prosperity of the society."[16]

In addition, the Eurasia Foundation of Central Asia (EFCA) in Kazakhstan, together with the National Chamber of Entrepreneurs (NCE) have taken steps to

[10]*Ekologicheskiĭ Kodeks Republiki Kazakhstan* (Ecological Code of the Republic of Kazakhstan) of 9 January 2017 No 212-III, as amended.

[11]E.g., *Zakon Respubliki Kazakhstan "O Chastnom Predprinimatel'stve"* (Law of the Republic of Kazakhstan "On Private Enterprise"), "*O Konkurentsii*" ("On Competition"), "*O Nedrakh i Nedropol'zovanii*" ("On Subsoil and Subsoil Use"), "*Ob Aktsionernykh Obshestvakh*" ("On Joint Stock Companies"), "*O Tovarishchestvakh s Ogranichennoĭ i Dopolnitel'noĭ Otvetstvennost'iu*" ("On Partnerships with Limited and Additional Liability"), etc.

[12]*Zakon Respubliki Kazakhstan "O Chastnom Predprinimatel'stve"* (Law of the Republic of Kazakhstan "On Private Enterprise"), Arts. 1, 8.

[13]"*Sotsial'naia Otvetstvennost. Trebovaniia*" ("Social Accountability") СТ РК 1352-2012 (SA 8000:2008, Mod).

[14]"*Sistemy Menedzhmenta Professional'noĭ Bezopasnosti i Okhrany Truda. Trebovaniia*" ("Systems of Management of Professional Security and Protection of Labor") СТ РК OHSAS 18001:2008, Mod).

[15]СТ РК ИСО 26000-2011.

[16]СТ РК ИСО 26000-2011.

develop a Framework on CSR for businesses in Kazakhstan.[17] The Framework was approved by the Republic Commission for Social Partnership and Regulation of Social and Labor Relations in April 2015.[18] The document provides the key tasks for the government in relation to CSR. In particular, it calls to establish CSR models for ecological, economic and social problems, to develop a way to invest within the framework of CSR and a mechanism of promoting provision of non-financial accountability for businesses. It also aims to develop a culture of conducting business in Kazakhstan in a socially responsible way.[19]

1.2 Is Your Country a Member of the OECD?

No. Kazakhstan aspires to become a member of the OECD. In light of its accession to the OECD Declaration on International Investment and Multinational Enterprises (the "Declaration"), Kazakhstan has been undertaking reforms to improve its investment policy. In June 2017, Kazakhstan joined the Declaration and became a member of the OECD Investment Committee.[20] Kazakhstan has also committed to promoting and enabling responsible business conduct and implementing the OECD Guidelines for Multinational Enterprises, including setting up a National Contact Point "mandated with helping resolve practical issues with the implementation of the Guidelines."[21]

---

[17]NCE, "*NPP RK Prezentovala Proekt Natsional'noi Kontseptsii KSO Biznesa*" ("NCE Presented Draft National Framework for CSR of Businesses"), Press release, 28 April 2014, <http://atameken.kz/ru/news/4114-4114>.

[18]K Kabatova, "*KSO po Kazakhstanski: GosOrgany, Biznes i Grazhdanskiĭ Sektor kak Kliuchevye Uchastniki Postroeniia Sistemnogo Podhoda k KSO*" ("CSR in Kazakhstan: State Bodies, Business and Civil Sector as Key Participants for Developing a Systematic Approach to CSR"), Report for the Program for Young Researchers in the field of public policy, Soros Fund Kazakhstan, 2016, p. 28.

[19]Ibid.

[20]KazInform, "*Kazakhstan Stal Assotsiirovannym Chlenom Komiteta po Investitsiiam OESR*" ("Kazakhstan Became an Associated Member of the OECD Investment Committee") 21 June 2017, <https://kapital.kz/economic/60830/kazahstan-stal-associirovannym-chlenom-komiteta-po-investiciyam-oesr.html>; OECD, "Kazakhstan Signs OECD Agreement to Strengthen Investment Climate and Promote Responsible Business", 20 June 2017, <http://www.oecd.org/daf/inv/investment-policy/kazakhstan-signs-oecd-agreement-to-strengthen-investment-climate.htm>.

[21]Ibid; MID, "*Otvetsvennoe Vedenie Biznesa i Rukovodiashchie Pritsipy OESR dlia Mnogonatsional'nykh Predpriiatiĭ*" ("Responsible Business Practices and OECD Guidelines for Multinational Companies") <https://mneguidelines.oecd.org/Russian-Agenda-2016-Workshop-Responsible-Business-Conduct-Kazakhstan.pdf>.

1.3 As a Member State of the United Nations, Has Your Country Taken Any Action Under the 2011 Guiding Principles? If Yes, Please Describe (National Action Plan, Etc.)

Kazakhstan is one of the states where steps in development of a National Action Plan have begun.[22] In particular, in 2014 the Legal Policy Research Centre (LPRC) started an initiative to develop the National Action Plan in Kazakhstan on business and human rights in accordance with the Guiding Principles.[23]

However, no National Action Plan has been adopted yet.[24] LPRC continues proposing recommendations to the Kazakhstani government to develop the National Action Plan.

1.4 Does Your Country Apply the ISO Standards?

Yes and no. Although the ISO 26000:2010 standards have been approved by the Ministry of Industry and Trade of Kazakhstan, these are only of advisory and not mandatory nature, because Kazakhstan does not recognize "soft law" rules of law.

1.5 Please Indicate All Other Sources You Consider Relevant, and Also Any Specific Feature of Your Legal System That Should Be Borne in Mind to Better Understand Your Answers to This Questionnaire

As concluded by the research project of the Government of the Netherlands on the impact of businesses on human rights in Kazakhstan as of December 2016, the

---

[22]OHCHR, <http://www.ohchr.org/EN/Issues/Business/Pages/NationalActionPlans.aspx>, accessed 8/17/2017; Business & Human Rights Resource Centre, "National Action Plans" <https://business-humanrights.org/en/un-guiding-principles/implementation-tools-examples/implementation-by-governments/by-type-of-initiative/national-action-plans>; The Danish Institute for Human Rights, "NAPS on Business and Human Rights", 23 June 2015, <http://humanrightsinbusiness.eu/wp-content/uploads/2015/01/Tilburg-NAPs-PPT.pdf>.

[23]Legal Policy Research Center, <http://lprc.kz/en/events/international_conference_implementing_the_un_guiding_principles_on_business_and_human_rights_in_kazakhstan_strategic_view_and_action_plan-28.html>, 19 December 2014.

[24]Interview with T Zinovich, Executive Director of LPRC, "*Biznes i Prava Cheloveka. Kak Vnedrit' i Razvivat' KSO v Kazakhstane?*" ("Business and Human Rights. How to Introduce and Develop CSR in Kazakhstan?") <https://i-news.kz/news/2017/06/22/8537185-biznes_i_prava_cheloveka_kak_vnedrit_i_r.html>.

picture of CSR development in Kazakhstan is composed of "fragmented" measures, which "did not yield any consistent policy".[25] In particular, the measures taken by the government on CSR included:

- a speech by the President of Kazakhstan to the business community at the National Forum for Socially Responsible Business in Zheskasgan calling to include CSR in their policies in 2008;
- the first national forum on CSR in 2008;
- establishing of the national award "Paryz" to recognize the best practices of CSR in businesses of Kazakhstan[26]; and
- integration of the CSR requirement in the format of General Agreements of the government for 2009–2010 to promote the principles of the UN Global Compact.

Thereafter, the CSR issue "gradually moved down from the government agenda and was pushed aside to the businesses for self-regulation".[27]

NGOs take the lead in disseminating and popularizing best practices in CSR and fostering effective dialogue on CSR among diverse stakeholder groups (NGOs, business sector, government). Notably, the Eurasia Foundation of Central Asia (EFCA) in Kazakhstan and the National Chamber of Entrepreneurs (NCE) have jointly taken steps to develop a Framework on CSR.[28]

For more information on definitions of CSR, see the publications of the Center of Research Sange (Kazakhstan).[29] In addition, a White Paper by Pascal Lamy provides further insights on CSR in Kazakhstan (although as of 2012).[30]

---

[25]Legal Policy Research Center, "Projects" 2016 <http://lprc.kz/en/projects>.

[26]One source reports 584 companies taking part in the competition to obtain the national award "Paryz" in 2014; see Smirnova (2015), pp. 121–122.

[27]LPRC, Projects, note 26 above.

[28]NCE, "NPP RK Prezentovala Proekt Natsional'noi Kontseptsii KSO Biznesa" ("NCE Presented Draft National Framework for CSR of Businesses"), Press-release, 28 April 2014, <http://atameken.kz/ru/news/4114-4114>.

[29]Center of Research Sange (Kazakhstan), "*Korporativnaia Sotsial'naia Otvetstvennost' v Kazakhstane: Situatsiia, Problemy i Perspektivy Razvitiia*" ("CSR in Kazakhstan: Status Quo, Problems and Perspectives for Development") Astana, 2013.

[30]L Pascal, "Corporate Social Responsibility in Kazakhstan" Norvegia.kz White Paper (2012) <http://www.norvegia.kz/Global/SiteFolders/webast/White%20Paper%20on%20CSR%20April%202012.pdf>.

2 Characterisation

2.1 Rules Pertaining to Company Law

2.1.1 Please Describe the Rules of CSR Pertaining to Company Law (Due Diligence, Duty of Vigilance, Compliance Department, Etc.)

The Laws on Joint Stock Companies[31] and on Limited Liability Partnerships[32] contain rules of CSR pertaining to company law. These CSR rules relate to corporate responsibility of businesses in carrying out their business activity, their social responsibility, and accountability of directors and officers. They describe and delimit the functions of corporate bodies of joint stock companies and limited liability partnerships (the most common legal formations) in Kazakhstan. Furthermore, companies in Kazakhstan are required to follow several other legislative acts, relating to issues of mandatory social medical insurance for employees,[33] health of the people,[34] taxation, etc.

2.1.2 Please Give Detailed References to the Relevant Instruments or Case Law

The rules of CSR pertaining to company law in the Law on Joint Stock Companies include: audit requirements for joint stock companies, capacity of the Board of Directors to determine priority directions for company's activity,[35] the possibility to establish committees within the Board of Directors to decide, inter alia, social issues,[36] audit and publication of financial statements requirements for public companies,[37] etc. The Law on Partnerships with Limited and Additional Liabilities determines the competence of executive bodies of partnerships which, inter alia, determines the order and ranges of salaries of employees, their bonuses,[38] external

[31]*Zakon Respubliki Kazakhstan ob Aktsionernykh Obshchestvakh* (Law of the Republic of Kazakhstan on Joint Stock Companies) of 13 May 2003 No 415-II, as amended (hereinafter, the JSC Law).

[32]*Zakon Respubliki Kazakhstan o Tovarishchestvakh s Ogranichennoĭ i Dopolnitel'noĭ Otvetstvennost'iu* (Law of the Republic of Kazakhstan on Partnerships with Limited and Additional Liability) of 22 April 1998 No 220-I, as amended (hereinafter, the LLP Law).

[33]*Zakon Respubliki Kazakhstan ob Obiazatel'nom Meditsinskom Strakhovanii* (Law of the Republic of Kazakhstan on Mandatory Medical Insurance) of 16 November 2015 No 405-V, as amended.

[34]*Kodeks Respubliki Kazakhstan o Zdorov'e Naroda i Sisteme Zdravookhraneniia* (Code of the Republic of Kazakhstan on Health of the People and the Healthcare System) of 18 September 2009 No 193-IV, as amended.

[35]JSC Law, Art. 53.

[36]JSC Law, Art. 53-1.

[37]JSC Law, Section 8.

[38]LLP Law, Art. 53.

audit conditions,[39] requirements for publication of financial statements for the general public for certain partnerships[40] (*organizatsii publichnogo interesa*—public interest organizations—which include financial organizations, subsoil users, and organizations in which the state owns a large share[41]).

2.2 *Rules Pertaining to the Law of Contract*

2.2.1 Please Describe the Rules of CSR Pertaining to Contract Law (Clauses on Compliance with the OECD Guidelines, Anti-corruption Clauses, Control of the Value Chain, Etc.)

The Civil Code of Kazakhstan encompasses fundamental provisions relating to contracts.[42] In addition, the Labor Code of Kazakhstan establishes principles and rules for contracts of employment. These rules proclaim general requirements for companies to sign lawful labor contracts with employees, etc.

2.2.2 Please Give Detailed References to the Relevant Instruments or Case Law

Some obligations are reserved for subsoil users in pursuant to the Subsoil Law.[43] Subsoil users are to conduct their activity in accordance with the contract with the Kazakhstani government and the law of Kazakhstan. This includes responsibility for effective measures for using natural resources, increase the percentage of labor by local residents and goods of local origin, to finance training of staff of Kazakhstani origin, etc.[44] Subsoil users are to be penalized the for not complying with obligations to prefer local goods, services and professionals, with the most radical measure being termination of the contracts with the Kazakhstani government.

---

[39] LLP Law, Art. 59.

[40] LLP Law, Art. 60.

[41] Klimkin (2013).

[42] *Grazhdanskiĭ Kodeks Respubliki Kazakhstan* (Civil Code of the Republic of Kazakhstan) of 1 July 1999 No 409-I (hereinafter, GK), *Osobennaia Chast'* (Special Part).

[43] *Zakon Respubliki Kazakhstan o Nedrakh i Nedropol'zovanii* (Law of the Republic of Kazakhstan on Subsoil and Subsoil Use) of 24 June 2010 No 291-IV, as amended.

[44] Ibid., Art. 76.

2.3 *Rules Pertaining to Law of Torts: When a Third Party (an Employee, Customer, Supplier or Victim of Breaches by the Company, Etc.) Takes Action Against a Company for Breach of a Rule of CSR, Is That Action Characterised as a Tort Action?*

It depends. The Labor Code regulates labor relationships among employees, employers and the state authorities. When a third party (e.g. an employee) takes action against a company for breach of a rule of CSR encompassed by the Labor Code, the company may incur liability pursuant to the law in Kazakhstan.[45] Such liability may be a fine pursuant to the Code of Administrative Violations[46] or criminal liability under the Criminal Code[47] (fines, community service, jail time, divestment of the right to practice certain professions or carry out certain professional activity). Then, the action will be characterized as civil or criminal depending on the nature of the action and the seriousness of the offence.

Actions by customers against a company for breach of a rule of CSR will be characterized as civil claims.

Actions by victim of violations by companies of human rights may lead to civil (fines) and criminal (fines, jail time) liability.

2.4 *Do CSR Rules Fall Under Public Policy or Are They Characterised as Mandatory Rules?*

It depends.

2.4.1 If They Are Characterised as Mandatory Rules, Please Give Detailed References

Rules pertaining to CSR in the Tax Code, Labor Code and the Laws of the Republic of Kazakhstan mentioned above (Question 1) are characterized as mandatory rules. These rules include the responsibility of companies to pay taxes, maintain acceptable conditions of labor for employees, follow the law of the state in carrying out their activity, etc.

---

[45] Labor Code, Art. 14.

[46] *Kodeks Respubliki Kazakhstan ob Administrativnykh Provonarusheniiakh* (Code of the Republic of Kazakhstan on Administrative Violations) of 5 July 2014 No 235-V, as amended.

[47] *Ugolovnyi Kodeks Respubliki Kazakhstan* (Criminal Code of the Republic of Kazakhstan) of 3 July 2014 No 226-V, as amended, Arts. 152, 153.

2.4.2 If They Are Characterised as Public Policy, Please Give References to the Case Law That Shows This

Some rules relating to CSR are considered public policy of the state (for example, the recommendation in the Law on Private Enterprises to carry out their activity in accordance with social responsibility). They constitute part of "soft law" (such as the ISO Standard 26000:2011). Case law is not considered a source of law in Kazakhstan.

3 Alternative Methods of Dispute Resolution

*3.1 Does Your Country Allow Disputes Concerning CSR to Be Submitted to (*More Than One Answer Is Possible*)*

Arbitration	**YES**
Mediation	**YES**
Conciliation	**YES**
An OECD National Contact Point	**NO**
Another alternative method (in which case, please specify)	

3.2 Please Explain the Above Answers

The law provides for alternative dispute resolution methods and does not prohibit submitting disputes concerning CSR to ADR forums. Apart from arbitration, other ADR methods (mediation, conciliation, etc.) are not commonly used. Mediation is gaining momentum, although it will take time to become commonly used in Kazakhstan.[48]

4 Jurisdiction

Where the dispute must be submitted to a court in your country, which court has jurisdiction (*more than one answer is possible*):

- The forum of the defendant?
- The forum of one of the defendants, with all the potential defendants being added (in this case, specify on what basis—corporate group, practical involvement, etc.) whatever their geographical location?

[48]Tukulov and Konysbayev (2015), pp. 125, 129.

- The contractual forum? (Explain the conditions for this to apply, giving examples relating to CSR)
- The forum of the act of causation? (State what is meant by "act of causation")
- The forum of the damage? (State what is meant by "damage")
- The forum of necessity? (State the conditions for this rule to apply)
- Universal civil jurisdiction? (State the conditions for this rule to apply)
- Other?

Courts in Kazakhstan are generally competent to consider disputes involving foreign parties:

- if the defendant is located or resides in Kazakhstan;
- if the governing body, branch, or representative office of the foreign entity is located in Kazakhstan;
- if the defendant has property in Kazakhstan;
- in personal injury cases, where the damage was inflicted in Kazakhstan or the plaintiff resides in Kazakhstan;
- in actions for compensation for harm caused to property, where the action or circumstance representing the ground for appeal took place in Kazakhstan;
- in actions arising out of a contract which is to be performed in Kazakhstan;
- in cases of unjust enrichment which took place in Kazakhstan;
- in defamation cases, if the plaintiff resides in Kazakhstan;
- in cases for protection of personal data, including claims for compensation for damage and moral damages, if the plaintiff resides in Kazakhstan;
- other cases where prescribed by law in Kazakhstan or by an international treaty ratified by Kazakhstan.[49]

Furthermore, in some cases courts in Kazakhstan have exclusive jurisdiction in cases involving foreign persons:

- in cases connected to the rights to real property in Kazakhstan;
- in actions against carriers (transport companies) arising out of contracts for delivery if the carriers are located in Kazakhstan;
- in special litigation cases (actions for protection of voting rights in a state election or referendum; actions disputing decisions or actions of local executive bodies of the government; and actions contesting the validity of legislative acts).[50]

---

[49] *Grazhdanskiĭ Protsessualnyĭ Kodeks Respubliki Kazakhstan* (Code of Civil Procedure of the Republic of Kazakhstan) of 31 October 2015 No 377-V (hereinafter, GPK), Art. 466(1-10).

[50] GPK, Art. 467(1-10).

In addition, domestic rules of jurisdiction determine which local court has jurisdiction. The rule of general jurisdiction prescribes that a court at the location of the defendant has jurisdiction.[51] In certain cases, a plaintiff has additional options where to file. For instance, claims against several defendants can be brought at the location or residence of one of the defendants at the discretion of the plaintiff.[52] Claims against a legal entity can be brought at the location of its property.[53] Claims against a branch or representative office of a parent company may be brought at the location of the branch or representative office.[54] Disputes arising out of contracts with designated place of performance can be brought at that place.[55] Actions for damages in personal injury cases can be brought at the location of the plaintiff or at the place of the infliction of damage.[56]

Exclusive jurisdiction rules provide that certain cases may be considered by certain courts only. In particular, actions for rights to real property must be heard in courts at the location of the real property. Actions against carriers must be brought at the location of the carrier. Actions for compensation of damages inflicted by violation of state immunity of Kazakhstan are brought at the location of the plaintiff unless otherwise provided for by an international treaty ratified by Kazakhstan.[57] Parties may derogate from the jurisdiction of courts in Kazakhstan, except in cases of exclusive jurisdiction, by a jurisdiction agreement.[58] Related actions are filed in the court of the original claim.[59]

5 Applicable Law

5.1 What Is the Law Applicable to Rules Relating to Corporate Structure? In Other Words, How Is the lex societatis *Determined?*

The law of a legal entity is deemed to be the law of a country where that entity was established.[60]

[51]GPK, Art. 29.

[52]GPK, Art. 30(12).

[53]GPK, Art. 30(2).

[54]GPK, Art. 30(3).

[55]GPK, Art. 30(6).

[56]GPK, Art. 30(5).

[57]GPK, Art. 31.

[58]GPK, Art. 468 and 32.

[59]GPK, Art. 33.

[60]*Grazhdanskiĭ Kodeks Respubliki Kazakhstan* (Civil Code of the Republic of Kazakhstan) of 1 July 1999 No 409-I (GK), Art. 1100.

5.2 *What Is the Law Applicable to Rules Belonging to the Law of Contract? (State the Main Conflict Rule—"Autonomy of Will", for Example—Then the Conflict Rules Applicable by Default)*

Unless otherwise provided by law in Kazakhstan, a contract can be governed by law chosen by the parties.[61]

By default (absent selection by the parties), the governing law is the law of the place where the following party is incorporated, resides or has its principal place of business:

- the seller—in a sale and purchase contract;
- the grantor—in a deed of gift;
- the lessor—in a lease agreement;
- the lender—in a contract for the temporary use of property;
- the contractor—in an independent contractor agreement;
- the carrier—in a transportation contract;
- the forwarding agent—in a freight forwarding contract;
- the creditor—in a loan agreement or any other facility agreement;
- the proxy holder—in an agency agreement;
- the consignee—in a sales commission agreement;
- the insurer—in an insurance contract;
- the guarantor—in a guaranty agreement;
- the pledgor—in a pledge agreement;
- the licensor—in a license agreement for the use of exclusive rights.[62]

In contracts the subject of which is real property or in deeds of trust for property, the law of the country where the property is located applies.[63] In addition, despite the general rules on applicable law stated above, absent a forum selection clause, in a joint venture agreement and construction contracts, the law of the place where the joint venture activities are carried out or the contract is performed applies.[64] In contracts signed as a result of a tender or an auction, or a contract signed at a stock exchange, the law of the place where the auction was conducted or the exchange is located applies.[65]

[61]GK, Art. 1112(1).

[62]GK, Art. 1113(1)(1-15).

[63]GK, Art. 1113(2).

[64]GK, Art. 1113(3).

[65]GK, Art. 1113(3).

In all other contracts not mentioned above, absent a forum selection clause, the law of the place "where the party which carries out execution which has decisive significance for the contents of such contract" is incorporated, has place of residence or principal place of business applies. Where it is impossible to determine this, the law of the place of the closest connection applies.[66]

Where contracts feature commercial terms widely accepted in international commerce, those terms will be interpreted in accordance with customary law.[67]

5.3 What Is the Law Applicable to Rules Belonging to the Law of Torts? (State All the Conflict Rules in Your Country in the Order in Which the Courts Would Apply Them)

The rules regulating obligations arising from harm are considered according to the law of the country where the action or any other circumstances constituting the basis for a claim for compensation for damages took place.[68] If the harm was inflicted abroad, but the parties are citizens or legal entities of the same state, the applicable law to the rights and obligations connected thereto is the law of that state.[69] Foreign law does not apply if an action or other circumstance that serves as the basis for a claim for compensation for damages is not unlawful in accordance with the law of Kazakhstan.[70]

Unjust enrichment is regulated by the law of the place where the unjust enrichment took place.[71] In Kazakhstan, when a person acquires assets with no lawful grounds or with no contractual basis at the expense of another person or entity (the victim), it is considered unjust enrichment and the funds are to be returned to the victim.[72]

In cases violating the rights of consumers, the law of the place of residence of the consumer, or the law of the place where the goods or services were acquired or provided, applies.[73]

---

[66]GK, Art. 1113(4).

[67]GK, Art. 1113(6).

[68]GK, Art. 1117(1).

[69]GK, Art. 1117(2).

[70]GK, Art. 1117(3).

[71]GK, Art. 1119(1).

[72]GK, Art. 953.

[73]GK, Art. 1118.

6 Recognition and Enforcement of Judgments

6.1 Describe the Rules Applicable in Your Country to the Recognition and Enforcement of Foreign Judgments

Foreign judgments are recognized and enforced by Kazakhstani courts if required by law or an international treaty to which Kazakhstan is a party, or based on reciprocity.[74] Conditions and procedure for enforcement are determined according to Kazakhstani law, unless otherwise provided for by a treaty to which Kazakhstan is a party.[75] Kazakhstan is a party to a number of bilateral treaties on the recognition and enforcement of foreign judgments (with Azerbaijan,[76] China,[77] Georgia,[78] India,[79] Kyrgyzstan,[80] Lithuania,[81] Mongolia,[82] North Korea,[83] Pakistan,[84] Turkey,[85] the UAE,[86] Uzbekistan,[87] and Vietnam[88]). These bilateral treaties provide the legal background for the enforcement of judgments and court orders from these states. If there is no treaty between Kazakhstan and the country in question,

[74]GPK, Art. 501(1).

[75]GPK, Art. 501(2).

[76]Agreement between the Republic of Kazakhstan and the Republic of Azerbaijan on legal assistance and legal relations in civil matters, 10 June 1997, Almaty.

[77]Agreement between the Republic of Kazakhstan and the People's Republic of China on mutual legal assistance in civil matters, 14 January 1993, Beijing.

[78]Agreement between the Republic of Kazakhstan and Georgia on mutual legal assistance in civil matters, 17 September 1996, Tbilisi.

[79]Agreement between the Republic of Kazakhstan and the Republic of India on legal assistance in civil matters, 16 April 2011, Astana.

[80]Agreement between the Republic of Kazakhstan and the Republic of Kyrgyzstan on mutual legal assistance in civil and criminal matters, 26 August 1996, Almaty.

[81]Agreement between the Republic of Kazakhstan and the Republic of Lithuania on mutual legal assistance in civil, family and criminal matters, 9 August 1994, Vilnius.

[82]Agreement between the Republic of Kazakhstan and Mongolia on mutual legal assistance in civil and criminal matters, 22 October 1993, Ulaanbaatar.

[83]Agreement between the Republic of Kazakhstan and Democratic People's Republic of Korea on mutual legal assistance in civil and criminal matters, 7 April 1997, Pyongyang.

[84]Agreement between the Republic of Kazakhstan and the Islamic Republic of Pakistan on mutual legal assistance in civil, family, and criminal matters, 23 August 1995, Almaty.

[85]Agreement between the Republic of Kazakhstan and the Republic of Turkey on legal assistance in civil matters, 13 June 1995, Almaty.

[86]Agreement between the Republic of Kazakhstan and the United Arab Emirates on mutual legal assistance in civil and commercial matters, 16 March 2009, Abu Dhabi.

[87]Agreement between the Republic of Kazakhstan and the Republic of Uzbekistan on legal assistance and legal relations in civil, family, and criminal matters, 2 July 1997, Almaty.

[88]Agreement between the Republic of Kazakhstan and the Socialist Republic of Vietnam on mutual legal assistance in civil matters, 31 October 2011, Hanoi.

enforcement proceedings of foreign enforcement documents in Kazakhstan will be executed in accordance with the civil procedural laws of Kazakhstan.[89]

Kazakhstan is also a party to three regional multilateral treaties signed within the framework of the Commonwealth of Independent States (CIS) on the recognition and enforcement of judgments. They are the Minsk Convention,[90] the Kiev Treaty,[91] and the Moscow Treaty.[92] These treaties provide the foundation for cooperation among judicial and administrative bodies of some of the former Soviet republics.

6.2 If a Judgment Given Abroad Holds a Company Liable for Breach of the Rules of CSR, Is Your Country Likely to Recognise and/or Enforce That Judgment? Please Explain

If a judgment given abroad holds a company liable for breach of the rules of CSR, Kazakhstan is likely to recognise or enforce that judgment, if such enforcement is prescribed by law or an international treaty to which Kazakhstan is a party, or based on reciprocity.

6.3 Same Question as in Sect. 6.2, but the Rule Applied Is One of Soft Law or Ethics. Is Your Country Likely to Block Recognition or Enforcement of Such a Judgment? Please Explain

If a foreign judgment relates to soft law or ethics, Kazakhstan is likely to recognise or enforce and not block recognition or enforcement of such a judgment, as long as such enforcement is prescribed by law or an international treaty to which Kazakhstan is a party, or based on reciprocity.

---

[89]In particular, the GPK and the Law on the Enforcement Procedure and the Status of Officers of the Court.

[90]*Konventsiia o Pravovoĭ Pomoshchi i Pravovykh Otnosheniiakh po Grazhdanskim, Semeĭnym i Ugolovnym Delam* [Convention on Legal Assistance and Legal Relations in Civil, Family, and Criminal Matters], 22 January 1993, Minsk, amended by Protocol, 28 March 1997, Kishinev.

[91]*Soglashenie o Poriadke Razresheniia Sporov, Sviazannykh s Osushestvleniem Khoziaĭstvennoĭ Deiatelnosti* [Agreement of the Commonwealth of Independent States (CIS) on the Procedure for Resolving Disputes Related to Commercial Matters], 20 March 1992, Kiev.

[92]*Soglashenie o Poryadke Vzaimnogo Ispolneniia Reshenii̮ Arbitrazhnykh, Khozyaĭstvennykh i Ekonomicheskikh Sudov na Territoriiakh Gosudarstv-Uchastnikov Sodruzhestva* [Agreement on the Order of Mutual Enforcement of Judgments of *Arbitrazh*, Commercial and Economic Courts on the Territory of the CIS Member States], 6 March 1998, Moscow.

References

Klimkin S (2013) Commentary to the LLP law. Yurist, Almaty
Smirnova Y (2015) Piramida' KSO i Ee Primenenie v Kazakhstane (The 'Pyramid' of CSR and its application in Kazakhstan). Ekonomika i Statistika 3
Tukulov B, Konysbayev A (2015) Kazakhstan. In: Bushell S (ed) Dispute resolution in 48 jurisdictions worldwide. Law Business Research Ltd, London

Mexico

Humberto Cantú Rivera

Abstract Corporate social responsibility is not understood as a legal concept in Mexico; nevertheless, the practice of CSR is expanded in the private sector, especially understood as a corporate contribution for the betterment of society. A different focus that has started to appear recently in the country has been that of business and human rights, which involves labour and environmental aspects, and which is gradually consolidating into the public debate. However, legal and judicial practice shows that links between CSR and private international law (or business and human rights and private international law) are increasingly appearing in Mexico. In addition, the Mexican legal framework foresees interesting aspects that would be useful to address transnational judicial disputes, including in relation to choice of forum and choice of law. This chapter provides a glimpse into the legal framework that regulates these elements in Mexico, as well as examples of case law that have recently addressed business and human rights, including disputes with a transnational perspective.

1 Definition and Sources

1.1 Does Your Country Have a Definition of Corporate Social Responsibility?

Mexico does not have a formal definition of corporate social responsibility in its existing legislation; the most likely reason for this is that the State does not consider voluntary social commitments to be a source of obligations for companies.

Santiago Ramírez Reyes (Université Paris 1 Panthéon-Sorbonne) and Nuria González Martín (IIJ-UNAM) provided useful insights and comments in the preparation of this report.

H. Cantú Rivera (✉)
School of Law, University of Monterrey, Monterrey, Mexico

C. Kessedjian, H. Cantú Rivera (eds.), *Private International Law Aspects of Corporate Social Responsibility*, Ius Comparatum – Global Studies in Comparative Law 42, https://doi.org/10.1007/978-3-030-35187-8_15

Nevertheless, activities undertaken by companies under the prism of CSR (namely donations and philiantropic actions) are tax-deductible.

As a member of the OECD, Mexico contemplates the definition used by the OECD Guidelines for Multinational Enterprises[1]; indeed, in its webpage, the Ministry of Economy links CSR with the OECD Guidelines, without providing a definition of the former. Several companies and organizations also take into consideration the four pillars of the Global Compact as representing the basis of CSR, with the Global Compact being a major player in the dissemination of CSR strategies in the country.

Beyond these examples, the most prominent body to promote CSR is the CEMEFI (Mexican Centre for Philanthropy), a private association whose mission is to promote and articulate a philanthropic, committed and socially responsible participation of business enterprises in social development.[2] Its main instrument for such dissemination is the ESR (Socially responsible enterprise) logo, which is awarded to companies that fulfill a series of requirements, namely the fulfillment of a series of CSR indicators and its assessment by an evaluation committee. While not adopted by the government, in recent years it has publicly endorsed the adoption of socially responsible practices by business enterprises, in line with the actions undertaken by CEMEFI.

In that regard, the only firm development to have taken place in recent years has been the (scarce) promotion of the OECD Guidelines for Multinational Enterprises.

1.2 Is Your Country a Member of the OECD?

Yes; it has a National Contact Point (http://www.gob.mx/se/acciones-y-programas/responsabilidad-social-empresarial), integrated in the Department of Foreign Investment of the Ministry of the Economy. It has a regular part-time staff of two people, in addition to the NCP Director, and is regulated by the Rules of Procedure of the Ministry of the Economy. Its main actions in past years have been the organization of an annual Forum on Corporate Social Responsibility, as well as receiving complaints and handling the early stages of specific instances involving multinational corporations for alleged breaches of the OECD Guidelines.[3]

Nevertheless, as seen in the annual reports to the OECD Investment Committee for 2017 and 2018, Mexico's NCP has not received any specific instance submissions in the past 3 years, and has limited its role to participating in the process to

[1]Secretaría de Economía, *Responsabilidad Social Empresarial*, available at https://www.gob.mx/se/acciones-y-programas/responsabilidad-social-empresarial.

[2]CEMEFI, *Información institucional*, available at https://www.cemefi.org/cemefi/informacion-institucional.html.

[3]For further information about the specific instances handled by the NCP of Mexico, see Cantú Rivera (2014).

develop a National Action Plan on Business and Human Rights, and to co-organizing the aforemention CSR Forum.[4]

1.3 As a Member State of the United Nations, Has Your Country Taken Any Action Under the 2011 Guiding Principles?

Yes; the Mexican government started to develop a National Action Plan on Business and Human Rights in September 2015, and has attended the UN Forum on Business and Human Rights, as well as regional initiatives and meetings under ECLAC and the OAS on this issue, in recent years.

Nevertheless, as of June 2019, a NAP has not yet been adopted, due to divergences of opinion between the coalition of NGOs leading the efforts to develop a NAP, and the (former) government. A draft version of the NAP was produced in late 2017, but due to these disagreements, as well as pressure from the private sector, the initiative was discontinued in practice, although formally the process is still ongoing. While not public, the (former) government and one of the major business associations in Mexico signed an agreement to promote human rights in the business sphere in the weeks before the presidential transition of 2018, in an effort to stall the adoption of the NAP and substitute those advancements with a CSR dissemination effort.

Beyond the government, the National Human Rights Commission and local human rights commissions have also started working to develop strategies and projects based on the UNGPs. Mexico's NHRI started a project on business and human rights, which includes an online, open-access capacity-building course on business and human rights for a wide range of stakeholders, the publication of different analytical[5] and awareness-raising material, as well as the adoption of a General Recommendation on the respect of human rights in the context of business activities.[6] On the other hand, several local human rights commissions have started to develop mechanisms to incentivise business respect for human rights, including logos or distinctions for those business enterprises that engage proactively in the promotion and respect of human rights standards.

[4]The English and Spanish versions of the reports are available at https://www.gob.mx/se/acciones-y-programas/responsabilidad-social-empresarial.

[5]See, for example, Cantú Rivera (2018).

[6]CNDH, *Recomendación General 37/2019 sobre el respeto y observancia de los derechos humanos en las actividades de las empresas* (21 May 2019).

1.4 Does Your Country Apply the ISO Standards?

Generally, businesses and government use ISO standards; however, ISO 26000 on social responsibility has not been adopted or used by the government, possibly due to the fact that they do not consider non-binding international standards as being directly applicable in the country. Companies and other non-State actors regularly use the different ISO standards in their operations and organization.

1.5 Please Indicate All Other Sources You Consider Relevant, and Also Any Specific Feature of Your Legal System That Should Be Borne in Mind to Better Understand Your Answers to This Questionnaire

Taking into consideration that Mexico is a federal republic—thus, meaning that every federal state has its own civil and procedural codes, in addition to the federal civil and procedural codes–, this questionnaire will exclusively focus on federal laws that may relate to corporate social responsibility (and when a significant difference exist, reference will be made to the applicable legislation for Mexico City). Nevertheless, contract law is in general terms more detailed in state civil codes than in the federal civil code.

It is also important to note that the answers to this questionnaire revolve mostly around the issue of human rights, and that CSR is understood as including the four main areas covered by the UN Global Compact (human rights, labor standards, environmental standards and anti-corruption).

2 Characterisation

2.1 Rules Pertaining to Company Law

2.1.1 Please Describe the Rules of CSR Pertaining to Company Law (Due Diligence, Duty of Vigilance, Compliance Department, Etc)

Based on the National Baseline Assessment developed by Mexico's multistakeholder working group for the development of a National Action Plan on business and human rights, it appears that company law regulating corporate social responsibility aspects is inexistent. Some elements related to the duty of vigilance exist in the General Law of Commercial Societies (*Ley General de Sociedades Mercantiles*, arts. 164–171), but none of them relate in any measure to any of the areas covered by corporate social responsibility. There is also a chapter in that law referring to financial information (arts. 172–177), but it does not address non-financial information that would include CSR elements.

Other laws that are not directly related to the structure or operation of companies, however, do include references that are relevant in the context of CSR, especially in relation to human rights, labor rights and the environment. For example, the National Code of Criminal Procedures sets forth in article 421 that companies may be held criminally liable when it can be determined that there was—in addition to the *actus reus*—a lack of control within the organization, a reference that has indirectly given way to the establishment of compliance departments within major companies in the country. Other two pieces of legislation that make reference to similar aspects are the Law of Hydrocarbons (Ley de Hidrocarburos) and the Law of the Electric Industry (Ley de la Industria Eléctrica), which stipulate the obligation of those interested parties in executing infrastructure projects in those areas to perform and present to the corresponding authorities a social impact assessment, which shall include mitigation measures for those communities that may be impacted by the project. As it can be observed, these three pieces of legislation create a *lato sensu* stipulation of due diligence procedures related to (at least) human rights and the environment for business enterprises, one of a general nature, and the other two in relation to specific industry sectors.

2.1.2 Please Give Detailed References to the Relevant Instruments or Case Law

See comments above.

2.1.3 If These Rules Have Given Rise to Disputes, Please Briefly Describe the Cases That Have Arisen in Your Country and Their Outcomes (Providing Full References for Court Decisions)

It has not been possible to identify disputes concerning these laws.

2.2 Rules Pertaining to the Law of Contract

2.2.1 Please Describe the Rules of CSR Pertaining to Contract Law (Clauses on Compliance with the OECD Guidelines, Anti-Corruption Clauses, Control of the Value Chain, Etc)

Contract law in Mexico is regulated, in general terms, by two laws: the Federal Civil Code and the Commercial Code. In the case of the Civil Code, article 1831 stipulates that "public order laws and customs" limit the autonomy of will of contracting parties; in addition, article 1839 sets forth that contracting parties have contractual freedom in relation to clauses that may be stipulated in contracts. The provisions of the Federal Civil Code for general aspects of contracts are also applicable to commercial contracts. From the analysis of the legal provisions regulating federal contract law in Mexico, it appears that contracting parties can include clauses related to CSR at will; however, there is no specific legal requirement to include any aspects relating to CSR in contracts.

A significant exception may exist in relation to labor standards, which are regulated by the Federal Labor Law; however, clauses establishing due diligence procedures to detect and prevent labor rights violations (such as child labor or work equivalent to modern slavery) may be inserted in contracts if the parties so agree. Despite this possibility, it is not yet a common practice in Mexico, with only a few transnational corporations using these clauses (Coca-Cola Company, for example).

2.2.2 Please Give Detailed References to the Relevant Instruments or Case Law

Federal contract law is stipulated in articles 1824 to 1859 of the Federal Civil Code; however, no specific CSR-related provisions are included.

2.2.3 If These Rules Have Given Rise to Disputes, Please Briefly Describe the Cases That Have Arisen in Your Country and Their Outcomes (Providing Full References for Court Decisions)

One case that reached the Supreme Court (*amparo directo en revisión 3516/2013*) involved the breach of a contract relating to the acquisition of luxury real estate.[7] The buyer sought to nullify the purchase agreement as a result of an apparent violation to real estate regulations, which explicitly foresaw that every room in an apartment must have a window; the apartment he had acquired did not respect that regulation. A civil claim was filed against the real estate developer, arguing that the human right to housing stipulated that characteristic, and that despite not being explicitly mentioned in the contract, the developer must respect that characteristic in its real estate projects. Lower courts did not agree with that position; however, the Supreme Court reviewed the case, stating two things: first, that human rights provisions were applicable at all times in relation to any legal situation (not just for social interest housing, but also for luxury real estate), and that parties could not opt out of their application despite explicitly agreeing to it; and second, it stated that human rights norms are part of the national *ordre public* (public policy), which creates legal obligations to all parties, thus limiting the effects resulting from contractual provisions.

[7]For a more detailed account of this and other cases, see Cantú Rivera (2016).

2.3 *Rules Pertaining to Law of Torts*

2.3.1 When a Third Party (an Employee, Customer, Supplier or Victim of Breaches by the Company, Etc.) Takes Action Against a Company for Breach of a Rule of CSR, Is That Action Characterized as a Tort Action?

A breach of a rule of CSR can be characterized as a tort action (extracontractual liability). However, it must be borne in mind that the Mexican legal framework also foresees the possibility of indirectly pursuing claims resulting from torts committed by private parties (such as a human rights violation or environmental degradation) through public law mechanisms, especially the *amparo* procedure.[8]

Regarding extracontractual liability, the Supreme Court ruled in 2014 that liability for torts may be possible under Mexican law. In that regard, it explained that "extracontractual liability results from a lack of compliance with the generic duty not to harm third parties."[9] In its reasoning, the Court also elaborated on the nature of extracontractual liability, which can be objective (as a result of the use of a dangerous object) or subjective (whenever there is a will to inflict damage, or as a result of negligence). In another recent judgment, the Supreme Court also elaborated on the relationship between the right to remedy and to reparation for human rights violations and the law of damages under domestic law,[10] where it highlighted that the latter must be interpreted in a flexible manner in order to ensure that the rights to remedy and to reparation are secured for victims of human rights violations.

2.3.2 If Yes, Please Give Examples, Drawn Either from Legislation or Case Law, with Detailed References?

Extracontractual liability is regulated by articles 1910 to 1934 bis of the Federal Civil Code, where the obligation to repair the damages inflicted upon a third party is established, with the exception of damages to a collectivity or group, compensation of which is regulated by the Federal Code of Civil Procedures.

A judgment on extracontractual liability can be found in a case (*Amparo directo en revisión 1387/2012*) that was brought before civil courts of Mexico City, relating to discrimination against people with disabilities in a recruitment offer made by an international hotel group, which was eventually decided by Mexico's Supreme Court. The victim filed a civil case in 2009 based on extracontractual liability against

---

[8]In this regard, see Amparo en revisión 365/2018 (5 September 2018), where the Supreme Court of Mexico decided that any development project that may have an environmental impact must be subject to consultation before the potentially-affected communities. For further information on this case, see Botero Gómez (2019), pp. 88–90.

[9]Contradicción de tesis 93/2011 (26 October 2011).

[10]Amparo directo 50/2015 (3 May 2017).

the hotel, claiming moral damages as a result of a job offer where people with disabilities were expressly excluded from applying. A first instance court accepted the case, but ruled against the victim; a second instance (appellate) court held the dismissal of the complaint valid, to which an *amparo*[11] action was filed before a federal collegiate tribunal. The tribunal granted the *amparo*, and ordered the second instance court to issue a new ruling taking into consideration its findings; however, the appellate court again ruled in favor of the defendant. A new *amparo* claim was brought before a federal tribunal in 2012, which however dismissed the claim, arguing that the plaintiff's sphere of rights was not personally or directly affected by the sole appearance of a job offer on the internet. A review appeal was filed by the plaintiff, which was then addressed by the President of the collegiate tribunal to Mexico's Supreme Court.

The Supreme Court, contrary to the opinion of the federal tribunal, considered that issuing a job offer that restricts the possibilities of a minority to apply for the position was in itself a violation of human rights, contrary to the explicit prohibition of discrimination set forth in Mexico's Constitution. Thus, the Supreme Court determined that the federal tribunal should grant the *amparo* to the plaintiff and order the appellate court (second instance) to issue a new ruling where the amount due as compensation by the defendant company is awarded.

From a different standpoint, liability resulting from environmental damage may be pursued through a tort action in federal courts, based on federal civil law. For a recent example on a case on extracontractual liability with a transnational scope, see the section on jurisdiction.

2.3.3 If No, Please Explain What Other Characterization Is Applied, Giving Detailed References to the Relevant Instruments or Case Law

Not applicable.

2.4 Do CSR Rules Fall Under Public Policy or Are They Characterised as Mandatory Rules?

In cases where certain CSR aspects (mainly the protection and respect of human rights and of the environment) are involved, and given that they are considered as part of the *ordre public*, the Supreme Court—as mentioned above—has determined

[11]The *amparo* procedure is used, among others, to challenge the conformity of a judgment with constitutional provisions, normally before federal courts. It is a constitutional procedure originating in the 1850s under Mexican constitutional law, which was later adopted by other Latin-American jurisdictions.

that they override and limit contractual freedom between contracting parties. Thus, in those cases where such questions are brought before a court, theoretically they shall be understood as mandatory rules. However, beyond that exception, in general terms other CSR aspects are left entirely to the discretion of the parties, given that other supervisory mechanisms or authorities do not usually characterise them as mandatory rules or seek to actively enforce them.

3 Alternative Methods of Dispute Resolution

Does your country allow disputes concerning CSR to be submitted to:

- *Arbitration*: yes, parties can submit any type of dispute (including, if so determined, those arising from breaches of CSR rules) to arbitration, which is governed by both the federal Code of Commerce (for commercial arbitration) and by state law.
- *Mediation*: yes, parties can submit any type of dispute to mediation, governed by state law. For cases of environmental damage, the Federal Law of Environmental Liability foresees that alternative methods of dispute resolution may be used, including mediation.
- *Conciliation*: yes, parties can submit any type of dispute to conciliation, governed by state law (with the exception of employment law disputes, which are governed by the Federal Labor Law, where conciliation is an integral part of the dispute procedure). For cases of environmental damage, the Federal Law of Environmental Liability foresees that alternative methods of dispute resolution may be used, including conciliation.
- *An OECD National Contact Point*: yes, parties can submit complaints to Mexico's NCP, although this is not governed by law. Instead, the six specific instances that have been brought against multinational companies before the NCP have been as a result of actions undertaken by alleged victims or their representatives. The NCP is perceived as a mediation instrument; scarce resources and visibility have impaired its efficacy.

4 Jurisdiction

4.1 Where the Dispute Must Be Submitted to a Court in Your Country, Which Court Has Jurisdiction:

The Forum of the Defendant?

Pursuant to articles 24.I, II and IV of the Federal Code of Civil Procedures, a federal court has jurisdiction in the forum of the defendant if that place was explicitly selected and agreed to by the parties to fulfill a contractual obligation, or where an individual or collective cause of action is involved (which would be the case for breaches of CSR rules, either agreed to contractually or resulting from torts). Nevertheless, see question 13 *infra*.

For cases related to the protection of collective rights, the Federal Code of Civil Procedures also states in articles 578–626 that collective actions may be brought before federal courts; however, it is not sufficiently specific as to the forum in which the collective action may be brought. Thus, given the explicit absence of competence *loci delictii*, it is understood that for civil claims, the applicable forum will be that of the defendant.

The Forum of One of the Defendants, with All the Potential Defendants Being Added (in This Case, Specify on What Basis: Corporate Group, Practical Involvement, Etc.) Whatever Their Geographical Location?

If a multiplicity of defendants exists, the Federal Code of Civil Procedures sets forth in article 5 that they shall appoint one common legal representative. However, the rule of the forum of the defendant is still applicable. Nevertheless, see question 13 *infra*.

The Contractual Forum? (Explain the Conditions for This to Apply, Giving Examples Relating to CSR)

A contractual forum rule may be used if the parties, in accordance with article 23 of the Federal Code of Civil Procedures, explicitly agree to it. Is it common practice that companies within a value or supply chain explicitly determine a forum (or an arbitral tribunal, for that matter) to which disputes will be submitted.

The Forum of the Act of Causation? (State What Is Meant by "Act of Causation")

The Federal Code of Civil Procedures does not foresee the forum of the act of causation as having jurisdiction.

The Forum of the Damage? (State What Is Meant by "Damage")

Not in accordance with the Federal Code of Civil Procedures. However, it is assumed that the forum of the damage may be applicable for cases relating to environmental damage, where a federal court specialized in environmental matters within the judicial circuit where the damage took place would have jurisdiction. Nevertheless, see question 13 *infra*.

The Forum of Necessity? (State the Conditions for This Rule to Apply)

Pursuant to article 565 of the Federal Code of Civil Procedures, a Mexican federal court shall assume jurisdiction of a foreign case in order to avoid a denial of justice, in cases where no other competent tribunal is available. However, such figure has not been commonly used in Mexico.

Universal Civil Jurisdiction? (State the Conditions for This Rule to Apply)

Not applicable in civil cases.

Other?

4.2 If Judicial Rulings Have Already Been Given in Your Country on Breaches of CSR, Please Give Summaries of Those Decisions and Provide Detailed References

See cases explained in questions 7.3 and 8.2 *supra*. Another recent case on breaches of CSR (especially of human rights) of a transnational character took place between Google, Inc., and a lawyer in Mexico City,[12] known as *Richter v Google, Inc.*[13] In the case, Ulrich Richter brought a tort claim against Google and several of its foreign (Mexican) subsidiaries as a result of its hosting of a defamatory blog, in which the plaintiff was presented as a money launderer, with links to drug trafficking and as a DEA target. The claim involved Google, Inc., Google Mexico (with its two main companies, Google México, S. de R.L. de C.V. and Google Operaciones de México, S. de R.L. de C.V.), and Lino Cattaruzi (director of Google Mexico at the time), with the plaintiff arguing that his rights to dignity and privacy had been harmed by the parent company and its subsidiaries.

As expected, Google, Inc. tried to convince the judges of the Eight Civil Court of Appeals of Mexico City (a local court) to dismiss the claim against the parent company, citing the inexistence of subsidiaries or agencies in the country, and presenting a *forum non conveniens* defense in an effort to have the case pursued before the courts of California, where the parent company is headquartered. However, the Court of Appeals decided that, as a result of the multiplicity of defendants—two of which had their domicile in Mexico City–, and considering that the damages took place in Mexican territory, the claim could proceed against Google, Inc. before the courts of Mexico City.

The parent company presented an *amparo* claim before the federal courts against the rejection of its jurisdictional defense. However, the Eleventh Civil District Court considered that, in application of the *pro persona* principle set forth in the Constitution, it had an obligation to ensure the highest protection possible for the claimant,

[12]The Supreme Court of Mexico adjourned the case after Google decided to retire its brief requesting the constitutional review of a lower court decision. The case is: Amparo en revisión 587/2017 (6 December 2017).

[13]For further non-legal commentary on the case, see Soto Galindo J, 'Richter vs Google va a la Suprema Corte', *El Economista* (13 August 2017), available at https://www.eleconomista.com.mx/opinion/Richter-vs.-Google-va-a-la-Suprema-Corte-20170813-0001.html; Soto Galindo J, Riquelme R, 'Richter vs. Google: La Suprema Corte confirma sentencia contra Google en México', *El Economista* (6 December 2017), available at https://www.eleconomista.com.mx/empresas/La-Suprema-Corte-confirma-sentencia-contra-Google-en-Mexico-20171206-0075.html; Richter U, 'Google Inc. y su algoritmo ante la SCJN', *El Universal* (3 December 2017), available at https://www.eluniversal.com.mx/articulo/ulrich-richter/nacion/google-inc-y-su-algoritmo-ante-la-scjn, all accessed on 30 May 2019; Gil Olmos J, 'Y sienta precedente el mexicano que venció al Goliat Google', *Proceso*, No. 2145 (10 December 2017), pp. 32–34.

including in relation to the jurisdictional aspects of the dispute, therefore denying the claim brought by Google.[14]

The company requested a constitutional review of the judgment, which was accepted by the First Chamber of the Supreme Court. The analysis of the First Chamber would revolve around the need to make a *pro persona* interpretation in relation to the *forum non conveniens* defense by the company, to review the compatibility between the right of access to justice and the right to dignity, on the one hand, and the jurisdictional rules applicable to the case, on the other hand.

However, several weeks in advance of the hearing, Google, Inc. requested the withdrawal of its constitutional review. As a result, the Supreme Court declared that the decision of the District Court to reject the jurisdictional defense presented by Google, Inc. was final, thus opening a relatively clear pathway for transnational human rights litigation for abuses by companies before Mexican tribunals, as long as those companies headquartered overseas have offices in the country, and damage is inflicted to a person or object within its jurisdiction.

4.3 Are There Other Aspects of Jurisdictional Competence Specific to Your Country That You Would Like to Point Out in Order to Help Us Better Understand Your Answers?

The answers provided in relation to the issue of jurisdiction are based exclusively in relation to federal law. However, bearing in mind that Mexico is a federal republic, every state (32 in total) has its own jurisdictional rules and competence, including over some type of procedures. Thus, specific differences may be found in state law that are not replicated in federal law, and viceversa.

5 Applicable Law

5.1 What Is the Law Applicable to Rules Relating to Corporate Structure? In Other Words, How Is the Lex Societatis Determined?

Pursuant to article 2736 of the Federal Civil Code, the law applicable to the corporate structure of foreign legal persons is that of the State where they are incorporated.

[14] Juzgado décimo primero de distrito en materia civil en la Ciudad de México, Amparo indirecto 422/2016.

5.2 What Is the Law Applicable to Rules Belonging to the Law of Contract? (State the Main Conflict Rule: "Autonomy of Will", for Example—Then the Conflict Rules Applicable by Default)

According to article 13.V of the Federal Civil Code, the law applicable to a contract will be that from the place where the obligations are to be executed; however, parties can agree to apply a different legal standard, based on the autonomy of will. Furthermore, article 12 of the Federal Civil Code stipulates that Mexican law shall be applicable to acts and facts taking place within its territory or jurisdiction, unless they explicitly foresee the specific application of foreign law.

5.3 What Is the Law Applicable to Rules Belonging to the Law of Torts? (State All the Conflict Rules in Your Country in the Order in Which the Courts Would Apply Them)

According to article 12 of the Federal Civil Code, a dispute submitted to a judge as a result of a tort (either for human rights violations or environmental degradation) would be regulated by Mexican law, which is applicable to "facts taking place within its territory or jurisdiction". The provision also stipulates the possibility of applying foreign law if specifically agreed to; however, given that a legal fact (such as a tort) would not foresee any applicable law (as a result of gross negligence or willful misconduct), given its extracontractual nature, Mexican law would be directly applicable. See question 13 *supra*.

5.4 Does Your Country's Case Law Allow Verification of Whether the Applicable Law Is in Conformity with the Rules of International Human Rights Law, the ILO Conventions, or Other Mandatory Rules of International Law? Please Explain

Yes; by constitutional mandate, all authorities (including the judiciary) shall perform a conventionality control to determine if the law applicable to any given situation is in conformity with international human rights treaties (which may include labor or environmental conventions) that Mexico has ratified, given that international human rights treaties have equal value to the Constitution. Beyond human rights norms, case law issued by the Supreme Court also determines that all treaties shall prevail over any (general, federal or state) law, but will be placed beneath the Constitution for the purpose of hierarchy.

5.5 Does Your Country's Case Law Allow the Application of Ethical Rules Instead of, or as a Complement to, the Applicable Law? Please Explain

Not in principle.

6 Recognition and Enforcement of Judgments

6.1 Describe the Rules Applicable in Your Country to the Recognition and Enforcement of Foreign Judgments

According to article 569 of the Federal Code of Civil Procedures, foreign judgments shall be effective and recognized in Mexico as long as they observe due process, are not contrary to the domestic *ordre public*, and there is reciprocity for analogous cases in the State of origin. They shall be validated in accordance with article 570 of the Federal Code of Civil Procedures, providing the parties with an opportunity to present their arguments in relation to the enforcement of the judgment.

6.2 If a Judgment Given Abroad Holds a Company Liable for a Breach of the Rules of CSR, Is Your Country Likely to Recognize and/or Enforce That Judgment? Please Explain

In accordance with article 569 of the Federal Code of Civil Procedures, as long as the foreign judgment is not contrary to domestic public policy (*ordre public*), it should be both recognized and enforced by Mexican tribunals. Considering that environmental and human rights concerns (both CSR components) are considered as being part of public policy, it is likely that any judgment for their breach would be recognized and enforced.

6.3 Same Question as in 6.2, But the Rule Applied Is One of Soft Law or Ethics. Is Your Country Likely to Block Recognition or Enforcement of Such a Judgment? Please Explain

In accordance with article 575 of the Federal Code of Civil Procedures, first instance or appellate courts shall not examine the merits, reasoning, or factual or legal basis of a foreign judgment that is to be enforced in Mexico. Thus, if a foreign court determined that those standards could be used in accordance to their own legal system and the judgment is to be enforced in Mexico, the only attributions federal courts would have are the examination of the authenticity of the judgment and whether it should be enforced (or not) in accordance to national law.

References

Botero Gómez S (2019) Las empresas transnacionales y los derechos humanos. Tirant Lo Blanch, Ciudad de México

Cantú Rivera H (2014) La OCDE y los derechos humanos: el caso de las Directrices para Empresas Multinacionales y los Puntos de Contacto Nacional. Anuario Mexicano de Derecho Internacional XIV:611–658

Cantú Rivera H (2016) The Mexican judiciary's understanding of the corporate responsibility to respect human rights. Bus Human Rights J 1(1):133–138

Cantú Rivera H (2018) La responsabilidad de las empresas en materia de derechos humanos. CNDH, Ciudad de México

The Netherlands

Liesbeth F. H. Enneking and Martijn W. Scheltema

Abstract In the Netherlands, there are several interesting developments when it comes to the PIL-aspects of CSR. First and foremost, Dutch courts have over the past few years been confronted with various cases in which Dutch companies (and their foreign subsidiaries) have been held to account for irresponsible business conduct in global value chains using non-contractual liability law. In most, issues relating to jurisdiction and applicable law have played a crucial role. Furthermore, Dutch companies increasingly rely on contractual mechanisms to implement supplier codes of conduct with a view to ensuring UNGP and OECD Guidelines compliant behavior throughout their supply chains. However, it should be noted that this development has not yet led to legal disputes generating case law about the scope and interpretation of these contractual obligations and/or their PIL-aspects. This is also true for the existing Dutch rules on company law, which as of yet contain few specific CSR-related obligations other than a number of reporting obligations for certain Dutch companies with respect to non-financial performance indicators like environmental, personnel and (in some cases) human rights issues. As far as alternative dispute resolution is concerned, it may be noted that the Dutch NCP is relatively active when it comes to resolving specific instances and has recently dealt with several interesting cases. Furthermore, the Dutch multi-stakeholder Agreement on Responsible Business Conduct in the Textile Sector includes an independent and binding dispute and complaint mechanism where third parties may file complaints against adhering companies on non-compliance with the agreement.

L. F. H. Enneking · M. W. Scheltema (✉)
Erasmus School of Law, Erasmus University Rotterdam, Rotterdam, The Netherlands
e-mail: enneking@law.eur.nl; mw.scheltema@pelsrijcken.nl

C. Kessedjian, H. Cantú Rivera (eds.), *Private International Law Aspects of Corporate Social Responsibility*, Ius Comparatum – Global Studies in Comparative Law 42, https://doi.org/10.1007/978-3-030-35187-8_16

1 Definition and Sources

1.1 Does Your Country Have a Definition of Corporate Social Responsibility? If Yes, Please State That Definition Here and Give the Source (a Written Source or Precise References to Case Law)

The Social and Economic Council of the Netherlands (SER) advises the Dutch Government and Parliament on key issues of social and economic policy. One of its focal points is CSR ('Maatschappelijk Verantwoord Ondernemen' or 'MVO') and in particular CSR in an international context ('Internationaal Maatschappelijk Verantwoord Ondernemen' or 'IMVO').

The SER defines CSR as "[t]aking care of the effects that the functioning of a business enterprise has on society". According to the SER, this care is part of the core business of a business enterprise and requires that it: (1) consciously aims its business activities towards long term value creation in the three dimensions of people, planet and profit; and (2) relates to its various societal stakeholders through transparency and dialogue, through which answers are provided to legitimate societal concerns.[1] According to the SER, one of the main aspects of CSR in an international context is that of responsible supply chain management. It defines this as the voluntary commitment by business enterprises to positively influence the social and environmental policies of their suppliers.[2]

The SER's definition of CSR has been adopted by the Dutch government in its subsequent policy documents on the issue. In doing so, it has stressed that the interpretation and implementation of CSR is primarily related to the particular business operations of any given business enterprise, meaning that there is no standard recipe for doing so, and that it is therefore primarily an extralegal affair.[3] However, in recent years, there has been increasing attention by the Dutch government for its role in monitoring and promoting compliance by Dutch business enterprises of the responsibilities set out in international soft law instruments such as the OECD Guidelines for Multinational Enterprises (hereinafter: OECD

[1]SER (15 Dec 2000) De winst van waarden. Available at ser.nl/nl/publicaties/adviezen/2000-2009/2000/b19054.aspx; SER (20 June 2008) Duurzame globalisering: een wereld te winnen. Available at ser.nl/nl/publicaties/adviezen/2000-2009/2008/b26895.aspx.

[2]SER (19 Dec 2008) Verklaring inzake Internationaal Maatschappelijk Verantwoord Ondernemen. Available at ser.nl/nl/publicaties/overige/2000-2008/2008/b27428.aspx.

[3]Inspireren, innoveren, integreren: kabinetsvisie maatschappelijk verantwoord ondernemen 2008–2011, *Kamerstukken II* 2007/08, 26 485, no. 53. Available at docplayer.nl/8970415-Kabinetsvisie-maatschappelijk-verantwoord-ondernemen-2008-2011-inspireren-innoveren-integreren.html.

Guidelines) and the UN Guiding Principles on Business and Human Rights (hereinafter: UNGPs).[4]

1.2 *Is Your Country a Member of the OECD?*

In the Netherlands, we have the 'Nationaal Contactpunt OESO-Richtlijnen' (see oecdguidelines.nl). The Netherlands' NCP operates independently from the Dutch government and consists of four independent members and four advisory members from different ministries (Social Affairs & Employment; Economic Affairs; Foreign Affairs; Infrastructure & Environment). The Secretariat of the NCP is based at the Ministry of Foreign Affairs. The two main tasks of the NCP are: (1) to raise awareness of the OECD Guidelines with businesses, trade unions and non-governmental organizations; and (2) to contribute to the resolution of issues that arise from the alleged non-observance of the Guidelines in specific instances. The Netherlands' NCP performs these tasks by developing promotional material on the OECD Guidelines, by (co-) organizing events and by answering questions from the business community, NGOs or others about the implementation of the OECD Guidelines.

The activities of the Netherlands' NCP are reflected in its annual reports and its annual work plans.[5] Examples of the NCP's main actions in the past 3 years include: a cross company study in the oil and gas sector, which it conducted in 2017; a meeting for stakeholders and other NCPs; strengthening government policy on International Responsible Business Conduct (IRBC); giving advice on sector-specific IRBC Agreements; and promoting implementation of the (general) OECD Due Diligence Guidance for all sectors in 2018.[6]

The organization and mandate of the Netherlands' NCP was originally formalized by government decree in 2007, and extended in 2011. In June 2014, the Dutch Ministry of Foreign Affairs published a revised government decree on the

---

[4]Maatschappelijk verantwoord ondernemen loont, *Kamerstukken II* 2012/12, 26 485, no. 164. Available at https://zoek.officielebekendmakingen.nl/kst-26485-164.html; Nationaal Actieplan Bedrijfsleven en Mensenrechten, *Kamerstukken II* 2013/14, 26 485, no. 174. Available at rijksoverheid.nl/documenten/brochures/2014/05/28/nationaal-actieplan-bedrijfsleven-en-mensenrechten; Stand van zaken IMVO-convenanten, *Kamerstukken II*, 2014/15, 26 485, no. 212 and *Kamerstukken II*, 2015/16, 26 485, no. 220.

[5]See, for the annual reports: National Contact Point OECD Guidelines. Annual reports Dutch NCP. Available at oecdguidelines.nl/ncp/annual-reports. See, for a summary of the 2018 annual work plan: National Contact Point OECD Guidelines (2018) Summary NCP workplan 2018. Available at oecdguidelines.nl/ncp/documents/publication/2018/03/27/summary-ncp-workplan-2018.

[6]See National Contact Point OECD Guidelines (2017) Summary NCP workplan 2017, p. 2. Available at oecdguidelines.nl/ncp/documents/publication/2017/03/07/summary-ncp-workplan-2017. See also for a summary of the 2018 annual work plan: National Contact Point OECD Guidelines (2018) Summary NCP workplan 2018. Available at oecdguidelines.nl/ncp/documents/publication/2018/03/27/summary-ncp-workplan-2018.

establishment of the NCP, with a view to bringing its activities more in line with current developments. The 2014 government decree has resulted in a number of changes, some of which are currently already part of the NCP's practice:

- The Netherlands NCP will have the possibility for a more explicit role interpreting the OECD Guidelines for Multinational Enterprises. For example, it will be possible for the Dutch government to request cross-company/industry-wide research performed by the NCP and the NCP can have a role in setting up international CSR covenants.
- There is now more room for the NCP to lead and guide dialogues about the OECD Guidelines, also where there is no formal notification about an alleged breach of the Guidelines.
- Consultation of the NCP with stakeholders like VNO-NCW (the Dutch employers' organization), OECD Watch and FNV (one of the main Dutch trade unions) has now been formalized in the so called NCP+.
- In addition to existing counselling and guidance from members of the Ministries of Foreign Affairs, Economic Affairs, Infrastructure & Environment and Social Affairs & Employment, the NCP now has the opportunity to also seek advice from other ministries, when this relates to potential future CSR discussions in the domain of these departments.[7]

An overview of cases that the Netherlands' NCP has dealt with can be found online (see oesorichtlijnen.nl/meldingen/overzicht-meldingen/lopende-meldingen for pending cases and oesorichtlijnen.nl/meldingen/overzicht-meldingen/afgeronde-meldingen for cases concluded). In the period 2015–2018, the Netherlands' NCP issued final evaluations with respect to five Specific Instance procedures.[8] There are two interesting cases that it has dealt with recently. The first one is the Heineken case in connection with human/workers' rights in the DRC, in which the issue has been settled through an independent mediator engaged by the NCP at the parties' request.[9] The second one is the ING case, which is still pending and in which the NCP has accepted specific instances connected to climate change issues, which are not very clearly included in the OECD Guidelines for Multinational Enterprises.[10]

[7]See Nationaal Contact Point OECD Guidelines (23 July 2014) Instellingsbesluit 2014 zorgt voor verfijning en versterking werkzaamheden NCP. Available at oesorichtlijnen.nl/ncp/nieuws/2014/7/23/instellingsbesluit-2014-zorgt-voor-verfijning-en-versterking-werkzaamheden-ncp.

[8]See National Contact Point OECD Guidelines, Afgeronde meldingen. Available at oesorichtlijnen.nl/meldingen/overzicht-meldingen/afgeronde-meldingen.

[9]See National Contact Point OECD Guidelines (2017) Final statement specific instance former employees Bralima vs. Bralima and Heineken. Available at oecdguidelines.nl/documents/publication/2017/08/18/final-statement-notification-bralima-vs-heineken.

[10]See National Contact Point OECD Guidelines (14 Nov 2017) Publication Dutch NCP initial assessment filed by 4 NGOs, vs. ING bank. Available at oecdguidelines.nl/documents/publication/2017/11/14/publication-dutch-ncp-initial-assessment-filed-by-4-ngos-vs.-ing-bank.

1.3 As a Member State of the United Nations, Has Your Country Taken Any Action Under the 2011 Guiding Principles? If Yes, Please Describe (National Action Plan, Etc)

In December 2013, the Dutch Ministries of Foreign Affairs and of Economic Affairs presented the Dutch National Action Plan on Business and Human Rights (hereinafter: the Dutch NAP) to the Dutch Parliament.[11]

The Dutch NAP set out specific points for action, which included: increasing policy coherence; clarifying human rights due diligence; promoting transparency and reporting; and providing scope for remedy.[12] In connection with this last point, the Dutch government has for instance supported the start-up of ACCESS Facility,[13] and organized, together with ACCESS, a conference on non-judicial dispute resolution mechanism.[14]

A specific point of action that was mentioned in the Dutch NAP was that a comparative and empirical study would be commissioned of the status quo of Dutch law in light of the UN Guiding Principles. This study, which was concluded in December 2015 and presented to the Dutch Parliament in April 2016, focused on duties of care of Dutch business enterprises with respect to international corporate social responsibility in the fields of corporate law, civil liability law and criminal law.[15] Its outcomes have prompted a number of promises for (minor) improvements of the Dutch legal and policy framework in this respect.[16]

The current focus of the Dutch government's policy approach to the issue of Business & Human Rights is on the conclusion of multi-stakeholder agreements between business, government and NGOs in specific sectors on the issues addressed in the 2011 UNGPs; these agreements are also addressed in the Dutch NAP.[17] In 2013 the Ministry of Foreign Trade, on the basis of research conducted by consultancy firms, identified 13 at-risk sectors in connection with responsible business

[11]Nationaal Actieplan Bedrijfsleven en Mensenrechten, *Kamerstukken II*, 2013/14, 26 485, no. 174 (hereinafter: Dutch NAP). Available at rijksoverheid.nl/documenten/brochures/2014/05/28/nationaal-actieplan-bedrijfsleven-en-mensenrechten. English translation available at business-humanrights.org/sites/default/files/documents/netherlands-national-action-plan.pdf.

[12]See pp. 40 ff. of the Dutch NAP.

[13]See accessfacility.org.

[14]See pp. 32, 36 and 42 of the Dutch NAP.

[15]Enneking et al. (2016) (report for the Dutch government on Duties of care of Dutch business enterprises with respect to international corporate social responsibility, full-text of original report available at wodc.nl/binaries/2531-volledige-rapport_tcm28-73868.pdf, English language executive summary available at wodc.nl/binaries/2531-summary_tcm28-124392.pdf).

[16]Zorgplichten van Nederlandse ondernemingen inzake internationaal maatschappelijk verantwoord ondernemen, *Kamerstukken II*, 2015/16, 26 485, no. 219. Available at zoek.officielebekendmakingen.nl/kst-26485-219.html.

[17]See pp. 25 and 26 of the Dutch NAP.

conduct.[18] The Dutch government announced at that time that it would implement legislation if these 13 sectors would not conclude tripartite agreements on this topic with the government, NGOs and business. Not all of the sectors identified have concluded agreements to date. However, the seven agreements have been concluded to date, include agreements in the textile industry, the banking industry and the gold industry, an agreement on sustainable forestry and agreements in the protein sector, the food sector and the insurance sector.[19]

The secretariat of the textile, banking, gold and insurance agreements is administered by the SER (Social Economic Council), which is an independent body and funded by the government. The governance of these agreements is more or less the same.[20] All have a steering board which consists of representatives from the government, NGOs and business as well as an independent chair. The secretariat also engages and pays experts if these are required to develop the agreements in practice in collaboration with the signatories. Furthermore, it bears the cost of administering the agreements it facilitates.[21] The SER has appointed one director in charge of all the agreements. The agreements administered by the SER all implement the same basic features: (i) a due diligence requirement that builds on the UNGPs and the OECD Guidelines, (ii) access to remedy if a company causes or contributes to human rights or environmental violations as well as the implementation of dispute resolution remedies and (iii) a reporting requirement on due diligence (policies) and access to remedy. The garment agreement also includes animal welfare.

The Dutch NAP has made clear that the Dutch government is satisfied with the functioning of the Dutch NCP, and does not consider granting it the right to conduct investigations on its own volition.[22] The Dutch NAP has also made clear that the Dutch government is not convinced of the use of legislation with extraterritorial impacts (and/or of an international, legally binding instrument).[23] Nonetheless, there have been some interesting developments in this area as the Dutch Parliament in February 2017 adopted a bill that seeks to introduce a due diligence obligation for companies that sell goods or provide services to Dutch end-users to prevent the use of child labour in connection with those goods sold or services.[24] It remains

[18]See *Kamerstukken II*, 2013/14, 26 485, no. 187, p. 1-2.

[19]Voortgang sectorconvenanten, *Kamerstukken II*, 2015/16, 26 485, nos. 219 and 220. Available at zoek.officielebekendmakingen.nl/kst-26485-219.html and zoek.officielebekendmakingen.nl/dossier/26485/kst-26485-220.html.

[20]See for more information and further references: IRBC Agreements, What agreements have been concluded?. Available at internationalrbc.org/agreements.

[21]See *Kamerstukken II* 2017/18, 26 485, no. 253, p. 2.

[22]See pp. 34 and 35 of the Dutch NAP.

[23]See pp. 39 of the Dutch NAP.

[24]See for the latest version of this Dutch Child Labour Due Diligence Law: Voorstel van wet van het lid Van Laar houdende de invoering van een zorgplicht ter voorkoming van de levering van goederen en diensten die met behulp van kinderarbeid tot stand zijn gekomen (Wet zorgplicht

uncertain, however, whether this bill will also get the necessary majority in the Dutch Senate.[25]

1.4 Does Your Country Apply the ISO Standards? If Yes, Please Give Examples of Their Application

Yes, ISO 20400 (responsible procurement), 26000 (CSR management) and 14000 (environment). Some of them are actively endorsed and applied by the government (ISO 20400), others are used but not actively endorsed by the government.

2 Characterisation

2.1 Rules Pertaining to Company Law

2.1.1 Please Describe the Rules of CSR Pertaining to Company Law (Due Diligence, Duty of Vigilance, Compliance Department, Etc)

Dutch company law applies in principle to all Dutch corporations (i.e. all corporations that are incorporated under Dutch law), regardless of the location where they carry out their operations. However, it does at present not contain any general rules relating to CSR such as a general obligation for Dutch business enterprises to implement the standards of conduct laid down in international soft law instruments such as the OECD Guidelines or the UNGPs (e.g. a duty to have in place human rights and environmental due diligence procedures). Nonetheless, some of the existing provisions of Dutch company law may provide starting points for a further elaboration of the corporate responsibility to respect the human rights and environmental interests of third parties.[26]

An example is the requirement that directors and supervisory directors in the execution of their tasks are to focus on the interest of the business enterprise associated with the corporation.[27] In the Netherlands a wide interpretation is given of the notion of the corporate interest, in that it is considered to refer to the long-term interest of the business enterprise and may also comprise stakeholders such as employees and creditors. At the same time, it is not unlimited. Directors are required

kinderarbeid), *Kamerstukken I*, 2016/17, 34 506, A. Available at zoek.officielebekendmakingen.nl/kst-34506-A.html. The bill is currently pending in the Dutch Senate.

[25]See for the latest developments: Eerste Kamer der Staten Generaal, Initiatiefvoorstel-Kuiken Wet zorgplicht kinderarbeid. Available at eerstekamer.nl/wetsvoorstel/34506_initiatiefvoorstel_kuiken.

[26]The following is largely derived from: Enneking et al. (2016), pp. 102–140.

[27]Art. 2:239(5) DCC and 2:250(2) DCC.

to exercise due care with respect to the interests of those who are directly involved in or linked to the corporation and the business enterprise that is associated to it.[28] Accordingly, under Dutch company law they do in principle not owe such a duty towards 'external' stakeholders who are not directly involved in or linked to the corporation's business activities, like most stakeholders in the international CSR context (*i.e.*, employees, neighbours, communities and the environment in host countries). Consequently, they are only required (or, strictly speaking, permitted) to take the interests of such 'external' stakeholders into account if and to the extent that this is required by the law, follows from the corporation's articles of incorporation, or is in the corporation's own interest.[29]

It should be noted in this respect that unlike Dutch tort law (see under 8), Dutch company law does not provide for enforcement mechanisms that enable such 'external' stakeholders to hold (officers of) the corporation liable for any damage that they may have suffered as a result of its operations. The enforcement of CSR norms in the field of company law thus depends largely on the readiness of 'activist' shareholders and investors to take action on CSR-related issues. Although this readiness to take action seems to be on the increase, the application of many of the relevant instruments requires, just like the exercise of influence, that the (groups of) shareholders who wish to resort to them represent a certain part of the issued capital. Nonetheless, inquiry proceedings (the Dutch *enquêteprocedure*[30]), which may also be instituted in the general interest by for example trade unions or the advocate general at the Dutch Supreme Court, might in theory offer opportunities for intervention where serious and ongoing violations of CSR standards occur as part of the international business activities of Dutch corporations and/or their subsidiaries.[31]

Another potential starting point is the Dutch Corporate Governance Code, a non-binding code that lays down certain widely supported principles and accompanying practices relating to good corporate governance for Dutch listed corporations. These corporations are required to report on their compliance with the Code in their annual management reports, albeit on a comply or explain basis. In the 2008 version of the Code, there were several references to principles of CSR, in particular the responsibility of directors and supervisory directors to take into account the interests of stakeholders who are directly or indirectly connected to the corporation, or impacted by its operations.[32] However, in the latest (2016) version of the Dutch Corporate Governance Code, these references to (directors' responsibilities in relation to) CSR and 'external' stakeholders have largely been omitted.[33]

[28] Art. 2:8 DCC and Dutch Supreme Court, 4 April 2014, ECLI:NL:HR:2014:797 (*Cancun*).

[29] See Enneking et al. (2016), pp. 103–117.

[30] Art. 2:344 DCC ff.

[31] See Enneking et al. (2016), pp. 117–133.

[32] See, with further references: Enneking et al. (2016), pp. 111–113.

[33] See Monitoring Commissie Corporate Governance Code (2016) De Nederlandse Corporate Governance Code. Available at mccg.nl/download/?id=3364.

Under Dutch company law, Dutch corporations are under an obligation to report on certain non-financial performance indicators, including environmental and personnel issues, in the management report that is drawn up by the corporation's board of directors on a yearly basis.[34] This transparency obligation applies only if and to the extent that reporting on such indicators is required for a good understanding of the development, the results or the position of the business enterprise, and does not apply to small business enterprises. Directive 2014/95/EU relating to the disclosure of non-financial and diversity information extends this requirement by introducing an obligation for certain large business enterprises to report on their business policies relating to the environment, social and personnel issues, human rights and the combat of corruption and bribery, as well as on the impacts of those policies. If the business enterprise does not pursue a policy on one or more of these subjects, it is to include a clear and reasoned explanation for not doing so. The Directives' obligations have been implemented in Dutch law by Royal Decree and have been made applicable from the financial year of 2017 onwards.[35]

Under Dutch company law, the enforcement of these transparency obligations is mainly in the hands of shareholders and investors, who may hold the corporation's directors liable for damage they have suffered as a result of misleading information in the management report.[36] Moreover, the Commercial Division of the Amsterdam Court of Appeals may, at the instigation of certain stakeholders (like the corporation's works council but also competitors, creditors and civil society organizations), order the corporation to adjust a management report that is not in conformity with the law.[37] In addition, because of the criminalization of the violation of these transparency obligations under the Dutch Economic Offences Act (Wet Economische Delicten), the Dutch Public Prosecutor may institute criminal proceedings on account of violation of these obligations.[38] As this is regarded as a minor offence, however, the prosecution interests will not be substantial and a resulting conviction is not likely to have a strong normative effect.[39]

Finally, the notions of separate legal personality and of limited liability are seen as fundamental in the field of Dutch company law, which means that in principle legal persons cannot be held liable for the actions of other legal persons. These notions also apply to corporations belonging to the same group; from a legal point of view they are viewed as separate entities and may only be held liable for debts or actions of other group entities in exceptional cases. This means that the present state of affairs in the field of Dutch company law leaves little room for holding

---

[34]Art. 2:391 DCC.

[35]Besluit bekendmaking niet-financiële Informatie, *Stb*. 2017, 100. Available at rijksoverheid.nl/documenten/besluiten/2017/03/23/staatsblad-100-2017-besluit-bekendmaking-niet-financiele-informatie.

[36]Art. 2:139 and 2:249 DCC.

[37]Art. 2:447 DCC ff.

[38]Art. 1(4) WED.

[39]See also Enneking et al. (2016), p. 126.

corporations liable for violations of CSR standards by their subsidiaries or supply chain partners on the basis of veil piercing doctrines. The Dutch field of tort law (and the Dutch field of criminal law, which falls outside the scope of this report, however), do seem to offer broader possibilities in this respect.[40]

2.1.2 Please Give Detailed References to the Relevant Instruments or Case Law

See above at 6.1.[41]

2.1.3 If These Rules Have Given Rise to Disputes, Please Briefly Describe the Cases That Have Arisen in Your Country and Their Outcomes (Providing Full References for Court Decisions)

There is no directly relevant case law (*i.e.* case law that specifically deals with CSR rules in the field of company law) available.[42] One case that may be mentioned here is the 1979 *Batco* case. This case involved inquiry proceedings into the affairs of the company Batco Nederland, following a dispute between the company and the labour unions over the company's decision to close one of its factories.[43] The Enterprise Division of the Amsterdam Court of Appeal came to the decision that there had been mismanagement by Batco in this respect, since the company had failed to properly take into account its employees' interests. One of the court's considerations in so deciding was that the company had expressly accepted the OECD Guidelines for Multinational Enterprises as a guideline for its policies in these matters, but had subsequently failed to live up to its obligations under those guidelines to consult with the unions and the work council.

[40] In more detail: Enneking et al. (2016), pp. 140–222 and 222–256, respectively.

[41] For further detail and a discussion of relevant case law, see Enneking et al. (2016), pp. 85–258.

[42] For a more detailed discussion including references to case law that is indirectly relevant, see Enneking et al. (2016), pp. 102–140.

[43] Amsterdam Court of Appeals (Enterprise Division), 21 June 1979, NJ 1980, 71.

2.2 *Rules Pertaining to the Law of Contract*

2.2.1 Please Describe the Rules of CSR Pertaining to Contract Law (Clauses on Compliance with the OECD Guidelines, Anti-Corruption Clauses, Control of the Value Chain, Etc)

Dutch companies often use (supplier) codes of conduct as mechanisms to enhance and implement behavior throughout their supply chains that is compliant with the UNGPs and/or the OECD Guidelines.[44] However, the content of these (supplier) codes of conduct significantly varies from company to company. Some provisions therein are relatively vague implementing an obligation to 'comply with all relevant local regulation' or using language like 'workers conditions compliant with local regulation', 'no use of child/forced labor' or 'human rights compliant production'.[45] Some codes even allow suppliers to aim for these goals, yet, (at this point) do not impose an obligation to reach these goals.[46]

In addition, the implementation of supplier codes of conduct also varies widely.[47] Some companies only publish them on their website without implementing them through contractual mechanisms.[48] Another category of companies consider such codes of conduct to be a core element of their contracts with suppliers.[49] Some contractual mechanisms even create third party rights to counter non-compliance of the code of conduct, for example on behalf of workers of a supplier.[50] Other companies prescribe self-evaluation by suppliers in their code of conduct or require the completion of surveys, depending on the perceived risk.[51] However, such requirements are often only implemented through ancillary documents such as

[44]See e.g. Vytopil (2015), pp. 122–126.

[45]Vytopil (2015), pp. 123, 130, 135 and 136. See for the international normative framework ILO-conventions 29, 105, 138 and 182.

[46]Vytopil (2015), p. 130.

[47]Beckers (2014), pp. 41 ff; Vytopil (2015), pp. 121 ff, who focusses on labor related rights. See on the way this issue is addressed in supply chains in Myanmar: Theuws and Overeem (2017) The Myanmar Dilemma, Can the garment industry deliver decent jobs for workers in Myanmar?, pp. 93–115, Available at somo.nl/wp-content/uploads/2017/02/170731-The-Myanmar-Dilemma-update-web-1.pdf.

[48]Vytopil (2015), pp. 123–124, 129 and 135–138. Cf. Beckers (2014), pp. 50–71, who also discusses whether a public statement may be relevant in connection with the interpretation of a contract or become binding through other avenues.

[49]Beckers (2014), pp. 41–43; Vytopil (2015), pp. 123, 129, 135–137. Sometimes a supplier has to confirm in writing the receipt of the code of conduct. See Vytopil (2015), p. 137. Companies also refer to codes of conduct developed by third parties (such as NGOs) or to supporting documents such as ILO or OECD guidance (which raises the question whether these documents become binding on the supplier). See Vytopil (2015), pp. 124, 136–137.

[50]Vytopil (2015), pp. 125–126, 132 and 138. However, third party rights are explicitly rejected in other contracts. See Vytopil (2015), p. 139.

[51]See e.g. Vytopil (2015), p. 130, 132 and 139. Cf. Rees (2016) Business, Human Rights and the Sustainable Development Goals: Forging a Coherent Vision and Strategy, p. 56, available at

general terms and conditions or umbrella agreements governing long-term business relationships between commercial parties.[52] Moreover, contracts do not always include a reference to these terms and conditions. An example being that such reference might not be deemed necessary in specific instances.[53]

Finally, the monitoring of compliance with and enforcement of (supplier) codes of conduct ranges from virtually no action by the buyer to strict monitoring and enforcement, sometimes even implementing third party audits.[54] Some companies even go beyond auditing and establish a dialogue with suppliers to discuss the situation and to improve compliance with the code of conduct or collaborate with (local) NGOs to audit compliance in dialogue with the supplier.[55]

Overall, although the content, implementation, and monitoring and enforcement of codes of conduct varies, the majority of the globally operating enterprises who have implemented a CSR/BHR policy utilizes a contractual mechanism to enhance compliance with their code of conduct.[56] However, no specific legislation pertaining to this topic is in place in the Netherlands. That said, it has been explored whether and in which manner existing contract law may be useful in enforcing corporate codes of conduct (also in connection with these issues).[57] Even though contractual mechanisms are not mentioned explicitly, purchasing practices of adhering companies are referred to in the Dutch Garment Agreement.[58] Thus, it makes indirect reference to contractual mechanisms. Furthermore, the Dutch government has indicated that it will include OECD Guidelines for Multinational Enterprises requirements in export credit guarantees.[59] Beyond that, contractual mechanisms are used through certification, which is implemented through several multi-stakeholder mechanisms, such as RSPO and UTZ. Both use certification to monitor and verify compliance with the standards.[60]

---

shiftproject.org/resources/publications/business-human-rights-sustainable-development-coherent-strategy/.

[52]Beckers (2014), pp. 45–50.

[53]Vytopil (2015), pp. 123–124, 129–130, 136–137.

[54]Vytopil (2015), pp. 128, 135 and 139.

[55]Rees (2016) Business, Human Rights and the Sustainable Development Goals: Forging a Coherent Vision and Strategy, pp. 74 and 81. Available at shiftproject.org/resources/publications/business-human-rights-sustainable-development-coherent-strategy/.

[56]Overall 77% of these companies use a contractual mechanism. In the extractive industry this is even 100% and in the energy sector 83%. See Norton Rose Fulbright (2015) Business and Human Rights Due Diligence Project, p. 7. Available at nortonrosefulbright.com/knowledge/publications/126908/business-and-human-rights-due-diligence-project.

[57]Beckers (2014), pp. 41 ff.; Vytopil (2015), pp. 117 ff.

[58]See paragraph 1.1 of the Dutch Garment Agreement. Available at internationalrbc.org/agreements.

[59]See p. 27 of the Dutch NAP.

[60]See RSPO, How RSPO certification works. Available at rspo.org/certification/how-rspo-certification-works. Accessed 13 Nov 2018; RSPO, RSPO certification systems. Available at rspo.org/key-documents/certification/rspo-certification-systems. Accessed 13 Nov 2018; UTZ, Certification. Available at utz.org/what-we-offer/certification.

2.2.2 Please Give Detailed References to the Relevant Instruments or Case Law

See above at 7.1.

2.2.3 If These Rules Have Given Rise to Disputes, Please Briefly Describe the Cases That Have Arisen in Your Country and Their Outcomes (Providing Full References for Court Decisions)

To date, there is no relevant case law in the Netherlands on the topic of contractual mechanisms to implement clauses related to the UNGPs or the OECD Guidelines.

2.3 Rules Pertaining to Law of Torts

2.3.1 When a Third Party (an Employee, Customer, Supplier or Victim of Breaches by the Company, Etc.) Takes Action Against a Company for Breach of a Rule of CSR, Is That Action Characterized as a Tort Action?

Yes.

2.3.2 If Yes, Please Give Examples, Drawn Either from Legislation or Case Law, with Detailed References

The possibilities that Dutch tort law offers to hold business enterprises liable for violations of written norms and/or unwritten duties of due care is of particular importance in the international CSR context.[61] In proceedings against Dutch business enterprises regarding their involvement with activities by subsidiaries or sub-contractors that resulted in damage to people and the environment elsewhere, the open standard of "[. . .] an act or omission in violation [. . .] of what according to unwritten law has to be regarded as proper social conduct" is especially relevant.[62] It opens up the possibility to include generally accepted non-legal standards of conduct in assessing what measure of care could have been expected of the business enterprises involved. Thus, through this open standard the responsibilities imposed on business enterprises by international soft law instruments like the UNGPs or the OECD Guidelines may play a role in determining whether a company is liable in tort

[61] The following is largely derived from: Enneking et al. (2016), pp. 162–196.

[62] Art. 6:162(2) DCC.

for breach of unwritten standards of conduct in the field of CSR.[63] This is important, since Dutch law does at present does not contain any statutory rules pertaining to CSR in an international context, like a statutory human rights due diligence obligation (see also 3.1).

Under Dutch tort law, a business enterprise is generally expected to take more, better and more expensive preventative measures as and when the reasonably foreseeable risks of CSR norm violations increase—for example in case of activities in conflict-affected areas—and/or the damage to be expected is more severe.[64] Unlike Dutch company law, Dutch tort law offers the possibility to hold a business enterprise liable for harm caused not by its own activities but by the activities of others, such as foreign subsidiaries or chain partners. Determining factors are the degree to which the human rights and/or environmental risks related to these activities could have been foreseeable for the business enterprise, and the degree to which it could have prevented or restricted those risks on the basis of its *de facto* influence on the relevant actors and activities. Although case law relating to parent company liability under Dutch tort law has so far remained confined to duties of care towards voluntary creditors of subsidiaries that have suffered financial harm due to the parent company's acts or omissions, there is no reason why similar duties could not be accepted in relation to tort creditors suffering other types of harm.[65]

Despite the wide range of options that the Dutch field of tort law offers when it comes to addressing CSR norm violations in an international context, no relevant case law exists as of yet. One explanation for this may be the fact that the responsibilities on business enterprises to prevent and/or mitigate the risk of human rights abuse and environmental harm, as set out under the UNGPs and the OECD Guidelines, are a relatively recent phenomenon. At the same time, impediments also exist with regard to the potential role that Dutch (or any other home country's) tort law may play in this respect. As issues in the international CSR context typically involve business activities that result in harm to people and the environment in a host state, it is generally host state law that will be applicable to tort-based proceedings in this context. There are some exceptions to this general rule (like article 7 Rome II Regulation), but these have not yet been relied on in relevant cases before Dutch courts. However, the main restrictions to CSR-related civil liability proceedings before Dutch courts are likely to result from practical and procedural barriers, such as high costs, restrictive rules as regards the production of evidence and limited options for collective redress.[66]

There are a number of tort-based cases currently pending before Dutch courts relating to alleged violations of CSR norms in host countries by Dutch

[63] In more detail: Enneking et al. (2016), pp. 229–252.

[64] See generally the seminal *Kelderluik* case: Dutch Supreme Court, 5 November 1965, *NJ* 1966/136.

[65] See eur.nl/en/news/who-do-you-think-really-pays-10-euro-t-shirt. See also, in more detail and with further references to case law: Enneking (2012), pp. 229–238.

[66] In more detail: Enneking (2012), pp. 256–265.

internationally operating business enterprises. These include a case against Trafigura in relation to the harm allegedly caused by the dumping of waste by the ship the Probo Koala in the Ivory Coast and a number of cases against Shell in relation to oil spills (*Akpan/Oguru/Efanga* cases) and human rights violations (*Kiobel* case) that have been linked to the group's operations in Nigeria. None of these cases are based on Dutch tort law, however, as they all relate to harmful events occurring before the entry into force of the Rome II Regulation and are thus—on the basis of the domestic Dutch rules on applicable law that were in place prior to the Rome II Regulation—governed by the *lex loci damni* (*i.e.*, host country tort law). There seems little doubt, however, that Dutch tort law—both through its general rule of fault liability and under particular circumstances also through various rules of strict(er) liability—does offer possibilities for holding Dutch enterprises liable for violations of CSR norms abroad.[67]

2.4 Do CSR Rules Fall Under Public Policy or Are They Characterised as Mandatory Rules?

No.

2.4.1 If They Are Characterised Neither as Mandatory Rules Nor Public Policy, Please Explain How They Are Treated Under Your Legal System. Are They Left Entirely to the Discretion of the Parties? If Not, Please Explain the Nuances Specific to Your Legal System

A general answer to this question is not possible, as this qualification will differ depending on the particular CSR rule involved.

As indicated under 7, 8 and 9 the (private law) fields of Dutch company law, Dutch contract law and Dutch tort law do not provide any specific rules relating to CSR. This is different for a number of other fields of law, like labour law (e.g. *Buitengewoon Besluit Arbeidsverhoudingen 1945*, *Wet op de loonvorming*), constitutional law (e.g. *Grondwet voor het Koninkrijk der Nederlanden*, *Wet gelijke behandeling van mannen en vrouwen*, *Algemene wet gelijke behandeling*), environmental law (e.g. *Wet Milieubeheer*), and criminal law (e.g. *Wetboek van Strafrecht*). Most of the rules laid down in the instruments mentioned here are considered rules of (semi-)public law that may therefore play a role in CSR-related civil law proceedings even if the applicable law is not Dutch law. However, it should be noted that most of these rules, due to their (semi-)public nature, only apply to activities taking place in the Netherlands, and thus hold only limited relevance for the international CSR context (where business activities are undertaken in host countries with regulatory

[67]In more detail: Enneking et al. (2016), pp. 162–193; Enneking (2012), pp. 229–252.

standards that offer less protection to local citizens and/or the local environment). Nonetheless, there are some examples of (semi-)public rules that can be characterized as CSR rules and that do apply extraterritorially, like the provisions on modern slavery in the Dutch Penal Code.[68]

Relevant examples of Dutch rules of (semi-)public law that have in Dutch literature and case law been characterized as overriding mandatory rules in the PIL-sense[69] include: the rules in the Dutch Minimum Wage Act (*Wet Minimumloon*) with respect to employees within the Dutch legal sphere; and the rule that an employee cannot be fired without prior permission from the relevant authorities (art. 6 *Buitengewoon Besluit Arbeidsverhoudingen*) with respect to labour relations that are closely connected to Dutch socio-economic interests.[70] A relevant example of a situation pertaining to *ordre public* in the PIL-sense[71] is a case relating to a strike on a ship with a Filipino crew that was moored in Rotterdam harbour, in which the question was raised in whether the Filipino law on direct action was in contravention to Dutch *ordre public*.[72] Apart from isolated examples such as these, however, there is no Dutch case law yet that deals with the question whether specific CSR rules, whether Dutch or foreign, may be characterized as mandatory rules or may fall under public policy.

3 Alternative Methods of Dispute Resolution

3.1 Does Your Country Allow Disputes Concerning CSR to Be Submitted to (More Than One Answer Is Possible)

Arbitration	YES
Mediation	YES
Conciliation	YES
An OECD National Contact Point YES	
Another alternative method (in which case, please specify)	

Dutch law allows alternative forms of dispute resolution in connection with CSR issues through arbitration, mediation, conciliation, the OECD National Contact Point and other forms like so-called binding advice,[73] dialogue-based mechanisms or complaints with the Commission for Human Rights.

[68]In more detail: Schaap (2017, 2019).

[69]The Dutch provision on mandatory overriding rules is laid down in art. 10:7 DCC.

[70]See, with further references to case law: Vonken (2013), pp. 420–431.

[71]The Dutch public policy exception (with respect to applicable law) is laid down in art. 10:6 DCC.

[72]Dutch Supreme Court, 16 December 1983, ECLI:NL:HR:1983:AG4715 (*Saudi Independence*).

[73]This is a mechanism which resembles arbitration but generally includes less formal procedural rules. It is referred to in art. 7:904 of the Dutch Civil Code.

3.2 *Please Explain the Above Answers*

Binding advice and arbitration are explicitly mentioned in the Dutch Agreement on Responsible Business Conduct in the Textile sector.[74] This agreement entails an independent and binding dispute and complaint mechanism. If the secretariat of the agreement has ordered an adhering company to implement certain improvements (to its action plan) but the company fails to do so, the secretariat may log a dispute at the binding independent dispute resolution mechanism of the agreement (after permission of the steering committee of the agreement). This mechanism will lead to a binding decision on the issue. If the adhering company refuses to implement the decision of the binding dispute resolution body, the case is referred to arbitration at the Dutch Arbitration institute. Third parties also have access to this mechanism and may file complaints against adhering companies on non-compliance with the agreement. The dispute resolution committee then also issues a binding decision on the complaint.[75]

Furthermore, the Ministry of Foreign Affairs and the Municipality of The Hague support an initiative to develop specific procedural rules on business and human rights arbitration.[76] Also, there is a recent case at the Dutch NCP that is worth mentioning in this respect. In the Heineken case, which related to human/workers' rights in the DRC, the issue was settled through an independent mediator that was engaged by the NCP at the parties' request.[77] Thus, in this specific instance mediation/conciliation was deployed to resolve the issue. Finally, the Netherlands Institute for Human Rights may also deal with complaints against companies on human rights issues.[78]

---

[74] See section 1.3 of the Dutch Agreement on Responsible Business Conduct in the Textile Sector and, for the procedural rules: IRBC Agreements (2017) Complaints and disputes. Available at internationalrbc.org/garments-textile/agreement/method/complaints.

[75] See section 1.3 of the agreement. See, for the procedural rules: IRBC Agreements (2017) Complaints and disputes. Available at internationalrbc.org/garments-textile/agreement/method/complaints?sc_lang=en.

[76] See The Hague Institute for Global Justice (2017) Business and Human Rights International Arbitration Project launched. Available at l4bb.org/news/ProjectPressRelease1711.pdf.

[77] See National Contact Point OECD Guidelines (2017) Final statement specific instance former employees Bralima vs. Bralima and Heineken. Available at oecdguidelines.nl/documents/publication/2017/08/18/final-statement-notification-bralima-vs-heineken.

[78] See College voor de Rechten van de Mens, Mission and ambition. Available at mensenrechten.nl/mission-and-ambition.

4 Jurisdiction

*4.1 Where the Dispute Must Be Submitted to a Court in Your Country, Which Court Has Jurisdiction (***More Than One Answer Is Possible***)*

The Forum of the Defendant?
Yes, under art. 4(1) Brussels I Regulation (recast) or (in cases that fall outside the scope of the Brussels I Regulation) art. 2 Dutch Code of Civil Procedure.

The Forum of One of the Defendants, with All the Potential Defendants Being Added (in This Case, Specify on What Basis: Corporate Group, Practical Involvement, Etc.) Whatever Their Geographical Location?
Yes, under art. 8(1) Brussels I Regulation (recast) or (in cases that fall outside the scope of the Brussels I Regulation) art. 7(1) Dutch Code of Civil Procedure. The latter provides:

> If legal proceedings are to be initiated by a writ of summons and a Dutch court has jurisdiction with respect to one of the defendants, then it has jurisdiction as well with respect to the other defendants who are called to the same proceedings, provided that the rights of action against the different defendants are connected with each other in such a way that a joint consideration is justified for reasons of efficiency.

As will be discussed in more detail below under 13, this latter provision was successfully relied on by the claimants in a number of civil liability claims before the Hague District Court and (on appeal) the Hague Court of Appeals against Netherlands-based parent company Royal Dutch Shell and its Nigerian subsidiary in relation to various oil spill incidents in Nigeria.

The Contractual Forum? (Explain the Conditions for This to Apply, Giving Examples Relating to CSR)
Yes, under art. 7(1) Brussels I Regulation (recast) if the Netherlands the place of performance of the obligation that the dispute pertains to, or (in cases that fall outside the scope of the Brussels I Regulation) under art. 6(a) Dutch Code of Civil Procedure if the Netherlands the place of performance of the obligation that the dispute pertains to.

The Forum of the Act of Causation? (State What Is Meant by "Act of Causation")
Yes, under art. 7(2) Brussels I Regulation (recast) if the harmful event occurred or may occur in the Netherlands, or (in cases that fall outside the scope of the Brussels I Regulation) under art. 6e Dutch Code of Civil Procedure if the harmful event occurred or may occur in the Netherlands. The interpretation of the term 'harmful event' ('*schadebrengend feit*') in art. 6(e) DCC is similar to the interpretation of this notion under the Brussels I regime and thus encompasses both the place where the act or omission giving rise to the damage occurred and the place where the damage has arisen.

The Forum of the Damage? (State What Is Meant by "Damage")
Yes, under art. 7(2) Brussels I Regulation (recast) if the harmful event occurred or may occur in the Netherlands, or (in cases that fall outside the scope of the Brussels I Regulation) under art. 6e Dutch Code of Civil Procedure if the harmful event occurred or may occur in the Netherlands. The interpretation of the term 'harmful event' ('*schadebrengend feit*') in art. 6(e) DCC is in line with the interpretation of this notion under the Brussels I regime and thus encompasses both the place where the act or omission giving rise to the damage occurred and the place where the damage has arisen.

The Forum of Necessity? (State the Conditions for This Rule to Apply)
Yes, under art. 9(b) Dutch Code of Civil Procedure if "a civil case outside the Netherlands appears to be impossible", or under art. 6c Dutch Code of Civil Procedure if "the legal proceedings, which are to be initiated by a writ of summons, have sufficient connection with the Dutch legal sphere and it would be unacceptable to demand from the plaintiff that he submits the case to a judgment of a foreign court".

Art. 9(b) applies in situations where bringing the dispute outside the Netherlands is altogether impossible, either legally, for instance where no foreign court exists that has jurisdiction to hear the claims, or factually, for instance due to natural disasters or acts of war locally. Art. 9(c) applies in situations where it would be unacceptable to require the plaintiffs to have their claims adjudicated by a foreign court, for instance where they cannot expect to receive a fair trial there due to discriminatory legal or societal rules and practices. Art. 9(c) needs to be interpreted restrictively; financial impediments alone are not sufficient to warrant an exercise of jurisdiction on this basis. Furthermore, under art. 9(c) there needs to be a sufficient connection between the legal proceedings and the Dutch legal sphere. Application of art. 9(b) is not subject to such a requirement.[79]

Universal Civil Jurisdiction? (State the Conditions for This Rule to Apply)
Art. 9(b) Dutch Code of Civil Procedure can be seen as a rule of universal civil jurisdiction, since it does not require the existence of a sufficient connection between the legal proceedings and the Dutch legal sphere.

4.2 If Judicial Rulings Have Already Been Given in Your Country on Breaches of CSR, Please Give Summaries of Those Decisions and Provide Detailed References

In 2008 and 2009, a number of civil liability claims were filed before the Hague District Court against RDS and SPDC by four Nigerian farmers and the Dutch NGO

[79] In more detail and with further references to case law: Enneking (2012), pp. 210–211.

Milieudefensie, in relation to various oil spill incidents from SPDC-operated pipelines in the Niger Delta.[80] The farmers claimed that the oil spills had caused damage to their lands and fishponds and had compromised their livelihoods, and that the defendant companies were liable for this damage on the basis of the tort of negligence under Nigerian law. On the basis of these allegations, the plaintiffs asked the court for a declaratory judgment that the defendant companies were jointly and severally liable, as well as for court orders compelling the defendants to carry out overdue maintenance on the pipelines, complete sanitation of the affected lands and fishponds, and to draw up contingency plans for future oil spills.

The defendant companies contested plaintiffs' claims on a number of grounds. One of the main points of contention was the question whether the Dutch court could assume jurisdiction over the claims against the Nigerian subsidiary. In December 2009 and February 2010, the District Court determined that it had jurisdiction to hear not only the claims against the parent company, but also those against the Nigeria-based subsidiary. The court's jurisdiction over the claims against the parent company, which has its head office in The Hague, was a given under the Brussels I Regulation (recast). The same was not true for claims against the foreign subsidiary, however, which fell outside the scope of the Brussels I-regime and had only limited connections with the Dutch legal order. The court held that its jurisdiction over the subsidiary derived from a Dutch domestic rule on international jurisdiction that allows Dutch courts to exercise jurisdiction over claims against co-defendants in proceedings in which they have jurisdiction with respect to one of the defendants.[81] The District Court considered that the causes of action against the two defendants in this case were connected in such a way as to justify a joint consideration for reasons of efficiency.[82]

In October 2015, the Hague Court of Appeal confirmed the District Court's finding that jurisdiction existed not only with respect to the claims against the parent company but also those against the subsidiary.[83] It rejected the assertion by the defendant companies that the claims against the parent company constituted an abuse of rights/procedure as they were 'evidently without merit' and 'merely serve (d) as an anchor' to create jurisdiction over the claims against the subsidiary. Although the decision was an interlocutory judgment on a number of preliminary issues and did as such not yet address the question of liability, the court did indicate that it considered parent company liability to be a possible scenario in this type of

[80]The following is largely derived from: Enneking (2019), Enneking et al. (2016), pp. 141–152.

[81]Art. 7(1) Dutch Code of Civil Procedure.

[82]See, for example: Akpan et al. v Royal Dutch Shell and Shell Petroleum Development Company of Nigeria, The Hague District Court 24 February 2010, ECLI:NL:RBSGR:2010:BM1469, par. 3.1–3.8.

[83]See, for example: Akpan et al. v Royal Dutch Shell and Shell Petroleum and Development Company of Nigeria, The Hague Court of Appeal, 18 December 2015 (hereinafter: Akpan v Shell 2015), ECLI:NL:GHDHA:22015:3587.

litigation and also in the case at hand.[84] The Hague Court of Appeal is currently awaiting the results of an expert study on the causes of the oil spills. It has denied a request by the defendant companies for an interlocutory appeal, which means that they will have to wait until it has rendered its final judgment on the merits of the case before they may file an appeal of the Appeals Court's judgment relating to the jurisdiction issue to the Dutch Supreme Court.

5 Applicable Law

5.1 What Is the Law Applicable to Rules Relating to Corporate Structure? In Other Words, How Is the lex societatis *Determined?*

The applicable law in disputes relating to rules relating to corporate structure before Dutch courts is determined by the Dutch domestic rules on applicable law laid down in title 8 of book 10 of the Dutch Civil Code. On the basis of articles 10:118 and 10:119 DCC, the law applicable to rules relating to corporate structure is the law of the state under the law of which it is formed and within the territory of which it, due to a contract of incorporation or the deed of incorporation, has its seat, or in the absence thereof, the center of its outward activities, at the moment of its formation.

5.2 What Is the Law Applicable to Rules Belonging to the Law of Contract? (State the Main Conflict Rule: "Autonomy of Will", for Example—Then the Conflict Rules Applicable by Default)

The applicable law in disputes relating to contractual obligations before Dutch courts is determined by the Rome I Regulation. The main rule under the Regulation is that a (dispute over a) contract is governed by the law chosen by the parties (art. 3). In the absence of a choice by the parties, the applicable law is dependent on the particular type of contract to which the dispute pertains (arts. 4–8).

[84]See, for example: Akpan v Shell 2015, ECLI:NL:GHDHA:22015:3587, par. 2.2. In more detail: Enneking (2017, 2019).

5.3 What Is the Law Applicable to Rules Belonging to the Law of Torts? (State All the Conflict Rules in Your Country in the Order in Which the Courts Would Apply Them)

The applicable law in disputes relating to non-contractual obligations before Dutch courts is determined by the Rome II Regulation. The main rule under the Regulation (absent the choice by the parties to the dispute for the law of a particular country in conformity with art. 14) is the applicability of the *lex loci damni* (art. 4(1)). Exceptions to this rule are play a role in cases where the parties have a common habitual residence at the time the damage occurs (art. 4(2)) or where it is clear from all the circumstances of the case that the tort is manifestly more closely connected with a country other than that indicated in art. 4(1) or 4(2). Furthermore, the Regulation lays down a number of special rules for specific types of torts, of which art. 7 (relating to non-contractual obligation arising out of environmental damage or damage sustained by persons or property as a result of such damage) is the most relevant in the context of international tort disputes over violations of CSR norms.

5.4 Does Your Country's Case Law Allow Verification of Whether the Applicable Law Is in Conformity with the Rules of International Human Rights Law, the ILO Conventions, or Other Mandatory Rules of International Law? Please Explain

Yes, in principle it is possible under Dutch law to directly (so without going the indirect route of the public policy exception) test foreign rules against universally accepted principles of public international law.[85] These include in particular fundamental EU norms and fundamental international human rights norms, like the human rights laid down in the European Convention on Human Rights.[86] When foreign law is found to be contrary to international principles of law deriving from, for instance, the European Convention on Human Rights, the foreign law in question will not be applied, unless there is sufficient evidence that there is scope for a limitation of the right in question. However, it is suggested in the literature that this possibility should be used very restrictively.[87]

[85] See, with further references to case law: Vonken (2013), pp. 350–354.

[86] See for instance Dutch Supreme Court, 15 April 1994, ECLI:NL:HR:1994:ZC1341 (*Braga de Oliveira/Mooijman*), involving a test against art. 8 ECHR.

[87] See, with further references to case law: Vonken (2013), pp. 353–354.

5.5 Does Your Country's Case Law Allow the Application of Ethical Rules Instead of, or as a Complement to, the Applicable Law? Please Explain

Under the rules on applicable law that apply in the Netherlands, parties are free with respect to many private law issues (for instance issues relating to contractual or non-contractual obligations) to make a choice for the application to their international dispute of the law of another country than the objectively applicable law. They also have the option of choosing the applicability of non-state law, but such a choice does not prejudice the application of provisions of the objectively applicable law that cannot be derogated from by agreement. Although there is little clarity about this issue, it seems that this means that the parties to a dispute may for instance also choose for the application of rules laid down in (non-binding) international soft law instruments (like the UNGPs, for instance?) rather than the non-mandatory rules of the objectively binding domestic law.[88]

6 Recognition and Enforcement of Judgments

6.1 Describe the Rules Applicable in Your Country to the Recognition and Enforcement of Foreign Judgments

The Dutch domestic rules on recognition and enforcement of foreign judgments are only partly codified.[89] The main rule is that it is not possible to enforce foreign judgments in the Netherlands unless the possibility of enforcement is specifically provided for by treaty or by statute.[90] In cases in which a treaty or statutory provisions enabling the enforcement in the Netherlands of a foreign judgment are absent, the procedure will in theory have to be initiated anew before a Dutch court in order to obtain a judgment that can be enforced in the Netherlands.[91]

In practice, however, Dutch courts will in such cases check whether the foreign judgment meets the requirements with respect to the recognition of foreign judgments as have been set out in Dutch case law. According to this case law, recognition of a foreign judgment, regardless of its nature or scope, is possible if four minimum requirements have been met: (1) the foreign court has assumed jurisdiction on an internationally accepted basis for jurisdiction; (2) the judicial procedure leading up

[88]Compare, for instance: Kramer and Verhagen (2015), pp. 477–478; Strikwerda (2015), pp. 173–174; Schaafsma (2014), Van Hoek (2013), pp. 7–9; Van der Kruk (2009).

[89]The following is largely derived from Enneking et al. (2016), pp. 158–159.

[90]Art. 431(1) jo. Art. 985 Dutch Code of Civil Procedure.

[91]Art. 431(2) Dutch Code of Civil Procedure.

to the foreign judgment was in conformity with standards of fair trial; (3) recognition of the foreign judgment is not contrary to the Dutch *ordre public*; (4) recognition of the foreign judgment is not contrary to a previous judgment by a Dutch or a foreign court in a dispute between the same parties.[92]

If the foreign judgment is in conformity with these minimum requirements, Dutch courts will adopt the contents of the foreign judgment and refrain from adjudicating the case anew on its contents. The resulting judgment will then materially be a judgment by a foreign court, but formally be a judgment by a Dutch court and thus enforceable in the Netherlands. If the foreign judgment is not in conformity with these minimum requirements, Dutch courts will refuse its recognition and/or enforcement, meaning that the case will have to be tried anew before a Dutch court in order to get a judgment that is enforceable in the Netherlands.[93]

There is only limited case law available in the Netherlands in which recognition and enforcement of foreign judgments has been refused for non-conformity with the abovementioned minimum requirements.[94] An example of a reason for refusal is if the foreign judgment involves a grant of punitive damages cases relating to non-contractual liability, since the award of excessively high amounts of damages that hold no connection to actual material or immaterial harm that has been suffered by the victim is considered to be against Dutch *ordre public*.[95]

6.2 If a Judgment Given Abroad Holds a Company Liable for Breach of the Rules of CSR, Is Your Country Likely to Recognise and/or Enforce That Judgment? Please Explain

See above at 20 for a discussion of the circumstances under which that would be possible. Such a judgment would not necessarily be contrary to the minimum requirements for the recognition of foreign judgments as have been developed in Dutch case law.

[92]See, for instance: Dutch Supreme Court, 26 September 2014, ECLI:NL:HR:2014:2838. See, in more detail: Ten Wolde et al. (2017) Tenuitvoerlegging van buitenlandse civielrechtelijke vonnissen binnen Nederland buiten verdrag en verordening (art. 431 Rv.), WODC report no. 2731, available at wodc.nl/binaries/2731_Volledige_Tekst_tcm28-298879.pdf, English language summary available at wodc.nl/binaries/2731_Summary_tcm28-298880.pdf.

[93]In more detail: Strikwerda (2015), pp. 285–295.

[94]In more detail: Ten Wolde et al. (2017) Tenuitvoerlegging van buitenlandse civielrechtelijke vonnissen binnen Nederland buiten verdrag en verordening (art. 431 Rv.), WODC report no. 2731, available at wodc.nl/binaries/2731_Volledige_Tekst_tcm28-298879.pdf. English language summary available at wodc.nl/binaries/2731_Summary_tcm28-298880.pdf.

[95]See, for instance: The Hague Court of Appeal, 27 October 1996, *Nederlands Internationaal Privaatrecht* 1997, 244.

6.3 Same Question as in 6.2, But the Rule Applied Is One of Soft Law or Ethics. Is Your Country Likely to Block Recognition or Enforcement of Such a Judgment? Please Explain

See above at 20. Such a judgment would not necessarily be contrary to the minimum requirements for the recognition of foreign judgments as have been developed in Dutch case law.

References

Beckers A (2014) Taking corporate codes seriously – towards private law enforcement of voluntary corporate social responsibility codes. Maastricht University, Maastricht

Enneking LFH (2012) Foreign direct liability and beyond – exploring the role of tort law in promoting international corporate social responsibility and accountability. Eleven International Publishing, Den Haag

Enneking LFH (2017) Paying the price for socially irresponsible business activities? – Corporate liability for violations of human rights and the environment abroad. Aktuelle Juristische Praxis / Pratique Juridique Actuelle 2017/8

Enneking LFH (2019) Transnational human rights and environmental litigation: a study of case law relating to shell in Nigeria. In: Feichtner I et al (eds) Human rights in the extractive industries. Springer, Cham

Enneking LFH et al (2016) Zorgplichten van Nederlandse ondernemingen inzake internationaal maatschappelijk verantwoord ondernemen. Boom Juridisch, Den Haag

Kramer XE, Verhagen HLE (2015) Mr. C. Assers Handleiding tot de beoefening van het Nederlands Burgerlijk Recht. 10. Internationaal privaatrecht. Deel III. Internationaal vermogensrecht. Kluwer, Deventer

Schaafsma SJ (2014) IPR en EPR – Over wisselwerking, eenheid en verscheidenheid. Leiden University Press, Leiden

Schaap ALM (2017) De strafrechtelijke aansprakelijkheid van ondernemingen voor moderne slavernij. Wolf Legal Publishers, Oisterwijk

Schaap ALM (2019) Legally binding duties for corporations under domestic criminal law not to commit modern slavery. In: Enneking LFH et al (eds) Accountability and international business operations. Routledge, London

Strikwerda L (2015) Inleiding tot het Nederlandse Internationaal Privaatrecht. Kluwer, Deventer

Ten Wolde MH, Knot JG, Henckel KC (2017) Tenuitvoerlegging van buitenlandse civielrechtelijke vonnissen binnen Nederland buiten verdrag en verordening (art. 431 Rv.), WODC report no. 2731. WODC, Den Haag

Van der Kruk A (2009) Leerstukken – De rechtskeuze voor verbintenissen uit overeenkomst; een vergelijking tussen Rome I en EVO. Contracteren 2009/3

Van Hoek AAH (2013) "Managing legal diversity": over de rol van het internationaal privaatrecht in de moderne samenleving. Vossiuspers, Amsterdam

Vonken APMJ (2013) Mr. C. Assers Handleiding tot de beoefening van het Nederlands burgerlijk recht. 10. Internationaal privaatrecht. Deel I.Algemeen deel IPR. Kluwer, Deventer

Vytopil L (2015) Contractual control in the supply chain. Eleven International Publishing, Den Haag

Portugal

Rui Pereira Dias, Inês Serrano de Matos, and Mafalda de Sá

Abstract This paper deals with the interplay between Corporate Social Responsibility (CSR) and Private International Law in the Portuguese legal order. While there is no general legal definition of CSR in the Portuguese law, there are explicit allusions to the concept by the legislator, most importantly in the framework of the transposition to Portuguese law, through Decree-Law 89/2017, of 28 July 2017, of the Directive 2014/95/EU, requiring larger companies to include in their management report "a non-financial statement", which led to the addition of Articles 66-B (non-financial statement) and 508-G (non-financial consolidated statement) to the Portuguese Companies Code of 1986.

The general view is that even though the trend may be a growth of importance of CSR as a legal institution in itself, the standards of behaviour applicable to enterprises have traditionally been mostly defined by law, and not by soft law instruments or self-regulation. The rise of CSR seems, in part, to be a result of globalisation and the triumph of a liberal, less intrusive State, with more "legal empty spaces" to be filled out by soft law. While there is no case law deciding the issue, despite some passing references to CSR by Portuguese higher courts, it is submitted that there is a possibility for them to verify whether applicable law is in conformity with mandatory rules of international law, to the extent those rules may be invoked in the context of ordre public, and the result at stake is deemed unacceptable.

1 Definition and Sources

1.1 Does Your Country Have a Definition of Corporate Social Responsibility?

There is no *stricto sensu* legal definition of Corporate Social Responsibility (CSR) under Portuguese law. Nevertheless, there are sporadic references to the idea of

R. Pereira Dias (✉) · I. Serrano de Matos · M. de Sá
Faculty of Law, University of Coimbra, Coimbra, Portugal
e-mail: ruidias@fd.uc.pt

C. Kessedjian, H. Cantú Rivera (eds.), *Private International Law Aspects of Corporate Social Responsibility*, Ius Comparatum – Global Studies in Comparative Law 42, https://doi.org/10.1007/978-3-030-35187-8_17

"*responsabilidade social das empresas*"[1] in some pieces of legislation, normally indicating it as one of the goals to be attained.[2]

In 2017, a legislative amendment to the Companies Code (*Código das Sociedades Comerciais*), via the implementation of European Union law, has brought about a relevant change in the national legal landscape.

The European Accounting Directive[3] was amended by Directive 2014/95/EU[4] so as to require larger companies to include in their management report "a non-financial statement containing information to the extent necessary for an understanding of the undertaking's development, performance, position and impact of its activity, relating to, as a minimum, environmental, social and employee matters, respect for human rights, anti-corruption and bribery matters".[5]

This amendment Directive was transposed into national law by Decree-Law 89/2017, of 28 July 2017, which altered some provisions of the Companies Code and added to it Articles 66-B (non-financial statement) and 508-G (non-financial consolidated statement).

While not establishing an actual legal definition of CSR, the Portuguese legislator did expressly introduce the concept of "*responsabilidade social das empresas*" in the preamble to Decree-Law 89/2017, while *en passant* defining it as follows:

> Corporate social responsibility, demonstrated through the disclosure of non-financial information with regard to social and environmental areas and to corporate governance, contributes decisively towards the analysis of the undertaking's performance and its impact on society, towards the identification of their sustainability risks and towards the strengthening of investors' and consumers' trust.[6]

Although this definition does not stem, as such, directly from EU law, the transposed Directive does refer to CSR in recitals 2 and 3, clearly stating that it is a result of the European Commission's call to improve companies' disclosure of

[1]The most commonly used Portuguese translation of CSR, also referred to in its acronym "RSE".

[2]For references on such legislation, see Serra (2011), pp. 614–617. For instance, the legal regime for the Public Corporate Sector—established by Decree-Law nr. 133/2013, of 3 October 2013—indicates that public companies should pursue "social and environmental responsibility goals, consumer protection, investment in training, promotion of equality and non-discrimination, environmental protection and the respect for the legality and business ethics principles" (article 49).

[3]Directive 2013/34/EU of the European Parliament and of the Council, of 26 June 2013, on the annual financial statements, consolidated financial statements and related reports of certain types of undertakings.

[4]Directive 2014/95/EU of the European Parliament and of the Council of 22 October 2014 amending Directive 2013/34/EU as regards disclosure of non-financial and diversity information by certain large undertakings and groups.

[5]Article 19a of the Accounting Directive.

[6]In the original, in Portuguese: "A responsabilidade social das empresas, demonstrada através da divulgação de informações não financeiras relativas às áreas sociais, ambientais e de governo societário, contribui decisivamente para a análise do desempenho das empresas e do seu impacto na sociedade, para a identificação dos riscos de sustentabilidade das mesmas e para o reforço da confiança dos investidores e dos consumidores".

non-financial information as a means to enhance CSR,[7] as well as of reports of the European Parliament on CSR.[8]

In its 2011 Communication, the European Commission established a new definition of CSR as "the responsibility of enterprises for their impacts on society", no longer focusing on the voluntary aspect of it, rather considering that "[r]espect for applicable legislation, and for collective agreements between social partners, is a prerequisite for meeting that responsibility".[9]

As pointed out by scholarship of prominent Portuguese authors in the field, even though the trend may be a growth of importance of CSR as a legal institution in itself,[10] it is relevant for its legal and economic understanding to point out that, traditionally, the standards of behaviour applicable to enterprises have been mostly defined by *law*, and not by soft law instruments or self-regulation. The rise of CSR seems, in part, to be a result of globalisation and with it a certain triumph of a US perspective—more so than the European one—of a liberal, less intrusive State, where there are more "legal empty spaces" to be filled out by soft law.[11]

Some scholars further point out the misconceptions and disadvantages that may derive from CSR, namely the fact that it could promote deregulation in light of the idea that CSR soft law could be sufficient, regardless of existing hard law; and also that it could lead private companies to be perceived as "social entities", when in fact their essence remains egoistic, even when pursuing CSR goals, which are actually often a marketing strategy.[12]

1.2 Is Your Country a Member of the OECD?

Portugal is a founding member of the Organisation for Economic Co-operation and Development (OECD).[13] Pursuant to the OECD Guidelines for Multinational Enterprises, the Portuguese National Contact Point (NCP) was set up in 2000 and it is housed jointly in the Directorate-General for Economic Activities (DGAE—

[7]Communication from the Commission to the European Parliament, the Council, the European Economic and Social Committee and the Committee of Regions, "A renewed EU strategy 2011-14 for Corporate Social Responsibility", of 25 of October 2011.

[8]European Parliament, *Report on corporate social responsibility: accountable, transparent and responsible business behaviour and sustainable growth* (2012/2098(INI)) and *Report on Corporate Social Responsibility: promoting society's interests and a route to sustainable and inclusive recovery* (2012/2097(INI)), both of 28/01/2013.

[9]Whereas before it had defined CSR as "essentially a concept whereby companies decide voluntarily to contribute to a better society and a cleaner environment"—European Commission, Green Paper, *Promoting a European Framework for Corporate Social Responsibility*, 2001.

[10]Serra (2009), pp. 835 et seq.

[11]In this sense, Nogueira Serens (2013), pp. 75 et seq. (*maxime* p. 88).

[12]Coutinho de Abreu (2015), pp. 392–393.

[13]http://www.oecd.org/portugal/portugal-and-oecd.htm.

Direção-Geral das Atividades Económicas) of the Ministry of Economy, and the Portuguese Investment Agency (AICEP—*Agência para o Investimento e Comércio Externo de Portugal*), which works under supervision of the Ministry of Foreign Affairs.[14]

The NCP is fully operational and conducts on-going activities for the diffusion of and information on the OECD Guidelines. As to the NCP's role as a mediation and conciliation platform, no complaint has so far been filed.[15]

1.3 As a Member State of the United Nations, Has Your Country Taken Any Action Under the 2011 Guiding Principles?

The United Nations 2011 Guiding Principles on Business and Human Rights have not been formally incorporated in Portugal and there are, so far, no enacted nor envisaged legislative measures.

The Portuguese government is, nonetheless, working on a National Action Plan for Responsible Corporate Conduct and Human Rights.[16] In preparation for such Action Plan, the DGAE, together with the Higher Institute for Social and Political Sciences of the University of Lisbon (ISCSP—*Instituto Superior de Ciências Sociais e Políticas da Universidade de Lisboa*), have conducted a survey, in 2018, on Responsible Corporate Conduct and Human Rights. This survey included 246 companies and included questions on human rights, labour practices, environmental protection, corruption prevention and the companies' expectations on the relevance of responsible corporate conduct over the next 3 years.[17]

Moreover, the preamble to Decree-Law 89/2017, which, as identified above, has transposed the non-financial statements Directive into national law, expressly confers legal value to:

> international systems, such as the UN Global Compact, the UN 'Protect, Respect and Remedy' Framework and Guiding Principles, the OECD Guidelines for Multinational Enterprises, the ISO 26000 of the International Organization for Standardization, the International Labour Organization's Tripartite Declaration of Principles concerning Multinational Enterprises and Social Policy, and the Global Reporting Initiative standards, or

---

[14]Information and current contact details, in Portuguese, are available on DGAE's website at: http://www.dgae.gov.pt/servicos/sustentabilidade-empresarial/ponto-de-contacto-nacional-para-as-diretrizes-da-ocde-para-as-empresas-multinacionais.aspx.

[15]According to the information we directly obtained, in April 2019, near the Portuguese National Contact Point.

[16]*Plano Nacional de Ação para a Conduta Empresarial Responsável e Direitos Humanos.*

[17]Access to the final report of the survey, in Portuguese, is available at: https://www.business-humanrights.org/pt/portugal-divulgação-dos-resultados-do-1°-inquérito-nacional-sobre-conduta-empresarial-responsável-e-direitos-humanos.

other internationally recognised frameworks, whereby enterprises shall specify the system they have based their reporting upon.[18]

Therefore, the UN 2011 Guiding Principles are among the "systems" that companies may refer to in order to fulfil the duties of corporate non-financial reporting.

1.4 Does Your Country Apply the ISO Standards?

Portugal is a full member of the International Organization for Standardization (ISO), and the Portuguese Institute for Quality (IPQ—*Instituto Português da Qualidade*) has the role of National Standardization Body.[19] Standardization in the area of Ethics and Social Responsibility has been specifically tasked to the Portuguese Association of Corporate Ethics (APEE—*Associação Portuguesa de Ética Empresarial*), recognised by the IPQ as the competent Sectorial Normalization Body.[20]

As such, APEE incorporated the ISO 26000 standards into the national legal order in 2011, adopting the Portuguese standard "*NP ISO 26000: Guia para a Responsabilidade Social*".[21] It has furthermore published other standards at the national level on matters relating to corporate ethics.[22]

In January 2019, it published a standard entitled "Social responsibility management system – requirements and guidelines for its usage",[23] consisting of a revision of a 2008 standard.[24] It expressly states that account was taken of NP ISO 26000.

[18]In the original, in Portuguese: "sistemas internacionais, como o Pacto Global das Nações Unidas, os princípios orientadores sobre empresas e direitos humanos que aplicam o quadro das Nações Unidas "Proteger, Respeitar e Reparar", as diretrizes da Organização para a Cooperação e o Desenvolvimento Económicos para as empresas multinacionais, a norma ISO 26000 da Organização Internacional de Normalização, a Declaração de Princípios Tripartida da Organização Internacional do Trabalho sobre as empresas multinacionais e a política social, e a Iniciativa Global sobre a elaboração de relatórios ou outros quadros internacionais reconhecidos, devendo as empresas especificar o sistema em que se basearam". This reference is also to be found in recital 9 of Directive 2014/95/EU.

[19]https://www.iso.org/member/2054.html.

[20]http://www.apee.pt/apee/origens.

[21]Available at: http://www1.ipq.pt/PT/site/clientes/pages/Norma.aspx?docId=IPQDOC-185-154504.

[22]A list of published standards may be seen in: http://www.apee.pt/normalizacao/normas-publicadas.

[23]"NP 4469:2019: Sistema de gestão da responsabilidade social – Requisitos e linhas de orientação para a sua utilização", available in Portuguese at: http://www1.ipq.pt/PT/site/clientes/pages/documentViewer.aspx?ctx=&local=Internet&documentId=IPQINTER-380-175368&tipoSubscricao=1.

[24]"NP4469-1: 2008: Sistema de gestão de responsabilidade social: parte 1: Requisitos e linhas de orientação para a sua utilização", available in Portuguese at: http://www1.ipq.pt/PT/site/clientes/

Furthermore, as already pointed out in relation to the UN 2011 Guiding Principles, ISO 26000 is also one of the systems referred to in the preamble of Decree-Law 89/2017, thereby also amounting to a relevant "system" for companies in what concerns non-financial reporting.

2 Characterisation

2.1 Rules Pertaining to Company Law

Duty of Loyalty

Despite the absence of a legal rule that specifically addresses CSR, there are some elements of Portuguese corporate law that are relevant to it.

In this context, Article 64 of the Companies Code is particularly important. This provision establishes the *general* fundamental duties of the directors, namely the duty of care (nr. 1, paragraph a) and the duty of loyalty (nr. 1, paragraph b). It is precisely with regard to the duty of loyalty that the issue of CSR may be invoked, also taking into consideration the international definitions of CSR referring to its purpose of taking into account the impacts on society and the expectations of stakeholders (as stated, e.g., in ISO 26000).

According to Article 64, nr. 1, paragraph b, of the Companies Code, the directors of the company shall comply with "their duty to be loyal to the interests of the company, serving the long term interests of the shareholders and considering the interests of those who are relevant for the sustainability of the company, such as employees, clients and creditors".

The exact meaning of this provision is far from unanimous interpretation, having given rise to several different opinions.[25] In particular, it brings about a discussion on the meaning of "social interest of the company",[26] by confronting two theories: *institutionalism* and *contractualism*. According to the institutionalist theory, "the social interest is the shared interest, not only among shareholders, but also among other subjects, namely, employees, creditors and even the national community"; whereas for the contractualist theory, "the company's interest is the shared shareholders' interest as such (and not as sellers, loaners, employees, etc)".[27]

In 2006, a broad change in corporate law, introduced by Decree-Law nr. 76-A/2006, enlarged the scope of subjects covered by Article 64, nr. 1, paragraph b) and, arguably, strengthened the mentioned institutionalist view. On the one hand, in its original version, the only interests referred to were those of shareholders and

---

pages/documentViewer.aspx?ctx=&local=Internet&documentId=IPQINTER-380-112619&tipoSubscricao=1.

[25] See only (with further references) Costa and Figuereido Dias (2017), annotation nr. 4.2.

[26] For a definition of "social interest", see Coutinho de Abreu (2019), p. 281; Serra (2010), p. 158.

[27] Both definitions by Coutinho de Abreu (2019), pp. 275–276.

employees, whereas since 2006 the catalogue has been broadened to incorporate "those who are relevant for the sustainability of the company", thus including also clients and creditors. On the other hand, the interests of shareholders are now qualified as "long term interests".

However, even after this legislative amendment, Article 64 provides a fragile protection[28] for stakeholders, from a company law perspective—even though they may find it elsewhere, namely in insolvency and labour law.[29] In fact, the director's duty of loyalty is to the benefit of the company, and it is in that context that a hierarchy of interests arises: first-rate and second-rate interests.[30] It is only in this latter category that interests of other subjects relevant to the corporate sustainability (employees, creditors and clients) should be weighed, but there is neither a sanction for its disregard, nor is it clear who could demand compliance in such case.

Moreover, in light of the wording of Article 64, nr. 1, paragraph b), it would hardly be difficult for the board members to justify the disregard of a given interest in order to pursue another conflicting interest—and thereby avoid being held liable–, given that there are no established criteria for the balancing of the (usually conflicting) interests.[31]

Nevertheless, scholarship envisages some mechanisms to render directors liable in case of absolute disregard—namely in the more serious cases—of stakeholders' interests, namely[32]: (i) abuse of rights, foreseen in Article 334 of the Civil Code; (ii) special provisions of tort law laid down in the Companies Code, such as Article 79; and (iii) the general tort liability clause to be found in Article 483 of the Civil Code. Authors note that "it should be done carefully, otherwise it could, on the one hand, expose directors to unfair judicial decisions and, on the other hand, inhibit them in the exercise of their functions".[33]

Non-Financial Reporting

In 2017, as already stated above, there was a breakthrough in CSR: Decree-Law nr. 89/2017 changed the Companies Code and introduced new relevant provisions.

According to the amended Article 65, nr. 1, it is up to the members of the board "to elaborate and submit to the competent bodies of the company the management report, including the non-financial statement or the separate report with that information, both referred to in Articles 66-B and 508-G, when applicable (. . .)". Nr. 5 of the same provision establishes the deadline for the presentation of the management

[28]In this sense, see Perestrelo de Oliveira (2017), p. 181; and, especially about the lack of protection of the creditors, according to Article 64 of the Companies Code, see Serrano de Matos (2015), pp. 189 et seq.

[29]Likewise, see Perestrelo de Oliveira (2017), p. 181; Moredo Santos and Volger Guiné (2013), pp. 697–711, particularly pp. 703 et seq.

[30]On the differently ranked set of interests, see Coutinho de Abreu (2019), p. 291.

[31]About this subject, see Coutinho de Abreu (2019), p. 285; Serra (2010), pp. 163–164.

[32]See Serra (2010), p. 171.

[33]*Ibid.*

report and the non-financial information: "within three months from the date of the closing of the financial year, or within five months from the same date in the case of companies that should present consolidated accounts or that apply the equity method".

Article 66-B of the Companies Code (or Article 508-G, in the case of companies with consolidated accounts) is especially relevant for CSR.[34] This rule allows a change of perspective (from the paradigm focused on the maximising of shareholder value) to non-financial goals, to which companies voluntarily commit (since they are not mandatory). Legal authors point out that "from a corporate governance stance, the primary question is whether, besides the compliance with the legal principles and rules, it is legitimate for directors to put aside the strict pursuance of shareholders' interests to equally consider the stakeholders' interests, to which the administration is not directly bound".[35] It is further pointed out that CSR has a double dimension: (*i*) *internal*, towards the companies' employees and (*ii*) *external*, related with the other stakeholders.[36]

The companies covered by Article 66-B and thus bound to include in their management report (foreseen in Article 66) a non-financial statement are:

(i) Large undertakings [(nr. 11, paragraph b)],
(ii) which are public-interest entities [(nr. 11, paragraph a)]; and
(iii) exceeding on their balance sheet dates the criterium of the average number of 500 employees during the financial year.

As described above, these are rules on corporate reporting and disclosure that hinge on the availability of non-financial information "sufficient to understand the evolution, the performance, the position and the impact of their activities, in what regards, at least, environmental, social, employment issues, gender equality, non discrimination, respect for human rights, fight against corruption, and bribery attempts" (Article 66-B, nr. 2 of the Companies Code).

On the enforceability aspect, there are two different scenarios:

(a) the company does not apply policies regarding one or more issues referred to in nr. 2 of Article 66-B; and
(b) the company, for some reason, does not present the management report, that conveys the non-financial statement.

In this latter case (b), the Companies Code sets out a few sanctions that could be envisaged, namely: Article 67, nr. 1 determines that any shareholder could request the Court an inquiry, "if the management report, the accounts of the financial year and other financial statements are not presented within the two months following the deadline set out in Article 65, nr. 5"; Articles 72 et seq. of the Companies Code

[34]The legal provision is based on the transposition to Portuguese law of Article 19-A, that had been introduced in Directive 2013/34/EU.

[35]See Perestrelo de Oliveira (2017), p. 181.

[36]*Ibid.*, p. 183.

define the rules for director's liability, based on the default of the duty to "elaborate and submit to the competent bodies of the company the management report, including the non-financial statement or the separate report with that information", according to the nr. 1 of Article 65; and Article 528 of the Companies Code qualifies as an administrative offense, the failure to submit or the act of impeding such submission of the management report and the non-financial statement to the competent bodies, for which directors may be fined.

If the company does not implement policies regarding one or more issues referred to in nr. 2 of Article 66-B—case (a) –, it ends up being an "imperfect legal rule",[37] since there is no sanction for non-compliance. If the company decides not to apply those policies, it only needs to include in the non-financial statement a clear and reasoned explanation. Therefore, the duty is considered fulfilled if the company fully explains the non-adoption of the said policies and, in that case, no sanction is applicable: a good explanation seems to be a legal equivalent to the adoption of the policies.

Hence, even though the reference to non-financial—and, thus, CSR-related—policies has been integrated into law, in essence it is left to a "comply-or-explain" type of approach, typical of soft law instruments.

2.2 *Rules Pertaining to Contract Law*

Specific rules of CSR pertaining to contract law are not to be found. Nevertheless, it may be somehow penetrated by CSR through *freedom of contract* as a founding principle of private law.[38]

This principle is specifically foreseen in Article 405, nr. 1 of the Civil Code. This provision establishes that "within the limits of the law, parties are entitled to set the content of any contracts, conclude contracts that differ from the ones set out in this code and include in the contracts set out in this code any clauses they deem adequate". For this reason, contract law is often of non-compulsory in nature.

However, freedom of contract is not unrestricted, as there are limitations deriving from other legal principals and statutory provisions that embody important interests. For example, contracts contrary to the law or public order, or offensive of the public morality, are null, according to Articles 280 et seq. of the Civil Code.

Regarding the OECD Guidelines, as well as any other sources of CSR, although they are not mandatory, the parties may include them in a contract: its non-compliance may be deemed as an *event of default,* and, consequently, a breach

[37]In this sense, see Serra (2010), p. 173. Also pointing out that CSR is not a directors' legal duty, but rather a voluntary commitment in relation to which no sanction is imposed, see Coutinho de Abreu (2019), pp. 292–293.

[38]On the principle of freedom of contract as an expression of the principle of private autonomy, see De Matos Antunes Varela (2000), pp. 226–227 and 230 et seq.

of contract. The sole limitation to be imposed in those cases, under general civil law, would be the requirement that such a breach is not *insignificant* in the context of the contract as a whole, in such a way that it does not go against the general principle of good faith. This does not result from an express legal rule, but it is for long established in legal scholarship and a well-settled case law orientation.[39]

The anti-corruption clauses are a matter of criminal nature and corruption is a crime as set in Articles 372 et seq. of the Criminal Code. Nevertheless, such a clause may be inserted in contracts, aiming to prevent that any of the parties undertake conducts that the other(s) disapprove of.

As for control of the value chain, a company may not exert direct control upon the entities that collaborate with it in the creation of value, but it may include CSR principles and rules in the contracts it enters into (for instance, supply contracts) and consider its non-compliance as an event of default, consequently amounting to a breach of contract. Thus, there would be an alignment of interests of the entities that intervene in the value chain, in order to achieve best social labour and environmental practices. Contract law serves as a means of *contagious of good practice* amongst the elements of the chain. But it should be stressed, once again, that it all depends on the freedom of contract—and, hence, on the willingness of the parties to be voluntarily bound by such rules.

2.3 Rules Pertaining to Law of Torts

If a company breaches third party's *erga omnes* rights or its "legally protected interests" recognised by so-called "protective norms", the latter is entitled to sue the company, to be held liable under the tort-equivalent general clause found in Article 483 of the Civil Code (on "*responsabilidade civil extracontratual*").

The difficult question that may arise is whether a *rule of CSR*, as described above, may suffice as a sound legal basis for the recognition of such a right, or legally protected interest, in order to ground such liability. However, taking into account that fundamental duties of directors may possibly evolve in the direction of increasingly incorporating CSR considerations, especially in larger firms—it remains to be seen how the evolution regarding non-financial statements will have an impact on this matter—, a breach of not only the *general* fundamental duties (of care and of loyalty) but also of *specific* duties (imposed by law or by the articles of association themselves) might theoretically be construed as a basis for such legal proceedings brought about by third parties. These legal proceedings would be directed against not only the company itself, on behalf of whom the conduct is carried out, but also

[39]See, for example, Decision of the Supreme Court, STJ, proc. n.° 7582/13.5TBCSC-A.L1.S1, Relator: Fernandes do Vale (2015.11.17). The seminal work of Baptista Machado (1991), p. 187, is to this date cited by scholarship and courts to this effect.

against the directors, under a tort action that protects creditors against the conducts of the latter.

Article 78, nr. 1, of the Companies Code reads: "Directors are liable towards creditors of the company if, due to a violation with fault of legal or contractual rules aimed at protecting the creditors, the company's assets become insufficient to satisfy those credits".[40] The question, in this latter context, would be a difficult one of qualifying the CSR rule as one *aimed at protecting the creditors*.

A particular case regards the liability of a parent company towards an employee of a subsidiary (the former is hence, at least formally, a third party in respect to the employer-employee relationship): the parent will be jointly and severally liable for all debts due to the employee for more than 3 months, as long as there is a relationship (between the two companies) of group, control, or even only crossed shareholdings.[41]

2.4 *Do CSR Rules Fall Under Public Policy or Are They Characterised as Mandatory Rules?*

There is no case law or scholarship that may serve as basis for the characterisation of rules of CSR as overriding mandatory rules, nor to link them to the possible intervention of *ordre public*.

Nevertheless, rules such as Article 64, 66-B or 72 of the Companies Code, cited above, are *mandatory* in the domestic sense, according to which they may not be put aside by private autonomy. That is, rules on fundamental duties of directors (and their liability), as well as on corporate (financial and non-financial) reporting, are (in that domestic, not international, sense) mandatory, for parties are not allowed to opt out of them.

3 Alternative Methods of Dispute Resolution

Theoretically, all disputes in civil and commercial matters, of patrimonial nature, may be subject to arbitration[42] or mediation.[43]

However, the cause of action of a dispute arising out of violation of rules of CSR may in practice render difficult the submission of such cases to alternative methods of dispute resolution. For instance, it is currently very debated whether, and to what extent, pure company-law disputes may be submitted to arbitration, not (or, more

[40] On this provision, Coutinho de Abreu and Ramos (2017), pp. 955 et seq.

[41] As established under Article 334 of the Labour Code.

[42] See Article 1, nr 1, of the Arbitration Act, approved by Law 63/2011, of 14 December 2011.

[43] Article 11, nr 1, of the Mediation Act, approved by Law nr 29/2013, of 19 April 2013.

precisely, not anymore, after the new law of 2011) due to concerns of subject-matter arbitrability, but rather due to fears of difficulties related to the plurality of parties and to the extension of *res judicata* to non-participants in the arbitral process.[44] These concerns have led the Portuguese Arbitration Association to convene a working group, which prepared for public consultation a draft law on company-law arbitration (May 2016).

Nevertheless, in other conceivable disputes arising out of violation of rules of CSR, which do not present themselves as intra-corporate litigation but rather opposing a company to certain claimants, general arbitrability criteria (based primarily on patrimoniality) will govern.

A dispute may also be submitted to the OECD National Contact Point but, as already mentioned, no complaints have been filed so far.

4 Jurisdiction

Rules on jurisdiction, applicable law, and recognition and enforcement of judgments in civil and commercial matters, including those typically concerning companies and hence corporate social responsibility, are largely unified within the European Union.

Brevitatis causa, given that other reports have tackled this topic and have been previously made available to the wider public,[45] we will henceforth avoid repetition and concentrate solely on the particularities of Portuguese law that deviate from EU regulations, whenever the situations at hand fall outside the scope of application of the latter.

Civil Jurisdiction

When civil and commercial matters are at stake, companies are amenable to suit in Portuguese courts according to the rules of jurisdiction set out in international conventions, European regulations and in internal, so-called "autonomous" sources of law.

The latter are to be found in Articles 62 (grounds of jurisdiction) and 63 (exclusive jurisdiction) of the Code of Civil Procedure, as well as Article 94 (choice-of-forum clauses).

In what concerns companies, the general rule of jurisdiction in Article 62 sets out three criteria for recognizing jurisdiction to Portuguese courts: (a) the so-called *principle of coincidence*, according to which the courts have jurisdiction when the rules of territorial jurisdiction for purely internal cases would *mutatis mutandis* allow for the amenability to suit in Portugal in the international case (for instance, if the contractual claim is filed against the debtor, a defendant company domiciled in

[44] See *inter alia* Sampaio Caramelo (2011), pp. 7 et seq.; Pereira Dias (2008), pp. 41 et seq.; Pereira Dias (2012), pp. 291 et seq.; Maia (2017), pp. 38 et seq.

[45] See only Weller et al. (2018), pp. 239 et seq.

Portugal, or the place of performance is in Portuguese territory, then, articulating Articles 71 and 62, Portuguese courts have jurisdiction); (b) the fact giving rise to the cause of action, or any of the facts leading to it, have taken place in Portuguese territory; and (c) a *forum necessitatis* rule, which attributes jurisdiction when effect cannot be given to the claimed right unless a lawsuit is filed in Portugal, or when the claimant has considerable difficulty in filing suit abroad, provided that there is a relevant connecting factor between the subject matter of the case and the Portuguese legal order.[46]

Article 63 may also be relevant, to the extent that it reserves exclusive jurisdiction to Portuguese courts on issues of validity of the constitution or dissolution of companies or other legal persons, as well as the validity of its decisions, in respect to companies seated in Portugal, in terms equivalent to those already set out in Article 24, nr. 2, of Brussels Ia-Regulation.

Case Law on CSR

To be sure, there is no available case law on breaches of CSR, nor application of CSR standards in judicial rulings. Nevertheless, the public database of Portuguese courts case law, it is possible to find two judgments where CSR has been incidentally referred to.

The first one was rendered by the Supreme Court on a complex matter, which for some time has been regularly assessed by the national courts, on the validity of swap contracts and the possibility of arguing the existence of a supervening change of circumstances (*rebus sic stantibus*), in order to modify or terminate that contract.[47] Although the majority (2 to 1) denied the argument, a dissent[48] has been written, where it is argued that the contract should have been considered null and void, for "private law tends to evolve in the direction of a growing 'ethicization', calling for the social responsibility of enterprises and for a revaluation of the concepts of 'public policy' and 'good morals' as ethics for business, which necessarily broadens the causes of nullity" of contracts, as laid down by the Civil Code.

The other one is a recent judgment rendered under labour jurisdiction on a dispute about wrongful dismissal of a worker for unjustified absences, when in fact the worker had missed work to abide by a judicial decision of temporary suspension of work functions.[49] The court ruled in favour of the worker and stated that a case such as that under discussion may and should be one of the strands of corporate social responsibility of the company as a legal person, in correlation to the individual responsibility required of natural persons as full citizens.

[46]See, in English language, Matias Fernandes (2015), pp. 457 et seq.

[47]Decision of the Supreme Court, STJ, proc. n.° 876/12.9TVLSB.L1.S1, Relator: Gabriel Catarino (2016.01.26).

[48]By Judge Maria Clara Sottomayor.

[49]Decision of *Tribunal da Relação de Lisboa* (TRL), proc. n.a Relação de Lis.L1-4, Relator: José Eduardo Sapateiro (2018.09.12).

5 Applicable Law

5.1 *What Is the Law Applicable to Rules Relating to Corporate Structure? In Other Words, How Is the* lex societatis *Determined?*

According to Article 3 of the Companies Code, the *lex societatis* is determined by the real seat of the company. If however the statutory seat is in Portugal, the company may not invoke against third parties the location of the real seat elsewhere and with it a consequent application of the foreign law of the real seat. This is a manifestation of the protection of the legal appearance legitimately apprehended by such third parties. Whether the same idea holds true when the facts are reversed is subject to dispute, for it would demand a bilateralisation of the conflicts rule, for which there is no literal support.[50]

5.2 *What Is the Law Applicable to Rules Belonging to the Law of Contract? (State the Main Conflict Rule: "Autonomy of Will", for Example—Then the Conflict Rules Applicable by Default)*

–

5.3 *What Is the Law Applicable to Rules Belonging to the Law of Torts? (State All the Conflict Rules in Your Country in the Order in Which the Courts Would Apply Them)*

Given EU unification of conflicts rules on matters of contractual and non-contractual obligations, both these subjects are to be determined under Rome I and Rome II Regulations, which benefit from universal application.[51]

---

[50] On the subject, see (with detailed references) Pereira Dias (2017), pp. 75 et seq.

[51] See Weller et al. (2018), pp. 260 et seq.

5.4 Does Your Country's Case Law Allow Verification of Whether the Applicable Law Is in Conformity with the Rules of International Human Rights Law, the ILO Conventions, or Other Mandatory Rules of International Law? Please Explain

Theoretically, it would be possible for Portuguese courts to verify whether applicable law is in conformity with rules of international human rights law, the ILO Conventions, or other mandatory rules of international law, to the extent that those rules may be invoked in the context of *ordre public*, while simultaneously the actual result of the applicable law is deemed unacceptable to the Portuguese forum under that perspective.[52] There is, however, no available case law on this matter.

5.5 Does Your Country's Case Law Allow the Application of Ethical Rules Instead of, or as a Complement to, the Applicable Law? Please Explain

As to the role of ethical rules, on the question of whether they might be applied instead of (or, at least, as a complement to) the applicable law, there is also no anchor on Portuguese law or case law to affirm it. Nevertheless, the latest developments, from the OECD Guidelines, the Ruggie Principles, or more recently the UN initiatives on a Zero Draft of a proposed Business and Human Rights Treaty, may be the cradle of further developments. Technically, and for the time being, we tend to cautiously assess the legitimacy of attending to those rules, while not being oblivious of how they may exceptionally be considered when determining the possibility of invoking general clauses such as *ordre public*.

6 Recognition and Enforcement of Judgments

Rules of recognition and enforcement of judgments, regarding cases falling outside the scope of application of the Brussels Ia-Regulation, and also not addressed by international treaties,[53] are to be found in Articles 978 et seq. of the Code of Civil Procedure.[54]

---

[52]On the functioning of *ordre public*, see only Ferrer Correia (2000), pp. 405 et seq.

[53]See De Lima Pinheiro (2012), pp. 363 et seq.

[54]See Moura Ramos (2013), pp. 82 et seq. For a brief account in the English language, Moura Vicente (2018), p. 19.

If a judgment given abroad holds a company liable for breach of the rules of CSR, Portuguese courts will be most likely to recognise and enforce such a judgment: not only under the standards of Brussels Ia-Regulation, but also through the lens of domestic law (see Article 980, f, of the Portuguese Civil Procedure Code) in what grounds for refusal of recognition are concerned, there is no *révision au fond* or control of the substantive law applied; only a manifest violation of *ordre public* could theoretically step in and hinder such recognition. Further, a *privilege of nationality* is still in black letter law (Article 983, nr. 2), according to which recognition may be challenged by a Portuguese national, including a legal person,[55] if the foreign judgment applies foreign law to the detriment of Portuguese law, which under Portuguese conflict of laws would however be applicable, and *in concreto* more favourable to the Portuguese party. But many raise serious doubts on the constitutionality and conformity with the EU non-discrimination principle of this rule.[56] We have non-written indications that it might be revoked in the near future, in the context of a set of other adjustments to be made to the Code of Civil Procedure, currently in preparation.

If substantive rules applied by the foreign court in its judgment are to be characterised as soft law or even ethical rules, the answer is similarly unfavourable to the possibility of refusing recognition or enforcement, given that the character of foreign rules applied will be *a priori* irrelevant: only an *ordre public* control, *a posteriori* and in the face of actual consequences of the foreign judgment under review, could eventually block such recognition or enforcement.

References

Antunes Varela JM (2000) Das Obrigações em Geral, vol. I, 10.ª ed. Almedina, Coimbra

Baptista Machado J (1991) Pressupostos da resolução por incumprimento. In: Obra Dispersa, vol. I. Scientia Iuridica, Braga, pp 25–193

Costa R, Figuereido Dias G (2017) Artigo 64.° — Deveres fundamentais. In: Coutinho de Abreu JM (coord) Código das Sociedades Comerciais em Comentário, vol. I, 2.ª ed. Almedina, Coimbra, pp 757–804

Coutinho de Abreu JM (2015) Corrupção privada, bom governo, transparência e responsabilidade social das empresas (nótulas interrogativas). In: Costa R, Gonçalves da Silva L (coords) Estudos comemorativos dos 20 anos da Abreu Advogados. Almedina, Coimbra

Coutinho de Abreu JM (2019) Curso de Direito Comercial, vol. II, Das Sociedades, 6.ª ed. Almedina, Coimbra

Coutinho de Abreu JM, Ramos ME (2017) Artigo 78.° — Responsabilidade para com os credores sociais. In: Coutinho de Abreu JM (coord) Código das Sociedades Comerciais em Comentário, vol. I, 2.ª ed. Almedina, Coimbra, pp 955–967

[55]Traditionally, companies are seen as Portuguese nationals if they have their real seat in Portugal: Ferrer Correia (2000), p. 88. However, many bilateral investment treaties have special nationality rules, which often conjugate the seat and the incorporation criteria.

[56]See, with further references, Ribeiro and Pereira Dias (2015), pp. 54–55.

De Lima Pinheiro L (2012) Direito Internacional Privado — Volume III — Competência Internacional e Reconhecimento de Decisões Estrangeiras. Almedina, Coimbra

Ferrer Correia A (2000) Lições de Direito Internacional Privado — I. Almedina, Coimbra

Maia P (2017) A arbitragem societária: presente e prospectiva. Revista Internacional de Arbitragem e Conciliação X:38–73

Matias Fernandes MJ (2015) International Jurisdiction under the 2013 Portuguese Civil Procedure Code. Yearb Priv Int Law XVI:457–467

Moredo Santos H, Volger Guiné O (2013) Deveres fiduciários dos administradores: algumas considerações (passado, presente e futuro). Revista de Direito das Sociedades V(4):697–711

Moura Ramos RM (2013) O Direito Processual Civil Internacional no Novo Código de Processo Civil. RLJ 3983:82–106

Moura Vicente D (2018) Private international law in Portugal. In: Direito Internacional Privado — Ensaios — Vol IV. Almedina, Coimbra, pp 7–25

Nogueira Serens M (2013) Corporate social responsbility: "Vinho velho em odres novos". Direito das Sociedades em Revista 10:75–96

Pereira Dias R (2008) As Sociedades no Comércio Internacional (Problemas Escolhidos de Processo Civil Europeu, Conflitos de Leis e Arbitragem Internacional). Miscelâneas 5:41–108

Pereira Dias R (2012) Alguns problemas práticos da arbitragem de litígios societários (e uma proposta legislativa). In: II Congresso Direito das Sociedades em Revista. Almedina, Coimbra, pp 291–304

Pereira Dias R (2017) Artigo 3.° — Lei pessoal. In: Coutinho de Abreu JM (coord) Código das Sociedades Comerciais em Comentário, vol. I, 2.ª ed. Almedina, Coimbra, pp. 75-91

Perestrelo de Oliveira A (2017) Manual de Governo das Sociedades. Almedina, Coimbra

Ribeiro MF, Pereira Dias R (2015) Desconsideração da personalidade jurídica de sociedade brasileira por tribunal brasileiro, para responsabilização de sócios portugueses — Acórdão do Tribunal da Relação de Guimarães de 5.6.2014, Proc. 93/13. Cadernos de Direito Privado 49:45–65

Sampaio Caramelo A (2011) Arbitragem de litígios societários. Revista Internacional de Arbitragem e Conciliação IV:7–64

Serra C (2009) A Responsabilidade Social das Empresas — Sinais de um Instituto Jurídico Iminente? In: Estudos em Homenagem ao Prof. Doutor Manuel Henrique Mesquita, vol. II. Coimbra Editora, Coimbra, pp 835–867

Serra C (2010) O novo direito das sociedades: Para uma governação socialmente responsável. Scientia Iuris 14:155–179

Serra C (2011) Responsabilidade social das empresas através do direito (e o direito à luz da responsabilidade social das empresas). In: Nunes Costa MA, Santos MJ, Seabra FM, Jorge F (orgs) Responsabilidade Social - Uma Visão Ibero-Americana. Almedina, Coimbra, pp 599–632

Serrano de Matos I (2015) Debt Governance – O papel do credor activista. Direito das Sociedades em Revista 14:161–198

Weller MP, Hübner L, Kaller L (2018) Private international law for corporate social responsibility. In: Schmidt-Kessel M (ed) German National reports on the 20th international congress of comparative law. Mohr Siebeck, Tübingen, pp 239–268

Switzerland

Nicolas Bueno and Andrea Bonomi

Abstract The report presents and discusses norms of Swiss law ensuring access to remedy for human rights and environmental harm that a company located in Switzerland may cause or contribute to cause through a foreign subsidiary or supplier abroad. In addition to questions of jurisdiction and applicable law in transnational matters, the report analyses current developments on parent company liability in Swiss private law. In particular, it presents the constitutional Responsible Business Initiative and its parliamentary counter-proposal. Both aim at implementing the United Nations Guiding Principles on Business and Human Rights. They suggest introducing a legal due diligence obligation regarding human rights and the environment for companies located in Switzerland making them applicable in cross-border cases as overriding mandatory provision. This report presents current discussions in Switzerland on the scope of corporate liability within a corporate group and along the supply chain in transnational matters.

1 Definition and Sources

1.1 Does Your Country Have a Definition of Corporate Social Responsibility?

There is no definition of corporate social responsibility in Swiss law. In April 2015, however, the Swiss Federal Council, the highest executive body in Switzerland,

N. Bueno (✉)
University of Zurich, Zurich, Switzerland
e-mail: nicolas.bueno@uzh.ch

A. Bonomi
University of Lausanne, Lausanne, Switzerland
e-mail: andrea.bonomi@unil.ch

C. Kessedjian, H. Cantú Rivera (eds.), *Private International Law Aspects of Corporate Social Responsibility*, Ius Comparatum – Global Studies in Comparative Law 42, https://doi.org/10.1007/978-3-030-35187-8_18

adopted a Position Paper on Corporate Social Responsibility.[1] Although the position paper has no legally binding effect, it defines the notion of corporate social responsibility as encompassing themes, such as working conditions, human rights, the environment, corruption prevention, fair competition, consumers interests, tax policies and transparency, that companies must take into account in parallel to the interests of the company owners.[2] Additionally, when the legal framework is insufficiently developed abroad, companies are expected not to exploit regulation gaps but to apply internationally recognized conduct standards. Among those norms, the Swiss position paper on corporate social responsibility cites in particular the United Nations Guiding Principles on Business and Human Rights (UNGP), the OECD Guidelines on Multinational Enterprises and the ISO norm 260000 on Social Responsibility.[3]

The position paper further contains an action plan, which is not the National Action Plan on the implementation of the UNGP (see *infra*, 1.3), in which Switzerland presents four strategies with regard to corporate social responsibility. The Swiss government plans to develop the definitional corporate social responsibility framework within international fora, such as the United Nations or the OECD; to support companies implementing their corporate social responsibility; to promote corporate social responsibility in developing countries and, finally, to work for the improvement of corporate transparency.[4] The position paper does not address the question of introducing a mandatory due diligence obligation for corporations operating abroad. They do not clarify the conditions of liability for these companies.[5]

1.2 Is Your Country a Member of the OECD?

Switzerland is a member of the OECD and has a National Contact Point (NCP) within the State Secretariat of Economic Affairs. The NCP accepts submissions raising specific instances regarding possible violations by companies of the OECD Guidelines. After an initial assessment, the NCP offers the parties involved its good offices. If the parties reach an agreement or find a solution to the dispute, the NCP

---

[1]Swiss Federal Council (SFC), La responsabilité sociétale des entreprises: Position et plan d'action du Conseil fédéral concernant la responsabilité des entreprises à l'égard de la société et de l'environnement (1 April 2015) <http://www.news.admin.ch/NSBSubscriber/message/attachments/38882.pdf> hereinafter "SFC, Responsabilité sociétale des entreprises".

[2]*Ibid.*, at 5.

[3]*Ibid.*, at 6.

[4]SFC, Responsabilité sociétale des entreprises, 13–17.

[5]Weber (2016), p. 123; as noted Kaufmann (2016), p. 47.

publishes a final statement.[6] To date, some fourteen final statements have been published on the NCP website.[7] A recently published report presents the structure and activities of the Swiss NCP.[8]

Among other recent cases, the NCP received a written submission against the FIFA, which is headquartered in Zurich, concerning human rights violations of migrant workers during the construction of facilities for the 2022 World Cup in Qatar. The trade union Building and Wood Workers' International claimed that the FIFA violated the OECD Guidelines by appointing Qatar and failing to conduct adequate human rights due diligence since then to prevent well-documented human rights violations of migrant workers.[9] In May 2017, the parties agreed to publish a final statement in which the FIFA agreed to follow guidance from the OECD Guidelines and the UN Guiding Principles on Business and Human Rights and accepted responsibility in terms of contributing to ensure, including through the use of its leverage, a due diligence process on the FIFA World Cup-related construction sites.[10]

1.3 As a Member State of the United Nations, Has Your Country Taken Any Action Under the 2011 Guiding Principles? If Yes, Please Describe (National Action Plan, Etc)

Switzerland published its National Action Plan (NAP) on the implementation of the UNGP in December 2016. Additionally, it took measures regarding corporate social responsibility and due diligence in specific sectors. The NAP does not envisage the introduction of a mandatory human rights due diligence obligation in Swiss law. It also does not clarify the conditions of liability for human rights abuses committed by Swiss-registered companies abroad. To fill these gaps, a coalition of Swiss NGOs submitted a constitutional popular initiative that aims at introducing a specific provision on responsible business in the Swiss Constitution. In order to avoid a

[6] State Secretariat for Economic Affairs, National Contact Point for Switzerland: Information on the Specific Instances Procedure (November 2014).

[7] <https://www.seco.admin.ch/seco/en/home/Aussenwirtschaftspolitik_Wirtschaftliche_Zusammenarbeit/Wirtschaftsbeziehungen/NKP.html>.

[8] Kaufmann and Heckendorn (2018), pp. 29–33.

[9] NCP, Initial Assessment: Specific Instance regarding the Fédération Internationale de Football Association (FIFA) submitted by the Building and Wood Workers' International (BWI), (13 October 2015).

[10] NCP, Final Statement, Specific Instance regarding the Fédération Internationale de Football Association (FIFA) submitted by the Building and Wood Workers' International (BWI), (2 May 2017), 4.

popular vote, the parliament is currently elaborating a counter-proposal at the legislative level. These developments are presented in turn.

The Swiss National Action Plan 2016

On 9 December 2016, the Federal Council presented its National Action Plan (NAP) on the implementation of the UNGP, which should be read as a complement of equivalent value to the Position Paper on Corporate Social Responsibility of 2015.[11] The Federal Council expects corporations to conduct due diligence in their activities in Switzerland and abroad.[12]

Regarding access to remedy for victims of corporate abuses abroad pursuing to the third pillar of the UNGP, the Federal Council notes in the NAP that there is always a forum in Switzerland for torts when the corporation is domiciled in Switzerland. In addition, overriding mandatory provisions of Swiss law, in particular those relating to human rights, would in any event be applicable regardless of the law designated by the choice-of-law rules.[13] However, it acknowledges that there is no legally binding provision in Swiss law compelling corporations to conduct human rights due diligence in their operations abroad. In this regard, it notes that no other country has adopted such legally binding provisions and concludes that, in order to avoid that the Swiss economy be penalized, any regulation that Switzerland would introduce in that regard should be largely supported internationally.[14]

Recently, Switzerland commissioned a report to evaluate and compare international developments on access to remedy for victims of corporate abuses.[15] Despite some international legal developments identified in the report, and in particular the French Duty of Vigilance Law of 2017, the Federal Council does not recommend the adoption of regulatory measures in corporate law, tort law or international private law.[16] However, it mentions the pending responsible business initiative and its legislative counter-proposal. Both aim at introducing a mandatory due diligence obligation for corporations and clarifying the conditions of liability.[17] These discussions are presented below.

Legislative Measures Adopted in Specific Sectors

Beyond political developments concerning companies in all economic sectors, the Swiss government has taken some measures in specific sectors. The recent Federal Act on Private Security Services Provided Abroad (PSSA) applies to companies that

[11] Swiss Federal Council, 'Rapport sur la stratégie de la Suisse visant à mettre en œuvre les Principes directeurs des Nations Unies relatifs aux entreprises et aux droits de l'homme' (9 December 2016), 12; <https://www.parlament.ch/centers/eparl/curia/2012/20123503/Bericht%20BR%20F.pdf>; hereinafter National Action Plan.

[12] *Ibid.*, 7–8.

[13] *Ibid.*, 39.

[14] *Ibid.*, 15.

[15] Kaufmann and Heckendorn (2018).

[16] Swiss Federal Council, Entreprises et droits de l'homme: analyse comparée des mesures judiciaires offrant un accès à la réparation (14 Septembre 2018), 14–15.

[17] *Ibid.*, 15.

provides, from Switzerland, private security services abroad as well as to companies that establish, base, operate, or manage a company in Switzerland that provide such services abroad. It aims at prohibiting the provision of private security services for the purpose of direct participation in hostilities abroad or in connection with the commission of serious human rights violations.[18] These prohibitions apply expressly to parent companies and companies that subcontract the provision of a security service (subcontracting companies) to another company (the subcontractor).[19]

Regarding liability, criminal sanctions are in place for individuals who infringe the prohibitions.[20] Financial compensation for harm caused by private security services remains to be determined in accordance with general rules on torts under Swiss law. Interestingly, Article 6 PSSA clarifies that where a Swiss-registered company subcontracts the provision of a security service abroad, it shall ensure that its subcontractor performs that service in keeping with the constraints to which it is itself subject. Its liability for harm caused by the (foreign) subcontractor should be determined in accordance with the Swiss Code of Obligations.[21] The problem is that the Swiss Code of Obligations does not entail any specific provision on the extracontractual liability of subcontracting companies for harm caused to third parties by subcontractors and there is no relevant case law in that regard.[22]

Finally, the Swiss government has taken steps or is considering to adopt measures on corporate responsibility to respect human rights in the commodity sector.[23] It adopted a legally non-binding guide on the implementation of the UNGP in the commodity trading sector.[24] Switzerland is also following international legislative developments, in particular those in the European Union, on due diligence for importers of minerals originating from conflict areas.[25] It envisages the possibility to adopt similar provisions adapted to the Swiss context.[26] There is no recommendation, however, clarifying the conditions of corporate liability of parent, subcontracting or contracting companies in the commodity sector for human rights abuses.

---

[18]Swiss Federal Act on Private Security Services Provided Abroad, art. 8 and 9.

[19]*Ibid.* art 5.

[20]*Ibid.* art 21–24.

[21]*Ibid.* art 6.

[22]Bueno and Scheidt (2015), p. 10.

[23]*See* Plateforme interdépartementale "matières premières", 3e rapport concernant l'état d'avancement de la mise en œuvre des recommandations (2 December 2016), Recommandations 11 and 12, at 13–14. <https://www.newsd.admin.ch/newsd/message/attachments/46473.pdf>.

[24]Swiss State Secretariat for Economic Affairs and Federal Department of Foreign Affairs, The Commodity Trading Sector: Guidance on Implementing the UN Guiding Principles on Business and Human Rights, 2018.

[25]Plateforme interdépartementale, at 14; *see* Regulation (EU) 2017/821 of the European Parliament and of the Council of 17 May 2017 laying down supply chain due diligence obligations for Union importers of tin, tantalum and tungsten, their ores, and gold originating from conflict-affected and high-risk areas.

[26]National Action Plan, 29.

The Responsible Business Initiative and Its Counter-Proposal

In parallel to the above-mentioned developments, a coalition of NGOs in Switzerland launched the popular constitutional initiative called *Responsible Business: Protecting Human Rights and the Environment*. The initiative collected the requisite threshold of 100,000 signatures. It will be submitted to Swiss citizens unless a satisfactory counter-proposal is adopted. The popular initiative aims at adding a new Article 101a, under the heading "Responsibility of Business", to the Swiss Constitution. This provision aims at introducing a mandatory due diligence obligation for corporations as well as a specific liability rule in case of its breach,[27] which should fill the liability gap of the Position Paper on Corporate Social Responsibility and the National Action Plan.

According to the proposed Article 101a of the Swiss Constitution, companies in Switzerland must respect internationally recognized human rights and environmental standards and ensure that these are also respected by companies under their control.[28] Concretely, the initiative requires companies to carry out appropriate due diligence, as defined in the UNGP.[29] Beyond mandatory due diligence, the initiative text specifies that corporations are liable for the damage caused by themselves and by those under their control unless they can prove that they took all due care to avoid the damage, or that the damage would have occurred even if all due care had been taken.[30] If the Swiss electorate accepts the constitutional initiative, a mandatory due diligence provision and a liability rule for Swiss-based corporations operating abroad will have to be elaborated and implemented in the sub-constitutional federal legislation, probably in the Swiss Code of Obligations (CO).[31]

As a result of the initiative, the Parliament is currently discussing a counter-proposal in the form of a modification of the Swiss Code of Obligations. The counter-proposal is drafted with a view to avoidinga popular vote; if it is adopted, the initiative committee may withdraw the initiative. To date, the counter-proposal restricts the Popular Initiative in two respects. First, proposed Article 716a CO, which defines the due diligence that some companies are required to conduct, is limited to large companies and those active in specific sectors at risk. Second, proposed Article 55 CO introduces a specific liability provision, which would however apply only to parent companies for the harm caused by controlled subsidiaries and not to suppliers. Finally, Article 139a SPILA entails a specific rule to ensuring application of these provisions in international matters. Each element presents specificities presented below in light of existing Swiss law.[32]

[27] Art. 101a(2)(b) and (c) Responsible Business Initiative.

[28] Art. 101a(2)(a) Responsible Business Initiative.

[29] Art. 101a(2)(b) Responsible Business Initiative.

[30] Art. 101a(2)(c) Responsible Business Initiative.

[31] Bueno (2020), pp. 243–426.

[32] Bueno (2019), pp. 360–362.

2 Characterisation

2.1 Rules Pertaining to Company Law

As the discussion on the counter-proposal shows, there is currently no provision in Swiss company law aiming at ensuring that companies or the board of directors of a company respect human rights, the environment or other societal interests abroad. With respect to companies limited by shares, Article 716a of the Swiss Code of Obligations (CO) enumerates an exhaustive list of non-transferable duties of the board of directors. Regarding social responsibility, Article 716a(1) para 5 CO states to date that the board of directors has the duty to overall supervise the persons entrusted with managing the company, in particular with regard to compliance with the law, operational regulations and directives.[33] The counter-proposal to the Responsible Business Initiative aims at modifying this provision by adding that it must supervise them as well with regard to compliance with provisions relating to human rights and the environment [34]

So far, The duties of the board of directors, however, only relate to the protection of the company's interests and not those of affected third parties.[35] Article 754 CO makes this clear by stating that the individual members of the board of directors of the company are liable for any loss or damage arising from intentional or negligent breach of their duties both to the company and to the individual shareholders and creditors, however not to third injured persons. In this regard, the counter-proposal not only does not modify this individual liability provision for the members of the board of directors, but also excludes the liability of individual members of the board of directors for a damage caused by a controlled company.[36]

2.2 Rules Pertaining to the Law of Contract

There are no specific rules in Swiss contract law aiming at implementing corporate social responsibility of Swiss-based companies for their activities abroad. Conversely, however, Article 5 of the Posted-Workers Act[37] requires that subcontracting companies in the construction sector ensure that all their subcontractors respect minimum wages and labour standards when employing workers in Switzerland. Accordingly, the contracting company must take all contractual measures in order to oblige its subcontractors to respect those minimum standards in Switzerland.[38]

[33]Swiss Institute of Comparative Law (2013), p. 42.

[34]Proposed Art. 716(1)(5) CO.

[35]Swiss Institute of Comparative Law (2013), pp. 45–46; Forstmoster (2015), p. 172.

[36]Proposed Art. 759a CO.

[37]Loi fédérale sur les mesures d'accompagnement applicables aux travailleurs détachés et aux contrôles des salaires minimaux prévus par les contrats-types de travail du 8 octobre 1999.

[38]Ordonnance sur les travailleurs détachés en Suisse, art. 8c.

2.3 Rules Pertaining to Law of Torts

To date, there is no specific mandatory provision in Swiss tort law that requires Swiss-based companies to respect human rights, the environment or other societal interests when they conduct business abroad through a foreign subsidiary, supplier or subcontractor. Existing general rules of liability in tort law apply, provided Swiss law is applicable, to companies that cause a damage abroad through their own activities or through the activities of a foreign subsidiary or subcontractor. The Swiss literature concerning business and human rights discusses how to apply existing rules of fault liability (Article 41 CO) and of vicarious liability (Article 55 CO) to such situations.

General Conditions of Direct Liability (Fault Liability)
Article 41 CO establishes the general conditions of liability in tort law. Accordingly, any person, natural or legal, who unlawfully causes loss or damage to another, whether wilfully or negligently, is obliged to provide compensation.[39] There are four conditions of liability under Article 41 CO: a damage, a relationship of causality between the harmful event and the damage, a wrongful act, and a fault.[40] There is a fault, understood as reproachable conduct, when a person wilfully or negligently does not meet an expected standard of conduct in given circumstances. A conduct is negligent, when a person does not want the result, but lacks to meet the diligence that can be expected from a person of the category of the tortfeasor.[41]

The judiciary also distinguishes between active conducts and omissions. In the event that an omission of the company is reproached, a duty to act is required to make that omission wrongful. Such a duty exists when the tortfeasor owes a duty of care to the injured party.[42] A duty of care exists, for instance, when it is expressly required by law or when an activity creates a specific risk for others.[43]

In a first tort law case in Switzerland submitted after the adoption of the UNGP, a Bangladeshi worker and trade unions argued that the FIFA, which is registered in Zurich, attributed the 2022 World Cup to Qatar despite well-documented abuses due to the kafala sponsorship system. Such a system prohibited the claimant, to quit, change work or leave Qatar without the consent of his sponsor-employer, who retained his travel documents.[44] In addition, the trade unions reproached the FIFA for omitting to require reforms of labour market from Qatar.[45] Regarding compensation based on Article 41 CO (fault liability), the Commercial Court of Zurich found that the claim did not demonstrate precisely enough what acts or omissions of

[39]Art. 41 CO.

[40]Werro (2012a), art. 41 § 7; Kessler (2015), 321, § 2c.

[41]Werro (2012a), art. 41 § 57; Kessler (2015), § 48a.

[42]Werro (2012a), art. 41 § 77; Kessler (2015), § 37.

[43]Werro (2012a), art. 41 § 79–81.

[44]Handelsgericht des Kantons Zurich, HG160261-O [unpublished], 3 January 2017, 13.

[45]*Ibid.*, 14.

the FIFA did violate the claimant's rights. It found further that the FIFA did not have a direct possibility to influence Qatari law or was not directly involve in the construction of infrastructure projects. In any event, even if it could be proved that the FIFA had such a leverage over Qatar, the matter would not be of a commercial nature, and therefore the Commercial Court would not be competent.[46] The Court did not place the case into the business and human rights debate or made a reference to the international due diligence standard, despite a parallel proceeding before the Swiss National Contact Point.[47]

To date, there is thus no objectified standard of conduct or case law establishing what is the conduct expected from a Swiss-registered company operating abroad with regard to human rights or the environment. There is also no express legal obligation for companies to actively prevent a harm abroad. By requiring companies to carry out appropriate due diligence regarding human rights and the environment,[48] both the Responsible Business Initiative and its counter-proposal aim at introducing such specific standard of conduct based on the UNGP in Swiss law.

For public companies limited by shares, the proposed article 716a CO of the counter-proposal establishes that the board of directors must take measures to ensure that the company respects provisions related to human rights and the protection of the environment, including in its activities abroad.[49] Concretely, according to the proposed provision, the board of directors must identify and assess actual and potential human rights and environmental impacts; take measures to prevent risks and mitigate violations as well as track the effectiveness of the measures and account for how it addresses impacts. This due diligence applies explicitly over impacts resulting from activities of controlled companies within a corporate group as well as business relationships along the supply chain.[50] In contrast to the responsible business initiative, this mandatory due diligence shall apply to companies, controlled companies included, reaching two out of the three following thresholds: a balance sheet of 40 million CHF, a turnover of 80 million CHF or employment of 500 employees.[51] Nevertheless, smaller companies are also subject to the same due diligence when their activities present a particular risk.[52]

Liability for Damage Caused by Others

Article 55 CO currently relates to the liability that an employer, as a principal, holds for a tort caused by auxiliaries. Accordingly, an employer is liable for the loss or

[46]*Ibid.*, 15. *See also* Bueno (2017), p. 1019.

[47]*See* also the outcome of the mediation process at the Swiss National Contact Point in Sect. 1.2 above.

[48]Art. 101a(2)(b) Responsible Business Initiative.

[49]This provision shall apply by analogy to limited liability companies, cooperatives and associations.

[50]Proposed Art. 716^{abis}(1) *in fine* CO.

[51]Proposed Art. 716^{abis}(3) CO.

[52]Proposed Art. 716^{abis}(4) CO.

damage caused by his employees in the performance of their work unless he proves that he took all due care to avoid a loss or damage of this type or that the loss or damage would have occurred even if all due care had been taken. The three conditions of liability under article 55 CO are a wrongful act of the auxiliary in the performance of his or her work; a relationship of subordination between the auxiliary and the employer; and the absence of a proof that the employer took all due care in selecting, instructing, and supervising that person.[53]

It is discussed in the literature concerning business and human rights whether Article 55 CO could apply to hold a parent or a subcontracting company responsible for the damage caused by a controlled subsidiary or subcontractor abroad.[54] Indeed, the notion of employer in Article 55 CO does not require an employment contract or any other contract but the existence of a practical relationship of subordination.[55] A part of the literature, however, considers that auxiliaries cannot be legal persons[56] while, for the other part, there is no reason to exclude that a relationship of subordination may exist between two legal entities,[57] as known in other countries. They argue accordingly that Article 55 CO should encompass liability of companies for the harm caused by other companies under their control,[58] including subsidiaries within a corporate group.[59]

By establishing a specific liability for parent companies in the proposed Article 55 CO, the counter-proposal clarifies the scope of this liability.[60] Companies subject to due diligence obligations, as presented above, are liable for the damage caused by a controlled company in violation of a provision relating to human rights and the environment. The parent company is not liable if it can prove that it took the required measures to protect human rights and the environment or that it could not influence the controlled company.[61] This specific liability for the damage caused by a controlled company in the counter-proposal would not apply for the damage caused by economically dependent companies outside a corporate group, such as independent suppliers.[62]

[53]Werro (2012b), art. 55, § 6.

[54]Membrez (2012), p. 31; Kaufmann et al. (2013), p. 43; Bueno and Scheidt (2015), p. 9.

[55]Werro (2012b), art. 55, § 7. Kessler (2015), § 8.

[56]Kessler (2015), § 8. Swiss Supreme Court, DFT 42 II 611, 615 (23 November 1916). *See* Werro (2012b), art. 55, §8.

[57]Kuonen (2007), pp. 498–500.

[58]*Ibid*., p. 500.

[59]Membrez (2012), p. 32; Von Büren (2005), p. 954.

[60]Von Büren (2005), p. 954; *see* Art. 101a(2)(b) Popular Constitutional Initiative and commentaries at https://www.news.admin.ch/NSBSubscriber/message/attachments/30134.pdf.

[61]*See* Proposed art. 55(1bis) CO.

[62]Proposed Art. 55(1ter) CO.

3 Jurisdiction

3.1 *Defendant's Domicile in Switzerland*

An international claim in tort can be brought before Swiss courts whenever the defendant is domiciled in Switzerland. According to Article 2(1) of the 2007 Lugano Convention, which is in force in Switzerland since 2011, persons domiciled in a State bound by the Convention shall be sued in the courts of that State. The notion of domicile is defined by Article 60 of the Lugano Convention and it encompasses both the statutory seat and the "real" seat (which includes both the central administration and the principal place of business). Under this provision, a Swiss company can always be sued in a Swiss court for the alleged violation of CSR rules or standard, even if the violation has occurred, or has caused a damage, abroad.

It is also worth noting that—contrary to the courts of several foreign countries, in particular common law jurisdictions—Swiss courts cannot stay or dismiss an action on the ground that foreign courts (e.g. the courts of the place of the tort) are better placed to hear the case. Swiss courts do not apply the doctrine of *forum non conveniens*; in any event, the latter would be incompatible with the Lugano Convention.[63] This is in line with the Recommendation on Human Rights and Business, which was adopted by the Council of Europe.[64]

However, Swiss courts must stay their proceedings (and eventually dismiss the action) when proceedings having the same object and the same cause of action between the same parties were previously instituted before a foreign court. If the court first seized is a court in a State bound by the Lugano Convention, the court second seized must immediately stay the proceedings and then dismiss the action, once the foreign court has ruled on its own jurisdiction (art. 27 Lugano Convention). By contrast, if the foreign court first seized is that of a country not bound by the Lugano Convention, a Swiss court has to stay the proceedings only when it appears that the foreign court will render, within a reasonable timeframe, a decision that is capable of being recognised in Switzerland (Article 9(1) SPILA); the Swiss proceedings will then be dismissed only when such recognizable decision has been presented to the Swiss court (Article 9(3) SPILA).

Jurisdiction at the Place of the Tort

The jurisdiction of Swiss courts is more difficult to establish when the defendant is not domiciled in Switzerland, for example when a claimant intends to sue in Switzerland a foreign subsidiary of a parent company domiciled in Switzerland or a foreign supplier or subcontzractor of a company domiciled in Switzerland.

In such a case, the uniform jurisdictional rules of the Lugano Convention are still applicable when the defendant is domiciled in another State bound by the

[63] ECJ, 1.3 2005, in the case C-281/02, *Owusu*, ECR I-1383.

[64] Council of Europe, Recommendation CM/Rec(2016)3 of the Committee of Ministers on human rights and business, (2 March 2016), para 34, *in fine*, "the doctrine of *forum non conveniens* should not be applied in these cases."

Convention (Article 3 Lugano Convention). Is this not the case, the jurisdiction of Swiss courts is governed by the national rules included in the SPILA (Article 4 Lugano Convention).

Both the Lugano Convention and the SPILA provide for rules of specific jurisdiction based on the criteria of the place of the harmful event (Article 5(3) Lugano Convention; Article 129 SPILA). Based on these provisions, a claim in tort can be brought both at the place of the conduct and at the place of the event.[65] In the case of a tort abroad, a foreign subsidiary or a supplier or subcontractor of a company domiciled in Switzerland can only be attracted before Swiss courts if it acted from within Switzerland.

Of course, this raises difficult questions on what kind of conduct may be regarded as relevant for the purpose of jurisdiction. According to the case law, when a tort results from a plurality of acts, the place of each of these acts is relevant for the purpose of establishing jurisdiction, with the exclusion, however, of purely preparatory (preliminary) acts.[66] As far as the harmful acts of a foreign corporate entity are concerned, it goes without saying that not only the place of the material activity will be regarded as "the place of conduct", but also the place where the relevant decisions of the competent corporate bodies were taken. However, this will normally be insufficient to establish the jurisdiction of the Swiss courts because a companies' decision are normally taken at the place of administration, which in the case of a foreign company is also located abroad.[67]

Would the answer be different if it is alleged (or proved) that the harmful decisions were actually taken and dictated by the Swiss parent company or facilitated by the latter lack of diligence? In this case, however, the harmful conduct (as an act or an omission) taking place in Switzerland would be that of the Swiss parent company—a company that is in any case subject to the jurisdiction of Swiss courts because of its domicile, as mentioned above. Such allegations would therefore normally prove insufficient to attract before Swiss courts the foreign subsidiary (and *a fortiori* an independent supplier or subcontractor).

In the *IBM(Geneva)/Germany* case,[68] the Swiss Supreme Court ruled on the jurisdiction of Swiss courts in a matter concerning the American company IBM's alleged involvement with the Nazi regime in Germany between 1933 and 1945. The claimants, who were detained in concentration camps during World War II, reproached IBM for supplying technology from its European branch in Geneva to the Nazi regime. They claimed for the civil compensation of the harm they had suffered based on Article 41 CO. A first instance judgment dismissing the claim for lack of jurisdiction was reversed by the Geneva Court of Appeal, which ruled that the Geneva courts had jurisdiction to hear the claim based on Article 129 SPILA. The Swiss Supreme Court affirmed this judgment. Without prejudice to the decision

[65] *See* Bonomi (2011a), pp. 1097–1098.

[66] DFT 125 III 346, points 4a and 4c; DFT 131 III 153, points 6.2 to 6.4.

[67] If not, the company would be regarded as domiciled in Switzerland under Article 60 of the Lugano Convention (see supra).

[68] Swiss Supreme Court, Decision 4C.296/2004, 22 December 2004, DFT 131 III 153.

on the merits, the Court found that the claimant's allegation that IBM had supplied its Nazi clients with technology from its European branch in Geneva, was plausible.[69] Since it could not be excluded, on one hand, that IBM was responsible of acts of complicity in a genocide and, on the other hand, that such tortious acts had been committed in Geneva, this was sufficient for establishing the jurisdiction of the Geneva courts under Article 129 SPILA.

Jurisdiction Over Related Claims

The jurisdiction of Swiss courts over a foreign company is very difficult to establish even when the claimant purports to sue simultaneously in Switzerland both a Swiss parent company and its foreign subsidiary (or a supplier).

For sure, Article 6(1) of the Lugano Convention provides for a quite broad basis for joining proceedings brought against a plurality of defendants, provided that "the claims are so closely connected that it is expedient to hear and determine them together to avoid the risk of irreconcilable judgments resulting from separate proceedings." However, as the other rules of special jurisdiction of the Convention, this provision is only applicable when the defendant is domiciled in a State bound by that instrument.[70]

By contrast, if the defendant's domicile is in a third country, Swiss jurisdiction can only be established on the basis of the SPILA. Now, according to Article 8a SPILA, when related claims are brought against several co-defendants, the Swiss court having jurisdiction over one of them can rule over all of the claims. For sure, this provision allows for the concentration of proceedings brought against several defendants; however, it is only applicable when every single defendant can individually be sued in Switzerland pursuant to other provisions of the SPILA. In other words, Article 8a SPILA does not provide a basis for international jurisdiction over foreign defendants, but only establishes which judicial authority is competent domestically, provided that all defendants are subject to the jurisdiction of Swiss courts.[71] When Swiss courts do not have jurisdiction over the foreign subsidiary (or supplier or subcontractor) of a Swiss corporation for harmful conduct taking place abroad, Article 8a SPILA is of no assistance.[72] For this reason, Article 8a SPILA is subject to some scholarly criticism for being too restrictive in international comparison.[73]

The same limitation also affects Article 8c SPILA, which allows the victim of a criminal act to bring a civil claim for compensation before the courts seized with the

[69]DFT 131 III 153 § 6.4. *See* Geisser (2013), p. 223.

[70]*See* the wording of Article 6 Lugano Convention ("A person domiciled in a State bound by this Convention may also be sued [. . .]."). An analogical application of this provisions to defendants domiciled in third countries is suggested in Schwenzer and Hosang (2011), p. 279; however, this solution (although desirable *de lege ferenda*) is difficult to reconcile *de lege lata* with the choice made by the Swiss legislator in Article 8a SPILA (see *infra*). *See also* Geisser (2017), p. 963.

[71]Bucher (2011b), p. 100.

[72]Geisser (2013), p. 238.

[73]*Ibid.*, p. 240; Geisser (2017), p. 963; Bucher (2011b), p. 100; Schwenzer and Hosang (2011), p. 280.

criminal proceedings. As Article 8a SPILA (and contrary to Art. 5(4) of the Lugano Convention), this provision does not create a jurisdictional basis against foreign defendants but only allows for consolidation of criminal and civil proceedings when the alleged tortfeasor is subject (on some other basis) to the jurisdiction of Swiss courts.[74]

This solution of Swiss private international law is also too narrow if one considers the Recommendation on Human Rights and Business.[75] The Committee of Ministers recommends that Member States consider allowing their domestic courts to exercise jurisdiction over civil claims concerning business-related human rights abuses when these are brought against foreign subsidiaries, provided that such claims are closely connected with claims against the parent company.[76] In other words, courts should be able to exercise jurisdiction in such cases against both the parent company, based within the forum country, and the subsidiary, based in a foreign jurisdiction.[77]

Forum of Necessity

In the absence of other jurisdictional bases, a claimant can try to assert jurisdiction based on Article 3 SPILA. According to this provision, when there is no other basis for jurisdiction in Switzerland, and proceedings are impossible or cannot reasonably be brought in the foreign country, Swiss judicial authorities have jurisdiction provided that the case has a sufficient connection with Switzerland. This exceptional rule, called *forum necessitatis*, may be relevant for actions in torts against a subsidiary or a subcontractor of a Swiss company domiciled abroad. It applies under two cumulative conditions: first, proceedings are impossible or it cannot reasonably be expected that they are brought in a foreign country and, second, the dispute has a sufficient connection with Switzerland.[78]

Such conditions are not easily satisfied. In the only decision of the Swiss Federal Court addressing Article 3 SPILA in an action in torts, a Tunisian citizen sued the Republic of Tunisia and a Tunisian Minister for compensation for acts of torture committed against him in that country by Tunisian nationals. The Court clarified that the goal of Article 3 is to avoid a denial of justice and that a forum of necessity could in principle be applied when the claimant risks of being politically persecuted abroad.[79] Legal scholars also unanimously consider that *forum necessitatis* should apply in cases dealing with human rights abuses abroad.[80] However, the court declined jurisdiction holding that the present case had no sufficient connection

[74]Bucher (2011b), p. 103.

[75]Council of Europe, Recommendation CM/Rec(2016)3 of the Committee of Ministers on human rights and business (2 March 2016).

[76]*Ibid.*, § 35.

[77]Council of Europe, Explanatory Memorandum to Recommendation CM/Rec(2016)3, §57–59. *See also* Geisser (2017), p. 963.

[78]Geisser (2013), p. 262.

[79]Swiss Supreme Court, Decision 4C.379/2006, para 3.4 (22 May 2007).

[80]Bucher (2011a), p. 64; Geisser (2013), p. 263; Schwenzer and Hosang (2011), p. 287.

with Switzerland. At the time of the facts, the claimant had been resident in Italy. The fact that the claimant subsequently decided to establish in Switzerland and that he had obtained political asylum in this country was (surprisingly) regarded as being insufficient.[81] The European Court of Human Rights has rejected a complaint against this decision, with a judgement[82] recently confirmed by the Grand Chamber.[83] To date, there is no reported case in Switzerland addressing the forum of necessity in a case concerning CSR.

4 Applicable Law

4.1 *What Is the Law Applicable to Rules Relating to Corporate Structure? In Other Words, How Is the* lex societatis *Determined?*

Article 154(1) SPILA states that companies are governed by the law of the state under which they are organized. However, Article 154(1) SPILA does only apply to company law matters as defined in Article 155 SPILA. This covers issues relating to the company's organization and to the internal relationships between the company and its shareholders. By contrast, assessing whether a parent company took all due care to prevent a harm caused by a subsidiary would be regarded as a matter of tort law, and not of company law. Therefore, the applicable law would have to be determined in accordance with the conflict of law rules relating to torts, as presented below.

4.2 *What Is the Law Applicable to Rules Belonging to the Law of Contract? (State the Main Conflict Rule: "Autonomy of Will", for Example—Then the Conflict Rules Applicable by Default)*

In the area of contracts, Swiss choice-of-law rules are largely based on party autonomy. Under Article 116 SPILA, a contract is governed by the law chosen by the parties. The freedom of choice is very broad, no link being required between the contract and the chosen law. By a choice of law, the parties can derogate from the

[81]Swiss Supreme Court, Decision 4C.379/2006, para 3.5 (22 May 2007). See the criticism by Bucher (2011c), p. 64 and Geisser (2013), pp. 317–320. By contrast, Schwenzer and Hosang (2011), p. 287, seem to accept such restrictive interpretation.

[82]CEDH, 21.6.2016, Naït-Liman, n° 51357/07.

[83]CEDH (Grand Chamber), 15.3.2018, n° 51357/07.

mandatory rules of the law that would have applied in the absence of choice, subject only to overriding mandatory provisions and public policy. However, contrary to arbitration (Article 187 SPILA), the parties cannot validly choose a set of non-state rules (soft-law rules) as the law applicable to the contract; if they do, their choice will only be regarded as an incorporation by reference, which cannot derogate from mandatory provisions of the applicable law.

In the absence of choice, the applicable law is that of the State having the closest connection to the contract (Article 117(1) SPILA). Subject to exceptional circumstances, such a connection is presumed to exist with the country of the habitual residence (or establishment) of the party who is to perform the characteristic obligation (Art. 117(2) SPILA).

4.3 What Is the Law Applicable to Rules Belonging to the Law of Torts? (State All the Conflict Rules in Your Country in the Order in Which the Courts Would Apply Them)

In international matters, the law applicable to claims in tort is to be determined by the SPILA. According to Article 133(2) SPILA, when the parties do not have their habitual residence in the same country, a claim in tort is governed by the law of the country in which the tort was committed. However, if the result occurred in a different country, the law of the latter applies provided that the tortfeasor would have been able to foresee that the result would occur there.

In the case of human rights violations or environmental harm abroad, the tortfeasor is normally in a position to foresee where a damage could arise. Therefore, Swiss law would normally be inapplicable under Article 133(2) SPILA. In particular, Article 41 CO (that governs fault liability) and Article 55 CO (that sets up the conditions of employer's liability) would generally not apply to such torts. This is the reason why both the Responsible Business Initiative and its counter-proposal specify that the proposed due diligence obligation and liability provision should read as overriding mandatory provisions, as presented below.

4.4 Does Your Country's Case Law Allow Verification of Whether the Applicable Law Is in Conformity with the Rules of International Human Rights Law, the ILO Conventions, or Other Mandatory Rules of International Law? Please Explain

Swiss private international law does not entail specific exceptions to ensure respect for international human rights law or ILO Conventions. According to Article

17 SPILA, however, the application of provisions of foreign law is excluded if such application leads to a result that is incompatible with the Swiss public policy. Legal scholars and practice interpret the notion of Swiss public policy as including not only fundamental rights as protected by Swiss law, but also, increasingly, internationally recognized human rights standards.[84] When the application of a foreign law provision is incompatible with the Swiss public policy, the judge must correct that result to make it compatible with such principles.[85]

Article 18 SPILA provides another exception to the application of the referred applicable law. Overriding mandatory provisions of Swiss law pursuing a "special goal", are applicable regardless of the law referred to by the Private International Law Act. Overriding mandatory provisions typically aim at protecting essential interests of the social, political or economic order.[86] To date, there is no binding CSR rules in the Swiss legal system. The question of their mandatory nature is therefore not discussed yet.

Aware of the risk that due diligence obligations in Swiss law may be inapplicable in transnational matters, the Responsible Business Initiative aims at ensuring the overriding mandatory application of the proposed mandatory due diligence obligation and the conditions of liability. This is expressly stated in the text of Article 101a (2)(d) as proposed by the initiators.[87]

In the same vein, the proposed Article 139a (1) SPILA in the counter-proposal requires application of Swiss law to determine the fault and the wrongfulness of the act or omission by companies that are subject to due diligence. A foreign law governing tort liability pursuant to Article 133 SPILA may nevertheless apply (usually the law from the State where the damage occurred) when its application would lead to an adequate decision in light of a Swiss conception of law or when a fault and a wrongfulness are not required under such law.

In addition, when addressing the liability of a parent company domiciled in Switzerland for the harm abroad caused by a controlled company having its seat abroad, the proposed Article 139a (2) SPILA only requires that Swiss law will be "taken into account" in order to determine whether the Swiss company is liable or can be exonerated from such liability.

---

[84]Geisser (2013), pp. 367, 372.

[85]*Ibid.*, p. 367.

[86]Swiss Supreme Court, DFT 136 III 23 (1 October 2009), para 6.6.1; Bucher (2011c), p. 55. *See* also Geisser (2013), p. 444, and Kaufmann (2016), p. 49.

[87]Art. 101a(2)(d) Responsible Business Initiative, commentaries <https://www.news.admin.ch/NSBSubscriber/message/attachments/30134.pdf>.

4.5 Does Your Country's Case Law Allow the Application of Ethical Rules Instead of, or as a Complement to, the Applicable Law? Please Explain

Ethical rules, such as the UNGP or the OECD Guidelines on Multinational Enterprises may apply in theory as a complement to the applicable law. As presented above, there is no due diligence standard in Swiss law setting what is an expected conduct for Swiss-registered corporations operating abroad. In light of the absence of such due diligence standard, nothing prevents a ruling body to refer to international ethical rules of social corporate conduct to assess the conduct of Swiss-registered companies in a specific case. This could be relevant to determine whether a Swiss company committed a fault in tort law.[88] In practice, however, courts have not yet referred to international ethical standards, such as the UNGP or the OECD Guidelines to assess the conduct of Swiss-registered multinational corporations operating abroad.

5 Recognition and Enforcement of Judgments

5.1 Describe the Rules Applicable in Your Country to the Recognition and Enforcement of Foreign Judgments

Subject to specific bilateral treaties, foreign judgments in civil and commercial matters are recognised and enforced in Switzerland through two main channels. The Lugano Convention governs the recognition and enforcement of judgments rendered in a State bound by that instrument (Article 32 *et seq.* Lugano Convention), whereas the effects of judgments rendered in a third State are determined by the relevant provisions of the SPILA (Article 25 *et seq.* SPILA). The two regimes have some similarities, but present also very significant differences.

The most striking difference is that—contrary to most decisions under the Lugano regime—third country judgments can be recognised only if they were rendered by a court having jurisdiction within the meaning of Swiss law (Article 25(a) SPILA). With respect to foreign decisions rendered on tort law claims, the SPILA defines the jurisdiction of foreign courts in a very restrictive way. Such decisions are capable of recognition when they were rendered in the country where the defendant has its domicile or his place of business, provided that the claim arose out of the operation of such place of business (Article 149(1)(a) and 149(2)(d) SPILA) They are also capable of recognition, under the general rules, when the foreign court's jurisdiction

[88]Bueno (2017), p. 1015.

was based on a valid choice-of-court agreement, or on the tacit acceptance by the defendants (Article 26(b) and (c) SPILA).

By contrast, a decision rendered in the country of the tort (i.e. both the place of the conduct or the place of the damage) can only be recognised if the defendant was not domiciled in Switzerland (Article 149(f) SPILA). This significant restriction prevents the recognition and enforcement in Switzerland of a decision rendered against a company having its seat in Switzerland, even if the decision was rendered in the foreign country where the tort occurred.[89] It follows that, when the tort occurred in a third country, a claim against a company having its domicile in Switzerland should be brought before Swiss courts.

It should be noted that to the purpose of Article 149, the notion of "seat" is more restrictive than that of the Lugano Convention. Under Article 21 SPILA, a company normally has its domicile at the place of its statutory seat. If the corporate defendant is not registered in Switzerland but only has its central administration or its principal place of business there, Article 149 does not exclude the recognition of a foreign decision rendered at the place of the tort abroad.

No other jurisdictional basis can be invoked for the recognition of a foreign decision in a tort dispute. In particular, a decision rendered abroad against a foreign company on the basis of the connection existing with the claim simultaneously brought against a local company is not capable of recognition in Switzerland.

Beyond the jurisdiction of the foreign court, the SPILA provides for a number of grounds for denial of recognition, which are similar (although not completely identical) to those provided by the Lugano Convention (Article 27 SPILA, Art. 34 Lugano Convention). They are based on the violation of public policy, including fundamental principles of due process, and on the incompatibility with another Swiss or foreign judgments.

5.2 *If a Judgment Given Abroad Holds a Company Liable for Breach of the Rules of CSR, Is Your Country Likely to Recognise and/or Enforce That Judgment? Please Explain*

Subject to the jurisdiction of the foreign court and the absence of other grounds for refusal, nothing under the Swiss law should prevent the recognition and enforcement of a foreign judgment assessing the liability of a company for violation of CSR rules. In particular, the fact that the Swiss legal system does not include binding CSR rules yet would certainly not be an obstacle to the recognition of a foreign judgment based on the rules of a foreign law: as a matter of fact, the recognition of a foreign judgment in Switzerland is not affected by the law which was applied to the merits

[89]See the criticism by Bonomi (2011b), p. 1203.

of the dispute, subject to public policy. Furthermore, there is no reason to believe that Swiss international public policy could be an obstacle to the recognition and enforcement of such a judgement, provided—of course—that due process requirements were respected.

However, as mentioned above, Swiss law excludes the recognition and enforcement of a judgement rendered against a defendant domiciled in Switzerland, unless it was rendered at a foreign place of business (and the claim arose from the operation thereof), or jurisdiction was based on a choice-of-court agreement or on a tacit submission to the foreign court's jurisdiction (see *supra*, 5.1).

References

Bonomi A (2011a) Art. 129. In: Bucher A (ed) Commentaire romand: Loi sur le droit international privé, Convention de Lugano. Helbing Lichtenbahn, Bâle

Bonomi A (2011b) Art. 149. In: Bucher A (ed) Commentaire romand: Loi sur le droit international privé, Convention de Lugano. Helbing Lichtenbahn, Bâle

Bucher A (2011a) Art. 3 LDIP. In: Bucher A (ed) Commentaire romand: Loi sur le droit international privé, Convention de Lugano. Helbing Lichtenbahn, Bâle

Bucher A (2011b) Art. 8a LDIP. In: Bucher A (ed) Commentaire romand: Loi sur le droit international privé, Convention de Lugano. Helbing Lichtenbahn, Bâle

Bucher A (2011c) Art. 18 LDIP. In: Bucher A (ed) Commentaire romand: Loi sur le droit international privé, Convention de Lugano. Helbing Lichtenbahn, Bâle

Bueno N (2017) La responsabilité des entreprises de respecter les droits de l'homme: État de la pratique suisse. Pratique Juridique Actuelle: 1015–1023

Bueno N (2019) Diligence en matière de droits de l'homme et responsabilité de l'entreprise: Le point en droit suisse. Swiss Rev Int Eur Law 29(3):345–366

Bueno N (2020) The Swiss popular initiative on responsible business: from responsibility to liability. Routledge, London, pp 239–259

Bueno N, Scheidt S (2015) Die Sorgfaltspflichten von Unternehmen im Hinblick auf die Einhaltung von Menschenrechten bei Auslandsaktivitäten. Netzwerk Soziale Verantwortung, Wien

Forstmoster P (2015) Corporate social responsibility: eine (neue) Rechtspflicht für Publikumsgesellschaften? In: Walburger R et al (eds) Law and economics: Festschrift für Peter Nobel. Staempfli, Berne, pp 157–179

Geisser G (2013) Außervertragliche Haftung privat tätiger Unternehmen für "Menschenrechtsverletzungen": Möglichkeiten und Grenzen der schweizerischen Zivilgerichtsbarkeit im Verhältnis von Völkerrecht und Internationalem Privatrecht. Schulthess, Zurich

Geisser G (2017) Die Konzernverantwortungsinitiative: Darstellung, rechtliche Würdigung und mögliche Umsetzung. Pratique Juridique Actuelle 943–966

Kaufmann C (2016) Konzernverantwortungsinitiative: Grenzenlose Verantwortlichkeit? Swiss Review of Business and Financial Market Law

Kaufmann C, Heckendorn L (2018) Access to Remedy. Swiss Centre of Expertise in Human Rights/Swiss Institute of Comparative Law, Berne/Lausanne

Kaufmann C et al (2013) Mise en oeuvre des droits humains en Suisse: Un état des lieux dans le domaine droits de l'homme et économie. Swiss Centre of Expertise in Human Rights, Zurich

Kessler M (2015) Art. 41. In: Honsell H, Vogt NP, Wiegand W (eds) Basler Kommentar: Obligationenrecht I, 6th edn. Helbing und Lichtenbahn, Zurich

Kuonen N (2007) La responsabilité précontractuelle. Schulthess, Zurich

Membrez F (2012) Les remèdes juridiques face aux violations des droits humains et aux atteintes à l'environnement commises par les filiales des entreprises suisses. Droits sans frontières, Berne

Schwenzer I, Hosang A (2011) Menschenrechtsverletzungen: Schadenersatz vor Schweizer Gerichten. Swiss Rev Int Eur Law 21(2):273–291

Swiss Institute of Comparative Law (2013) Expertise concernant les obligations légales relatives aux mécanismes de diligence raisonnable en matière de droits de l'homme et d'environnement pour les activités menées par les entreprises à l'étranger. Swiss Institute of Comparative Law, Lausanne

Von Büren R (2005) Schweizerisches Privatrecht Bd. VIII/6, Der Konzern, 2nd edn. Helbing Lichtenbahn, Bâle

Weber RH (2016) Auf dem Weg zu einem neuen Konzept der Unternehmensverantwortlichkeit? Revue suisse de jurisprudence 112

Werro F (2012a) Art. 41. In: Thévenoz L et al. (eds) Commentaire romand: Code des Obligations I, 2nd edn. Helbing and Lichtenbahn, Genève

Werro F (2012b) Art. 55. In: Thévenoz L et al (eds) Commentaire romand: Code des Obligations I, 2nd edn. Helbing and Lichtenbahn, Genève

Turkey

Zeynep Derya Tarman

Abstract Turkey's laws nor its case law provides a direct and explicit definition of Corporate Social Responsibility (CSR). Nevertheless, it is possible to piece together a notion of CSR through Turkey's domestic laws, including international conventions to which Turkey is a party. Besides, so long as the CSR claims can be grounded on domestic legislation such claims can be heard by competent Turkish courts or arbitral tribunals. This article, initially examines a definition of CSR under Turkish law in the light of the Corporate Governance Principles set forth by Turkish Capital Market Boards, OECD Turkey, UN Guiding Principles and ISO 26000 Principles. Then, it scans Turkish legal sources including the Turkish constitution, international conventions, Turkish commercial law, law of obligations, labor law, criminal law as well as Turkish private international law through the lens of CSR to examine the probable legal grounds for claims on human rights liabilities of Turkish companies.

1 Definition and Sources

1.1 Does Your Country Have a Definition of Corporate Social Responsibility?

Although neither Turkey's laws nor its case law provides a direct and explicit definition of Corporate Social Responsibility (CSR), a definition of the concept can be assembled by combining information from the Corporate Governance Principles[1] set forth by Turkey's Capital Markets Board.

Even though it is not an enforceable law, CSR is referenced under Article 3.5.2 and Article 2.3.2. (i) of the Corporate Governance Principles of Turkey's Capital

[1]Official Gazette no. 03.01.2014/28871.

Z. D. Tarman
Department of Private International Law, Law School, Koc University, Istanbul, Turkey
e-mail: ztarman@ku.edu.tr

C. Kessedjian, H. Cantú Rivera (eds.), *Private International Law Aspects of Corporate Social Responsibility*, Ius Comparatum – Global Studies in Comparative Law 42, https://doi.org/10.1007/978-3-030-35187-8_19

Markets Board. Article 3.5.2 of the aforesaid Principles is entitled as "Ethical Rules and Social Responsibility" and states that "the corporation shall be sensitive towards its social responsibilities and comply with the regulations and ethical rules with respect to environment, consumers, public health. The corporation shall support and respect the internationally recognized human rights. The corporation shall combat against any kind of corruption including embezzlement and bribery." Even though this is not presented as a direct definition of CSR, it does reflect a goal similar to that outlined in the more comprehensive Ruggie Principles. In parallel, there is Article 2.3.2(i), which, even though it too fails in providing a forthright definition, does acknowledge the concept of CSR through a direct reference: "Information on *corporate social responsibility* activities related to employees' social rights, professional training and other corporate undertakings with societal and environmental effects [. . .] must be included in the annual report." The application of these articles, along with the remainder of the Corporate Governance Principles of Turkey's Capital Markets Board are heavily dependent upon the Turkish companies who use these principles in creating a framework for their—albeit legally unenforceable—CSR duty.

As it will be expounded in a detailed way in the following section, certain provisions in Turkish domestic codes that, while do not explicitly refer to CSR, allude to the elements that form it, thereby contributing to its definition. Hence, while it is possible to piece together an understanding of CSR through Turkey's domestic laws (including international provisions with the force of domestic laws), a straightforward and deliberate definition of CSR is yet to be produced in Turkey. This is partly due to the socio-political tribulations that reign the country today, and which require the country's priorities to currently be focused elsewhere. It can be expected that once stability is achieved in this area, focus will shift to endeavors such as codifying a comprehensive definition of CSR—this, however, requires time.

In terms of ISO 26000 definition and the UN 2011 Guiding Principles, application is certainly possible. The Corporate Governance Principles of Turkey's Capital Markets Board as mentioned above, have already led many Turkish corporations to self-impose CSR guidelines into themselves. The implication of this is that, the acceptance of internationally well-established definitions of CSR would not be a difficult leap for Turkish companies who, in practice, already adhere to a simple version of these definitions, even if they may not be aware of it. This is particularly true in terms of the UN Guiding Principles on Business and Human Rights since these "Ruggie Principles" are already widely translated and known in Turkey.

1.2 Is Your Country a Member of the OECD? Yes

By virtue of its status as an OECD member country, Turkey is already listed among the "adhering countries" in relation to the OECD Guidelines for Multinational Enterprises. The Turkish Ministry of Economy has appointed the General Directorate of Incentive Implementation and Foreign Investment as the National Contact

Point responsible for promoting the Guidelines as well as resolving any complaints that are issued pursuant to it.[2] General Directorate of Foreign Investment and Incentives is connected to Undersecretary. In the same section of the organization, besides General Directorate, are Deputy Undersecretary, General Directorate of Exports and General Directorate of Free Zones, Overseas Investment and Services. This unit is formed with respect to foreign investments. There are also several other units under the Ministry but they are related with internal dynamics rather than with OECD or foreign investments.

1.3 As a Member State of the United Nations, Has Your Country Taken Any Action Under the 2011 Guiding Principles? If No, Please Explain the Reasons for This Inaction

Turkey is not among the countries that have produced a National Action Plan, nor has it made a commitment to start working on one. As mentioned at the conclusion of section 1, a likely explanation of this is that Turkey is currently focused on resolving prevalent socio-political uncertainties and as such other responsibilities such as that of establishing a National Action Plan rank lower on its ladder of priorities.

1.4 Does Your Country Apply the ISO Standards? If Yes, Please Give Examples of Their Application

Turkey has been a long-time and consistent employer of the ISO standards. Standardization activities started in Turkey in 1930. Initially, two separate departments were established in order to prepare the agricultural and industrial standards. However, this system proved to lack necessary coordination and so, a distinct institution was soon established to serve this purpose alone. In 1951, the Ministry of Economy and Commerce (together with the Union of Turkish Chambers of Commerce, chambers of Industry, and Commodity Exchanges) ensured that the importance of standardization, especially in supporting the rapid development of industry and trade, reached heightened public awareness. Subsequently, the Turkish Standards Institute was established in 1954 as an autonomous institute affiliated to the Union.[3] On 22 November 1960 the Institute acquired the status of a legal entity.

---

[2]Turkish National Contact Point's URL is as follows: https://trade.gov.tr/national-contact-point-for-oecd-guidelines-for-multinational-enterprises/turkish-ncps.

[3]For further details on the history, structure and activities of the Turkish Standards Institute see: https://en.tse.org.tr/Hakkimizda.

The potential difficulty lies with the fact that the unmitigated application of any one of these definitions would signify a heightened sense of international accountability as well as more intricate CSR duties—both of which are relatively undesirable qualities for Turkish companies that are content with satisfying the bare minimum.

2 Characterisation

2.1 Rules Pertaining to Company Law

Similar to most European countries, Turkey belongs to the Civil Law system. Thus, international conventions to which Turkey is a party along with legislations constitute the primary source of law and are binding on courts. Thus, even though there does not exist any specific pieces of hard law under Turkish law directly pertaining to CSR, so long as the CSR claims can be grounded on domestic legislation such claims can be heard by competent Turkish courts or arbitral tribunals.

Turkish Constitution and International Conventions
Article 90 of the Turkish Constitution[4] reads, in part, "International agreements duly put into effect have the force of law. No appeal to the Constitutional Court shall be made with regard to these agreements, on the grounds that they are unconstitutional. In the case of a conflict between international agreements, duly put into effect, concerning fundamental rights and freedoms and the laws due to differences in provisions on the same matter, the provisions of international agreements shall prevail." As such, any international agreement that Turkey has ratified and which is related to the definition of CSR (especially its elements related to human rights) is, per the Constitution, considered to be part of Turkish domestic law. Thus agreements, which define the most fundamental rights, in particular regarding the rights of workers and child labor, have the force of law. This approach is further supported by Article 1(2) of Turkey's International Private and Procedural Law,[5] which specify that in the application of the Law, "the provisions of international conventions to which the Republic of Turkey is a signatory are reserved."

Hence, the provisions of international agreements that pertain to components of CSR can directly be incorporated into Turkey's definition of the concept since Turkey has ratified all of these agreements. These agreements are the Universal Declaration of Human Rights,[6] Convention on the Rights of the Child[7]; the Convention Concerning the Prohibition and Immediate Action for the Elimination of the

[4]Law No. 2709. Official Gazette no. 20.10.1982/17844.

[5]Law No. 5718. Official Gazette no. 04.12.2007/26728.

[6]Official Gazette no. 27.05.1949/7217.

[7]Official Gazette no. 27.01.1995/22184.

Worst Forms of Child Labor[8]; the Convention concerning Forced or Compulsory Labor[9]; the Discrimination (Employment and Occupation) Convention[10]; the Convention concerning Occupational Safety and Health Convention and the Working Environment; the Equal Remuneration Convention[11]; and the Freedom of Association and Protection of the Right to Organize Convention[12]; the United Nations Protocol to Prevent, Suppress and Punish Trafficking in Persons, Especially Women and Children[13]; Tripartite Declaration of Principles Concerning Multinational Enterprises and Social Policy.

Commercial Law

Under Turkish commercial law the ultimate purpose of a corporation is gaining and distributing profits in accordance with the laws duly in force. Thus, it would be incorrect to consider companies as an economic union with merely social obligations. Legal persons with idealistic and social purposes are envisaged through the formation of other legal entities such as associations, foundations or trade unions. However, the fact that the ultimate purpose of a corporation is gaining and distributing profits does not amount to greediness or insatiability in profit making and sharing among shareholders. It is a well-established principle under the Turkish doctrine[14] that a corporation must act as an honest and responsible citizen or businessman in the recognition of its social and moral obligations. As a matter of fact, the Turkish Commercial Code,[15] as an expression of this obligation, prescribes the allocation of reserves for social purposes and the establishment of foundations for the benefit of workers and employees under Article 522 and 523. Besides, according to Article 523 of Turkish Commercial Code reserves may also be allocated for the purpose of establishing or sustaining other aid organizations or for other charitable purposes. Furthermore, the Turkish Commercial Code Article 519(3), sets forth mandatory provisions providing for the protection of the employer, the avoidance of unemployment or the alleviation of its consequences at the times of financial crises. Moreover, the four fundamental principles of corporate governance namely, fairness-integrity, transparency-openness, accountability and responsibility are well recognized under Turkish doctrine.[16] The doctrine supports the view that rules pertaining to the rights of the stakeholders as well as relations between the stakeholders, the board of directors and other interest groups outside of the company shall be in accordance with the said universal principles of corporate governance. Article

[8]Official Gazette no. 03.02.2001/24307.

[9]Official Gazette no. 27.01.1998/23243.

[10]Official Gazette no. 22.12.1966/12484.

[11]Official Gazette no. 22.12.1966/12484.

[12]Official Gazette no. 25.02.1993/21507.

[13]Official Gazette no. 04.02.2003/25014.

[14]Tekinalp et al. (2014), p. 624 para 900.

[15]Law No. 6102. Official Gazette no. 14.02.2011/27846.

[16]Paslı (2005), pp. 69–78.

1529 and 17 of Turkish Commercial Code recognize corporate governance and necessitate the implementation of principles of corporate governance in publicly held companies.[17]

As regards the closed corporations even though there is no direct reference to corporate governance rules, various provisions of Turkish Commercial Code reflect the fundamental principles of corporate governance. An example would be Article 461, which regulates pre-emptive rights, provides that each shareholder is entitled to receive the newly issued shares based on the share in the capital, and thus reflects the principle of equal treatment. Another example would be Article 376, which provides that the Board of Directors shall examine whether there is a qualified loss of capital at the end of each activity period and specify in the annual activity report reflects the principle of transparency. Likewise, Article 438 would also constitute an example to the principle of accountability in providing the minority shareholders the right to request a special audit.

Capacity of a joint stock company to conclude a donation contract is also a significant issue that is closely related to the activities of corporations in relation to their duties arising from CSR. A joint stock company is an incorporation type envisaged under the Turkish Commercial Code and is very frequently used in the Turkish business environment. The fact that certain regulated activities such as banking, financial leasing, factoring, insurance, asset management, and independent audit can only be conducted by joint stock companies and that publicly held companies can only be incorporated as joint stock companies contribute to their significance. The Turkish Commercial Code in force, unlike the previous commercial code, does not support the theory of *ultra vires*.[18] The theory of *ultra vires* defends that if a corporation enters into a contract that is beyond the scope of its corporate powers stipulated under its article of association or its general purpose of incorporation, then that contract shall be null and void.[19] As the Turkish Commercial Code in force, does not support this theory, it would not be incorrect to state that companies have the capacity to conclude a donation contract. Besides, though the issue was not directly related to CSR, a decision by the Turkish Court of Cassation at the time the previous Turkish Commercial Code[20] was in effect had ruled that the companies had the capacity to make donations.

As to the donations made by publicly held companies, Article 19 (5) of Turkish Capital Market Law stipulates a special provision. Accordingly, in publicly held corporations, a provision must exist in the articles of association for making donations or for distributing shares out of profit to persons other than shareholders. The limit of the donation to be made shall be determined by the general assembly of the publicly held corporation. The Turkish Capital Markets Board is authorized to set an

[17]Tekinalp et al. (2014), p. 330.

[18]Tekinalp et al. (2014), para 125–126.

[19]Hatemi (2013), p. 329.

[20]Law No. 2751. Official Gazette no. 09.07.1956/9353.

upper limit to the amount of the donation. The donations made by corporations within the related fiscal year shall be added to the distributable profit base. This provision, which allows for making of donations by publicly held companies, contributes to the social role of commercial partnerships; thereby contributes to the shift of the perception that all activities of a company should be targeting at profit maximization and so indirectly supports the idea of corporate social responsibility.

2.2 *Rules Pertaining to the Law of Contract*

As regards civil law and law of obligations, there lays a special relation between Swiss and Turkish laws due to historical reasons that trace back to the establishment of Republic of Turkey in 1923. Following the establishment of Turkish Republic, radical reforms were introduced in legal matters as in other spheres of social life.[21] In 1926, Republic of Turkey adopted Swiss Civil Code of 1907 and Swiss Code of Obligations of 1911 with minor alternations. The present Turkish Civil Code and Code of Obligations[22] are basically the continuations of the aforementioned adopted codes dated 1926. Thus, the Turkish Civil Code and Code of Obligations in force belong to the Romano-Germanic law system with a significant influence of Swiss law.[23]

Contractual Claims

Under Turkish Law of Obligations, freedom of contract appears to be one of the most important governing principles.[24] Besides, the Turkish constitution guarantees the freedom of contract under Article 48. As a rule, it is assumed that parties to a contract having equal power will come up with the fair conclusion by their free will through the negotiation process. With respect to the freedom to determine the content of the contract a limitation is set forth under Article 27 of Turkish Code of Obligations. Accordingly, all agreements against public morality, public order, civil rights of the individual and mandatory provisions of the laws shall be null and void. Hence within this limitation, companies concerned in contributing to CSR as a strategy may put clauses to their share purchase agreements or to those agreements concluded with the companies in their supply chain, that impose CSR duties to the contracting party. However, if such contractual duties in connection to CSR are legally considered as general contract terms, there may be a risk of failure to enforce such terms.

The legal concept called general contract terms is regulated under Articles 20–24 of Turkish Code of Obligations. Accordingly, general contract terms are provisions

[21]Ansay and Schneider (2014), p. 9.

[22]Law No. 6098. Official Gazette no. 04.02.2011/27836.

[23]Oğuzman and Barlas (2018), para 35.

[24]Öz (2018), para 80.

drafted and submitted by one of the parties unilaterally in order to be used in a variety of similar contracts in the future that are usually against the interests of the non-drafting party. In order the general contract terms to be enforceable, the counter party must be allowed to have a reasonable time to read the general terms of a transaction and should be able to understand its meaning. Any terms with surprise effect must be brought to the attention of the counter party. The general contract terms that are foreign to the nature and subject of the contract or the business are considered as null and void.[25]

2.3 *Rules Pertaining to Law of Torts*

The general rule pertaining to the responsibility from torts requires the existence of an action violating the law, a misconduct, an occurrence of damage and a causal connection between the action and the damage.[26]

Along with the general torts liability, there are also certain rules of strict liability pertaining to law of torts that might be related with CSR. The most important examples of strict liability are liability with respect to Turkish Environmental Law[27] (Law No: 2872), employer liability (Turkish Code of Obligations Article 66), liability of risk (Turkish Code of Obligations Article 71) and real estate owner's liability (Turkish Civil Code Article 730).

Environmental Damages

Under Article 2 of the Turkish Environmental Law, environmental protection is defined as "entire efforts to protect ecological equilibrium, to prevent air, water, land pollution and degradation and improving the environment and polluting party is real and legal person causing environmental pollution due to their actions directly or indirectly". Article 28 of the aforesaid law regulates the civil responsibility of the polluting party. Accordingly, parties polluting the environment and parties causing environmental destruction are held responsible from pollution and degradation regardless of the existence of any misconduct. This provision is parallel with the well-known polluter pays principle. Indemnity responsibility of the polluting party due to the damage caused is reserved in conformity with general provisions. As it is clearly understood, in order the polluter party to be held responsible the law does not require the existence of misconduct. In other words, the law establishes a strict liability. On the other hand, the same article—Article 28—stipulates a limitation period of 5 years that starts from the acknowledgement of damages and the identity of the liable person. It should be noted that identifying the liable person might be a

[25]Öz (2018), para 507.

[26]Öz (2018), para 37.

[27]Official Gazette no. 11.08.1983/18132.

difficult task especially where the environmental harm has trans-boundary effects. The pollution of seas is also considered as an issue within this liability.

In a former decision[28] the owners of plantations in Afşin/Elbistan—a Western province of Turkey famous for its lignite beds—sue the owner of thermal power station due to the productivity loss caused by adverse impact of the station. As a result of venue research made by the court, the court found the legal entity strictly liable.

Before the codification of the abovementioned law, the Court of Cassation has applied the general torts liability, as explained above, to the cases where there was an environmental damage. In a former decision[29] the Grand Chamber of Court of Cassation has applied Article 42 of the former Code of Obligations in ruling granting of Claimant's damages caused by pollution of sea during transfer of petrol by ships. In another decision,[30] a claim on damage caused by the emission of chemical materials during the earthquake dated 1999 from a factory was filed before the competent Turkish court. The claimant has based its claims on Article 42 of the former Code of Obligations. The court has ruled that the defendant was in misconduct because its factory was not constructed with material resistant to the earthquake. Consequently, the court held the defendant liable for the environmental damage based on the Law of Obligations rules for responsibility arising out of torts/delicts.

Employer Liability

Employer liability is also an example of strict liability provided under Turkish Law. There are four conditions of employer liability. First of all, there shall be a financial dependency between the employer and employee. Secondly, the employee shall harm a third person while doing the task given by the employer. Thirdly, the employer shall spend the necessary effort in the process of recruitment and in the distribution of the tasks to the employees (cura in eligendo/ cura in instruenda/cura in custodiento).

Liability of Risk

Liability of risk is regulated under Article 71 of Turkish Code of Obligations. Accordingly, if any damage occurs due to an operation of an enterprise that significantly poses danger, the owner and operator shall be jointly liable. It is also an example of strict liability. In light of Article 71 (2) of Turkish Code of Obligations; when materials, tools or forces used in the operations of a business entity are taken into account, if it is assumed that this entity is capable of causing frequent or severe harm even where all the necessary precautions are taken as expected from an expert, then such an entity is considered to be a business posing a significant danger.

[28]4th Civil Chamber of Court of Cassation, Case no. 2014/10979, Decision no. 2015/2214, Date 26.2.2015 (www.kazanci.com.tr).

[29]Grand Chamber of Court of Cassation, Case No. 1991/4-294, Decision No. 1991/368, Date 19.06.1991 (www.kazanci.com.tr).

[30]4th Civil Chamber of Court of Cassation, Case No. 2003/14540, Decision No. 2004/7006, Date 01.06.2004 (www.kazanci.com.tr).

In a former Court of Cassation decision,[31] where a fire broke out in a forest due to deterioration of power line carrier system wires, the court found the enterprise strictly liable due to the fact that the enterprise significantly posed danger and damages occurred to the actions of this business.

Real Estate Owner's Liability

According to Article 730 (1) of Turkish Civil Code, anyone who is harmed or who is exposed to the danger of damage as a result of exercising the property right on a real estate contrary to the legal restrictions, may bring an action in order to reinstatement to the old situation and compensation of the damage it is suffered. Besides, pursuant Article 737, everyone is obliged to abstain from the intrusiveness that adversely affects their neighbors while using the rights arising from immovable property, and in particular when operating business. Particularly, it is forbidden to make disturbances by making noise or by extracting smoke, mist, soot, dust, smell which exceeds the level that can be tolerated between the neighbors according to the condition, quality of the immovable or the local custom.

In a former decision of General Assembly of Court of Cassation,[32] the owner of a base station was found liable under Article 730 and 737 of Turkish Civil Code on the grounds that such station constitute a threat to the health of the community in the near neighborhood. According to the judge, although the base station is obligatory for the use of mobile phones and the public interest in the services it provides is unquestionable, where there is a possibility to create a danger to human life, superiority should be given to human life and health over rights and interests.

Labor Law

Turkish legislatures have taken initiatives to modernize Turkish labor law to create an adoptable workforce and a labor market responsive to the challenges of globalization.[33] Codification process of Turkish labor law, was heavily affected by the Continental European legal system and currently by the EU standards. Relevant pieces of legislation in the field of Turkish labor law are Labor Act,[34] Social Insurances and General Health Insurance Act,[35] Code of Obligations, Occupational Health and Safety Act[36] and the Unions and Collective Labor Agreements Act[37] (UCLAA).

---

[31] 3th Civil Chamber of Court of Cassation, Case No. 2015/1979, Decision No. 2016/192, Date 13.01.2016 (www.lexpera.com.tr).

[32] Civil General Assembly of Court of Cassation, Case No. 2012/4-147, Decision No. 2012/327 Date 30.05.2012 (www.kanunum.com.tr).

[33] Süral and Kılıçoğlu (2014), p 161.

[34] Law No. 4857. Official Gazette no. 10.06.2003/25134.

[35] Law No. 5510. Official Gazette no. 10.06.2006/26200.

[36] Law No. 6331. Official Gazette no. 30.06.2012/28339.

[37] Law No. 6356. Official Gazette no. 07.11.2012/28460.

Labor law is divided into two main parts: individual and collective labor law. The main statue regulating individual labor law relations is the Labor Act. Psychological harassment, releases of debt and annual leave boards are among significant issues regulated by the Code of Obligations. The main statue regulating collective labor law relations such as composition and functioning of unions, collective bargaining, collective agreements, collective labor disputes and their settlement by peaceful means is UCLAA.

Individual Labor Law

Under Turkish labor law, real persons who work under an employment contract are deemed to be employees. Under Article 8 of Labor Act, an employment contract is defined as an agreement whereby one party (the employee) undertakes to perform work in subordination to the employer while the other party undertakes to pay a salary in return.

The fundamental principle of Turkish labor law is the protection of the worker. The balance between "flexibility" and "security" referred to as "flexicurity" is tilted in favor of "security".[38] For instance, in Turkey temporary work as envisaged by the Temporary Agency Work Directive is non-existent and temporary work agencies are illegal. Article 5 of Turkish Constitution as well as the Labor Act itself regulates equal treatment and non-discrimination obligations. Pursuant Article 5 of Labor Law Act, no discrimination based on language, race, sex, political opinion, philosophical belief, religion and sex or similar reasons is permissible in the employment relationship.

The parties can terminate an employment contract either by serving the other party with notice[39]; or with immediate effect by relying on just cause. Pursuant Article 21 of Labor Act, if the court or the arbitrator concludes that the termination is unjustified because no valid reason has been given or the alleged reason is invalid, the employer must re-engage the employee in work within 1 month. If, upon the application of the employee, the employer does not re-engage him in work, compensation to be not less than the employee's 4 months' wages and not more than his 8 months' wages shall be paid to him by the employer.

Collective Labor Law

As to the CSR responsibilities of the companies, rules pertaining to the collective aspect of labor law also play a significant role. Under Turkish law, freedom of association has a collective aspect in the sense that it is a civil liberty and an individual aspect in the sense that it is recognized as the civil right of each worker.[40] Article 3 of UCLAA regulates the freedom of association and stipulates that organizations shall be established without prior authorization. Unions shall carry

[38]Süral and Kılıçoğlu (2014), p. 164.

[39]For employment of less than 6 months: 2 weeks' notice; for employment between 6 and 18 months: 4 weeks' notice; for between 18 months and 3 years: 6 weeks' notice; for employment longer than 3 years: 8 weeks' notice.

[40]Süral and Kılıçoğlu (2014), p. 162.

out their activities in the branch of activity of their establishment. The branches of activities are set forth under Labor Act. According to Article 17 of UCLAA, any person who completes 15 years of age and who is considered as a worker in accordance with the provisions of this Law may join a workers' trade union.

According to Article 41 of UCLAA, the workers' trade union representing at least three percent of the workers engaged in a given branch of activity and more than half of the workers employed in the workplace and forty percent of the workers in the enterprise to be covered by the collective labor agreement shall be authorized to conclude a collective labor agreement covering the workplace or enterprise in question. Thus, employees do not have a right to conclude collective bargaining agreements by themselves, they need to be a member of a trade union. On the other hand, pursuant Article 41 (4), an employer who is not a member shall have the power to conclude a collective labor agreement covering the workplace or workplaces owned by him.

Strikes and Lock-Outs

Under Article 58 (2) of UCLAA lawful strike is defined as any strike called by workers in accordance with this law with the object of safeguarding or improving their economic and social position and working conditions, in the event of a dispute during negotiations to conclude a collective labor agreement. Article 58 (3) further states that any strike that does not fulfill these conditions, would be illegal. The reasoning provided by the legislature behind Article 58 explains that politically motivated strikes and solidarity strikes as a legal tool for work disputes are not considered as lawful strikes. Occupying the work place, go-slows, decreasing productivity and other protests will also mean breach of the workers' duty of loyalty and duty to perform their work.

Pursuant Article 59 (2) lawful lock-out is defined as any lock-out ordered in accordance with this law where there is a dispute in the course of negotiations for a collective labor agreement and a decision to call a strike has been taken by the workers' trade union.

Decision to call a lawful strike or order lawful lock-out and their implementation is regulated under Article 60 of UCLAA. Besides, according to Article 62, it shall not be lawful to call a strike or order a lock-out in the following works: life or property-saving, funeral and mortuary, production, refining and distribution of city water, electricity, natural gas and petroleum as well as petrochemical works, production of which starts from naphtha or natural gas; banking services; in workplaces operated directly by Ministry of National Defense, General Command of Gendarmerie and Coast Guard Command, firefighting and urban public transportation services carried out by public institutions and in hospitals.

Employment of Children

Employment of children is also of significant importance in relation to CSR of companies. According to Turkish Labor Code Article 71, employment of children who have not completed the age of fifteen is prohibited with only one exception for children who have completed the full age of fourteen and primary education may be employed on light works that will not hinder their physical, mental and moral development, and for those who continue their education, in jobs that will not prevent their school attendance. For those children who do not fall under the application of Labor Code, the age limitation is set as twelve by Public Health Law Article 173. Examples to ILO (International Labor Organization) Conventions that Turkey adheres pertaining to this matter includes, Minimum Age (Sea) Convention,[41] Minimum Age (Trimmers and Stokers) Convention,[42] Minimum Age Convention[43]; Working Environment (Air Pollution, Noise and Vibration) Convention,[44] Private Employment Agencies Convention,[45] Discrimination (Employment and Occupation) Convention.[46]

Criminal Law

Under Turkish criminal law, according to Turkish Criminal Code[47] Article 20 legal entities are not considered as criminal offenders. It is envisaged that only two types of security measures may be applied to only private legal entities due to certain specific crimes shown in the law. These measures are namely the cancellation of the activity permit given to public institutions and the confiscation. It is possible that these measures may not be awarded in cases where the application of them may lead to more severe consequences than the actual action. (Turkish Criminal Code Article 60).

Other Sources

Besides codified laws three additional sources that may be considered of relevance when assessing Turkey's legal system. The first two of these sources are closely related and thus easier to elaborate upon together. The first is the concept of Turkey's own customary law, translated as "law of usage and customs," and the second is "creation of law by the judge." The third and last source (unrelated to the first two) is the annual EU Progress Reports on Turkey.

Turkish Customary Law and Judge-Made Law

According to Article 2 (1) of the Turkish Civil Code[48] "in the absence of an applicable provision in law, the judge shall decide according to usage and customs; in the absence thereof, according to the rule he would establish if he were the legislator." As such, if there is a gap in domestic law in a given subject, a judge may first consult Turkish custom to see whether the gap can be filled by customary rules that have come to be accepted as law and, if this is not possible, can render a

---

[41]ILO Convention No. 58, dated 1936.

[42]ILO Convention No. 15, dated 1921.

[43]ILO Convention No. 138, dated 1973.

[44]ILO Convention No. 148, dated 1977.

[45]ILO Convention No. 181, dated 1997.

[46]ILO Convention No. 111, dated 1958.

[47]Law No. 5237. Official Gazette no. 14.02.2011/27846.

[48]Law No. 4721. Official Gazette no. 08.12.2001/24607.

decision by relying on "law" that he/she has created. It is easy to see how the subject of CSR is of relevance in this context. Given that a concrete definition of CSR does not exist within Turkish codified laws, it would theoretically be possible for a judge to resort to Turkish custom to reach a decision on whether CSR obligations have been violated. It must be noted that customs can differ from region to region and thus where the alleged violation of CSR obligations occurred and thus where the matter was brought before a judge is of utmost importance. For, while CSR practices are relatively widespread (even if at a rudimentary level) in a Turkish metropolis such as Istanbul and Ankara, this is certainly not the case in rural regions. As such, while a "violation" may indeed constitute a violation in certain regions, it might not in others. Only if no such custom exists regarding CSR practice can the judge act as an agent of the legislative as well the judiciary organ to both render a decision and provide "legal" justification for this decision.

European Union Progress Reports

Every year the European Commission prepares a report for each European Union (EU) candidate country. In this report, it evaluates the progress achieved by that state in its membership preparation and elaborates upon any criticism resulting from the year's actions.

Turkey is among the EU candidate countries. Turkey's involvement with European integration dates back to 1959 and includes the Ankara Association Agreement dated 1963 for the progressive establishment of a customs union which was ultimately set up in 1995. In 1987, Turkey applied to join what was then the European Economic Community, and in 1997 it was declared eligible to join the EU. Accession negotiations for Turkey to European Union started in 2005. However, until Turkey agrees to apply the Additional Protocol of the Ankara Association Agreement to Cyprus, eight negotiation chapters will not be opened and no chapter will be provisionally closed.[49]

While preparing the annual report of Turkey, the European Commission makes use of the information presented by the Turkish Government, reports and decisions of the European Parliament, evaluations of the European Council, Organization for Security and Cooperation in Europe and international financial organizations, international organizations and non-governmental organizations. The first Regular Report for Turkey was published in 1998. Considering that many EU member states have, especially when compared to Turkey, more extensive definitions, plans and regulations of CSR, it is conceivable that Turkey will increasingly feel the pressure to meet these standards set by the member states—that is, if it wishes to strengthen its standing in these annual reports and therefore, before the EU.

[49]European Commission European Neighborhood Policy and Enlargement Negotiations: Turkey. https://ec.europa.eu/neighbourhood-enlargement/countries/detailed-country-information/turkey_en.

3 Alternative Methods of Dispute Resolution

*3.1 Does Your Country Allow Disputes Concerning CSR to Be Submitted to (*More Than One Answer Is Possible*)*

Arbitration	YES
Mediation	YES
Conciliation	NOT CLEAR
An OECD National Contact Point	YES
Another alternative method (in which case, please specify)	

3.2 Please Explain the Above Answers

Arbitration
From 1927 to 2001, both international and domestic voluntary arbitration was regulated under Articles 516–536 of the former Code of Civil Procedure.[50] Since 2001, domestic and international arbitration are subject to two different laws: Turkish Code of Civil Procedure and Turkish International Arbitration Act respectively.

Under Turkish law, there is no restriction preventing the Turkish state or its state entities from entering into neither domestic nor international arbitration agreements with other parties as long as the matter is arbitrable. Only disputes relating to rights *in rem* on immovable property located in Turkey and dispute matters that are not subject to the wills of the parties cannot be subject to neither international nor domestic arbitration.[51] Since claims rooted from CSR do not fall under either of these two categories, it is concluded that they can be subject to domestic or international arbitration.

Domestic Arbitration
The former Code of Civil Procedure dated 1927, was replaced by the current Turkish Code of Civil Procedure[52] (hereinafter "CCP"). Pursuant Article 407, CCP shall be applicable to disputes containing "no foreign element" as defined under Article 2 of Turkish International Arbitration Act and for which Turkey has been determined as place of arbitration. Currently, Part 11 and more specifically Articles 407–444 of CCP regulate domestic arbitration. Although, CCP regulates domestic arbitration,

[50]Law No. 1086 of 18 June 1927.

[51]International Arbitration Act Art. 1(4) and Turkish Code of Civil Procedure Art. 408.

[52]Law No. 6100. Official Gazette no. 04.02.2011/27836.

the rules it stipulates are parallel to those laid down by the Turkish International Arbitration Act and UNCITRAL Model Law.

Chapter 11 of CCP consists of 38 Articles which regulate the following issues respectively: general provisions (Articles 407–411); arbitration agreement, interim measures and collection of evidence (Articles 412–414); appointment of arbitrator and composition of arbitral tribunal, challenge and replacement of arbitrators, their liability and jurisdiction (Articles 415–422); conduct of arbitration proceedings (Articles 423–436, 438, 444); recourse against arbitral awards (Articles 437, 439, 443); costs of arbitration (Articles 440–442).

International Arbitration

The Turkish International Arbitration Act[53] is based on UNCITRAL Model Law and the international arbitration sections of the Swiss Federal Private International Law of 1987.[54] Therefore, it contains regulations generally accepted in the arena of international arbitration. In this regard, parties have equal rights and competence in arbitral proceedings and both parties must be given the opportunity to submit their claims and defenses in full. Provided that the respondent was given the proper opportunity to present its case, an arbitral award which is based on the respondent's default will be valid and enforceable by Turkish Courts according to Article 11 (C) (4) of the International Arbitration Law. Party autonomy is encouraged and the intervention of the state courts in arbitral proceedings is limited to specific circumstances.

Pursuant Article 1 (2) of Turkish International Arbitration Act, the Act applies to disputes containing a "foreign element" where "Turkey" has been determined as the "place of arbitration" or the "provisions of Turkish International Arbitration Act" have been chosen by the parties or the arbitrator or the arbitral tribunal.

According to Article 2 of Turkish International Arbitration Act in the existence of any of the following conditions shall mean that the dispute contains a foreign element: When domiciles or habitual residences or places of business of the parties to the "arbitration agreement" are situated in different states; when domiciles or habitual residences or places of business of the parties are situated in a state other than (i) the place of arbitration specified in or according to the arbitration agreement; (ii) the place where a substantial part of the obligations originating from the "main contract" is to be performed; or (iii) the place with which the subject-matter of the dispute is most closely connected; when at least one of the partners of a company that is a party to the "main contract" upon which the "arbitration agreement" is based has brought foreign capital under the legislation for encouragement of foreign capital; when loan and/or guarantee agreements are required in order to obtain foreign capital for the implementation of the "main contract"; when the "main

[53] Law No. 4686. Official Gazette no. 05.07.2001/24453.

[54] Akıncı (2016), p. 23; Kalpsüz (2003), pp. 17–18.

contract" or "legal relationship" upon which the arbitration agreement is based aims at the transfer of capital or goods from one state to another.

In the event that parties choose arbitration as an alternative dispute resolution method, it is crucial to precisely express the intention to resolve any related dispute by arbitration within a contract and avoid any contradictory statements. Under Turkish law, where a valid arbitration agreement is present, the Turkish courts shall decline jurisdiction in favor of arbitration upon objection by a party seeking to enforce the arbitration agreement.

Compulsory Arbitration

Several specific types of disputes require compulsory arbitration in Turkey. Examples to types of such mandatory arbitration are[55] disputes between the administrations and municipalities; certain contractual disputes between tobacco growers and purchasers; disputes relating to securities exchange; labor law disputes arising out collective bargaining; certain consumer law disputes under the Act on Consumer Protection[56] and Insurance Law.[57]

Mediation

Mediation is regulated under Turkish Code of Mediation in Civil Disputes.[58] Where there is an uncertainty as to the application of the aforesaid Code, the Head of Mediation Department provides information through its website.[59] Turkish Code of Mediation based on EU legislation namely Green Paper on alternative dispute resolution in civil and commercial law[60] and Proposal for a Directive of the European Parliament and of the Council on certain aspects of mediation in civil and commercial matters[61] as well as the Austrian Mediation Act of 1 May 2001.

Under the Turkish mediation system, the parties and the mediator sign a *"minutes of closing"* which outlines when and how the process ended, either with or without settlement, a copy of which is sent to the Ministry. As per the Turkish Mediation Law, if the parties decide to try mediation, the court adjourns the adjudication for 3 months, which may be extended by another 3 months. As per the Turkish Mediation Law any one of the parties can get an enforceability endorsement from the court, which empowers the settlement agreement as a final court decision.

Under the Turkish mediation system, mediator is obliged to be registered with the Ministry of Justice's register of mediators. Only Turkish citizens, who hold a degree in bachelor of laws, have completed the training program, have passed the written and oral exams of the Ministry of Justice and have 5 years of experience are allowed

[55]Özsunay and Özsunay (2011), p. 19.

[56]Law No. 6502. Official Gazette no. 07.11.2013/6502.

[57]Law No. 5684. Official Gazette no. 14.06.2007/26552.

[58]Law No. 6325. Official Gazette no. 22.06.2012/28331.

[59]For the website of the Head of Mediation Department see: (http://www.adb.adalet.gov.tr).

[60]COM (2002) 196 final.

[61]COM (2004) 718 final; 2004/0251 (COD).

to be registered as mediators. Turkish law only provides for facilitative mediation and does not regulate conciliation.

Unlike common law countries, mediation method is not yet a common alternative dispute resolution method in Turkey. There are yet no cases in connection to a dispute concerning CSR that has been resolved by mediation.

4 Jurisdiction

Turkey's legal system is based on civil law. Domestic rules pertaining to jurisdiction of Turkish courts as well as civil procedural rules are governed by CCP. The CCP introduces a three-tier court system; namely first instance courts, regional appellate courts and courts of appeal. The law applicable to procedural provisions in the assessment of the domicile is determined by the principle of *lex fori*.[62] The *lex fori* principle refers to the rules of the state in which the lawsuit is brought before the court. International jurisdiction of Turkish courts, on the other hand, is regulated under a different code entitled Turkish Code of Private International and Procedural Law[63] (hereinafter "PIL Code") and more specifically under Articles 40 to 47.

Under Turkish legal system, foreign individuals and legal persons are required to make a security payment whose amount shall be determined by the court to cover the expenses of the legal procedures and proceedings as well as losses or damages of the other party pursuant Article 48 of PIL Code.

PIL Code does not contain a specific provision regarding jurisdiction in corporate social responsibility claims. Besides, Turkish national courts do not have extraterritorial civil jurisdiction over the claims that arise from actions of transnational corporations. Thus, the competent Turkish courts shall be determined by the general rule for international jurisdiction under the PIL Code.

International Jurisdiction Rules

Article 40 of PIL Code stipulates the general rule for determining the competent Turkish court with international jurisdiction. Articles 41 to 47, regulate the competent courts under certain specific claims namely claims related to personal status of Turkish citizens, certain claims related to personal status of foreigners, inheritance, employment relations, consumer contracts and insurance contracts. Where a dispute falls under one of the said specific claims, then the relevant special jurisdiction rule between Articles 41 to 47 is applied. As regards disputes that falls outside of such specific claims, such as CSR disputes, the general rule for the determination of international jurisdiction of Turkish courts namely Article 40 is applied.

According to Article 40, the international jurisdiction of the Turkish courts shall be determined by the domestic jurisdiction rules. Therefore, in order to determine the

[62] Çelikel and Erdem (2017), p. 481; Şanlı et al. (2018), p. 338.

[63] Law No. 5718. Official Gazette no. 12.12.2007/26728.

international jurisdiction of the Turkish courts, domestic Turkish law shall be applied. CCP and other specific domestic procedural provisions of the domestic law shall determine the competent courts. Hence, the jurisdiction for disputes arising from CSR shall be determined by the domestic jurisdiction rules envisaged for disputes arising from contracts or torts by reference to Article 40 of PIL Code.

General Jurisdiction Rules

According to Article 6 of the CCP, the domicile of the defendant is the general competent court. Under Turkish law, the domicile of the defendant is determined in accordance with Article 19 of the Turkish Civil Code.[64] Correspondingly, domicile of a real person is the place where s/he intends to stay permanently. According to Article 19 (2) of Turkish Civil Code, a person may not have more than one domicile at the same time. According to the article 20 of Turkish Civil Code, the place where a person whose previous domicile is not known or who does not yet have a domicile in Turkey although s/he left his domicile abroad resides at the moment is regarded as his domicile. Domicile of the legal persons is determined according to Article 51 of the Turkish Civil Code. Accordingly, the place of administration of the legal person is its domicile.

Article 8 (1) of the CCP states that the court of the current habitual residence of the officers, employees and students will be the competent court if the reason of their residence will last a long time. Furthermore, Article 9 (1) of CCP states that the court at the place where the habitual residence of the defendant is present has general jurisdiction for the individuals who do not have a domicile in Turkey.

According to Article 9 of CCP, where a defendant does not have a domicile or habitual residence in Turkey, lawsuits arising from law of property rights may be brought before the court at the location of the property. Such an action, however, may only be initiated in Turkey if the disputed property is located in Turkey.[65] The competent court should be situated in the region or district where the property, which is the subject matter of the dispute, is located; any other court does not have jurisdiction.[66]

In terms of contractual relationships, according to Article 10 of CCP, the place of performance of the contract also has jurisdiction along with the general competent court. The crucial issue here is the determination of the place of performance.[67] If parties of the contract have not chosen a place of performance, the court of the place of performance shall be determined.

In actions arising from torts, the court in the place that the tortuous act was committed, the damage was received or the possibility to receive damage exists and the court in the domicile of the person who has suffered the damage all have alternative jurisdiction.

[64]Official Gazette no. 08.12.2001/24607.y.

[65]Çelikel and Erdem (2017), p. 555.

[66]*Ibid.*, p. 556.

[67]Nomer (2017), p. 467.

As regards actions concerning the acts of a branches, Article 14 of CCP provides that the court at the location of the branch in question has an alternative jurisdiction to the place determined by the general rule pursuant Article 6. According to Article 14 (2) of CCP, for actions to be filed by private law legal entities against a partner or a member or by a partner or member against another partner or member with this capacity but limited to the extent of partnership or membership relations the court at the location of the principle office of the legal entity has definitive jurisdiction. It is important to note that, however, the Turkish Court of Cassation interprets this article broadly and applies the definitive jurisdiction rule laid down to all actions brought against private law legal entities not taking into account whether the claims are related to partnership or membership relations or not.

Choice of Court (Jurisdiction) Agreements

Under certain conditions parties may conclude a choice of court (jurisdiction) agreement either to assign a domestic court or a foreign court. The conditions and requirements under which a jurisdiction agreement can be signed are stipulated under Article 47 of PIL Code regarding choice of a foreign court and under Article 17 of CCP regarding choice of a domestic court.

Choosing a Foreign Court

According to the provision regulating agreements on jurisdiction, namely Article 47 of PIL Code, parties may agree on the settlement of disputes before foreign courts only if the dispute involves a foreign element arising from the contractual obligations between them.[68] Any agreement that confer jurisdiction must be evidenced in writing. In the event of a sales contract, parties are free to determine the competence of a foreign court. However, for disputes arising from matrimony matters, or civil law matters, no jurisdiction agreement can be made between parties.[69] According to Article 47, where a valid choice of foreign court agreement exists, the dispute can be settled before the Turkish courts only when the foreign court considers itself as not having jurisdiction over the dispute, or the defendant does not make an objection on jurisdiction before the Turkish courts.[70] In the past, Turkish courts have decided it is possible to bring suit before a Turkish court despite the agreement on jurisdiction.[71] Notwithstanding this, it was later determined by a General Assembly decision that these prior decisions were incorrect.[72] Under current law, where a valid jurisdiction agreement confers jurisdiction to a foreign court, the Turkish court shall decline jurisdiction in favour of that court.[73]

[68]Şanlı et al. (2018), p. 412; Çelikel and Erdem (2017), p. 616.

[69]Nomer (2017), p. 490.

[70]Çelikel and Erdem (2017), p. 624.

[71]Civil General Assembly of Court of Cassation, Case No. 1988/11-246, Decision No. 1998/476, Date: 15.06.1988 (www.kazancı.com.tr).

[72]Civil General Assembly of Court of Cassation, Case No. 1998/12-287, Decision No. 1998/325, Date 06.05.1998 (www.kazancı.com.tr).

[73]Şanlı et al. (2018), p. 426; Çelikel and Erdem (2017), p. 625.

Choosing a Domestic Court

Pursuant Article 17 of CCP, only merchants and public legal entities may establish jurisdiction for one or more courts with an agreement, with respect to existing or probable disputes among each other. Thus, jurisdiction agreements cannot be concluded between merchants or public legal entities and consumers. Unless otherwise agreed by the parties, an action may be filed only in the courts determined with the agreement. According to Article 18 of CCP, in order for a jurisdiction agreement to be valid, it must be made in written form and the legal relationship from which the dispute is arisen must be indicated or determinable. Besides, the court or courts for which jurisdiction is being established must be shown specifically. Jurisdiction agreements cannot be made regarding matters on which the parties may not freely act and in the presence of definitive jurisdiction such as actions arising from rights on real property (Article 12), actions concerning branches and legal entities (Article 14), actions with respect to life insurances (Article 15) and actions filed against inheritors (Article 11).

Collective Action

Article 115 of CCP, regulates the conditions for filing a "collective action". Accordingly, "the associations and other legal persons, within the framework of their status, may file lawsuits in order to protect the rights of its members or of the sphere that they present, for their own names, to determine the rights of relevant persons or to eliminate the illegal situations or violation of future rights of the persons."

Collective action may be a significant tool to improve CSR and accountability of producers especially in relation to consumer claims. Nevertheless, there have been no court decisions made pursuant the aforesaid provision on class action. In a former case[74] where Kırıkkale (a city in Turkey) Bar Association intended to file a collective action in order to remove the base stations in Kırıkkkale Courthouse on the grounds those stations threatened health; the Court of Cassation ruled that the bar association does not have the capacity to file a collective action. The court's reasoning was based on the argument that the capacity of bar associations to file a collective action was restricted to the collective benefits of lawyers in matters related to the profession of lawyering.

The final decisions of collective actions may only be in the form of a declaratory decision meaning it may only determine the existence or absence of a right or a relationship between the parties to the dispute. The court cannot order any pecuniary or non-pecuniary damages at the conclusion of a collective action.

[74] 14th Civil Chamber of Turkish Court of Cassation, Case No. 2013/5359, Decision No. 2013/7140, Date 10.05.2013 (www.legalbank.net).

5 Applicable Law

5.1 *What Is the Law Applicable to Rules Relating to Corporate Structure? In Other Words, How Is the* lex societatis *Determined?*

PIL Code regulates the law applicable to private law transactions and relations that contain a foreign element. Accordingly, the law applicable to contractual relationships are governed by Articles 24–29; the law applicable to rules in the law of torts are stipulated under the Article 34–38 and the law applicable to *lex societatis* is determined pursuant Article 9(4) and 9(5) of PIL Code. Arguments regarding non-conformity with Turkish public policy and intervention of overriding mandatory rules can be used as tools to allow verification of whether the applicable law is in conformity with the rules of international human rights law.

There is no specific conflict of laws rule related to *lex societatis* under PIL Code. Thus, the conflict of laws rule regulating the law applicable to the legal capacity of legal entities [Article 9 (4) and 9 (5) of PIL Code] is also applied to *lex societatis*. Accordingly, the legal capacities of legal entities or units of persons or assets are governed by the law of the jurisdiction where their administrative head-offices are located according to their statutes. However, where the de facto central office is located in Turkey, Turkish law may be applied. The capacity of legal entities lacking statute or the group of persons and goods lacking legal entity shall be governed by the law in their "de facto" administrative headquarters.

5.2 *What Is the Law Applicable to Rules Belonging to the Law of Contract? (State the Main Conflict Rule: "Autonomy of Will", for Example—Then the Conflict Rules Applicable by Default)*

Law applicable to rules belonging to the law of contracts is regulated under the Articles 24–29 of PIL Code. The general conflict of laws rule showing the law applicable to contracts is stipulated under Article 24 of PIL Code. Along with this general rule on the law applicable to contracts, the PIL Code stipulates certain special conflict of laws rules on the subject of contractual obligations. These rules are in connection with contracts related to immovable (Article 25), consumer contracts (Article 26), contracts of employment (Article 27), contracts regarding intellectual property rights (Article 28) and contracts of carriage of goods (Article 29).

As the violations of contractual CSR duties mainly occur through incorporation of such duties into the contracts concluded between companies in the same supply chain or within share purchase agreements, Article 24 of the PIL Code is of more significance pertaining to the issue of CSR.

In the Presence of Choice of Law

According to Article 24, the law explicitly designated by the parties shall govern the contractual obligation relations. The designation that can be concluded without hesitation from the provisions of the contract or is understood from the affairs of the case is also valid. The parties may decide that the designated law shall be applied totally or partially to the contract. The designation of the applicable law can any time be realized and amended by the parties. The designation of law after the conclusion of a contract is retrospectively effective with the condition that the rights of third parties' stay reserved. Parties' freedom in the choice of law applicable to the contract is restricted by the condition that only a state law can be chosen and not any soft law instruments. Where the parties have chosen a soft law instrument as the law governing the contract and where the dispute is brought before a national court, then the provisions of the chosen soft law prevails so long as they are not in breach of the mandatory rules of the applicable law (*incorporation*). Whereas, if the dispute is brought before an arbitral tribunal the parties can choose a soft law instrument as a valid choice of law governing the contract.

The Turkish PIL Code does not embody an explicit clause determining the scope of the applicable law to contracts which is available under the EU Regulation on the Law Applicable to Contractual Obligations[75] Article 12 (1). However, it is accepted by the doctrine that the applicable law to a contract encompasses issues such as its interpretation, performance, the consequences of its breach, the ways in which obligations are extinguished, prescription and limitation of actions, and the consequences of the nullity of the contract.[76]

In the Absence of Choice of Law

If the parties have not explicitly designated any law, the relation arising from the contract will be governed by the most connected law to the contract. This law is accepted to be the law of the habitual residence (at the moment of the conclusion of contract) of the debtor of the characteristic performance; the law of the workplace or (in absence of a workplace) the law of the residence of the abovementioned debtor in case the contract is concluded as a result of commercial and professional activities; in case that the debtor has multiple workplaces, the law of the workplace which is the most tightly related to the contract. Nevertheless, considering the state of all affairs if there is a law more tightly related to the contract, that particular law shall govern.

According to Article 12 (C) of the Turkish International Arbitration Act, where the parties have not determined the rules of law applicable to the substance of the dispute, the sole arbitrator or the arbitral tribunal decides according to the law with

[75]EU Regulation (593/2008) on the Law Applicable to Contractual Obligations [OJ. L. 177, 04.07.2008, p. 6].

[76]Uyanık and Tekinalp (2016), p. 370; Nomer (2017), p. 336.

which they consider the dispute to be most closely connected. The arbitrators have great freedom over the method used to determine the law most closely connected to the dispute. The arbitrator or arbitral tribunal shall make an award *ex aequo bono* or as *amiable compositeur* only if the parties have expressly authorized it to do so.

5.3 What Is the Law Applicable to Rules Belonging to the Law of Torts? (State All the Conflict Rules in Your Country in the Order in Which the Courts Would Apply Them)

Law applicable to rules belonging to the law of torts is regulated under Article 34–38 of Turkish PIL Code. Article 34 of PIL Code provides the general rule for conflicts arising out of tort claims while the rest of the provisions brings special conflict of laws rules in relation to infringement of personality rights (Article 35), product liability (Article 36), unfair competition (Article 37) and restraint of competition (Article 38).

According to Article 34 of PIL Code, obligations arising from torts shall be governed by the law of the country where the tortious act was committed. In the event the place the tortious act is committed is not the place where the damage has occurred, the law of state where the damage has occurred shall govern. If another state is more closely connected with the obligation arising from a tortious act, the law of the said state shall be applied. If the law applied to the tortuous act or to the insurance contract enables, the damaged party may directly make his claim to the insurer of the liable party. After the occurrence of the tortious act parties may explicitly designate the applicable law.

According to Art. 36 of PIL, in accordance with the designation of the damaged party, the responsibility resulting from damages, which is caused by the products, is subject to the law of the state of the habitual residence or work place of the damaging party or to the law of state where the product is acquired. In order for the law of state of the place of acquisition to be applied, the damaging party must not have proved that the product is exported to that country against his will. Hence, this article of PIL Code on product liability gives the aggrieved party a limited right of choice between three possible connection factors.

On the other hand, under the PIL Code, there is no specific conflict of laws rules regarding the liability for environmental harm. Thus, the liability arising out of environmental damages can be broadly classified under the general torts liabilities, namely Article 34 of PIL Code.[77]

[77]Oğuz (1991), pp. 23–46.

5.4 Does Your Country's Case Law Allow Verification of Whether the Applicable Law Is in Conformity with the Rules of International Human Rights Law, the ILO Conventions, or Other Mandatory Rules of International Law? Please Explain

One argument that can be used as a tool to allow verification of whether the applicable law is in conformity with the rules of international human rights law, the ILO Conventions or other mandatory rules of international law is the breach of Turkish public policy by the applicable foreign law. Another argument that can be raised on this matter is the infringement of Turkish mandatory rules.

Public Policy

Turkish public policy might prevent the application of a foreign law pursuant to Article 5 PIL Code. Foreign law rules, which must be applied according to the conflict of law rules, but are later regarded as violating Turkish public policy, will not be applied.[78] Besides, Article 54 (c) of the PIL Code allows for the refusal of recognition and enforcement of foreign judgment based on the ground that it is manifestly contrary to Turkish public policy.[79]

The limits of the public policy concept are neither clear, nor defined in Turkish law. The discretion of the judge on the assessment of the violation of Turkish public policy plays a very important role. Therefore, it is provided that the contradiction to public policy must be "manifest" in order to ensure its strict application in practice by the judges.[80] Nevertheless, the doctrine states that in order the argument of public policy to step in, the effects or consequences of foreign judgments should be manifestly incompatible with the fundamental principles of Turkish law, human rights[81] and ethics of Turkish society.[82] On the other hand, the application of a substantial law rule, which is different from that in Turkish law, cannot be deemed to be contrary to Turkish public policy and a foreign court judgment resolving the dispute different than a Turkish court is acceptable.[83]

As the CSR of private legal entities is closely related to human rights violations and environmental damages, foreign rules pertaining to the breach of such fundamental rights will most probably not be applied by the Turkish judges based on the said Article 5 of PIL Code.

[78] Süral and Tarman (2013/2014), p. 234.

[79] For further information, see Demir-Gökyayla (2001).

[80] Nomer (2017), p. 529.

[81] Foreign court decisions that violate rights and freedoms secured by the decisions of the European Court of Human Rights based on European Convention on Human Rights and Fundamental Freedoms may not be enforced by Turkish courts. Nomer (2017), p. 528.

[82] Nomer (2017), p. 530; Şanlı et al. (2018), p. 548.

[83] Şanlı et al. (2018), p. 548.

Overriding (Mandatory) Rules

Article 6 of PIL Code regulates the Turkish overriding rules and provides that certain rules under Turkish law must be applied regardless of any foreign element in the given case and applicable law resulting therefrom.[84] In addition to that, pursuant Article 31 of PIL Code, the judge has the discretion to take into consideration the overriding rules of a third state under certain requirements. Pursuant Article 6 of PIL Code, overriding rules, too, can be used as a ground for rejection of the application of foreign law that is in breach of fundamental rights and freedoms.

Turkish Overriding (Mandatory) Rules

Article 6 of PIL Code states that "When a foreign law is applied, if there is a situation which falls within the scope of Turkish overriding rules, the Turkish mandatory rule will be applied." Since Article 6 is placed in the PIL Code under the part called "General Provisions", this rule is applied to all kind of legal relations which occur in Turkey.

Unlike Rome I Regulation Article 9 (1), the Turkish PIL Code does not contain the definition of overriding mandatory provisions. The doctrine defines them as provisions the respect of which is regarded as crucial by a country for safeguarding its public interests, such as its political, social or economic organization, to such an extent that they are applicable to any situation falling within their scope, irrespective of the law otherwise applicable to the legal transactions. It should be noted that not all mandatory rules of Turkish private law are mandatory rules in the sense of private international law. If a mandatory rule of substantive Turkish law gives any indications about its international sphere of application, it may be qualified as an overriding conflicts rule and this rule will take precedence over general conflicts provisions.[85]

Overriding (Mandatory) Rules of a Third State

Another provision regarding mandatory rules is Article 31 of PIL Code which deals with the application of the overriding provisions of a third state law (different from the forum state and that of the *lex causae*).[86] It states in compliance with Rome Convention Art. 7(1) that "When the law governing the relationship arising from the contract is being applied, the overriding mandatory rules of a third country may be given effect in the case where these rules are closely connected with the contract. In deciding whether such a provision must be taken into account, the objective, nature, content and consequences of the rules are all to be considered."[87] This article does not have the same meaning with Article 6, because it concerns the application of a

[84]Nomer (2017), p. 185.

[85]Nomer (2017), p. 187; Uyanık and Tekinalp (2016), p. 58.

[86]Nomer (2017), pp. 340–342; Uyanık and Tekinalp (2016), pp. 377–382; Çelikel and Erdem (2017), p. 439.

[87]Rome I Regulation Art. 9 (3) has narrowed down the application of the overriding mandatory provisions of third states by stating that effect may be given to the overriding mandatory provisions of the law of the country where the obligations arising out of the contract have to be or have been

third state's overriding rules, whereas Article 6 is about the mandatory rules of Turkish law. Another important difference between these two articles is that while the application of the Turkish overriding rules is compulsory, the application of a third state's overriding rules is not. That is why the article states that a third state's mandatory rules are not applied but only to be taken into account i.e. the article gives the power of discretion to the judge for deciding whether there is public interest. The court's discretion to give effect to such rules is guided by the objective, nature and content of those provisions and the consequences of their application or non-application. There is another essential point about the scope of the application that must be pointed out. Unlike the Swiss PIL Code (Article 19), overriding rules of a third state may be taken into consideration under Article 31 Turkish PIL Code only in disputes regarding contracts not in all matters.

6 Recognition and Enforcement of Judgments

Court judgments pertaining to civil suits granted by foreign courts and having become final under the laws of that State can be subject to a judgment of enforcement or recognition before a competent Turkish court. (Article 50 of PIL Code) According to Article 52 of PIL Code, anyone who has legal interest in enforcement of a decree can request so. Enforcement is requested with a petition from the competent Turkish courts.

Recognition of foreign court judgments means recognition of the *res judicata* effect of that judgment in Turkey, whereas, enforcement introduces the executive force of the foreign judgment in Turkey.[88] In other words, when a foreign court decree is recognized it is given the effect of definitive evidence and a final judgment. On the other hand, enforcement of a foreign court decree while equally granting the effect of a definite evidence and a final judgment to the foreign decree, also renders that decree enforceable through Turkish executive bodies. Only the foreign court decrees that are enforceable such as claims of performance can be a subject to the enforcement proceedings.

Article 54 lays down four other conditions for the enforcement of foreign decrees by introducing grounds for non-recognition and non-enforcement. Such grounds are related to the principle of reciprocity [Article 54 (a)], jurisdiction [Article 54 (b)], public policy [Article 54 (c)], and breach of right of defence [Article 54 (d)]. Among them, only reciprocity is not one of the grounds for refusal of recognition [Article 58 (1) PIL Code].

According to Article 54 (a), a multilateral or bilateral agreement between Turkey and the State from whose courts the foreign judgment was given provides for the

performed, in so far as those overriding mandatory provisions render the performance of the contract unlawful.

[88] Süral and Tarman (2013/2014), p. 218.

mutual enforcement of foreign judgments. If no such agreement is in place, a statutory provision must be in place in the relevant foreign State enabling the enforcement of Turkish court decisions in the relevant foreign state; or at least the Turkish court decisions shall *de facto* be enforced in that state.[89] The doctrine and Turkish Court of Cassation interpret this provision in a way to require that despite the existence of a domestic rule or an international treaty as long as the courts of the country which issued the decree does not enforce the Turkish court decisions in practice, then the enforcement of that foreign decree shall not be realized by the Turkish courts.

Secondly, According to Article 54 (b) PIL Code, foreign judgments given on issues that the Turkish courts have exclusive jurisdiction to resolve may not be enforced. The legal issues, which fall within the exclusive jurisdiction of Turkish courts, are not codified under Turkish law. Case law and doctrine show that decrees relating to the rights in rem on immovable properties situated in Turkey, decrees relating to intellectual property rights and decrees regarding appointment of a conservator are among the issues that the Turkish courts have exclusive jurisdiction.

Another condition regarding jurisdiction stipulated under Article 54 (b) PIL Code states that if the foreign court's jurisdiction is based on an exorbitant jurisdiction rule,[90] and the party against whom enforcement is sought objects to the enforcement, the foreign judgment may not be enforced in Turkey.[91] There is yet no case law where the enforcement of a foreign judgment was refused due to exorbitant jurisdiction. The rule has been criticised in academic literature as it is not clear according to which law the Turkish judge will determine whether the jurisdiction is based on an exorbitant rule; is it Turkish law or the law of the State from whose court the relevant judgment is given?[92]

Thirdly, Article 54 (c) provides that the foreign court decree shall not be openly contrary to public order. A foreign court decision, which violates the main principles classified as undeniable in Turkish Law, cannot be recognized or enforced. Besides, in the case where the procedure followed by the foreign court violates the rights of defense of the defendant pursuant to the Turkish law of procedure, the judgment of the foreign court would be regarded as contrary to Turkish public policy.

---

[89] *Ibid.*, pp. 227–229.

[90] For example, Article 14 of the French Civil Code grants jurisdiction to the French court on the sole ground that the claimant is a French national. Article 23 of the German Code of Civil Procedure lays down that, where no other German court has jurisdiction, actions relating to property instituted against a person who is not domiciled in the national territory come under the jurisdiction of the court for the place where the property or subject of the dispute is situated. Dutch Code of Civil Procedure Article 127 provides that a foreigner, even if he does not reside in the Netherlands, may be sued in a Netherlands court for the performance of obligations contracted towards a Dutch citizen either in the Netherlands or abroad. Süral (2007), p. 127. For further information on exorbitant jurisdiction rules see Ekşi (1999, 2000), pp. 50 *et seq.*; Ekşi (2013), pp. 235 *et seq.*

[91] Süral and Tarman (2013/2014), p. 233.

[92] Ekşi (2013), p. 272.

Finally Article 54 (d) provides that where the person against whom enforcement is requested was not duly summoned pursuant to the laws of that foreign state or to the court that has given the judgment, or was not represented before that court, or the court decree was not pronounced in his/her presence or by a default judgment in a manner contrary to these laws, and the person has not objected to the exequatur based on the foregoing grounds before the Turkish court, that foreign court decree shall not be enforced in Turkey.

Foreign decrees that are enforced by a Turkish court have the same legal effect as Turkish local court decrees. Besides, foreign decrees for which enforcement is rendered shall be executed as court decrees rendered by the Turkish courts. According to the Turkish Execution and Bankruptcy Code, a court decree must be executed within 10 years or else the defendant shall raise the plea of limitation.

As to the recognition and enforcement of arbitral awards, international agreements play a significant role. Turkey is a party to the Washington Convention on the Settlement of Investment Disputes between States and Nationals of Other States (1965),[93] to the New York Convention on the Recognition and Enforcement of Foreign Arbitral Awards (1958),[94] and to the Geneva Convention on International Commercial Arbitration (1961).[95]

References

Akıncı Z (2016) Milletlerarası tahkim (International arbitration). Vedat Kitapçılık, İstanbul

Ansay T, Schneider E (eds) (2014) Introduction to Turkish business law. Wolters Kluwer, İstanbul

Çelikel A, Erdem B (2017) Milletlerarası özel hukuk (International private law). Beta Yayıncılık, İstanbul

Demir-Gökyayla C (2001) Yabancı mahkeme kararlarının tanınması ve tenfizde kamu düzeni (Public policy in the recognition and enforcement of foreign court decrees). Seçkim Yayıncılık, Ankara

Ekşi N (1999) Devletler özel hukukunda aşırı yetki kuralları (Ex-orbidant jurisdiction rules in international private law). In: Selahattin Sulhi Tekinay'ın Hatırasına Armağan, İstanbul, pp 247–258

Ekşi N (2000) Türk mahkemelerinin milletlerarası yetkisi (International jurisdiction of Turkish courts). Beta Yayıncılık, Istanbul

Ekşi N (2013) Yabancı mahkeme kararlarının tanınması ve tenfizi (Recognition and enforcement of forieign court decisions). Beta Yayıncılık, Istanbul

Hatemi H (2013) Ultra vires kuramı ve Türk hukuku (Theory of ultra vires and Turkish law). In: Ulusoy E (ed) Ersin Çamoğlu'na armağan (Tribute to Prof. Dr. Ersin Çamoğlu). Vedat Kitapçılık, İstanbul, pp 327–334

Kalpsüz T (2003) Milletlerarası tahkim kanununda ICC tahkim kuralları ile IPL'den esinlenen hükümler (Provisions of international arbitration act inspired from ICC arbitration rules and IPL). In: Kalpsüz T, Birsel M, Bozer A, Ansay T, Karayalçın Y, Pekcanıtez H, Akıncı Z,

[93]Law No. 3460. Official Gazette no. 02.06.1988/19830.

[94]Law No. 3731. Official Gazette no. 21.05.1991/20877.

[95]Law No. 3730. Official Gazette no. 21.05.1991/20877.

Milletlerarası tahkim semineri (10 mart 2003) (International arbitration seminar 10 march 2003), pp 16–35

Nomer E (2017) Devletler hususi hukuku (International private law). Beta Yayınclık, İstanbul

Oğuz A (1991) Sınırlar ötesi çevre kirlenmelerinden doğan kanunlar ihtilafı (Conflict of laws pertaining to transboundary environmental damage). Türkiye Barolar Birliği Dergisi (Union of Turkish Bar Associations Review) 1:23–46

Oğuzman K, Barlas N (2018) Medeni hukuk (Civil law). Vedat Kitapçılık, İstanbul

Öz T (2018) Borçlar hukuku genel hükümler cilt I (Law of obligations general provisions book I). Vedat Kitapçılık, İstanbul

Özsunay E, Özsunay MR (2011) Arbitration in Turkey: analysis of the Turkish legislation on arbitration in the light of UNCITRAL model law. ICC Int Court Arbitr Bull 22(2):15–30

Paslı A (2005) Anonim ortaklık kurumsal yönetimi (Corporate governance in joint-stock companies). Çağa Hukuk Foundation Publishing, İstanbul

Şanlı C, Esen E, Ataman-Figanmeşe İ (2018) Milletlerarası özel hukuk (International private law). Vedat Kitapçılık, İstanbul

Süral C (2007) Avrupa Birliği'nde yabancı mahkeme kararlarının tanınması ve tenfizi (Recognition and enforcement of foreign court decrees in the European Union). Güncel Yayınevi, İzmir

Süral C, Tarman ZD (2013/2014) Recognition and enforcement of foreign court judgments in Turkey. Yearb Priv Int Law 15:485–508

Süral N, Kılıçoğlu M (2014) Chapter 11: labor law. In: Tuğrul A, Schneider EC (eds) Introduction to Turkish business law, 2nd edn. Wolters Kluwer, İstanbul, pp 161–184

Tekinalp Ü, Poroy R, Çamoğlu E (2014) Ortaklıklar hukuku I (Corporate law I). Vedat Kitapçılık, İstanbul

Uyanık A, Tekinalp G (2016) Milletlerarası özel hukuk bağlama kuralları (Connecting factors in international private law). Beta Yayıncılık, İstanbul

United Kingdom

Kasey McCall-Smith and Verónica Ruiz Abou-Nigm

Abstract Reflecting the EU approach, the United Kingdom defines CSR as voluntary but has increasingly worked to integrate social and environmental concerns into its business-focused law and policy. As a member of the OECD, the UK has actively promoted the OECD Guidelines, the UN Guiding Principles on Business and Human Rights and adheres to ISO standards. In parallel, the UK National Contact Point has seen a rise in accepted complaints against businesses and UK courts are more attuned to the complex relationship between corporate action and social responsibility. While the devolved nature of UK business law results in slightly different emphasis on corporate responsibilities across the devolved nations, both statutory and common law duties work together to ensure increased recognition of CSR. Notably, the recent landmark decision in England in Vedanta Resources Plc v Lungowe marked a tide-change on issues of jurisdiction for UK companies' liabilities overseas. This chapter examines the underpinnings and possibilities of future reinforcement of CSR in cross-border cases in the UK.

1 Definition and Sources

1.1 Does Your Country Have a Definition of Corporate Social Responsibility? If Yes, Please State That Definition Here and Give the Source (a Written Source or Precise References to Case Law)

In the UK, the terms 'corporate responsibility' and 'corporate social responsibility', are used interchangeably ('CSR' will be used to refer to both throughout this chapter) and the following definition has been adopted for both:

K. McCall-Smith (✉) · V. Ruiz Abou-Nigm
Law School, University of Edinburgh, Edinburgh, Scotland
e-mail: kasey.mccall-smith@ed.ac.uk; veronica.ruiz.abou-nigm@ed.ac.uk

C. Kessedjian, H. Cantú Rivera (eds.), *Private International Law Aspects of Corporate Social Responsibility*, Ius Comparatum – Global Studies in Comparative Law 42, https://doi.org/10.1007/978-3-030-35187-8_20

> . . . the responsibility of an organisation for the impacts of its decisions on society and the environment above and beyond its legal obligations, through transparent and ethical behaviour.[1]

This definition was adopted following a 2013 UK Government consultation which sought to gather views on how the government and business could and should maximise the benefits of CSR. The Government highlights CSR as being '*voluntary* action businesses take over and above legal requirements to manage and enhance economic, environmental and societal impacts.'[2] Defining the action as voluntary reflects the EU approach, as noted in the European Commission's 2011-14 CSR Strategy: 'a concept whereby companies integrate social and environmental concerns in their business operations and in their interactions with stakeholders on a voluntary basis.[3] A key point about the voluntary nature is that CSR does not replace legal obligations or regulatory mechanisms governing business activity.

The UK has further elaborated its vision of CSR:

> To see UK businesses taking account of their economic, social and environmental impacts, and acting to address the key sustainable development challenges based on their core competences wherever they operate – locally, regionally and internationally.[4]

The UK Government also links CSR to the UN Sustainable Development Goals (SDGs) and acknowledges that CSR is not just good for business and corporate citizenship, but it is also important to the government.[5]

1.2 Is Your Country a Member of the OECD?

The UK is a member of the OECD and established a National Contact Point (NCP) in 2007.[6] It maintains an interagency structure based in the Department for International Trade (DIT) and is also partly funded by the Department for International Development (DfID).

---

[1]Department for Business, Innovation & Skills (2014) Good for Business & Society: government response to call for views on corporate responsibility. https://assets.publishing.service.gov.uk/government/uploads/system/uploads/attachment_data/file/300265/bis-14-651-good-for-business-and-society-government-response-to-call-for-views-on-corporate-responsibility.pdf.

[2]Ibid (emphasis added).

[3]Commission to the European Parliament, The Council, The European Economic and Social Committee, The Committee of the Regions (2011) 2011-14 Corporate Social Responsibility (CSR) Strategy. https://eur-lex.europa.eu/legal-content/EN/TXT/HTML/?uri=CELEX:52011DC0681&from=EN.

[4]Department of Trade and Industry (2004) UK Government Corporate Social Responsibility: A Government Update. https://webarchive.nationalarchives.gov.uk/20081112200937/http://www.berr.gov.uk/files/file48771.pdf.

[5]Idem, p. 22.

[6]https://www.gov.uk/government/groups/uk-national-contact-point-for-the-organisation-for-economic-co-operation-and-development-guidelines#uk-ncp-archive.

The work of the UK NCP is overseen by a Steering Board, which includes both government and non-government representatives. The government departments represented are as follows: a Senior civil servant from the Department for Business, Innovation and Skills (BIS) (this member chairs the NCP Steering Board); the Foreign and Commonwealth Office (FCO); Department for International Development (DfID); Department for Work and Pensions; UK Trade and Investment; and Export Credits Guarantee Department. Other government departments may participate on an ad hoc basis when relevant issues arise. There are four external (non-governmental) members of the Steering Board, which include representatives of business, trade unions and non-governmental organisations.

The role of the NCP is to promote the OECD Guidelines to the business community, employee organisations, nongovernmental organisations (NGOs) and other stakeholders. In addition to promoting the Guidelines, it considers allegations that a multinational enterprise's behaviour is inconsistent with the Guidelines. Where the NCP takes on a case, it will seek to mediate an agreement between the parties, and, where this is not possible, it will examine the allegations in detail and will make a determination of whether the multinational enterprise has acted inconsistently with the Guidelines.[7]

The UK NCP promotes the OECD Guidelines to business actors and stakeholders throughout the UK, receives and reviews complaints alleging breaches of the Guidelines, and maintains a transparent accounting of its activities including publishing its steering board meetings and its complaint assessments. The UK NCP complaint process is broadly divided into the following key stages: (1) Initial Assessment; (2) Conciliation/mediation/examination; (3) Final Statement, and (4) Follow-up.

Since September 2010, the UK NCP made 31 initial assessments following complaints, only six initial assessments have been made since 2016.[8] In the most recent initial assessment, *AHN and CBVL against Victoria Oil & Gas plc (VOG)*, a UK based company, the NCP determined that the complaint could move forward to mediation.[9] The complainants, AHN and CBVL, are two Cameroon-based community groups that aim to combat social inequalities and improve the lives of residents in the area where Gaz du Cameroun, a wholly owned subsidiary of VOG, is the majority interest party in the Logbaba Gas Project in Douala, Cameroon. The NCP

[7]Department for Business, Innovation & Skills (2014) UK National Contact Point procedures for dealing with complaints brought under the OECD guidelines for multinational enterprises. https://assets.publishing.service.gov.uk/government/uploads/system/uploads/attachment_data/file/270577/bis-14-518-procedural-guidance.pdf.

[8]https://www.gov.uk/government/collections/uk-national-contact-point-statements.

[9]Department for International Trade (2019) Initial assessment by the UK National Contact Point for the OECD Guidelines for Multinational Enterprises: complaint from AHN and CBVL against Victoria Oil & Gas plc Updated 4 March 2019 Decision. https://www.gov.uk/government/publications/uk-ncp-initial-assessment-complaint-from-ahn-and-cbvl-against-victoria-oil-gas-plc-vog/initial-assessment-by-the-uk-national-contact-point-for-the-oecd-guidelines-for-multinational-enterprises-complaint-from-ahn-and-cbvl-against-victori.

found that further examination is necessary to determine whether the company operated within the OECD Guidelines, specifically whether the company complied with the guidelines outlining that enterprises should:

> Contribute to economic, environmental and social progress with a view to achieving sustainable development; Respect the internationally recognised human rights of those affected by their activities; Encourage human capital formation, in particular by creating employment opportunities and facilitating training opportunities for employees; Develop and apply effective self-regulatory practices and management systems that foster a relationship of confidence and mutual trust between enterprise and the societies in which they operate; Carry out risk-based due diligence, for example by incorporating it into their enterprise risk management systems, to identify, prevent and mitigate actual and potential adverse impacts as described in paragraphs 11 and 12; and account for how these impacts are addressed. The nature and extent of due diligence depend on the circumstances of a particular situation; Engage with relevant stakeholders in order to provide meaningful opportunities for their views to be taken into account in relation to planning and decision making for projects or other activities that may significantly impact local communities.[10]

In addition to this example, 17 of the total 31 initial assessments examined determined that the cases could move forward for further examination or mediation.[11] Fourteen of those initially determined to warrant further investigation have progressed through to a final statement in the NCP process. The NCP initial assessments suggest that UK business activities abroad do not strictly comply with the Guidelines and the complaints procedure has been relatively lenient for errant businesses. A 2016 Amnesty International study on the UK NCP found that 'NCP appears to ignore the objectives of complainants who allege human rights abuses resulting from the activities of UK companies.'[12] The study further concluded that the NCP exercised an inconsistent level of interpretation of the Guidelines as well as requiring too high an evidentiary threshold for initial assessments in a non-judicial proceeding.[13]

The most recent follow-up to a final review, *Rights and Accountability in Development (RAID) complaint against the Eurasian Natural Resources Corporation (ENRC)*, exemplifies some of the criticism lodged against the NCP. The original Final Statement recommended that ENRC should ensure effective communications between the company and the stakeholders represented in the complaint in regards to available grievance mechanisms, the conduct of staff and security on the mining site, ensure unrestricted community access to a clean water supply, and to consult on progressing community development facilities associated with the mining plans

[10] Idem.

[11] See https://www.gov.uk/government/collections/uk-national-contact-point-statements.

[12] Amnesty International (2016) Obstacle Course: How the UK's National Contact Point handles human rights complaints under the OECD Guidelines for Multinational Enterprises, p. 4. https://www.amnesty.org.uk/files/uk_ncp_complaints_handling_full_report_lores_0.pdf?eHZjEXH9mk6pJMnaNhd33kDJ1A6K6xMo=.

[13] Idem, p. 5.

could be progressed earlier.[14] In the 2018 Follow-up, the UK NCP found that while some effort had been made to fulfil some of the recommendations, the voluntary nature of the NCP meant that it could not mandate a course of action for ENRC even where it had not complied with its recommendations.[15]

1.3 As a Member State of the United Nations, Has Your Country Taken Any Action Under the 2011 Guiding Principles? If Yes, Please Describe (National Action Plan, Etc.)

The UK published its first National Action Plan in 2013 and it was most recently updated in May 2016. The current *National Action Plan* [UK NAP]*: Good Business: Implementing the UN Guiding Principles on Business and Human Rights* (UNGPs).[16] The UK NAP aims to give effect to the three-pillared UN Principles as summarised below:

1. To give effect to the UNGP the UK has:
   - Introduced the Modern Slavery Act 2015[17]
   - Implemented the requirements of the OECD 2012 Common Approaches
   - In March 2015 the Government concluded its chairmanship of the Voluntary Principles Initiative. Details on the chairmanship can be found in the 2014 annual report.[18]
   - The UK Accreditation Service (UKAS) conducted a pilot certification process and has issued guidance for certifying bodies for IS28007

---

[14]Department for Business, Innovation & Skills (2016) UK NCP final statement: RAID complaint against ENRC (Democratic Republic of Congo) 10 March 2016 Decision, pp. 19–20. https://assets.publishing.service.gov.uk/government/uploads/system/uploads/attachment_data/file/506285/BIS-16-156-raid-and-enrc-final-statement-after-complaint.pdf.

[15]See especially paragraph 31 in Department for International Trade (2018) UK NCP follow up to a final statement: Rights and Accountability in Development (RAID) complaint against the Eurasian Natural Resources Corporation (ENRC) https://www.gov.uk/government/publications/uk-ncp-follow-up-to-a-final-statement-rights-and-accountability-in-development-raid-complaint-against-the-eurasian-natural-resources-corporation-e/follow-up-statement-after-recommendations-in-complaint-from-raid-against-enrc.

[16]The original National Action Plan is found at Department for Business, Innovation & Skills, Secretary of State for Foreign and Commonwealth Affairs (2013) Good Business Implementing the UN Guiding Principles of Business and Human Rights. https://assets.publishing.service.gov.uk/government/uploads/system/uploads/attachment_data/file/236901/BHR_Action_Plan_-_final_online_version_1_.pdf.

[17]Modern Slavery Act 2015.

[18]See https://www.gov.uk/government/news/uk-concludes-chairmanship-of-global-business-best-practice-initiative.

   - Invested around 1.5 million pounds from the FCO's Human Rights and Democracy Programme
   - Strengthened international rules relating to digital surveillance

2. In future the UK will:

   - Continue to support the implementation of the UNGPs in other countries by lobbying foreign states
   - Work with EU partners to implement UNGPs across member states
   - Continue to ensure UK Government procurement rules allow for human rights related matters to be reflected
   - Work with government, industry and civil society members of the International Code of Conduct Association to establish an international mechanism to monitor compliance with the Code
   - Continue to work closely with Voluntary Principles on Security and Human Rights Initiative
   - Consider new project activity on raising awareness and tackling the negative impacts of business activity
   - Support the EU commitment to consider possible human rights impacts of free trade agreements
   - Continue to work with embassies and high commissions to support human rights defenders

3. Actions undertaken by UK to support business

   - Updated this action plan
   - Provided guidance to companies on transparency in supply chains
   - Partnered with the Cyber Growth Partnership industry guidance on assessing human rights risks relating to cyber security exports
   - Provided funding to the Corporate Human Rights Benchmark Initiative
   - Supported the UNGPs Reporting Framework
   - Provided funding for the Economist Intelligence Unit research report
   - Continued to update and promote the joint FCO-UKTI Overseas Business Risk (OBR) service
   - Continued to provide financial support to the UN Global Compact

4. Actions planned by UK to support business:

   - Provide support to Board Directors on human rights reporting and practical guidance for companies in the care and security sectors
   - Ensure the provisions of an EU Directive on non-financial disclosure are transposed in the UK
   - Facilitate dialogue between business people, parliamentarians and civil society on the implementation of the business and human rights agenda
   - Instruct diplomatic missions to work with host governments, local and UK business, trade unions, NGOs, human rights defenders, academics, lawyers and other local experts to inform companies of human rights risks they face
   - Instruct diplomatic missions to raise with local authorities our concerns

5. Actions to promote access to remedy:

   The UK has:

- Tasked UK Trade and Investment (UKTI) teams in the markets where they operate to advise UK companies on establishing or participating in grievance mechanisms
- Encouraged companies to extend their domestic UK practice of providing effective grievance mechanisms to their overseas operations
- Supported projects through the FCO Human Rights and Democracy Programme Fund on work on remedy procedures in other countries
- Commissioned an independent survey of the UK provision of remedy

The UK will:

- Continue to ensure that the UK provides access to judicial and non-judicial remedies to victims of human rights harms linked to business activity.
- Continue to support work on remedy procedures in other countries
- Continue to work to promote protection of human rights defenders active on business and human rights related issues.

1.4 Does Your Country Apply the ISO Standards? If Yes, Please Give Examples of Their Application

As a current member of the EU, the UK is bound to observe all industrial standards adopted under EU law, many of which are ISO standards. It has adopted the standards through policies and legislative measures. For example, the Weights and Measures (Standards Amendment) Regulations 2003 set out the following:

> 1. In regulation 55A of the Measuring Equipment (Liquid Fuel delivered from Road Tankers) Regulations 1983[2], for paragraph (3) there shall be substituted the following paragraph: -
>
> (3) A body is an 'approved body' for the purposes of this regulation if it is a body in a member State or in an EEA State which has responsibility in that State for metrological control of measuring equipment on road tankers or is a laboratory which has been accredited for the purposes of testing measuring equipment on road tankers in a member State or in an EEA State as being a body which conforms with the criteria set out in BS EN ISO/IEC 17025:2000

Otherwise, the UK does not mandate the ISO standards but promotes them through the British Standards Institution (BSI). It currently promotes over 30,000 standards. Though the BSI is a non-profit distributing organization/company, it has a Memorandum of Understanding with the UK Government establishing its position as the UK National Standards Body and in this context, it is responsible for ensuring EU standards compliant policy, rather than the ISO standards directly. However, its offerings make clear that it relies heavily on ISO standards and explicitly references many ISO standards on its website. Its primary functions include: promoting trade by developing common industrial standards[19]; reducing waste by simplifying production and distribution; protecting the consumer through the use of licensed marks to identify conformity to standards. Through these efforts, it promotes the ISO standards across the globe, anywhere a UK business or the UK Government operates. The BSI is the UK representative to the ISO, IEC, CEN (European Committee for Standardisation) and CENELEC.

A further example of the voluntary application of the ISO standards includes promotion of ISO 26000, on Corporate Social Responsibility. The BSI has established a CSR & Responsible Sourcing Advisory Service which advises UK companies both at home and abroad on how to ensure a responsible supply chain.

The UK Government, through its MOU with BSI, has committed to 'support[ing] BSE's efforts to achieve harmonization of relevant standards through these international (including ISO) and European standards organisations, international agreements and other arrangements in the interests of the UK.' In 2016, the UK public voted by referendum to leave the EU, which brings into question to what extent it will continue to be bound by EU regulations. However, since the referendum there has been no clear position taken as to the actual legal relationship between the UK and EU and which currently applicable regulations will continue if and when the UK leaves the Union. However, in light of the widely applied and accepted ISO standards, it is forecast that the UK BSI will continue to closely track ISO standards regardless of its future status in the EU.

1.5 Please Indicate All Other Sources You Consider Relevant, and Also Any Specific Feature of Your Legal System That Should Be Borne in Mind to Better Understand Your Answers to This Questionnaire

There are three different jurisdictions in the United Kingdom, England and Wales,[20] Scotland, and Northern Ireland. Each jurisdiction has its own legal system; English law, Scots law, and the law of Northern Ireland, respectively. This report tries as much as possible to provide answers to this questionnaire that reflect the similarities and differences between these legal systems.

[19]See https://www.bsigroup.com/en-GB/standards/Information-about-standards/what-is-a-standard/.

[20]England and Wales share a single legal jurisdiction, though in the past few years, Wales has gained increasing powers in certain areas of law through devolution.

2 Characterisation

2.1 Rules Pertaining to Company Law

In the UK, the traditional view is that 'CSR does not form part of either the statutory or the non-statutory corporate governance framework.'[21] However, developments in the past decade have built upon existing company law rules to give effect to several CSR standards. It is notable that some aspects of law vary in the devolved nations within the UK and may mean that there are subtle differences between the UK legal systems. Yet, the Companies Act 2006 applies in all of them (England and Wales, Scotland and Northern Ireland). The following paragraphs outline relevant company law in relation to due diligence (including due diligence at common law and under the Companies Act) and the duty of vigilance.

Due Diligence Until the passages of the Companies Act 2006, the duty of diligence was recognized solely under common law.[22] Ultimately, the common law duty of due diligence for directors of companies was codified in **s174 Companies Act 2006.**[23] The Act at s170 requires the general duties to be interpreted in the same way as common law rules or equitable principles. The relevant provisions of the Companies Act 2006 are transcribed below.

s174 Duty to Exercise Reasonable Care, Skill and Diligence

(1) A director of a company must exercise reasonable care, skill and diligence.

(2) This means the care, skill and diligence that would be exercised by a reasonably diligent person with—

(a) the general knowledge, skill and experience that may reasonably be expected of a person carrying out the functions carried out by the director in relation to the company, and

(b) the general knowledge, skill and experience that the director has.

The Act, however, in s172 went a step further to codify a range of duties on directors that are likened to well-known CSR standards, such as the impact of business activity on the community and environment.

[21] Calder (2008), p. 163.

[22] *Norman v Theodore Goddard* [1991] BCLC 14.

[23] Companies Act 2006, s 174.

s172 Duty to Promote the Interest of the Company

(1) A director of a company must act in the way he considers, in good faith, would be most likely to promote the success of the company for the benefit of its members as a whole, and in doing so have regard (amongst other matters) to—

(a) the likely consequences of any decision in the long term,
(b) the interests of the company's employees,
(c) the need to foster the company's business relationships with suppliers, customers and others,
(d) the impact of the company's operations on the community and the environment,
(e) the desirability of the company maintaining a reputation for high standards of business conduct, and
(f) the need to act fairly as between members of the company.

The overlap in the list of factors in s172(1) of the Companies Act has caused some to suggest that CSR is implicit in s172.[24] Additionally, the Ministerial Statements by Margaret Hodge connect s172 CA to CSR in claiming that section 172 CA would 'mark a radical departure in articulating the connection between what is good for a company and what is good for society at large' stating that 'Corporate social responsibility has developed and evolved over time'.[25]

Two key problems with s172 are that there is no guidance as to how to balance the difference factors set out and that the phrase 'have regard to' is an extremely vague concept and, therefore, could be interpreted as only requiring directors to consider the factors, rather than act upon them.[26]

The due diligence obligation of a director was examined in *Cobden Investments Ltd v RWM Langport Ltd*,[27] which was decided after the enactment of the Companies Act 2006 and where the judge said:

> The perhaps old-fashioned phrase acting '*bona fide* in the interests of the company' is reflected in the statutory words acting 'in good faith in a way most likely to promote the success of the company for the benefit of its members as a whole'. They come to the same

[24] Yap (2010), p. 37.

[25] Department of Trade and Industry (2007) Companies Act 2006 Duties of Company Directions Ministerial Statements, p. 1. https://webarchive.nationalarchives.gov.uk/20070628230000/http://www.dti.gov.uk/files/file40139.pdf.

[26] Rühmkorf (2015), p. 46.

[27] [2008] EWHC 2810 (Ch) [52].

thing with the modern formulation giving a more readily understood definition of the scope of the duty.[28]

Under the common law approach, what is meant by acting 'bona fide' is embodied in the case *Re Smith and Fawcett Ltd* in where it was held that directors of a company must act 'bona fide in what they consider – not what a court may consider – is in the interest of the company, and not for any collateral purpose'.[29] This is, therefore, a sliding scale in terms of the action and its merit for the company. This 'test' was discussed more recently, but still prior to the Companies Act 2006, in the case *Regentcrest plc v Cohen,* where the court emphasised that it would focus on 'the director's state of mind'.[30]

The interpretation of 'good faith' in s172 Companies Act 2006 taken in *Cobden Investments Ltd v RWM Langport Ltd* was followed in other recent decisions that were made after the enactment of the Companies Act 2006.[31] Furthermore, the director's duty to promote the 'success of the company' also has its origin in the common law duty for directors to act in the best interests of the company.[32] At common law, the duty was to be exercised on behalf of shareholders as a general body but did not include the potential interests of other stakeholders.[33] The Companies Act has expanded the duty of the directors to include potential future shareholders and has been interpreted as allowing directors to exercise CSR only if it ultimately benefits the shareholders (s172). However, the term 'have regard to' subordinates CSR under the goal of enhancing shareholder value.

There have been very few cases thus far on the duty to promote the company under s172, and what little exists points to directors acting in the 'bona fide' in the best interests of the company as at common law and ultimately on behalf of the shareholders ultimate benefit. *R. (on the application of People & Planet) v HM Treasury*[34] clarified that if shareholders wish to influence the decision-making of the directors (or other management), then they could press for them to act within the constraints of s172 of the Companies Act—the shareholder prerogative. Thus, under the UK Companies Act 2006, in terms of management and the promotion of CSR, it may only be pursued to the extent that it benefits the shareholders,[35] which could largely be viewed as predominantly an economic interest.

---

[28] *Cobden Investments Limited v RWM Langport Ltd, Southern Counties Fresh Foods Limited, Romford Wholesale Meats Limited* [2008] EWHC 2810 (Ch) [52].

[29] [1942] Ch 304 [306].

[30] [2001] 2 BCLC 80 [105].

[31] See *Iesini v Westrip Holdings Ltd* [2009] EWHC 2526, the court held that it was not in the best position to make judgements about the weight of the considerations in s172 CA except in very clear cases as these are commercial issues and the directors' subjective judgements would prevail in these circumstances.

[32] Rühmkorf (2015), pp. 44–45.

[33] Ibid.

[34] [2009] EWHC 3020 (Admin) (QBD (Admin)).

[35] Rühmkorf (2015), p. 47.

Moreover, reporting duties under the Companies Act 2006 s414A and 414B mandates that directors inform the members (shareholders) how they have discharged their duties and can ultimately contribute to the promotion of principles of CSR.[36] In terms of promoting CSR, the strategic report required in s414C, in particular s414C(7), as these factors relate to the environment, employees and community and human rights, key issues relevant to international CSR standards. Reporting a failure to provide information perpetuates the idea that CSR standards are voluntary and not central to productive business. Thus, vague or neutral statements will not give much information as to the real impact of the business on these issues. A positive outcome, however, is that listed companies are required to specifically report on the number of women in management and other positions within the company.[37]

A path through which members of the company may raise CSR issues is provided for in s172 of the Companies Act (derivative action claim).[38] However, s260 (3) Companies Act clarifies that a derivative claim may only be raised in response to an actual or proposed act or omission involving negligence, default, breach of duty or breach of trust by a director of the company.[39] Relevant cases on alleged breaches of s172 include:

- *Franbar Holdings Ltd v Patel* [2008] B.C.C. 885 (Ch); [2008] EWHC 1534 (Ch)
- *Iesini v Westrip Holdings Ltd* [2009] EWHC 2526 (Ch)
- *Stimpson v Southern Landlords Association* [2009] EWHC 2072 (Ch), [2010] B.C.C. [387]

Duty of Vigilance The UK does not have a specific law pertaining to a duty of vigilance. However, duties of vigilance are to some extent expressed through the Modern Slavery Act 2015, which aims to achieve increased transparency by requiring companies to set out what measures they have taken to ensure that no human rights violations occur throughout their global supply chain. The Modern Slavery Act 2015 only applies to England and Wales. In Scotland there is the Human Trafficking and Exploitation (Scotland) Act 2015.[40] In Northern Ireland there is the Human Trafficking and Exploitation (Criminal Justice and Support for Victims) Act (Northern Ireland) 2015.[41]

Modern Slavery Act 2015[42] (England and Wales) However, s54 applies to organisations throughout the UK, including the devolved nations, see **s54(12)**.

---

[36] *Ibid.*, p. 52.

[37] *Ibid.*, p. 53.

[38] *Ibid.*, p. 66.

[39] *Ibid.*

[40] Human Trafficking and Exploitation (Scotland) Act 2015.

[41] Human Trafficking and Exploitation (Criminal Justice and Support for Victims) Act (Northern Ireland) 2015.

[42] Modern Slavery Act 2015, s 54.

s54 Transparency in Supply Chains Etc[43]

(1) A commercial organisation within subsection (2) must prepare a slavery and human trafficking statement for each financial year of the organisation.

(2) A commercial organisation is within this subsection if it—

(a) supplies goods or services, and
(b) has a total turnover of not less than an amount prescribed by regulations made by the Secretary of State.

(3) For the purposes of subsection (2)(b), an organisation's total turnover is to be determined in accordance with regulations made by the Secretary of State.

(4) A slavery and human trafficking statement for a financial year is—

(a) a statement of the steps the organisation has taken during the financial year to ensure that slavery and human trafficking is not taking place—

(i) in any of its supply chains, and
(ii) in any part of its own business, or

(b) a statement that the organisation has taken no such steps.

(5) An organisation's slavery and human trafficking statement may include information about—

(a) the organisation's structure, its business and its supply chains;
(b) its policies in relation to slavery and human trafficking;
(c) its due diligence processes in relation to slavery and human trafficking in its business and supply chains;
(d) the parts of its business and supply chains where there is a risk of slavery and human trafficking taking place, and the steps it has taken to assess and manage that risk;
(e) its effectiveness in ensuring that slavery and human trafficking is not taking place in its business or supply chains, measured against such performance indicators as it considers appropriate;
(f) the training about slavery and human trafficking available to its staff.

(6) A slavery and human trafficking statement—

(continued)

[43]See also Home Office (2015) Transparency in Supply Chains etc. A practical Guide Guidance Issued under section 54(9) of the Modern Slavery Act updated 22 October 2018. https://assets.publishing.service.gov.uk/government/uploads/system/uploads/attachment_data/file/649906/Transparency_in_Supply_Chains_A_Practical_Guide_2017.pdf.

(a) if the organisation is a body corporate other than a limited liability partnership, must be approved by the board of directors (or equivalent management body) and signed by a director (or equivalent);
(b) if the organisation is a limited liability partnership, must be approved by the members and signed by a designated member;
(c) if the organisation is a limited partnership registered under the Limited Partnerships Act 1907, must be signed by a general partner;
(d) if the organisation is any other kind of partnership, must be signed by a partner.

(7) If the organisation has a website, it must—

(a) publish the slavery and human trafficking statement on that website, and
(b) include a link to the slavery and human trafficking statement in a prominent place on that website's homepage.

(8) If the organisation does not have a website, it must provide a copy of the slavery and human trafficking statement to anyone who makes a written request for one, and must do so before the end of the period of 30 days beginning with the day on which the request is received.
(9) The Secretary of State—

(a) may issue guidance about the duties imposed on commercial organisations by this section;
(b) must publish any such guidance in a way the Secretary of State considers appropriate.

(10) The guidance may in particular include further provision about the kind of information which may be included in a slavery and human trafficking statement.
(11) The duties imposed on commercial organisations by this section are enforceable by the Secretary of State bringing civil proceedings in the High Court for an injunction or, in Scotland, for specific performance of a statutory duty under section 45 of the Court of Session Act 1988.
(12) For the purposes of this section—"commercial organisation" means—

(a) a body corporate (wherever incorporated) which carries on a business, or part of a business, in any part of the United Kingdom, or
(b) a partnership (wherever formed) which carries on a business, or part of a business, in any part of the United Kingdom, and for this purpose "business" includes a trade or profession; "partnership" means—

(a) a partnership within the Partnership Act 1890,

(continued)

(b) a limited partnership registered under the Limited Partnerships Act 1907, or
(c) a firm, or an entity of a similar character, formed under the law of a country outside the United Kingdom; "slavery and human trafficking" means—

(a) conduct which constitutes an offence under any of the following—

(i) section 1, 2 or 4 of this Act,
(ii) section 1, 2 or 4 of the Human Trafficking and Exploitation (Criminal Justice and Support for Victims) Act (Northern Ireland) 2015 (c. 2 (N.I.)) (equivalent offences in Northern Ireland),
(iii) section 22 of the Criminal Justice (Scotland) Act 2003 (asp 7) (traffic in prostitution etc),
(iv) section 4 of the Asylum and Immigration (Treatment of Claimants, etc.) Act 2004 (trafficking for exploitation),
(v) section 47 of the Criminal Justice and Licensing (Scotland) Act 2010 (asp 13) (slavery, servitude and forced or compulsory labour), or

(b) conduct which would constitute an offence in a part of the United Kingdom under any of those provisions if the conduct took place in that part of the United Kingdom.

Human Trafficking and Exploitation (Scotland) Act 2015[44]
The Scottish Act does not have a specific requirement for transparency in supply chains but, as mentioned above, companies across the UK devolved nations must comply with s54 of the UK Modern Slavery Act 2015, see s54 (12). The relevant parts of the Scottish Act are set out below.

35 Trafficking and Exploitation Strategy
(1) The Scottish Ministers must prepare a trafficking and exploitation strategy.
(2) A trafficking and exploitation strategy is a strategy which sets out such actions, arrangements and outcomes as the Scottish Ministers consider appropriate in relation to the conduct which constitutes an offence under this Act.
(3) The strategy may in particular set out—

(continued)

[44]Human Trafficking and Exploitation (Scotland) Act 2015.

(a) actions to raise awareness of the conduct which constitutes an offence under this Act,
(b) arrangements to facilitate the detection and prevention of that conduct, and
(c) support and assistance which is, or is to be, available (whether under section 9, 10 or otherwise) to adults or children who are, or appear to be, victims of an offence under this Act.

39 Offences by Bodies Corporate Etc.

(1) Where—

(a) an offence under this Act has been committed by a body corporate or a Scottish partnership or other unincorporated association, and
(b) it is proved that the offence was committed with the consent or connivance of, or was attributable to any neglect on the part of—

(i) a relevant individual, or
(ii) an individual purporting to act in the capacity of a relevant individual, the individual (as well as the body corporate, partnership or, as the case may be, other unincorporated association) commits the offence and is liable to be proceeded against and punished accordingly.

(2) In subsection (1), "relevant individual" means—

(a) in relation to a body corporate—

(i) a director, manager, secretary or other similar officer of the body,
(ii) where the affairs of the body are managed by its members, the members,

(b) in relation to a Scottish partnership, a partner,
(c) in relation to an unincorporated association other than a Scottish partnership, a person who is concerned in the management or control of the association.

Human Trafficking and Exploitation (Criminal Justice and Support for Victims) Act (Northern Ireland) 2015[45]

Northern Ireland does not have a specific requirement for transparency in supply chains.

[45]Human Trafficking and Exploitation (Criminal Justice and Support for Victims) Act (Northern Ireland) 2015.

2.2 *Rules Pertaining to the Law of Contract*

Contract Law in England and Wales

CSR policies can only be enforced in contract law in particular circumstances. The CSR policy must be part of the supply chain or service contract. Privity of contract is the key to determining whether a particular claim may be brought and makes the enforcement of supply chain contracts very difficult. Even if a claim is ripe and justiciable, the ability of a claimant to procure an appropriate remedy is not promising, save for simple termination of the contract. Finally, the perceived breach must be sufficiently related to the terms of the contract that implement CSR policies in order for contract law to be used to raise claims that would be deemed in the interest of CSR, this is particularly true for breaches in transitional economies.

There are four different ways of incorporating the buyer's CSR policies into the supply chain relationship.[46]

1. Including CSR terms and conditions on the buyer's purchase order forms that either directly express the terms of the buyer's CSR policy or a term that makes reference to an accessible CSR policy;
2. The CSR code of conduct can be incorporated into a contract which is not based on standard terms and conditions, but whose terms were expressly negotiated. This can be achieved in two different ways, both of which result in the buyer's code of conduct or CSR policy becoming part of the contract from the moment of formation:

    a. One of the terms will refer to the buyer's code of conduct; or
    b. Express CSR terms are included in the contract.

3. Companies may also 'declare' that their CSR policies are incorporated into their invitations to tender. However, for this 'incorporation' to have any effect in contract law, the policy must also be incorporated into the subsequent contract between the buyer and supplier via the options outlined in (1) and (2).
4. Companies may ask their suppliers to sign up to their code of conduct. This mechanism creates contractual effects only if this signing of the code of conduct makes it a term of the contract.

Notably, the rules on unfair contract terms cannot invalidate the CSR policies included in the buyer's terms and conditions through any of the methods mentioned.[47]

---

[46]Rühmkorf (2015), p. 87. See, also, McCall-Smith and Rühmkorf (2019), pp. 15–45.

[47]Relevant case law includes: Continuing incorporation of the buyer's CSR policy into long-term contractual relationships and informal agreements: *McCutcheon v David MacBrayne Ltd* [1964] 1 All ER 430, [1964] 1 WLR 125, HL—English courts have been willing to incorporate terms into a contract by a prior course of dealing which was both regular and consistent. This incorporation is also possible in verbal contracts when the parties previously had regular contractual relationships. For a specific clause to be implied into the verbal agreement there is a need for it to have been

Remedies for Breach of CSR Terms

In line with standard contract law, if a condition is broken, the breach is generally considered as repudiatory and the non-breaching party has the option of either terminating the contract for the future and to obtain damages for any loss suffered or affirming it and to recover damages for the breach. According to s61 of the Sale of Goods Act 1979, a warranty is a lesser, subsidiary term of the contract. A breach of a warranty is not a repudiatory breach and the non-breaching party can only obtain damages, but not terminate or affirm.[48] Between these two types are innominate terms (also called 'intermediate terms'). In *Hong Kong Fir Shipping Co Ltd v Kawasaki Kisen Kaisha Ltd*[49] the Court considered the breach of innominate contractual terms given that they can be broken in a way that is so fundamental that it undermines the whole purpose of the contract or in a way that is rather trivial, rendering damages an adequate remedy.[50] The assessment of the question of whether a breach of an innominate term gives rise to repudiation depends on the issue whether or not the nature of the breach deprives the non-breaching party of substantially the whole benefit of the contract.[51]

Specific performance is another remedy that could promote CSR. However, this is highly contingent on the nature of the breach and specific performance is rarely the determined remedy in English law. *Beswick v Beswick*[52] held that specific performance could be awarded upon the basis of appropriateness rather than as a supplementary remedy. However, it is the duty of the non-breaching party to demonstrate that damages would be an inadequate remedy.[53]

As it stands, the intended beneficiaries of the CSR policies are left without a right of action and the enforcement is left to the companies themselves. The purpose of the Contracts (Rights of Third Parties) Act 1999 to promote the position of third parties is therefore effectively contradicted.

---

included in several previous contracts and the party which asks the courts to imply this specific clause would need to provide documentation that the clause had been incorporated into previous contracts. *Hollier v Rambler Motors (A.M.C.) Ltd* [1972] 2 Q.B. 71; [1972] 1 All ER 399. The court held that past dealings on three or four occasions over a period of five years is not sufficient to imply a term into a contract by course of dealing between the parties. This case is to be contrasted with the interpretation of 'regular' in *Henry Kendall Ltd v William Lillico Ltd* [1962] 2 AC 31 in which the House of Lords considered three or four dealings per month over a period of about three years as sufficient, which amounted to about a hundred contracts over this period. The threshold of what is 'regular' will be somewhere between these two cases.

[48]Poole (2012), p. 8.5.5.

[49][1962] 2 QB 26.

[50]McKendrick (2010), p. 783.

[51]Poole (2012), pp. 301–312.

[52]*Beswick v Beswick* [1968] AC 58.

[53]Poole (2012), p. 407. However, the more recent decision of the House of Lords in *Co-operative Ins. Society Ltd v Argyll Stores Ltd* [1998] A.C.1 arguably indicates a return to a more restrictive approach of the courts to the granting of specific performance as a remedy.

2.3 *Rules Pertaining to Criminal Law*[54]

The Corporate Manslaughter and Homicide Act 2007 (applicable in England & Wales, Scotland and Northern Ireland)[55] provides that certain acts may trigger criminal liability for corporate actors. See, inter alia, *R. v Cotswold Geotechnical Holdings Ltd*[56] *and R. v Cornish (Errol).*[57] These were the only examples that we could locate.

In the absence of legislation which expressly creates criminal liability for companies, corporate liability may be established by vicarious liability for the acts of a company's employees/agents. This has some limited application at common law e.g. in relation to public nuisance. Statutes frequently impose liability on companies. This is quite common for offences under the Road Traffic Act 1988. Many statutory/regulatory offences impose liability upon employers (corporate and individuals) to ensure compliance with the relevant regulatory legislation. A corporate employer is vicariously liable for the acts of its employees and agents where a natural person would be similarly liable (*Mousell Bros Ltd v London and North Western Railway Co [1917] 2 KB 836*). Normally vicarious liability will arise from offences of strict liability. These are offences which do not require intention, recklessness, or even negligence as to one or more elements in the actus reus. For example, all traffic offences carry strict liability unless they expressly require fault. If an offence of strict liability is committed by an employee of a company in the course of his employment, the company may also be criminally liable. It is likely that any corporate prosecution will be linked to the prosecution of a controlling officer and/or other employees. Non-vicarious liability may also arise from the so-called 'identification principle'. The identification principle determines whether the offender was a directing mind and will of the company. It applies to all types of offences, including those which require mens rea. *Lennards Carrying Co and Asiatic Petroleum [1915] AC 705, Bolton Engineering Co v Graham [1957] 1 QB 159 (per Denning LJ) and R v Andrews Weatherfoil 56 C App R 31 CA.* The leading case of *Tesco Supermarkets Ltd v Nattrass [1972] AC 153* restricts the application of this principle to the actions of the Board of Directors, the Managing Director and perhaps other superior officers who carry out functions of management and speak and act as the company. This principle acknowledges the existence of corporate officers who are the embodiment of the company when acting in its business. Their acts and states of mind are deemed to be those of the company and they are deemed to be 'controlling officers' of the company. Criminal acts by such officers will not only be offences for which they

---

[54]Note of the editors: the initial questionnaire was shared with this title (rules pertaining to criminal law); however, it was later corrected to address torts.

[55]Corporate Manslaughter and Homicide Act 2007 (applicable in England & Wales, Scotland and Northern Ireland).

[56]*Court of Appeal* (Criminal Division), 11 May 2011 [2011] EWCA Crim 1337; [2012] 1 Cr. App. R. (S.) 26.

[57][2016] EWHC 779 (QB); [2016] Crim. L.R. 560.

can be prosecuted as individuals, but also offences for which the company can be prosecuted because of their status within the company. A company may be liable for the act of its servant even though that act was done in fraud of the company itself, *Moore v I. Bressler Ltd [1944] 2 All ER 515*. In seeking to identify the 'directing mind' of a company, prosecutors will need to consider the constitution of the company concerned (with the aid of memoranda/articles of association/actions of directors or the company in general meeting) and consider any reference in statutes to offences committed by officers of a company. Certain regulatory offences may require a more purposive interpretation in addition to the primary rules of attribution. In these types of offences, corporate liability may be determined by the construction of a particular statute, irrespective of the 'directing mind' principle. (See the approach of the Privy Council in *Meridian Global Funds Management Asia Ltd v Securities Commission [1995] 2 AC 500 PC)* and in relation to offences under The Health and Safety at Work etc Act 1974 see *R v British Steel plc [1995] 1 W.L.R 1356.*

2.4 *Do CSR Rules Fall Under Public Policy or Are They Characterised as Mandatory Rules?*

CSR is not explicitly regulated by law. As such, CSR rules are voluntary and not characterised as mandatory rules. The government places strong emphasis on the voluntary nature of CSR in its communications. Where rules of a CSR nature are 'implied' in the law, such as in s172 Companies Act, they must be followed. However, the literature shows that when it comes to enforcing CSR, these rules lack teeth. With regard to contract law, parties are generally free to agree to what they want, including CSR. To what extent CSR is enforceable depends on the type of contractual clause it is in the contract (condition, term, etc.).[58] That is, currently, the voluntary nature of CSR rules prevents their characterisation as mandatory rules and makes very difficult for them to reach the public policy threshold.

3 Alternative Methods of Dispute Resolution

3.1 *Does Your Country Allow Disputes Concerning CSR to Be Submitted to* (More Than One Answer Is Possible)*:*

Arbitration	YES
Mediation	YES

(continued)

[58]See McCall-Smith and Rühmkorf (2018).

Conciliation	YES
An OECD National Contact Point	YES
Another alternative method (in which case, please specify)	NO

3.2 *Please Explain the Above Answers*

Arbitration, Mediation and Conciliation

Alternative methods of dispute resolution are used quite extensively in the UK.[59] Notably London enjoys a well-established worldwide reputation as a seat of arbitration for international commercial disputes.[60] Mediation has also been growing in the recent years,[61] with many institutions providing arbitration services also offering mediation and conciliation services as well as other types of alternative methods of dispute resolution (i.e. dispute boards for construction disputes). In principle CSR disputes are not excluded from the types of dispute that can be submitted to alternative dispute resolution.

In relation to arbitration the relevant normative frameworks are: in England and Wales, the English Arbitration Act 1996; in Scotland, the Arbitration (Scotland) Act 2010. In turn, when it comes to mediation, note the Cross-Border Mediation (Scotland) Regulations 2011 (SI 234/2011) and the Cross-Border Mediation (EU Directive) Regulations 2011 (SI 1133/2011): Part 1 of the latter Regulations, extends to the whole of the United Kingdom; Part 2 of the latter Regulations (Mediation Evidence) extends to England and Wales only. The latter Regulations are the transposition of Directive 2008/52/EC of the European Parliament and of the Council of 21 May 2008 on certain aspects of mediation in civil and commercial matters.

Furthermore, the NCP of the United Kingdom together with the NCPs of the Netherlands and Norway have sponsored a Mediation Manual by the Consensus Building Institute that specifies whether, when and how NCPs could use mediation and other alternative dispute resolution mechanisms to resolve claims. NCP mediation is one of the mechanisms that can be provided as a result of a complaint started at the NCP (see further below). As compared to mediation proceedings more generally, NCP's mediation are conducted by experts in the areas of international trade and investment, which confers on them professional credibility in the eyes of the disputing parties.[62] Parties who engage in NCP mediation are more likely to develop an agreement based on the OECD Guidelines than mediation processes

[59]Keith (2015), pp. 10–12.

[60]St John Sutton (1982), p. 178; but see also, Mcilwrath (2016), pp. 451–62.

[61]Koo (2018), pp. 666–683.

[62]The Consensus Building Institute (2012) NCP Mediation Manual. https://www.responsiblebusiness.no/ansvarlignaringsliv-no/files/2015/10/NCP_mediation_manual.pdf.

conducted outside NCP claims; this gives NCP's mediation a particular distinctiveness as the Guidelines hold corporations to a high performance standard. Furthermore, if the disputing parties are unable to reach an agreement during the mediation, the NCP in its Final Statement can make recommendations as appropriate, on the implementation of the Guidelines. This represents a unique recourse for parties who cannot reach an agreement through mediation; in most other types of mediation, the alternative recourse is court proceedings, usually lengthy and costly, which mostly fail to engage with the full scope of the parties' interests. Even though an NCP Final Statement does not preclude legal action, it offers an alternative that may be of interest to the parties in the event that they cannot reach an agreement.[63]

The UK NCP draws on a pre-established panel of external professional mediators. The mediator must possess certain essential mediation skills—or core competencies—that are crucial to informal problem solving.

OECD National Contact Point

Any interested party can file a complaint with the UK NPC if in the party's opinion a company is breaching the OECD guidelines, as discussed in Sect. 2 above.[64] The guidelines are recommendations for responsible business conduct that adhering governments encourage their enterprises to observe wherever they operate. To raise a complaint with the UK NCP, the interested party should: (a) Identify which parts of the OECD guidelines may have been breached—please note that the updated version of the guidelines was endorsed by the OECD on 25 May 2011 and applied by the UK NCP with effect from 1 September 2011.[65] (b) Prepare the complaint and relevant supporting material on the basis of the UK NCP's guidance on bringing a complaint under the OECD guidelines for multinational enterprises. Furthermore, if the complaint includes issues relating to a company's due diligence, it might also be useful for the interested party to review the OECD Guidelines for Multinational Enterprises: due diligence obligations—additional guidance.[66] This document sets out the stages and timing of the complaint process followed by the UK NCP.[67] It explains what the NCP will do to decide whether to accept a case brought under the

[63]Ibid.

[64]See https://www.gov.uk/guidance/uk-national-contact-point-for-the-organisation-for-economic-co-operation-and-development-oecd-guidelines-for-multinational-enterprises.

[65]OECD (2011) OECD Guidelines for Multinational Enterprises. http://www.oecd.org/investment/mne/48004323.pdf.

[66]OECD (2018) OECD Due Diligence Guidance for Responsible Business Conduct. https://mneguidelines.oecd.org/OECD-Due-Diligence-Guidance-for-Responsible-Business-Conduct.pdf. See also: Department for Business, Innovation & Skills (2014) UK National Contact Point procedures for dealing with complaints brought under the OECD guidelines for multinational enterprises. https://assets.publishing.service.gov.uk/government/uploads/system/uploads/attachment_data/file/270577/bis-14-518-procedural-guidance.pdf.

[67]Department for Business, Innovation & Skills, Department for International Development updated 14 January 2011 (2008) Bringing a Complaint under the OECD Guidelines for Multinational Enterprises. https://assets.publishing.service.gov.uk/government/uploads/system/uploads/attachment_data/file/31723/11-650-bringing-a-complaint-form-oecd-guidelines.pdf.

guidelines, how the mediation process works, the examination process should this prove necessary, and publication of the NCP's decision.[68] See Sect. 2 above on complaints filed with the UK NCP.

4 Jurisdiction

4.1 Where the Dispute Must Be Submitted to a Court in Your Country, Which Court Has Jurisdiction?

The UK has overlapping jurisdictions due to various levels of devolution in Scotland, Wales and Northern Ireland. The following outlines the different rules for determination of jurisdiction in each of the distinct legal systems.

England and Wales
Four different sets of rules govern the jurisdiction of the English courts. The first is the Brussels regime, comprising the Brussels I Regulation (Regulation 44/2001) regulating proceedings instituted in the courts of Member States of the EU, including Denmark, before 10 January 2015, and the Brussels I *bis* Regulation (also known as the Brussels I Recast) (Regulation 1215/2012) regulating proceedings instituted in the courts of Member States of the EU on or after 10 January 2015. The second is the Lugano Convention, between the member states of the EU and European Free Trade Association (EFTA) that applies between the EU member states and Iceland, Norway and Switzerland. The third is the Intra-UK regime, which is another variant of the European rules, based on Ch. II of the Brussels regime, allocating jurisdiction as between different parts of the UK. The fourth set is made up of the English traditional rules of jurisdiction, developed by the judges and now to be found in the Civil Procedure Rules. In civil and commercial matters, that is, within the scope of application of the European regime in this context, the technical basis on which the English courts apply the traditional rules is art.6 of the Brussels I *bis* Regulation, which allows national law to apply in cases not caught by the other provisions of the Regulation.[69] In modern times, service out of the jurisdiction, based on the English traditional rules of jurisdiction is considered to be an essential feature of international litigation in the English courts. If the English traditional rules are applicable the exercise of jurisdiction in relation to a defendant that is located out of the jurisdiction is discretionary and permission to serve out of the jurisdiction must be sought based on the heads of jurisdiction provided for in paragraph 3.1. of Practice Direction 6B.[70]

---

[68] https://www.gov.uk/guidance/uk-national-contact-point-for-the-organisation-for-economic-co-operation-and-development-oecd-guidelines-for-multinational-enterprises.

[69] See generally, McClean and Ruiz Abou-Nigm (2016), chapters 4–7.

[70] *Ibid*, ch 7.

Scotland

The Brussels I Regulations and the Lugano Convention of 2007 are also directly applicable in Scots law. And the provisions of Schedule 4 to the 1982 Act apply in the same fashion in England and Wales, Scotland and Northern Ireland, that is, Schedule 4 applies where the subject-matter of the action is within the scope of the Regulation (art 1) *and* the defendant is domiciled in the UK (or the UK courts have exclusive jurisdiction). Schedule 4 allocates jurisdiction to the courts of the appropriate 'part' (i.e. legal system) of the UK. There are certain matters excluded from scope of Schedule 4: see 1982 Act, s. 17 and Sch 5. Schedule 4 is modeled on the Regulation: the basic rule is that where a person is domiciled in a 'part' of the UK, action against that person must be raised in the courts for that 'part' unless Schedule 4 otherwise provides (1982 Act, Sch 4, arts 2, 3)). Furthermore, Schedule 8 to the 1982 Act contains the residual rules on the jurisdiction of the Scottish courts. Schedule 8 applies where the defender is domiciled in Scotland or in a non-EU/ Lugano Convention State; or the subject-matter of the action is outwith the scope of the Regulation or the Convention. The scope of Schedule 8 is very wide: all matters of civil jurisdiction except what is excluded by Schedule 9 or by statutory-based jurisdictions. Schedule 8 is in general terms modelled on the Brussels Regulation but there are a large number of additional grounds of jurisdiction.

The Forum of the Defendant

Article 4 of the Brussels I *bis* Regulation stipulates that persons who are domiciled in a Member State shall, whatever their nationality, be sued in the courts of that Member State. Domicile for a company is defined by Article 63(1) of the Regulation as the place where the company has its statutory seat, its central administration or its principal place of business. In Article 63(2) it is clarified that in the UK statutory seat means the place where the company has its registered office or, where there is no such office, the place of incorporation or, where is no such place anywhere, the place under the law of which the formation took place. This rule means that companies incorporated in the UK and/or companies that are effectively run from the UK are to be sued in UK courts. As a consequence of this rule, a foreign subsidiary of a UK transnational corporation will usually not satisfy these requirements and can, therefore, not be sued in English courts based on domicile as a connecting factor. The legal regime established by the Brussels Regulation therefore means that companies that are domiciled in the UK can be sued here, even for conduct that they have done elsewhere.[71] In the context of corporate groups consisting of parent companies and their subsidiaries, it is important to note that there is no group liability within corporate groups in English law.[72] This means that a transnational parent company based in the UK is not legally liable for the tort liabilities of its subsidiaries, no matter if these are based in the UK or abroad. In the case *Adams v Cape Industries plc*, the Court of Appeal rejected the idea of vicarious liability of parent companies for their

[71]McCall-Smith and Rühmkorf (2018).

[72]See *Adams v Cape Industries plc* [1990] BCLC 479.

subsidiaries.[73] It dismissed the idea of a single economic unit between the different companies in the group, even in case of a wholly-owned subsidiary. The consequence of this approach is that the TNC as the parent company will not be vicariously liable for the torts committed by its subsidiaries. English law strictly treats parent and subsidiary companies as separate legal entities. The parent company is therefore effectively protected from liability. The only way to make the parent company legally liable in tort law is to establish that it has itself breached a duty of care that it directly owed to the employees of its subsidiaries.

The Forum of One of the Defendants, with All the Potential Defendants Being Added

Where the defendant is one of a number of defendants, it is possible to sue them in the courts of the place where any one of them is domiciled provided the claims are so closely connected that it is expedient to hear and determine together to avoid the risk of irreconcilable judgments resulting from separate proceedings (Brussels I *bis*, art 8 (1)). This centralisation of jurisdiction does not extend to co-defenders who are not domiciled in the EU in cases where they are sued in proceedings brought against several defendants some of whom are domiciled in the EU.

The Contractual Forum

Parties also have the option of arranging through their contractual relationship which court shall have jurisdiction if a dispute arises, unless the subject-matter of the dispute relates falls within the categories of exclusive jurisdiction. Choice of court agreements are recognised and enforced under the Brussels regime (art 25 of the Brussels I *bis* Regulation).

The Forum of the Damage

The Brussels regime also provides for special jurisdiction in art 7.2 of the Brussels I *bis* Regulation in matters relating to tort, delict or quasi-delict, in the courts for the place 'where the harmful event occurred or may occur'. In the context of the English traditional rules of jurisdiction, it is possible to seek authorization to serve a defendant outside the jurisdiction based on a tortious *claim where* (a) *damage was sustained within the jurisdiction; or* (b) *the damage sustained resulted from an act committed within the jurisdiction.*[74] Differently from the European regime, if there are alternative causes of action in contract and tort on the same facts, the claimant may choose to rely on either the bases in contract or these bases in tort.

Other

Other bases of jurisdiction in the English traditional rules of jurisdiction that may be relevant in the CSR scenario are (a) if claim is made in respect of contract (i) made in

---

[73] *Ibid.* See further McCall-Smith and Rühmkorf (2018).

[74] Civil Procedure Rules, r.6.36 and Practice Direction 6B, para.3.1(9). The practice direction can be found at https://www.justice.gov.uk/courts/procedure-rules/civil/rules/part06/pd_part06b. As to the scope of this sub-head see *Fern Computer Consultancy Ltd v Intergraph Cadworx & Analysis Solutions Inc* [2014] EWHC 2908 (Ch.); [2014] Bus. L.R. 1397. Case 21/76 *Bier BV v Mines de Potasse d'Alsace SA* [1978] Q.B. 708.

England or (ii) made by or through an agent trading or residing in England or (iii) governed by English law or (iv) contains a term to the effect that the court shall have jurisdiction to determine any claim in respect of the contract. The latter refers to choice of court agreements, but the other 'contract-related' gateways in the CPR[75] are broader than the jurisdictional ground for contractual matters in the Brussels regime.

4.2 If Judicial Rulings Have Already Been Given in Your Country on Breaches of CSR, Please Give Summaries of Those Decisions and Provide Detailed References

In April 2019, the UK Supreme Court delivered a landmark decision on jurisdiction issues in this context in *Vedanta Resources Plc v Lungowe* dismissing the appeal and thereby confirming that a claim brought by 1,826 Zambians against the UK-based Vedanta and its Zambian subsidiary can proceed to trial in the English courts.[76] The case was on appeal from the English Court of Appeal in *Lungowe v Vedanta Resources plc*[77] which confirmed the possibility of bringing proceedings in England against English-based multinationals for their overseas activities. In 2015, Zambian villagers commenced proceedings against Vedanta, an English domiciled mining corporation, and its indirect Zambian subsidiary, KCM, alleging responsibility of both companies for the environmental pollution arising out of the operation in Zambia of the Nchanga Copper Mine by KCM. In 2016, the High Court allowed claims against both companies to be heard in England. The judgment considered that there was an arguable claim against the English domiciled corporation for breach of duty of care in relation to its overseas operations and that the jurisdiction over the parent company also established jurisdiction of the English courts over the subsidiary even if the factual basis of the case occurred almost exclusively in Zambia. The decision was upheld by the Court of Appeal. Jurisdiction against the English domiciled company was based on Art 4 of the Brussels I *bis* Regulation, whereas KCM as a foreign defendant was brought into proceedings on the basis of a 'necessary or proper party' gateway under the English traditional rules of jurisdiction. These gateways allow service out of the jurisdiction in cases where (1) there is a real issue reasonable for the court to try; (2) there is a good arguable base that the claim falls within one of the bases of jurisdiction provided in the CPR rules; and (3) England is the appropriate forum for the dispute.

[75]Civil Procedure Rules Practice Direction 6B paragraph 3.1. The practice direction can be found at https://www.justice.gov.uk/courts/procedure-rules/civil/rules/part06/pd_part06b#3.1.

[76]*Vedanta Resources Plc and Konkola Copper Mines Plc (Appellants) v Lungowe and Ors.* (Respondents) [2019] UKSC 20. On appeal from [2017] EWCA Civ 1528, confirming the first instance decision [2016] EWHC (TCC).

[77][2017] EWCA Civ 1528, confirming the first instance decision [2016] EWHC (TCC).

In the leading judgment of the Court of Appeal, Lord Justice Simon, relying on several well-known English cases derived basic principles for the imposition of a duty of care on the parent company: (1) First, the three-part test of foreseeability, proximity and reasonableness set out in *Caparo Industries Plc v Dickman*,[78] namely that: (i) the damage should be foreseeable; (ii) there should exist between the party owing the duty and the party to whom it is owed a relationship of proximity or neighbourhood; and (iii) the situation should be one in which it is 'fair, just and reasonable' to impose a duty of a given scope upon the one party for the benefit of the other; (2) a duty of care may be owed, in appropriate circumstances, to the employees of the parent company and those directly affected by the subsidiary's operations; (3) such a duty of care arises when the parent company has taken direct responsibility for devising a material health and safety policy the adequacy of which is the subject of the claim, or controls the operations which give rise to the claim; (4) some of the circumstances in which the existence of the duty of care may, or may not, be established can be traced in *Chandler v Cape Plc*[79]; (5) proving that parent company and the subsidiary run the same business is not sufficient; (6) the evidence sufficient to establish the duty may not be available at the early stages of the case. Following these principles, the Court of Appeal concluded that the claim against Vedanta could not be dismissed. Lord Briggs, delivering the UK Supreme Court's unanimous decision, however, expressed that

> . . .the liability of parent companies in relation to the activities of their subsidiaries is not, of itself, a distinct category of liability in common law negligence. Direct or indirect ownership by one company of all or a majority of the shares of another company (which is the irreducible essence of a parent/subsidiary relationship) may enable the parent to take control of the management of the operations of the business or of land owned by the subsidiary, but it does not impose any duty upon the parent to do so, whether owed to the subsidiary or, a fortiori, to anyone else. Everything depends on the extent to which, and the way in which, the parent availed itself of the opportunity to take over, intervene in, control, supervise or advise the management of the relevant operations (including land use) of the subsidiary. All that the existence of a parent subsidiary relationship demonstrates is that the parent had such an opportunity.[80]

The 2019 decision marked a clear shift in the ability of foreign claimants to raise a cause of action in England against the parent company of the direct tortfeasor for harm that took place overseas. The real issue on appeal was, as noted by the Court, 'all (and only) about jurisdiction'—the jurisdiction of English courts to hear claims against Vedanta and its subsidiary KMC, over which it exercises ultimate control, despite the substantial argument on facts presented in the process.[81] In delivering the opinion for the Court, Lord Briggs noted at the outset that the Brussels I *bis* Regulation, article 4.1 established a clear entry point for jurisdiction against the

[78] *Caparo Industries Plc v Dickman* [1990] 2 AC 605.

[79] [2012] EWCA Civ 525; [2012] 1 W.L.R. 3111; [2012] 3 All E.R. 640.

[80] *Vedanta Resources Plc and Konkola Copper Mines Plc (Appellants) v Lungowe and Ors.* (Respondents) [2019] UKSC 20, para 49.

[81] *Ibid.*, paras 2, 4.

anchor defendant Vedanta based on its domicile in the UK.[82] Against KCM jurisdiction depended upon the 'necessary or proper party gateway' found in the English traditional rules of jurisdiction,[83] that come into place pursuant to article 6.1 of the Brussels I *bis* Regulation, as determinative of the jurisdiction of the English courts against a defendant, like KCM, not domiciled in a EU member state.

The main issues on appeal were (1) whether there was abuse of EU jurisdictional rules; (2) whether there was a real issue as against Vedanta; (3) whether England was the natural forum for the dispute; and (4) if the answer was negative to the latter, whether the it was possible to obtain substantial justice in the alternative forum.[84] As to the first issue, considering the rationale of the Court of Justice in *Owusu v Jackson*, the UK Supreme Court judgment decided it was proper "to temper the rigour of the need to avoid irreconcilable judgments which has, thus far, served to disable the English court from concluding that any jurisdiction other than its own is the *forum conveniens* or proper place for the litigation of the claim against the foreign defendant"[85]... "where the anchor defendant is prepared to submit to the jurisdiction of the domicile of the foreign defendant in a case where, as here, the foreign jurisdiction would plainly be the proper place, leaving aside the risk of irreconcilable judgments."[86] In relation to the second issue the UK Supreme Court judgment confirmed that the lower courts decisions were not vitiated by any errors of law, and that there was a demonstrable sufficient level of intervention by Vedanta in KMC's activities to warrant a determination on this question of fact.[87]

In relation to England as the natural forum or the proper place for the dispute, Lord Briggs found this the most difficult issue in the appeal.[88] As noted previously in section 12 of this chapter when the English traditional rules are applicable, the exercise of jurisdiction in relation to a defendant that is located out of the jurisdiction is discretionary and permission to serve out of the jurisdiction must be sought based on the heads of jurisdiction provided for in paragraph 3.1 of Practice Direction 6B. Furthermore CPR 6.37(3) provides that: "The court will not give permission [to serve the claim form out of the jurisdiction] unless satisfied that England and Wales is *the proper place in which to bring the claim*." Engaging with the well-known principles of *forum conveniens* in English law as set out in *Spiliada* and followed by subsequent cases, Lord Briggs agreed with the assessment of "the connecting factors with Zambia which led the judge to the conclusion that, putting

[82] *Ibid.*, para 4, citing Recast Brussels Regulation (Regulation (EU) 1215/2012 on Jurisdiction and the Recognition and Enforcement of Judgments in Civil and Commercial Matters.

[83] Part 6 Practice Direction B para 3.1. The practice direction can be found at https://www.justice.gov.uk/courts/procedure-rules/civil/rules/part06/pd_part06b#3.1.

[84] *Vedanta Resources Plc and Konkola Copper Mines Plc (Appellants) v Lungowe and Ors.* (Respondents) [2019] UKSC 20, para 21.

[85] *Ibid.*, para 40.

[86] *Ibid.*, para 40.

[87] *Ibid.*, paras 60–62.

[88] *Ibid.*, para 40, paras 66 ff.

aside the risk of irreconcilable judgments, Zambia was overwhelmingly the proper place for the claim to be tried"[89]. . .asserting that the connecting factors with Zambia identified by the judge were equally applicable to the case as a whole (i.e. as against KCM and Vedanta).[90] Clearly and crucially, Lord Briggs stated: "If substantial justice was available to the parties in Zambia as it is in England, it would offend the common sense of all reasonable observers to think that the proper place for this litigation to be conducted was England, if the risk of irreconcilable judgments arose purely from the claimants' choice to proceed against one of the defendants in England rather than, as is available to them, against both of them in Zambia. For those reasons I would have concluded that the claimants had failed to demonstrate that England is the proper place for the trial of their claims against these defendants, having regard to the interests of the parties and the ends of justice." Hence, the jurisdictional issue was ultimately decided on the point of the availability of substantial justice in the alternative forum. In relation to this final and essential issue, Lord Briggs concluded that "the judge did not misdirect himself in law in any of the respects contended for by the appellants is sufficient to dispose of this issue since, otherwise, the appellants' case in relation to it is no more or less than a challenge to judicial fact-finding."[91] The judge had expressed on this point his awareness in the need to exercise restraint and due respect to the principle of comity, in the following terms: "I am conscious that some of the foregoing paragraphs could be seen as a criticism of the Zambian legal system. I might even be accused of colonial condescension. But that is not the intention or purpose of this part of the judgment. I am not being asked to review the Zambian legal system. I simply have to reach a conclusion on a specific issue, based on the evidence before me. And it seems to me that, doing my best to assess that evidence, I am bound to conclude ... that the claimants would almost certainly not get access to justice if these claims were pursued in Zambia."[92]

The decision in *Vedanta* should be compared to the earlier decision of the High Court in *Okpabi v Shell*.[93] Lord Justice Fraser, sitting as a judge in the Technology and Construction Court, ruled that a claim against English-based parent company and the Nigerian subsidiary of the Shell group for oil pollution in Nigeria will not proceed in the English courts. In this case, the English courts considered the circumstances in which a parent company could be liable for the acts and/or omissions of its subsidiary. Proceedings were brought against Royal Dutch Shell plc (RDS), the ultimate holding company of the Shell Group, and its operating subsidiary, Shell Petroleum Development Company of Nigeria Ltd (SPDC). The claimants were seeking damages arising as a result of on-going pollution and environmental damage caused by oil spills emanating from the defendants' oil pipelines and associated infrastructure in Nigeria. The defendants argued that the

[89] *Ibid.*, para 40, para 85.
[90] *Ibid.*
[91] *Ibid.*, para 40, para 98.
[92] *Ibid.*, para 198.
[93] *Okpabi v Royal Dutch Shell plc* [2017] EWHC 89 (TCC), [2017] Bus. L.R. 1335.

English courts did not have jurisdiction to hear the case and that the approach of bringing a claim against the parent company was an abuse of process by the claimants as the claims had no connection with England other than the existence of the parent company. A central issue in the case was therefore whether the parent company could be liable in tort for the acts and omissions of its subsidiary. The judge considered a number of previous cases on this issue and said that the starting point was also the three-fold test set out in *Caparo Industries Plc v Dickman,*[94] as referred to above.

Fraser J stated that when approaching the four factors identified in *Chandler v Cape* as indicating the existence of a duty of care, a two-fold approach should be taken: firstly, was the parent company better placed, because of its superior knowledge or expertise than the subsidiary in respect of the harm; if so, was it fair to infer that the subsidiary would rely upon the parent deploying its superior knowledge in order to avoid the harm. Although the factors in *Chandler v Cape* were non-exhaustive, the presence of some, or all, of those factors, would bring any particular case more closely within the scope of a duty of care owed by a parent company. In that case Fraser J concluded that it was not reasonably arguable that there was a duty of care upon RDS for the acts and/or omissions of its operating subsidiary, SPDC. Fraser J therefore concluded that the claims against both RDS and SPDC would fail and should not be allowed to proceed in the English courts. Following an appeal by the Nigerian claimants, the Court of Appeal dismissed the case, reasoning that England was not the appropriate jurisdiction to hear the claims against Shell.[95] It was determined that Shell did not owe a duty of care where the company ensured mandatory policies, processes and practices were in place through a global human rights policy that was implemented solely through subsidiary company, SPDC. This is distinguishable from the *Vedanta* decision based on the extent to which the UK parent corporation exercises ultimate control.[96]

4.3 Are There Other Aspects of Jurisdictional Competence Specific to Your Country That You Would Like to Point Out in Order to Help Us Better Understand Your Answers?

Following from the answer given to Sect. 5 above, the existence of three separate jurisdictions in the UK directly affects the answers to the previous questions. As explained above there are different sets of jurisdictional rules governing issues of

[94] *Caparo Industries Plc v Dickman* [1990] 2 AC 605.

[95] *Okpabi v Royal Dutch Shell plc* [2018] EWCA Civ 191, 14 February 2018, Sales LJ dissenting.

[96] *Vedanta Resources Plc and Konkola Copper Mines Plc (Appellants) v Lungowe and Ors.* (Respondents) [2019] UKSC 20, para 2 demonstrates that Vedanta exercised ultimate control, though this is a question of fact to be determined.

jurisdiction in England and Wales, Scotland and Northern Ireland. Some of these sets of rules apply in all of them, as the Brussels regime and the Lugano Convention, others are dramatically different, such as the English traditional rules of jurisdiction when compared to Schedule 8 of the 1982 Civil Jurisdiction and Judgments Act applicable as the Scottish internal rules of jurisdiction. Moreover, since the coming into force of the Brussels regime, a new Schedule 4 has been introduced to the CJJA for the intra-UK rules of jurisdiction.[97] This is modelled upon but is not identical with, the provisions of the Regulation.

5 Applicable Law

5.1 What Is the Law Applicable to Rules Relating to Corporate Structure? In Other Words, How Is the lex societatis *Determined?*

The incorporation doctrine applies. According to Companies Act 2006, applicable in all three legal systems in the UK, the country of domicile of a corporation is the country of its incorporation. Hence, a company formed under the Companies Act has an English domicile if it is registered in England and a Scottish domicile if it is registered in Scotland. Under the common law of Scotland the domicile of a company is simply the place where it is formed, in the case of a registered company, the place of its registration and formal incorporation. "A company's domicile is created by registration; it is, so to say, born in Scotland and, however widespread its activities and contacts with other legal systems in the days of its vigour, to Scotland it must come to be laid to rest when its days are done, and according to Scots law its affairs should be wound up."[98]

A company, of course, may be imputed a domicile for special purposes in a place other than that of its place of incorporation. For the purposes of jurisdiction, for example, the Civil Jurisdiction and Judgments Act 1982 equates the domicile of a company with its "seat" for the purposes of the Brussels I *bis* Regulation as referred to above.

[97]The Civil Jurisdiction and Judgements Order 2001, Sch. 2, para 4.

[98]*Carsey v Coppe*, 1951 SC 233 at 243–244.

5.2 What Is the Law Applicable to Rules Belonging to the Law of Contract?

The common law rules on choice of law in contract have, for the most part, been superseded by the Rome I Regulation on the Law Applicable to Contractual Obligations. Party autonomy is the main rule therein. Art. 3 (1) Rome I declares that the autonomy of the parties shall prevail. There is no requirement that the chosen law need have any real connection with the parties or the subject matter of their contract. To the extent that the law applicable to the contract has not been chosen in accordance with Article 3 and without prejudice to Articles 5 to 8, the law governing the contract shall be determined as follows: "(a) a contract for the sale of goods shall be governed by the law of the country where the seller has his habitual residence; (b) a contract for the provision of services shall be governed by the law of the country where the service provider has his habitual residence; (c) a contract relating to a right in rem in immovable property or to a tenancy of immovable property shall be governed by the law of the country where the property is situated; (d) notwithstanding point (c), a tenancy of immovable property concluded for temporary private use for a period of no more than six consecutive months shall be governed by the law of the country where the landlord has his habitual residence, provided that the tenant is a natural person and has his habitual residence in the same country; (e) a franchise contract shall be governed by the law of the country where the franchisee has his habitual residence; (f) a distribution contract shall be governed by the law of the country where the distributor has his habitual residence; (g) a contract for the sale of goods by auction shall be governed by the law of the country where the auction takes place, if such a place can be determined; (h) a contract concluded within a multilateral system which brings together or facilitates the bringing together of multiple third-party buying and selling interests in financial instruments, as defined by art.4(1), point (17) of Directive 2004/39/EC, in accordance with non-discretionary rules and governed by a single law, shall be governed by that law."[99]

5.3 What Is the Law Applicable to Rules Belonging to Criminal Law?[100]

Generally, in a criminal trial in the different jurisdictions in the United Kingdom, the case will be decided according to the *lex fori*. An exception to this general rule is, for

[99]Article 4 Regulation (EC) No 593/2008 of the European Parliament and of the Council of 17 June 2008 on the law applicable to contractual obligations (Rome I). Available at https://eur-lex.europa.eu/legal-content/EN/TXT/HTML/?uri=CELEX:32008R0593&from=EN.

[100]Note of the editors: the initial questionnaire was shared with this title (rules pertaining to criminal law); however, it was later corrected to address torts.

instance, the crime of treason where the Scottish courts apply the English law of treason. Moreover, there may be issues which depend on civil law and private international law rules on applicable law may be then the relevant ones. For example, it is a defence to a charge of incest that the parties were married at the time of the conduct and the validity of the marriage will always be a question to be determined according to the relevant private international law rules. Note also that Scots criminal law will take account of foreign criminal law in some cases. For example if an accused invokes the rule against double jeopardy he can point to a previous acquittal/conviction on in a trial outwith Scotland.

Another area where a foreign criminal law might be applied in a Scottish case is where there is double criminality (i.e. conduct is criminal under both Scots and non-Scots law). This is a fundamental requirement of extradition law but also occasionally applies to establish criminal liability in a Scottish trial where conduct has taken place outside of Scotland. For example section 55(2) of the Sexual Offences (Scotland) Act 2009 makes it an offence where a UK resident commits certain types of sexual conduct outside the UK which if it had been committed the UK would have been criminal under Scots law and it is an offence under the law of the other country.

5.4 Does Your Country's Case Law Allow Verification of Whether the Applicable Law Is in Conformity with the Rules of International Human Rights Law, the ILO Conventions, or Other Mandatory Rules of International Law? Please Explain

The UK is a 'dualist' State, unlike many continental European countries, which are 'monist'. In dualist states a treaty ratified by the Government does not alter the laws of the state unless and until it is incorporated into national law by legislation. Under the European Communities Act 1972 (ECA) Parliament voluntarily gave effect to the UK's obligations and duties under the former Community and now EU Treaties in national law. The ECA defines the legal relationship between the two otherwise separate spheres of law, and without it EU law could not become part of national law.

Section 2(1) provides:

> All such rights, powers, liabilities, obligations and restrictions from time to time created or arising by or under the Treaties, and all such remedies and procedures from time to time provided for by or under the Treaties, as in accordance with the Treaties are without further enactment to be given legal effect or used in the United Kingdom shall be recognised and available in law, and be enforced, allowed and followed accordingly; and the expression "enforceable EU right" and similar expressions shall be read as referring to one to which this sub-section applies.

The UK has also incorporated the European Convention on Human Rights (ECHR) through the adoption of the 1998 Human Rights Act. Thus, all laws passed through Parliament must be assessed against the obligations set out in the EHCR.

Furthermore, the UK case law affirms that the UK follows customary rules of international law. Otherwise, only rules adopted piecemeal will be capable of enforcement through the legal system.

5.5 Does Your Country's Case Law Allow the Application of Ethical Rules Instead of, or as a Complement to, the Applicable Law? Please Explain

The rapporteurs have been unable to find any case law that would fall under this category.

6 Recognition and Enforcement of Judgments

6.1 Describe the Rules Applicable in Your Country to the Recognition and Enforcement of Foreign Judgments

There are various instruments in place for recognition and enforcement of foreign judgments in the legal systems of the UK. Which set of rules applies depends on which country the foreign judgment stems from (i.e. the country of origin of the foreign decision). It goes beyond the scope of this chapter to describe in detail all these different legal frameworks.[101]

The following paragraphs briefly outline the main differences between the Brussels I *bis* regime and the traditional common law approach to the recognition and enforcement of foreign judgments.

In the Brussels I *bis* Regulation, the general rule is that a court of a Member State in which enforcement is sought may not investigate the jurisdiction of the court in another Member State which gave the judgment: it is for the original court to determine its own jurisdiction and that determination cannot, in general, be questioned in another Member State at the recognition and enforcement stage. Under the Regulation the enforcement procedures apply to all judgments within its scope, whether or not they are against persons domiciled in a Member State and whether or not the original court assumed jurisdiction on a ground set out in the

[101] For a comprehensive, detailed and concise description of these different regimes see McClean and Ruiz Abou-Nigm (2016), chapter 10. See further Collins and Harris (2018), chapters 14 and 15.

Regulation or a ground to be found in its national law.[102] Article 36(1) of the Regulation provides simply that "a judgment given in a Member State shall be recognised in the other Member States without any special procedure being required". Article 37 does contain some minimal requirements: the party wishing to invoke in one Member State a judgment given in another Member State must produce a copy of the judgment "which satisfies the conditions necessary to establish its authenticity" and a certificate setting out basic details about the judgment issued by the court of origin under Article 53. Recognition may be refused on certain limited grounds set out in Article 45. They are as follows: (1) recognition is manifestly contrary to public policy in the Member State addressed. The case-law establishes that this ground is to be relied upon only in exceptional circumstances[103]; the word "manifestly" indicates the high threshold. The Regulation must be interpreted so as to set limits on the use which may be made of national understandings of public policy. In *Krombach v Bamberski* the European Court set the threshold: a manifest breach of a rule of law regarded as essential in the legal order of that state or of a right recognised as being fundamental within that legal order[104]; (2) where the judgment was given in default of appearance, if the defendant was not served with the document which instituted the proceedings or with an equivalent document in sufficient time to enable him to arrange for his defence, unless the defendant failed to commence proceedings to challenge the judgment when it was possible for him to do so; (3) if the judgment is irreconcilable with a judgment given in a dispute between the same parties in the Member State addressed; (4) if the judgment is irreconcilable with an earlier judgment given in another Member State or a third State involving the same cause of action and between the same parties, provided that the earlier judgment fulfils the conditions necessary for its recognition in the Member State addressed; (5) if the judgment conflicts with the provisions of arts 10 to 16 (insurance), 17 to 19 (consumer contracts) or 20 to 23 (individual contracts of employment), where the policy-holder, the insured, the beneficiary of the insurance contract, the consumer or the employee was the defendant; or conflicts with art.24 (exclusive jurisdiction).

The court in which recognition is sought may not review the merits of the judgment[105] or question the jurisdiction of the court which gave the judgment, and may not apply the test of public policy to rules relating to jurisdiction.[106] The court in which enforcement is sought is bound by the findings of fact on which the court of origin based its jurisdiction.[107]

---

[102] *Ibid.*

[103] Case C-78/95 Hendrickman v Magenta Dock & Verlag GmbH [1996] E.C.R. I-4943. For the growing importance of human rights in assessing public policy, see Oster (2015), p. 542.

[104] Case C-7/98 Krombach v Bamberski [2000] E.C.R. I-1935.

[105] Article 52.

[106] Article 45(3).

[107] Article 45(2).

Differently from the European regime, where the judgment was given in a State outside the EU, the recognition and enforcement of foreign judgments in England and Wales rest on common law developments with some statutory interventions. The avenues open to the judgment-creditor are to bring an action on the judgment-debt, or, where the relevant statutes apply, to register the foreign judgment in the High Court. The principles followed by the English courts are largely, but not wholly, the same whichever method is used.[108]

The most fundamental of all requirements for the recognition or enforcement of foreign judgments in England is that the foreign court should have had jurisdiction according to the English rules of the conflict of laws. These are "indirect jurisdiction rules", and there is no reason for them to mirror the ("direct jurisdiction") rules governing the jurisdiction of the English courts.[109] The most usual defence pleaded to an action on a foreign judgment at common law is that the foreign court had no jurisdiction to give the judgment according to the rules of indirect jurisdiction. Several other defences are available. In considering these defences, it should be borne in mind that, unless otherwise stated, they may be pleaded as a defence to an action on the judgment at common law, or used as grounds for refusing to register the judgment under the Administration of Justice Act 1920 or for setting aside the registration of the judgment under the Foreign Judgments (Reciprocal Enforcement) Act 1933.[110] Finally, a foreign judgment can be impeached if its enforcement or recognition in England would be contrary to public policy: but there are very few reported cases in which such a plea has been successful.[111]

6.2 *If a Judgment Given Abroad Holds a Company Liable for Breach of the Rules of CSR, Is Your Country Likely to Recognise and/or Enforce That Judgment? Please Explain*

Recognition of foreign judgments depends on abovementioned rules, which are more of a procedural nature than about the merits of the dispute. Judgments can be refused recognition based on the decision on the merits only in the very exceptional cases where the recognition and enforcement of the foreign decision would be against the public policy of the requested forum. It is difficult to envisage enforcement of CSR rules considered to be contrary to public policy.

---

[108] See further McClean and Ruiz Abou-Nigm (2016), chapter 10.

[109] See detailed analysis in Collins and Harris (2018), chapter 14.

[110] The Acts of 1920 and 1933 are of limited geographical application and the judgments of very many foreign countries are outside their scope. There thus remains a considerable area within which enforcement of a foreign judgment at common law is the only process possible. See further McClean and Ruiz Abou-Nigm (2016), chapter 10.

[111] McClean and Ruiz Abou-Nigm (2016), pp. 245ff.

6.3 Same Question as in Sect. 6.2, but the Rule Applied Is One of Soft Law or Ethics. Is Your Country Likely to Block Recognition or Enforcement of Such a Judgment? Please Explain

In most scenarios the foreign judgment is not reviewed on its merits, except for the limited exceptions included in each of the regimes abovementioned.

References

Calder A (2008) Corporate social responsibility. In: Corporate governance: a practical guide to the legal frameworks and international codes of practice, 1st edn. Kogan Page Ltd, London, pp 31–38

Collins L, Harris J (eds) (2018) Dicey, Morris & Collins on the conflict of laws, 15th edn. Sweet & Maxwell, London; and Fifth cummulative supplement to the 15th edn (2018)

Keith G (2015) Better than sliced bread: more advisors and their clients should engage in alternative dispute resolution (United Kingdom). Taxation 176(4523):10–12

Koo AKC (2018) The role of English courts in alternative dispute resolution. Leg Stud 38 (4):666–683

McCall-Smith K, Rühmkorf A (2018) Reconciling human rights and supply chain management through corporate social responsibility. In: Ruiz Abou-Nigm V, McCall-Smith K, French D (eds) Linkages and boundaries in private and public international law, 1st edn. Hart Publishing, Oxford, pp 147–174

McCall-Smith K, Rühmkorf A (2019) From international law to national law: the opportunities and limits of contractual CSR supply chain governance. In: Ulfbeck V, Horowitz A, Mitkidis K (eds) Law and responsible supply chain management: contract and tort – interplay and overlap, 1st edn. Routledge, London, pp 15–45

McClean D, Ruiz Abou-Nigm V (2016) Morris on the conflict of laws. Sweet and Maxwell, London

Mcilwrath M (2016) An unamicable separation: brexit consequences for London as a premier seat of international dispute resolution in Europe. J Int Arbitr 33(Special Issue):451–562

McKendrick E (2010) Contract law: text, cases and materials. Oxford University Press, Oxford

Oster J (2015) Public policy and human rights. J Priv Int Law 11:542–567

Poole J (2012) Textbook on contract law. Oxford University Press, Oxford

Rühmkorf A (2015) Corporate social responsibility private law and global supply chains. Edward Elgar Publishing, Cheltenham

St John Sutton D (1982) Choosing a forum for international commercial arbitration in London. In: Proceedings of the annual meeting (American Society of International Law), vol 76. Cambridge University Press, Cambridge, pp 22–24

Yap JL (2010) Considering the enlightened shareholder value principle. Company Lawyer 31 (2):35–38

Vietnam

Chien Quoc Ngo and Hien Thi Tran

Abstract This study aims to provide an overview of the legal situation relating to private international law issues of corporate social responsibility (CSR) in Vietnam. It highlights the originality of Vietnam's legal system, which is in transition from the concentrated economy to the market economy. In Vietnam, CSR is governed by different texts that are sometimes contradictory, which makes access to the law difficult and its application perilous. The study will show the difficulties in determining the international jurisdiction of the Vietnamese judge and the law applicable to CSR litigation involving a foreign element.

Résumé Cette étude vise à donner un aperçu de la situation juridique relative aux questions de droit international privé de la responsabilité sociétale des entreprises (RSE) au Vietnam. Elle met en exergue les originalités du système juridique du Vietnam qui est en phase de transition de l'économie concentrée à l'économie de marché. Au Vietnam, la RSE est régie par différents textes qui sont parfois contradictoires, ce qui rend l'accès à la loi difficile et son application périlleuse. L'étude montrera les difficultés de la détermination de la compétence internationale du juge vietnamien et de la loi applicable aux litiges concernant la RSE comportant un élément d'extranéité.

C. Q. Ngo (✉)
Foreign Trade University, Hanoi, Vietnam
e-mail: ngoquocchien@ftu.edu.vn

H. T. Tran
CSR Research Group, Foreign Trade University, Hanoi, Vietnam
e-mail: hientran@ftu.edu.vn

C. Kessedjian, H. Cantú Rivera (eds.), *Private International Law Aspects of Corporate Social Responsibility*, Ius Comparatum – Global Studies in Comparative Law 42, https://doi.org/10.1007/978-3-030-35187-8_21

1 Définition et Sources

1.1 Existe-t-il une définition de la responsabilité sociétale des entreprises dans votre pays ?

Au Vietnam, il n'existe aucune définition légale de « responsabilité sociétales des entreprises », ni dans le Code du travail, ni dans la Loi sur les entreprises, ni dans la Loi sur la protection de l'environnement, ni dans Les grandes lignes pour le Développement durable au Vietnam[1], pour citer les principaux textes qui régissent la question. Cette notion, plus connue sous les termes de Corporate social responsibility (CSR) en anglais que sa traduction en vietnamien de « *trách nhiệm xã hội của doanh nghiệp* », n'est traitée que récemment, surtout par les économistes et gestionnaires. Ainsi, la Chambre de Commerce et d'Industrie Vietnamienne définit la CSR comme « A human management approach to raise sustainability" and the field is divided into 7 following topics. The subject of Organization Governance and Human Rights have been merged to underscore the relevance of intergrating human rights thinking into the core management processes of the company: Organisational Governance (OG) and Human Rights (HR); Labour Practices (LAB); The Environment (ENV); Fair Operating Practices (FOP); Consumer issues (CON); Community Involvement and Development (CID)"[2].

La littérature juridique vietnamienne, quant à elle, en parle peu. Ainsi, on ne peut citer qu'une thèse de droit soutenue en 2015 portant sur « La responsabilité sociétale des entreprises selon le droit vietnamien »[3]. L'auteur de cette thèse s'est contenté de reproduire les définitions données par les auteurs étrangers[4] ou par les organisations internationales[5]. Un autre auteur[6] considère la déclaration par une entreprise de la responsabilité sociétale comme un acte juridique unilatérale. Et partant, ce problème doit être régi par l'institution de promesse de récompense prévue par les articles de 590 à 592 du Code civil de 2005[7].

L'absence de la définition légale de la responsabilité sociétale des entreprises pourrait s'expliquer par deux raisons. D'une part, il s'agit d'une notion très complexe, englobant non seulement des notions juridiques, mais encore des notions

---

[1]Plus connu sous le nom de Programme des discussions 21, rendu conformément à la Décision153/2004/QĐ-TTg du Premier Ministre le 17 août 2004.

[2]http://www.csr-vietnam.eu/index.php?id=4&L=0.

[3]Phạm (2016).

[4]Tels que Carroll (1999), pp. 268–295.

[5]Telles que la Banque mondiale, citée par Bernahart and Maher (2011).

[6]Nguyễn (2017).

[7]Restés inchangés par la récente réforme et devenus les articles de 570 à 572 du Code civil de 2015. L'article 570 dudit Code dispose: "1. La personne qui promet publiquement d'offrir une récompense à qui rend un service déterminé est tenu de remettre la récompense promise une fois le service accompli.

2. Le service demandé doit être précisément défini, réalisable, non prohibé par la loi et non contraire à la morale sociale ».

de morale et de responsabilité sociale. Elle est donc trop large pour être cantonnée dans une définition juridique de valeur contraignante. D'autre part, la RSE est un problème relativement nouveau et reste très peu traité par la doctrine. Une première étude dans laquelle l'auteur utilise le terme de « responsabilité sociétale des entreprises » date de 2009[8]. Depuis lors, on ne peut citer qu'une dizaine d'articles traitant les différents éléments de la grande question de RSE. Ce sujet connaît des évolutions importantes ces derniers temps. Il serait donc stérilisant de lui donner une définition juridique.

L'application de l'ISO 26000 et d'autres normes. Aucun texte législatif vietnamien n'exige l'application d'ISO 26000, ni des Principes directeurs de l'OCDE, ni des Lignes Directrices des Nations Unies. À notre connaissance, aucune entreprise vietnamienne n'applique les normes de 26000.

Un rapport réalisé par Markus Eicher, de Sequa Allemand en 2010 dans le cadre du projet « Soutien aux petites et moyennes entreprises dans la prise de conscience de la responsabilité sociétale des entreprises en vue de renforcer les chaînes d'approvisionnement mondial pour un développement durable »[9], a fait savoir que les entreprises vietnamiennes sont assez sensibles aux questions de RSE, mais à l'heure actuelle, aucune entreprise n'applique les normes ISO 26000. Les entreprises qui appliquent d'autres normes, telles que SA 8000, ISO 90001 et ISO 14001 sont les entreprises exportatrices. Si celles-ci appliquent des normes internationales c'est parce que leur application est exigée non pas par la loi ou par le respect du marché et des consommateurs locaux, mais par la loi de l'importateur.

Il convient de constater que des entreprises ont profité de la RSE pour le seul but de faire hausser leur image. Une étude réalisée par Bilowol et Doan a conclu que Starbucks a fait de la RSE un moyen de publicité[10].

La prise de conscience des questions de RSE connait une évolution assez rapide ces derniers temps au Vietnam. Il existe des campagnes de boycotter les entreprises qui polluent[11] ou ne respectent pas les normes de qualité[12]. Certains auteurs ont

---

[8]Nguyễn (2017).

[9]Projet réalisé conjointement par l'Organisation des Nations Unies pour le développement industriel (ONUDI), la Chambre de commerce et de l'industrie vietnamienne (CCIV), la Chambre de commerce européenne (EuroCham), l'Association des entreprises du cuir et des chaussures vietnamienne, l'Association des textiles vietnamienne, l'Association vietnamienne des fabricants de matériel électronique, l'Académie du Travail, la Direction générale vietnamienne des standards et de la qualité, le Centre National thaïlandais du métal et de l'industrie de matériaux et la Sequa allemande.

[10]Bilowol and Doan (2015), pp. 825–832.

[11]Par exemple, une vague de boycott s'est éclatée dans les réseaux sociaux à l'encontre des produits de Nicotex Thanh Thai puisque cette entreprise, basée à la province de Thanh Hoa (au Centre du Vietnam), a enterré des milliers de tonnes des produits chimiques pendant dix ans, de 1999 à 2009. On peut également citer le cas de Vedan, une société japonaise spécialisée dans la fabrication de glutamate, a jeté des eaux usées non traitées directement au fleuve de Thi Vai, ce qui a tué des milliers de tonne de poisson et mis en danger la vie des habitants vivant aux deux rives de ce fleuve au Sud du Vietnam.

[12]Il en est ainsi des boycotts contre les 18 catégories de produits laitiers contenant de la mélamine, un produit chimique cancérogène.

milité pour l'harmonisation des normes vietnamiennes avec des normes d'ISO 26000 et de SA 8000[13] et l'amendement de l'arsenal juridique vietnamienne en matière de RSE. Mais aucune réforme n'a été réalisée dans ce sens. Il s'ensuit que l'application des normes d'ISO reste facultative pour les entreprises vietnamiennes.

1.2 Votre pays est-il membre de l'OCDE ?

Non, le Vietnam n'est pas membre de l'OCDE. Le Vietnam est un pays en voie de développement. Même si l'OCDE a pris une résolution sur l'élargissement et l'engagement renforcé, le Vietnam ne remplit pas toutes les conditions pour l'adhésion à cette organisation. Le Vietnam n'est pas classé parmi les « partenaires clés »[14]. Des déclarations faites par les hommes politiques semblent permettre à dire que le Vietnam est un « partenaire privilégié » parmi les pays de l'ASEAN[15]. Il n'existe pour le moment aucun projet de discussion pour adhésion[16].

Le Vietnam n'a pas adhéré aux Principes directeurs de l'OCDE. Nous n'avons aucune information nous permettant de dire que le Gouvernement vietnamien adhèrera aux principes directeurs de l'OCDE.

1.3 Votre pays étant membre des Nations Unies, existe-t-il une activité à signaler à partir des Lignes directrices de 2011 ? Dans la négative, merci d'expliquer les raisons de cette inaction

Le Vietnam, en tant que membre de l'ONU, a adhéré à un certain nombre d'initiatives relatives à la RSE. Il est membre de *Global Compact* des Nations Unies depuis 2007. Des pages web ont été ouvertes afin de sensibiliser et d'aider les entreprises[17]. Il a également participé au *CSR Network* de l'ASEAN, étant membre de cette association. Des plans d'actions communes ont été promulgués.

Il semble que le Vietnam hésite à légiférer les normes exigeantes de l'ONU ou d'autres organisations. Il doit balancer entre la croissance rapide et le respect de l'environnement et des droits sociaux. Il se contente pour le moment d'élaborer ses propres normes, tout en encourageant les entreprises à appliquer les normes internationales. Au niveau national, le Gouvernement vietnamien a adopté bon

[13]Phạm (2016), p. 115 et s.

[14]Qui sont pour le moment l'Afrique du Sud, le Brésil, la Chine, l'Inde et l'Indonésie. http://www.oecd.org/fr/relationsmondiales/partenairescles/.

[15]http://laodong.com.vn/kinh-te/viet-nam-la-doi-tac-uu-tien-cua-oecd-o-dong-nam-a-398190.bld.

[16]https://www.oecd.org/fr/juridique/procedure-adhesion.htm.

[17]Que sont http://www.csr-vietnam.eu/ et http://www.ngocentre.org.vn/.

Tableau 1 : Certificats ISO délivrés en 2014-2015 au Vietnam

Normes	Nombre de certificats délivrés en 2015	Nombre de certificats délivrés en 2014	Croissance (%)
ISO 9001	4.148	3.786	9.56
ISO 14001	903	830	44.34
ISO 50001	45	16	181.2
ISO 27001	70	94	−25.53
ISO 22000	395	243	62.55
ISO 13485	43	38	13.16
Total	5.899	5.007	17.82

nombre de Programmes et d'Orientations, tels que les « Orientations pour le développement durable »[18], la « Stratégie nationale de protection de l'environnement jusqu'à 2020, vision pour 2030 »[19], le « Programme national de la sécurité de travail pour la période de 2016-2020 »[20]...

1.4 Votre pays applique-t-il les normes ISO? Dans l'affirmative, merci de donner des exemples d'application

Bien que non obligatoires, différentes normes ISO sont appliquées au Vietnam. Une étude réalisée par la Quacert en 2016 nous a donné des chiffres relatifs à l'application des normes ISO 9001, ISO 14001, ISO 50001, ISO 27001, ISO 22000 et ISO 13485. Ci-dessous le tableau de bord (Tableau 1) des certificats délivrés en 2014 et 2015[21].

Quant aux normes ISO 26000, aucune entreprise ne les applique. Deux principales raisons expliquent cette situation. D'une part, la majorité des entreprises vietnamiennes sont des PME. Elles n'ont donc pas assez de moyens tant financiers qu'humains pour mettre en place des normes exigeantes de RSE bien qu'elles sachent que cela leur permettra d'améliorer leur performance sur le long terme. D'autre part, certaines questions relatives à la RSE, telles que la protection de l'environnement et la protection des travailleurs et des consommateurs ont été légiférés, mais ces normes sont très peu respectées dans la réalité par le manque d'efficacité des organes chargés de la mise en application des textes législatifs.

[18] Plus connu sous les termes de "Programme de discussion 21", promulgué conformément à la Décision 153 du Premier ministre en date du 17 août 2004.

[19] Pris conformément à la Décision 1261 du Premier ministre en date du 5 septembre 2012.

[20] Pris conformément à la Décision 05 du Premier ministre en date du 5 janvier 2016.

[21] http://quacert.gov.vn/vi/tin-tuc-noi-bat.nd149/khao-sat-cua-to-chuc-iso-ve-hoat-dong-chung-nhan-cac-tieu-chuan-he-thong-quan-ly-nam-2015.i477.html.

1.5 *Merci d'indiquer ici toutes autres sources qui vous paraissent pertinentes ainsi que toute spécificité sur votre système juridique qu'il convient de conserver en tête pour mieux comprendre vos réponses à ce questionnaire*

Longuement dévasté par les deux guerres, puis enfermé par l'embargo, le Vietnam n'est ouvert à l'international qu'en 1986. Son système juridique est jeune et évolue très rapidement. Les textes législatifs n'ont pas la vie dure. On cite par exemple le cas des codes civils. Pendant à peine de vingt ans depuis le Nouveau régime[22], deux codes ont été abrogés pour laisser la place à un nouveau code adopté le 24 novembre 2015 qui est entré en vigueur à partir du 1er janvier 2017. Le premier Code, promulgué en 1995, a été conçu sous l'influence très nette des deux systèmes : français par histoire et technique législative et soviétique par attachement du régime politique. Le mariage était pour le mal. Ce code a donné lieu à de nombreuses critiques et débats doctrinaux. Après dix ans d'application, le Code de 1995 a été remplacé par celui de 2005 qui se voulait un code servant de base juridique solide pour toutes les relations civiles, répondant aux exigences de l'intégration internationale[23]. Mais tout comme son précédent, le Code de 2005 a connu de nombreuses lacunes et imperfections, surtout en matière de régime de propriété et de forme de propriété[24] qui était jusque-là très influencé par l'idéologie soviétique.

[22] Allusion faite à l'Ancien régime, c'est-à-dire de 1858, année où une première expédition française fut lancée contre le Vietnam, jusqu'à 1954, année marquée par la défaite de Dien Bien Phu et la signature de l'Accord de paix de Genève. Le pays était divisé en trois parties : le Tonkin au Nord, l'Annam au Centre et la Cochinchine au Sud. Tandis que le Tonkin et l'Annam étaient soumis à un protectorat français, la Cochinchine était dotée du statut de colonie française. De nouvelles législations ont été imposées. Le premier code intitulé "Précis de législation civile", autrement appelé « Le code civil français simplifié », a été promulgué le 10 mars 1883. Il était applicable en Cochinchine. Ce code reprend les dispositions du Code civil de Napoléon en ce qui concerne la personne, l'état civil, le mariage, le divorce, la paternité, l'adoption, la tutelle…, mais reste silencieux sur les obligations et contrats. En 1931, le Code civil du Tonkin a été promulgué. Ce code a été élaboré sous l'inspiration des principes et pratiques juridiques des Codes civils français et suisse, mais il a reproduit dans une certaine mesure les coutumes autochtones en matière de mariage, de famille et de successions. Dans le Centre du Vietnam, un code a été également rédigé et promulgué en 1936. Il s'agissait du code Hoang Viet Trung Ky, connu aussi sous le nom du Code civil de l'Annam, qui s'est calqué pour l'essentiel sur le Code civil du Tonkin, en apportant seulement quelques modifications. L'application de ces textes ont été cessée par la Directive n°772-TATC en date du 1/7/1959, de la Cour populaire suprême.

[23] Le Vietnam est devenu membre de l'OMC en 2006. À cet effet, il est exigé que le pays harmonise son droit avec les règles du marché. C'est ainsi que la loi commerciale, la loi sur les entreprises, la loi sur les investissements et le code civil de 1995 ont été modifiés et amendés.

[24] Par exemple, l'article 172 du Code de 2005 portant sur les formes de propriété prévoit que « sur la base des régimes de propriété du peuple entier, de propriété collective et de propriété privée, les formes de propriété comprennent la propriété publique, la propriété collective, la propriété privée, la copropriété, la propriété des organisations politiques, la propriété des organisations à vocation politique et sociale, la propriété des organisations à vocation politique, sociale et professionnelle, la propriété des organisations sociales et la propriété des organisations socioprofessionnelles ».

Certaines règles allaient à l'encontre du principe de l'économie de marché, d'autres restreignaient les droits civils dont certains sont pourtant dotés de valeurs constitutionnelles[25]. Un troisième Code est alors venu remplacer celui de 2005.

Il en va de même pour d'autres lois. En 1990, l'Assemblée nationale vietnamienne a adopté deux lois sur les entreprises. La première régissait les sociétés à responsabilité limitée et les sociétés par action. La seconde régissait les entreprises individuelles. Les entreprises d'État, jusque là omniprésentes, ne sont régies par aucune loi. Il faut attendre jusqu'à 1995 pour qu'une première loi a été adoptée pour régir les entreprises d'État. Ces différents textes ont été ensuite modifiés plusieurs fois pour être unifiée dans une seule loi sur les entreprises de 2005. Celle-ci a été également modifiée en 2009 puis être remplacée par une nouvelle loi en 2014. Le même constat s'impose en matière de droit social, de droit de l'environnement.

À ce changement rapide s'ajoute le chevauchement et la contradiction des textes, ce qui rend leur application très périlleuse.

S'il est vrai qu'un certain nombre de questions relatives à la RSE ont été légiférées dans différents textes législatifs et dans les programmes d'action du gouvernement, ces règles sont très peu appliquées par les entreprises. Hormis le changement et la contradiction des textes, nous constatons d'autres éléments qui expliquent cette situation. Il semble que le Gouvernement manque de volonté réelle dans l'application effective des textes. Il doit balancer entre la croissance économique et la protection de l'environnement. Seule une croissance aux alentours de 7% pendant une longue période permet de faire sortir le pays de la misère, ce qu'il a pu réaliser depuis 1986. Le Vietnam a grandement besoin d'investissements étrangers pour soutenir sa croissance rapide. Dans ce contexte, des investisseurs polluants ont été acceptés et les règles visant à protéger l'environnement sont compromises.

Le système vietnamien est encore critiqué pour le manque de solution permettant aux faibles victimes de se protéger. Il en est ainsi de l'accès au juge. En effet, on y constate l'absence de la *class action*, un moyen très efficace aux États-Unis dans les affaires relatives à l'atteinte à l'environnement ou à la responsabilité du fait des produits défectueux. Chacun le sait, l'union fait la force. Or, la loi vietnamienne interdit les « actions collectives ». C'est ainsi que dans l'affaire de *Formosa*, une aciérie taiwanaise contrôlée par les investisseurs chinois qui a rejeté des eaux usées non traitées directement à la mer, tuant des milliers de tonnes de poissons, et intoxiquant plus de 200 kilomètres de rivages, de Quảng Bình jusqu'au sud de l'ancienne capitale impériale de Hué, le Gouvernement vietnamien a accepté (au nom de qui ?) le montant de 500 millions de USD proposés par l'auteur du dommage. Les habitants affectés par la calamité ne sont pas contents. 506 personnes du district de Quỳnh Lưu (de la province de Nghe An) ont porté l'affaire devant le juge. Mais puisque la loi interdit l'action collective, il y a eu 506 actions séparées. On peut très bien deviner le résultat : une affaire qui écarte une grande compagnie et

[25]Il en est ainsi du droit de l'accès à la justice ; du principe selon lequel les droits civils ne sont être limités que par la loi…

les habitants qui n'ont pas de moyens financiers, ni de connaissances nécessaires. Le tribunal populaire du district de Ky Anh (où se trouve l'aciérie) a décidé de renvoyer la requête introductive d'instance à leur auteur pour défaut de preuve et de pièces justificatives. L'affaire a été tombée dans l'oubli.

La loi est lacunaire, tandis que les organes chargés de la mise en application de la loi ne fonctionnent pas bien. Les associations de consommateurs, quant à elles, ne font pas preuve d'efficacité. Pire, il est des associations qui ont pour vocation la protection des consommateurs ont pourtant coopéré avec les fabricants pour effectuer des actes de concurrence déloyale. Il en est ainsi de l'Association de standardisation de la qualité et de la protection des consommateurs (Vinastas), qui a pour vocation, comme son nom l'indique, de protéger les consommateurs, a tout de même fourni des informations ambigües angoissant les consommateurs. En effet, un communiqué de presse de Vinastas a fait savoir que 67% des sauces de poisson fabriquées traditionnellement contiennent de l'arsenic, une substance cancérogène. La réalité est qu'il existe deux types de l'arsenic : l'arsenic organique et l'arsenic non-organique. Seul le second est cancérogène. Or, les sauces de poisson traditionnelles ne contiennent pas d'arsenic non-organique. Cette fausse information a causé des dommages aux fabricants et aux consommateurs mais a avantagé les fabricants de sauce industrielle.

Il n'est pas étonnant que les consommateurs n'ont pas de confiance, ni à la loi, ni au juge. Un sondage effectué par Nguyễn Minh Thư[26], a fait savoir que 74% répondent qu'ils n'ont pas eu assez d'informations sur les produits. 81% disent qu'ils sont régulièrement tombés sur les mauvais produits. Seulement 8,2% des victimes portent l'affaire devant le tribunal. 0% dit qu'ils sont protégés par le juge. 63,5% des victimes ne font aucun recours (ni devant le juge, ni devant une autorité administrative) parce qu'ils pensent que les formalités sont trop longues et coûtent cher.

Le syndicat indépendant n'existe pas au Vietnam. Les travailleurs n'ont pas le droit de créer un syndicat pour eux-mêmes. Ils n'ont que le droit d'adhérer ou de ne pas adhérer au syndicat d'État. Dans ce contexte, il n'est pas étonnant de constater que les syndicats dans les entreprises à capitaux taiwanais sont devenus « bras prolongés » du directeur[27].

Que l'on espère que cela va changer avec le Traité de Partenariat Trans-pacifique (plus connu sous les termes de CPTPP – *Comprehensive and progressive Trans-Pacific Partnership*) qui exige le Vietnam à autoriser la création des syndicats indépendants.

Il faut enfin noter que toutes les décisions de justice ne sont pas publiées. Un très petit nombre d'arrêts des cours d'appel et de la Cour suprême ont été sélectionnés et publiés. Parmi les arrêts qui ont été publiés, aucun ne porte sur les questions de RSE. L'accès difficile aux décisions de justice rend notre étude très lacunaire.

[26] Nguyễn (2015).

[27] Wang (2015), pp. 43–53.

2 Qualification

2.1 Règles relevant du droit des sociétés

Bon nombre de normes de RSE ont été légiférées dans différents codes et lois. En matière de sociétés, les règles de diligence, de vigilance, de traitement non discriminatoire, de soutiens aux travailleurs etc... ont été introduites dans la loi sur les entreprises de 2014.

Ainsi, l'article 8 de la loi de 2014 impose aux entreprises « d'assurer les droits et intérêts légitimes des travailleurs tels qu'ils sont prévus par le code du travail ; de ne pas discriminer ni porter atteinte à l'honneur des travailleurs ; de ne pas recourir au travail forcé et au travail des enfants ; d'aider et favoriser les travailleurs à se former ; de souscrire aux assurances sociale, médicale, de chômage et d'autres assurances en faveur des travailleurs » (paragraphe 4).

Les entreprises sont également tenues de « respecter l'égalité des sexes, protéger l'environnement, les ressources naturelles et culturelles » (paragraphe 8) et de « respecter l'éthique et la déontologie commerciale dans l'assurance des droits et intérêts légitimes des clients et des consommateurs » (paragraphe 9).

Les représentants légaux des entreprises, quant à eux, sont tenus d' « exécuter les droits et obligations sur la base de probité, de vigilance et de meilleurs efforts » (art. 14-1). Les mêmes obligations s'imposent aux représentants par mandat (art. 16-2 et 3).

Les obligations de probité et de vigilance sont encore rappelées dans différentes dispositions relatives aux présidents, directeurs, représentants légaux, contrôleurs dans différentes formes de sociétés (les art.s 71 ; 83 ; 96 ; 106 ; 160 ; 168).

Ces règles ont donné lieu à un certain nombre de contentieux. L'affaire BIBICO en est un exemple. En l'espèce, un groupe d'actionnaires a porté plainte contre le président-directeur général de la société anonyme BIBICO devant le Tribunal populaire de Ho Chi Minh-ville[28] pour lui demander de réparer à la société une somme de 7,7 milliards de dongs. Ce groupe d'actionnaires a reproché au président-directeur général d'avoir abusé de son droit, violé le statut social en signant les contrats d'achat sans demander l'avis du Conseil d'administration. Malheureusement, cette demande a été rejetée par le tribunal de premier jugement qui se fonde sur la loi sur les entreprises d'État et non sur les les dispositions de la loi uniforme des entreprises.

2.2 Règles relevant du droit des contrats

Les clauses de conformité aux Principes directeurs, clauses anti-corruption, contrôle de la chaîne de valeurs n'existent pas dans le droit interne vietnamien, ni dans les

[28] Arrêt du 18 novembre 2011.

anciens accords d'investissement qu'il a signés avec ses partenaires. Les exigences d'anti-corruption existent dans les accords de libre-échange dits « de nouvelle génération », tels que l'accord de libre-échange UE-Vietnam[29] et le CPTPP.

2.3 Règles relevant du droit des délits

Au Vietnam, il n'existe pas de règles spécifiques pour les cas où un tiers à l'entreprise (salarié, client, fournisseur, victime de violations etc...) poursuit une entreprise pour une violation d'une norme de RSE. La qualification de contractuelle ou d'extracontractuelle ou de pénale doit se déterminer en fonction de l'objet et de la nature du litige.

Lorsque le litige concerne une violation de l'obligation contractuelle, c'est sur le terrain d'élection contractuelle que le créancier doit engager son action. Pour le reste, tout ce qui n'est pas contractuel est qualifié d'extracontractuel. Donc, si le litige porte sur les conditions de traitement prévues par le contrat de travail, le salarié engage son action sur le terrain contractuel, alors que si le litige porte sur les conditions de sécurité de travail, l'action sera qualifiée d'extracontractuelle.

Le régime de responsabilité extracontractuelle pour atteinte à l'environnement a été introduit dans le Code civil de 2005 et a été modifié par le nouveau Code civil de 2015. L'article 602 dudit Code prévoit que toute personne qui pollue l'environnement et cause des dommages est tenue de les réparer, même en l'absence de faute.

2.4 Les règles de la RSE appartiennent-elles à l'ordre public ou sont-elles qualifiées de lois de police ?

La notion de lois de police n'existe pas en droit vietnamien. Il n'existe aucune règle générale permettant au juge vietnamien d'écarter la loi étrangère en faveur de la loi vietnamienne dont l'application est impérative pour sauvegarder la sécurité sociale. À l'occasion de la réforme du Code civil, nombre d'auteurs ont plaidoyé pour l'introduction d'une règle générale dans la Cinquième partie du Code portant sur la loi application aux relations comportant un élément d'extranéité[30], mais le législateur n'a pas suivi cette proposition.

Il existe toutefois des règles impératives dont la formulation utilisée par le législateur permet de dire qu'il s'agit des règles d'application immédiate. Il en est ainsi de l'article 161 de la loi sur les ressources naturelles et l'environnement qui

---

[29]Dont les négociations ont été clôturées le 2 décembre 2015 et devrait être signé et ratifié en 2017 pour entrer en vigueur à partir de 2018.

[30]Ngo, Nguyen (2015).

prévoit dans son paragraphe 4 que « tout litige portant sur l'environnement au Vietnam est soumis à la loi vietnamienne, à moins que les conventions internationales dont le Vietnam est membre n'en disposent autrement ». De même, l'art. 11 du Décret 37 portant application de la loi sur les constructions de 2014 énonce que « tout contrat de construction est soumis aux dispositions de la loi vietnamienne et celles du présent Décret ».

En matière sociale, l'article 168 du Code du travail de 2012 prévoit que « les travailleurs vietnamiens travaillant pour les entreprises à capitaux étrangers au Vietnam, les entreprises implantées dans les zones industrielles, les zones économiques spéciales, les zones de fabrication pour exportation, pour les organisations étrangères ou internationales au Vietnam ou pour les particuliers étrangers au Vietnam sont soumis à la loi vietnamienne et protégés par celle-ci". De même, les étrangers travaillant au Vietnam "sont soumis à la loi vietnamienne sauf si les conventions internationales dont le Vietnam est membre stipulent autrement, et sont protégés par celle-ci".

En matière contractuelle, l'article 769 du Code civil de 2005 précisait que « les contrats conclus et exécutés dans leur totalité au Vietnam doivent être soumis à la loi vietnamienne ». Cette disposition a été abrogée et remplacée par l'article 683 du Nouveau Code civil de 2015 qui permet aux cocontractants de choisir librement une ou des lois étrangères. La loi choisie ne sera écartée que si une telle loi n'apporte pas aux consommateurs ou aux employés une protection minima équivalente prévue par la loi vietnamienne.

Il convient de noter également qu'il existe dans le droit international privé vietnamien des dispositions permettant au juge d'écarter l'application de la loi étrangère choisie par les parties ou désignée par les règles conflictuelles lorsque la conséquence de cette application contrarie aux principes fondamentaux du droit vietnamien (art. 670-1-a du Code civil de 2015). De même, le juge vietnamien peut ne pas donner effet à un jugement étranger (art. 439 du Code de procédure civile de 2015) ou à une sentence arbitrale étrangère (art. 459 du même Code) si la reconnaissance est incompatible avec les principes fondamentaux du droit vietnamien.

3 Modes alternatifs de règlement des différends

*3.1 Votre pays admet-il que le contentieux lié à la RSE puisse être soumis à (*plusieurs réponses possibles*):*

• l'arbitrage	PAS CLAIR
• La médiation	PAS CLAIR
• La conciliation	PAS CLAIR
• Un Point de Contact National de l'OCDE	NON
• Un autre mode alternatif (dans ce cas, merci de préciser de quel mode il s'agit)	

Les contentieux liés à la RSE ne peuvent être tranchés par un point de contact national tout simplement parce que ce dernier n'existe pas au Vietnam, étant donné que ce dernier n'est pas membre de l'OCDE.

Pour les autres modes de règlement, il y a lieu de déterminer l'objet du litige. S'il porte sur une infraction à la loi pénale, le seul mode de règlement possible est le tribunal étatique. Dans cette hypothèse, c'est le juge vietnamien qui est exclusivement compétent. L'arbitrage commercial au Vietnam, comme son nom l'indique, n'est compétent que pour connaître des litiges commerciaux, c'est à dire que des litiges qui sont nés des activités commerciales. Lorsque le litigie écarte un commerçant dans le cadre de son activité commerciale et un consommateur, l'arbitrage est possible et le choix est à la main du consommateur. En effet, l'article 17 de la Loi sur l'arbitrage commercial de 2010 énonce que le consommateur a le droit de choisir entre l'arbitrage commercial et le juge étatique, même s'il existe dans le contrat de consomation une clause d'arbitrage. Le professsionnel ne peut porter le litige devant l'arbitrage que si le consommateur l'accepte au moment du litige. Quant à la médiation et la conciliation, ces deux modes sont très encouragés au Vietnam, mais cela reste limité dans les affaires civiles. Une phase de conciliation avant l'audience est obligatoire (art. 10 et art. 203 et s. du Code de procédure civile de 2015). Lorsque la conciliation aboutit, elle est dotée de force exécutoire (art. 416 dudit Code).

3.2 *Merci d'expliquer vos réponses ci-dessus.*

Si le litige porte sur une violation à la loi sur l'environnement et que cette violation n'est pas suffisamment grave pour être soumise à la loi pénale, deux procédures sont envisageables. La première consiste dans l'action engagée par l'État contre l'auteur de l'infraction pour lui demander de répondre aux dommages causés à l'environnement. Dans ce cas, le tribunal étatique est exclusivement compétent. La seconde consiste dans l'action engagée par la partie civile victime de l'infraction. Dans cette hypothèse, la victime peut recourir au juge étatique, ou mettre en place une médiation ou la conciliation. Le résultat de médiation ou de conciliation pourra être reconnu par le juge et dès lors prendra effet exécutoire comme un jugement. L'arbitrage n'est pas possible dans ce cas.

Si le litige écarte l'entreprise et son consommateur, ce dernier peut recourir à tous les modes, juridictionnel ou alternatif. Il peut porter l'affaire devant le juge ou devant l'arbitre. Le droit de choisir l'arbitrage commercial est accordé exclusivement au consommateur.

Il en va de même en matière de travail. Dans ce domaine, si le litige est relatif à une convention collective, il doit être porté préalablement devant le conciliateur prudhommal[31]. Ce n'est lorsque la conciliation n'aboutit pas que l'on peut aller

[31] Art. 201 du Code du travail de 2012.

devant l'arbitrage prudhommal ou devant le juge étatique. Il y a lieu de distinguer l'arbitrage prudhommal et l'arbitrage commercial. Le premier est un arbitrage ad-hoc qui est créé par décision du président du Comité populaire de province. Il se compose d'un président qui est directeur du département des affaires sociales et des invalides de guerre, d'un secrétaire qui peut être choisi parmi les fonctionnaires du département des affaires sociales et des invalides de guerre, d'un représentant du syndicat au niveau provincial, d'un représentant de l'organe chargé de représenter les travailleurs au niveau provincial et d'autres membres qui peuvent être choisi parmi les membres de l'association des juristes ou des associations sociales.

Pour les litiges commerciaux, tous les modes de règlement sont possibles, que ce soit juridiction nationale ou étrangère et arbitrage interne ou international. L'arbitrabilité doit être déterminée conformément à l'article 2 de la Loi sur l'arbitrage de 2010, selon lequel, peuvent être soumis à l'arbitrage les différends nés des activités commerciales, ou entre les parties dont au moins une a agi dans le cadre de ses activités commerciales. Les parties peuvent également recourir à l'arbitrage interne ou international si leur litige porte sur les investissements[32], les contrats de constructions[33].

4 Compétence juridictionnelle

4.1 Lorsque le contentieux doit être soumis à un juge dans votre pays, la compétence juridictionnelle est admise (plusieurs réponses sont possibles) *:*

- **le for du défendeur ?**
- **le for d'un défendeur en y ajoutant tous les défendeurs pouvant être impliqués (dans ce cas, précisez sur quel fondement - groupe de sociétés, implication pratique, autre,), quelle que soit leur situation géographique ?**
- **le for contractuel ? (expliquer les conditions d'application en donnant des exemples liés à la RSE)**
- **le for du fait causal ? (préciser ce que l'on entend par « fait causal »)**
- **le for du dommage ? (préciser ce que l'on entend par « dommage »)**
- **le for de nécessité ? (préciser les conditions d'application de cette règle)**
- **la compétence universelle civile ? (préciser les conditions d'application de cette règle)**
- **autre ?**

[32]Art. 14 de la Loi sur les investissements de 2014.

[33]Art. 45 du Décret n° 37 en date du 22 avril 2015 portant application de la loi sur la construction de 2014 et art. 63 du Décret n° 15 en date du 14 février 2015 sur les contrats de partenariat public-privé.

Les chefs de compétences du juge vietnamien pour connaître des litiges comportant un élément d'extranéité sont prévus par les articles 469 (compétence générale) et 470 (compétence exclusive) du Code de procédure civile. La compétence internationale du juge vietnamien est encore déterminée conformément aux lois spéciales, telles que la loi sur les investissements, la loi sur les entreprises, la loi sur les ressources naturelles et l'environnement...

Les juridictions vietnamiennes peuvent fonder leur compétence générale sur trois critères que sont la résidence du défendeur, le lieu du fait générateur et la localisation du bien litigieux.

For du défendeur

En vertu de l'article 469 dudit Code, les juridictions vietnamiennes sont compétentes pour connaître des affaires civiles lorsque « le défendeur est une personne physique résidant, travaillant, vivant durablement au Vietnam » (point a), ou que « le défendeur est une organisation étrangère ayant son siège principal au Vietnam ou ayant des succursales et bureaux de représentation au Vietnam pour les affaires concernant les activités desdits succursales et bureaux de représentation ».

Immuabilité du for saisi

En cas de pluralité de parties, le juge vietnamien peut d'office procéder à la jonction ou à la disjonction de procès au visa de l'article 42 du Code de procédure civile de 2015. Il convient de noter que cette disposition concerne les procédures de règlement des affaires internes. La Partie 8 du même Code relative aux affaires civiles comportant un élément d'extranéité est muet sur le cas de pluralité de défendeurs dans un litige international. La transposition de l'article 42 semble admise car l'article 6 du Code civil de 2015 dit que le juge peut mettre en œuvre l'application par analogie en cas de silence de la loi. Il convient de noter que l'article 471 du même Code énonce le principe d'immutabilité de la juridiction saisie selon lequel lorsqu'une juridiction vietnamienne est saisie d'une affaire civile conformément aux dispositions du présent Code relatives à la compétence juridictionnelle, ladite juridiction reste compétente pour statuer sur l'affaire alors même qu'il survient, ultérieurement à la saisine, des changements en ce qui concerne la nationalité, le lieu de domicile ou l'adresse des intéressés ou de nouveaux éléments qui font que l'affaire en question relève désormais de la compétence d'une autre juridiction vietnamienne ou d'une juridiction étrangère.

For contractuel

Dans les matières où les parties ont le droit de choisir le juge, celui choisi sera exclusivement compétent. L'élection du for par les parties aux rapports civils ayant un élément d'extranéité n'a pas été un droit reconnu par l'ancien Code de procédure civile. Elle est reconnue dans certains textes spéciaux tels que le Code maritime et la Loi sur l'aviation civile. C'est ce manque de principe général qui mettait en danger les clauses de juridiction insérées dans les contrats commerciaux. Or, c'est depuis toujours un droit consacré par de nombreux pays et affirmé par les conventions internationales sur le droit international privé[34]. Les rédacteurs du Code de procédure civile de 2015 ont voulu capter ces évolutions. Pour la première fois, cette autonomie d'élection du for a été généralement consacrée. En effet, le choix des parties est explicitement reconnu comme constituant la compétence exclusive du juge vietnamien (art. 470-1-c). De même, l'élection du for étranger est également reconnu, mais indirectement, à travers l'article 472 relatif à l'incompétence du juge vietnamien. Le paragraphe 1-a dudit article prévoit que le tribunal vietnamien refusera ou suspendra l'instruction d'une affaire civile comportant un élément d'extranéité si les parties se sont convenues de choisir un forum étranger (que ce soit un juge ou un arbitre) pour entendre leur cause. Néanmoins, le Code de procédure civile de 2015 n'a aucune disposition prévoyant les matières dans lesquelles les parties peuvent désigner le for. C'est dans les textes spéciaux qu'il faut regarder.

For du fait causal

Le juge vietnamien est encore compétent si « l'affaire en question concerne les relations civiles qui sont établies, modifiées, interrompues sur le territoire vietnamien, ou dont l'objet porte sur [...] une obligation devant être exécutée au Vietnam » (art. 469-1-e). Le juge vietnamien est donc compétent pour connaître des litiges portant sur la responsabilité dont le fait générateur s'est produit au Vietnam. Les anciens codes civils vietnamiens considéraient la faute comme une condition de la responsabilité. La responsabilité extracontractuelle supposait la réunion de quatre éléments : un fait illicite (fait dommageable non conforme à la loi), un préjudice, un lien de causalité entre le fait illicite et le préjudice et la faute intentionnelle ou la faute non intentionnelle de l'auteur du fait dommageable[35]. Quant à la responsabilité contractuelle, le Code civil de 2005 n'avait pas de dispositions propres et on devait regarder les conditions de naissance de la responsabilité dans le cadre de la responsabilité civile pour violation de l'obligation civile. Ici, outre la violation d'une obligation civile (comme d'une obligation contractuelle), le préjudice et la causalité, le Code civil de 2005 exigeait aussi la faute subjective du débiteur de l'obligation.

Le rôle de la faute dans la responsabilité civile a suscité d'importants débats doctrinaux. Une partie de la doctrine[36] a milité pour l'abandon de la faute subjective comme fait générateur de responsabilité civile. Cette doctrine estime que l'exigence

[34]A titre d'exemple, les Conventions de La Haye de 1965 et 2005 sur les accords d'élection du for, la Convention des Nations Unies sur le transport maritime des marchandises (Convention de Hambourg de 1978) ou encore les textes de l'Union européenne sur la compétence internationale des juges (Convention de Bruxelles de 1968 et le Règlement de 2000 du Conseil de l'Union).

[35]La Résolution n° 03/2006/NQ-HĐTP du 8 juill. 2006 du Conseil des juges suprêmes portant application des dispositions du Code civil de 2005 relatives à la responsabilité extracontractuelle, précise en son I. 1 que la responsabilité extracontractuelle n'est engagée que sous ces conditions : 1) l'existence d'un préjudice; 2) l'existence d'un fait illicite; 3) lien de causalité entre le fait illicite et le préjudice; l'existence de la faute intentionnelle ou de la faute non-intentionnelle de l'auteur de préjudice.

[36]V. par ex: Đỗ (2015).

de la faute subjective à côté de trois autres conditions ci-dessus est excessive et n'est pas protectrice pour les victimes. Quant à la pratique judiciaire, il n'existe aucun cas où les juges refusent la responsabilité civile pour défaut de faute subjective lorsque les trois autres conditions (fait illicite ou inexécution de l'obligation, préjudice et causalité) sont remplies.

Les rédacteurs du nouveau Code civil ont repensé le rôle de la faute subjective (élément moral) de l'auteur du fait dommageable. Ainsi, en matière extracontractuelle, la faute n'est plus une condition de la responsabilité extracontractuelle et le changement introduit dans l'article 584 (al.1) du Code civil de 2015 est clair : « toute personne, qui, par son acte, porte atteinte à la vie, à la santé, à l'honneur, à la dignité, à la notoriété, aux biens, aux droits et intérêts légitimes d'une autre personne, est tenue de réparer le préjudice ». Ici, dans le cadre de l'article consacré aux conditions de naissance de la responsabilité civile (extracontractuelle), les mots « faute intentionnelle ou faute non intentionnelles » dans le Code civil de 2005 ont été supprimés, la faute subjective (élément moral) de l'auteur de fait illicite en tant que condition génératrice de la responsabilité n'existe plus. Quant à la responsabilité contractuelle, l'article 308 du Code civil de 2005 exigeant la faute intentionnelle ou la faute non intentionnelle du débiteur n'a pas non plus été maintenu dans le Code civil de 2015. Désormais, l'article 360 du Code de 2015 se borne à dire qu'« en cas d'existence de préjudice dû à une violation d'une obligation, le débiteur doit le réparer intégralement, sauf accord ou disposition légale contraire ». Avec cette disposition qui s'applique notamment en matière de contrats, il suffit de réunir l'inexécution du contrat, le préjudice et le lien de causalité pour que la responsabilité soit engagée sans que la victime ait à prouver la faute subjective (élément moral) de l'auteur de l'inexécution.

Il en résulte que le fait générateur s'entend d'une violation à la loi. Malheureusement, cette conception purement interne ne permet pas de résoudre les problèmes posés par les affaires internationales. Ainsi, la détermination du fait générateur, élément permettant de déterminer la compétence du juge, n'est point chose facile lorsque l'acte violant à la loi est réalisé par le biais d'Internet. Les dispositions générales de l'article 469 ne permettent pas à fonder la compétence du juge vietnamien lorsque le fait générateur s'est produit dans un environnement numérique qui ne connait pas de frontières. Une partie de la doctrine a plaidoyé pour l'introduction d'un nouveau critère de détermination de la compétence du juge vietnamien lorsque le dommage est subi au Vietnam[37]. Le nouveau Code de procédure civile de 2015 a suivi cette proposition lorsqu'il prévoit que le juge vietnamien est compétent pour connaître de l'affaire si celle-ci « concerne les relations civiles qui sont établies, modifiées, interrompues sur le territoire d'un pays étranger mais dont l'objet porte sur les droits et obligations des personnes physiques et des organisations vietnamiennes ou des personnes physiques et des organisations étrangères ayant leur domicile ou leur siège au Vietnam » (art. 469-1-e). Il en résulte que le juge vietnamien est compétent pour connaître des différends

[37]Ngo (2015).

relatifs aux RSE si le dommage est subi (droits affectés) au Vietnam. Par dommage en matière de responsabilité civile pour violation de l'obligation civile, on entend des « pertes matérielles et des pertes morales » (art. 361-1). En ce qui concerne les pertes matérielles, il s'agit de « pertes matérielles effectives appréciables, ce qui comprend les pertes matérielles subies, les dépenses engagées pour empêcher, limiter ou réparer le dommage, les pertes ou diminutions de gains » (art. 361-2). Les pertes morales, quant à elles, s'entendent du « préjudice moral causé par l'atteinte à la vie, à la santé, à l'honneur, à la dignité ou à la crédibilité et à tout autre droit d'autrui (art. 361-3).

En matière extracontractuelle, le législateur de 2015 a donné davantage de précisions sur chaque typologie de dommages : Dommage causé aux biens (art. 589), dommage corporel (art. 590), préjudice causé par une atteinte à la vie (art. 591), dommage causé par une atteinte à l'honneur, à la dignité et à la notoriété d'autrui (art. 592).

For exclusif
Les litiges portant sur un bien immeuble donnent la compétence exclusive au juge vietnamien. Il convient de noter toutefois que cette compétence n'a effet exclusif qu'à l'égard du juge étranger et non à l'égard de l'arbitre, tant interne qu'international. En d'autres termes, l'arbitre peut régler ces affaires s'il est choisi par les parties. C'est ce que l'on peut lire dans la Résolution 01/2015 de la Cour populaire suprême précisant l'application de la Loi sur l'arbitrage de 2010.

Le for de nécessité n'existe pas en DIP vietnamien.

4.2 Si des décisions de justice ont déjà été rendues dans votre pays sur une violation de la RSE, merci de résumer ces décisions et de nous en donner les références précises

À notre connaissance, aucune décision de justice pour violation de la RSE n'a été rendue par le juge vietnamien. Des décisions administratives ont été prises en matière de consommation, de concurrence déloyale. En matière d'atteinte à l'environnement, il arrive souvent que les auteurs trouvent un accord avec l'autorité compétente. Ainsi, dans l'affaire *Formosa*, un accord a été trouvé entre cette société et le Gouvernement vietnamien selon lequel la première payera cinq cents millions de dollars américains à titre d'indemnité aux habitants vivant dans les zones affectées par les eaux non traitées. Mais tous les victimes ne sont pas contentes de cette sanction qui est *a priori* très importante, mais ne correspond nullement aux « pertes effectives » subies. Il semble que le Gouvernement a empiété sur les droits d'action des victimes. Dans une affaire d'atteinte à l'environnement, il y a lieu de distinguer le droit d'action contre l'auteur pour lui demander l'assainissement et la réparation des pertes causées à l'environnement et le droit d'action pour demander la réparation des pertes causées aux habitants. Le premier est accordé au gouvernement alors que le second est réservé aux victimes. Le Gouvernement a accepté la proposions de la *Formosa* alors qu'aucune collecte d'avis des habitants n'a été effectuée.

4.3 Souhaitez-vous nous signaler d'autres aspects de la compétence juridictionnelle spécifique à votre pays qui nous aideraient à comprendre mieux vos réponses ?

A nos yeux, le système vietnamien ne présente aucune spécificité à ce sujet.

5 Droit applicable

5.1 Quel est le droit applicable aux normes relevant de l'organisation des sociétés ? En d'autres termes, comment se détermine la **lex societatis** *?*

La capacité juridique en matière civile, la raison sociale, la représentation légale, l'organisation, la réorganisation, la dissolution de la personne morale, la relation entre la personne morale et ses membres, la responsabilité de la personne morale et de ses membres envers les obligations de la personne morale sont déterminées selon la loi de l'État dont la personne morale porte la nationalité. C'est ce que dit l'article 676 du Code civil de 2015. Question importante donc de savoir comment la nationalité d'une entreprise est déterminée. Le paragraphe 1er du même article dit que « la nationalité d'une personne morale est déterminée selon la loi de l'État où elle a été établie ». La nationalité des entreprises est encore déterminée conformément aux traités bilatéraux d'investissement (TBI) dont le Vietnam est membre[38]. Le critère principal utilisé pour déterminer la nationalité des investisseurs susceptibles d'être protégés sont le lieu d'établissement. Certains accords utilisent deux critères différents pour déterminer la nationalité des entreprises pour chaque pays. Il en est ainsi de TBI vietnamo-allemand de 1993. Selon l'article 2-4 dudit TBI, une entreprise est vietnamienne si elle a été enregistrée au Vietnam tandis qu'une entreprise est allemande si elle a son siège en Allemagne. Les TBI de nouvelle génération, tels que l'accord de libre-échange Vietnam-Union européenne, l'accord de libre-échange Vietnam-Corée du Sud... utilisent un faisceau de critères (nationalité, lieu d'établissement, activité économique substantielle) pour prévenir de la technique de chalandage de traités.

[38]Le Vietnam a signé 64 accords dont les noms peuvent être accord de protection des investissements, accords de partenariat économique, accord de libre-échange....

Il convient de noter que lorsqu'une entreprise conclue ou exécute des actes de la vie civile au Vietnam, sa capacité est encore déterminée conformément à la loi vietnamienne (art. 676-3).

5.2 Quel est le droit applicable aux normes relevant du droit des contrats ?

Autonomie de la volonté

Les anciennes règles ont reconnu l'autonomie de la volonté des parties mais la lecture littérale des dispositions concernées révèle l'hésitation du législateur à accepter ce libre choix comme un principe général. Ainsi, l'art. 759-3 du Code de 2005 prévoyait que « la loi étrangère est également applicable lorsque son application est prévue contractuellement par les parties, à condition que cette convention ne soit pas contraire aux dispositions du présent Code et des autres textes juridiques de la République socialiste du Vietnam ». La soumission du choix des parties à toutes les dispositions du droit vietnamien rend la mise en œuvre de cette autonomie presque impossible. En plus, concernant la loi applicable au contrat, l'art. 769-1 dudit Code disait que « les droits et obligations des parties à un contrat sont déterminés selon la loi du pays où le contrat est exécuté, à moins que les parties n'en conviennent autrement ». Il en résulte que la liberté de choix de la loi applicable ne peut qu'être déduite implicitement de la disposition « à moins que les parties n'en conviennent autrement ». On n'oubliera pas que le deuxième paragraphe du même article prescrivait que « les contrats conclus et exécutés dans leur totalité au Vietnam doivent être soumis à la loi vietnamienne ».

Les rédacteurs du Code civil de 2015 ont reformulé les dispositions reconnaissant la liberté du choix des parties pour en faire un principe explicite. Ainsi, l'art. 664-2 a posé le principe général selon lequel la loi applicable aux rapports civils comportant un élément d'extranéité peut être déterminée par consentement des parties, si ce choix est ainsi autorisé par le droit vietnamien ou par les traités internationaux dont le Vietnam est membre. Cette disposition générale est censée être appliquée à toutes les matières de la vie civile. Viendra ensuite l'art. 683-1 qui prévoit expressément que « les parties peuvent choisir la loi applicable à leur contrat ». Désormais les parties à un contrat à caractère international[39] peuvent choisir la loi applicable à leur contrat sans avoir à chercher si leur contrat est civil ou commercial, s'il est exécuté en partie ou totalement au Vietnam.

---

[39]Pour déterminer le caractère international des relations civiles en général et des contrats en particulier, il faut se baser sur le second paragraphe de l'article 663 qui établit trois critères généraux : la nationalité des parties ; le rapport est né ou exécuté, modifié, rompu à l'étranger ; l'objet du contrat (un bien ou une obligation à être exécutée) est situé à l'étranger.

Limites de l'autonomie : la protection de la partie faible

La protection de la partie faible est devenue une nouvelle tendance du droit international privé contemporain. Il s'agit d'une solution inspirée largement de la doctrine. En effet, l'impératif de protection de la partie faible a conduit à l'élaboration de règles spécifiques tant en droit international privé autonome qu'en droit international privé conventionnel[40]. Le nouveau Code civil du Vietnam a capté cette tendance tout introduisant les dispositions permettant de protéger les consommateurs et les travailleurs. Cette protection s'impose dans les relations contractuelles comme une limite de la liberté du choix des parties aux contrats. Ainsi, l'art. 683-5 prévoit la possibilité d'écarter la loi choisie par les parties aux contrats de consommation et de travail, si telle loi n'apporte pas aux consommateurs ou aux employés une protection minima équivalente prévue par la loi vietnamienne. D'autre part, en absence du choix des parties, la loi du domicile du consommateur ou la loi où le travailleur exerce régulièrement son travail, considérée par l'art. 683-2 comme la loi avec laquelle le contrat en question présente le lien le plus étroit, peut également être considérée comme avantageuse pour la protection des intérêts de ces parties faibles.

Limites de l'autonomie : la protection de l'ordre public du for

La liberté de choix des parties est encore limitée par la protection des principes fondamentaux. Le Nouveau Code civil continue d'utiliser la notion de « principes fondamentaux du droit vietnamien »[41] au lieu d'« ordre public », terme utilisé dans la majorité des systèmes de droit. L'exception d'ordre public a été prévue en des termes très différents, parfois contradictoires, dans les anciens textes juridiques[42]. Il convient de noter que l'exception d'ordre public n'est mise en place que pour éviter les conséquences de l'application de la loi étrangère et non contre l'application de la loi étrangère. Désormais, l'application de la loi étrangère désignée par les règles conflictuelles ou choisie par les parties, ainsi que des coutumes internationales sont soumises à la même règle d'exception d'ordre public, exprimée en des termes cohérents.

---

[40]Sinay-Cytermann (2005), p. 737.

[41]Ce terme est défini par le Conseil des juges du Tribunal populaire suprême dans sa *Résolution n° 01/2014/NQ-HĐTP* en date du 20 mars 2014 comme « principes de conduite fondamentaux ayant un effet fondamental sur la construction et la mise en œuvre des règles de droit vietnamiennes » (article 14-3-e)

[42]A titre d'exemple, l'art. 759-3 du Code civil de 2005 prévoyait que la loi étrangère désignée sera écartée si son application ou les conséquences de cette application sont contraires aux principes fondamentaux du droit vietnamien. Le même article exclut l'application de la loi étrangère choisie par les parties au contrat, si « ce choix [est] contraire aux dispositions du présent Code et des autres textes juridiques de la République socialiste du Vietnam ». La lecture de deux phrases portant sur l'exception d'ordre public montre déjà la grande différence dans les termes, ce qui peut rendre l'application de cette exception extrêmement abusive.

Défaut de choix : le principe de proximité

Le point le plus rénovateur du Nouveau Code civil de 2015 est sans doute la réception du principe du lien le plus étroit, ce qui n'est pas tout à fait nouveau dans son contenu[43], mais dans son rôle désormais consacré comme principe général dans la recherche du droit applicable. On peut voir l'affirmation de ce principe partout dans la Cinquième Partie dudit Code : de l'énoncé du principe général de détermination de la loi applicable aux rapports civils en général (art. 664-3)[44], à la loi applicable aux contrats internationaux (art. 682-1)[45] et à l'utilisation comme dernier ressort lorsque les facteurs de rattachement pertinents ne permettent pas de déterminer la loi applicable.

En matière contractuelle, le droit applicable à défaut de choix des parties est le droit de l'État dont le contrat présente les liens les plus étroits. Le législateur de 2015 précise dans le paragraphe 2 de l'article 683 une liste des États avec qui les différentes catégories de contrats peuvent présenter les liens les plus étroits. Ainsi, est présumée présenter de tels liens :

a) En matière de vente des marchandises, la loi du pays où le vendeur est domicilié si celui-ci est une personne physique ou est établi si celui-ci est une personne morale ;
b) En matière de prestation de service, la loi du pays où le fournisseur est domicilié si celui-ci est une personne physique ou est établi si celui-ci est une personne morale ;
c) En matière de licence des droits de propriété intellectuelle, la loi du pays où le licencié est domicilié si celui-ci est une personne physique ou est établi si celui-ci est une personne morale ;
d) En matière de travail, la loi du pays où le travailleur exécute régulièrement son travail. Si le travailleur exécute son travail régulièrement dans des pays différents ou s'il est impossible de déterminer le pays où le travailleur exécute son travail régulièrement, la loi du pays où l'employeur est domicilié si celui-ci est une personne physique ou est établi si celui-ci est une personne morale.
e) En matière de consommation, la loi du pays où le consommateur est domicilié.

Malheureusement, cette liste ne permet pas de déterminer le droit applicable aux contrats complexes qui peuvent porter à la fois sur la vente des marchandises, la prestation de service, le transfert de propriété intellectuelle tel que le contrat de franchise.

[43]L'art. 760-2 du Code civil de 2005 (portant sur la loi applicable aux personnes ayant plusieurs nationalités) a déjà mentionné la recherche du lien le plus étroit lorsque les autres facteurs comme la nationalité ou le domicile ne permettent pas de déterminer la loi applicable aux apatrides ou aux personnes ayants plusieurs nationalités.

[44]« Lorsqu'il est impossible de déterminer la loi applicable conformément aux paragraphes 1 et 2 du présent article, la loi applicable sera celle du pays avec lequel le rapport civil présente les liens les plus étroits ».

[45]« Les parties peuvent choisir la loi applicable à leur contrat, sauf les cas prévus aux paragraphes 4, 5 et 6 du présent article. A défaut de choix, la loi du pays avec lequel le contrat présente des liens les plus étroits est applicable.

5.3 *Quel est le droit applicable aux normes relevant du droit des délits ?*

Autonomie de la volonté

La liberté du choix des parties est également reconnue aux obligations extracontractuelles. Ainsi, l'article 687 pose le principe selon lequel « Les parties peuvent choisir la loi applicable à la réparation du préjudice causé dans un cadre extracontractuel ». Cette liberté n'est écartée que dans le cas où l'auteur du fait générateur et la victime ont leur domicile dans un seul pays. C'est ce que résulte du paragraphe 2 du même article.

Il convient de noter que lorsque le litige porte sur une matière spéciale, telle que l'atteinte à l'environnement, ce sont les règles spéciales qui s'appliquent. La liberté de choix serait donc écartée en faveur des règles impératives.

À défaut de choix

L'article 687 du Nouveau Code civil de 2015 a introduit un changement important par rapport à l'ancienne règle conflictuelle du Code de 2005[46]. Ainsi, à défaut de choix, la loi applicable est celle du pays où le préjudice est subi. Le doit applicable à la responsabilité est encore déterminé conformément aux textes spéciaux régissant le transport maritime et le transport aérien.

5.4 *La jurisprudence de votre pays permet-elle une vérification de la conformité du droit applicable aux règles du droit international des droits de l'homme, aux conventions de l'OIT, à d'autres normes obligatoires du droit international ? Merci d'expliquer*

Il est de règle fondamentale que les conventions internationales priment sur le droit interne vietnamien. En effet, l'art. 12 de la Constitution de 2013 énonce que le Vietnam respecte les Pactes des Nations Unies et d'autres traités internationaux dont le Vietnam est partie. Ce principe a été ensuite précisé par le Code civil et d'autres textes spéciaux. Ainsi, l'art. 665 dudit Code prescrit que « Lorsque les traités internationaux dont le Vietnam est partie comportent des dispositions substantielles régissant les droits et obligations des parties à un rapport ayant un élément d'extranéité, celles-ci sont applicables. En cas de différence entre les stipulations des traités internationaux dont le Vietnam est partie et les dispositions du présent Code et celles d'autres lois vietnamiennes, les règles internationales prévalent ».

[46]L'art. 773 prévoyait en son paragraphe 1er que la réparation des dommages causés dans un cadre extracontractuel est soumise soit à la loi du pays où a été commis le fait dommageable, soit à la loi du pays où se sont produites les conséquences effectives de l'acte dommageable.

Le Vietnam est membre de l'OIT et a ratifié un certain nombre de conventions dans le cadre de cette organisation, telles que Convention concernant l'interdiction des pires formes de travail des enfants et l'action immédiate en vue de leur élimination (Convention 182), Convention concernant la révision de la convention (révisée) sur la protection de la maternité (Convention 183). Des solutions retenues par ces conventions ont été légiférés dans la Constitution de 1992 puis celle de 2013, le Code du travail de 2012, le Code pénal de 1999 (révisé en 2009 et 2015) et dans d'autres textes spéciaux.

5.5 La jurisprudence de votre pays permet-elle l'application de normes éthiques en lieu et place du droit applicable ou comme complément de ce droit ? Merci d'expliquer

Nous ne savons pas. Tout ce que l'on sait c'est que les juridictions vietnamiennes ont appliqué les règles coutumières comme Incoterms ou UCP à la demande des parties ou même en l'absence de choix pour compléter la loi vietnamienne[47].

6 Reconnaissance et exécution des jugements

6.1 Décrivez les règles applicables dans votre pays à la reconnaissance et à l'exécution des jugements étrangers

La reconnaissance et l'exécution des décisions étrangères sont régies par la Septième Partie du nouveau Code de procédure civile de 2015. De nombreuses dispositions de l'ancien Code ont été amendées ou modifiées pour assurer une meilleure clarté dans les étapes de l'exéquatur des décisions étrangères. Force est toutefois de constater qu'il existe de nouveaux obstacles pour la reconnaissance et l'exécution au Vietnam des décisions de justice civile étrangères. Nous décrivons ici quelques points importants à retenir[48].

Principes de reconnaissance
Les jugements des tribunaux étrangers et les sentences arbitrales ne sont pas reconnus automatiquement sur le sol vietnamien. La demande de reconnaissance en vue d'exécution est nécessaire, sauf les cas où le créancier n'a pas besoin d'exécution mais demande simplement la reconnaissance du jugement portant sur aspects matrimoniaux et familiaux. Pour les jugements de justice étrangère la reconnaissance peut être effectuée sur la base des conventions internationales. Le

[47] Arrêt no 02/2005/KT-ST du 22 août 2005 du Tribunal populaire de la province de Khánh Hòa.
[48] Pour plus de détails, voir notre article: Ngo and Ly (2017), pp. 615–636.

Vietnam n'a adhéré à aucune convention multilatérale. L'exequatur peut se faire sur la base des accords d'entraide judicaire. À l'heure actuelle, il existe seulement 17 accords[49].

En ce qui concerne les sentences arbitrales, le Vietnam est membre de la Convention de New York de 1958. Les demandes de reconnaissance et d'exécution sont soumises à cette convention. Force est toutefois de noter que les procédures d'examen sont régis par la loi nationale. Le nombre de sentences arbitrales étrangères reconnues et exécuté est très bas. En effet, depuis 2010 jusqu'en 2014, les tribunaux vietnamiens n'ont traité que 60 requêtes[50]. Sur 12 requêtes de deux années 2013 et 2014, il n'y avait qu'une seule requête qui avait été reconnue et exécutée sur le sol vietnamien. Le nombre des requêtes refusées est donc très élevé si on le compare avec les autres pays membres de la Convention de New York. Le Vietnam a reformé son Code de procédure civile en 2015 en vue d'une meilleure harmonisation avec les stipulations de la Conventions de New York. Les motifs de refus prévus par les art.s 439 (pour les jugements) et 459 (pour les sentences arbitrales) sont en phrase avec les solutions retenues dans de nombreux pays et l'article V de la Convention de New York. Il serait toutefois inquiétant que le nouveau Code ait introduit de nouveaux obstacles à l'exequatur tout en élargissant des motifs de suspendre ou d'interrompre l'examen de la demande de reconnaissance et d'exécution des jugements étrangers (art. 437), et des sentences arbitrales étrangères (art. 457). Ainsi, le tribunal saisi peut prendre la décision de suspendre l'examen de la demande de reconnaissance et d'exécution de la sentence arbitrale étrangères[51] lorsque ladite sentence est en cours d'être révisée par un organe compétent du pays de son origine ou que le débiteur vient à mourir en cas d'une personne physique ou a été fusionné, absorbé, scindé ou liquidé en cas d'une organisation sans avoir trouvé une autre personne ou une autre organisation qui succède à ses droits et obligations procéduraux. Il en va pareillement lorsque le débiteur personne physique est déclaré incompétent sans qu'un représentant légal ne soit trouvé.

De même, le tribunal saisi interrompt l'examen de la demande s'il existe une parmi six conditions énumérées dans le troisième paragraphe de l'art. 457. Tels sont les suivantes :

- Le demandeur a retiré sa demande ou le débiteur a volontairement exécuté la sentence arbitrale étrangère ;
- Le débiteur personne physique vient à mourir sans laisser d'héritiers ;
- Le débiteur organisation a fait l'objet d'une procédure de liquidation ou de faillite à la suite de laquelle ses droits et obligations ont été résolus conformément à la législation vietnamienne ;

---

[49]Dont un avec la France. Les autres ont été signés avec les pays ex-soviétiques ou voisins.

[50]V. les paragraphes II 2.2.1, 2.2.2, 2.2.6, 2.2.9 du Rapport n° 43/BC-TANDTC du 26 février 2015 de la Cour populaire suprême sur le Bilan de 10 ans d'application du Code de procédure civile.

[51]Il en va de même pour les jugements étrangers (art. 437).

- Le débiteur organisation a fait l'objet d'une procédure de liquidation ou de faillite sans aucune autre organisation ne succède à ses droits et obligations procéduraux ;

Il est impossible pour le tribunal saisi de déterminer le lieu de situation des biens du débiteur selon les indications fournies par le demandeur.

La doctrine[52] n'a pas manqué de poser les questions de savoir comment il peut arriver qu'une personne morale qui a été fusionnée ou scindée sans que l'on trouve un successeur de ses droits et obligations car selon la loi vietnamienne, une telle procédure n'est réputée accomplie que si les droits et obligations de la personne morale en question sont succédés. Il est également question de distinguer la reconnaissance qui vise l'exécution et la reconnaissance simple. Dans la pratique, il arrive que le créancier ne demande au juge vietnamien que de reconnaître la sentence au Vietnam pour empêcher toute plainte ultérieurement engagée par son adversaire. Pour une telle demande, la condition de l'existence du bien du débiteur sur le sol vietnamien n'est pas nécessaire. Elle est au contraire un obstacle inutile. Il est enfin question des conséquences de l'interruption de l'audience. Il s'agit d'un oubli très regrettable du législateur de 2015. Si le Code de 2004 classait la demande de reconnaissance et d'exécution des décisions de justice civile étrangère dans la catégorie des affaires gracieuses[53], les conséquences d'une telle interruption étant alors soumises à des règles afférentes, le Code de 2015 ne la met ni dans la catégorie des affaires gracieuses, ni dans la catégorie des affaires contentieuses. Il a créé une institution propre à la reconnaissance des décisions étrangères sans prévoir la conséquence de l'interruption de l'audience de l'examen de reconnaissance.

Délai de prescription

Le Code de procédure de 2015 a introduit une nouvelle disposition traitant la question de délai selon laquelle « la demande de reconnaissance et d'exécution d'une décision de justice étrangère se prescrit dans un délai de trois ans à compter de la date où la décision de justice étrangère est passée en force exécutoire » (art. 432). Ce délai est le même pour la demande de non reconnaissance d'une décision de justice civile étrangère (art. 444) ou pour la demande de reconnaissance et d'exécution d'une sentence arbitrale étrangère (art. 451). Dans tous les trois cas, ce délai peut être prorogé si le demandeur arrive à justifier que le retard dans le dépôt de la demande est dû à un événement de force majeure ou à obstacle indépendant de sa volonté.

---

[52] Ngo and Do (2016).

[53] La solution est alors différente de celle retenue par le juge français qui considère que la demande d'exequatur est soumise à des règles applicables aux affaires contentieuses. V. Cass. 1ère civ., 25 sept 2013, n° de pourvoi: 11-19758, Bulletin 2013, I, n° 178.

6.2 Si un jugement a été rendu à l'étranger condamnant une entreprise pour violation des normes de la RSE, votre pays est-il susceptible de reconnaître et/ou exécuter ce jugement ? Merci d'expliquer

Les tribunaux vietnamiens peuvent ne pas donner effet à un jugement rendu dans un pays étranger si une des huit conditions prévues par l'art. 439 est satisfaite (v. annexe).

Un rapport réalisé en 2017 par le Ministère de la Justice, autorité chargée d'examen préalable des dossiers d'exequatur, nous fait savoir qu'il n'y a eu aucune demande d'exécution des jugements portant sur la RSE. En effet, les demandes traitées par les autorités vietnamiennes sont dans la majorité des cas des affaires familiales (18.607 dossiers en 2013 ; 19555 dossiers en 2014 ; 21841 dossiers en 2015)[54].

Dans la pratique, les refus sont souvent basés sur deux motifs principaux : violation des règles procédurales (le débiteur n'a pas été convoqué régulièrement, les documents ne lui ont pas été notifiés conformément à la loi…) et l'incompatibilité avec les « principes fondamentaux du droit vietnamien ». Le Vietnam a adhéré à la Convention de La Haye du 15 novembre 1965 relative à la signification et la notification à l'étranger des actes judiciaires et extrajudiciaires en matière civile ou commerciale. On espère que le problème serait résolu.

Quant aux « principes fondamentaux », il n'existe aucun texte qui définit cette notion. Le Conseil des juges suprêmes a donné son avis en 2014 selon lequel « les sentences arbitrales incompatibles avec les principes fondamentaux du droit vietnamien sont celles qui ont violé les principes fondamentaux de comportement ayant de valeurs générales dans l'élaboration et l'exécution des lois au Vietnam »[55]. Dans la pratique, le juge vietnamien a interprété la notion de « principes fondamentaux » de façon extrêmement large à tel point de ne pas reconnaître de nombreuses décisions étrangères. Par exemple, en 2010, la Cour populaire suprême a refusé de reconnaître une sentence arbitrale qui avait été rendue par le Centre d'arbitrage de GAFTA (Angleterre) pour le motif que cette sentence avait donné raison à un contractant étranger bien que celui-ci, selon le juge suprême vietnamien, n'a pas réagi de bonne foi et que par conséquent, la reconnaissance de la sentence est contraire aux principes fondamentaux du droit vietnamien[56]. De même, dans l'affaire *Tyco c. Leighton* (2003), le Tribunal populaire suprême à Hochiminh-ville a considéré un manquement à une disposition d'une Circulaire du Ministère de la

[54]Ngo (2017).

[55]L'art. 14-2-đ de la Résolution 01/2014/NQ-HĐTP du Conseil des juges suprêmes en date du 20 mars 2014.

[56]Tuong (2014).

Construction portant application de la Loi sur la construction comme « contraire aux principes fondamentaux du droit vietnamien »[57].

6.3 *L'incompatibilité des normes de soft law ou d'éthique avec l'ordre public du for*

Au Vietnam, les parties peuvent choisir les normes de soft law ou les normes coutumières applicables à leurs relations. Ce droit a été reconnu explicitement par le Code civil de 2015 (art. 666) et par d'autres textes spéciaux tels que le Code de transport maritime, la loi sur le transport aérien... Mais ces normes, tout comme le droit étranger, ne seront pas appliquées si les conséquences de leur application sont contraires aux principes fondamentaux du droit vietnamien. De même, un jugement étranger qui a été rendu en application des normes coutumières ne seront pas reconnues au Vietnam si ses conséquences contrarient aux principes fondamentaux du droit vietnamien (art. 439 pour les jugements ; art. 459 pour les sentences arbitrales).

Références

Bernahart MS, Maher FJ (2011) ISO 26000 in practice: A user guide. ASQ Quality Press, Milwaukee

Bilowol J, Doan MA (2015) Multinational corporations' role in developing Vietnam's public relations industry through corporate social responsibility. Public Relations Rev 41(5):825–832

Carroll A (1999) Corporate social responsibility: evolution of a definitional construct. Bus Soc 38 (3):268–295

Đỗ VD (2015) Giáo trình Pháp luật hợp đồng và bồi thường thiệt hại ngoài hợp đồng (Manuel de Droit civil et de responsabilité extracontractuelle), 2ème éd edn. Hồng Đức, Hanoi

Ngo QC (2015) La compétence internationale du juge vietnamien en matière de responsabilité extracontractuelle. Revue Cour Populaire 7:33–38

Ngo QC (2017) Thực tiễn xây dựng luật Tư pháp quốc tế của một số nước trên thế giới và kinh nghiệm cho Việt Nam (La codification du droit international dans le monde: quelles solutions pour le Vietnam). Ministère de l'éducation et de la formation, Hanoi

Ngo QC, Do VAT (2016) Về tạm đình chỉ, đình chỉ xét đơn yêu cầu công nhận và cho thi hành phán quyết của trọng tài nước ngoài trong Bộ luật tố tụng dân sự 1015 (La suspension et l'interruption de l'audience de reconnaissance et d'exécution des sentences arbitrales étrangères selon le code de procédure civile de 2015). Revue Économie extérieure 79:64–73

[57]Arrêt n° 02/PTDS du 21 janvier 2003 de la Cour d'appel du Tribunal populaire suprême de Hochiminh-ville). De même, en 2012, le Tribunal populaire de Hanoi a refusé de reconnaître une sentence émise par l'arbitrage de l'Association internationale du coton pour au motif que l'arbitrage n'avait pas dûment notifié le défendeur vietnamien, ce qui constitue également, selon le Tribunal, une violation aux principes fondamentaux du droit vietnamien relatifs au droit de protection des parties.

Ngo QC, Nguyen MH (2015) Rapport d'expertise sur le Projet de la Cinquième partie du Projet de Nouveau Code civil. Ministère de la Justice, Hanoi

Ngo QC, Ly VA (2017) Le chalandage de traités à l'épreuve des accords de nouvelle génération. Revue internationale de droit économique 3:85–108

Nguyễn MT (2015) Trách nhiệm bồi thường thiệt hại do sản phẩm có khuyết tật gây ra – Một số vấn đề lý luận và thực tiễn thực hiện pháp luật ở Việt Nam (Responsabilité du fait des produits défectueux-Théorie et pratique vietnamiennes), thèse, Université de droit de Hanoi

Nguyễn NP (2017) Trách nhiệm xã hội của doanh nghiệp: Một số vấn đề lý luận (La responsabilité sociétale des entreprises: quelques problèmes théoriques). Revue Nhà nước và Pháp luật 7:29–34

Phạm THS (2016) Trách nhiệm xã hội của doanh nghiệp theo pháp luật Việt Nam hiện nay (La responsabilité sociétale des entreprises selon le droit positif vietnamien), th., Académie des Sciences sociales du Vietnam

Sinay-Cytermann A (2005) La protection de la partie faible en droit international privé. In: Le droit international privé : esprit et méthodes. Mélanges en l'honneur de Paul Lagarde. Dalloz, Paris

Tuong DL (2014) La sentence n° 13-854 A et B du 5 janvier 2010 de l'arbitrage étranger (GAFTA) est-elle contraire aux principes fondamentaux du droit vietnamien ? Revue de la Cour populaire 18:919–928

Wang H (2015) Asian Transnational Coorporations and Labour Rights: Vietnamese Trade Unions in Taiwan-invested Companies. J Bus Ethics 56:43–53

Annex 1

Académie Internationale de Droit comparé
Conférence Fukuoka 2018

Questions de droit international privé de la responsabilité sociétale des entreprises

Rapporteur général : Catherine Kessedjian
Assistant : Humberto Cantú Rivera
Courriel : ckfukuoka@outlook.com

I. Définition et Sources

NB Vous trouverez en annexe 1 à ce questionnaire quelques indications concernant des définitions possibles de la responsabilité sociétale des entreprises (RSE)[1]

1. Existe-t-il une définition de la responsabilité sociétale des entreprises dans votre pays ? OUI NON
   1.1. Dans l'affirmative, merci de reproduire ici cette définition et donner la source (source écrite ou jurisprudence avec ses références précises)
   1.2. Dans la négative, merci d'expliquer pourquoi votre système ne retient aucune définition
   1.3. Dans la négative, pensez vous que votre pays appliquerait soit la définition ISO 26000, soit la conception que s'en fait les Principes directeurs de l'OCDE, soit celle des Lignes Directrices des Nations Unies. (expliquer la source de votre opinion s'il y en a)

[1]Parfois, la RSE est aussi appelée en français « responsabilité sociale des entreprises » ce qui dénote une traduction mot-à-mot et erronée de l'anglais *Corporate Social Responsbility*. En effet, le concept « *social* » en anglais est beaucoup plus large que l'adjectif français « social » ne l'est. Pour rendre en français l'entièreté du concept anglais « *social* » on doit utiliser l'adjectif « sociétal ».

C. Kessedjian, H. Cantú Rivera (eds.), *Private International Law Aspects of Corporate Social Responsibility*, Ius Comparatum – Global Studies in Comparative Law 42, https://doi.org/10.1007/978-3-030-35187-8

2. Votre pays est-il membre de l'OCDE ? OUI NON
    2.1. Dans l'affirmative, votre pays a-t-il créé un Point de contact national ? OUI NON
        2.1.1. Dans l'affirmative, merci d'en donner l'URL et de décrire rapidement son organisation et ses principales actions dans les trois dernières années.
        2.1.2. Dans la négative, merci d'indiquer pourquoi.
    2.2. Dans la négative, votre pays a-t-il adhéré néanmoins aux Principes directeurs ? OUI NON
        2.2.1. Dans l'affirmative, merci de répondre aux questions 2.1.1. et 2.1.2. ci-dessus.
        2.2.2. Dans la négative, pensez vous que votre pays peut y adhéré dans un proche avenir. Merci d'expliquer vos réponses.
3. Votre pays étant membre des Nations Unies, existe-t-il une activité à signaler à partir des Lignes directrices de 2011 ? OUI NON
    3.1. Dans l'affirmative, merci de décrire cette activité (Plan d'action national etc...)
    3.2. Dans la négative, merci d'expliquer les raisons de cette inaction.
4. Votre pays applique-t-il les normes ISO ? OUI NON
    4.1. Dans l'affirmative, merci de donner des exemples d'application
    4.2. Dans la négative, merci d'expliquer pourquoi (par exemple, votre pays ne reconnaît pas la juridicité des normes de *soft law*, ...).
5. Merci d'indiquer ici toutes autres sources qui vous paraissent pertinentes ainsi que toute spécificité sur votre système juridique qu'il convient de conserver en tête pour mieux comprendre vos réponses à ce questionnaire.

II. Qualification :

NB Certaines règles de la responsabilité sociétale des entreprises ont trait à l'organisation interne des sociétés et d'autres relèvent de leurs activités vis-à-vis des tiers

6. Règles relevant du droit des sociétés
    6.1. Merci de décrire les normes de RSE relevant du droit des sociétés (devoir de diligence, de vigilance, département *compliance*, etc...)
    6.2. Merci de donner les références précises des textes ou des références jurisprudentielles
    6.3. Si ces règles ont donné lieu à contentieux, merci d'expliquer brièvement les cas qui sont survenus dans votre pays ainsi que les solutions adoptées (donnez, svp, les références complètes des décisions de justice)

7. Règles relevant du droit des contrats

    7.1. Merci de décrire les normes de RSE relevant du droit des contrats (clauses de conformité aux Principes directeurs, clauses anti-corruption, contrôle de la chaîne de valeurs, etc...)
    7.2. Merci de donner les références précises des textes ou des références jurisprudentielles
    7.3. Si ces règles ont donné lieu à contentieux, merci d'expliquer brièvement les cas qui sont survenus dans votre pays ainsi que les solutions adoptées (donnez, svp, les références complètes des décisions de justice)

8. Règles relevant du droit des délits

    8.1. Lorsqu'un tiers à l'entreprise (salarié, client, fournisseur, victime de violations etc...) poursuit une entreprise pour une violation d'une norme de RSE, l'action est-elle qualifiée d'action délictuelle ? OUI NON
    8.2. Dans l'affirmative, merci de donner les exemples tirés soit du droit écrit, soit de la jurisprudence avec les références précises.
    8.3. Dans la négative, merci d'expliquer quelle autre qualification est appliquée en donnant les références précises des textes ou des références jurisprudentielles

9. Les règles de la RSE appartiennent-elles à l'ordre public ou sont-elles qualifiées de lois de police ? OUI NON

    9.1. Si elles sont qualifiées de lois de police, merci de donner les références précises (en annexant si possible les textes originaux et traduits soit en français, soit en anglais, soit en espagnol)
    9.2. Si elles sont qualifiées d'ordre public, merci de donner les références jurisprudentielles pour étayer cette qualification.
    9.3. Si elles sont qualifiées ni de lois de police, ni d'ordre public, pouvez vous expliquer quelle est leur nature dans votre ordre juridique. Sont-elles toutes laissées à la libre disposition des parties ? Dans le cas contraire, merci d'expliquer les nuances spécifiques à votre système juridique.

III. Modes alternatifs de règlement des différends :

10. Votre pays admet-il que le contentieux lié à la RSE puisse être soumis à (*plusieurs réponses possibles*) :

l'arbitrage	OUI	NON	PAS CLAIR
La médiation	OUI	NON	PAS CLAIR
La conciliation	OUI	NON	PAS CLAIR
Un Point de Contact National de l'OCDE	OUI	NON	
Un autre mode alternatif (dans ce cas, merci de préciser de quel mode il s'agit)			

11. Merci d'expliquer vos réponses ci-dessus.

NB Pour les questions ci-dessous, si vos règles de droit international privé ont été codifiées, merci de nous donner une copie du texte de la codification.

IV. Compétence juridictionnelle :

12. Lorsque le contentieux doit être soumis à un juge dans votre pays, la compétence juridictionnelle est admise (*plusieurs réponses sont possibles*) :

  - le for du défendeur ?
  - le for d'un défendeur en y ajoutant tous les défendeurs pouvant être impliqués (dans ce cas, précisez sur quel fondement - groupe de sociétés, implication pratique, autre,), quelle que soit leur situation géographique ?
  - le for contractuel ? (expliquer les conditions d'application en donnant des exemples liés à la RSE)
  - le for du fait causal ? (préciser ce que l'on entend par « fait causal »)
  - le for du dommage ? (préciser ce que l'on entend par « dommage »)
  - le for de nécessité ? (préciser les conditions d'application de cette règle)
  - la compétence universelle civile ? (préciser les conditions d'application de cette règle)
  - autre ?

13. Si des décisions de justice ont déjà été rendues dans votre pays sur une violation de la RSE, merci de résumer ces décisions et de nous en donner les références précises.
14. Souhaitez-vous nous signaler d'autres aspects de la compétence juridictionnelle spécifique à votre pays qui nous aideraient à comprendre mieux vos réponses ?

V. Droit applicable :

NB Pour répondre aux questions 15 à 19, vous supposerez que le litige est soumis à un juge de votre pays.

15. Quel est le droit applicable aux normes relevant de l'organisation des sociétés ? En d'autres termes, comment se détermine la *lex societatis* ?
16. Quel est le droit applicable aux normes relevant du droit des contrats ? (Précisez la règle de conflit principale – par exemple « autonomie de la volonté », puis les règles de conflit par défaut)
17. Quel est le droit applicable aux normes relevant du droit des délits ? (Précisez toutes les règles de conflit existant dans votre pays dans l'ordre dans lesquelles elles seraient appliquées par le juge)
18. La jurisprudence de votre pays permet-elle une vérification de la conformité du droit applicable aux règles du droit international des droits de l'homme, aux conventions de l'OIT, à d'autres normes obligatoires du droit international ? Merci d'expliquer.
19. La jurisprudence de votre pays permet-elle l'application de normes éthiques en lieu et place du droit applicable ou comme complément de ce droit ? Merci d'expliquer.

VI. Reconnaissance et exécution des jugements :

20. Décrivez les règles applicables dans votre pays à la reconnaissance et à l'exécution des jugements étrangers.
21. Si un jugement a été rendu à l'étranger condamnant une entreprise pour violation des normes de la RSE, votre pays est-il susceptible de reconnaître et/ou exécuter ce jugement ? Merci d'expliquer.
22. Même question qu'en 21, mais la norme appliquée est une norme de *soft law* ou d'éthique. Votre pays est-il susceptible de bloquer la reconnaissance ou l'exécution d'un tel jugement ? Merci d'expliquer.

VII. Questions oubliées ? :

23. Si vous souhaitez nous signaler toute autre question que nous aurions oubliée ci-dessus, nous vous en serions reconnaissants.

Définitions et explications de ce qu'est la responsabilité sociétale des entreprises

Norme ISO 26000 :
La RSE est la « responsabilité d'une **organisation** vis-à-vis des **impacts** de ses décisions et activités sur la **société** et sur l'**environnement**, se traduisant par un **comportement éthique** et transparent qui ↓| contribue au **développement durable**, y compris à la santé et au bien-être de la société ; ↓| prend en compte les attentes des **parties prenantes** ; ↓| respecte les lois en vigueur tout en étant en cohérence avec les **normes internationales de comportement** ; ↓| est intégré dans l'ensemble de l'**organisation** et mis en œuvre dans ses relations ».

Les Principes Directeurs de l'OCDE :
Le cadre de l'OCDE pour l'investissement développe cette définition de la manière suivante : « La notion de conduite responsable des entreprises (CRE) signifie que les entreprises doivent a) apporter leur contribution au progrès économique, environnemental et social pour parvenir à un développement durable et b) éviter d'avoir, par leurs propres activités, des incidences préjudiciables et remédier à ces incidences lorsqu'elles se produisent ; et prévenir ou atténuer les conséquences négatives directement liées à leurs activités, leurs produits et leurs services du fait de l'existence d'une relation d'affaires. Processus essentiel pour déterminer, prévenir et atténuer les incidences négatives, réelles ou potentielles, la diligence raisonnable fondée sur le risque est de ce fait un aspect fondamental de la CRE.

Les entreprises doivent obéir aux législations internes et respecter les droits de l'homme quel que soit le pays dans lequel elles exercent des activités, même lorsque les moyens qui y sont mis en œuvre pour faire appliquer ces législations ou obligations sont insuffisants. Il s'agit là de leur toute première obligation.

Le champ d'application de la CRE est vaste et transversal car les incidences, positives ou négatives, des activités des entreprises sur la collectivité couvrent toute une série de domaines fondamentaux (comme la communication d'informations, les droits de l'homme, l'emploi et le travail, l'environnement, la lutte contre la corruption, les intérêts des consommateurs, les sciences et les technologies, la concurrence et la fiscalité).

La responsabilité qui incombe aux entreprises d'adopter une conduite responsable s'applique à toutes les entreprises quelle que soit leur structure juridique, leur taille, leur régime de propriété ou le secteur dans lequel elles exercent leurs activités. Les attentes en matière de CRE concernent donc aussi bien les entreprises privées, publiques ou mixtes ; les entreprises multinationales ou celles qui n'opèrent que dans leur pays ; les grandes entreprises ou les petites et moyennes entreprises (PME). ».

Les Principes directeurs des Nations unies sur les entreprises et les droits de l'Homme (aussi connus sous l'appellation « Principes Ruggie »)

Ces principes, adoptés en juin 2011 "reconnaissent le rôle dévolu aux entreprises en qualité d'organes spécialisés de la société remplissant des fonctions particulières, tenues de se conformer à toutes les lois applicables et de respecter les droits de l'Homme", tout en soulignant le **rôle des États en matière de protection de ces droits** et la nécessité de mettre en place des procédures pour permettre l'accès des victimes à réparation.

Annex 2

International Academy of Comparative Law
Fukuoka Congress 2018

Private International Law for Corporate Social Responsibility

General Rapporteur: Catherine Kessedjian
Assistant: Humberto Cantú Rivera
Email: ckfukuoka@outlook.com

I. Definition and Sources

NB. In Annex 1 to this questionnaire you will find some possible definitions of Corporate Social Responsibility (CSR)[2]

1. Does your country have a definition of Corporate Social Responsibility? YES NO
   1.1. If yes, please state that definition here and give the source (a written source or precise references to case law).
   1.2. If no, please explain why your system does not have any definition.
   1.3. If no, do you think your country would apply either the ISO 26000 definition, or the concept embodied in the OECD Guidelines for Multinational Enterprises, or that of the United Nations Guiding Principles on Business and Human Rights? (Give the source of your opinion, if any.)
2. Is your country a member of the OECD? YES NO
   2.1. If yes, has your country set up a National Contact Point? YES NO

[2] In French, CSR is sometimes also called "*responsabilité sociale des entreprises*", which is a literal—and wrong—translation of the English "Corporate Social Responsibility". The meaning of "social" in English is much broader than that of the French adjective "*social*". To encompass the full meaning of the English word, it is necessary to use the French adjective "*sociétal*".

C. Kessedjian, H. Cantú Rivera (eds.), *Private International Law Aspects of Corporate Social Responsibility*, Ius Comparatum – Global Studies in Comparative Law 42, https://doi.org/10.1007/978-3-030-35187-8

   2.1.1. If yes, please give its URL and a brief outline of its structure and main actions in the past three years.
   2.1.2. If no, please state why.

 2.2. If no, has your country nonetheless adhered to the OECD Guidelines? YES NO

   2.2.1. If yes, please answer questions 2.1.1. and 2.1.2. above.
   2.2.2. If no, do you think your country might adhere in the near future? Please explain your answers.

3. As a Member State of the United Nations, has your country taken any action under the 2011 Guiding Principles? YES NO

 3.1. If yes, please describe (National Action Plan, etc.)
 3.2. If no, please explain the reasons for this inaction.

4. Does your country apply the ISO standards? YES NO

 4.1. If yes, please give examples of their application.
 4.2. If no, please explain why (for instance, because your country does not recognise "soft law" rules as law).

5. Please indicate all other sources you consider relevant, and also any specific feature of your legal system that should be borne in mind to better understand your answers to this questionnaire.

II. Characterisation:

NB. Some rules of corporate social responsibility deal with companies' internal structure, while others deal with their interactions with third parties.

6. Rules pertaining to company law

 6.1. Please describe the rules of CSR pertaining to company law (due diligence, duty of vigilance, compliance department, etc.)
 6.2. Please give detailed references to the relevant instruments or case law.
 6.3. If these rules have given rise to disputes, please briefly describe the cases that have arisen in your country and their outcomes (providing full references for court decisions).

7. Rules pertaining to the law of contract

 7.1. Please describe the rules of CSR pertaining to contract law (clauses on compliance with the OECD Guidelines, anti-corruption clauses, control of the value chain, etc.)
 7.2. Please give detailed references to the relevant instruments or case law.
 7.3. If these rules have given rise to disputes, please briefly describe the cases that have arisen in your country and their outcomes (providing full references for court decisions).

8. Rules pertaining to law of torts

    8.1. When a third party (an employee, customer, supplier or victim of breaches by the company, etc.) takes action against a company for breach of a rule of CSR, is that action characterised as a tort action? YES NO
    8.2. If yes, please give examples, drawn either from legislation or case law, with detailed references.
    8.3. If no, please explain what other characterisation is applied, giving detailed references to the relevant instruments or case law.

9. Do CSR rules fall under public policy or are they characterised as mandatory rules? YES NO

    9.1. If they are characterised as mandatory rules, please give detailed references (attaching, if possible, the original texts with French, English or Spanish translations)
    9.2. If they are characterised as public policy, please give references to the case law that shows this.
    9.3. If they are characterised neither as mandatory rules nor public policy, please explain how they are treated under your legal system. Are they left entirely to the discretion of the parties? If not, please explain the nuances specific to your legal system.

III. Alternative Methods of Dispute Resolution:

10. Does your country allow disputes concerning CSR to be submitted to (*more than one answer is possible*):

Arbitration	YES	NO	NOT CLEAR
Mediation	YES	NO	NOT CLEAR
Conciliation	YES	NO	NOT CLEAR
An OECD National Contact Point	YES	NO	
Another alternative method (in which case, please specify)			

11. Please explain the above answers.

NB For the questions above, if your private international law rules have been codified, please provide a copy of the codifying instrument.

IV. Jurisdiction:

12. Where the dispute must be submitted to a court in your country, which court has jurisdiction (*more than one answer is possible*):

    - The forum of the defendant?
    - The forum of one of the defendants, with all the potential defendants being added (in this case, specify on what basis—corporate group, practical involvement, etc.) whatever their geographical location?

- The contractual forum? (Explain the conditions for this to apply, giving examples relating to CSR)
- The forum of the act of causation? (State what is meant by "act of causation")
- The forum of the damage? (State what is meant by "damage")
- The forum of necessity? (State the conditions for this rule to apply)
- Universal civil jurisdiction? (State the conditions for this rule to apply)
- Other?

13. If judicial rulings have already been given in your country on breaches of CSR, please give summaries of those decisions and provide detailed references.
14. Are there other aspects of jurisdictional competence specific to your country that you would like to point out in order to help us better understand your answers?

V. Applicable Law:

NB. In answering questions 15 to 19, please assume that the dispute has been submitted to a court in your country.

15. What is the law applicable to rules relating to corporate structure? In other words, how is the *lex societatis* determined?
16. What is the law applicable to rules belonging to the law of contract? (State the main conflict rule—"autonomy of will", for example—then the conflict rules applicable by default.)
17. What is the law applicable to rules belonging to the law of torts? (State all the conflict rules in your country in the order in which the courts would apply them.)
18. Does your country's case law allow verification of whether the applicable law is in conformity with the rules of international human rights law, the ILO Conventions, or other mandatory rules of international law? Please explain.
19. Does your country's case law allow the application of ethical rules instead of, or as a complement to, the applicable law? Please explain.

VI. Recognition and Enforcement of Judgments:

20. Describe the rules applicable in your country to the recognition and enforcement of foreign judgments.
21. If a judgment given abroad holds a company liable for breach of the rules of CSR, is your country likely to recognise and/or enforce that judgment? Please explain.
22. Same question as in 21, but the rule applied is one of soft law or ethics. Is your country likely to block recognition or enforcement of such a judgment? Please explain.

VII. Other Questions?

23. We would be most grateful for your suggestions of any other questions we have omitted to include.

Definitions and Explanations of Corporate Social Responsibility

The ISO 26000 Standard:
CSR is "the responsibility of an **organization** for the **impacts** of its decisions and activities on **society** and the **environment**, through transparent and **ethical behaviour** that: contributes to **sustainable development**, including health and the welfare of society; takes into account the expectations of **stakeholders**; is in compliance with applicable law and consistent with **international norms of behaviour**; and is integrated throughout the **organization** and practised in its relationships".

The OECD Guidelines:
The OECD Policy Framework for Investment expands on that definition as follows: "Responsible business conduct (RBC) means that businesses a) should make a positive contribution to economic, environmental and social progress with a view to achieving sustainable development and b) should avoid and address adverse impacts through their own activities and prevent or mitigate adverse impacts directly linked to their operations, products or services by a business relationship. Risk-based due diligence is central to indentifying, preventing and mitigating actual and potential adverse impacts, and thus is a key element of RBC.

Enterprises must obey domestic laws and respect human rights wherever they operate even where such laws or obligations are poorly enforced. This is the first obligation of enterprises.

The scope of RBC is broad and cross cutting as impacts to society, both positive and negative, cover a range of substantive areas (e.g. disclosure, human rights, employment and labour, environment, anti-corruption, consumer interests, science and technology, competition, and taxation).

All enterprises should behave responsibly regardless of their legal nature, size, ownership structure, or the sector of the economy in which they operate. Thus expectations of RBC extend to enterprises that are private, state-owned or mixed; multinational or domestic; large or small and medium-sized enterprises (SMEs)."

The United Nations Guiding Principles on Business and Human Rights (Also Known as the "Ruggie Principles")
These principles, adopted in June 2011, recognise "the role of business enterprises as specialized organs of society performing specialized functions, required to comply with all applicable laws and to respect human rights", while emphasising the **role of States in protecting those rights** and the need to put remedies in place when they are breached.

The manufacturer's authorised representative in the EU is Springer Nature Customer Service Centre GmbH, Europaplatz 3, 69115 Heidelberg, Germany. If you have any concerns regarding our products, please contact ProductSafety@springernature.com

Printed and bound by CPI Group (UK) Ltd, Croydon, CR0 4YY
30/09/2026
02225458-0019